中国农村研究报告

2018

农业农村部农村经济研究中心

中国财经出版传媒集团
中国财政经济出版社

图书在版编目（CIP）数据

中国农村研究报告 . 2018/农业农村部农村经济研究中心编 . ——北京：中国财政经济出版社，2019.6

ISBN 978 – 7 – 5095 – 8957 – 1

Ⅰ.①中… Ⅱ.①农… Ⅲ.①农村经济 – 研究报告 – 中国 – 2018 Ⅳ.①F32

中国版本图书馆 CIP 数据核字（2019）第 069790 号

责任编辑：刘五书　林治滨　　　　责任校对：玉　凤
封面设计：郁　佳

中国财政经济出版社 出版

URL：http：//www.cfeph.cn
E – mail：cfeph@cfeph.cn

（版权所有　翻印必究）

社址：北京市海淀区阜成路甲 28 号　邮政编码：100142
营销中心电话：010 – 88191537
北京富生印刷厂印刷　各地新华书店经销
787×1092 毫米　16 开　47.75 印张　750 000 字
2019 年 6 月第 1 版　2019 年 6 月北京第 1 次印刷
定价：158.00 元
ISBN 978 – 7 – 5095 – 8957 – 1
（图书出现印装问题，本社负责调换）
本社质量投诉电话：010 – 88190744
打击盗版举报热线：010 – 88191661　QQ：2242791300

前 言

农业农村部农村经济研究中心自1990年7月成立以来，秉承其前身国务院农村发展研究中心的优良传统，站在我国农村经济发展和政策咨询研究的前沿，围绕着我国农村改革与发展中的一系列重大问题，孜孜以求、大胆探索，不断取得一些新的研究成果。1998年，中心出版了《中国农村研究报告》（共三册），收录了中心研究人员在1990年至1998年期间的重要研究成果。同时决定，自1999年起，中心每年出版一本研究报告选集。摆在读者面前的这本书，是中心2018年的研究报告选集，收录了这一年取得的可以公开发表的主要研究成果。

2018年，农业农村部农村经济研究中心围绕贯彻落实党中央、国务院和农业农村部的重大决策部署，按照农业农村部党组的要求，立足自身职能，谋划选题，大力开展重大"三农"问题和政策研究咨询工作，取得了一些重要研究成果。本书收录了各类研究报告和论文54篇，共计75余万字。内容涉及农村改革40年、乡村振兴与农耕文化传承、农业高质量发展、农产品市场与贸易、推动乡村绿色发展与打赢脱贫攻坚战、比较与借鉴等六个领域。有些文章已经公开发表过，有些文章则是第一次公开发表。

我们出版本书的目的，不只是在于对过去一年的研究工作进行自我记录和总结，更重要的是要将这些研究结果拿出来和大家进行交流和讨论。由于我们自身知识结构和学术水平的限制，本书的一些研究成果还存在着不足之处，欢迎各位同仁批评指正。我们衷心希望这本书中一些有价值的观点和结论，会对推动我国农业和农村的改革与发展起到积极的作用，我们愿以这一目标与同仁共勉。

最后，值此本书出版之际，我们要特别感谢对我们的研究工作给予资金支持的有关机构，为我们开展调研活动提供过帮助的地方有关部门的同志和农民朋友们，农业农村部有关司局的领导和同志们，以及长期关心和支持我们的经济学界同仁！

宋洪远
2019年2月

目　录

农村改革40年

中国农村改革40年：回顾与思考 …………………………… 宋洪远（3）
砥砺奋进在社会主义市场经济康庄大道上
　　——农村改革开放40年之回顾与前瞻
　　………………… 王忠海　廖洪乐　谭智心　孙　昊（22）
党的十八大以来以习近平"三农"思想为指导全面深化
　　农村改革的政策及效果评述 ………………………… 陈艳丽（32）
改革开放40年我国农产品市场与宏观调控政策变迁 …… 王慧敏（50）
改革开放40年中国畜牧业政策及业态变迁 ……………… 王　莉（67）
改革开放40年：中国农业对外合作回顾与展望 ………… 张　振（77）
我国农业供给侧结构性改革的内涵、理论架构及实现路径
　　………………………………………… 姜　楠　柳苏芸（99）
农民信用合作的"温州样本"
　　——浙江温州农村合作金融发展的实践与探索
　　…………………………………………… 刘俊杰　闫　辉（113）

乡村振兴与农耕文化传承

实施乡村振兴战略要有历史耐心 ……………………………… 陈　洁（127）

乡村振兴需要创新发展路径 …………………………………… 刘年艳（130）
乡村振兴面临的五大问题和政策建议
　　——基于262个村庄的调查分析 ………… 张　璟　陈　洁（141）
特色农业是西部乡村振兴的支柱产业
　　——基于贵州两个村的调研 …………………………… 龙文军（161）
浙江省衢江区湖仁村振兴乡村产业的观察与思考
　　…………………………………………… 孙　昊　宋洪远（167）
六户镇探索乡村振兴之路 ………………… 王佳星　龙文军（173）
乡村振兴战略下农村人才培养：国际经验视角
　　………………………… 高　鸣　武昀寰　邱　楠（178）
世界遗产遇上乡村旅游
　　——小罗的喜与忧 …………………… 吴天龙　张灿强（193）

农业高质量发展

完善构建质量兴农战略政策体系研究 ………… 张照新　孙　昊（201）
一个人一棵树一片天
　　——玛瑙红樱桃的故事 ………………………………… 王忠海（214）
农业领域推进政府和社会资本合作：现状、问题与思路
　　………………………………………… 曹　慧　谭智心（220）
农业供应链金融核心问题和最新发展趋势 ……… 吴　比　石宝峰（237）
"一带一路"背景下我国农业对外合作的潜力、风险与对策研究
　　…………………………………………… 张　振　于海龙（245）
加快角色转变　积极参与全球粮食安全治理 …………… 夏海龙（258）
我国小农户实现现代化的路径选择 …………………………… 王佳星（267）
我国大宗淡水鱼养殖的基本特征、主要问题及对策
　　……………………………… 何安华　周洪霞　陈　洁（279）
要素流入能提高大宗淡水鱼养殖户的养殖效率吗？
　　——以池塘养殖为例 …………… 何安华　郭　铖　陈　洁（291）

目　录

把握消费转型特征和趋势　引领渔业供给侧结构性改革
………………………………………… 张静宜　陈　洁　刘景景（316）
推动我国绿色有机农产品加工业发展的思考与建议
………………………………………… 高　鸣　习银生　吴天龙（329）

农产品市场与贸易

2018年重要农产品和农资市场形势分析与2019年展望
………………… 农业农村部农村经济研究中心产品分析预警小组（337）
新时期国家粮食安全问题初探 ……………………… 曹　慧　孙　昊（407）
稻谷收储制度改革面临的问题与对策建议
………………………………………… 宋洪远　高　鸣　何在中（440）
贸易新形势下我国大豆产业发展战略取向 ………… 张　振　张　璟（445）
棉花产业供给侧结构性改革：进展、困难与发展思路 ……… 翟雪玲（463）
全面开放新格局下我国棉花供给保障研究 ………… 翟雪玲　原瑞玲（475）
提高美国棉花进口关税的经济影响分析 ……………………… 翟雪玲（486）
国际市场油菜籽价格波动特征及影响因素研究 ……………… 张雯丽（492）
世界葵花籽生产、贸易结构变迁及趋势分析 ……… 张　莹　张雯丽（504）
我国水产品进口贸易形势与未来战略布局 ………… 刘景景　张静宜（517）

推动乡村绿色发展与打赢脱贫攻坚战

以绿色发展引领乡村振兴
　　——习近平总书记农业绿色发展思想研究 …… 金书秦　韩冬梅（527）
中国农业绿色发展评价指标及区域比较研究
………………………………………… 魏　琦　张　斌　金书秦（534）
农村人居环境治理的优先问题和资金来源初探
………………………… 金书秦　牛坤玉　陈艳丽　申宇哲（550）
西藏农业面源污染排放的空间差异与分布特征研究

………………………………………… 周　芳　金书秦　张　惠（566）

我国农村教育发展面临的突出问题及应对建议
………………………… 吴天龙　方秀英　习银生　姜　楠　高　鸣（578）

"寒门难再出贵子"：家庭背景对社会流动的影响 ………… 郭金秀（582）

保障妇女土地权益研究
………………………… 瑞妮·吉尔瓦里　翻译：杨　丽　徐　雪（589）

深化改革进程中维护农村妇女土地权益问题研究 ………… 杨　丽（600）

中国农村家庭收入分配与收入流动
——基于1986—2017年农村固定观察点数据
………………………………………… 吴　比　张　振　杨汝岱（608）

深度贫困地区农业产业扶贫的几个问题 ………… 冯丹萌　陈　洁（617）

比较与借鉴

发达国家和地区农业绿色发展的政策演进及对中国的启示
………………………………………………… 冯丹萌　王　欧（637）

美国农业补贴政策演进与农民收入变化 ………………… 刘景景（654）

美国新农业法案的主要内容、国内争议与借鉴意义 ……… 彭　超（681）

美国农业法案新动向及对中国农业的启示 ………………… 彭　超（706）

日本乡村振兴的经验及其借鉴 ……………………………… 徐　雪（712）

日本发展农村工业促进乡村产业振兴的做法和启示 …… 张静宜（725）

英美意日韩等国乡村振兴的经验与启示
——基于城乡融合发展的视角 ………………………… 张　莹（731）

附录一　农业农村部农村经济研究中心简介 ………………………（741）

附录二　2018年农业农村部农村经济研究中心承担的
　　　　主要课题和项目 …………………………………………（743）

附录三　2018年农业农村部农村经济研究中心编著的主要书籍 …（748）

Contents

The 40 Years of China's Rural Reform

Review on 40 years' Rural Reform of China ············ Song Hongyuan (3)

Retrospect and Prospect of 40 years' Rural Reform of China
  ············ Wang Zhonghai, Liao Hongle, Tan Zhixin & Sun Hao (22)

Policy Evaluation of Rural Reforms Guided by Xi Jinping's Thoughts
  on Agriculture, Rural and Farmer since the 18th National
  Congress of the CPC ············ Chen Yanli (32)

Changes in China's Agricultural Products Market and Its Policy
  Review in 40 Years' Rural Reform ············ Wang Huimin (50)

Changes in China's Animal Husbandry Market and Its Policy
  Review in 40 Years' Rural Reform ············ Wang Li (67)

Review and Prospect of International Agricultural Cooperation in 40
  Years' Rural Reform of China ············ Zhang Zhen (77)

Agriculture Supply Side Reform: Connotation, Theoretical
  Framework and Implementation Path ········ Jiang Nan & Liu Suyun (99)

"Wenzhou Sample" of Farmers' Credit Cooperation
  ——The Practice and Exploration of Rural Cooperative Financial
  Development in Wenzhou, Zhejiang Province ······ Liu Junjie & Yan Hui (113)

Rural Vitalization and Farming Culture Inheritance

The Implementation of Rural Vitalization Strategy Requires
　　Historical Patience ·· Chen Jie （127）
Rural Vitalization Requires Innovative Development Path
　　··· Liu Nianyan （130）
Five Major Problems and Policy Suggestion for Rural Vitalization
　　——Based on Surveys and Analysis of 262 Villages
　　··· Zhang Jing & Chen Jie （141）
Characteristic Agriculture is the Pillar Industry for the
　　Vitalization of Western Rural
　　——Based on the Investigation of Two Villages in Guizhou Province
　　··· Long Wenjun （161）
Observation and Thinking about the Revitalization of Rural
　　Industry in Huren Village, Qujiang District,
　　Zhejiang Province ···················· Sun Hao & Song Hongyuan （167）
The Practice of Rural Vitalization in Liuhu Town
　　···································· Wang Jiaxing & Long Wenjun （173）
Cultivation of Rural Talents under the Strategy of Rural Vitalization:
　　An International Perspective ······ Gao Ming, Wu Yunhuan & Qiu Nan （178）
World Heritage and Rural Tourism: Xiao Luo's Joy and Worry
　　······································ Wu Tianlong & Zhang Canqiang （193）

Qualitied Agricultural Development

Study on Policy System for Qualitied Agricultural Development
　　······································ Zhang Zhaoxin & Sun Hao （201）
One Man, One Tree, One World: The Story of Agate Red Cherry

Contents

·· Wang Zhonghai (214)

Study on Promoting Cooperation of Government and Social
    Capital in Agriculture ································ Cao Hui & Tan Zhixin (220)

The Core Issue and Latest Development Trends of Agricultural
    Supply Chain Finance ································ Wu Bi & Shi Baofeng (237)

Study on Potential, Risk and Countermeasures of China's Agricultural
    Foreign Cooperation under the Strategy of "the Belt and Road"
    ·· Zhang Zhen & Yu Hailong (245)

Accelerate Role Transformation and Participate in Global Food
    Security Governance Actively ································ Xia Hailong (258)

The Path Choice of Small Farmers' Modernization in China
    ·· Wang Jiaxing (267)

Basic Features, Problems and Countermeasures of China's
    Conventional Freshwater Fish Breeding
    ························ He Anhua, Zhou Hongxia & Chen Jie (279)

Does Input of Production Factors Can Really Increase Aquaculture Efficiency
    ——The Case of Bulk Freshwater Aquaculture
    ······························ He Anhua, Guo Cheng & Chen Jie (291)

Grasping the Characteristics of Consumption Transformation and
    Leading the Fisheries Supply – side Reform
    ······················ Zhang Jingyi, Chen Jie & Liu Jingjing (316)

Thoughts and Suggestions on Promoting the Development of Green
    Organic Agricultural Products Processing Industry in China
    ························ Gao Ming, Xi Yinsheng & Wu Tianlong (329)

Market and Trade of Agri – product

Review of China's Important Agri – product and Agricultural Inputs
    Market of 2018 and Outlook for 2019

.... Team of Product Analysis and Early Warning (337)

A Preliminary Study on National Food Security in the New Period
.... Cao Hui & Sun Hao (407)

Problems and Countermeasures in the Reform of Rice Storage System
.... Song Hongyuan, Gao Ming & He Zaizhong (440)

Strategic Orientation of China's Soybean Industry Development
under the New Trade Situation ············ Zhang Zhen & Zhang Jing (445)

China's Cotton Supply‑side Structural Reform: Progress,
Difficulties and Development Strategies ················· Zhai Xueling (463)

Research on China's Cotton Supply Security under the New
Situation of Full Opening‑up ········ Zhai Xueling & Yuan Ruiling (475)

Economic Analysis of Increasing US Cotton Import Tariff
.... Zhai Xueling (486)

Study on the Price Fluctuation and Influencing Factors of
International Rapeseed ································ Zhang Wenli (492)

Changes and Trends of World Sunflower Seed Production and Trade
.... Zhang Ying & Zhang Wenli (504)

China's Aquatic Product Import and Strategy for the Future
.... Liu Jingjing & Zhang Jingyi (517)

Green Agricultural Development and Poverty Reduction

Leading Rural Revitalization with Green Development
——Study on Xi Jinping's Thoughts of Agricultural Green Development
.... Jin Shuqin & Han dong mei (527)

A Study on Agricultural Green Development Index and Regional
Comparison of in China ············ Wei Qi, Zhang Bin & Jin Shuqin (534)

Top Issues and Sources of Funds for the Management of Rural Habitat
Environment ··· Jin Shuqin, Niu Kunyu, Chen Yanli & Shen Yuzhe (550)

Contents

Study on Spatial Differences and Distribution Characteristics of Agricultural
　　Non – point Source Pollution in Tibet
　　　　…………………………… Zhou Fang, Jin Shuqin & Zhang Hui （566）
Problems and Countermeasures of the Development of Rural
　　Education in China
　　　　… Wu Tianlong, Fang Xiuying, Xi Yinsheng, Jiang Nan & Gao Ming （578）
Impoverished Families can Hardly Nurture Rich sons: The Influence
　　of Family Background on Social Mobility ……………… Guo Jinxiu （582）
Research on Protection of Women's Land Rights and Interests
　　……………………………………………… Yang Li & Xu Xue （589）
Protecting Rural Women's Land Rights and Interests in the
　　Deepening of Rural Reforms …………………………… Yang Li （600）
Income Distribution and Income Flow of Rural Households in China
　　——Based on Fixed – Site Rural Survey Data from 1986 to 2017
　　…………………………… Wu Bi, Zhang Zhen & Yang Rudai （608）
Several Issues of Agricultural Industry Development in Deep
　　Poverty Areas ………………………… Feng Danmeng & Chen Jie （617）

International Comparative Studies

Policy Evolution of Agricultural Green Development in Developed Countries
　　and Its Enlightenment to China ……… Feng Danmeng & Wang Ou （637）
Evolution of Agricultural Subsidy Policy and Changes of Farmers'
　　Income in the United States ……………………… Liu Jingjing （654）
Main Contents, Domestic Disputes and Reference Significance of the
　　New Farm Bill of the United States …………………… Peng Chao （681）
New Trends of US Farm Bill and Its Enlightenment to China's
　　Agriculture ……………………………………… Peng Chao （706）

Experience and Enlightenment of Japan's Rural Vitalization
………………………………………………………… Xu Xue （712）
The Practice and Enlightenment of Japan's Development of Rural
　　Industry to Promote Rural Industry Vitalization ……… Zhang Jingyi （725）
The Experience and Enlightenment of Rural Vitalization in Britain,
　　the United States, Japan, Korea and Other Countries
　　　——Based on the Perspective of Urban – Rural Integration Development
　　………………………………………………………… Zhang Ying （731）

Appendix 1　Introduction of Research Center for Rural Economy, Ministry
　　　　　　of Agriculture and Rural Affairs, P. R. China ………… （741）
Appendix 2　Research Projects of Research Center for Rural
　　　　　　Economy in 2018　………………………………………… （743）
Appendix 3　Published Books of Research Center for Rural
　　　　　　Economy in 2018　………………………………………… （748）

农村改革 40 年

中国农村改革 40 年：回顾与思考

宋洪远

一、农村改革 40 年的历程和成就

（一）农村改革的五个阶段

1. 第一阶段：1978—1984 年，探索突破阶段。从农村基本经营制度入手，实行家庭联产承包责任制，废除人民公社体制，实行政社分开建立乡镇人民政府，发展乡镇企业，初步形成和基本确立了家庭承包经营制度，农村改革取得突破性进展。

2. 第二阶段：1984—1992 年，乡城互动阶段。随着家庭承包经营制度的确立，开始启动城市经济体制改革，以搞活农村商品流通、促进农村劳动力转移、实现村民自治为重点，促进城乡要素流动，农村改革继续稳步推进。

3. 第三阶段：1992—2002 年，全面推进阶段。按照建立社会主义市场经济体制的要求，稳定与完善农村基本经营制度，深化农产品流通体制改革，调整农村产业结构，推进乡镇企业体制创新，促进农村劳动力转移，农村改革得到进一步深化。

4. 第四阶段：2002—2012 年，城乡统筹阶段。健全农村土地管理制度，深化粮棉流通体制改革，建立农业支持保护制度，扩大农业对外开

放，改革农村税费制度，创新农村金融制度，健全农村民主管理制度，建立城乡发展一体化制度，农村改革进入了城乡统筹的新阶段。

5. 第五阶段：2012年以来，全面深化阶段。以全面建成小康社会为目标，围绕抓关键补短板，全面推进农村综合改革和其他领域各项改革，注重改革的全局性、系统性、协同性，着力深化农村体制机制创新。

（二）农村改革的重要进展

我国历经40年的农村改革，目前已建立了十项重要制度，初步构建了农村改革的制度框架体系。第一，建立与完善农村基本经营制度。确立了以家庭承包为基础、统分结合的双层经营体制，培育了家庭经营、集体经营、合作经营、企业经营等经营主体，初步构建了集约化、组织化、专业化和社会化相结合的新型农业经营体系。第二，建立与完善乡村治理机制。建立乡镇人民政府，实行村民自治，培育农村社会组织，强化农村社会管理。第三，建立健全农村土地管理制度。建立与完善农村土地承包制度，引导和规范集体建设用地进入市场，完善农村宅基地管理制度，推进征地制度改革，探索建立了以股份合作制为主要特征的农村集体产权制度。第四，建立和完善农村市场制度。逐步放开农产品流通与价格，建设与完善农村市场体系，培育与发展多元市场主体，建立与完善农产品储备及进出口调节制度。第五，建立农村工作领导管理体制。确立农村工作领导体制，建立农业行政管理体制，完善工作责任体系，实行"四个责任制"，建立干部绩效考核评价体系。第六，建立与完善农业支持保护制度。完善农业投入保障制度，建立农业补贴制度，健全农产品价格保护制度以及建立农业生态环境补偿制度。第七，创新农村财税制度。建立公共财政支持农村制度，加强农村基础设施建设，发展农村社会事业，全面取消农业税费，切实减轻农民的负担。第八，创新农村金融制度。建立健全农村金融组织体系，创新农村金融产品及服务方式，扩大农村有效担保物范围，进一步发展农业保险与农村保险。第九，扩大农业对外开放。发展农产品进出口贸易，实施"引进来"和"走出去"战略，拓展农业对外交流与合作。第十，加强并完善农村法制建设。完善涉农法律法规，强化涉农执法体系建设，增强依法行政能力，加强执法监督及司法保护。

（三）农村改革的主要成就

我国经过40年的农村改革实践，已实现农业生产持续增长，农村经济协调发展，农民生活水平显著提高，农村基础设施明显改善，农村社会事业全面进步。回顾整个改革历程，突出表现为在四个方面成功实现了转型。首先是农业方面，增加资本与技术等生产要素的投入，采用先进的生产手段，构建农业产业体系，转变农业经营方式，完成了由传统农业改造到现代农业建设的转变。其次是农村方面，加强基础设施建设，发展社会管理事业，强化公共服务，推进生态文明建设，完成了由促进经济发展到加强社会建设的转变。再次是农民方面，健全了村民自治制度，赋予农民更多的财产权利，扩大农民政治参与，促进了农村民主的发展，完成了由增加经济利益到保障民主权利的转变。最后是城乡关系方面，实施统筹城乡发展的基本方略，改革城镇户籍管理制度，促进农村劳动力向城镇转移就业，推进城乡基本公共服务均等化，破除二元结构，推动一体化发展。

（四）农村改革的基本经验

1. 始终坚持巩固和完善农业基础地位。我国始终把解决好十几亿人口吃饭问题作为治国安邦的头等大事，坚持立足国内实现粮食基本自给、口粮绝对安全，不断加大国家对农业支持保护力度，深入实施科教兴农战略，加快现代农业建设，实现农业全面稳定发展和农产品有效供给，为推动经济发展、促进社会和谐、维护国家安全奠定了坚实基础。

2. 始终坚持保障农民基本权益。把实现好、维护好、发展好广大农民的根本利益始终作为我国农村一切工作的出发点与落脚点。坚持以人为本，尊重农民意愿，着力解决农民最关心、最现实和最直接的利益问题，实行村民自治，赋予农民更多财产权益，推进基本公共服务均等化，更好地保障和改善民生，促进社会公平正义，提高农民综合素质，促进农民全面发展，让农民也享受经济社会发展的成果，确保农村社会既充满活力又和谐有序。

3. 始终坚持解放和发展农村生产力。我国始终把改革创新作为农村发展的根本动力。坚持不懈地推进农村改革和制度创新，实行家庭承包经营制度，废除人民公社体制，调整不适应生产力发展要求的生产关系，从深度和广度上推进市场化改革，打破了制约生产力发展的桎梏。这个根本性改革，解放和发展了农村生产力，带来了农村经济和社会发展的历史性变化，农村已进入总体小康并向全面小康迈进的阶段。

4. 始终坚持统筹城乡经济社会发展。我国始终把着力构建新型工农、城乡关系作为加快推进现代化的重大战略，使农村改革和城市改革相互配合、协调发展。农业现代化建设与工业化、信息化和城镇化发展同步推进，建立健全以工促农、以城带乡的长效机制，把国家基础设施建设和社会事业发展重点放在农村，实现城乡区域协调发展，并使广大农民能够平等参与现代化进程，共享改革发展成果。

5. 始终坚持和改善党对农村工作的领导。我国始终把加强和改善党对农村工作的领导作为推进农村改革发展的政治保证。坚持一切从实际出发，坚持党在农村的基本政策，坚持党管农村工作、乡村社会管理、村民自治有机统一，加强农村基层组织和基层政权建设，完善党管农村工作体制机制和方式方法，推进社会治理领域制度创新，加快形成科学有效的社会治理体制，发展更加广泛、更加充分、更加健全的人民民主，形成了推进农村改革发展的合力。

二、全面深化农村改革的目标和思路

（一）深化农村改革的问题及挑战

新一轮的农村改革，既是在工农、城乡发展总体失衡尚未根本扭转的背景下进行的，又是在工业化、城镇化、信息化深入发展的进程中开展的。所以全面深化农村改革，不仅要调整农村内部的生产关系与上层建筑，而且要突破城乡二元结构，促进"四化"同步发展。

新一轮的农村改革，既要突破传统思想观念的束缚，又要破除利益固化的藩篱，这既会涉及既得利益者，又会涉及工商业者等其他主体的利益，甚至关系到整个经济社会的稳定发展，稍有不慎，就可能带来出乎意料的隐患与风险。所以全面深化农村改革，是在两难甚至多难困境中权衡与选择，必须积极稳妥地推进。

新一轮的农村改革，也是在全球化和市场化程度进一步加深的背景下进行的，我国农业国际、国内的市场竞争能力都需要全方位的提升。所以全面深化农村改革，需要统筹考虑国际、国内两种影响因素，国际、国内两个市场与资源都要积极利用。

（二）全面深化农村改革的目标和任务

党的十八届三中全会《中共中央关于全面深化改革若干重大问题的决定》（以下简称《决定》），围绕全面深化农村改革赋予农民更多财产权利、健全城乡发展一体化体制机制，形成新型工农城乡关系，让广大农民平等参与现代化进程、共同分享现代化成果的目标要求，从建立农业可持续发展长效机制、完善重要农产品价格形成机制、加快构建新型农业经营体系、深化农村土地制度改革、加快农村金融制度创新、推进农业转移人口市民化以及城乡要素平等交换和公共资源均衡配置等方面，全面部署了新形势下推动农村改革发展的主要任务。

（三）全面深化农村改革的思路和方法

要坚持社会主义市场经济改革方向，发挥市场配置资源的决定性作用与加强政府支持保护功能互补。市场能办好的事放给市场，社会能办好的事交给社会，政府要切实转变职能、简政放权，不搞大包大揽、过度干预。对农业农村发展中市场失灵的领域，政府必须切实承担起责任。

深化农村改革，不仅波及面广、政策性强，而且影响深远，有些地方甚至还极为复杂、艰巨与敏感，触及深层次社会矛盾和利益关系的调整，所以需要摸着石头过河，在摸索、选择甚至试错中前行。需要在明确底线的前提下，鼓励基层大胆探索创新，支持地方试行，尊重农民群众的实践创新。

我国地域辽阔，各地情况迥然相异，要承认差异性，兼顾特殊性。所以要因地制宜、循序渐进地深化农村改革，允许采取过渡性、差异性的政策及制度安排,不搞"一刀切",不追求一步到位。

三、着力推进重点领域和关键环节的农村改革

(一) 深化农村土地制度改革

土地是农业的基本生产资料,是农民的重要生活保障,也是保持农村社会和谐稳定的根本。土地制度是农村的基础制度,也是决定经济社会全局的基础性制度。土地制度改革的核心是稳定土地承包关系,引导土地有序流转,保障农民的土地财产权益。深化农村土地制度改革,对于发展规模经营、推进农业现代化、增加农民收入、缩小城乡差距,健全城乡发展一体化体制机制,形成新型的工农城乡关系,具有重要而深远的影响。深化农村土地制度改革,要按照产权明晰、用途管制、严格管理、节约集约的要求,实行最严格的耕地保护制度和最严格的节约用地制度,完善土地承包经营权流转市场,建立城乡统一的建设用地市场,依法保障农民土地承包经营权和农户宅基地用益物权。

1. 完善农村土地承包制度。积极探索现有土地承包关系保持稳定并长久不变的具体实现形式。积极推进农村土地承包经营权确权登记颁证工作的完善,积极探索农村承包地确权的具体方式和方法,拓展农地确权成果应用范围和领域。建立健全农村土地承包经营权流转市场,增强土地承包经营权流转管理和服务。探索农村土地所有权、承包权、经营权分置并行的有效实现形式,落实所有权、稳定承包权、放活经营权。赋予农民对承包地占有、使用、收益、流转及承包经营权抵押、担保的权能。积极探索承包土地经营权向金融机构抵押融资的途径和办法,建立配套的抵押资产处置机制。抓紧研究提出规范的实施办法。加紧探索农村土地承包经营权有偿退出机制,推动修订相关法律法规。

2. 探索农村集体经营性建设用地入市。在符合规划和用途管制的条件下,允许农村集体经营性建设用地出让、租赁、入股,实行与国有土地同等入市、同权同价。建立农村集体经营性建设用地产权流转市场,完善土地二级市场;探索建立兼顾国家、集体、个人的土地增值收益分配机制,合理提高农民的个人收益。

3. 改革农村宅基地管理制度。保障农户宅基地用益物权,研究探索赋予农户宅基地收益权和转让权的实施办法;完善农村宅基地分配政策,研究探索宅基地有偿获得与使用的途径;加快包括农村宅基地在内的农村地籍调查,开展农村集体建设用地使用权确权登记颁证工作。选择若干试点,研究提出具体试点方案,慎重稳妥地推进农民住房财产权抵押、担保、转让试点,探索农民增加财产性收入的渠道。

4. 加快推进征地制度改革。缩小征地范围,规范征地程序,完善对被征地农民合理、规范、多元保障机制。修订有关法律法规,保障农民公平分享土地增值收益。改革对被征地农民的补偿办法,除补偿农民被征收的集体土地外,还必须对农民的住房、社保、就业培训给予合理保障。各地还可以根据实际情况,积极探索创新,采取留地安置、补偿等多种方式,确保被征地农民长期受益。健全征地争议调处裁决机制,保障被征地农民的知情权、参与权、申诉权、监督权。

(二) 构建新型农业经营体系

构建新型农业经营体系的核心是坚持家庭经营的基础性地位,培育多元化的经营主体,发展多种形式的适度规模经营。近些年来,我国城乡社会生产力发展很快,客观上要求创新农业经营体系。工业化、城镇化的快速推进,带来了农村劳动力的大规模转移就业,引发了"谁来种地""地怎么种"等新课题,对培育新型农业经营主体、发展适度规模经营提出了迫切要求;随着农业科技的进步和推广应用,农业生产机械化、农业服务社会化、农业经营信息化快速发展,又为创新农业生产经营方式和服务方式提供了基础和条件。适应上述要求和需要,一些地方也在通过培育专业大户、家庭农场、农民合作社等新型农业经营主体,积极发展多种形式规模经营,为构建新型农业经营体系提供了经验和借鉴。党的十八届三中全会《中共中央关于全面深化改革若干重大问题的决定》明确提出,坚持家庭经营在农业中的基础性地位,推进家庭经营、集体经营、合作经营、企业经营等共同发展的农业经营方式创新。

1. 发展多种形式规模经营。从各地的探索实践看,发展农业规模经营,有承包农户之间"互换并地"的,有农户流转承包地的,有开展土地股份合作的,有社会化服务组织与农户联合的,还有工商企业租赁农户承包地的等多种形式。通过给予土地流转奖励补助等措施,鼓励有条件的农户流转承包土地的经营权。完善县乡村"三级"服务和管理网络,加快健全土地经营权流转市场。探索建立工商企业流转农业用地风险保障金制度,降低和减少农户流转承包地的风险。探索土地集中型、服务带动型、空间集聚型多种适度规模经营发展路径。

2. 培育新型农业经营主体。专业大户、家庭农场、农民合作社、农业企业等新型经营主体,以市场化为导向、以专业化为手段、以规模化为基础、以集约化为标志,是建设现代农业、推进农业现代化的骨干力量。鼓励在公开市场上将土地承包经营权向专业大户、家庭农场、农民合作社、农业企业等新型农业经营主体流转;促进农业新增补贴向专业大户、家庭农场、农民合作社等新型农业经营主体倾斜;加大对新型农业经营主体领办人教育培训力度。明确专业大户和家庭农场法人地位;引导发展农民专业合作社、联合社;鼓励和引导工商资本到农村发展适合企业化经营的现代种养业;鼓励发展混合所有制农业产业化龙头企业。在国家年度建设用地指标中单列一定比例,专门用于新型农业经营主体建设配套辅助设施;鼓励地方政府和民间出资设立融资性担保公司,为新型农业经营主体提供贷款担保服务。落实和完善相关税收优惠政策,支持农民合作社发展农产品加工流通。

3. 健全农业社会化服务体系。坚持主体多元化、服务专业化、运行市场化的方向,积极推进构建经营性服务和公益性服务相结合、综合服务和专项服务相协调的新型农业社会化服务体系。强化农业公益性服务体系;培育农业经营性服务组织;加快供销合作社改革发展。采取财政扶持、税收优惠、信贷支持等措施,大力发展多元主体、多样形式、充分竞争的社会化服务。积极探索推行合作式、订单式、托管式等多种服务模式,扩大农业生产全程社会化服务试点范围。通过政府购买服务等方式,支持具有资质的经营性服务组织从事农业公益性服务。

（三）改革农村集体产权制度

推进农村集体产权制度改革是深化农村改革的重要内容，对于壮大农村集体经济、增加农民财产性收入、建立城乡要素平等交换关系、加强党在农村的执政基础，具有重要而深远的意义。农村市场经济体制的发展，不仅丰富了农村市场的交易行为，形成了更为复杂的成员身份及利益关系，也提出了建立明晰产权制度的要求。现阶段我国农村集体产权制度改革取得了一定的进展，但由于现行法律、政策等制度性约束，各地在推进改革过程中都遇到一些亟待解决的关键问题。2016年中共中央、国务院下发《关于稳步推进农村集体产权制度改革的意见》提出，通过改革，逐步构建归属清晰、权能完整、流转顺畅、保护严格的中国特色社会主义农村集体产权制度，保护和发展农民作为农村集体经济组织成员的合法权益。科学确认农村集体经济组织成员身份，明晰集体所有产权关系，发展新型集体经济；管好用好集体资产，建立符合市场经济要求的集体经济运行新机制，促进集体资产保值增值；落实农民的土地承包权、宅基地使用权、集体收益分配权和对集体经济活动的民主管理权利，形成有效维护农村集体经济组织成员权利的治理体系。

1. 民主确定成员资格认定标准。按照中国现行法律，村集体所有的土地是由村集体成员共同拥有而非由村集体管理组织实体拥有。对于集体经济组织成员身份界定，应在坚持尊重历史、权利义务对等、程序公开、标准一致的基础上，统筹考虑农村土地承包关系、户籍关系、对集体积累作出的贡献以及有关法律政策规定等条件，由集体经济组织全体成员民主决定。改革试点中，要探索在群众民主协商基础上确认农村集体经济组织成员的具体程序、标准和管理办法，建立健全农村集体经济组织成员登记备案机制。同时，还应妥善处理外嫁女、义务兵、迁入户等特殊群体的成员身份界定问题，防止多数人侵犯少数人权益。

2. 规范农村集体资产股权管理办法。尽快研究出台"农村新型集体经济组织股权管理办法"，对股权结构、人员界定、增资扩股、新增资产股份量化等问题进行明确规定。通过股权管理壮大集体经济，增强集体经济的发展活力、竞争能力以及对成员的服务能力。尽快研究出台"农村新型集体经济组织收入分配管理办法",规范改制后的集体经济组织收入分配,逐步缩小集体福利分配的范围。在将集体财产权转变为共同持有股份时,应把集体组织共同持有的股份分配给集体成员持有。对实行股份合作制进行集体产权制度改革的,应返还或减免对股份分红征收的税收,以减轻农民负担。现阶段,个人股仍然是集体资产股权设置的主要形式,而是否设置集体股,归根结底要尊重农民的选择,应通过公开程序由集体经济组织自主决定。但当一些农村完成"村转居",集体经济组织的社会性负担逐步剥离后,应当取消集体股以达到产权的彻底清晰。

3. 完善农村集体资产法人治理结构。科学合理的法人治理结构,是实行民主决策、民主管理、民主监督的有效保障。应尽快研究制定"农村新型集体经济组织章程",建立包含股东大会、理事会、监事会的"三会"治理结构以及包含法人财产权、出资者所有权、出资者监督权、法人代理权的"四权"制衡机制。推进农村集体产权制度改革,依照现行法律的规定,规范利润分配行为。应当改善法人治理结构的外部体制环境,厘清村委会、村党支部与新型集体经济组织之间的关系,使农民群众真正成为集体经济的决策主体、投资主体及受益主体,成为集体经济组织名副其实的法律主体。

4. 发展多种形式集体经济。农村集体经济组织可以利用未承包到户的集体"四荒"地、果园、养殖水面等资源,集中开发或者通过公开招投标等方式发展现代农业项目。在符合规划前提下,探索利用闲置的各类房产设施、集体建设用地等,以自主开发、合资合作等方式发展相应产业。鼓励整合利用集体积累资金、政府帮扶资金等,通过入股或者参股农业产业化龙头企业、村与村合作、村企联手共建、扶贫开发等多种形式发展集体经济。鼓励地方依托集体资产监督管理、土地经营权流转管理等平台,建立符合农村实际需要的产权流转交易市场。

(四) 创新农村金融保险制度

进入21世纪以来,我国启动了以加紧建立适应"三农"特点的多层次、广覆盖、可持续的农村金融体系为基本目标的新一轮农村金融改革。经过多年的实践探索,我国农村金融服务体系的框架已经基本形成。当前的主要问题是一些改革政策措施没有落实到位,主要表现在:金融机构的责任和分工仍不明晰,政策性金融缺失问题依然存在;农村民间金融缺乏规范,新型农村金融机构发育迟缓;创新农村信贷担保抵押方式进展缓慢,满足农民贷款需求与化解金融组织风险的矛盾依然突出。深化改革的主要任务是:强化金融机构支持"三农"义务和责任,创新农村金融服务方式,加快发展新型农村金融组织,大力发展农业和农村保险。

1. 强化金融机构服务"三农"职责。强化商业金融对"三农"和县域小微企业的服务能力,扩大县域分支机构业务授权,不断提高存贷比和涉农贷款比例,将涉农信贷投放情况纳入信贷政策导向效果评估和综合考评体系。

支持由社会资本发起设立服务"三农"的县域中小型银行和金融租赁公司;鼓励地方政府和民间出资设立融资性担保公司;支持符合条件的农业企业在主板、创业板发行上市;推动证券期货经营机构开发适合"三农"的个性化产品。

2. 发展新型农村合作金融组织。依托农民合作社和供销合作社,培育发展农村合作金融,不断丰富农村金融机构类型。坚持社员制、封闭性原则,在不对外吸储放贷、不支付固定回报的前提下,推动社区性农村资金互助组织发展。鼓励发展适合农村特点和需要的各种微型金融服务组织,大力发展小额信贷。鼓励地方建立风险补偿基金,有效防范金融风险。允许农村小型金融组织从金融机构融入资金,加快农村诚信体系建设。

3. 创新农村信贷担保抵押方式。建立政府扶持、多方参与、市场运作的农村信贷担保机制,扩大农村有效担保物范围。在继续鼓励农户互助担保的同时,建立专门的担保基金,催生一批专业性的农村信用担保机构,从事农业担保服务;鼓励并引导商业担保机构开展农村担保业务,采用动产抵押、权益质押、仓单质押、农民土地承包经营权、农户住房财产权、农村集体资产股权等多种担保形式;建立农户信用记录,完善信用评级制度；发展农户联户担保，降低信用风险。金融机构也要适应农村金融需求的特点，建立和完善以信用为基础的信贷经营机制，降低农村信贷门槛。

4. 加大农业和农村保险支持力度。提高中央、省级财政对主要粮食作物保险的保费补贴比例，逐步减少或取消产粮大县县级保费补贴，不断提高稻谷、小麦、玉米三大粮食品种保险的覆盖面和风险保障水平。鼓励保险机构开展特色优势农产品保险，有条件的地方提供保费补贴，中央财政通过以奖代补等方式予以支持。扩大畜产品及森林保险范围和覆盖区域。鼓励开展多种形式的互助合作保险，建立财政支持的农业保险大灾风险分散机制，探索开办涉农金融领域的贷款保证保险和信用保险。

（五）完善农产品价格形成机制

进入21世纪以来，我国以深化粮棉流通体制改革为重点，全面放开了农产品购销市场，实现了农产品产销的市场化。农产品市场放开后，为保护农民利益和稳定市场供应，国家逐步建立了以最低收购价、临时收储、国家和地方储备、进出口调节等多种措施构成的农产品市场调控体系。实施这些政策措施，对粮食增产和农民增收发挥了重要支持作用。但近年来，这些政策措施的实施也面临着一些新的矛盾和问题，突出表现在由于执行最低收购价和临时收储政策的主体单一，收储规模扩大，一些产品形成了事实上的国家垄断，国家采取政策性收储后，还要择机将"托市粮"卖出。这"一进一出"不仅扭曲了市场价格形成机制，而且改变了各类农产品加工、贸易企业的市场预期，许多企业不敢入市、不愿存粮。长此以往，"国家成为了商家、政策代替了市场"，明显降低了市场活力。这既加重了政府的财政负担，又影响了农民面向市场的主观能动性，还抑制了市场配置资源作用的发挥。因此，党的十八届三中全会《中共中央关于全面深化改革若干重大问题的决定》提出，完善农产品价格形成机制，注重发挥市场形成价格作用。2014年"中央1号文件"又明确提出，坚持市场定价原则，探索建立农产品目标价格制度。

1. 探索建立农产品目标价格制度。探索建立农产品目标价格制度，一方面，让价格形成真正反映市场供求关系，农产品生产、流通和消费主要由市场价格信号来引导；另一方面，政府通过价外补贴等方式，最大限度地保护农民利益。实行目标价格制度，国家一般不直接入市收购，而是实行"补两头、放中间"。"补两头"，就是国家按照"生产成本＋基本收益"原则及市场供求状况，选择确定农产品目标价格并公开发布，当市场价格过高时政府对低收入消费者给予补贴，当市场价格低于目标价格时政府按差价补贴生产者。"放中间"，就是农产品价格形成完全由市场供求关系决定。

2. 开展农产品目标价格制度试点。探索建立农产品目标价格制度，涉及选择确定品种、测算确定价格、明确补贴对象等一系列问题，产销环节多、操作难度大，要经过充分研究论证制定实施方案，选择一些地方和个别产品先行开展试点。2014年"中央1号文件"提出，启动东北和内蒙古大豆、新疆棉花目标价格补贴试点，探索粮食、生猪等农产品目标价格保险试点。对试点地区和试点品种要加强跟踪监测，认真总结评估，在试点取得相对成熟经验的基础上再进行推广。

3. 开展试点要注意把握的几个问题。一是要切实保护好农民的生产积极性。农民是改革试点的主体，他们对试点内容是否了解和认可，事关改革成败。由于农业特别是粮食生产和农产品自身的特殊性，政府仍然要承担一部分市场风险，确保农民基本收益，不让农民吃亏，这是推进改革的前提和底线。二是要制定应对市场过度波动的预案。对大豆、棉花进行目标价格补贴试点，不再实行临时收储政策，可能会在一定时期内引发市场价格较大波动，同时这两个品种的国内价格受国际市场的影响又比较大。因此，在试点过程中既要提高对市场波动的容忍度，又要关注试点地区和国际市场的产销变化。三是要综合考虑政策系统配套。既要综合考虑粮、棉、油、糖等大宗农产品与鲜活农产品之间的差别，根据不同农产品的供求状况和消费特性选择确定调控目标和调控方式，又要注重农产品生产、加工、流通、进出口等各环节政策措施的配套衔接，逐步建立和完善农产品市场调控政策体系。

（六）构建开放型农业经济新机制

农业国际化、市场化是世界农业发展的客观趋势，也是全球经济深度融合背景下促进一国实现农业现代化的必然要求。纵观当今世界农业经济发达国家，都较好地解决了农业国际化、市场化的问题，从而为农业现代化提供了重要的体制基础和制度保障。改革开放以来，党和国家通过一系列改革举措，有效推进了农业国际化、市场化的进程。以企业为主体，扩大农业对外投资，加快农业"走出去"步伐，对于提高农业对外开放水平、全面提升我国国际地位和影响力都具有重要意义。时至今日，粮食安全、农民增收、生态保护、产业安全等方面还存在诸多需要通过农业国际化、市场化深化才能解决的突出问题。如何处理好农业国际化、农业市场化与农业现代化的关系摆在了突出位置。当前，亟需结合我国农业对外开放发展实际，积极构建开放型农业经济新机制。

1. 加强开放型农业经济顶层设计和战略谋划。从保障国家粮食安全、服务国家外交大局出发，抓紧制定实施对外农业投资战略规划，包括重点支持品种、重点投资国别和重点支持内容。积极参与国际与地区粮农事务，提升我国在国际农业合作领域的话语权。继续推进自贸区建设，促进企业对外农业投资和农产品贸易的自由化和便利化。积极通过外交途径，解决人员签证受限、入境农业生产资料通关等问题。强化驻外使领馆等机构对"走出去"项目的服务功能，做好相关信息服务和协调工作，切实维护对外农业投资企业的利益。合理引导企业更好地履行社会责任并适时发布社会责任报告，尊重当地风俗习惯和宗教信仰，积极为当地居民提供新的就业岗位，保护投资国的生态环境，提升我国企业的良好形象。

2. 积极推进农业产业安全战略。加强贸易救济、贸易补偿和外资监管，更加积极主动地运用好WTO规则所允许的反补贴、反倾销及产业保障措施，推进贸易救济常态化，切实维护农业产业安全。要加强对农产品进口的跟踪预警，开展国外贸易壁垒调查及产业损害调查。要探索建立产业损害补偿机制，加强对国内产业的贸易补偿。尽快建立和实施外资进入农业产业的安全审定制度，加强对外资进入农业产业的监管，制定相应的适合农业的反垄断规定。针对经营大宗农产品且达到一定市场占比的大型企业，要对其建立库存储备制度与强制性信息报告制度，增强并监督大企业在保障市场供给稳定方面的社会责任。保持合理的储备规模，通过出口和深加工等方式去库存，缓解资源环境压力，促进农业产业可持续发展。

3. 增强企业对外农业投资竞争力。建立国家对外农业投资补贴制度，对于国内紧缺农产品的回运、国内农业生产资料出境给予补贴。支持国内企业采取多种形式到境外直接投资农产品仓储物流设施，参股并购国际农产品加工和贸易企业。支持到境外特别是周边国家，开展互利共赢的农业生产和进出口合作。建立统一的对外农业投资信息服务平台，整合我国政府部门、科研院所等机构的对外农业投资信息。建立和完善国别农业投资目录指南，引导企业开展对外农业投资。搭建农业"走出去"企业交流平台，促进企业间投资信息共享。对国内供需缺口较大的农产品，在境外投资企业返销国内时减免进口环节税费。鼓励金融机构积极创新为农产品国际贸易和农业"走出去"服务的金融产品和服务方式。要尽快建立农产品国际贸易基金和海外农业发展基金。积极调动商业保险机构的积极性，研究建立符合我国国情的对外农业投资保险制度。

（七）建立农业可持续发展长效机制

长期以来，我国农业发展方式比较粗放，许多地方过度开发利用土地资源、超采使用地下水、过量使用化肥农药农膜、滥用饲料添加剂，加上工业和城市污染向农村扩散，导致地力下降，生态环境不断恶化，严重危及农业可持续发展和农产品质量安全，已经到了非治理不可的地步。要深入推进农业发展方式转变，大力发展资源节约型、环境友好型农业，促进资源环境生态永续利用，实现农业可持续发展。为此，必须加强制度建设、创新技术和推广模式，加大政策支持力度，建立农业可持续发展长效机制。

1. 健全管理体制和保护制度。一是改革农业生态环境保护管理体制。建立和完善严格监管污染物排放农村的环境保护管理体制，建立农业资源环境监测预警机制，加强农业环境监管和行政执法。二是健全农业资源用途管制制度。要把农业资源消耗、环境损害、生态效益纳入经济社会发展评价体系，建立体现生态文明要求的目标体系、考核办法、奖惩机制，落实最严格的耕地保护制度、节约集约用地制度、水资源管理制度、环境保护制度，强化监督考核和激励约束。三是实行农业资源生态补偿制度。建立反映市场供求和资源稀缺程度，体现生态价值和代际补偿的农业资源有偿使用制度和生态补偿制度，形成有利于保护耕地、森林、水域、湿地、草原等自然资源以及农业物种资源的激励机制。

2. 创新技术体系和服务方式。加大技术创新力度，创新技术推广模式。分区域规模化推进高效节水灌溉技术，大力推进机械化深松整地和秸秆还田等综合利用技术，加快实施土壤有机质提升补贴项目，支持开展病虫害绿色防控和病死畜禽无害化处理。加大农业面源污染防治力度，支持高效肥和低残留农药使用、规模养殖场畜禽粪便资源化利用、新型农业经营主体使用有机肥、推广高标准农膜和残膜回收技术。鼓励和支持清洁生产技术推广应用，加大测土配方施肥力度，发展节水农业、旱作农业、循环农业和标准化规模养殖。

3. 加强规划引导和政策支持。一是加强规划引导。适应农村生态文明建设的要求，抓紧划定生态保护红线，研究编制农业环境突出问题治理总体规划和农业可持续发展规划。二是开展农业资源修养生息试点。启动重金属污染耕地修复试点；开展华北地下水超采漏斗区综合治理、湿地生态效益补偿和退耕还湿试点；在东北、内蒙古重点国有林区，停止天然林商业性采伐试点。三是加大政策支持力度。继续在陡坡耕地、严重沙化耕地、重要水源地实施退耕还林还草；完善林木良种、造林、森林抚育等林业补贴政策；继续实施增殖放流和水产养殖生态环境修复补助政策；采取财政奖励补助和结构调整等综合措施，保证农业生态修复区农民总体收入水平不降低。四是开展重大工程建设。继续实施天然林保护、京津风沙源治理等林业重大工程；加大天然草原退牧还草工程实施力度，启动南方草地开发利用和草原自然保护区建设工程；实施江河湖泊综合整治、水土保持重点建设工程，开展生态清洁小流域建设。

（八）健全城乡发展一体化体制机制

党的十六大提出统筹城乡经济社会发展以来，各地和有关部门相继出台了一系列政策措施，在城乡规划、劳动就业、产业发展、基础设施、社会事业、公共服务、社会管理等方面加大统筹力度，城乡收入差距出现逐步缩小的趋势。但从促进城乡经济社会发展一体化的要求看，城乡要素交换不平等、公共资源配置不均衡、人口城镇化滞后的问题依然突出。针对上述矛盾和问题，党的十六大决定提出，健全城乡发展一体化体制机制，推进城乡要素平等交换和公共资源均衡配置，推进农村转移人口市民化，推动城乡经济社会融合发展。

1. 推进城乡要素平等交换。当前和今后一个时期，要按照党的十八届三中全会《中共中央关于全面深化改革若干重大问题的决定》提出的"三个保障"的基本要求，切实维护农民生产要素权益。一是保障农民工同工同酬，改革城乡不平等的就业和劳动报酬制度，使农民工享有同城镇职工同等的劳动报酬权益。二是保障农民公平分享土地增值收益，建立兼顾国家、集体、个人的土地增值收益分配机制，提高农民在土地增值收益中的分配比例。三是保障金融机构农村存款主要用于农业农村，落实县域银行业法人机构一定比例存款投放当地的政策。

2. 推进城乡资源均衡配置。要从基础设施建设、教育事业发展、就业创业服务、社会保障一体化等方面，推进城乡基本公共服务均等化。一是统筹城乡基础设施建设。加大公共财政支持农村基础设施建设力度，推动基础设施建设重点向农村倾斜，引导金融和社会资金投向农村。二是统筹城乡教育资源均衡配置。加大财政对农村教育支持力度，加快改善农村义务教育薄弱学校基本办学条件，提高农村义务教育生均公用经费标准，支持发展农村学前教育、职业教育和技能培训，加快普及农村高中阶段教育，提高重点高校招收农村学生比例。三是统筹城乡公共就业创业服务。加大农民务工技能培训和农业生产技术的力度，扶持农民工返乡创业以及农民就地就近创业，大力开展农民外出务工的就业指导和服务。四是统筹推进城乡居民基本养老保险、基本医疗保险、最低生活保障制度建设。加快构建农村社会养老服务体系,加强农村最低生活保障规范管理,继续提高新型农村合作医疗筹资标准和保障水平,完善重大疾病保险和救治制度。

3. 推进农村转移人口市民化。要从创新人口管理、扩大基本公共服务覆盖面、健全市民化推进机制等方面,推进农业转移人口市民化,逐步把符合条件的农业转移人口转为城镇居民。一是加快推进城镇户籍管理制度改革。要根据城镇综合承载能力和发展潜力,以就业年限、居住年限、社保参保年限等为基准条件,制定具体的落户标准,健全农业转移人口落户制度;要以合法稳定就业和合法稳定住所等为前置条件实施差别化落户政策,全面放开建制镇和小城市落户限制,有序放开中等城市落户限制,合理确定大城市落户条件,严格控制特大城市人口规模。二是稳步推进城镇基本公共服务常住人口全覆盖。要按照保障基本、循序渐进的原则,积极推进城镇基本公共服务由主要对本地户籍人口提供向对常住人口提供。保障农民工随迁子女平等享有受教育权利,完善农民工就业创业服务体系,将农民工及其随迁家属纳入城镇社区卫生服务体系,把进城落户农民完全纳入城镇住房和社会保障体系,在农村参加的养老保险和医疗保险规范接入城镇社保体系。三是建立健全农业转移人口市民化推进机制。要强化各级政府责任,合理分担公共成本,充分调动社会力量,构建政府主导、多方参与、成本共担、协同推进的农业转移人口市民化机制。推进农民工融入企业、子女融入学校、家庭融入社区、群体融入社会,建设包容性城市。

参考文献

[1] 宋洪远. 中国新农村建设:政策与实践 [M]. 北京:中国农业出版社,2012.

[2] 宋洪远. 当代中国经济转型与农村发展研究 [M]. 北京:中国农业出版社,2014.

[3] 宋洪远. 实现粮食供求平衡,保障国家粮食安全 [J]. 南京农

业大学学报（社会科学版），2016（4）.

［4］宋洪远. 加快户籍制度改革推动城乡一体化发展［J］. 农业现代化研究，2016（6）.

［5］宋洪远. 关于农业供给侧结构性改革若干问题的思考和建议［J］. 中国农村经济，2016（10）.

［6］宋洪远，金书秦，张灿强. 强化农业资源环境保护推进农村生态文明建设［J］. 湖南农业大学学报（社会科学版），2016（5）.

［7］宋洪远，张红奎，武志刚. 中国村庄经济社会发展的特征与趋势［J］. 湖南农业大学学报（社会科学版），2015（2）.

［8］宋洪远，高强. 农村集体产权制度改革轨迹及其困境摆脱［J］. 改革，2015（2）.

［9］高鸣，宋洪远. 生产率视角下的中国粮食经济增长要素分析［J］. 中国人口科学，2015（1）.

［10］宋洪远，张红奎. 我国企业对外农业投资的特征、障碍和对策［J］. 农业经济问题，2014（9）.

砥砺奋进在社会主义市场经济康庄大道上

——农村改革开放 40 年之回顾与前瞻

王忠海　廖洪乐　谭智心　孙　昊

市场经济不仅是人类文明进步的现实产物，而且是增进人类福祉的必然选择。摒弃传统计划经济的旧思维与旧体制，代之以市场经济的新思维与新体制，也就是探索培育和发展壮大社会主义市场经济，这是改革开放40年来我国经济发展的基本轨迹。不懈推进农业农村经济市场化改革，既是农村改革开放40年的一条重要主线，也是40年来农业农村经济发展取得辉煌成就的体制机制保障。步入决胜全面建成小康社会进而全面建成社会主义现代化强国的新时代，面对实施乡村振兴战略的重大历史任务，依然需要我们沿着社会主义市场经济这条康庄大道，坚持不懈地推进农业农村的改革开放，确保农业农村经济不断取得新进展、新成就与新经验，谱写农村全面建成小康社会和基本实现农业农村现代化的历史新篇章。

一、创建完善农村基本经营制度

确立以家庭承包经营为基础、统分结合的双层经营体制，是我国40年农村改革开放取得的最重要的制度性成果。这一农村基本经营制度的探索创建与不断完善，不仅奠定了农业农村经济持续健康发展的产权制度基础，而且找到了社会主义公有制即集体所有制在农村的有效实现形式，进而将坚持社会主义与发展市场经济有机结合起来。40年来，伴随着农村基本经营制度的确立与完善，我国农村的产权关系格局不仅成功实现了所有权与使用权的"两权分离"，而且正在走向所有权、承包权与经营权的"三权分置"新格局，使得农业农村的财产"活力"不断迸发出来。

1978年12月份召开的党的十一届三中全会作出把党和国家工作中心转移到经济建设上来、实行改革开放的历史性决策。几乎与此同时，安徽凤阳小岗村的18户农民，冒着风险按下手印，悄悄搞起了包干到户。由此拉开了气势磅礴、波澜壮阔的农村改革序幕。此后，借着党的十一届三中全会的东风，广大农村纷纷恢复和建立起各种形式的农业生产责任制，亿万农民的生产积极性随着农业生产责任制的推广普及而不断高涨，并且"双包"（包产到户和包干到户）责任制很快就成为了农业生产责任制的主流形式。1982年的"中央1号文件"给"双包"责任制正式上了"户口"之后，1983年全国实行联产承包责任制的队数达583.3万个，占生产队总数的99.5%；其中大包干的队数达576.4万个，占实行责任制队数的98.3%。到1984年，全国100%的生产队都实行了不同形式的联产承包责任制，其中实行大包干的队数占总数的99.1%。"大包干"对亿万农民何以有如此巨大的吸引力？核心是理顺了国家、集体与农户的利益关系，即亿万农民不仅由此有了生产经营自主权，而且可以实现"交够国家的，留足集体的，剩下都是自己的"。1983年的"中央1号文件"将联产承包责任制肯定为在党的领导下我国农民的伟大创造，是马克思主义农业合作化理论在我国实践中的新发展。1984年的"中央1号文件"在强调稳定和完善联产承包责任制的同时明确提出土地承包期一般应在15年以上。伴随着以家庭承包为主的责任制的普遍实行，"政社合一"的人民公社体制也走向解体。最终，1991年召开的党的十三届八中全会明确把以家庭联产承包为主的责任制、统分结合的双层经营体制作为我国乡村集体经济组织的一项基本制度长期稳定下来。

农村基本经营制度的确立，不仅以土地集体所有权与农户使用权"两权分离"的形式再造了我国农村经济的微观基础，而且还将农村产权制度建设不断引向深入。先是1993年中央明确制定了土地承包期到期后再延长30年、允许土地使用权依法有偿转让等政策，1998年党的十五届三中全会又提出要赋予农民长期而有保障的土地使用权，2002年全国人民代表大会常务委员会审议通过《中华人民共和国农村土地承包法》强化土地承包经营权的权益保护，2007年十届全国人民代表大会审议通过的《中华人民共和国物权法》进一步将土地承包经营权界定为用益物权。接下来是2008年党的十七届三中全会明确要赋予农民更加充分而有保障的土地承包经营权、现有土地承包关系保持稳定并长久不变，2013年党的十八届三中全会提出要赋予农民对承包地占有、使用、收益、流转及承包经营权抵押、担保权能。特别是习近平总书记在2013年年底中央农村工作会议上的讲话中提出农村土地的所有权、承包权和经营权"三权分置"，将农村产权制度改革进一步引向深入。2016年中央出台《关于稳步推进农村集体产权制度改革的意见》。2017年党的十九大报告进一步明确要完善承包地"三权"分置制度、第二轮土地承包到期后再延长30年。

可以说，自从确立以家庭承包经营为基础、统分结合的双层经营体制以来，我国农村的这一农村基本经营制度一直在顺应形势的发展变化而不断地健全与完善。这不仅体现出了这一制度的广泛适应性，而且展现出了这一制度的持久生命力。在推进乡村振兴战略中，我们只有继续不断巩固和完善农村基本经营制度，守住农村土地集体所有这个农村基本经营制度的"魂"，维护农民家庭是集体土地承包经营的法定主体这个农村基本经营制度的根本，捍卫农村土地承包关系保持稳定并长久不变这个维护农民土地承包经营权这个关键，才能夯实打牢农村发展社会主义市场经济的产权制度基础，才能保障亿万农民在共同富裕道路上日益增进的财产权益。

二、放开市场盘活农村资源要素

市场机制在农业农村经济运行中发挥作用的领域与空间的不断拓展，是我国农业农村市场化改革持续推进的一条基本脉络。从计划经济体制的松动，到市场机制发挥基础性调节作用，再到市场机制在资源配置中起决定性作用，农业农村经济发展在艰难中不懈前行，其迎来的累累硕果，不仅从根本上解决了亿万中国人的吃饭问题、人们生活迈向全面小康,而且极大地推进了国家的工业化与城镇化进程、社会主义现代化建设有了坚实的基础支撑。

党的十一届三中全会确定的稳定粮食征购指标和提高1979年的粮食统购价格,开启了我国农产品购销市场化的漫漫征程。1979年国家将粮食等18种农副产品收购价格提高了24.8%,且除超购部分加价外还恢复了农产品的议购议销。由此,逐步形成了包括牌价、加价、议价和市价等多种形式并存的农副产品价格体系。这种传统计划经济体制的松动,也就是农产品价格调整和统派购制度的初步改革,极大调动了亿万农民的生产积极性,使得粮食等农产品持续大幅增产,并导致各地在1983年和1984年纷纷出现农民"卖粮难""卖棉难"的局面。1985年国家取消农产品统派购制度代之以合同定购和市场收购,农产品购销市场化迈出具有历史性突破的关键一步。此后随着农产品市场的日益放开搞活,农业农村的市场体系建设也不断推进,1990年郑州粮食批发市场的成立更成为当时国外观察中国市场化改革是否继续推进的重要标志。1992年党的十四大确立社会主义市场经济的改革目标后,以粮棉购销市场的全面放开为重点的农产品流通体制改革在几轮的艰苦攻坚中曲折前行,并终于在2004年全面放开粮食收购市场。到2004年,除烟叶、蚕茧外的农副产品全部实现了市场流通,主要由市场机制调节供求和形成价格。

粮食等农产品市场的放开搞活,在促进农业增产和农民增收的同时,也在不断激活农村的各种资源与要素。早在1981年中共中央和国务院转发国家农业工作委员会《关于积极发展农村多种经营的报告》的通知中就明确提出了"决不放松粮食生产,积极开展多种经营"的方针,1982年的"中央1号文件"更是提出"发展多种经营,要集体与个人一齐上";1984年中共中央和国务院转发农牧渔业部及该部党组《关于开创社队企业新局面的报告》的通知中为乡镇企业正名并肯定其为国民经济的一支重要力量。随之而来的不仅是农业生产结构的优化调整和农产品市场供应的日益丰富,更有乡镇企业的"异军突起"。1992年党的十四大明确建立社会主义市场经济体制的改革目标之后,农业农村市场化改革进一步走向深入，不仅粮食生产在20世纪90年代中期就登上了1万亿斤的大台阶，农业农村发展进入战略性结构调整的新阶段，而且越来越多的农民进入城镇务工经商，以至于在每年的春节前后都会形成蔚为壮观的"民工潮"。进入21世纪伴随着我国加入世界贸易组织，农业对外开放的步伐明显加快，不仅农产品的贸易量大幅增长，农业国际合作交流的领域与范围也不断扩大。近年来，随着农村集体产权制度改革的稳步推进，农村土地、房屋、宅基地等在日益盘活，不仅正在成为农民财产性收入的重要来源，而且也在给今后农村经济发展注入更多的新动能。

可以说，坚持改革的市场取向，注重发挥市场机制的调节功能与作用，放开搞活农村经济，乃是40年农业农村经济改革开放的主旋律。这不仅体现在亿万农民的生产积极性得以调动和释放出来，而且表现为农村各种资源要素的潜能与价值被不断挖掘出来。在推进乡村振兴战略中，我们只有让市场机制更加充分地发挥其在优化配置农业农村各种资源要素的决定性作用，才能进一步地拓展农业农村功能，进一步地激活农村资源要素，进一步地拉长与延伸农业农村产业链条和促进农村产业融合发展，进而通过产品做新做优产业，加快乡村产业振兴和农民致富增收的步伐。

三、培育农业农村市场经济主体

市场主体涵盖从事生产经营活动的各类企业、组织与个人，它既是市场经济运行的微观基础，也是市场经济中最活跃和具有能动性的生产要素。伴随着农业农村市场化改革的持续推进，不仅重塑了农户家庭经营这个农业农村经济运行的微观基础，而且建立在农村专业化分工与合作基础上的新型市场经济主体日益成长壮大。40年来，在将亿万小农户的生产经营行为纳入市场经济运行轨道的同时，农村的产业形态也发生了根本性的改变，各种新型农业农村市场经济主体不断涌现，并日益成为农业农村经济发展的生力军。

改革初期，各种形式家庭联产承包责任制的推广和普及，在调动亿万农民生产积极性的同时，也赋予了农民日渐增多的生产经营自主权；农村基本经营制度的确立则是在重塑农村经济微观基础的同时，也确立了农户在发展农业农村经济中的主体地位。由此，农户的生产经营行为不断拓展，在发展农村多种经营中不仅催生一大批种养业的专业户，而且迎来以乡镇企业为主的农村第二、第三产业快速崛起。据统计，1987年全国乡镇企业达1750多万个，遍布全国95%以上的乡村；从业人员达8805万人，比1978年增加5970多万人。一批又一批农民企业家登上乡村工业化的时代舞台，在创造辉煌业绩中书写着人生的精彩华章。

进入20世纪90年代，不仅农业农村内部产业的专业化分工与合作不断加深，如农业产业化经营的生产经营组织方式在各地蓬勃兴起，而且越来越多农民工进入城镇务工经商，为后来的农民工返乡创业埋下了伏笔。农业产业化经营这个概念的提出本身就是我国农业市场化改革向纵深推进的产物，其所针对的就是我国农业如何在家庭承包经营的基础上实现农业现代化，就是探索将农户小规模经营与社会化大市场对接的有效途径。可以说，自1993年前后提出农业产业化经营这个概念以来，各级政府都在积极推进农业产业化经营的健康发展，不断加大政策引导和扶持的力度。各地在实践探索中涌现出的"公司+农户""公司+基地+农户""公司+中介组织+农户""农民专业合作社+农户""专业批发市场+中间商+农户"等多种农业产业化经营模式，在促进我国现代农业发展的同时，也培养和造就了一大批龙头企业和新型职业农民。进入21世纪，在城乡统筹、城乡融合发展的背景下，我国农业多种形式的适度规模经营稳步推进、农业产业化经营向纵深发展、新要素新业态新模式不断注入农业农村。由此，不仅新型职业农民的队伍在不断扩大，而且具有企业家精神的新型农业农村市场经济主体也在不断涌现。据统计，到2017年，全国农户家庭农场已超过87万家，依法登记的农民合作社188.8万家，农业产业化经营组织38.6万个（其中龙头企业12.9万家），农业社会化服务组织超过115万个。此外，有越来越多的下乡返乡回乡创业人员带着资金、技术、人才和管理等资源要素到农村投资兴业。

可以说，培育农业农村市场经济主体，既是推进农业农村现代化的必然选择，也是农民增收农村繁荣的必由之路。这不仅因为它是最活跃和具有能动性的生产要素，而且还因为它普遍具有成长为企业家的潜质。市场经济能够给每个人以创新创业的机会，更是企业家施展才华的大舞台。在推进乡村振兴战略中，我们只有不断营造各种类型企业家成长的宽松环境，加大新型职业农民培养力度，激发各种新型生产经营主体创新活力，才能使农村这个能够也可以大有作为的广阔天地真正成为亿万农民安居乐业的美好家园和各种类型企业家创新创业的良田沃土。

四、健全调控促进农村经济发展

政府在市场经济中有着不可替代的功能与作用。但是，如何处理好政府这只"有形之手"与市场这只"无形之手"的关系可谓是一个世界性难题。改革开放40年来，无论是在计划经济体制向市场经济体制的转型过程中，还是在健全和完善社会主义市场经济体制的不懈努力中，政府强力而有效的宏观调控都为农业农村经济发展提供重要保障与坚实支撑。具体说来，政府对农业农村经济的宏观调控，一方面是加强对农业农村经济改革与发展的引导；另一方面是加大对农业农村经济支持与保护的力度。

在农业农村经济从计划经济转向市场经济的转型过程中，政府的宏观调控主要是表现在：一是提高农产品收购价格和放松市场管制。1979年，六种粮食价格由每50公斤的5.32元提高到6.43元，提价幅度为20.86%；六种食用植物油价格由每50公斤40.785元提高到50.97元，提价幅度为24.97%；棉花价格由每担115.24元提高到132.76元，提价幅度为15.2%；生猪价格由每50公斤24.73元提高到31.265元，提价幅度为26.4%。1980年开始缩小农副产品统购与派购的范围，并终于在1985年取消农产品统派购制度。二是鼓励发展农村多种经营和搞活农产品流通。1981年提出决不放松粮食生产、积极发展多种经营的方针之后，不仅农业生产不断向广度与深度进军，开拓出新的生产领域和涌现出很多的饲养能手、种植能手和各类能工巧匠，而且农村的分工分业快速发展，乡镇企业在短短几年里就形成异军突起的局面。1983年国家宣布完成统派购任务后的农产品可以多渠道经营之后，不仅农产品的购销主体日趋多元，而且流通形式也日趋多样。坚持市场化改革方向，逐步放开搞活农村市场，可谓是这一时期政府制定农业农村经济政策和调控农业农村经济发展的最显著特征。

在健全和完善农村社会主义市场经济体制的不懈努力中,政府的宏观调控主要表现在:(1)确保国家粮食安全。这可以说是国家农业政策始终坚守的一道"红线"。这一时期,不仅有1994年和1996年的两次大幅度提高粮食收购价格,还有粮食保护价收购、最低收购价与临时收储等。(2)推进农业农村经济结构调整。其中的两次大调整,一是20世纪90年代后期立足农产品供求格局发生重大变化进行的农业农村经济战略性结构调整;二是近年来围绕全面提升农业供给质量而仍在推进的农业供给侧结构性改革。(3)取消农业税实现对农民由取到予的根本性转变。进入21世纪,在试点基础上2006年在全国范围内取消农业税,并且从2004年开始先后实行种粮直补、农资综合补贴、良种补贴和农机具购置补贴等农业补贴政策。(4)组织开展农村脱贫攻坚。先是实施《国家"八七"扶贫攻坚计划》,后是落实《中国农村扶贫开发纲要(2001—2010年)》,2013年以来是扎实推进农村精准扶贫精准脱贫。(5)农业农村经济平稳健康运行的法治建设不断推进。以1993年出台的《中华人民共和国农业法》为开端,先后颁布实施了一系列农业农村经济市场化运行的法律法规,农业农村经济日益纳入法治化运行的轨道。

可以说,伴随着农业农村经济市场化改革的推进,在对外开放和对内搞活的时代背景下,政府的宏观调控不仅有力地推动了农业农村经济的持续健康发展,而且还探索形成了有中国特色的农业农村经济市场化运行模式。这既表现为农业农村经济发展所取得的辉煌成就,也体现在妥善处理政府与农民的利益关系和谋划农业农村经济发展战略。在推进乡村振兴战略中,我们只有继续沿着深入市场化改革的方向,不断健全完善政府对农业农村经济平稳健康运行的宏观调控,才能在充分发挥市场机制在农业农村资源要素配置中的决定性作用的同时,更好发挥政府在促进农业农村经济发展上应有的职能作用,为乡村产业振兴和繁荣农村经济保好驾护好航。

五、弘扬党管农村工作优良传统

党管农村工作是我们党在长期的革命与建设中形成的优良传统。改革开放40年来，这一优良传统伴随着改革开放的进程，不断得到发扬光大，使农业农村经济沿着社会主义市场经济这条康庄大道一路披荆斩棘，不断开创农业农村经济发展的新天地和新局面。党的坚强而有力的领导，对40年农业农村经济发展起到了当之无愧的掌舵者与领航者的作用。

党的十一届三中全会明确提出的在经济上充分关心农民的物质利益和在政治上切实保障农民的民主权利，奠定了改革开放40年来党管农村工作的主基调。这样的主基调，不仅充分体现了我们党全心全意为人民服务的宗旨，而且意味着我们党高高举起了实事求是的伟大旗帜。由此，我们就不难理解在改革初期的20世纪80年代中央连续发出5个"中央1号文件"：从1982年到1986年中央连续发出五个指导农村工作的"中央1号文件"，正是在这5个"中央1号文件"的引领下，我们确立了农村基本经营制度，基本解决了亿万人民的温饱问题，迎来了乡镇企业的异军突起，农业农村经济焕发出勃勃生机与活力。由此，我们就不难理解20世纪90年代以来党的中央全会关于指导农村工作三个决定：1991年党的十三届八中全会的《关于进一步加强农业和农村工作的决定》，1998年党的十五届三中全会的《关于农业和农村工作若干重大问题的决定》，2008年党的十七届三中全会的《关于推进农村改革发展若干重大问题的决定》。由此，我们也就不难理解进入21世纪以来中央已连续发出的15个"中央1号文件"：从2004年到2018年中央连续发出的15个"中央1号文件"，其主题涉及促进农民增加收入、提高农业综合生产能力、推进社会主义新农村建设、加快发展现代农业、夯实农业农村发展基础、全面深化农村改革、深入推进农业供给侧结构性改革和实施乡村振兴战略等。不难发现，我们党对农村工作的领导可谓是全方位和全覆盖的。

不仅如此，我们党在领导农村改革开放的40年实践探索中，还在总结实践经验的基础上形成了一系列具有中国特色的"三农"理论。这些"三农"理论创新的成果体现为邓小平理论中的"三农"理论、"三个代表"重要思想中的"三农"理论、科学发展观中的"三农"理论、习近平新时代中国特色社会主义思想中的"三农"理论。这些重大的理论成果既具有鲜明的时代性，抓住了我国经济社会特别是农业农村发展的时代脉搏，也具有明确的针对性，瞄准了我国"三农"问题在不同历史时期的主要矛盾，在开拓"三农"理论新境界的同时也丰富和发展了马克思主义的"三农"理论。正是在这些既富有时代气息又彰显青春活力的"三农"理论指导下，我国农村改革开放的伟大实践不断阔步前行，农业农村经济发展不断创造新业绩和迈上新台阶。

可以说，解决好我国的"三农"问题关键在于党的领导，弘扬党管农村工作的优良传统是我们破解"三农"改革发展难题的传家宝。中国特色社会主义最本质的特征是中国共产党的领导，将坚持社会主义与发展市场经济有机结合起来是我们党的伟大创造。党管农村工作不仅体现在维护亿万农民的根本利益是我们做好"三农"工作的出发点与落脚点的基本要求上，而且体现在从党的宗旨出发制定的一系列促进农业农村改革发展的方针政策上。在推进乡村振兴战略中，我们只有大力弘扬党管农村工作的优良传统，才能不断把农业农村改革与发展引向深入，加快推进农业农村现代化，增强亿万农民在发展社会主义市场经济的伟大实践中的参与感与获得感，使农业真正成为有奔头的产业、使农民真正成为有吸引力的职业、使农村真正成为安居乐业的美丽家园。

上述五个方面，在很大程度上可以说是共同构成了我国农村社会主义市场经济的五大支柱，它们已经给我们奠定新时代发展农业农村经济的坚实基础。具体说来，基本经营制度解决了农村发展社会主义市场经济的产权基础，市场机制调节体现的是市场经济的本质特征，市场经济主体是发展市场经济的活力源泉，政府宏观调控是市场经济健康发展的有力保障，党管农村工作展现出的是社会主义市场经济的中国特色。在中国特色社会主义新时代，乡村是一个能够也可以大有作为的广阔天地，发展壮大农村社会主义市场经济，不仅前景广阔而且道路光明。只要我们坚定不移地推进农业农村经济市场化改革，就一定能够在实施乡村振兴战略的伟大征程中，加快农业农村现代化的步伐，实现农业强、农村美、农民富的宏伟目标。

党的十八大以来以习近平"三农"思想为指导全面深化农村改革的政策及效果评述[*]

陈艳丽

党的十八大以来,中国特色社会主义进入了新时代,经济发展进入新常态,我国发展不平衡不充分问题在乡村最为突出,实现乡村振兴,解决城乡发展不平衡、农业农村发展不充分的问题,补齐农业农村现代化发展的"短板",决定着我国全面建设小康社会的成色和社会主义现代化的质量。党的十八大以来,习近平总书记就做好"三农"工作作出了一系列重要论述,提出了一系列新理念新思想新战略,是指导我国农业农村发展取得历史性成就、发生历史性变革的科学理论,也是实施乡村振兴战略、做好新时代"三农"工作的行动指南,为"三农"发展提供了坚强政治保障。

一、党的十八大以来习近平关于"三农"工作的重要论述

(一)坚持农业的重中之重战略地位,切实把农业农村优先发展落到实处

习近平指出,城乡发展不平衡不协调是我国经济社会发展存在的突出

---

[*] 本文为农业农村部软科学《改革开放40年"三农"政策演变研究》(编号2018091)阶段性成果。

矛盾，全面建成小康社会不能丢了农村这一头。2013年11月，习近平就《中共中央关于全面深化改革若干重大问题的决定（讨论稿）》向全会所作的说明提到，"城乡发展不平衡不协调，是我国经济社会发展存在的突出矛盾，是全面建成小康社会、加快推进社会主义现代化必须解决的重大问题……根本解决这些问题，必须推进城乡发展一体化。"2015年7月他在吉林省调研时候强调，"任何时候都不能忽视农业、忘记农民、淡漠农村。必须始终坚持强农惠农富农政策不减弱、推进农村全面小康不松劲，在认识的高度、重视的程度、投入的力度上保持好势头。"加强农村基层基础工作，健全自治、法治、德治相结合的乡村治理体系。这些重要论断强调了"三农"问题的极端重要性，必须始终坚持"重中之重"战略思想，加强党对"三农"工作的领导，切实把农业农村发展摆上优先位置。

（二）坚持推进农业供给侧结构性改革，加快推进农业农村现代化

习近平指出，新形势下农业主要矛盾已经由总量不足转变为结构性矛盾，主要表现为阶段性的供过于求和供给不足并存。2016年1月在省部级主要领导干部学习贯彻党的十八届五中全会精神专题研讨班上提出："我国农业发展形势很好，但一些供给没有很好适应需求变化，牛奶就难以满足消费者对质量、信誉保障的要求，大豆生产缺口很大而玉米增产则超过了需求增长，农产品库存也过大了"，这说明矛盾的主要方面在供给侧。2016年3月习近平在参加十二届全国人民代表大会第四次会议湖南代表团审议时指出，"推进农业供给侧结构性改革，提高农业综合效益和竞争力，是当前和今后一个时期我国农业政策改革和完善的主要方向。"2013年11月，习近平在山东省考察时讲到，"农业出路在现代化，农业现代化关键在科技进步。我们必须比以往任何时候都更加重视和依靠农业科技进步，走内涵式发展道路。"2014年12月习近平在江苏省调研时进一步强调，"没有农业现代化，没有农村繁荣富强，没有农民安居乐业，国家现代化是不完整、不全面、不牢固的。"这些论述明确了建设现代农业的方向路径和重点任务，农业现代化关键在科技进步和创新，真正让农业插上科技的翅膀，走出一条产出高效、产品安全、资源节约、环境友好的农业现代化道路。

(三) 把中国人的饭碗牢牢端在自己手中,牢牢把握国家粮食安全主动权

习近平指出,保障国家粮食安全是一个永恒的课题,任何时候这根弦都不能松;抓农业农村工作,首先要抓好粮食生产;中国人的饭碗任何时候都要牢牢端在自己手中,饭碗里必须主要装中国粮。2012年2月习近平在中美农业高层研讨会上的致辞强调,"农业是人类社会赖以生存发展的基础产业,……中国始终高度重视国家粮食安全,把发展农业、造福农村、富裕农民,稳定地解决13亿人口的吃饭问题作为治国安邦重中之重的大事。"2013年11月他在山东农业科学院座谈会上讲,"手中有粮,心中不慌。保障粮食安全对中国来说是永恒的课题,任何时候都不能放松。历史经验告诉我们,一旦发生大饥荒,有钱也没用。解决13亿人吃饭问题,要坚持立足国内。"要坚持以我为主、立足国内、确保产能、适度进口、科技支撑的国家粮食安全战略,确保谷物基本自给、口粮绝对安全。

(四) 坚持不断深化农村改革,激发农村发展新活力

习近平多次主持召开中央全面深化改革小组会议,审议农村改革议题时指出,解决好农业农村发展面临的各种矛盾和问题,根本靠深化改革,新形势下深化农村改革,主线仍然是处理好农民和土地的关系。2013年7月习近平在湖北省武汉市考察时讲到,"深化农村改革,完善农村基本经营制度,要好好研究农村土地所有权、承包权、经营权三者之间的关系,土地流转要尊重农民意愿、保障基本农田和粮食安全,要有利于增加农民收入。"2013年12月,习近平在中央农村工作会议上强调,"农村土地制度改革是个大事,涉及的主体、包含的利益关系十分复杂,必须审慎稳妥推进。不管怎么改,不能把农村土地集体所有制改垮了,不能把耕地改少了,不能把粮食产量改下去了,不能把农民利益损害了。"要有历史耐心,农村改革决不能犯颠覆性错误。这些重要论断为推进农村改革指明了方向、划出了底线。在中央全面深化改革领导小组第七次会议上习近平指出:"土地征收、集体经营性建设用地入市、宅基地制度改革关系密切,可以作统一部署和要求,但试点工作中要分类实施。严守18亿亩耕地红线是推进农村土地制度改革的底线、是试点的大前提,决不能逾越。"

(五) 推动农业绿色发展,扎实推进美丽宜居乡村建设

中共十八大以来,更加强调乡村的生态和文化等功能。2017年5月,习近平在主持中共十八届中央政治局第四十一次集体学习时讲到,"推动形成绿色发展方式和生活方式是贯彻新发展理念的必然要求,必须把生态文明建设摆在全局工作的突出地位……",提出生态兴则文明兴,生态衰则文明衰,要自觉把经济社会发展同生态文明建设统筹起来,加快构建生态文明体系,加快建立健全以生态价值观念为准则的生态文化体系,以产业生态化和生态产业化为主体的生态经济体系,以改善生态环境质量为核心的目标责任体系,以治理体系和治理能力现代化为保障的生态文明制度体系,以生态系统良性循环和环境风险有效防控为重点的生态安全体系。2014年习近平在参加十二届全国人民代表大会第二次会议贵州代表团审议时指出,既要金山银山,也要绿水青山,绿水青山就是金山银山,阐明了经济发展与生态保护辩证统一的关系。2013年12月,习近平在中央农村工作会议上讲,"中国要强,农业必须强;中国要美,农村必须美;中国要富,农民必须富。农业基础稳固,农村和谐稳定,农民安居乐业,整个大局就有保障,各项工作都会比较主动。"2015年1月习近平在云南考察工作时提出,"新农村建设一定要走符合农村实际的路子,遵循乡村自身发展规律,充分体现农村特点,注意乡土味道,保留乡村风貌,留得住青山绿水,记得住乡愁。"推进农业绿色发展是农业发展观的一场深刻革命,要推动形成同环境资源承载力相匹配、生产生活生态相协调的农业发展格局。这些重要论断深刻指出了农业绿色发展的极端重要性,必须坚持新发展理念,坚决打好农业面源污染防治攻坚战,加快形成农业绿色生产方式和生活方式,让美丽乡村成为美丽中国的底色。正是在中国特色社会主义事业总体布局和新发展理念下,乡村的生态、文化等功能凸显,乡村体验、休闲、康养产业快速兴起,城乡融合发展日渐展开。

（六）推进精准扶贫、精准脱贫，让广大农民有更多的获得感

小康不小康，关键看老乡，推进精准扶贫、精准脱贫，决不能落下一个贫困地区、一个贫困群众。2012年12月29日至30日，习近平到河北省阜平县考察扶贫开发工作时讲，"全面建成小康社会，最艰巨最繁重的任务在农村、特别是在贫困地区。没有农村的小康，特别是没有贫困地区的小康，就没有全面建成小康社会。"2015年6月在贵州召开部分省区市党委主要负责同志座谈会上的讲话提出，"扶贫开发贵在精准，重在精准，成败之举在于精准。各地都要在扶持对象精准、项目安排精准、资金使用精准、措施到户精准、因村派人（第一书记）精准、脱贫成效精准上想办法、出实招、见真效。"2015年10月，习近平在中共十八届五中全会第二次全体会议上讲话提到，"农村贫困人口脱贫是最突出的短板。虽然全面小康不是人人同样的小康，但如果现有的7000多万农村贫困人口生活水平没有明显提高，全面小康也不能让人信服"。2015年11月习近平在中央扶贫开发会议上强调"脱贫攻坚的冲锋号已经吹响……坚决打赢脱贫攻坚战，确保到2020年所有贫困地区和贫困人口一道迈入全面小康社会"。2017年6月在深度贫困地区脱贫攻坚座谈会上提出，"深度贫困地区脱贫攻坚要强化落地，吹糠见米，做到人员到位、责任到位、工作到位、效果到位"。始终维护农民权益，增加农民收入，提高农民群众的获得感幸福感，厚植党在农村的执政基础。

二、以习近平"三农"思想为指导全面深化农村改革的主要政策

党的十八大以来，面对我国经济发展进入新常态带来的深刻变化，以习近平同志为核心的党中央推动"三农"工作理论创新、实践创新、制度创新，坚持把解决好"三农"问题作为全党工作重中之重，切实把农业农村优先发展落到实处，持续加大强农惠农富农政策力度，扎实推进农业农村现代化，全面深化农村改革。

（一）完善农村土地所有权承包权经营权"三权分置"，土地第二轮承包到期后再延长30年

1. 稳定农村土地承包关系，开展确权登记颁证工作。党的十九大报告提出，要"保持土地承包关系稳定并长久不变，第二轮土地承包到期后再延长三十年"，让农民吃上长效"定心丸"，要"实现小农户和现代农业发展有机衔接"。自2009年以来，中央连续10个"中央1号文件"，要求积极稳妥、有序开展确权登记颁证工作。2013年"中央1号文件"明确提出，用5年时间基本完成农村土地承包经营权确权登记颁证工作，妥善解决承包地块面积不准、"四至"不清等问题。2015年"中央1号文件"提出，对土地等资源性资产，重点是抓紧抓实土地承包经营权确权登记颁证工作，扩大整省推进试点范围，总体上要确地到户，从严掌握确权确股不确地的范围。2015年，农业部、中央农村工作领导小组办公室等部门联合下发了《关于认真做好农村土地承包经营权确权登记颁证工作的意见》。2018年"中央1号文件"要求"全面完成土地承包经营权确权登记颁证工作，实现承包土地信息联通共享"。

2. 开展农村集体资产清产核资工作，推动农村集体产权制度改革。从2010年起，各省、自治区、直辖市自行组织开展农村集体资产清产核资工作，这是继1997年国务院统一部署开展全国农村集体资产清产核资后的又一次全面清查。2012年，按照中央有关"探索集体经济组织有效实现形式"的要求，制定下发《农业部关于稳步推进农村集体经济组织产权制度改革试点的指导意见》，引导有条件的地方推进以股份合作为主要形式，以清产核资、资产量化、股权管理为主要内容的农村集体经济组织产权制度改革。党的十八届三中全会决定提出，"赋予农民更多财产权利"，"保障农民集体经济组织成员权利，积极发展农民股份合作，赋予农民对集体资产股份占有、收益、有偿退出及抵押、担保、继承权"，这是对农村集体产权制度改革的新要求、新部署，2014年国务院批准印发了《积极发展农民股份合作赋予农民对集体资产股份权能改革试点方案》。2016年，出台《中共中央、国务院关于稳步推进农村集体产权制度改革的意见》，进一步深化了集体产权制度改革。

3. 完善所有权、承包权、经营权"三权分置",引导土地经营权有序流转。2012 年,中央要求在稳定农村土地承包关系的基础上,引导农村土地平稳有序流转,发展规模经营,"中央 1 号文件"在法律制度建设、土地流转管理服务、土地承包经营权登记等方面提出了具体要求,起草《土地管理法修正案》和《农民集体所有土地征收补偿安置条例》。2013 年"中央 1 号文件"提出"土地流转不得搞强迫命令,确保不损害农民权益、不改变土地用途、不破坏农业综合生产能力。"党的十八届三中全会《关于全面深化改革若干重大问题的决定》提出,加快构建新型农业经营体系,在坚持和完善最严格的耕地保护制度前提下,赋予农民对承包地占有、使用、收益、流转及承包经营权抵押、担保权能,允许农民以承包经营权入股发展农业产业化经营。为依法推进农村土地经营权有序流转,加强对农村土地经营权流转交易市场的工作指导,2016 年 6 月,农业部下发了《农村土地经营权流转交易市场运行规范(试行)》。2016 年 10 月,中共中央办公厅、国务院办公厅印发了《关于完善农村土地所有权承包权经营权分置办法的意见》,明确了"三权"权能内涵及相互关系,阐明了"三权分置"的实施路径,这是在新的历史条件下,继家庭联产承包责任制后农村改革又一重大制度创新。2018 年 12 月底,再次修正了《中华人民共和国农村土地承包法》,重点围绕农村集体土地所有权、土地承包权、土地经营权"三权"分置,农村土地承包关系保持稳定并长久不变、土地二轮承包到期后继续延长,完善土地承包经营权权能,维护进城务工落户农民土地承包权益,保护妇女土地权益等重大问题作了修改。

(二)深化农业供给侧结构性改革,走质量兴农之路

1. 推进农业供给侧结构性改革,保障农产品有效供给。2015 年中央农村工作会议强调:"要着力加强农业供给侧结构性改革,提高农业供给体系质量和效率,使农产品供给数量充足,品种和质量契合消费者需要,真正形成结构合理、保障有力的农产品有效供给。"2015 年"中央 1 号文件"提出了"深入推进农业结构调整"的战略性任务,这是自 1985 年以

来中央第三次明确提出调整农业结构。这次结构调整的基本要点在于"促进粮食、经济作物、饲草料三元种植结构协调发展";这次结构调整的特点是充分利用国际、国内两个市场、两种资源,挖掘国际、国内两种资源潜力,促进农业增产、农民增收,促进现代农业发展和"四化"同步。2015年中央农村工作会议指出,"要高度重视去库存、降成本、补短板。"2016年"中央1号文件"要求"适当调减非优势区玉米种植","粮改饲"试点力度进一步加大,以生猪和草食畜牧业为重点推进畜牧业结构调整,优化南方水网地区生猪养殖布局。2017年启动粮食生产功能区和重要农产品生产保护区划定,实施"藏粮于地、藏粮于技"战略,大规模建设高标准农田,加强农田水利设施建设,开展耕地质量保护与提升行动,整建制推进绿色高产高效创建。

2. 加强农业法治建设,推进农产品质量安全追溯体系和信用体系建设。这些年修订了农兽药残留限量标准6000多项,农业行业标准5000多项,标准更加健全,做到了基本有标可依。2012年以来推动《农药管理条例》《畜禽养殖污染防治条例》《植物新品种保护条例》《农作物病虫害防治条例》等行政法规的制(修)订工作,出台《农产品质量安全监测管理办法》《绿色食品标志管理办法》等9件农业部规章。2014年为与中国香港《食品内除害剂残余规例》相衔接,组织制定了《加快完善我国农药残留标准体系工作方案(2015—2020年)》。

(三) 深入推进农产品市场化改革,完善农产品价格形成机制

1. 推进农产品价格改革,完善粮食等重要农产品价格形成机制。2013年首次提前发布玉米临时收储政策并适当提高收购价格,保护和调动了生产者积极性。2014年继续提高粮食最低收购价和临时收储价。从2014年9月起,农业部等部门分别在东北和内蒙古开展大豆目标价格改革试点和新疆棉花目标价格改革试点工作,由原来执行临时收储政策改为目标价格政策,变"暗补"为"明补",探索推进与政府补贴脱钩的农产品价格形成机制改革。2015年推进农产品价格改革,继续执行稻谷、小麦最低收购价政策,鼓励多元市场主体入市收购,取消油菜籽临储收购政策,价格完全由市场供需决定。2016年在东北按照市场定价、价补分离的原则,开展玉米临时收储制度改革试点,推动完善玉米、油菜籽、食糖临时收储政策,总结大豆目标价格改革试点经验,推动完善目标价格补贴方式。2016年落实玉米"市场化收购+补贴"改革,继续实施棉花、大豆目标价格试点,探索开展鲜活农产品调控目录制度试点,建立重要农产品供需平衡表制度。

2. 强化农产品市场体系建设,推动农业"走出去"。强化市场信息监测预警体系建设,发挥消费导向作用,开展公益性农产品批发市场建设试点。大力发展农产品电子商务,推动建立品牌农业制度体系。推动农业优势产能和技术对外合作,2016年印发《国务院办公厅关于促进农业对外合作的若干意见》,成功举办G20农业部长会议和中国—中东欧国家国际农业经贸合作论坛,启动境外农业合作示范区和农业对外开放合作试验区建设试点。2017年,以"一带一路"为重点,推动农业走出去,建立了部际联席会议制度。

(四) 推进农民减负与增收,加大强农惠农富农政策力度

1. 做好减轻农民负担工作,切实防止农民负担反弹。2012年4月,国务院办公厅下发了《关于进一步做好减轻农民负担工作的意见》,是继2006年国务院办公厅下发《关于做好当前减轻农民负担工作的意见》后又一指导新时期减轻农民负担工作的重要文件,农业部下发了《关于贯彻落实〈国务院办公厅关于进一步做好减轻农民负担工作的意见〉的通知》《关于规范村民"一事一议"筹资筹劳操作程序的意见》,农业部协调国务院纠正行业不正之风办公室、国家发展和改革委员会联合下发《关于深入治理涉农乱收费的通知》,对乱收费问题的专项治理、整治加重村及组织负担、规范一事一议筹资筹劳、延伸涉农收费监管领域、严肃查处违规违纪行为等事项作出具体安排。按照关于"加强农民负担监管工作"的要求,农业部、财政部等部门联合下发了《关于做好2016年减轻农民负担工作的意见》,推动各项减负惠农政策落地生根。

2. 加大农业投入力度,促进农民增收。持续加大对农业农村特别是贫困地区转移支付力度，推进农业部、财政部两部共管项目整合，增加农业资金总量，优化项目结构，初步形成覆盖农业生产各领域、各环节的政策支持体系。在金融保险支农方面实现新突破，2014年国务院办公厅印发《关于金融服务"三农"发展的若干意见》，各类金融支农试点试验渐次展开。2015年国办下发了《关于完善支持政策促进农民增收的意见》。启动全国农业信贷担保体系建设，联合有关部门发布《金融支持新型农业经营主体共同行动计划》。推进"互联网+"现代农业发展，开展农业生产物联网试验示范，国务院办公厅下发《关于推进农村一二三产业融合发展的指导意见》，为督促落实促进农村产业融合发展的措施，2016年农业部印发《关于推动落实农村一二三产业融合发展政策措施的通知》，组织实施农村产业融合试点示范工程，促进产业融合发展。

3. 完善农业补贴制度，加大强农惠农富农政策力度。农业补贴的改革方向力度不减，结构调优，总的思路是实现由激励性补贴向功能性补贴转变、由覆盖性补贴向环节性补贴转变，进一步突出重点、提高资金使用效益、充分发挥补贴政策的引导作用。从2012年下半年开始，启动《农业机械购置补贴规划（2013—2020年）》编制工作，合理测算了补贴资金需求。2012年11月国务院公布了《农业保险条例》，这是我国农业保险发展的里程碑，意味着农业保险事业发展从此有了有力的法制保障。2015年5月，农业部和财政部联合印发《关于调整完善农业三项补贴政策的指导意见》，选择安徽、山东、湖南、四川和浙江等5省部分县市开展"三补合一"改革试点，推动种粮直补、良种补贴和农资综合补贴整合为"农业支持保护补贴"，支持耕地地力保护和粮食适度规模经营，2016年全面推开。三项补贴合一之后，20%的农资综合补贴存量资金用于支持粮食适度规模经营，另外80%加上种粮农民直接补贴和农作物良种补贴资金，将用于耕地地力保护。2017年建立全国农业信贷担保体系，推动农业保险增加品种、提高标准、扩大覆盖面，启动大灾保险试点。

（五）推进农业绿色发展，走中国特色社会主义乡村振兴道路

1. 提出走中国特色社会主义乡村振兴道路，实施乡村振兴战略。

2017年中央农村工作会议提出了中国特色社会主义乡村振兴道路必须以绿色发展引领生态振兴，统筹山水林田湖草系统治理，加强农村突出环境问题综合治理，建立市场化多元化生态补偿机制，增加农业生态产品和服务供给，实现百姓富、生态美的统一。2018年"中央1号文件"出台了《中共中央 国务院关于实施乡村振兴战略的意见》，提出坚持把解决好"三农"问题作为全党工作重中之重，坚持农业农村优先发展，按照产业兴旺、生态宜居、乡风文明、治理有效、生活富裕的总要求，加快推进农业农村现代化。到2020年，乡村振兴取得重要进展，制度框架和政策体系基本形成；到2035年，乡村振兴取得决定性进展，农业农村现代化基本实现；到2050年，乡村全面振兴，农业强、农村美、农民富全面实现。2018年6月，中共中央、国务院印发《乡村振兴战略规划（2018—2022年）》，对实施乡村振兴战略作出阶段性谋划，确保乡村振兴战略落实落地。

2. 坚持把绿色发展摆在突出位置，打好农业面源污染防治攻坚战。2012年开展耕地轮作休耕制度试点。2014年开始启动重金属污染耕地治理修复、畜禽粪污资源化利用、肉牛母畜扩群等补助试点。2015年农业部印发了《关于打好农业面源污染防治攻坚战的实施意见》，提出到2020年实现农业用水总量控制，化肥、农药使用量减少，畜禽粪便、农作物秸秆、农膜基本资源化利用的"一控、两减、三基本"的目标任务，正式打响农业面源污染防治攻坚战。2016年5月31日，国务院《土壤污染防治行动计划》发布，这个被称为是史上最严厉的"土十条"，包括了监测、评估、风险防控、治理试点等内容。2017年1月，《中共中央 国务院关于加强耕地保护和改进占补平衡的意见》出台，提出守住耕地的"两条底线"，一是18.65亿亩耕地数量的红线；二是耕地质量的红线，到2020年确保建成8亿亩、力争建成10亿亩高标准农田，努力达到"藏粮于地"的要求。2017年9月，中共中央办公厅、国务院办公厅印发了《关于创新体制机制推进农业绿色发展的意见》，提出把农业绿色发展摆在生态文明建设全局的突出位置，全面建立以绿色生态为导向的制度体系。2018年2月，中共中央办公厅、国务院办公厅印发了《农村人居环境整治三年行动方案》，提出到2020年，实现农村人居环境明显改善，村庄环境基本干净整洁有序，村民环境与健康意识普遍增强。

（六）打好精准脱贫攻坚战，走中国特色减贫之路

全面建成小康社会，农村是最大的短板。以习近平同志为核心的党中央提出"一个都不能少"目标和"精准扶贫"新理念，特别要加大对困难群众的帮扶力度，坚决打赢农村贫困人口脱贫攻坚战，集中力量做好基础性、兜底性民生建设。2012年党中央、国务院作出重大战略决策，全面启动连片特困地区扶贫攻坚，将集中连片特困地区作为扶贫攻坚的主战场。各地按照《中国农村扶贫开发纲要（2011—2020）》和中央扶贫开发工作会议精神，对地方扶贫标准和重点县进行了调整。2013年12月18日，中共中央办公厅、国务院办公厅印发了《关于创新机制扎实推进农村扶贫开发工作的意见》，建立精准扶贫工作机制。2015年召开中央扶贫开发工作会议，印发《中共中央、国务院关于打赢脱贫攻坚战的决定》，对"十三五"脱贫攻坚进行了全面部署，确定了"到2020年确保我国现行标准下农村贫困人口实现脱贫，贫困县全部摘帽，解决区域性整体贫困"的目标。2018年中央农村工作会议提出到2020年，要实现贫困人口全部脱贫，贫困县全部摘帽，农民人均可支配收入比2010年实现翻一番。

1. 精准识别。将建档立卡作为2014年的一号工程，印发《建立精准扶贫工作机制实施方案》，制定《扶贫开发建档立卡工作方案》和《扶贫开发建档立卡指标体系》，对建档立卡工作作出全面部署，全国识别贫困村12.8万个，贫困户2932万户，贫困人口8862万人。

2. 精准帮扶。安排"雨露计划"资金15亿元，补助贫困家庭子女和培训贫困劳动力364万人。发放扶贫小额信贷近1000亿元，比2013年翻了一番多。安排扶贫搬迁资金126.3亿元，对居住在不具备基本生存发展条件的199.7万人实施搬迁。

3. 精准管理。国务院扶贫开发领导小组办公室组织编制了《全国扶贫开发信息化建设规划》和《全国扶贫信息网络系统项目可行性研究报告》，以信息化推动精准管理的实施，推进健全干部驻村帮扶机制，改革

财政专项扶贫资金管理机制，明确了村级道路畅通工作、饮水安全工作、农村电力保障工作、危房改造工作、特色产业增收工作、乡村旅游扶贫工作、教育扶贫工作、卫生和计划生育工作、文化建设工作、贫困村信息化工作等10项重点工作。

三、以习近平"三农"思想为指导全面深化农村改革政策的主要成效

党的十八大以来，农业供给侧结构性改革取得新进展，农村改革取得新突破，农村承包地"三权分置"取得重大进展，城乡发展一体化迈出新步伐，农村公共服务和社会事业达到新水平，农村人居环境整治全面展开，精准扶贫精准脱贫方略落地生效，党在农村的执政基础得到进一步夯实，农业农村发展取得了历史性成就，发生了历史性变革，为党和国家事业全面开创新局面提供了有力支撑。

（一）创新体制机制，农村改革展开新布局

深化农村土地制度改革，实行农村承包地所有权、承包权、经营权"三权分置"，巩固和完善了农村基本经营制度。推进承包地确权登记颁证，截至2017年已完成确权面积11.3亿亩，占第二轮承包面积的84%。稳妥推进农村集体产权制度改革，先后两轮在129个县开展试点。加快构建新型经营体系，大力培育新型农业经营主体和新型职业农民，为贫困地区培育2万多名产业发展带头人。家庭农场、农民合作社、农业企业等各类新主体超过300万家，新型职业农民超过1400万人。

（二）推进农业供给侧改革，供给体系质量得到新提升

5年来，坚持市场导向，着力调整种植、畜牧、渔业结构，减玉米、增大豆、扩饲草、调生猪、提牛奶等成效明显，供给体系质量得到新提升。减玉米、增大豆，籽粒玉米2016—2017年两年累计调减了种植面积近5000万亩，大豆面积增加了1600多万亩，"粮改饲"面积超过1300万亩，生猪养殖向粮食主产区和环境容量大的地区转移，畜禽养殖规模化率提高到56%，创建4020个水产健康养殖示范场，养猪大县和奶牛大县的

产量分别占到全国的80%和60%。全国肉类总产量和水产品总产量稳居世界第一，棉花、油料、糖料、蔬菜、水果等主要经济作物保持较高产量水平，农产品质量和品牌进一步优化，农产品进出口总额自2014年起稳居世界第二，成为经济发展、社会稳定的"压舱石"。建立并运行国家农产品质量安全追溯管理平台，主要农产品监测合格率连续5年稳定在96%以上。动物疫病净化取得重大成效，全国消灭了马鼻疽，基本消灭马传贫。促进农林牧渔业全面发展，主要农产品加工转化率超过65%，农产品加工业与农业产值之比达到2.2:1，加快传统农业向现代农业转变。稳步推进农产品流通体制改革，强化市场机制在资源配置中的作用，确定"市场定价、价补分离"的农产品价格形成机制改革的基本方向，建立健全农村市场体系。

（三）提升现代农业建设，粮食生产能力登上新台阶

2017年农村三次产业增加值中，第一、第二、第三产业的比重分别为33.5%、51.7%、14.9%，第一产业即农业增加值占国内生产总值的比重由1978年的28.1%下降到2017年的7.9%。全国粮食总产量继2013年首次突破6000亿公斤大关后每年均稳定在6000亿公斤以上，2017年粮食产量达6179亿公斤，"菜篮子"等主要农产品供应充足，表明我国的粮食产能已稳定登上新台阶，成功地解决了13亿人口的吃饭问题，做到了"中国人的饭碗任何时候都要牢牢端在自己手上"。农业机械化、科技化、良种化、规模化、设施化水平明显提高。土地适度规模经营占比达到40%，主要农作物良种基本实现全覆盖，自主选育品种占比达95%；农作物耕种收综合机械化水平超过66%，5年提高近10个百分点；农业科技进步贡献率达到57.5%，5年提高3个百分点。主要农作物良种覆盖率稳定在96%以上。建成5亿亩旱涝保收的高标准农田，农田有效灌溉面积占比超过52%，设施农业超过5500万亩，农业靠天吃饭的局面有了明显改观。这些指标表明，良种农技农机等现代生产要素已成为农业发展的主要驱动力，现代农业建设实现了由量变积累到质变提升的转变，标志着我国的农业生产已经实现以机械作业为主、主要依靠科技进步推动的根

本性转变。

（四）拓宽农民增收渠道，农村面貌发生根本变化

持续调整和优化农村产业结构，促进农村第一、第二、第三产业融合发展，提高产品附加值，延长产业链，提升价值链，休闲农业、农村电商等成为新的增长点，进入发展"快车道"，农业农村"双新双创"迸发新活力。2017年公布了1096个农村双创园区（基地）目录，启动创建41个国家现代农业产业园，认定62个特色农产品优势区，各类返乡下乡创业人员超过700万人，农业产业扶贫取得明显成效。农民收入5年累计增长超过50%，每年迈上一个千元台阶，城乡居民收入差距连续五年缩小，2016年城乡居民收入倍差为2.72，比2012年下降0.16个倍差。2017年农村居民人均可支配收入超过13000元，比2011年的6997元翻了一番，增速继续保持"两个高于"：高于GDP增长；高于城镇居民的收入增长。党的十八大以来，农村民主法治建设迈出重大步伐，社会主义核心价值观的宣传教育成效显著，农民精神风貌切实提升，农村社会事业明显进步，基本服务设施大力改善，义务教育发展机制和公共服务就业体系建立健全，覆盖城乡居民的社会保障体系基本建立，农民生态文明意识不断加强，农村人居环境持续改善，农民生活质量得到极大提升，恩格尔系数2017年下降到29.3%，农村基层民主政治建设、精神文明建设、社会建设和生态文明建设等获得全面发展。

（五）转变农业发展方式，农业绿色发展有了新进展

治理农业资源环境突出问题，2017年，轮作休耕试点面积扩大到1200万亩，化肥农药使用量提前实现零增长，96个县整县推进畜禽粪污资源化利用，农药、化肥利用率分别提高3.8个和4.8个百分点，畜禽粪污综合利用率、秸秆综合利用率和农膜回收率均达到60%以上，草原综合植被盖度达到55.3%，清理取缔涉渔"三无"船舶3万余艘、"绝户网"90多万顶。通过控量提效，大力发展节水农业，水资源利用效率明显提高，农田灌溉水利用系数提高到0.55以上，退耕还林还草4240万亩。2016年测土配方施肥技术推广应用面积近16亿亩，有机肥施用面积3.8亿亩次，绿肥种植面积约4800万亩。通过减量控害，加强绿色防控，三大粮食作物实施专业化统防统治面积达到14亿亩次，粮菜果茶等绿色防控技术应用面积超过5亿亩。通过五化并进，全面开展秸秆资源化利用，秸秆还田面积8亿多亩，秸秆资源综合利用率达到82%。一批实用技术和典型模式初步形成，一系列投入减量、综合治理等长效机制逐步建立，农业转型绿色发展初见成效，绿色这个农业本色正在变得更加清亮。

（六）实施精准扶贫，农村反贫困工作成就显著

改革开放40年，我国实施大规模扶贫开发，特别是党的十八大以来，聚焦贫困地区，大力实施精准扶贫，农村从普遍贫困走向整体消除绝对贫困。按照现行农村扶贫标准，我国农村贫困人口由1978年的7.7亿人下降到2017年的3046万人，减少7.4亿人，农村年均减贫人口近1900万人，贫困发生率由1978年的97.5%下降到2017年的3.1%，为世界减贫事业贡献了"中国方案"。贫困地区农村居民收入持续保持较快增长，与全国农村平均水平的差距缩小。2017年，贫困地区农村居民人均可支配收入9377元，名义水平是2012年的1.8倍，5年年均增长12.4%。扣除价格因素，实际水平是2012年的1.6倍，年均实际增长10.4%，比全国农村平均增速快2.5个百分点。贫困地区农村居民居住条件不断改善，水、电、路、网等基础设施和公共服务建设投资力度不断加大，教育文化状况明显改善，医疗卫生水平显著提高。

党的十八大以来，我国农业农村经济发展的成就是历史性的，变革是深层次的，农业生产方式、经营方式、资源利用方式，农产品供求关系、工农城乡关系等发生深刻变化，农业绿色发展理念深入人心，农业农村发展取得的重大成就和"三农"工作积累的丰富经验，为实施乡村振兴战略奠定了良好基础，需要立足国情农情，顺势而为，以更大的决心、更明确的目标、更有力的举措，推动农业全面升级、农村全面进步、农民全面发展，实现"农业强、农村美、农民富"。

参考文献

[1] 中央农村工作会议在北京举行 习近平作重要讲话, 2017 年 12 月 29 日, http://www.xinhuanet.com/politics/leaders/2017-12/29/c_1122187923.htm.

[2] 决胜全面建成小康社会 夺取新时代中国特色社会主义伟大胜利, 习近平在中国共产党第十九次全国代表大会上的报告（全文）, 2017 年 12 月 3 日, http://www.qstheory.cn/llqikan/2017-12/03/c_1122049424.htm.

[3] 中共中央 国务院关于深入推进农业供给侧结构性改革加快培育农业农村发展新动能的若干意见, 2017 年中央一号文件发布（全文）, 2016 年 12 月 31 日, 中国农业新闻网.

[4] 中共中央国务院关于实施乡村振兴战略的意见, 2018 年中南工业一号文件发布（全文）, 2018 年 2 月 4 日, https://baijiahao.baidu.com/s?id=1591480264751001104&wfr=spider&for=pc.

[5] 习近平：推进农业供给侧结构性改革, 2016 年 3 月 10 日, http://www.chinanews.com/ll/2016/03-10/7792542.shtml.

[6] "平语"近人——农业供给侧结构性改革怎么做, 习近平这样说, 2017 年 2 月 8 日, http://www.xinhuanet.com/politics/2017-02/08/c_129470899.htm.

[7] 习近平"三农"思想新观点新论述新要求 [J]. 人民论坛, 2015（30）：14-15.

[8] 韩长赋部长在全国农业工作会议上的讲话, 2013-01-20, http://www.moa.gov.cn/nybgb/2013/dyq/201712/t20171219_6111637.htm.

[9] 扎实深化农村改革加快发展现代农业——韩长赋部长在全国农业工作会议上的讲话, 2014 年 1 月 2 日, http://www.moa.gov.cn/govpublic/BGT/201401/t20140102_3729091.htm.

[10] 韩长赋部长在全国农业工作会议上的讲话, 2014 年 12 月 31 日, http://www.moa.gov.cn/govpublic/BGT/201501/t20150109_4328786.htm.

[11] 韩长赋部长在全国农业工作会议上的讲话, 2015 年 12 月 24 日,

http：//www. moa. gov. cn/nybgb/2016/diyiqi/201711/t20171125_ 5919521. htm.

［12］以推进农业供给侧结构性改革为主线"四推进一稳定"做好农业农村工作——农业部部长韩长赋在全国农业工作会议上的讲话，2016年12月19日，http：//www. gsml. gov. cn/Item/138955. aspx.

［13］韩长赋部长在全国农业工作会议上的讲话，2018 - 01 - 20, http：//www. moa. gov. cn/nybgb/2018/201801/201801/t20180129_ 6135905. htm.

［14］王翔，魏登峰. 大手笔谋篇富农大文章——十八大以来推进农民增收综述［J］. 农村工作通讯，2017（15）：13 - 16.

［15］转载《农民日报》. 党的十八大以来推进农业绿色发展成效综述［J］. 吉林农业，2017（20）：22 - 24.

［16］李璟璐. 国新办举行新闻发布会，农业部部长韩长赋、中央农办主任韩俊等答记者问——十八大以来农业农村经济交出靓丽答卷［J］. 中国农机监理，2017（10）：7 - 10.

［17］中共中央国务院印发《乡村振兴战略规划（2018—2022年）》，2018年9月26日，新华社中国网事，新华社微信公众号.

改革开放40年我国农产品市场与宏观调控政策变迁

王慧敏

改革开放以来，我国农产品市场与宏观调控政策坚持市场化取向，采取以经济手段替代行政手段的措施，充分发挥市场在资源配置中的基础性作用，同时运用法律和行政手段，加强政府对农业的宏观调控。伴随我国农产品流通体制改革的深化，农产品价格调控等宏观调控政策不断调整完善。

一、改革开放之初的农产品市场

（一）政策出台的历史背景

改革开放大幕拉开，农村改革率先开始。1978年12月，党的十一届三中全会决定实行对内改革、对外开放政策。中国的对内改革从农村开始，由农村基本经营制度入手，实行家庭联产承包责任制，改革大幕拉开。自1953年起，国家实行粮食、棉花、油料等重要农产品的统购、派购制度。统购派购制度对稳定农产品价格，减轻国家财政负担，积累工业发展资金，保证城市居民基本生活起到了重要作用。随着农村改革的推进，农产品日益丰富，而原有的政策弊端日益凸显，表现在阻碍农业合理布局和产业结构调整，农产品流通效率较低，价格僵化产需失衡等方面，甚至陷入"越少越统、越统越少"的恶性循环，农产品流通体制改革迫在眉睫。

（二）政策演进的脉络及其阶段特点

1978年年底，党的第十一届三中全会原则通过的《中共中央关于加快农业发展若干问题的决定（草案）》，确定了加快农业生产发展的目标，提出25条政策措施，要求减少粮食征购指标，提高农、林、畜及水产品的收购价格，农产品流通体制开始突破计划经济体制的束缚。这一时期的改革主要分为两个阶段。

1. 1978—1984年：提高农产品收购价格，缩小统购派购范围。从1979年夏粮上市起，国家对小麦、稻谷、谷子、玉米、高粱、大豆等6种粮食加权平均统购价格提高20.9%，起购部分从加价30%提高到50%，实行"粮食征购、销售、调拨包干一定三年"的管理办法。棉花实行超购加价政策，以1976—1978年平均收购量作为定购基数，超过基数部分加价30%收购。蔬菜、畜禽、水产等鲜活农产品打破国营商业的垄断经营，恢复农村集贸市场。中共中央在1983年1月发布的《当前农村经济政策的若干问题》中规定："对重要农副产品实行统购派购是完全必要的，但品种不宜过多。对关系国计民生的少数重要农产品继续实行统购派购，对农民完成统购派购任务后的产品（包括粮食、不包括棉花）和非统购派购产品，应当允许多渠道经营。"1984年年底，统购派购的农产品由过去最多时的180多种减少到38种。这一阶段政策的主要目标是增加粮食供给，提高农民收益，改革没有触及农产品统购统销体制本身。

2. 1985—1990年：全面改革农产品统购派购制度，转变价格形成机制。1985年1月，中共中央、国务院发布《关于进一步活跃农村经济的十项政策》，提出全面改革农产品统购派购制度。该文件规定："除个别品种外，国家不再向农民下达农产品统购、派购任务，按照不同情况，分别实行合同定购和市场收购。"实行了30多年的统购派购体制被取消，中国农产品购销走向"双轨制"。这一时期，农产品价格形成机制从计划形成价格向市场形成价格过渡。从1985年起,国家取消粮食、棉花统购派购,实行合同定购和市场销售相结合的政策。国家定购粮食按"倒三七"比例计价,定购以外的粮食可以自由上市。棉花由供销合作社按照国家定购任务与农民签订定购合同,合同定购的棉花,北方按"倒三七",南方按"正四六"比例加价,定购以外的棉花允许农民自销,但棉花收购、加工和销售由供销社统一经营。蔬菜、畜禽、水产等鲜活农产品初级市场完全放开,鼓励通过多渠道筹措资金改善和建设流通基础设施,发展农产品批发市场,培育市场主体。

(三) 政策执行及其效果评价

这一时期农产品宏观调控由计划向市场过渡,为今后农产品流通体制改革的深化打下基础。积极的影响主要体现在三个方面:一是农业生产得到恢复。在家庭联产承包责任制和先行放开的农产品收购价格与集市贸易的相互配合下,长期存在的农产品供应匮乏状况得到了根本好转。1990年,我国粮食、棉花、糖料总产量达到44624.3万吨、450.8万吨、7214.5万吨,分别比1978年增长146.4%、208.0%、302.9%。二是农产品价格不断提高。合同定购和市场收购提高了农产品价格,使农产品真实价格得到体现,保障了农民利益。与1978年相比,1990年农产品收购价格总体上涨了174%,其中粮食上涨了224.4%、棉花上涨了174.7%、糖料上涨了225.7%。三是农产品市场活力增强。由于政策放宽,农民生产积极性增加,剩余农产品大量出现,农村集贸市场和传统农副产品市场得到恢复和发展,成交金额增长迅速。1990年,全国集贸市场数量和成交额分别达到83001个和5343亿元,比1985年增长35.3%和745.0%。但改革探索和政策执行中也出现一些反复,不能完全适应市场需求。价格放开后出现了农产品市场价格的较大波动,引起生产者和消费者的不安。粮食产量在1985年大幅下滑,一些地区采取强制手段落实合同定购,退回事实上的统购,改革的任务仍然艰巨。

二、20世纪90年代的农产品市场与政府调控政策

（一）政策出台的历史背景

"双轨制"在一定程度上促进了农业生产恢复和农产品流通，但也引发了寻租、农产品地区封锁等问题，损害了农民利益。同时，将议价收购的粮食平价销售的"议转平"制度增加了财政负担，国有粮食企业亏损严重。1986—1991年期间，财政对粮、棉、油价格补贴达1363亿元，粮食部门政策挂账545亿元，一些地方不得不减少平价粮的供应。1988年起，山西、河南等9省的部分地区因地制宜进行粮食购销体制改革实验，压缩平价粮销售，逐步进行粮价改革，积累了经验。1990年我国粮食喜获丰收，粮食供求形势明显好转，为进一步进行粮食流通体制改革提供了宽松的环境。

（二）政策演进的脉络及其阶段特点

1. 1990—1993年：农产品购销走出"双轨制"，市场调控手段不断增加。

（1）粮食统购统销制度废除，价格随行就市。1991年5月起，国家两次提高城镇居民定量内的粮食零售价格，购销倒挂程度大大减轻。1991年年底，国务院发布《关于进一步搞活农产品流通的通知》（国发〔1991〕601号），要求在保证完成国家定购任务的情况下，对粮食实行长年放开政策。1992年，广东率先实行购销同价和放开粮价、放开经营试点，此后放开粮食购销价格的省份不断增加。1993年2月，国务院颁布《关于加快粮食流通体制改革的通知》（国发〔1993〕9号），提出在国家宏观调控下放开价格，放开经营，争取在二三年内全部放开粮食价格。1993年年底，全国超过98%的县（市）取消口粮定量办法，废除粮食统销制度，让市场在调节产销上发挥主要作用。为保护农民的种粮收益和粮食市场稳定，1990年起国家建立粮食专项储备制度，1993年起建立粮食市场风险基金。

（2）棉花流通体制改革进展缓慢，仍保持国家计划管理。1992年5

月,国务院批转国家发展和改革委员会《关于改革棉花流通体制的意见》,提出逐步建立起在国家宏观调控下以市场调节为主要手段,内外贸相互联结,高效畅通的棉花流通体制。但由于自然灾害和病虫害的影响,1992—1993年,棉花产量波动较大,收购市场出现混乱,供求矛盾突出,国家不得不重新加强对棉花购销的计划管理。

2. 1994—1997年:农产品流通"双轨制"回归,政策不断调整优化。

(1) 粮食定价和流通恢复国家管理和调节,"双轨制"回归。由于稻谷减产和饲料粮消费快速增长,1993年年底粮食价格快速上涨,随后出现全面通货膨胀。1994年5月,国务院发出《关于深化粮食购销体制改革的通知》,粮食从收购到批发由国有粮食部门统一经营,按保护价收购议购粮,粮食销售价格实现最高限价,这实际上又恢复了粮价的"双轨制"。为了配合政策实施,1994年组建中国农业发展银行对粮食收购资金实行封闭式管理,1995年实行最低保护价制度和"米袋子"省长负责制,1997年提出完善粮食储备体系,建立中央专项储备粮垂直管理体制和高效、灵活的调控机制。

(2) 棉花流通体制改革停滞,仍以计划调节为主。由于供求矛盾突出,1994年9月,国务院发出《关于切实做好1994年度棉花购销工作的通知》(国发〔1994〕53号),确定了棉花的"三不放开"和"两个统一"政策,即棉花购销中继续不放开经营、不放开市场、不放开价格、实行国家统一定价,由供销社统一经营。

(3) 鲜活农产品改革稳步推进,市场体系建设加快。1993年以来,围绕"菜篮子工程"建设,新型鲜活农产品流通体系建设步伐加快,专业运输户及联合体、多种产销组织和经营服务公司等市场主体兴起,农产品期货交易所和部分期货品种开始上市运行。1994年4月发布的《国务院关于加强"菜篮子"和粮棉油工作的通知》(国发〔1994〕23号)要求建立油、肉、糖等主要农副产品的专项储备制度,实行旺吞淡吐,调控市场、平衡供求。

(三) 政策执行及其效果评价

这一时期农产品流通和市场调控沿着市场化的方向继续前进，虽然政策有一些反复，但也是顺应国内供求形势进行的调整。政策效果主要体现在三个方面：一是确立了农产品流通改革的市场化方向，农产品价格由市场供求决定。社会主义市场经济体制的确立为农产品流通体制改革指明了方向，放开农产品流通的尝试也为政府应对供求和价格波动提供了尝试的机会，这些有益探索为后续市场化改革和发展积累了重要经验。二是农产品市场调控措施不断完善，市场调控能力稳步提高。农产品储备制度、最低保护价制度、"米袋子"省长负责制等制度安排不仅保障了农民利益，增加了农产品的有效供应，而且增强了政府对农产品价格的调控能力，对减少价格剧烈波动，保障城镇居民的消费发挥了重要作用。三是农产品批发市场发展较快，为大流通打下基础。以批发市场为中心的市场体系建设目标的确立使批发市场发展迅猛，1993年全国已有农产品批发市场2081家，是1987年的两倍多，1997年年底全国农产品批发市场达4000家，基本建成了覆盖全国各地的批发市场网络，同时农产品流通主体多元化格局初步形成。虽然农产品流通体制改革取得了突破，但全国统一的农产品市场仍未建立，农产品市场调节机制尚未形成，改革任重道远。

三、1998年至2012年期间农产品市场调控政策

(一) 政策出台的历史背景

1. 农产品供求形势根本好转，流通制度瓶颈亟待突破。从20世纪90年代中期开始，农产品市场买方特征日益明显，消费需求发生变化，一般性农产品供不应求的状况基本结束，1997年起粮食一直供大于求，价格持续低迷。粮食流通在计划和市场间的反复暴露出制度的缺陷，为降低国家财政负担水平并保护农民种粮积极性，适应发展社会主义市场经济和宏观调控的需要，改革势在必行。

2. 为加入世界贸易组织做准备，迫切要求建立适应国际规则的农产品市场调控体系。1986年我国正式提出恢复关贸总协定缔约国地位的申

请，自此开始了漫长艰辛的入世路。随着谈判的深入，迫切要求我国尽快建立适应世界贸易组织规则的市场调控体系。

（二）政策演进的脉络及其阶段特点

这一时期政策的重点是以完全放开粮食、棉花收购和销售市场为起点，出台和完善多项农产品市场调控政策，同时加强农产品市场体系建设，完善农产品流通体制。

1. 粮食、棉花购销体制全面改革，市场调控政策不断完善。

（1）粮食流通体制改革方面。1998年5月，国务院下发《关于进一步深化粮食流通体制改革的决定》（国发〔1998〕15号），指出围绕"四分开一完善"的思路进行改革，即实行政企分开、储备与经营分开、中央与地方责任分开、新老粮食财务挂账分开，完善粮食价格形成机制。1998年6月，国务院又出台三项政策，即按保护价敞开收购农民余粮，国有粮食收储企业实行顺价销售、粮食收购资金实行封闭运行。2000年，根据粮食供求关系出现的新变化，政府调整了保护价收购范围，放开了部分粮食品种的收购和价格，浙江率先进行粮食购销市场化探索，随后扩大到上海、广东等地。2001年7月，国务院正式出台了《关于进一步深化粮食流通体制改革的意见》，提出"放开销区、保护产区、省长负责、加强调控"的措施，积极稳妥地推进以市场化为取向的粮食流通体制改革。2004年，党中央、国务院发出《中共中央、国务院关于促进农民增加收入若干政策的意见》（中发〔2004〕1号）明确要求，全面放开粮食收购和销售市场，粮食收购价格由市场供求关系决定，同时对种粮农户实行补贴，对主要粮食品种实行最低收购价等政策。粮食流通体制发生了根本性变化。2006年，国务院下发了《关于完善粮食流通体制改革政策措施的意见》（国发〔2006〕16号），对完善粮食流通体制改革作了进一步规定。

（2）棉花流通体制改革方面。1998年4月，国家首先改革棉花价格机制，将棉花收购价格由政府定价改为政府指导价，棉花供应价格实行市场调节。1998年12月开始进行棉花流通体制改革，棉花收购销售价格主要由市场形成，国家通过储备、进出口调节等经济手段调控棉花市场。

（3）鲜活农产品流通体制改革。1998年后鲜活农产品流通体制改革进一步深化，逐渐形成新型鲜活农产品流通体系。到2004年，除烟叶、蚕茧外，所有农副产品全部实行市场化经营，由市场调节供求、形成价格。这一时期主要出台了以下政策调控措施：

一是完善粮食储备制度。粮食储备是调节粮食供求，稳定粮食价格，应对重大自然灾害或其他突发事件的有效手段。2000年，我国组建了中国储备粮管理总公司，承担中央储备粮调运、轮换、仓储管理和进出口等职能。中国储备粮管理总公司在粮食主产和主销区设立分公司，分公司下设直属库以及委托地方粮食企业代储中央储备粮，我国中央储备粮垂直管理体系初步形成。此后，按照中央和省级政府粮食事权划分，健全和完善中央和省级粮食储备制度和调控机制（国发〔2004〕17号）的要求，逐步完善中央储备粮管理体系。2006年，国务院提出加快建立符合市场化改革要求的中央储备粮调控机制，同时要求相机销售粮食，防止粮食价格的大幅波动。

二是实行最低收购价制度。最低收购价制度是新一轮粮食流通体制改革的一项重要措施。1998—2003年，受生产效益下降影响，粮食产量连续5年下降。为保障市场供应，保护农民种粮积极性，2004年春播前，国家出台了最低收购价政策。2004年国务院发布《国务院关于进一步深化粮食流通体制改革的意见》（国发〔2004〕17号），将这一做法制度化。2005年我国启动稻谷最低收购价，2006年启动小麦最低收购价。最低收购价政策在粮食主产区实行，一般在粮食播种前公布，随着生产成本的上涨，最低收购价也逐年提高。

三是实行临时收储政策。作为最低收购价政策的补充，为稳定粮食生产，防止"谷贱伤农"。2007年国家首次执行主产区玉米临时收储政策。从2008年10月开始，先后启动了六批粮食临时收储计划，品种涉及玉米、大豆等，也为局部地区承受价格下跌压力的稻谷、小麦等粮食提供价格支持，此外还为油菜籽、棉花等非粮食作物提供托市。临时储备粮食收购计划相对地独立于中央储备粮食轮换收购工作，目标指向是暂时粮食下跌或者下跌趋势，一般在每年主产区粮食集中上市的时期下达。根据市场行情，临时收储价格也保持了逐年上调的态势，而且稻谷和小麦的价格一般高于当年的最低收购价。

四是实行政策性粮食竞价交易。政策性粮食竞价交易作为一种市场调控手段始于 2006 年，与最低收购价、临时收储计划等政策相互配合，实现了国家储备的吞吐调节，为国家调控粮食市场提供了一种公开市场操作手段。最低收购价收购、进口临时存储、临时收储、跨省移库的储备粮食，相继成为政策性粮食竞价销售的标的，相关交易细则不断修订和完善。政策性粮食投放市场的数量随调控需要和国家库存而定，各种收储政策形成的粮食储备在粮食批发市场上常年常时公开竞价销售，交易底价和投放数量也根据市场需要进行调整，对市场释放了一种关于价格调整和国家库存情况的信号。

五是完善进出口调控政策。进出口调控政策主要包括配额、关税以及出口退税等。2002—2005 年入世后，我国在农业方面作出巨大的减让承诺。2005 年，我国农产品平均进口关税税率已下降为 15.3%，仅为世贸组织所有成员平均水平的 1/4，大部分农产品关税削减已经到位，进口配额也已固定在入世承诺的水平上。大豆进口执行 3% 的单一关税税率，豆油、棕榈油、菜籽油实行 9% 的单一关税税率。国家对棉花实施了超配额进口滑准税制度，配额内棉花的进口税率为 1%，配额外实施基本范围为 5%—40% 的滑准税税率。为了严格遵守世贸组织的规则，我国开始逐渐放开农业市场的准入条件，同时加强与世界各国的交流合作。

2. 完善农产品流通体制，加强农产品市场体系建设。随着粮食购销市场的放开和中国加入 WTO，市场在资源配置中发挥的作用越来越大，建立适应生产和消费需要的农产品流通体制和市场体系日益重要。这一时期，国家围绕农产品市场和网络建设、培育农产品流通主体和新型流通业态、拓宽农产品流通渠道、完善农产品流通设施等出台多项政策措施。2004—2010 年，连续 7 个"中央 1 号文件"都对农产品流通和市场体系建设作出要求，2004 年要求培育农产品营销主体，鼓励发展各类农产品专业合作组织、购销大户和农民经纪人；2005 年要求加快农产品流通，发展现代物流、连锁经营、电子商务等新型流通业态；2006年提出加强农村现代流通体系建设，积极发展农产品和农业生产资料和消费品的连锁经营；2007年提出建设农产品流通设施和发展新型流通业态，落实鲜活农产品运输绿色通道政策，规范和完善农产品期货市场；2008年要求建立适应现代农业发展要求的大市场、大流通，开展鲜活农产品冷链物流试点；2009提出加大力度支持重点产区和集散地农产品批发市场、集贸市场等流通基础设施建设，支持大型连锁超市和农产品流通企业开展农超对接；2010年提出支持重点农产品批发市场建设和升级改造，加大力度加强粮棉油糖等大宗农产品仓储设施，支持建设农产品物流设施、发展农业会展经济。这一时期国家还连续进行了一批重点工程建设，包括"万村千乡市场工程""农产品批发市场改造升级"工程、"双百市场"建设、"新农村现代流通服务网络"工程建设、"农村商务信息服务"工程、"金农工程""三点合一"工程等。

（三）政策执行及其效果评价

这一时期农产品流通和市场调控均取得重大突破，改革成效显著。一是农产品流通体制改革进展顺利，流通效率明显提高。新一轮粮改实施以来，流通环节常年积累的深层次问题开始化解，各类政策实施效果明显。国有粮食企业历史包袱基本解决，粮食市场价格形成机制逐步完善，改制后的国有粮食企业继续发挥主渠道作用，2007年以来，每年全国国有粮食企业收购粮占全社会粮食收购总量的一半以上，实现了自1961年以来的首次全行业盈利。二是宏观调控能力逐步增强，粮食产量稳步提高。随着稻谷、小麦最低收购价政策以及大豆、玉米、油菜籽等产品临时收储政策的实施，我国主要粮油产品价格实现了稳定上升，在价格的刺激之下，农民种粮积极性不断提高，粮食总产量持续增长，对于国家保障粮食安全特别是应对国际粮食危机作出了巨大贡献。我国粮食总产量从2003年的43069.5万吨增至2011年的57120.8万吨，增幅达32.6%。三是农产品市场体系建设加快，大流通大市场格局初步形成。经过多年发展，我国农产品市场体系建设逐渐完善，形成了由初级收购市场、零售市场、批发市场、期货市场等组成的多层次市场体系。形成了国营商业和供销社、农民个体运销户、经纪人、农民合作经济组织、农业产业化龙头企业等多元化的市场主体。农产品市场基础设施建设逐步完善,市场服务体系全面加强。基本实现了大市场、大流通格局。虽然这一时期改革取得重大突破,但国际经济形势和国内外农产品市场的剧烈变化使宏观调控政策效果打了折扣。

四、党的十八大以来国家逐步完善粮、棉、油、糖等大宗农产品市场调控体系

(一) 政策出台的历史背景

党的十八大以来是国家全面建设小康社会的关键阶段,国际政治环境风云突变,国内经济发展进入新常态,全面深化改革的脚步不断加快。我国农业农村经济形势发生深刻变化,对农产品市场和宏观调控提出更高的要求。这一时期,农业发展面临的风险和不确定性上升,国内农业生产成本快速攀升,大宗农产品价格普遍高于国际市场,如何在"双重挤压"下创新改进调控政策,不断提高农业竞争力并增加农民收入,保障国家粮食安全和重要农产品有效供给,是摆在发展面前的难题。农产品供需矛盾突出,如何实现小生产与大市场的有效对接任务艰巨。随着生活水平提高和消费结构升级,安全优质农产品需求增长较快,对农产品流通效率和流通方式提出新的要求,如何破解小生产与大市场的矛盾,实现产地与销地的无缝对接任务艰巨。

(二) 政策演进的脉络及其阶段特点

搞活农产品流通是农业农村经济发展的重要任务,加强政府对农产品市场的宏观调控是稳定农民收入、促进农业稳定发展的重要手段。为在农产品市场化、国际化的新形势下加强宏观调控,防止价格大起大落,国家逐步完善粮棉油糖等大宗农产品市场调控体系。为提高流通效率,降低流通成本,满足多元化的消费需求,国家逐步加快农产品市场体系建设步伐。

1. 完善市场调控政策，提高市场调控能力。

（1）坚持并完善稻谷、小麦最低收购价政策。党的十八大以来，国家继续实施最低收购价政策，指向为主产区的稻谷和小麦，并不断完善政策的操作方式。一是打破粮食最低收购价只涨不跌的情况。综合考虑粮食生产成本、市场供求、国内外市场价格和产业发展等各方面因素，调整每年的最低收购价。例如2016年，早籼稻（三等，下同）、中晚籼稻和粳稻最低收购价格分别为每50公斤133元、138元和155元，早籼稻比2015年下调2元，中晚籼稻、粳稻保持2015年水平不变。2018年生产的小麦（三等）最低收购价为每50公斤115元，比2017年下调3元，是执行小麦最低收购价12年来首次调低收购价格。二是最低收购价的公布时间在播种之前，执行时间为新季小麦和稻谷集中上市时间。三是收购粮食标准会根据实际情况进行调整。

（2）改革主要农产品临时收储政策。临时收储政策开始于2007年，指向为主产区玉米，随后将油菜籽、食糖、大豆、棉花等纳入执行范围。政策实施以来，玉米临储价格逐年提高，从2007年的1.4元/公斤上涨到2014年的2.24元/公斤，提高60%。随着政策实施，库存高起、市场价格扭曲、进口攀升等问题越来越突出。2014年2月，中共中央、国务院印发《关于全面深化农村改革，加快推进农业现代化的若干意见》，指出完善粮食等重要农产品价格形成机制。2014年全面取消大豆、棉花临时收储计划。2015年首次下调东北地区临储玉米价格。2015年10月，《中共中央、国务院关于推进价格机制改革的若干意见》，指出按照"突出重点、有保有放"原则，立足我国国情，对不同品种实行差别化支持政策。2016年取消玉米临时收储政策，改为市场化收购加补贴的新机制，2017年继续完善玉米生产者补贴制度。

（3）实行农产品目标价格政策。2014年"中央1号文件"提出，"探索推进农产品价格形成机制与政府补贴脱钩的改革，逐步建立农产品目标价格制度"。2014—2016年实施东北和内蒙古大豆、新疆棉花目标价格补贴。当市场价格低于目标价格时，根据目标价格和市场价格的差价和种植面积、产量或销售量对试点地区生产者给与补贴。政策旨在让价格回归市场，保障生产者的合理收益。2014—2016年大豆目标价格均为4800元/吨，棉花目标价格分别为19800元/吨、19100元/吨、18600元/吨。2017年国家在东北三省和内蒙古自治区调整大豆目标价格政策，实行市场化收购加补贴机制，继续实行并完善棉花目标价格补贴政策，棉花目标价格水平三年一定，2017—2019年新疆棉花目标价格水平为18600元/吨。

（4）完善主要农产品储备制度。粮食储备方面，党的十八大以来，强调不断完善中央储备粮管理体制，强化地方尤其是主销区的储备责任，支持家庭农场、农民合作社科学储粮。同时严格政策性粮食监督管理，严防"跑冒滴漏"，确保储存安全。棉、油、糖等农产品方面，不断优化储备品种结构和区域布局，完善粮棉油糖进口转储制度，鼓励符合条件的多元市场主体参与政策性收储。

（5）探索重要农产品市场调控措施。党的十八大以来，纳入国家宏观调控的农产品不断增加，同时运用信息等现代科技手段增强调控手段。产品方面，健全"菜篮子"市长负责制考核激励机制，完善生猪市场价格调控体系，发布《缓解生猪市场价格周期性波动调控预案》。信息方面，不断健全重要农产品市场监测预警机制，加强农产品信息统计发布，编制发布权威性的农产品价格指数。政策创设方面，在东北、北京、山东等地进行粮食、生猪等农产品目标价格保险试点。

2. 创新流通方式提高流通效率，培育多元流通主体完善市场体系建设。

（1）创新农产品流通方式。农产品流通方式对提高流通效率，实现农产品市场价值有重要影响。2012年、2015年两个"中央1号文件"都提出"创新农产品流通方式"。党的十八大以来，国家不断加强流通基础设施建设、运用现代信息手段和技术手段拓展流通方式，通过一批重点工程建设加快创新步伐。覆盖农产品收集、加工、运输、销售各环节的冷链物流体系不断发展，陆续实施"北粮南运""南菜北运""西果东送"，继续推动"万村千乡市场工程""新农村现代流通网络工程"建设，启动"农产品现代流通综合示范区创建"。鼓励大型电商平台企业开展农村电商服务，推进农村电商发展。2015年，农业部会同国家发展和改革委员会、商务部共同印发了《推进农业电子商务发展行动计划》，与商务部等19部门联合印发了《关于加快发展农村电子商务的意见》，在北京市、河北省等省市开展农业电子商务鲜活农产品直配和农资下乡试点工作。

（2）培育多元农产品流通主体。农产品流通主体多元化是激发农产品流通活力的关键。2014年，商务部会同国家发展和改革委员会、财政部、农业部等13个部门出台了《关于进一步加强农产品市场体系建设的指导意见》，指出"加快培育专业大户、家庭农场、农民合作社、农民经纪人队伍、经销商、农产品批发市场经营管理者、农产品流通企业及市场流通服务企业在内的流通主体队伍。"为鼓励农民合作社参与流通，销售社员产品，国家提出增值税减免等多项优惠政策。为提高农村经纪人参与市场流通的能力，农业部提出了加强农产品经纪人队伍建设的意见，组织编制了《关于加强农村经纪人培训规划（2011—2020）》，提出了农村经纪人的培训思路、原则、人员计划、培训内容、预期目标等。2015年，中国农产品流通经纪人协会农村电商委员会成立。

（3）完善农产品市场体系建设。党的十八大以来，主要围绕完善农产品市场骨干网络、推动零售市场多元化发展、推动公益性农产品批发市场建设三个方面加强农产品市场体系建设，重点是建设公益性批发市场。2012—2016年连续5个"中央1号文件"从建设方式、优惠政策、升级改造等方面对公益性批发市场建设作出部署。2015年商务部制定《公益性农产品批发市场标准（试行）》，从公共加工配送中心、公共信息服务平台、检验检测中心、废弃物处理设施等方面提出公益性批发市场的认定标准。2016年，商务部等12个部门出台了关于加强公益性农产品市场体系建设的指导意见，公益性农产品批发市场建设进入快速发展新阶段。

（4）加快发展农产品期货市场。2012年"中央1号文件"提出"充分发挥农产品期货市场引导生产、规避风险的积极作用"。党的十八大以后，我国上市交易的农产品期货品种不断增加。2012年，郑州商品交易所增加了油菜籽、菜籽粕的上市，将硬小麦改为普通小麦进行上市交易。2013年，全国新增粳稻和鸡蛋上市交易。2014年，晚籼稻在郑州商品交易所挂牌交易，大连商品交易所推出玉米淀粉期货新品种。截至2017年年底，郑州商品交易所已推出强麦、白糖、一号棉花等11种农产品上市交易；大连商品交易所拥有黄大豆一号、黄大豆二号、玉米等10个农产品交易品种。

（三）政策执行及其效果评价

党的十八大以来农产品市场与宏观调控政策的调整和完善为稳定农业生产、发挥市场机制、提高市场活力起到积极作用，政策效果主要体现在以下三个方面：一是农业生产保持平稳，种植结构调整成效显著。2016年我国粮食总产量61625万吨，实现"十二连丰"，棉花产量529.9万吨，油料产量3629万吨，糖料产量12340.7万吨，蔬菜、水果、肉类产量稳中有升。最低收购价、临储政策调整、目标价格政策实施对生产具有较强的导向作用，种植品种结构不断优化。2016年非优势产区玉米面积调减2000千公顷，大豆面积增加697千公顷，优质饲料和青贮玉米面积增加400千公顷。优质稻米、强筋弱筋小麦、优质蛋白大豆、高品质棉花等不断发展。二是政策不断调整优化，市场机制发挥重要作用。党的十八大以来最低收购价打破只涨不跌的现象，玉米临时收储政策调整为市场化收购加补贴，创新性实施大豆、棉花目标价格补贴试点，政策对市场价格的干预逐渐减弱。例如，2016年玉米临时收储政策取消后，价格回归市场，国内外玉米价差迅速缩小，区域间、品种间合理价差开始形成，同时多元市场主体成为收购主力，中央财政用于玉米收购、储存的压力大幅降低。这一时期宏观调控政策的手段更加灵活，改革的步伐加快，更注重发挥市场的作用，也为下一步政策创设提供了借鉴经验。三是农产品流通方式多样，流通效率更高，市场体系建设更加完善。目前，我国有农产品批发市场4503家，其中产地市场约占70%。截至2015年年底，亿元以上农产品专业批发市场979家，年成交额16483.8亿元，其中，粮油市场占10.9%，肉禽蛋市场占7.3%，水产品市场占18.9%，蔬菜市场占23.6%。基本建立起以现代物流、连锁配送、冷链物流、电子商务、期货市场等现代市场流通方式为先导，以批发市场为中心，集贸市场、零售经营门店和超市为基础，布局合理、结构优化、功能齐备、制度完善、有较高现代化水平的统一、开放、竞争、有序的农产品市场体系。

参考文献

[1] 孔维升. 我国农产品市场调控政策研究 [D]. 中国农业科学院，2016.

[2] 刘妍杉. 国家粮食临时收储政策问题研究 [D]. 中央民族大学，2016.

[3] 赵轶阳，程黔. 中国玉米临时收储政策研究 [J]. 农业展望，2015，11（11）：22－26.

[4] 中国加快推进农产品市场体系建设 [J]. 农业工程技术（农产品加工业），2014（04）：44.

[5] 王琦. 中国农产品关税水平及结构分析 [J]. 世界农业，2014（01）：100－106.

[6] 曾欣龙，圣海忠，姜元，朱述斌. 中国农产品流通体制改革六十年回顾与展望 [J]. 江西农业大学学报（社会科学版），2011，10（01）：127－132.

[7] 贺伟. 我国粮食最低收购价政策的现状、问题及完善对策 [J]. 宏观经济研究，2010（10）：32－36＋43.

[8] 叶明勇. 新中国三大农业政策与农村社会经济结构变迁 [J]. 中国社会科学院研究生院学报，2009（05）：5－14.

[9] 蔡荣，虢佳花，祁春节. 农产品流通体制改革：政策演变与路径分析 [J]. 商业研究，2009（08）：4－7.

[10] 孔祥智. 改革开放以来中国农业政策变迁及基本经验 [A]. 北京市社会科学界联合会、北京师范大学. 2008学术前沿论坛·科学发展：社会秩序与价值建构——纪念改革开放30年论文集（下卷）[C]. 北京市社会科学界联合会、北京师范大学：北京市社会科学界联合会，2008：14.

[11] 曾寅初. 我国农产品流通体制的市场化改革——过程描述与理论分析框架 [A]. 北京市社会科学界联合会、北京师范大学. 2008 学术前沿论坛·科学发展：社会秩序与价值建构——纪念改革开放 30 年论文集（下卷）[C]. 北京市社会科学界联合会、北京师范大学：北京市社会科学界联合会，2008：8.

[12] 祁春节，蔡荣. 我国农产品流通体制演进回顾及思考 [J]. 经济纵横，2008（10）：45 - 48.

[13] 韩俊，秦中春. 近年来我国农产品市场调控政策及存在的问题 [J]. 决策咨询通讯，2008（04）：11 - 13 + 20.

[14] 施勇杰. 新形势下我国粮食最低收购价政策探析 [J]. 农业经济问题，2007（06）：76 - 79.

[15] 刘翠萍. 深化我国农产品流通体制改革的思索 [J]. 中国流通经济，2004（06）：22 - 25.

[16] 罗必良. 中国农产品流通体制改革的目标模式 [J]. 经济理论与经济管理，2003（04）：58 - 63.

[17] 徐柏园. 半个世纪来我国农产品流通体制变迁 [J]. 北京社会科学，2000（01）：127 - 133.

[18] 石磊. 农产品流通体制改革的目标模式选择 [J]. 农业经济问题，1999（05）：41 - 45.

[19] 张红宇，赵长保. 中国农业政策的基本框架 [M]. 中国财政经济出版社. 2009.

[20] 宋洪远. 中国农村改革三十年 [M]. 中国农业出版社. 2008.

[21] 陈锡文，赵阳，陈剑波，罗丹. 中国农村制度变迁 60 年. 人民出版社 2009.

[22] 宋洪远. 打过根基——中国农村改革 40 年. 广东经济出版社. 2018.

改革开放40年中国畜牧业政策及业态变迁

王 莉

新中国成立后,农业发展得到恢复,畜牧业生产也有所增长,但是在20世纪六七十年代,受"文化大革命"的影响,国民经济发展停滞,畜牧业也徘徊不前。直到1978年,全国工作重心才转移到现代化建设上,改革开放使得整个国民经济重拾发展,畜牧业产业基础逐渐建立。之后随着改革的不断深入和支持政策的不断增强,畜牧业产业不断壮大,业态不断丰富,逐步发展成为农业经济的重要支柱产业。

一、畜牧业发展政策的重大变化

(一)解放农户生产经营权,畜牧业发展受到重视

1978年年底,党的十一届三中全会召开,将全党的工作重点转移到社会主义现代化建设上来,其中要求集中主要精力把农业尽快搞上去。因此,紧接着党的十一届四中全会就通过了《中共中央关于加快农业发展若干问题的决定》。首先统一全党对农业问题的认识,要"坚定不移以农业为基础"并贯彻执行"农林牧副渔同时并举";接着提出发展农业生产力的25项政策和措施,明确"社员自留地、自留畜、家庭副业和农村集市贸易,是社会主义经济的附属和补充,不能当作所谓资本主义尾巴去批

判"，此外"大力发展畜牧业"作为专门一条提出来，要求提高畜牧业在农业中的比重，应特别注意发展牛、羊、兔等食草牲畜，继续鼓励社员家庭养猪养牛养羊，积极发展集体养猪养牛养羊；还要在我国牧区和大中城市郊区，有计划地兴办一批现代化的畜牧场和家禽场，兴办一批现代化的屠宰厂、冷冻厂和畜产品加工厂。1980 年，国务院批准了农业部《关于加速发展畜牧业的报告》，强调"要把一切行之有效的鼓励畜牧业发展的政策落实到各户"，且"取消禁宰耕牛的政策"。这些政策释放了农牧民生产经营的自主权，极大调动了他们养畜积极性，促进了畜牧业的快速发展。

（二）放活流通市场，生产经营主体多元化

农户生产经营权放松后，农业生产力显著提高，农产品供给快速增长，一些产品出现供过于求。为了疏解供求矛盾，搞活流通，国家决定逐步开放农产品市场。1985 年 1 月，国务院发布《关于进一步活跃农村经济的十项政策》，其中明确生猪等产品逐步取消派购，自有上市，自由交易，随行就市，按质论价；实行多渠道直线流通。同时，国家以一定的财力物力支持粮棉集中产区发展农产品加工业，调整产业结构，包括拿出一批粮食，按原统购价（费用按财政体制分担）销售给农村养殖户、国营养殖场、饲料加工厂、食品加工厂等单位，支持发展畜牧业、水产养殖业、林业等产业，困难的地方可以赊销。在发展畜牧、水产业中，要特别注意扶持养殖专业户、专业村，在一定区域范围内逐步建立和健全养殖业的良种繁育、饲料供应、疫病防治、产品加工、贮运销售等配套的商品生产服务环节。

1988 年，农业部开始实施"菜篮子工程"，建立了一大批中央和地方的肉蛋奶生产基地及良种繁育、饲料加工等服务体系。1992 年国务院颁布了《我国中长期食物发展战略与对策》，明确提出"要将传统的粮食和经济作物的二元结构，逐步转变为粮食作物、经济作物和饲料作物的三元结构"。1992 年之后，我国农村改革进入全面向市场经济转轨，各项改革的不断深入，逐步形成了有利于畜牧业发展的社会环境和开放的市场条

件，畜牧业商品化、专业化和社会化的水平显著提高，生产效率显著提升，主要畜产品供求基本平衡。

（三）转变发展方式，加大补贴支持

20世纪90年代后期，我国畜产品出现了结构性、地区性的相对过剩，之后又发生了一些产品质量安全事件。对此，国家制定和出台了一系列促进畜牧业发展方式转变的政策措施。1998年党的十五届三中全会通过的《中共中央关于农业和农村工作若干重大问题的决定》中提出，"菜篮子"产品生产要推广新品种，降低成本，提高效益。1999年国务院转发农业部《关于加快畜牧业发展的意见》提出，稳定发展生猪和禽蛋，加快发展牛羊肉和禽肉生产，突出发展奶类和羊毛生产；加快转变养殖方式，大力调整、优化畜牧业结构和布局，……提高生产效率、经济效益和畜产品质量安全水平。1999年后国家实时启动了农业行业标准专项制修订计划，加快了畜牧业标准化生产。2004年国家设立了首席兽医官制度，之后几年又陆续发布和实施了《国务院关于促进畜牧业持续健康发展的意见》、《国务院关于促进奶业持续健康发展的意见》、"振兴奶业苜蓿发展行动"、《全国牛羊肉生产发展规划（2013—2020）》等。

这个阶段农业政策还发生了重大转折，从"农业支持工业"转变为"工业反哺农业"，出台了多项农业补贴支持政策。2007年出台了《关于促进生猪生产发展稳定市场供应的意见》，在全国范围内实施能繁母猪补贴、能繁母猪保险、生猪良种补贴、生猪调出大县奖励计划、生猪标准化规模养殖场专项资金等一系列生产扶持政策。2008年中央财政安排2亿元资金支持奶牛标准化规模养殖小区（场）建设，2009年开始中央资金增加到5亿元，2013年增加到10亿元。2012年中央财政新增1亿元支持内蒙古、四川、西藏、甘肃、青海、宁夏、新疆以及新疆生产建设兵团肉牛肉羊标准化规模养殖场（小区）开展标准化改扩建。

（四）推动供给侧结构性改革，倡导生态绿色

2015年以来，国民经济进入新常态，农业发展战略相应调整，畜牧

业的发展环境也发生了重大变化。一是农业供给侧结构性改革中草牧业得到高度重视。2015年"中央1号文件"提出"加快发展草牧业，支持青贮玉米和苜蓿等饲草料种植，开展粮改饲和种养结合模式试点，促进粮食、经济作物、饲草料三元种植结构协调发展"，农业部开始进行粮改饲试点，区域从"镰刀湾"地区的10个省拓展为17个省。2016年农业部又发布了"促进草牧业发展的指导意见"，具体确定了重点实施区域、各地区草牧业发展重点和经营模式。

二是生态文明建设让各项环保政策落地。2014年《畜禽规模养殖污染防治条例》出台，标志着我国农村和农业环保进入法制领域，其中将四类区域划为禁养区。2015年《水污染防治行动计划》发布，其中对禁养区划定提出了时间限度，要求在2017年年底前，依法关闭或搬迁禁养区内的畜禽养殖场（小区）和养殖专业户，京津冀、长江三角洲、珠江三角洲等区域提前一年完成。同年，国务院还发布了《关于促进南方水网地区生猪养殖布局调整优化的指导意见》，要求这些区域合理划定生猪适宜养殖区域和禁养区，改进生猪养殖和粪便处理工艺，促进粪便综合利用。2016年发布了《土壤污染防治行动计划》，严格规范兽药、饲料添加剂的生产和使用，促进源头减量，加强畜禽粪便综合利用。《中华人民共和国环境保护税法实施条例》明确从2018年1月1日开始，达到省级人民政府确定的规模标准并且有污染物排放口的畜禽养殖场依法缴纳环境保护税。

三是全面推进信息化和产业融合。我国于2015年提出了"互联网+"行动计划，基于传统的互联网特性，通过大数据挖掘分析，改造传统产业方式和结构等内容，实现移动互联网、云计算、大数据、物联网等信息技术与传统产业的无缝对接，从而增强经济发展动力，提升效益，近年来"互联网+农业"在内的网络经济实现快速发展。2015年《国务院办公厅关于推进农村第一、第二、第三产业融合发展的指导意见》出台后，各地区各有关部门深入贯彻落实党中央、国务院关于推进农村第一、第二、第三产业融合发展的决策部署，切实把农村第一、第二、第三产业融合发展作为推进农业供给侧结构性改革的重要抓手，不断完善配套政策，持续加大工作力度，因地制宜强化政策落地和机制创新。在这些政策支持下，畜牧业与其他产业相结合，探索出一些新业态新模式。

二、畜牧业业态的突出变化

从改革开放到全面建立市场经济，再到推进产业的转型升级，一系列的政策措施保障和促进了畜牧业的全面发展，也加快了产业业态的变化。

（一）中小散户逐渐退出，产业主体规模化

改革开放初期，农业生产经营制度的变革使得农村劳动力得到释放，很多农户家庭除了种好自留地，还开展生猪、家禽养殖，以增加家庭收入。这种小农后院式养殖模式也被统称为"农户散养"。该模式使用传统的饲养技术，其出栏率、商品率都很低。但是，可以充分利用农村剩余劳动力，有效利用农副产品等非常规饲料，生产成本较低，因此在很长一段时间里农户散养都是我国畜牧业的产业主体，对促进我国畜牧业发展、增加畜产品供给发挥了重要作用。随着国民经济的快速发展，农村资源禀赋条件的变化，农村劳动力机会成本不断增高，部分农户退出养殖业，农户散养的数量逐渐下降。以生猪为例，到2017年年出栏1—49头的饲养比重仅为25.2%。

与此同时，有一部分散养户逐渐成长起来，将养殖业作为家庭主业，成立专业养殖场。除了自家劳动力全部投入养殖场外，还可能需要临时雇工。养殖所需生产资料超出了自家土地产出的供应，需要从上游饲料企业购买。资金需求量扩大，一般还有农业外部资金的补充。同时，完全面向市场生产，以家庭为核算单位，以追求利润最大化为目标，并通过资本积累不断扩大再生产。

此外，还出现了一些大型养殖场。这种养殖模式具备较为明显的企业特征。建立在信贷、工业投入与技术等金融资本和工业资本的基础上；完全面向市场生产，高度专门化，主要依靠雇佣劳动力；以企业为核算单位，以追求利润最大化为目标，并通过资本积累不断扩大再生产。2008年金融危机以后，各路资本纷纷进入中国农业领域。养殖业尤其是生猪养

殖成为了社会资金进入农业领域的一个重大"突破口",从2008年的"高盛养猪"到2009年的"丁家猪"再到后来的武钢万头养猪场。据统计,2016年共有26家农牧上市公司公布了生猪投资公告,投资总额高达414.43亿元,共涉及153个养猪项目,覆盖国内22个省(市)[①]。

(二) 市场不断细分,产业体系庞大化

改革开放初期,畜牧业内部生猪产业独大。猪肉产量超过1000万吨,占肉类总产量的90%以上。牛的年末存栏量达到7000万头,但主要是役畜,出栏量在300万头左右,牛肉产量不足30万吨;羊肉产量不足45万吨。其他畜产品产量微乎其微。进入20世纪80年代,家禽业出现快速发展,到1985年全国禽肉产量达到160万吨,超过牛羊肉的产量,占肉类总产量的比重达到8.3%,同年猪肉所占比重下降到90%以下,为86%,此后,家禽、肉牛、肉羊的发展进一步加快。20世纪90年代中期,牛羊肉、禽肉产量显著增长,在肉类总产量的比重显著提高,猪肉比重进一步下降。1995年,牛肉、羊肉、禽肉产量分别达到415万吨、202万吨和724万吨,合计占肉类产量的四分之一,同年猪肉产量的比重下降到70%以下,一统天下的局面有所改观。20世纪90年代期间我国蛋鸡产业进入了新的发展阶段,增长速度加快。禽蛋产量突破1000万吨和2000万吨大关,多数年份保持两位数速度增长,个别年份增长率甚至高达25%。

进入21世纪,各种肉类产品的生产增速逐步放缓,结构较为稳定。从2000年到2006年,猪肉产量占肉类总产量的比重保持在66%;2009—2013年,猪肉比重均为64%。奶牛产业成为21世纪以来畜牧业生产的新亮点。2010年全国奶牛存栏数量首次突破1400万头;2012年奶牛存栏数量达到历史最高峰,2000—2012年年均增长9.8%。到目前,我国各种畜牧品种产业全面发展,不仅肉、蛋、奶产业发达,而且羊毛、羊绒、兔毛、鸭绒、蜂蜜等产业也逐步发展壮大,多元化的产业结构满足人们多元

---

① 数据来源:"大资本养猪卷土重来!一年投资400亿,又将增加2700万头生猪……",http://www.xinm123.com/html/media/451218.html。

化的消费需求。

不仅一些新畜种的养殖规模不断扩大，逐渐形成独立产业，而且在一些传统家畜内部也出现分化。在生猪领域，土猪等代表优质、生态、安全的猪肉产品，瞄准高端市场，已经发展相对独立的细分产业。广东壹号食品股份有限公司最初在广州仅有7家壹号土猪专营店，经过5年到2012年年底，行销广州、深圳、佛山、中山、珠海、东莞等8个广东主要经济发达地区（其中广州近300家，深圳近200家）；2013年起进入北方市场；2017年，全国壹号土猪专营店数量达1414家，销售额约15亿元。总体来看，畜牧业内部的产业细分不断加深，专业化程度不断提高，市场定位更加精准。

（三）链条不断完备，产业纵向一体化

畜牧业产业的发展首先是链条上的各环节各主体的独立成长即专业化。初期广大农户家庭负责养殖环节，国营食品公司负责流通环节。全面开放畜产品市场后，集体、个人多种经济成分和多种经营方式快速发展，屠宰、批发、零售等环节快速发展。随着经济和科技水平的不断提高，畜产品加工业逐步成长，特别进入21世纪以来，畜产品加工企业规模不断扩大，实力不断增强。从2000年到2016年，肉制品规模以上企业的数量由1715家增长到了4046家，资产总额从584亿元增长到6840亿元，利润总额由16.6亿元增长到了714亿元；乳制品规模以上企业资产总额从175.6亿元增加到2792亿元，利润总额从8.4亿元增加到259.9亿元。涌现出一批如雨润、温氏、伊利、蒙牛等年销售收入上百亿元的大型企业集团。

随着企业的不断成长，资金实力不断增强，为了更好地控制原料供应或者市场销售，一些企业开展投资相关产业环节的生产，将外部关系内部化，形成两三个环节的结合。一是产业链后端延伸。主要表现为从饲料环节向养殖环节、从养殖环节向屠宰、零售环节的后端延伸。例如，广东海大集团从饲料生产进军生猪养殖，目前已在广东全省设有6家子公司，预计年出栏生猪100万头。温氏集团发力生鲜线下门店，在深圳等一线城市布设"温氏生鲜"门店。二是产业链前端延伸。主要体现为自屠宰、零售环节向养殖业的前端拓展。一些从事畜产品加工、流通、销售企业，过去是从市场上收购原料，或者与养殖场、养殖基地建立长期供货关系，近年来为了稳定货源，确保产品质量，开始建立自己的养殖基地，实现全产业链经营。这一现象在奶业最为突出。蒙牛、伊利、光明等乳业企业都开始建立自己的奶源基地，打造技术先进、管理优良、生态良好的现代化牧场，通过加大冷链物流网的全国布局和管理提升，打造安全、快速的全产业链系统。随着信息技术和冷链物流的快速，一些养殖企业也开始进军屠宰、加工、零售环节，进一步加快畜牧业纵向一体化的步伐。

（四）跨界融合，产业价值多元化

改革开放初期，种植业和畜牧业通过专业化规模化的发展，实现生产效率的快速提高。但是，"种养分离"的发展模式也带来一些环保问题。种植业对化肥等化学肥料存在过度依赖，规模养殖场排放的粪污没有消纳地。"种养结合"的生态循环模式，被逐渐认识和重视，近年来发展速度加快，一些种植园开办养殖场，一些养殖场流转土地发展饲料粮、蔬菜瓜果、苗木种植，农牧结合，生态循环。

除了农业内部的产业融合外，畜牧业还在探索与第二、第三产业融合的形式。一些畜牧企业发展牧场观光、游戏娱乐、餐饮住宿，实现畜牧业与旅游业相结合。一些畜牧企业新建科普馆、博物馆、游乐场等设施，以文字、实物、音像、影视等载体，辅以知识竞猜、互动游戏等形式，将畜牧业与文化创意等产业融合。这些形式不仅可以宣传企业和产品品牌，提高市场知名度，而且开发农业多种功能，培育新型业态，实现多重价值，拓展盈利的空间。以君乐宝乳业开创优致牧场观光体验模式为例，它将乳制品加工物流区、优致牧场示范区、畜牧草业景观区、葡萄观光带、辐射带动区等五个功能区做成观光线路，供游客浏览。其中，优致牧场示范区还建有放牧区、饲喂体验区、奶牛科普馆、挤奶参观厅、游客中心等，游客可以深度体验，在身心放松的同时，增进对企业的了解，增强对产品的好感，不仅增加当场消费，更是培育和扩大了稳定的消费群体。

三、畜牧业发展趋势及政策建议

（一）畜产品消费需求将稳定增长，畜牧业产业地位有待加强

改革开放以后，国民经济快速发展，居民收入水平显著提高，但是与发达国家相比仍有差距，并且城乡发展不平衡，广大农民收入仍处于较低较低水平。未来随着收入水平的不断提高，消费增长的空间很大，农产品消费不仅总量将保持增长，而且结构将发生变化，牛羊肉、奶制品等高蛋白动物食品的需求量将显著提升，畜牧业发展至关国计民生，意义重大。

过去尽管畜牧业也获得一些支持政策，但是其产业地位并没有得到充分重视。国家对于畜牧业发展的重视一般都是出现种植业产品供过于求，进行结构性调整的时候。进入21世纪，我国对农业生产的财政支持力度不断加强，但是支持保护的对象侧重于种植业，对畜牧业的支持力度明显较弱，并且玉米等饲料粮的价格支持政策还导致畜牧业的生产成本增加，对畜牧业的产业发展造成一定影响。未来应该充分认识畜牧业发展对优化农业结构、满足食物需求、实现农民增收的重要作用，统筹考虑种养规模和资源环境承载力，以消费需求为导向，兼顾国内外比较优势，合理定位畜牧业，科学规划畜牧业产业发展线路和内部品种结构，并以为基础，制定良种、饲料、饲料粮、牧草等相关产业的行业规划，同时加强对其中薄弱环节的财政支持政策。

（二）畜牧业面临严峻的国际竞争，需要政策"组合拳"

进入21世纪，中国畜产品的贸易格局发生重大变化，在世界畜产品出口的比重不断下降，进口比重显著增加。不仅奶粉、乳清粉等乳制品进口数量显著增加，而且牛肉、猪肉等肉类产品的进口也出现不断增长态势。究其原因，主要是这些产品的国内生产成本不断上升，影响了国际竞争力。未来，随着中国人口红利的不断消失，工业化城镇化的不断发展，人工成本还将进一步增加，土地、资本等要素的价格也将上涨，畜产品在内的整个农产品的生产成本居高的态势难以逆转。

对此，需要加快培育比较优势，提升畜牧业的整体竞争力。推进畜禽良种繁育和推广，推进标准化、规模化、集约化生产方式，探索多种生产经营方式，提高单产水平，降低单位成本。加强质量监管，提高产品质量安全水平。此外，在多边和双边贸易谈判中，要注意保留对畜产品市场的适当保护，当发生严重市场冲击和产业损害时，要采取技术壁垒、特殊保障等措施维护产业安全。

（三）消费多元化，需要培育发展畜牧业新业态

随着收入的增长和社会的发展，人们日益增长的不仅是物质需求，精神需求也将显著增加。农业农村具有独特优势，不仅能够提供丰富多样的农产品，而且是农业传统文化的传承者、生态产品的供给者和农业景观的提供者。未来满足人们精神文化的需求，还要充分发挥农业农村的作用。

畜牧业是生命产业，生态系统的重要组成部分。应该进一步开发农牧结合、生态循环的生产模式，促进农业绿色发展，维护整个生态系统，提供更多的生态产品。要打破传统思维，拓宽视角，综合考虑人们多元化的消费需求及其发展趋势，全面考察各地资源禀赋，制定合理的畜牧业发展规划。一方面对保障肉、蛋、奶等重要食物的供给，要加大转型升级的支持力度，使其生产高效、环保达标；另一方面加强对现有管理人员的培训，引进资源环境、社会文化、法律法规、金融保险等方面的人才，积极探索产业融合的发展模式，与文化、科技、生态、旅游、教育、康养等深度融合形成的休闲农业和乡村旅游等新产业新业态，挖掘和培养特色畜牧业，实现农业多重价值。

改革开放40年：中国农业对外合作回顾与展望*

张 振

一、引言

国内外实践证明，农业对外合作是促进多双边合作的重要举措，是深化国际产能合作、构建开放型经济新体制的重要内容。深入开展农业对外合作不仅有利于提升各国农业全球资源配置力、国际影响力和全球影响力，而且对维护全球和区域粮食安全具有重要意义。未来国内主要农产品产量将继续保持增长态势，需求增长可能更为强劲，供求关系将长期处于紧平衡状态。事实证明，"强制供求平衡"下的粮食安全战略将越来越难以为继，必须通过深化农业对外合作，走粮食安全新战略下的改革之路，不断提升农业统筹利用国内国际两个市场两种资源的能力。当前，世界经济增长依旧乏力，贸易保护主义、霸凌主义、孤立主义、民粹主义等思潮不断抬头，国际投资贸易格局和全球经贸规则体系都在重构之中，世界经济发展不稳定、不确定因素增多，世界和平与发展面临的挑战越来越严

---

* 项目基金：国家社会科学基金项目"一带一路"背景下农业对外合作风险防范与政策设计研究（17CGJ016）。

峻,农业对外合作面临着前所未有的挑战和困难。在此背景下,对中国农业对外合作进行回顾和展望具有十分重要的现实意义。由于农业对外合作内涵极为丰富,受篇幅限制,本文仅以农业对外直接投资、农业利用外资及农产品贸易为重点,试图梳理改革开放40年中国农业对外合作发展历程、成效及问题,并借鉴典型国家农业对外合作的经验和教训,提出未来农业对外合作的政策建议。

二、改革开放40年来中国农业对外合作发展历程

农业对外合作是经济全球化的重要体现,它是指一国或地区农业产业链条置身世界经济之中,融入国际分工,参与国际经济循环,实现资本、技术、劳动力、资源、信息等生产要素国际范围内优化配置,促使一个国家或者地区农业经济走向世界并同世界经济融为一体的过程,实质是世界范围内的农业社会化。其内容主要包括农业生产国际化、农产品贸易、农业投资与技术合作以及与此相关的政策、规则、体制、技术、标准的制定等。改革开放40年来,中国农业在不断融入世界农业经济体系的进程中,农产品贸易经历了从贸易顺差到贸易逆差常态化,从利用外资到对外投资和利用外资并重的两大转变,大体历经了三个重要阶段。

一是农业对外合作的起步期(1978—1992年),这个阶段主要以"引进来"为主,"走出去"从单一的援助形式逐渐转变为探索性的开展农业对外直接投资。1978年党的十一届三中全会决定把全党的工作重点转移到社会主义现代化建设上来,我国经济发展战略调整为农、轻、重协调发展,农业领域统购统销的贸易管制制度逐渐调整为定购和超购。贸易管制范围的缩小使市场机制日益成为农业资源配置的主要手段。在准确把握世界"和平与发展"两大主题的基础上,党中央提出"引进来"的开放战略,使得中国经济开始融入世界经济发展大潮中。1979年8月,国务院颁布了《关于经济改革的十五项措施》,第一次把出国办企业、发展对外投资作为国家政策。《1980年经济计划的安排(草案)》提出,"从闭关自守或半闭关自守状态,转为积极地引进国外先进技术,利用外国资金"。同年,国家外经贸部和国家外汇管理局分别制定了在境外开办非贸

易性企业审批办法和外汇管理规定。1986年国务院成立了以副总理为首13个部委官员组成的外国投资领导小组,将吸引外商投资作为工作重点。改革开放以前我国主要通过在外援建农场、试验站、生物制药厂等农业设施、对外提供设备和技术支持、接受受援国人员在我国实习和培训等方式,进行农业对外援助,实现农业跨境交流。改革开放后我国对外援助工作的范围持续扩大,由蒙古、越南、非洲等地进一步延伸到拉美地区和南太平洋地区。该阶段农业对外合作处于利用外资的复苏和调整阶段,基本制度取向是有节奏逐渐放开外国投资,逐步拓宽对外援助范围,并试探性的实施"走出去"。

二是农业对外合作提档增速期(1992—2001年),农业对外合作由过去的主要强调"引进来"转变为"引进来"与"走出去"同步进行。邓小平南方谈话后,我国进入改革开放深化期,党的十四大报告提出"进一步扩大对外开放,更好地利用国外资金、资源、技术和管理经验。积极开拓国际市场,促进对外贸易多元化,发展外向型经济"。党的十四届三中全会审议并通过了《中共中央关于建立社会主义市场经济体制若干问题的决定》,社会主义市场经济体制初步确立,对外贸易政策进行深入调整,在吸引外资、扩大出口的同时,提出充分利用国际和国内两个市场、两种资源,优化资源配置。赋予具备条件的生产和科技企业对外经营权,发展一批国际化、实业化、集团化的综合贸易公司。积极扩大我国企业的对外投资和跨国经营。1995年发布了《外商投资产业指导目录》第一版,农业利用外商直接投资在有章可循的路径上稳步发展,"引进来"的规模与内容不断扩大。1996年江泽民同志在河北唐山考察时提出:"要加紧研究国有企业如何有重点有组织地走出去,做好利用国际市场和国外资源这篇大文章。"在国家层面"走出去"战略作为一个指导思想首次提出。2000年党的十五届五中全会审议并通过了"十五规划"建议,首次明确提出实施"走出去"战略,努力在利用国内外两个市场两种资源方面有新的突破。2001年加入WTO,我国做出了有关农产品市场准入的让步和承诺,农业保护手段主要限于关税和关税配额。该阶段农业对外合作处于提档增速期,中国农业同世界经济的关联度日益增强,逐步融入世界农业贸易自由化进程中。农业的对外经济贸易政策，由过去的主要强调"引进来"逐步转变为"引进来"与"走出去"同步进行。

  三是农业对外合作全面发展期（2002年至今），农业对外合作开始从理论研究变成政策推进，从地方和企业自发实践上升到党的意志和基本国策。2002年，党的十六大报告提出"要合理利用两个市场，两种资源，全面提高对外开放水平"。2006年，国家商务部、农业部和财政部联合发布了《关于加快实施农业"走出去"战略的若干意见》，成立了由10个部门组成的农业走出去工作部际协调领导小组，在国家层面正式确立了农业"走出去"战略。为引导和扶持国内优秀的农业企业走出去，实现农业援助项目的可持续发展，2006年商务部、农业部研究设计了示范中心这一新型农业合作模式，加大农业对外援助。从2006年开始，中央财政在外经贸发展专项资金安排中外资合作事项，采取资本金投入、贷款贴息、保费补助等方式引导涉农企业开展境外投资业务。2007年党的十七大提出把"引进来"和"走出去"更好结合起来，形成经济全球化条件下参与国际经济合作和竞争新优势。2008年10月，党的十七届三中全会决定扩大农业对外开放，提高统筹利用国际国内两个市场、两种资源能力，拓展农业对外开放广度和深度。从2010年起，特别是党的十八大以来，党中央、国务院对农业统筹利用两个市场两种资源进行部署，顶层设计初见端倪。为了促进农业对外合作，加快培育我国农业国际竞争新优势，国务院决定由农业部牵头组建新的农业对外合作新机制，2013年12月农业部牵头组建由21家单位组成的农业对外合作部际联席会议制度。在此制度框架下，初步构建起了新时期支持农业对外合作的顶层设计。2015年开展了农业"走出去"企业保费补贴、农机购置补贴境外延伸、贷款贴息项目试点工作。2016年4月出台了《国务院办公厅关于促进农业对外合作的若干意见》，在国家层面制定了农业对外合作的指导性、政策性文件。2017年，农业部、国家发展和改革委员会、商务部共同印发了《农业对外合作"十三五"规划》，为推动农业对外合作制定了路线图。2017年5月，在"一带一路"国际高峰论坛期间，农业部、国家发展和改革委员会、商务部、外交部联合对外发布《共同推进"一带一路"

建设农业合作的愿景与行动》,提出在"一带一路"框架下与沿线各国及相关国际组织等开展深度农业合作、实现双赢多赢的中国方案。该阶段农业对外合作更加注重"引进来"和"走出去"的质量和成效,农业对外合作开始从理论研究变成政策推进,从地方和企业自发实践上升到党的意志和基本国策。

三、改革开放40年来中国农业对外合作发展成就

随着改革开放的深入推进,我国农业对外合作成效显著。一是农产品贸易持续快速增长,国内农业与世界融合程度日益提升。1995—2016年,我国农产品贸易总额由268.7亿美元增加到1845.6亿美元,年均增长9.6%;其中进口额由121.8亿美元增长到1115.7亿美元,年均增长11.1%;出口额由146.9亿美元增长到729.9亿美元,年均增长7.9%。自2004年开始,农产品贸易由顺差转为逆差,逆差不断扩大,2013年最高达510亿美元,因国际农产品市场价格下跌,逆差略有下降,但仍保持在385亿美元以上规模。从2011年开始中国成为世界最大农产品进口国,农产品进口额占世界农产品贸易额的10%以上。农产品贸易已经不再限于"品种调剂"和"余缺调剂",而成为供给的重要组成部分。二是农业对外合作多双边机制逐步建立,农业经贸合作向纵深发展。中国已与全球150多个国家和地区建立了长期稳定的农业合作关系,与70多个国家成立了农业合作联合委员会或工作组,形成了中日韩—东盟(10+3)农业合作、上海合作组织农业合作、"一带一路"倡议下农业合作、南南农业合作等长效机制。构建起了双边农业合作交流平台,成功举办了中非、中阿、中国—东盟、中俄、中波等农业合作论坛。截至2016年年底,中国已同东盟、巴基斯坦、新西兰、韩国、澳大利亚等国及中国港、澳、台等地区签署自由贸易协定,涉及24个国家和地区。农业合作成为国家领导人外交活动的优先和重点议题,习近平主席访问阿根廷、古巴、哥斯达黎加、荷兰、美国、爱尔兰等国时,农业外交、农庄外交成为一大亮点。三是农业合作交流形式多样,国际农业科技合作持续深化。国际经验表明,科技先行是发达国家促进农业对外合作的普遍做法,也是培育国际竞争优

势的主要手段。中国已在亚洲、非洲、拉丁美洲、太平洋的 100 多个国家和地区，建立农业技术示范中心、农业技术试验站和推广站。在育种、植物保护、畜牧医药、农用机械等领域，联合亚非国家的优势农业科研机构加强合作研究，共同攻关形成适应当地环境的新技术和新产品。先后派遣农业专家和技术人员帮助东道国培养了大批农业科技人员。四是农业"引进来"的质量和成效日益提升。我国农业利用外资金额有 1997 年的 6.28 亿美元，增加到 2016 年的 18.98 亿美元。通过实施一批重大项目，我国加强在绿色农业有机农业、食品营养等方面的合作，引进了大量的农业种质资源、技术和农机装备、管理经验和智力资源，缩小了我国农业科技与国际先进水平的差距，提高了农业生产效益。据专家测算，国际合作使我国农业科技研发时间平均缩短了 10—15 年，节约研发经费 30%—50%，引进的国际农、牧、渔业先进技术几乎涵盖了农业产业链所有环节（见表 1）。

表 1　　　　　　　　我国农业利用外资情况

年份	农业实际利用外资金额（亿美元）	实际使用外资金额（亿美元）	农业企业总数（个）	企业总数（个）	农业利用外资占比	农业企业数占比
1997	6.28	452.57	814	21001	1.39%	3.88%
1998	6.24	454.63	876	19799	1.37%	4.42%
1999	7.10	403.19	762	16918	1.76%	4.50%
2000	6.76	407.15	821	22347	1.66%	3.67%
2001	8.99	468.78	887	26140	1.92%	3.39%
2002	10.28	527.43	975	34171	1.95%	2.85%
2003	10.01	535.05	1116	41081	1.87%	2.72%
2004	—	606.30	—	43664	—	—
2005	7.18	603.25	1058	44019	1.19%	2.40%
2006	5.99	630.21	951	41496	0.95%	2.29%
2007	9.24	747.68	1048	37892	1.24%	2.77%
2008	11.91	923.95	917	27537	1.29%	3.33%
2009	14.29	900.33	896	23442	1.59%	3.82%

续表

年份	农业实际利用外资金额（亿美元）	实际使用外资金额（亿美元）	农业企业总数（个）	企业总数（个）	农业利用外资占比	农业企业数占比
2010	19.12	1057.35	929	27420	1.81%	3.39%
2011	20.09	1160.11	865	27717	1.73%	3.12%
2012	20.62	1117.16	882	24934	1.85%	3.54%
2013	18.00	1175.86	757	22819	1.53%	3.32%
2014	15.22	1195.62	719	23794	1.27%	3.02%
2015	15.34	1262.67	609	26584	1.21%	2.29%
2016	18.98	1260.01	558	27908	1.51%	2.00%

注：从2001年起，外商投资合同金额和实际使用外资额均不包括对外借款。从2007年起商务部不再对外公布外资合同金额数据。数据由商务部提供。从2001年起，外商投资合同金额和实际使用外资额均不包括对外借款。从2007年起商务部不再对外公布外资合同金额数据。

五是农业对外直接投资方式趋于多元化，农业对外直接投资迅猛发展。"一带一路"倡议的推进极大地促进了企业开展农业对外合作的积极性。逐步形成了行业类别齐全、重点区域突出、投资主体多元的农业对外合作格局。投资区域逐步向"一带一路"沿线国家聚集，投资模式涉及国际直接投资、间接投资、绿地投资和并购等，经营主体具有独资、合资、合作、民营等多种形式，投资领域覆盖农业产业链产前、产中、产后等各环节。2004—2016年间，我国农林牧副渔对外直接投资的存量从8.34亿美元增长到114.8亿美元，年均增长率24.4%；流量则从2004年的2.9亿美元增长到2016年的32.9亿美元，年均增长率22.4%（见表2）。

表2　农业对外直接投资情况

年份	对外投资流量	农业对外直接投资流量	农业占比	对外直接投资存量	农业对外直接投资存量	存量占比
2004	55.0	2.9	5.25%	447.8	8.3	1.86%
2005	122.6	1.1	0.86%	572.1	5.1	0.89%
2006	211.6	1.9	0.87%	750.3	8.2	1.09%

续表

年份	对外投资流量	农业对外直接投资流量	农业占比	对外直接投资存量	农业对外直接投资存量	存量占比
2007	265.1	2.7	1.03%	1179.1	12.1	1.02%
2008	559.1	1.7	0.31%	1839.7	14.7	0.80%
2009	565.3	3.4	0.61%	2457.6	20.3	0.83%
2010	688.1	5.3	0.78%	3172.1	26.1	0.82%
2011	746.5	8.0	1.07%	4247.8	34.2	0.80%
2012	878.0	14.6	1.66%	5319.4	49.6	0.93%
2013	1078.4	18.1	1.68%	6604.8	71.8	1.09%
2014	1231.2	20.4	1.65%	8826.4	96.9	1.10%
2015	1456.7	25.7	1.77%	10978.6	114.8	1.05%
2016	1961.5	32.9	1.68%	13573.9	148.9	1.10%

数据来源：《中国统计年鉴》。

四、新时代中国农业对外合作面临的挑战及问题

实践证明，农业对外合作是促进农业现代化的重要动力，在新时代仍将焕发出新的动能，在取得成绩的同时仍有诸多因素制约着农业对外合作深入推进。具体表现为：

（一）外部投资不确定性增多，全球范围内争夺优质农业资源日益激烈

国际投资协定谈判中"准入后国民待遇＋正面清单"的传统规则将被"准入前国民待遇＋负面清单"的国际投资规则新体系取代，这将对我国农业开展农业对外合作带来影响。美欧等发达国家和地区正在抢夺规则制定权，一些国家已经开始对外国资本投资农业加大限制力度。发达国家依托跨国公司的垄断力量，不断强化全球粮源、物流、贸易、加工、销售全产业链布局，对资源型、战略型等重要农产品市场的掌控力度加大，全球范围内对农业资源的争夺越来越激烈。近年来，境外各类自然、社会及政治等风险频发，以土地为主的资源保护主义在全球范围内越来越浓

重，发达国家"黑天鹅事件"频发，从英国脱欧到美国总统特朗普上台，贸易保护主义和反全球化的潮流正在兴起。在发展中国家，农业对外合作则易受到东道国政权更迭、基础设施落后、投资法律保障不足、土地政策和经济政策不稳定等因素干扰。

（二）农业对外合作的政策体系亟需完善，金融保险等服务水平有待提升

农业对外合作相关政策支持和公共服务还不健全，中国参与国际粮农事务及国际农业规则制定的深度不够，在国际粮食等大宗农产品贸易中缺少话语权和定价权。现阶段，海外农业投资信息发布、基础数据资料统计等公共服务缺失。政府对相关协会组织缺乏引导，海外投资协会、学会等服务型中介组织少。部分管理制度难以适应企业的要求，如对国企领导出境手续、时间、次数有严格限制，导致难以深入了解东道国情况和开展投资谈判，容易造成投资失误。海外驻外使馆中并未设立农业处，农业外交官人数少，难以为企业提供东道国的资源禀赋、法律法规、产业政策等国情信息，而对比于美国，美国农业部在全球部署了102个农业处，仅在我国大陆就有1个农业处和5个农产品贸易办公室。海外农业基地所需的种子、农药、化肥、农机等物资和设备办理出关手续繁琐。针对农业对外投资的补贴项目不多，仅包括前期费用、资源回运、人员人身意外伤害保险费用、外派劳务人员的适应性培训费用、境外突发事件处置费用、企业投保海外投资保险等6项，而且补贴金额不大。农业对外合作融资难、融资等问题突出。国内金融机构对农业对外合作企业贷款条件要求较高、期限较短、利息还远远高于国外融资成本。很多发展中国家没有国内银行分支机构，境外企业在资金往来、业务结算、股利汇回等方面都存在较多困难。

（三）农产品贸易话语权缺失，贸易管理体制亟待完善

中国作为世界最大的农产品进口国，并没有取得与贸易地位相对应的话语权，巨大的购买力未能改变我国企业被动接受国际市场价格的尴尬局面。以大豆市场为例，少数几家跨国粮商掌握着美国、巴西和阿根廷等主

产国大豆的收购、仓储和码头等设施，控制着全球70%的大豆货源，世界大豆贸易基本被跨国粮商垄断。2017年我国大豆进口9554万吨，占世界贸易量的65%，但我国参与大豆国际市场交易的企业在交易价格上话语权较弱，不得不接受不公平的定价机制。从全球大宗农产品基准价格看，定价权是由期货市场决定的，而国际期货市场基本分布在欧美等国外市场。目前，国际市场上几乎所有的大宗农产品都已形成定价中心，如大豆、玉米、小麦的价格主要由芝加哥期货交易所确定，棉花价格形成于利物浦，天然橡胶定价权主要以日本价格为基准等。近些年来，我国期货市场建设取得了一定进展，如大连成为芝加哥之外重要的玉米期货市场，郑州的小麦和棉花期货交易在一定程度上构建了"我国价格"，但距离全球定价中心目标还有很长的路要走。农产品贸易管理体制亟待调整完善，特别是国营贸易配额使用、农业补贴"爆箱"问题面临更大压力。我国农业支持保护体系中很多政策都是属于WTO规则中的"黄箱"范畴，随着财政对农业支持的逐年增加，"黄箱"政策的支持已经接近上限。2016年，美国先后对我国大米、小麦、玉米市场价格支持、进口关税配额管理，两次向世贸组织提起诉讼，质疑我国农业补贴"爆箱"和国营贸易配额使用问题。在与国际接轨的过程中，农产品价格支持政策和国营贸易配额等政策的弊端将全面暴露，亟待通过改革和转型来适应国际国内统一市场的需要。完善农产品贸易管理体制，创新农业补贴机制是农业政策调整的紧迫性课题。

（四）农业对外合作体制机制仍需优化，利用外资的质量效益亟需提升

当前，农业对外直接投资项目管理权限分布在多个行政部门，多头管理、沟通不畅等问题容易导致项目审批程序繁琐、耗时长、延误商机。同时，在政策制定中，有效的沟通协调机制尚未真正建立，部门间仍存在各自为战、缺乏有效沟通的现象，信息共享机制有待完善，涉农对外合作资金整合亟需提上日程。农业利用外资虽然取得积极进展，但农业利用外资相比其他行业仍较为滞后，农业利用外资总体规模较小，多数外资项目投资额小于50万美元。农业利用外资流向不合理，区域分布不平衡。东部因基础设施较完善,市场经济较为发达,成为外商投资的重点区域,而亟需资金、技术支持的中、西部地区,外商投资农业的比例相对较小。此外,农业利用外资的增加对企业自主创新能力提升、民族品牌保护以及农业产业链各环节带来不利影响和风险。内外资法律法规仍不完善,仍存在与国家对外开放大方向、大原则不相符的法律法规和条款。外商投资企业投诉机制尚未建立,准入前国民待遇加负面清单管理制度仍不健全。外商投资事前、事中、事后监管与服务体系有待强化,营商环境亟需优化。

(五)农业对外合作企业内生动力亟需加强,企业国际竞争力有待提升

总体看,我国缺乏真正具有国际竞争力的大型农业企业集团,在全球农业产业链控制、物流和贸易渠道、品牌建设、产品分销等方面的国际竞争优势不强。首先是缺少复合型国际人才。由于企业开展对外投资要涉及国际经济、金融、法律和语言等领域,需要一支具有全球视野和国际化战略思维、熟悉国际投资规则、精通跨国投资经营管理和国际市场开拓、外语熟练的复合型人才队伍,我国企业这方面的储备还不足。其次是开展对外投资的层次较低,没有从战略上建立农产品加工、仓储、物流和贸易一体化的全球农产品供应链。由于多数企业还没有建立起完整的自主技术研发和推广体系,企业在技术应用上成本较高且适应能力较差,农业对外直接投资项目主要集中在附加值不高、技术含量较低的劳动密集型行业和传统的生产环节,甚至很多企业开展对外合作的目的就是单纯种地。同时,企业间协作机制尚没建立。由于地缘和文化等因素,目前我国农业对外合作投资地点和领域高度集中。企业间缺乏沟通协作机制,投资存在一定的盲目性,缺乏核心竞争力和差异化竞争优势,开展对外合作的企业之间存在无序发展、恶性竞争的状况,大大增加了企业海外投资成本和投资风险,也影响到我国企业在国际市场的形象和地位。此外,企业开展农业对外合作需要面对不同的投资环境、政策法规、社会文化,容易受到东道国贸易保护、政治动荡、自然条件、法律制裁、劳资纠纷等不利影响,多数企业尚未构建起有效的农业对外合作风险防范机制。

五、典型国家农业对外合作的经验与启示

在推进农业对外合作过程中典型国家都注重统筹利用国际国内两个市场两种资源,动态调整农业对外合作支持政策,特别重视通过关税等措施弥补基础竞争力不足,注重通过调整补贴方式确保国内农业竞争力提升,重视农产品海外市场开拓及营销促销公共服务。

(一)注重统筹利用国际国内两个市场两种资源,动态调整农业对外合作支持政策

发达国家经验表明,无论是农业资源禀赋比较丰富的国家,还是对国际资源依赖大的国家,均加大对国际农业资源的掌控力。英、美、日、韩均设有海外投资促进机构,促进农业对外合作。如英国综合驻外使馆设立了海外贸易局,美国设立了中小企业管理局来帮助中小企业发展和投资,日本设立了贸易振兴机构,韩国设立了大韩贸易投资振兴公社。在企业海外投资风险担保方面,英国官方设有出口信贷担保局,美国设有政府背景的海外私人投资公司。在企业海外投资信息获取、海外投资融资支持等方面,多国都设有官方或民间的专门投资促进组织,如日本海外协力基金、海外贸易开发协会等。此外,政府根据不同发展阶段,动态调整农业对外合作支持政策。如日本政府主动适应国际国内环境,动态修正农业海外投资的战略目标,以使其农业海外投资获得高效、可持续的发展。制定了《贸易保险法》和贸易保险制度,有效降低了日本企业对外贸易以及对外投资的风险。韩国从《海外资源开发事业法》到《海外农业开发协力法》再至具体的《海外农业开发10年基本规划》,为其海外农业开发提供保障。美国运用资本、技术、成本的优势,通过农业跨国公司,控制目标市场关键环节,掌握经营主动。

(二)关税政策是弥补基础竞争力不足,确保公平竞争的最有效措施

市场开放与产业保护并不矛盾,越是开放越需要加强对产业的保护。通过征收必要的关税,可以克服国与国之间因由资源禀赋而存在的基础竞

争力差距，保证产品进口价在与国内价相当的基础上与国内产业开展公平竞争，是统筹两个市场并保证其有机融合的最有效政策工具。目前世界农产品平均关税水平为62%，而且关税形式普遍复杂。挪威、瑞士、日本、美国、欧盟、巴西、印度农产品平均关税分别为71%、85%、42%、11%、23%、36%和114%，最高分别达1062%、1909%、1706%、440%、408%、55%和300%（见表3）。

表3　　　　　WTO部分成员农产品关税水平及最高关税

	挪威	瑞士	日本	美国	欧盟	巴西	印度	中国
最高关税	1062%	1909%	1706%	440%	408%	55%	300%	65%
平均关税	70.7%	85%	41.8%	11.3%	22.8%	35.7%	114%	15.2%

世界重要产品如大米、食糖、牛肉、猪肉、禽肉、豆油、乳制品的关税水平大多国家都非常高（见表4）。美国作为倡导市场化和贸易自由化的农产品出口大国也对其需保护的农产品实行高关税，食糖和乳品关税分别高达185%和139%。农产品进口大国日本更对稻米、乳品、食糖等重点关注产品实施高达778%、661%和346%的关税，水果、蔬菜平均关税虽不足10%，但其以配额和技术性贸易壁垒调控进口，视国内供需形势灵活调节。当美、欧、日、韩的重要农产品进口量过快增长或进口价格过低时，其均拥有自动提高关税特殊保障机制的权利，从而有效保护其国内产业。

表4　　　　　　　主要国家和地区主要农产品关税

	挪威	瑞士	日本	美国	欧盟	中国
食糖	148%	100%	346%	185%	218%	配额内15%，配额外50%
牛肉	604%	523%	50%	26%	146%	12%—25%
家禽	665%	1019%	12%	20%	94%	10%—20%
猪肉	500%	369%	252%	1%	66%	12%—20%
豆油	126%	260%	21%	19%	10%	9%
稻米	85%	126%	778%	11%	97%	配额内1%，配额外65%
乳品	528%	900%	661%	139%	264%	10%—20%

（三）多层次和多形式的国内农业支持是有效弥补农业生产成本差距最直接的手段

在农业国际化过程中，对农业进行支持保护是各国的普遍做法。由于国内农业支持补贴可以直接减扣农业生产成本、提升农业竞争力，因此农业基础竞争力越缺乏、生产成本越高，各国的国内支持就更显重要，支持水平也就越高。从 WTO 各成员最近通报的可比的国内支持数据看，主要成员特别是发达成员对本国农业的人均补贴水平都较高。2010 年，美国农业支持总量为 1303 亿美元，农民人均补贴 59073 美元；欧盟年度农业支持总量 1034 亿美元，农民人均补贴 11674 美元；日本农业支持总量为 253 亿美元，农民人均补贴 9937 美元；加拿大、澳大利亚、巴西等强国支持总量分别为 56 亿美元、22 亿美元和 100 亿美元，人均为 18407 美元、6106 美元和 657 美元（见表 5）。

表 5　2010 年主要国家和地区农业支持总量及农民人均补贴

	美国	欧盟	日本	加拿大	澳大利亚	巴西	中国
农业支持总量（亿美元）	1303	1034	253	56	22	100	993
农民人均补贴（美元）	59073	11674	9937	18407	6106	657	306

OECD 农业支持补贴口径与 WTO 口径不同，不仅计入因实施价格干预政策而带来的价格支持量，同时要计入因关税等其他边境政策带来的价格支持量。根据该口径，农业支持主要包括一般服务支持（GSSE）、政府预算支出（BOT）和市场价格支持（MPS）三部分，后两者之和即为生产者支持等值（PSE），它实际上反映了农业的政策支持和关税保护的总水平。该机构数据表明，挪威、瑞士、冰岛和日本等农业基础竞争力缺乏的国家农业支持保护水平均较高，其总量占农业产值的比重分别高达 93%、89%、85% 和 59%。OECD 测算的我国支持保护总量占农业产值 17.6%，其中市场价格支持占支持总量 62%，但因缺乏相应关税配套而不可持续，扣除后仅为 6.7%。

（四）鼓励农产品出口，重视农产品海外市场开拓和营销促销公共服务

美国农业贸易的实践表明，其农业出口大幅度提升的主要动因是美国对农业出口推进政策的颁布和实施。在促进本国农业出口的同时，解决了本国农业生产过剩和保障农业的生产效率及产量等问题。美国国会通过实施贸易保护措施，提升农产品出口、保障农业安全，为防止长期实行会遭到其他国家的效仿和报复，所以美国并未对农业实施长期的高度贸易保护。鉴于出口对促进农业增值增效、农民就业增收的积极作用，各国在推进农业国际化过程中普遍重视优势农产品的出口促进。美国农业法案中关于农产品促销包括市场开发计划（含国外市场拓展、国外市场开发合作、优质样品展示、新兴市场开拓及网上协助出口商行动等子计划）、出口信用担保计划（含出口信贷担保、卖方信用担保及设施担保等子计划）、技术壁垒计划（含生物技术与农业贸易和特定农作物技术支持等子计划）、出口提高和鼓励奶制品计划、粮食援助与发展计划等五大计划。此外，欧盟农产品贸促措施包括宣传推介欧盟优质产品、鼓励参展、开展产品相关标识宣传、国际市场调研等。日本除运用出口补贴、出口信贷外，特别重视构建信息服务平台、树立品牌形象、强化检验检疫对外交涉力度、加强农业领域知识产权保护等。

六、深化农业对外合作的政策建议

我国已成为世界经济贸易投资大国，站在即将全面建成小康社会的前夜、比历史上任何时期都更接近中华民族伟大复兴的目标。我们有条件站在全球视野和人类命运的高度来观察和审视中国的改革开放大业，有条件、有责任、也有义务站在世界经济持续健康发展、世界各国人民福祉的高度来部署中国的对外开放举措。随着"一带一路"倡议的深入推进，农业融入全球经济的广度、宽度、深度等各个层面不断拓展，对外开放进入了新的发展阶段。不谋全局者不足以谋一域，不谋万世者不足以谋一时。农业对外合作的道路需要由初期的单纯强调开放转向注重开放的内涵，由自主性的可纠错的开放转向基于多双协定之上的约束性的开放，由消除自身障碍、适应既有规则为主转向促进对等开放、争取有利外部环境和规则为主。

（一）思路

全面贯彻落实党的十九大精神，以习近平新时代中国特色社会主义思想为指导，围绕实施乡村振兴战略、服务"一带一路"倡议和外交大局，树立和平合作、互利共赢的发展理念，坚持使市场在资源配置中起决定性作用和更好发挥政府作用，坚持改革开放，坚持引进来和走出去相结合，坚持统筹国内发展和参与全球治理相结合，强化投资贸易协同，建立健全支持农业国际化的公共服务和政策支持体系，以立足为国内实现谷物基本自给、口粮绝对安全的国家粮食安全保障体系提供基础支撑，以企业为主体积极探索农业对外合作新模式、新路径、新体制，构建持续、稳定、安全的全球农产品供应网络，在扩大开放中树立正确义利观，切实维护国家利益，保障国家粮食安全，推动我国与世界各国共同发展，构建互利共赢、多元平衡、安全高效的新型农业国际合作关系，打造农业对外开放新格局，维护全球和区域粮食安全。

具体思路，一是要以提高国内粮食综合生产能力为基础，完善粮食支持保护政策，加强和优化粮食储备体系，健全农产品进口调节机制和现代粮食市场体系，探索形成多元化农产品进口调节机制，建设全球农产品进口供应链，构建"立足国内、适度进口"的国家粮食安全新构架。二是要以市场为导向、企业为主体、政府支持为保障，以"一带一路"沿线及中南半岛等国家（地区）为重点区域，以开发利用境外农业资源为突破口，加快全产业链布局，逐步形成内外相联、产销衔接、优势互补、相互促进的一体化产业发展格局。鼓励企业加大境外农业投资力度，积极参与国际农业贸易与合作，加快培育一批国际大粮商和农业企业集团。三是深化和拓展农业国际合作，重点加强对发展中国家或地区的农业援助、科技合作，共同打造农业新技术、农业新业态、农业发展新模式，稳定全球农业生产和农产品供给，减少生物能源对全球农产品市场供求和价格的冲击，保障全球人口的基本食物获取权力。四是坚持同舟共济、合作共赢，走开放融通、互利共赢之路,大力倡导"全球责任"的食物权力保障理念,倡导农业资源大国及农产品出口大国承担与之匹配的责任和义务,推动贸易和投资自由便利化,积极参与国际贸易投资规则谈判,维护多边贸易体制。

(二) 需要处理好的几组关系

在推进农业国际化过程中需要协调处理好几组关系:一是统筹处理好国内国际两个市场两种资源的关系。树立全球义利观,积极利用国际农业资源,提升全球农业资源配置力及使用效率,在发挥农产品贸易大国作用的同时,坚持绿色生态发展导向,更好兼顾生态和生产的关系。提高农产品贸易调控能力,鼓励适度进口,防止过度进口冲击国内生产、影响农民就业和增收。二是农业"引进来"与"走出去"的关系。必须坚持"引进来"与"走出去"相结合,通过"走出去"拓展农业发展空间和提升国际农产品供给能力,以"引进来"提升农业现代化水平,扬长避短、趋利避害,切实保障全球粮食安全和主要农产品供求平衡。三是国外农业资源利用和国际风险防范的关系。目前我国主要农产品进口来源地相对集中,对国际市场供求和价格的影响较显著,贸易大国双刃剑效应日益凸显。农业对外合作还面临很多风险调整,农业对外合作风险防范机制仍未建立。四是商业投资与国际合作的关系。实践证明,发展中国家通过完善农业基础设施、普及先进适用的农业技术、开发农业资源等,完全能够依托本国农业资源实现主要农产品自给,甚至可能会由农产品进口国转变为出口国。因此,应将境外农业投资与农业国际合作有机结合,在双边关系、经贸合作、对外援助等工作中,统一布局、系统规划,形成服务于国家粮食安全总体战略、互惠互利共赢的新型国际农业合作战略,支持发展中国家提高粮食安全保障能力与农产品供给能力。

(三) 政策建议

要从构建人类命运共同体的高度出发,立足国内产业发展的现实和长远需要,提出深化农业国际化的思路、主攻方向和重点内容。区分贸易、投资、服务、技术合作等不同领域，从政策法规、支持力度、现实发展不同层面，把握对外双向合作进来和出去两个方面存在的障碍和问题，明确对外开放和对外谈判中我们需要保护的底线。根据国家战略部署和整体布局稳步推进，要确保谈判取得平衡对等、符合各自产业实际的结果。为了走好农业对外合作这条路，在当前和今后一个时期，要重点完善以下几个方面的政策措施：

1. 加强顶层设计，提升政府服务水平，多措并举促进农业对外合作。积极将农业纳入双边和多边经贸谈判框架中，深化并完善与东道国的双边合作机制，建立政府层面的农业合作沟通协商机制、农业贸易和投资仲裁协商机制、农业产业对接机制、农业科技和人才交流机制及农业合作风险防范机制等。抓紧制定农业对外合作立法，动态调整和完善农业对外合作战略规划，引导企业参与全球农业资源开发利用和全球农产品供应链建设。研究制定一套充分发挥市场机制的有针对性的支持政策框架，从财政、金融、保险、税收等方面对企业进行强有力的"组合式"政策支持。强化公共服务能力建设，在重点国别增设农业参赞或农业外交官。建立和完善国别农业投资导向目录，指导企业开展农业对外投资；建立农业涉外项目监测评价体系，跟踪了解农业对外投资的状况和特点；建立完善农业投资、技术合作和农产品出口摩擦报告制度和农产品争端应诉机制；加快推进农业对外直接投资立法工作，保障海外企业合法利益。加快建立海外信息服务平台，抓紧组建中国农业对外直接投资行业协会，加强协会在行业自律、价格协调、应对纠纷、抵御海外风险等方面的作用，为企业开展农业对外直接投资创造良好环境。

2. 完善农产品贸易政策，优化调控体制机制，弥补现有关税政策和国内支持政策空间不足的问题。要围绕"国内保什么、保多少、怎么保，国际进什么、进多少、怎么进"等问题，提高农业宏观调控的前瞻性、预见性和主动性，做到谋定而后动。在加强对进口有效调控的同时，采取有效措施促进优势农产品出口，切实提高统筹国内外两个市场两种资源的能力。采取多种途径有效降低农产品出口的非关税壁垒，推动进出口市场多元化。结合我国农业资源特点，增强优势出口农产品供应能力，巩固农产品出口传统优势，扩大特色和高附加值农产品出口。鼓励支持优势农产品出口示范基地建设，推进出口基地转型升级，支持农产品出口企业加强保鲜、储藏、加工和物流设施建设努力优化农产品对外出口环境，加大国内特色优势农产品海外宣传推介力度。鼓励企业积极参加国际认证和注册，推进农产品认证结果互认工作，促进形成一批农产品出口龙头企业和一批拳头出口产品，落实出口退税政策，稳步提高产品附加值和出口效益。在新一轮多双边贸易谈判中，立足于保障粮食安全、产业安全和农民利益，坚持现行农产品关税税率不降低、关税配额不扩大、"黄箱"支持"微量允许"空间不缩小。充分发挥边境措施的"门槛"作用。利用关税、关税配额管理以及非关税措施，尤其是强化检验检疫措施，避免大量低价农产品进口对国内农业产业发展形成严重冲击。加强贸易救济、贸易补偿和外资监管。加强对农产品进口的跟踪预警，加强产业损害调查和国外贸易壁垒调查，充分利用反倾销、反补贴和保障措施等手段，有效实施贸易救济。探索建立产业损害补偿机制，加强对国内产业的贸易补偿。尽快建立和实施外资进入农业产业的安全审定制度，加强对外资进入农业产业的监管。把贸易促进作为多双边农业国际合作的重要内容，健全国内商会、信息等支持服务体系，提高优势农产品国际市场竞争力，支持优势农产品出口。要加强与沿线及周边国家和地区的农业贸易合作，按照重点领域、重点产品和主要国家，通过签订双边政府协议或贸易备忘录等方式，拓宽进口来源渠道，形成我国长期稳定的供应基地。长期来看，应针对沿线国家合作和贸易平衡需要，通过签署自贸协定等安排对中亚和俄罗斯等国家采取更加宽松的农产品进口管理措施。

3. 优化国内行政体制改革，加大监管力度，提升农业利用外资质量和效益。深化国内行政管理体制改革，改善农业对外开放环境。积极推进农业管理体制改革，从根本上消除部门分割、管理多头与缺位并存的体制性矛盾，建立健全统筹管理农业对外开放的体制机制。利用外资的资金与技术，推广产后储藏、保鲜等初加工技术与装备全面系统梳理和完善我国农业利用外资政策和制度体系，减少政府行政审批事项，简化办事程序，改善投资环境；加强对外资的监督和管理，对从事资产评估、财务审计、查验资工作的机构加强监督。积极主动利用中美、中欧农业 BIT 模式谈判制定国际农业投资规则,尽快做好从《外商投资产业指导目录》向"准入前国民待遇加负面清单"的外资管理模式转型的探索和准备工作。进一步解放思想,学习和接受"负面清单"理念和管理模式,通过先行先试的实践去摸索经验,通过深化研究来制定好外商投资负面清单。落实全面依法治国的战略部署,立足农业产业安全和行业管理需求,尽快完善相关法律法规。对于没有上位法依据又确需保留监管措施的,尽快启动立法程序。建立全程监管体系,构筑产业安全立体网络。根据维护产业安全的需要,抓紧完善规范严格的外商投资安全审查制度,对关系粮食安全和产业安全的重要领域,要在负面清单之外再设置一道"玻璃门"。加强对外资进入农业的事中事后监管,与有关部门之间信息共享、协同监管、及时应对,在"准入前国民待遇加负面清单"的新模式下守住产业安全的底线。

4. 加快企业自身能力建设,做好风险防范,提升企业发展内生动力。企业是开展农业国际化的主体,要充分发挥企业市场主体作用。鼓励和支持现有企业做大做强,特别是支持其健全完善全球粮油生产、购销、物流、加工全产业链建设。支持企业结合国内外市场需求,按照市场规律,实行市场化运作,采取国际农产品贸易、境外投资与合作等方式,深入主要产粮国合全球主要粮食贸易网络,构建全球农产品进口供应链。完善企业境外投资的公司治理模式,合理选择境外投资的进入模式,鼓励企业加快建立现代企业制度,做好企业境外投资法律层面工作,提高企业境外投资的文化适应能力,完善企业境外投资的纠纷处理。加大培养和开发符合国际化要求的人才,通过建立各种培训中心、委托专业机构或去国外考察学习等方式加强对人才的培养。构建各部门联合培养、部省和重点市三级覆盖的农业国际化人才培训体系,重点培育复合型跨国经营管理人才。加大农业外交官和国际组织人才的培养推送力度。逐步企业健全风险防控体系,在关注市场风险的同时,更加关注目标国的自然风险和政治社会风险,做好项目规划、可行性论证和风险控制预案。鼓励企业参与和承担国家援外农业示范中心的建设和运营,支持企业将援外农业示范中心与对外农业投资相结合,进一步发挥援外农业示范中心的示范推广和舆论宣传作用。

参考文献

[1] Cheung Y, X. W. Qian. The Empirics of China's Outward Direct Investment [J]. Pacific Economic Review, 2009 (3): 312 - 341.

[2] Melitz, S. R. Yeaple. Export versus FDI with Heterogeneous Firms [J]. American Economic Review, 2004, 94 (1): 300 - 316.

[3] Bldwin, E. M. Labor Immigration and Labor Markets in the GCC Countries: National Patterns And Trends [R]. Kuwait Programmed on Development, Governance and Globalization in the Gulf States, Nuber 15, March, 2011.

[4] Jeffrey M. Wooldridge. Introductory Econometrics: A Modern Approach 4th [M]. South Western Educational Publishing; International edition, 2008: 548 - 552.

[5] 宋洪远,张红奎等. 中国企业对外农业投资战略研究 [M]. 北京:中国发展出版社,2014.

[6] 陈伟. 中国农业对外直接投资发展阶段及关键因素实证研究 [J]. 农业技术经济,2014 (11): 89 - 100.

[7] 程国强,朱满德. 中国农业实施全球战略的路径选择与政策框架 [J]. 改革,2014 (1): 109 - 123.

[8] 何安华,陈洁. 日本保障粮食供给的战略及政策措施 [J]. 现代日本经济,2014 (5): 62 - 74.

[9] 吕东辉,许顿,于延良等. 跨国粮食企业培育:中粮与ADM、邦吉经营模式的比较研究 [J]. 农业技术经济,2015 (4): 12 - 18.

[10] 马述忠,潘伟康. 全球农业价值链治理:组织学习与战略性嵌入——基于默会知识观的理论综述 [J]. 国际经贸探索,2015 (9): 56 - 65.

[11] 万宝瑞. 当前我国农业发展的趋势与建议 [J]. 农业经济问题, 2014 (4): 4-7.

[12] 徐雪高, 张振. 政策演进与行为创新: 农业 "走出去" 模式举证 [J]. 改革, 2015 (3): 127-135.

[13] 张振, 马翠萍, 刘志颐, 徐雪高. 我国农业对外直接投资是否存在生产率悖论——基于 2005—2014 年省级面板数据的实证分析 [J]. 统计与信息论坛. 2017 (1): 18-26.

我国农业供给侧结构性改革的内涵、理论架构及实现路径

姜 楠 柳苏芸[*]

近年来,在国家强农惠农政策推动下,我国农业快速发展,粮食连年高位增产,农民收入持续增长,为经济社会发展全局提供了有力支撑。但也必须看到,当前世界经济复苏缓慢,国内经济新常态影响加深,农业发展的内外部环境发生深刻变化,各种新老矛盾相互交织、影响叠加,转型升级压力之大前所未有。特别是近年来实施的价格支持政策引起的市场扭曲及局部性产能过剩,我国农业人口与劳动、资本与金融、资源与产权、技术与创新、制度与分工等方面存在的"供给抑制",导致我国农业的主要矛盾已经由总量不足转变为结构性矛盾,因此,从2016年"中央1号文件"提出"推进农业供给侧结构性改革"开始,中央多个文件均提出,要推进农业供给侧结构性改革,加快转变农业发展方式,以提高农业供给体系质量和效率。本文试图从国情出发,结合经济学理论进行系统研究,理清农业供给侧结构性改革的内涵和理论架构,探索农业供给侧结构性改革的实现路径,以更好地实现经济发展新常态下的农业农村新发展。

---

[*] 姜楠,农业农村部农村经济研究中心;柳苏芸,农业农村部农业贸易促进中心。

一、我国农业供给侧结构性改革的内涵

习近平总书记指出:"推进农业供给侧结构性改革,提高农业综合效益和竞争力,是当前和今后一个时期我国农业政策改革和完善的主要方向",要"以科技为支撑走内涵式现代农业发展道路","要研究和完善粮食安全政策,把产能建设作为根本,实现藏粮于地、藏粮于技"。由此可以看出农业供给侧改革的核心目标有两个:一个是提高农业发展的质量和综合效益。过去我国农业发展更注重数量增长,存在着过度消耗农业资源及化肥、农药利用率低下等问题,这种粗放式发展模式已经难以为继。农业供给侧改革是要紧紧围绕市场需求,优化农业资源配置,提高投入要素的生产效率,使农产品适销对路,增强农业的综合效益。另一个是提高农业的国际竞争力。我国自2011年成为世界第一大农产品进口国,进口量逐年增长,而我国农业生产条件先天不足,在激烈的国际竞争中处于不利地位,使得国内大豆、玉米、棉花、食糖和奶制品都受到了国际市场的巨大冲击。因此,要用国际的视野和世界的眼光来科学推进我国农业供给侧改革,在确保口粮绝对安全的前提下,加快调整农业产业结构,加大科技支撑力度,扩大经营规模,提高支持保护水平,全面有效提升我国农业的国际竞争力。

在农业供给侧改革中需要坚守的四条底线:一是坚持市场在资源配置和结构性调整中的决定性作用。农业供给侧改革不能损害市场机制的正常运转,充分发挥市场对农业供给侧改革的引导作用,并在坚持市场主体地位的基础上,充分发挥政府调控和服务作用。二是确保粮食安全。我国农产品需求总量仍然处于上升区间,保持粮食供给的压力依然很大;粮食生产需要根据市场需求变化,适时调整品种和生产规模,但务必要保证粮食生产安全,实施藏粮于地、藏粮于技,坚决把生产能力守住把好。三是确保农民利益和主体地位。在推进农业供给侧改革中必然要对农产品价格支持政策和农业补贴制度等进行改革,但无论如何改革,决不能把农业供给侧改革的矛盾和化解的成本让农民承担,农业供给侧改革在落实去产能、去库存、降成本、调结构、补短板等任务的过程中,要坚决确保农民的利

益和主体地位不动摇。四是确保生态安全及农业的可持续发展能力。粗放的我国农业必须摒弃消耗资源、破坏生态环境的粗放发展模式，这是推进农业供给侧改革的一个基本要求。未来农业发展在总量供给上要依据资源状况"量入而出"，不可盲目追求产量增长；在增长方式上要追求土、水、肥、药等要素的投入产出效率；同时要对山水、草原、湖泊等生态资源进行系统修复和保护，确保农业的生态安全。

因此，在认清形势变化与领会中央精神要求的基础上，推进我国农业供给侧结构改革，要在确保国家粮食安全的基础上，紧紧围绕市场需求变化，以增加农民收入、保障有效供给为主要目标，以提高农业供给质量为主攻方向，以体制改革和机制创新为根本途径，优化农业产业体系、生产体系、经营体系，提高土地产出率、资源利用率、劳动生产率，促进农业农村发展由过度依赖资源消耗、主要满足"量"的需求，向追求绿色生态可持续、更加注重满足"质"的需求转变。

二、我国农业供给侧结构性改革的理论架构

从经济学理论的视角来看，市场经济运行可以理解为是一种市场供求双方的互动过程，计划和市场是资源配置的两种基本手段，当经济运行不畅时就需要政府有意识地从供给或者需求的角度进行宏观调控。工业革命以后，从政府宏观调控政策手段供求交替的角度，先后经历了萨伊定律——凯恩斯主义——供给学派——新凯恩斯主义——供给管理等阶段。我国自改革开放以来，宏观调控的主要政策主张是通过刺激消费、鼓励投资和出口的手段来拉动经济增长，但2008年的次贷危机之后，需求管理的边际效应在递减，引发经济增速放缓、财政收入下降、生产者物价指数下跌、实体企业发展缓慢和经济风险上升等问题。中央从供给侧结构性改革的角度提出去产能、去库存、去杠杆、降成本、补短板五大任务，来应对当前我国经济面临的结构性问题。

（一）供给侧结构性改革的理论认识

自我国的供给侧结构性改革提出以来，有学者将其与西方的供给学派

进行对比，但根据中央的要求，此轮的供给侧结构性改革是在结合有效需求的基础上，从供给的角度调整我国的结构性问题，提高供给的全要素生产率。认识供给侧结构性改革首先要避免两个误区：其一，不能简单地用西方供给学派的理论来理解我国的供给侧结构性改革。西方供给学派倾向于用新自由主义的手段，通过减税和放松管制的手段扩大生产，其逻辑线索为：减少干预——减少税收——刺激生产——增加供给——经济增长，即通过减税和减少干预的手段刺激生产，认为供给是经济增长的唯一动力。但我国的供给侧结构性改革是在解放和发展社会生产力的基础上，用改革的办法推进结构性调整，增强有效供给对社会需求的适应性和灵活性，提高全要素生产率。其二，不能将供给侧与需求侧对立起来。供给和需求是市场经济中同时存在的一对关系，也是调控宏观经济的两个基本方向。通常来说，需求管理的手段偏重于经济周期下的总量调控，即通过货币政策和财政政策手段来调节总需求；供给管理的手段主要是通过对物质生产力要素与人际生产关系的调节进行中长期调整，其复杂程度远高于需求管理。我国现阶段的供给侧结构性改革并非对"供给管理"和"需求管理"的选边式发展，而是以供给侧为重点，供给和需求统筹兼顾、协调推进。

与以政府主导的需求管理不同，从供给侧推进改革，意味着政府与市场关系的变化。需求管理通常通过货币和财政政策，通过企业和政府的投资拉动实现经济的规模速度型增长；而供给管理更多的是从经济增长要素和制度出发，通过鼓励创新、优化生产要素配置和增加制度供给等方式，提高经济效率，实现经济的质量效益型发展，强调市场为主导的经济长效发展。因此，我国的供给侧改革的基本内涵在于：通过增加要素数量、鼓励创新、提高生产效率、优化配置效率、增加制度和政策供给等手段，弥补经济发展过程中质量不高、效益低下、竞争力不足的发展缺陷，提高市场活力和经济效率，使得有效供给与有效需求相匹配，以实现经济质量效益型健康发展。

(二) 供给侧结构性改革的理论依据

通常情况下，经济增长会呈现周期性和波动性等特征，由于市场调节自发性、盲目性和滞后性等缺陷，需要靠政府通过调整供求来平抑波动、促进增长。而供给管理和需求管理是经济学中政府调控的两大主要方面（如图1所示）。短期来看，从需求侧调整财政和货币政策是政府调控经济增长速度和规模的有效手段，但要从中长期解决有效供给和有效需求之间的结构性问题，需要从供给侧入手，通过要素供给和制度供给的方式拉动经济增长。

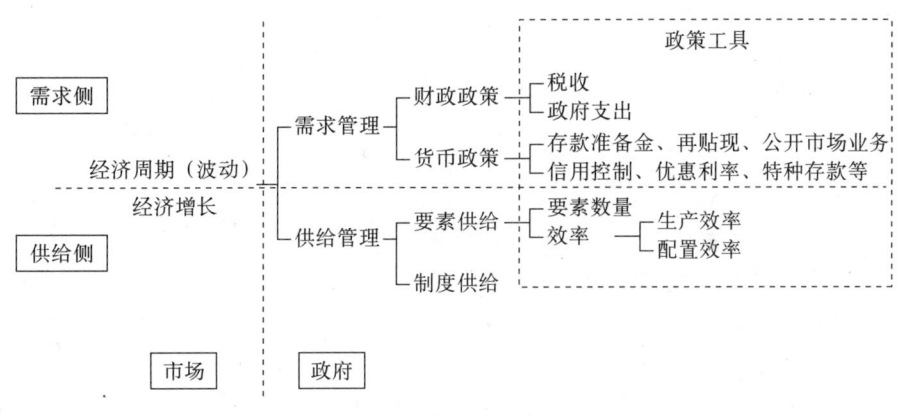

图 1　政府经济调控的理论框架

经济的周期性运行规律是我国供给侧结构性改革的前提条件。在完善的市场体制和产权制度下，可以通过合理的价格制度和有效竞争的市场体系达到供求平衡。但我国市场体系建设起步较晚，体制机制还不健全，单纯依靠需求侧财政和货币政策的短期拉动作用难以带来经济的长效增长，宏观调控需要从供给侧的角度进行强化，完善市场机制。因此，经济运行的周期性和体制机制的不完善是我国供给侧结构性改革的理论前提。

供给侧结构改革首要的是提高要素供给效率。随着"刘易斯拐点"的到来，我国的人口红利逐渐消失，供给要素的数量增加的条件逐渐丧失。根据经济学的效率及资源配置原理，在既定的技术和资源条件下，要素通常会从边际生产率低的部门流出，流入高生产率部门，使得社会总价值最大；而当存在技术进步的时候，社会的生产可能性边界会外移，每一种资源的生产率都会相应提高。因此我国在推进供给侧结构性改革时，根据帕累托最优原则，调减过剩产能，在保证原有部门利益不受损的情况下要素向其他产业转移，可以提高要素的配置效率；同时，通过鼓励技术进步的方式，使得生产可能性边界外移，进而带来社会总福利的增加。

制度供给是经济发展的重要保障。与经济层面的要素供给不同，制度供给更多的体现在经济社会文化层面。马克思将"制度"看作生产关系的总和及其形成的社会经济结构，包含制度、产权、国家和意识形态等要素。从新制度经济学的角度来讲，我国的供给侧结构性改革一方面可以降低企业的交易成本[①]，增加企业活力；另一方面可以通过结构性调整，提高供给的质量和效益。其政策手段主要是通过保障所有权和产权的方式稳定市场主体的心理预期，提高市场主体的生产积极性，提高劳动生产率和企业活力。

同时，从马克思主义政治经济学理论的角度，供求分析不应单方面强调需求或者供给，应该从生产力与生产关系和基本经济制度的角度深入分析供求状况的制度根源。我国供给侧结构性改革的背景在于生产力水平无法适应市场需求的变化。我们讲的供给侧结构性改革，既强调供给又关注需求，既突出发展社会生产力又注重完善生产关系，既发挥市场在资源配置中的决定性作用又更好发挥政府作用，既着眼当前又立足长远[②]。因此在进行供给侧结构性改革的同时，不能忽略需求侧。

（三）新形势下解决我国农业供给侧结构性问题的逻辑线索

从经济学意义上看，农业是自然再生产和经济再生产相交织的产业，具有使市场失灵和选择扭曲的特殊性，同时农业还具备了弱质性、公共产

---

① 广义的交易成本包括除生产成本之外的所有成本，如摩擦成本、运输成本、组织运行成本等。

② 中国干部学习网"习近平论供给侧改革中的四中关系"，http://www.ccln.gov.cn/xxzgyc/178110.shtml。

品属性和较强的外部性，需要政府从通过宏观调控的手段增加农产品供给和稳定农业生产，因此我国近年来的强农惠农政策，也都是从供给侧来进行改革。

从理论上来看，供给管理的思想同样适用于推动农业经济的增长，其逻辑线索如图2所示。

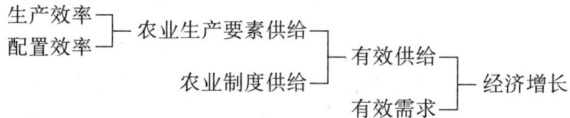

图2　供给管理的思想推动农业经济增长的逻辑线索

农业供给侧改革是一个中观乃至宏观领域的问题，涉及的领域和范围很广，要想取得好的效果，必须找准着力点。我国的"刘易斯拐点"已经到来，人口红利已逐渐丧失，想要通过增加要素数量的角度进行改革已逐渐不具备条件。因此，农业供给侧结构性改革的主要着力点在于通过鼓励创新提高农业要素的生产效率、优化农业要素配置效率及增加农业制度和政策供给三个方面。

三、我国农业供给侧结构性改革面临的主要问题

我国农业供给侧面临的问题，表面看是产业结构的问题，即落后的生产力水平与人民日益多元化的消费需求之间的矛盾，但实际问题主要表现在农业生产要素利用效率低和农业制度和政策供给不足。究其根本原因，从短期看，主要集中在"供给约束"上，即价格支持政策引起的市场扭曲及局部性产能过剩；从长期看，主要集中在人口与劳动、资本与金融、资源与产权、技术与创新、制度与分工等要素和制度层面的"供给抑制"。

(一) 我国农业的产业结构问题

首先,我国农业生产力水平无法满足人民日益多元化的消费需求。多年来,我国农业发展重数量轻质量,通过过度消耗地力和资源环境的方式追求农产品产量的增加,这种粗放式农业不具有可持续性。其次,品种和品质结构不合理。从品种结构看,目前我国玉米、水稻供大于求,小麦总量平衡有余,棉花和糖料区域性供大于求,油料作物较为紧缺,蔬菜基本饱和,水果则表现为区域性、季节性过剩,品种结构矛盾突出。特别是东北地区多年临时收储政策常态化导致的粮食市场扭曲及局部性产能过剩。从品质结构看,一方面低质低价的农产品过多,而优质农产品供给不足,如小麦多数为中强筋小麦,生产糕点的弱筋小麦和生产面包的强筋小麦很少,只占小麦总产的20%左右;另一方面加工品质有待提高。就小麦而言,由于种植品种杂乱,面粉加工企业很难收购到成规模的单一品种的优质小麦,严重影响加工品质。最后,区域性结构矛盾突出。以粮食为例,我国的粮食过剩主要发生在东北、内蒙古的玉米和南方早籼稻主产区,但相对而言,粮食销区的用粮单位,如饲料行业、淀粉加工企业和其他粮食深加工行业的存粮都低于正常年景的水平。由于近年来国际粮价下跌和居民消费观念的转变,企业和住户粮食储备大幅减少,多采取以销定进的库存管理方式,导致该存未存的粮食或漂浮于市场、或沉淀在产区的国有粮库内,加剧了粮食主产区的粮食过剩问题,区域之间的结构问题逐渐显现出来。

(二) 我国农业生产要素的利用率较低

农业投入要素的"供给抑制"是制约我国农业发展的根本原因,现阶段我国农业劳动力和土地要素的利用率偏低,资本要素供给不足,严重制约了我国农业生产的发展。近年来,我国劳动力供给数量不断减少,随着打工收入的提高,农业劳动力工资逐渐显性化,导致我国劳动力成本快速上升,人口红利迅速衰减。而从我国的资源禀赋条件来看,我国的耕地面积只有世界平均水平的40%,在仅有的耕地中,中低产田约占2/3,严重制约了单产的提高；我国的人均淡水资源仅占世界平均水平的28%，且呈现时空分布不均、水土匹配比例不当以及浪费现象严重的特征，水土资源同时制约着我国农业生产的发展。因此，土地成本的提高和农业生产资源的约束将成为我国农业供给侧结构性改革中难以跨越的障碍之一。

（三）我国农业制度和政策亟需完善

农业供给侧改革是一个中观乃至宏观领域的问题，制度和创新是农业供给侧改革的保障，更是关键的突破口。当前我国农业领域最突出的制度和政策问题：一是土地制度；二是农业经营体制；三是农民专业合作组织制度；四是农业科技进步制度；五是农业支持政策。从土地制度看，当前中国农村的土地制度供给已经明显滞后于潜在的土地制度需求，而我国农地的确权、登记、颁证还未完全实施，已成为制约农村土地制度改革的先决条件。从我国农业经营体制来看，家庭联产承包责任制带来的土地细碎化、经营规模低下的问题在我国城镇化、工业化的背景下面临的挑战越来越大，严重制约了我国农业竞争力水平的提高。从农民专业合作组织制度看，组织化程度偏低，缺少利益代言人，无法达到有效的外部监督，使得农民在利益分配和制度安排中，无法干预公共决策的"利益倾斜"。从我国农业科技进步的制度障碍看，主要包括体制性障碍、资金性障碍、农业技术市场落后等方面；造成了现有科研活动时长导向性不强、转化率低、科研管理行政化严重、农业技术推广落后等一系列问题，特别是我国农业科技成果转化率偏低，不足40%，远低于发达国家70%以上的转化水平。从我国现有农业支持政策来看，现有的以价格与补贴为主的支持政策体系对市场造成了严重的扭曲，受到了WTO规则的限制，亟需改革。

四、推进农业供给侧结构性改革的基本思路与重点环节

为解决我国农业产业结构不合理、要素生产和配置效率低及制度和政策不完善等问题，必须抓住农产品供给充裕的有利时机，大力推进农业供给侧结构性改革，加快提升农业质量效益和竞争力。其基本思路为：以市场需求为导向优化完善农业生产结构和产品结构，促进农业有效供给和有

效需求相匹配，解决阶段性和局部领域的供需矛盾；以科技为支撑走内涵式现代农业发展道路，促使农业资源流向高要素回报率的领域，提高农业要素的生产和配置效率，提升农业生产力水平；以健全市场机制为目标改革完善农业支持保护政策，弥补农业短板，为市场释放新供给创造条件，引导新供给创造新需求机制。

（一）优化农业产业结构

现阶段农业结构调整需要从调整品种结构、调整品质结构和调整区域结构等三方面入手。首先，当前最突出的问题不是总量绝对过剩，而是结构性矛盾，要适度调节玉米的产量，通过粮改豆、粮改饲控制生产，促进供求平衡，并按照大农业大食物的观念，发展优质特色农业和附加值高的畜养业；重点发挥农产品优势布局带动作用，推动不同区域统筹协调。通过优化农业产业结构，生产效益高、销路好、品质好、竞争力强的适销对路的农产品。同时，针对现阶段造成巨大财政负担的水稻、小麦、玉米、大豆、棉花等品种的政策性库存积压，要通过短期内化解库存和长期产业结构调整的方式标本兼治。

（二）提高农业投入要素生产和配置效率

提高农业投入要素生产效率最直接的手段是降低农业生产成本，主要体现在降低土地成本，减少化肥、农药、种子等生产资料投入成本，通过扩大经营规模和服务规模节省劳动力成本等。在提高产出方面，可通过提高农业投入要素的配置效率，提升农产品质量，增加农业产出，主要途径是：通过推进农业标准化生产，建立和完善正向激励机制，做到优质优价；通过健全标准体系，建立追溯制度，推动数量、质量、效益、生态并重，提升农产品质量安全水平；坚持以品牌化为导向，形成一批优质农产品品牌，以品牌带动品质，以优价激励优质。

（三）以增加制度和政策供给来弥补农业短板

从农业制度层面，通过加快体制机制的深化改革，完善土地制度和农民专业合作组织制度，推进农业科技体制改革，为农业供给侧改革提供良好的制度环境。主要途径是：在对承包地、非农建设用地和宅基地总体改革设计的基础上，加快试点与总结，盘活土地资源，为实现规模经营和多种经营提供制度保障；加快科技管理制度改革，创新激励机制，鼓励更多的涉农企业、农业科研院校科研人员积极参与农业科技创新转化与推广工作；加快农业产业组织的创新培育，大力推进农村三次产业融合，发展壮大农业新型业态，拓展农业多功能性，提升农业价值链。

从农业政策层面，通过创新完善农业支持政策，提高政策利用效率，为农业供给侧改革提供良好政策环境。主要途径是：在保障农民基本收益的前提下，完善粮食等重要农产品价格形成机制和收储制度，适当缩小和降低直接干预市场的范围和强度，创新和加强信贷、保险、直补、补偿等扭曲性小的多种形式政策手段，完善健全支持政策体系，不断提高支持水平和政策效率。

此外，在提高制度和政策供给的同时，还要注重加强农业基础设施与生态环境两大短板。具体来说，一是在保护生态安全的基础上，改革工程建设管理投入体制机制，在加大政府投资支持力度的同时，研究吸引社会资本参与重大水利工程运营的具体政策措施；二是提高高标准农田建设标准；三是要尽快出台划定生态系统指导意见，加强生态环境保护，抓紧出台耕地草原和湖区规划，加大农业环境突出问题的治理力度，开展大规模修复绿化行动，加强重点农业生态空间的保护和修复。

五、政策建议

我国农业已进入新的发展阶段，迫切需要由追求数量和总量向数量、质量、效益和竞争力并重转变，农业供给侧结构性改革正是实现这种发展方式转变的重要手段。当前重点是完善强农惠农富农政策，解决农业资源要素的错配扭曲问题，形成支持有力、保障有效的政策体系。

（一）加紧制定农业供给侧改革发展规划和具体实施方案

我国农业正处于发展的重要历史关口，农业发展面临的形势更加复杂，农业供给侧改革的任务非常艰巨，迫切需要在加强对农业供给侧理论研究和实地调研的基础上，厘清农业供给侧改革发展思路，加快制定发展规划和具体实施方案。切实加强组织领导，做深做实前期调查研究，把农业供给侧改革的突出问题拓深研透，注重定性与定量分析相结合，提高规划的科学性和实施方案的可行性。坚持战略导向，围绕"稳粮增收、提质增效、质量安全、持续发展"的总目标，抓住农业供给侧改革的重点环节，谋划一批务实管用的政策措施，作出科学合理的任务安排。

（二）着力调整优化农业产业结构

在巩固和提升粮食产能，确保谷物基本自给、口粮绝对安全的基础上，以增加有效和中高端供给为重点，适当调整玉米种植，扩大粮改豆、粮改饲试点，鼓励杂粮杂豆和马铃薯生产，探索建立大豆、棉花、油料、糖料蔗等重要农产品生产保护区。根据环境容量调整区域养殖布局，优化畜禽养殖结构，以肉牛、肉羊、奶牛为重点，加快发展草食畜牧业。大力推进农业标准化生产，建立健全质量安全监管和可追溯体系，打造和培育一批农产品品牌。发挥农村三次产业融合的乘数效益，以"互联网+"为抓手，发展壮大新产业、新业态。同时，坚持化肥减量提效、农药减量控害，建立健全激励机制。在优化农业产业结构的前提下，不断提高资源利用效率，提升农业供给体系的质量和效率。

（三）加快创新农业科技组织管理体制

强化现代农业产业技术体系建设，统筹协调各类农业科技资源，建设现代农业产业科技创新中心，实施农业科技创新重点专项和工程，重点突破生物育种、农机装备、智能农业、生态环保等领域关键技术。大力推进"互联网+"现代农业，应用物联网、云计算、大数据、移动互联等现代信息技术，推动农业全产业链改造升级。深化农业科技体制改革，完善成果转化激励机制，制定促进协同创新的人才流动政策。健全适应现代农业发展要求的农业科技推广体系，对基层农技推广公益性与经营性服务机构提供精准支持，引导高等学校、科研院所开展农技服务。

(四) 重点培育现代农业经营主体

健全有利于新型农业经营主体成长的政策体系，扶持发展种养大户和家庭农场，引导和促进农民合作社规范发展，培育壮大农业产业化龙头企业，大力培养新型职业农民，鼓励和支持工商资本投资现代农业，促进农商联盟等新型经营模式发展。扩大种粮大户、家庭农场、合作社补贴试点范围，对经营耕地面积达到一定数量且主要从事粮食生产的经营主体，按实际种植面积给予专门补贴；进一步落实对专业大户、家庭农场、农民合作社等兴建农田水利、产品处理和贮藏等基础设施给予投资补助和贷款贴息等政策；逐步扩大新型农业经营主体承担农业综合开发、中央基建投资等涉农项目规模。加快培育多种形式的现代农业服务组织，鼓励科研机构、行业协会、龙头企业和具有资质的经营性服务组织从事农业公益性服务，支持多种类型的新型农业服务主体开展代耕代收、联耕联种、土地托管等专业化规模化服务，鼓励引导粮食等大宗农产品收储加工企业为新型农业经营主体提供订单收购、代烘代储等服务。支持建设集中育秧、粮食烘干、农机场库棚、仓储物流等服务基础设施，鼓励地方搭建区域性农业社会化服务综合服务平台，提供跨区域专业化服务。

(五) 加强基本制度和政策的创新与协调

在完善土地制度方面，要稳定农村土地承包关系，落实集体所有权，稳定农户承包权，放活土地经营权，全面推进土地确权登记颁证工作，依法推进土地经营权有序流转，推动实现多种形式的农业适度规模经营。在调整农业补贴政策方面，要建立农业补贴稳定增长机制，扩大"三补合一"试点范围，坚持生产补贴与价格补贴相结合，不断提高补贴政策效能。在创新农村金融改革方面，各级财政对各类涉农贷款担保基金应提供一定比例的资金配套，稳妥有序推进农村承包土地的经营权和农民住房财产权抵押贷款。在完善农业保险政策方面，要建立主要粮食等品种基本保险普惠补贴制度，实行基本保障水平保险全覆盖，同时建立主要农产品市场保险制度，整合现行最低收购价、临时收储、自然灾害保险等相关支持政策，研究开发农民收益保险品种，从保自然风险逐步向保市场风险和自然风险并重转变。

参考文献

［1］贾康．供给侧改革的核心内涵是解放生产力［J］．中国经济周刊，2015，（49）．

［2］车海刚．"供给侧结构性改革"的逻辑［J］．中国发展观察，2015，（11）．

［3］纪念改革开放周年系列选题研究中心，王佳宁，盛朝迅．重点领域改革节点研判：供给侧与需求侧［J］．改革，2016，（1）．

［4］韩俊．农业供给侧改革要求提高粮食产能［J］．农村工作通讯，2016，（3）．

［5］李国祥．供给侧改革与我国农业发展转型升级［J］．农经，2016，（1）．

［6］龙通平．农业供给侧如何改？［J］．农村工作通讯，2016，（1）．

［7］张弛．读懂"供给侧结构性改革"［J］．经济导刊，2016，（2）．

农民信用合作的"温州样本"

——浙江温州农村合作金融发展的实践与探索

刘俊杰 闫 辉

我国农村金融机构不在少数，但真正愿意为农服务的却不多。究其原因，主要是我国农户多而分散，单笔借贷数额小，并且缺少有效抵押担保物；涉农贷款手续繁杂、成本高收益低。因此，发展多样性的农村互助金融组织就成为农村金融发展的重要方向，也是农村金融改革中较其他业务创新难度和层次更高的创新。党的十八届三中全会决定提出，"允许合作社开展信用合作"，中共中央、国务院《关于全面深化农村改革加快推进农业现代化的若干意见》要求，培育发展农村合作金融，推动社区性农村资金互助组织发展。2012年温州被国务院批准为金融综合改革试验区，在政策鼓励支持下，温州市基于广大农民生产经营的现实需要开展了农民信用合作的实践探索。为进一步了解改革的进展成效，2017年6月，农业农村部农村经济研究中心调研组赴温州进行了实地调研。总的来看：温州市农村金融改革成效显著、亮点突出，合作金融组织呈现出多元化和快速发展态势，一定程度上满足了农民和新型经营主体基本的金融需求；逐步探索形成了一些行之有效的农民信用合作发展模式、创新了信贷融资方式，优化了农村金融市场结构，丰富了合作金融实践。

一、温州市发展农民信用合作的主要实践

农民信用合作根植于成员内部,依托于生产流通,服务于农业生产,具有组织上的群众性、管理上的民主性和经营上的灵活性,是一种适合农业农村特点的金融服务方式。随着金融改革的深入推进,温州市的农村资金互助会、合作社信用部、融资担保体等农民信用合作组织取得长足发展,金融创新业务不断涌现,已经成为正规金融的重要补充,为激活农村金融市场、缓解农村资金供求矛盾提供了新思路。

(一)农村资金互助会初具规模

大力发展农村资金互助会,是温州市推进农村金融改革、破解农村融资难的重要举措。农村资金互助会是在有条件的农民专业合作社或村股份经济合作社内部,由合作社社员或村民自愿组成、为会员提供资金融通服务的组织。其设立实行核准制,由温州市农业行政部门批准,当地农合联牵头实施,地方金融监管部门监管。截至2017年4月,全市共发展农村资金互助会62家,会员3.9万多户,平均每家互助会会员600多户,吸收入会资金3.46亿元。截至2016年年底,累计投放互助金1.18万笔,金额20.17亿元。从调研情况看,温州市农村资金互助会大体有以下几种类型:

1. 在单个农民专业合作社内部发起组建。该类型资金互助会是在单个合作社内部社员间开展信用合作服务的互助组织。如苍南县瓯南蔬菜种植专业合作社资金互助会,成立于2014年,依托瓯南蔬菜种植专业合作社组建,会员102人,入会资金300万元。资金互助会仅在合作社内部进行资金互助,借款超过一定金额需有会员担保。该类资金互助会地缘特点明显,会员之间关系紧密,资金用途和会员信用状况等信息透明。

2. 由多家农民专业合作社或专业合作社联合社发起组建。该类型资金互助会由于涵盖多家或者多种行业的农民专业合作社,突破了单个行政村或单个行业的限制。如瓯海区丽岙镇温州市侨乡花卉专业合作社资金互助会,依托丽岙镇的多家花卉专业合作社发起组建,成立于2013年,目

前有会员858名。2万元以下互助金贷款凭会员信用办理，2万元以上贷款需由其他会员提供担保。截至2017年4月底，共吸收互助金余额5920万元，累计投放互助金4.32亿元。

3. 依托村股份经济合作社组建。该类型资金互助会是在村股份经济合作社内部社员间开展信用合作等服务的互助组织。如洞头县北岙街道大王殿村依托村股份经济合作社组建资金互助会，以全村村民为会员，由村股份经济合作社出资650万元作为互助金，用于扶持农户渔业生产。2万元以下的借款由个人信用担保，2万元以上借款采用抵押担保、公职人员担保等方式，超过5万元的借款还需街道审批。截至2017年6月，共发放互助金贷款253笔，金额2365万元。

从资金互助会借款发放方式看，大体有两种：一种是会内成员资金互助。会员将闲置资金以互助金的形式存入互助会，再由互助会将资金投放给需要资金的会员。苍南县瓯南蔬菜种植专业合作社资金互助会、温州市侨乡花卉专业合作社资金互助会和洞头县北岙街道大王殿村股份经济合作社资金互助会均采用此种方式发放互助金。另一种是发放担保贷款。互助会将筹集的互助金作为担保金存入签订合作协议的银行，为会员贷款提供担保，银行通过授信发放放大一定的倍数的互助金担保贷款。这种信用贷款方式起到了资金的"放大"效应，既解决了会员资金短缺的问题，也增强了银行放贷的安全性。永嘉县桥下镇的佳行兔业专业合作社资金互助会采用此种贷款方式。该资金互助会有会员2326户，筹资700余万元互助金作为保证金，与银行合作将保证金放大10倍授信，累计向会员发放贷款1.2亿多元。

（二）农村资金互助社平稳运行

农村资金互助社是指经银行业监督管理机构批准，由乡（镇）、行政村农民和农村小企业自愿入股组成，为社员提供存贷款和结算等业务的社区互助性银行业金融机构，是真正意义上的合作金融组织。瑞安市马屿镇汇民农村资金互助社是温州市惟一一家经原中国银行业监督管理委员会批准试点的农村资金互助社，成立于2011年。在组建互助社的时候，瑞安市优先考虑选择农业基础条件好、合作社运行规范（为示范社）、资金使用互补性强的梅屿蔬菜专业合作社、篁社索面专业合作社、荆谷白银豆专业合作社等三家专业合作社为参与组建对象。梅屿蔬菜合作社主营反季节蔬菜瓜果，冬季资金需求量大，篁社索面合作社夏季收购生产原料时，资金需求量较大，荆谷白银豆合作社在春季白银豆种植期间，资金需求量较大。3家专业合作社共有入股互助社社员799名，入股资金500万元。

汇民农村资金互助社实行封闭运行，在合作社社员内部开展资金互助。在内部管理上，实行"三会一层"（社员代表大会、理事会、监事会、经营管理层）管理机制。"三会一层"各司其职、互相配合，监事会负责监督，经营管理层按照银行业的相关要求开展规范化管理。在信贷管理上，互助社利用合作社对社员情况知根知底优势，依托发起的三家合作社对社员进行信用评级，信用等级分A、B两档，互助社对A级授信额度为30万元，B级授信额度25万元。在利润分配上，互助社实行"二次返利"制度，盈利的50%以股金分红形式在社员中分配，35%给互助金存款户返利，15%给互助金贷款户返回。

从实践看，资金互助社有效整合了社员的闲置资金，实现了合作社之间合理的资金调配，提高了资金使用效率。互助社成立以来，累计发放互助贷款3.37亿元，不良贷款额只有1.96万元。在2012年中国银行业监督管理委员会暂缓审批农村资金互助社牌照、农村资金互助社正规化大门关闭后，其探索的各项政策对引导当地合作社培育发展信用合作起到了积极的示范作用。

（三）开展"合作社信用部"试点

"合作社信用部"是指在有条件的农民专业合作社、供销合作社或村股份经济合作社内部，由社员自愿筹集资金作为股金，为社员提供资金调剂、融资担保等服务的内部管理组织，对外挂"合作社信用部"牌子。目前，温州市已经在24家合作社内部开展"合作社信用部"试验，平均每家筹集互助金137万元。从实践看，温州市的"合作社信用部"主要开展两类业务。一是资金调剂服务。龙湾区瑶溪杨梅专业合作社信用部是温州市首家"合作社信用部",也是提供资金调剂服务的典型。该合作社信用部由 31 名会员筹集 101 万元股金成立,用于合作社内部资金调剂。凡是有资金需求的会员,不管是否参与股金筹集,均可向信用部提出借款申请,借款额度与出资股金数额不挂钩。借款最长期限不超过 1 年。截至 2016 年年底,合作社信用部共为会员发放贷款 140 多笔,贷款金额 4000 多万元,平均每笔 30 万—40 万元。二是融资担保服务。温州市创力水稻种植专业合作社信用部是融资担保模式的代表。合作社信用部由 70 多名社员筹集 300 万元建立保证金池,为合作社内部成员提供融资担保服务。合作社信用部与银行合作,银行为其提供保证金 6 倍的授信额度。社员贷款时,只要在社内找到缴纳了股金的社员,凑足贷款担保额度即可办理贷款。如出现借款风险,担保社员以其缴纳的股金额度偿还。为控制风险,合作社信用部建立了风控体系。贷款前,根据贷款户综合状况打分,给出放款额度,并报给合作银行参考。从实际情况看,银行最后放款的额度,90% 是按照合作社信用部的评判数额进行放贷,只有 10% 做了调整。贷款后,合作社信用部对每笔融资担保业务进行贷中跟踪、贷后管理,定期检查贷款资金用途。目前,该合作社信用共获得授信额度 1.5 亿元。累计为 1324 多社员担保贷款 1.7 亿元,户均贷款 9.5 万元。

(四)探索发展"农村融资担保体"

为解决涉农贷款担保物少、成本高、风险大难题,引导信贷资金支持现代农业发展,温州市探索发展"农村融资担保体"贷款担保模式。融资担保体是由合作社(含联合社)、联合会、协会等组织的成员发起,自愿筹集资金存放于金融机构,为其成员向金融机构贷款提供担保,担保体成员以出资额为其他成员承担有限担保责任。2014 年,平阳县 34 家涉农会员企业以农业产业联合会为平台成立都市农业引导资金融资担保体,筹集引导资金 1669 万元作为贷款风险保证金,农村信用联社按照风险保证金 6 倍额度授信,共获得担保贷款 8810 万元。2015 年 2 月,平阳县 19 家农业企业以农业龙头企业协会为筹融资平台,筹集引导资金 415 万元,贷款 2490 万元。

为防控风险，融资担保体探索建立风险控制和分担机制。在贷款规模上，规定单个会员贷款不得超过贷款风险保证金总额的30%，也不得超过该会员筹资额的6倍，同时最高贷款金额不超过300万元；融资担保体将关联企业分为种植、养殖、加工及其他等四个行业组，如果贷款出现风险，损失先由风险企业所在行业组的保证金抵扣，如所在行业组保证金扣完，再由其他行业组分担。目前，平阳县农业产业联合会和农业龙头企业协会、苍南县农民专业合作社联合会、鹿城农信农民专业合作社等组织共组建融资担保体29家，平均每家拥有成员50余人，平均筹集担保金195万元。

（五）创新"农民资产授托代管融资"信贷产品

"农民资产授托代管融资"业务由瓯海农商行推出，本质上是一种信用贷款。在该模式下，农户可以用自有的动产、不动产及其他经济权益，以授托承诺代替抵押担保向银行申请贷款。贷款办理实行"银行+村经济合作社+第三方机构"三方联动合作机制，通过引入"村经济合作社"为合作方，履行核实贷款农户动产和不动产信息、资产代管等职责；通过成立瓯海农合发展有限公司这一中介机构作为参与方，履行非属地资产代管及资产评估等职责。自2015年推出该业务以来，已累计发放贷款17.61亿元。其中，从来没有贷过款的农户有3144户，贷款金额5.96亿元；放弃担保贷款改为授托贷款的农户有1761户，贷款金额9.28亿元。

"农民资产授托代管融资"方式突破了农村传统产权抵押融资模式，为有效破解农村融资难题提供了改革示范。一是从"确权"到"确值"转变。农民凭借有经济价值的资产均可向银行申请融资，银行由注重传统抵押物的权属证明转变为对资产价值的确认。二是从"抵押"到"信用+承诺"转变。银行根据农户可托管的资产对农户授信，将法律关系转变为银行与农民的信任关系。三是从"风险计量"到"价值衡量"转变。银行从对风险成本的被动管控转变为对农村资产价值的主动挖掘。

二、温州市发展农民信用合作的基本经验

从实践看,温州市在发展农民信用合作组织中做到了顶层设计和基层创新相结合,市场决定和政府引导相结合,农民自主和外部监督相结合,多类型发展和多功能协同相结合。具体体现为"四个坚持"。

(一) 坚持"互助、互补"

温州市把发展农民信用合作组织的目标定位在盘活农村资产资源、推动现代农业发展、增进农民收益上,把合作形式定位在农民以及农业主体的互助发展上,把功能作用定位在正规金融机构的有效补充上。鼓励引导合作金融组织开展与正规金融机构差异化的服务,优先选择金融服务缺失的领域、发展前景广阔的产业、资金需求旺盛的主体作为重点发展对象,以破解农业农村发展融资难题。

(二) 坚持"支农、支小"

对开展信用合作的组织,规定资金用途70%以上要用于农业,资金份额70%以上要用于小额贷款,提倡重点提供3—6个月的短期资金互助服务;鼓励小额融资以会员信用担保,大额融资以农村资源资产作抵押;提倡从简从快审批互助服务,经营场所不设门店和经营柜台以控制成本,促进农民信用合作组织可持续发展。

(三) 坚持由民做主

充分发挥群众才智,尊重群众创新,入会自愿、退会自由、自主经营、自担风险,真正做到由民做主。信用合作主体既可以是专业合作社,也可以是村股份经济合作社,还可以是行业协会等组织;既可以是同行业互助也可以是不同行业互助。业务类型既可以向会员提供直接借款的服务,也可以将筹集的入会资金作为保证金为会员贷款提供担保服务,还可以两种方式并存。

（四）坚持严守底线

严格按照中央提出的坚持社员制、封闭性原则，不对外吸储放贷，以民主管理、运行规范、带动力强的农民合作社等主体为基础，把风险防控放在首要位置，充分发挥熟人社会这一非正规制度资源的优势；坚持互助组织的封闭性，实行账款分离，不向成员以外对象吸纳和投放资金，实行融资担保和资金互助额度封顶。

三、需要关注的几个问题

尽管温州市农民信用合作组织发展已经呈现出制度体系基本构建、管理机制不断完善、发展氛围日益浓厚、组建步伐稳步加快的良好局面，但实践中仍存在一定的问题。

（一）法律定位不明晰

农村资金互助会、合作社信用部、融资担保体等是新生的农村互助合作金融组织，其组织形式和运作方式都有别于农业发展银行、农村信用合作社等正规金融机构，理应需要有专门的法律来监管。当前由于没有专门的法律定性农村资金互助会等新型农村合作金融主体，导致其法律主体性质模糊。以农村资金互助会为例，按照目前相关部门规定，农村资金互助会定位是"公益社团"法人，由民政部门按照民办非企业单位注册登记。但上述定位和其提供农村金融服务的性质以及需要营利维持自身持续发展产生错位，如果过度追求营利性又偏离农村资金互助会互助的初衷。

（二）管理体制尚未理顺

以农村资金互助会为例，既存在多头管理又存在管理缺位现象。目前县（市、区）金融工作办公室、农业工作办公室（农业局）、农合联（供销社）、民政局、当地政府均为农村资金互助会的管理者，既容易导致政出多门、无所适从，又容易导致监管边界模糊、造成监管空白。在管理缺位上主要表现为非现场监管有待完善，托管银行制度尚未有效落实，风险准备金统一存储制度尚未建立。我们在调研中有个别资金互助会反映，由于当地金融工作办公室配备的监管人员数量有限，难以对资金互助会实行有效监管。

（三）风险处置能力差

由于信用合作组织规模小，工作人员少，相关主体起不到应有的作用；信息披露制度不完善，难以有效发挥会员的监督作用。调研发现，信用合作组织申请设立的资料、申报以奖代补的资料、日常报送的材料，无法全面真实反映运营状况。发生大额借款违约时应该如何分散风险，发生挤兑风险该如何解决，发生经营困难能否采取兼并重组措施等一系列问题，没有相应的风险处置预案。

（四）内部管理不健全

除少数信用合作组织配备了具有金融知识和从业经历的专职人员外，人员窜岗现象普遍、职责分工不明确，容易产生道德风险；部分主体财务管理随意性较大；迫于农村信用社等正规金融机构的竞争压力和自身的盈利需求，少数互助组织倾向于尽可能加大非农借款项目的比重，加大了经营风险。

（五）配套机制不完善

在"农民资产授托代管融资"模式中，公正的资产价值评估机制是重要环节。但目前仅有瓯海农合有限公司一家负责对农民授托资产进行价值评估，既与放贷银行是近亲，又是惟一的评估机构，市场公允度受到质疑；"农民资产授托代管融资"虽然是信用贷款，但仍以现有的资产为保证，一旦债务人违约，其所授托代管的资产要被处置变现。但目前农村产权交易市场发育不健全，处置变现能力不强。涉及住房、承包地等资产和权益处置变现时，受相关的《中华人民共和国土地管理法》《中华人民共和国担保法》《中华人民共和国农村土地承包法》《中华人民共和国物权法》等相关法律的约束。

四、深化农民信用合作的几点建议

当前,农村金融改革总体方向有三:一是创新农村金融组织和机构,包括农民信用合作等新型农村合作金融组织;二是创新农村金融产品,拓宽抵押担保物范围;三是创新金融服务方式,优化农村金融环境。对照起来,我们认为,温州市的改革符合农村金融改革的总体方向,应进一步在新型农村合作金融组织的指导监管、扩大农村抵押担保物范围、完善风险防控机制等方面开拓创新、大胆突破。同时,在涉及顶层设计和政策支持的问题上,上级和有关部门应切实负起责任。

(一)赋予合法地位

一个成熟的现代农村金融体系应当由政策性金融、商业性金融、合作性金融组织共同组成、错位发展、差异化服务。然而,我国当前的政策性金融和商业性金融脱农离农现象严重。因此,顺势而为大力发展农民信用合作组织,以弥补现有农村金融体系的不足,具有很大的现实意义和迫切性。对此,建议有关部门加快对农村资金互助会等信用合作组织的立法工作,在全国性法律缺失的情况下,先出台地方法规,填补监管空白。

(二)理顺管理体制

以农村资金互助会为例,农业局为行政责任主体,负责制定政策和发展计划;地方金融管理局为监管责任主体,负责监管工作;农合联为举办责任主体,负责具体实施。这种多头管理体制必然导致边界模糊、政出多门乃至效率低下。因此,建议重构管理体制,明确农民信用合作组织由地方金融管理部门审批和监管,省级人民政府地方金融主管部门负责制定农民信用合作组织管理规范,发给地方金融许可证,在县级工商部门登记。农业局、农合联作为合作社的行业主管单位,退出资金互助会等组织的日常监管。

（三）加强风险防控

加强对农民信用合作组织创办主体的开办目的审查，以产业发展良好、资金融通需求旺、内部管理制度健全的合作社为重点对象，以产业发展实际需要的融资规模为筹资上限，不贪多求大；加强对借款用途的审查。建设非现场监管系统，设置科学合理的数据采集标准，做到及时反映信用合作组织的运营情况；加强信息披露，定期向会员报告运营情况，自觉接受会员监督；落实好资本充足率和风险准备金等风险防范制度；制定风险防控预案，及时处置突发性、群体性事件。

（四）落实配套措施

制定完善行业标准和业务规范，开展行业交流，依法合规经营，提高行业自律水平；在资金管理、业务培训、征信资源等方面加强与金融机构合作，提升服务能力和水平；加大政策支持力度，健全借款风险补偿、贷款担保贴息等优惠政策，提供业务管理系统平台支撑和人员培训等；鼓励和支持社会评估等中介机构进入农村产权评估市场，满足农村产权评估需求；健全纠纷仲裁机制，降低融资风险处置成本。

乡村振兴与农耕文化传承

实施乡村振兴战略要有历史耐心*

陈 洁

实施乡村振兴战略是党中央立足党和国家事业全局、着眼"两个一百年"奋斗目标、顺应亿万农民群众对美好生活的向往作出的重大决策，将贯穿整个现代化进程。党的十八大以来，党中央不断加大强农惠农富农政策力度，农业农村发展取得了新的历史性成就、发生了新的历史性变革。但要看到，我国经济社会发展不平衡不充分，最集中最突出的体现在农业农村上，农业是"四化同步"的短腿，农村是经济社会发展的短板。如期实现第一个百年奋斗目标并向第二个百年奋斗目标迈进，最艰巨最繁重的任务在农村，实现农业农村现代化需要一个相当长的历史过程。实施乡村振兴战略，要凝聚全党全国全社会强大合力，以足够的历史耐心，以"踏石留印、抓铁有痕"的劲头，以"功成不必在我"的气度，保持战略定力，稳扎稳打，久久为功，朝着农业农村现代化和乡村全面振兴的目标不断迈进。

一是坚持稳中求进，确保农村改革发展健康推进。农业是国民经济的基础，农民占我国人口的绝大多数，广大农村是城镇发展的基本依托。

---

* 本文原发表于《求是》2018年第18期。

"三农"问题的极端重要性,决定了推动农村改革发展在方向上不能出现偏差,决不能犯颠覆性的错误。处理好国家和农民的关系及农村内部的生产关系,是解决"三农"问题的基本着眼点。农村改革已经进入深水区,面临险滩暗礁,要树立底线思维,做好应对各种情况的准备,防患于未然。农村改革要以处理好农民与土地的关系为主线,不管怎么改,都不能把农村土地集体所有制改垮了,不能把耕地改少了,不能把粮食生产能力改弱了,不能把农民利益损害了。对一时拿不准看不清的做法,要先行试点,进行全面评估。看准了具有普遍适应性的,再推动集成、扩面与加快推广,不能急于求成。

二是坚持问题导向,确保现实问题得到解决。"三农"对GDP和财政收入的贡献少,政绩显得慢,在一些地方存在"说起来重要、干起来次要、忙起来不要"的现象。近年来,农业农村发展形势好,一些同志麻痹大意,认为"三农"工作可以缓一缓了。过去的经验教训表明,粮食生产一旦放松就会滑坡,农业农村工作一旦松懈形势就会逆转,并且长时间都缓不过劲来。要清醒地看到,当前我国面临着农业供给质量和效益低、城乡居民收入差距大、农村基础设施和民生领域欠账多、农村资源环境压力大、农村精神文明建设任重道远、乡村治理体系和治理能力亟需现代化等一系列长期性、复杂性问题,解决起来不可能一蹴而就。要坚持问题导向,敢于担当历史责任,切实增强实施乡村振兴战略的紧迫感和使命感,将"三农"工作重中之重的地位体现在具体工作中。"三农"工作头绪多、涉及面宽、问题现实、矛盾直接、见效较慢,只有真正懂农业、爱农村、爱农民,才能饱含热情做好工作。要牢固树立正确政绩观,既要做让老百姓看得见、摸得着、得实惠的实事,做好显功,也要做为后人作铺垫、打基础、利长远的好事,做好潜功。要围绕农民群众最关心最直接最现实的利益问题,一件事接着一件事办,一年接着一年干,将乡村建设成为农民群众的幸福美丽新家园,让发展成果经得起历史的检验。

三是坚持量力而行,确保成效实实在在。乡村振兴是党和国家的大战略,要健全投入保障制度,创新投融资机制,拓宽资金筹集渠道,加快形成财政优先保障、金融重点倾斜、社会积极参与的多元投入格局。公共财政要在资金投入上优先保障,更大力度倾斜,确保财政投入与乡村振兴目标任务相适应。实施乡村振兴战略不能超越发展阶段,不能吊高胃口,更不能为了追求短期政绩,乱开"空头支票"。应以实事求是的态度,持之以恒,驰而不息,久久为功,一步一个脚印地向前迈进。要脚踏实地多"雪中送炭",谨防浮躁之气少"锦上添花",更不能搞运动战、突击战。

四是注重顶层设计,确保任务实施科学有序。"产业兴旺、生态宜居、乡风文明、治理有效、生活富裕",是实施乡村振兴战略的总要求,涉及农村经济建设、政治建设、文化建设、社会建设、生态文明建设和党的建设各个方面,只有做好顶层设计,谋定而后动,才能有序推进。各地和相关部门要按照国家乡村振兴战略规划的总要求,做好自身规划,明确工作重点和政策措施,部署好工程、计划和行动,做到一张蓝图绘到底。适应各地资源禀赋和特点,因地制宜科学规划,突出地域特色,体现乡土风情,不搞统一模式。顺应村庄发展规律,充分考虑一般村庄、城郊村庄、特色村庄、搬迁撤并村庄等的内在差异,因村制宜确定发展方向,不搞一刀切。切实增强规划的前瞻性、约束性、指导性,发挥好规划的引领功能,不得各行其是。

乡村振兴需要创新发展路径

刘年艳

一、应该高度重视发展路径的探索

乡村振兴的发展路径是一个地区在推进乡村振兴的过程中，围绕乡村振兴发展目标，依据发展条件及面临的突出矛盾而制定的具体方案与采取的具体措施，同时，也是一个地区选择的前进道路和发展方式。一个好的发展路径，既是一个地方社会经济文化全面发展的反映，也是立足本地发展条件而进行的综合性的实践创新过程。选择发展路径的正确与否，决定乡村振兴目标能否顺利实现。从这个意义上讲，开展乡村振兴发展路径的理论与实践探索，不仅是全国各地乡村振兴实践的迫切需要，也是乡村振兴理论创新及乡村振兴政策支撑体系创新的需要。

当前，全国各地围绕党的十九大会议精神及全国农村工作会议精神的要求，正在加快推进乡村振兴各项事业在各地的落实。据了解，各地党政干部对乡村振兴伟大而深远的意义，乡村振兴的发展目标及要求是清楚而明确的。然而，一个地方究竟如何依据本地的自然与人文资源禀赋，结合各自发展条件及其特点选择适合自身的发展路径，迫切需要理论指导与实践探索。有些地方，在推进乡村振兴的过程中，还存在一些值得重视并予以关注的问题：一是有些地方还不十分清楚乡村振兴在中国特色社会主义事业中的地位。对新时代的乡村振兴如何展开,缺乏新思路与新举措。在工作方法上,还是采取"老酒装新瓶"传统的工作套路。表面上在搞"乡村振兴",但在具体的工作中,往往是选择几个"农家乐",修几条乡间小路,搞几间民宅整修戴帽,样子好看,至于乡村振兴究竟做什么并不是很清楚。这叫形式上的"乡村振兴",内容上的"自欺欺人"。二是重视"乡村画画",不进行乡村振兴具体的"战略规划"。有些地方,由于上面对工作进度要求紧,层层要规划,到处做设计。乡村振兴规划方案只能千篇一律。规划之前没有策划,具体发展条件不研究,从国外经验开始,至列举其他地方案例止,有大棚,有采摘,有体验,徽派民宿等等,图片一大堆,所有设计都大同小异。乡村振兴规划成了乡村振兴"画画"。这样的乡村规划,既指导不了具体的乡村振兴,也会造成乡村发展的严重后果。三是乐于参观考察,善于模仿振兴。这是各地都非常乐意办的事。现在,只要某个地方的村、镇有点名气,全国各地干部就会蜂拥而至去考察,各地的考察团倒反过来又推动了某个地方的旅游发展。参观考察主要是"眼观六路,耳听八方",并不是心领神会。其结果是,看别人做得很好,做自己的很难。有的地方看别人搞一个"水镇",回去也搞一个古城,看见江南风景如画,在北方也造江南风景,所以,全国"古城""古镇""古村"复兴,已经成为"烂尾楼"工程的潜在风险。四是围绕乡村振兴,引项目,搞流转,创产业,促招商,真是热火朝天。项目、产业与乡村振兴是什么关系,市场在哪里,是没有人去认真研究过的。五是有些地区,各种资源条件很好,在新形势下有做好乡村振兴的强烈愿望,但不知道如何下手,抓手在哪里,很难找到工作的突破口。如何通过具体的项目实施来达到乡村振兴的目标,从局部振兴如何带动区域性的全面振兴,没有实实在在的办法。以上这些问题,从根本上说,是一个如何把握乡村振兴发展路径问题。

围绕乡村振兴,理论研究已经广泛开展起来,但总体来看,单一研究非常深入,整体研究有待加强;政策研究非常精准,区域性具体研究有待跟进;泛泛研究非常全面,针对性研究有待重视;目标研究比较深入,路径探讨有待展开;热衷于理论为理论的研究,理论与实践的结合研究有待强化。如何依据各地的实践，开展理论性创新，并为制定乡村振兴的政策体系提供理论支撑，需要探索与创新。

乡村振兴是中国特色社会主义事业进入新时代，我国农村发展的一场伟大的社会变革，迫切需要推进乡村振兴发展路径的研究与探索，以此不断丰富乡村振兴的理论创新，同时，好的研究成果将有力指导各地乡村振兴的实践。本篇力求围绕乡村振兴发展路径，进行先期的理论探讨，并结合基层的实践，提出初步见解，供全国从事乡村振兴理论研究、乡村振兴战略规划与各地推进乡村振兴实践创新的借鉴与参考。

二、乡村振兴发展路径创新的基本思路

在乡村振兴过程中，如何才能选择一个好的发展路径？一个好的发展路径，应该满足以下条件：体现乡村振兴发展总体要求，立足本地发展的条件，着力解决一个地方乡村振兴在特定历史阶段面临的主要问题。在乡村振兴的实践中，一个好的发展路径是乡村振兴阶段任务与发展目标，乡村振兴内容与工作形式，阶段目标与总体目标的有机统一，是实现乡村振兴战略目标的具体进程。

（一）满足三大要求

其一，坚持正确的发展道路。乡村振兴发展路径是乡村振兴沿着正确道路的具体实现途径。所以，乡村振兴发展路径的具体内容要体现推进中国特色社会主义事业"五位一体"总体布局，"四个全面"战略布局在新乡村建设中的伟大实践的要求；体现带领广大农民走中国特色社会主义新乡村建设道路的要求；体现将广大农村建设成为中国特色社会主义新乡村的要求。其二，明确发展目标与未来走向。一个好的发展路径，就是要推动乡村振兴"产业兴旺、生态宜居、乡风文明、治理有效、生活富裕"未来新乡村目标的实现。以此实现农业全面升级、农村全面进步、农民全面发展，实现农业与农村现代化的战略目标。在具体的内容安排上，要考虑阶段性目标实现的要求：到2020年，乡村振兴取得重要进展，制度框架和政策体系基本形成；到2035年，乡村振兴取得决定性进展，农业农

村现代化基本实现;到2050年,乡村全面振兴,农业强、农村美、农民富全面实现。其三,体现迈进新时代,开启新征程的时代担当。这个新时代就是乡村振兴的新时代。新时代的宏观背景是我国已经进入中国特色社会主义进入新时代。我国农村发展开启了建设未来中国特色社会主义新乡村的伟大征程,实现中国农村伟大变革的新时代,是广大亿万农民实现中国梦建设自己美好家园的新时代。

(二) 坚持问题导向

问题导向,是思维方法,也是工作方法,就是要树立问题意识,掌握问题分析方法,提出问题解决方案。问题就是矛盾。分析问题,就是要分析矛盾。解决问题,就是要解决矛盾。所以,一切乡村振兴问题分析方法,就是要从分析乡村振兴面临的具体矛盾开始,制定解决矛盾的具体措施,从而解决乡村振兴的问题。要想找到一个地方乡村发展的好路径,就必须从寻找发展面临的主要问题开始。在一个特定的历史阶段,一个好的发展路径就是要及时、准确、科学地解决一个地区乡村振兴面临的发展问题。乡村振兴发展路径是乡村振兴阶段性的主要矛盾变化规律的反映。随着阶段性主要矛盾的变化,乡村振兴的发展路径的内容也要相应调整。当代或者今后一个时期,在乡村振兴的发展过程中,还存在以下矛盾:中国特色社会主义道路与非社会主义道路的矛盾;个体发展与公共服务滞后的矛盾;新经营主体及其新需求与社会供给的矛盾;乡村活力与二元结构存在的矛盾等等。我国农村发展的主要矛盾也表现为社会发展对未来乡村功能需要与现有乡村非乡村化的矛盾,具体表现为,乡村向现代社会的供给内容与供给能力滞后现代社会发展;乡村的基础设施建设的相对滞缓,社会资源配置的不断萎缩不能满足广大农民对美好生活的需要,社会治理能力的发育不能完全满足乡村社会和谐与稳定的需要,生态环境的优化不足已经成为人们居住追求美好生活的严重威胁。不同地方,不同的阶段,矛盾的形式、内容表现各不相同。所以,乡村振兴的发展路径就是要依据这些矛盾的运动及其表现,制定相应的解决办法,以实现乡村振兴的战略目标。

(三) 推进实践创新

实践创新是解决乡村振兴阶段性主要矛盾及其问题的手段，也是乡村振兴的具体任务，同时也是乡村振兴发展路径的具体内容。实践创新要注重四个环节：其一，要立足发展条件。发展条件也就是影响乡村振兴发展的阶段性因素，如经济发展条件表现为优势资源、市场状况、经营主体及其运行机制等等。所以，要制定发展路径，就必须把握与研究发展条件及其在乡村振兴发展中的影响能力。其二，要明确区域发展的主要任务。主要任务是阶段性主要矛盾的表现，也是解决矛盾的具体措施。通常乡村振兴发展的主要任务将随着阶段性矛盾的转化也随之变化。比如，一个地区乡村振兴先期主要是面临产业发展，而产业发展又面临农民的组织，由此，建立坚强有力的党支部就是先期首先要解决的主要问题。随着经济的发展，交通状况及道路设施可能成为产业创新的新制约。所以，随着乡村振兴的不断推进，工作不断深化，其主要矛盾也将有新的表现，解决这些矛盾又将成为乡村振兴路径的新选择。其三，制定具体的方案与措施。分析矛盾的目的是为了制定有效的乡村振兴解决方案，为制定科学的发展路径服务。乡村振兴的具体方案与措施是乡村振兴发展路径的具体内容，具有可操作性特点，往往以乡村振兴的战略规划来呈现，从另外角度来看，它是实践操作的具体抓手。乡村振兴具体的战略方案应该体现以下内容：一是要准确与科学回答乡村发展的战略定位；二是提出具体的发展方式和规划具体的阶段与战略目标；三是描绘一个区域发展的支撑体系及其构建方式；四是制定一个区域可持续发展的路线图；五是提出实施战略规划的具体有效的保障措施。具体的战略方案也要具备以下特点：可操作性，阶段目标与战略目标有机衔接；改革、创新、发展、建设的有机统一。其四，注重方法创新。一个好的战略方案，需要注重方法创新。首先要运用辩证唯物主义、历史唯物主义、科学社会主义的思想方法，提高对乡村社会发展规律的认识，准确把握乡村发展的阶段性特征；其次要掌握现代科技手段与方法，分析现代社会、经济、文化发展规律，准确把握乡村振兴的阶段性发展变化；三是坚持理论联系实际，运用群众路线的方法，及时、准确掌握乡村振兴过程中的新情况与新问题,通过政策措施的不断创新,使乡村振兴始终沿着正确的轨道前进。

三、推动乡村振兴发展路径创新

乡村振兴发展路径创新需要发展路径的路径创新。发展路径的路径,既是乡村振兴的主题也是乡村振兴共同性、未来性、全局性问题的反映。从认识的角度来看,乡村振兴的主题,同样也是发展路径创新的认识视角或者说是认识维度。乡村振兴是推进传统农村向未来新乡村的历史性的转型,将呈现"道路、改革、发展、建设"四大主题,这四大主题就是我们准确把握乡村振兴发展路径的四条主线。一切乡村振兴的发展路径将围绕这四大主题来展开,以四大主题为引领来构建。

(一)突出道路主题,创新发展路径

乡村振兴是带领广大农民走中国特色社会主义道路,将传统农村建设成为社会主义新乡村的伟大实践。必须树立特色社会主义的旗帜,用中国特色社会主义思想观念教育广大农民,带领农民走共同富裕之路。要保障乡村振兴沿着正确道路前进,需要把握四大重点:一是不断壮大集体经济成份,建立中国特色社会主义新乡村的集体经济基础。二是推进"五位一体"在乡村建设中的实践。针对农村发展的实际,推进中国特色社会主义政治、经济、文化、生态文明建设。三是创建全面振兴的体制机制。通过创建"五位一体"示范村镇,形成乡村振兴核心示范,以示范带动农村的整体发展与全面振兴。四是夯实村级基础。重点是以推进五大基础建设为抓手,铸造乡村振兴坚固的基础。其一,要有一个乡村核心,这个核心就是村党组织。就是要建设一个具有战斗力的坚强的党支部,形成乡村振兴的坚强有力的组织者。其二,必须要组织起来。组成起来的基础是集体经济组织的发展与壮大,通过现代产业创新与运营,实现共同富裕。这是将分散的农民组织成乡村振兴大军的根本动力。没有乡村民众的组织,乡村振兴是难以成功的。其三,必须要有一个好的发展路子。依据每个村庄各自的发展条件,选择适合自己的发展道路。将各自村庄建成和谐美丽，幸福美好，特色鲜明的新乡村。要有适应本村发展条件的产业支撑，不能照搬别人模式。其四，要树立、弘扬与传承"大公无私、愚公移山、团结奉献、自力更生、艰苦奋斗、责任担当"的乡村振兴精神。其五，要创建以集体经济为主导的乡村经济基础。使乡村集体经济成为组织民众，团结民众，服务民众生活，创建乡村公共产品供给，推进公共治理的坚实基础。没有这个基础，一个乡村难以真正由分散向聚合，向各自为政向团结一心，也不能从根本上扭转农村的非乡村化发展，实现农业有奔头，乡村有希望的发展目标。

（二）突出改革主题，创新发展路径

农村改革在于不断调整不适应农民全面发展的各种利益关系，清除阻碍农村社会全面进步、农民全面发展、农业全面升级的因素，通过激发农民乡村振兴的积极性、主动性与创造性，实现乡村振兴的战略目标。目前，以改革为主要内容的乡村振兴发展路径主要有：一是供给侧结构性改革。重点是改革传统供给，创新新型供给，构新型供求关系，以新供给满足新型需求。推进农村供给侧结构性改革，要从乡村供给与乡村社会需求建立的供求关系以及乡村需求与社会供给建立的供求关系这两个层面出发来构建新型供求关系。二是围绕促进乡村发展活力而进行的综合性改革。主要围绕农民的各类权利的实现为着力点来展开。在经济领域，农民的经济权主要体现财产权如宅基地、房产、土地使用、集体财产的社员共享，各类财政与社会支持农村发展的资产的集体运营与分享等。农村经济改革的目的是为了增加各经营要素的流动与高效的市场化配置，确保农民收益的高效增长。在社会文化领域，农民的发展权主要体现在农民子女教育，医疗卫生健康、农村安全的需要以及现代文化生活的需求。农村社会文化改革，就是要面向农民社会文化生活的需求，不断配置与丰富乡村民众的社会文化产品与服务的供给。在政治领域，农民有当家做主、共同富裕的需要、政治改革的目的是为了推动中国特色社会主义事业在乡村的实践，促进广大农民民主权利的实现，带领农民走上共同富裕的社会主义道路。三是乡村治理与管理体制与机制改革。主要是针对农村传统村庄的变化，

人口的加快流动，产业与区域融合发展，新型经营主体的不断壮大，这些发展的新因素向传统的管理体制与机制提出挑战，必须加快打破原有的僵化管理体制与机制，重新构建治理与管理体制机制，以促进乡村又快又好的大发展。

（三）突出发展主题，创新发展路径

乡村振兴的目的就是要推动农民全面发展，农村的全面进步，农业的不断升级，实现农业与农村现代化。以发展为主题的乡村振兴发展路径的创新主要体现在如下几个方面：

1. 可持续发展。乡村可持续发展包涵两个方面：一是以推进可持续发展为着力点，推动扶贫攻坚向可持续发展转型。比如在扶贫过程中，突出扶贫攻坚的关键领域，推进集体经济发展，构建融合关联性共同发展机制，推进生态优势转变为新型生态产业优势，培育新型产业等措施来实现。二是通过构建村庄发展与自然生态、产业与农村社区，农民、个体经济组织、其他新型经济组织、政府、市场的利益协调关系，促进乡村人与自然的和谐共生，乡村民众的和谐、幸福生活，形成可持续发展的新乡村。

2. 推动传统农村向未来乡村发展转型。以推动传统"三农"向"新三农"的转型为抓手，推动以农业单一生产的农民主体向新型产业主导的多元化乡村主体转型；推动以为农民生产性居住服务的自然村庄向为社会提供优质服务，实现农民美好生活发展目标转型；推动以单一农业资源性产业发展，向多元化新型产业创新转型。构建起市场化机制与新型乡村社区综合治理方式创新的有机结合的乡村运行新机制，以此推动传统农村向未来新乡村的转型发展。

3. 实现融合发展。一是区域融合。推进县域发展区域化，构建城乡一体、城乡互动，村镇一体，村镇互动，村村一体，村村互动的区域发展新格局。以区域特色，区域优势，区域公共品牌，区域公共服务引领区域融合发展。二是产业融合。以传统产业功能多元化为基础，以新型产业的创新为龙头，推动产业相互融合。三是元素融合。面向新型市场，通过新型产业创新,带动产业元素、自然元素、乡村文化元素的有机结合,形成多元素融合发展的新型产业。四是市场融合。实现传统的销地市场向销地与产地一体化市场转型。五是科技与服务支撑融合。实现科技推广向农业支撑与服务体系产业化创新转型。

4. 县域发展区域化。区域化发展必须有鲜明的区域发展特色,有特色产业集群优势,有特色村镇综合经济的支撑,有配套的一体化高效的公共服务平台。要推进县域区域化发展,必须加快创建特色小镇与特色村庄,发展特色优势产业,推进产业集群发展,形成镇、村、产业对一个区域发展共同的支撑。创新共享的公共服务平台,推动区域社会经济发展的要素按功能需要,实现自由流动与高效配置。通过构建各自的比较优势,创建区域品牌体系,构建与不断优化区域服务能力支撑,提升创新能力与人才服务能力推动县域发展区域化。

5. 实现乡村全面振兴。确定阶段的重点任务,通过制定乡村全面振兴时间表。创建特色村庄,形成新乡村综合服务带,逐步形成以区域带动,核心扩散,以点带面的乡村全面振兴机制。为确保乡村的可持续发展,必须实施区域优势发展战略,打造区域优势,引领乡村大发展。

(四)突出建设主题,创新发展路径

乡村建设是面向乡村发展需要,提供的资源与发展条件。乡村发展的主体是乡村居民。所以,乡村建设的一切行为要围绕乡村居民生产与生活的现实与未来需要来展开。立足发展现状,着眼未来发展。注重硬件投入与软件建设两个方面。总体来看,乡村建设包括以下主要方面:其一,推进"五位一体"在乡村的落实。不断推进新乡村的建设与发展。按照中国特色社会主义事业"政治、经济、文化、社会、生态文明"建设的总体要求,加强乡村党的基层组织建设,创新党对农村工作的领导的方式方法。探讨"农民主体"的实现形式。创新集体经济发展与功能多元拓展,推进乡村文化传承与创新,强化生态系统建设,建设生态文明的新乡村。其二,建立现代乡村产业体系。加快调整传统农村产业结构与生产结构,

发展高质量与高效益的市场导向的现代农业产业,通过融合创新,推进乡村产业集群式发展。其三,加快补齐短板。从乡村"产业振兴、人才振兴、文化振兴、生态振兴、组织振兴"五个振兴的战略需要出发,配置相关资源,创新制度供给。通过大力发展新型产业,拓宽农民收益渠道,为农民收益提高创造条件。通过提升农村基础设备水平,构建农村现代化能力,满足农民生产与生活需要。其四,重建未来乡村五大支撑。一是创建特色小镇支撑。以新型产业创新,区域综合服务创新促进与带动区域乡村振兴。二是创建特色产业集群创新支撑。通过利用与配置优势资源,打造特色优势产业,形成区域产业集群式发展来形成乡村振兴的强大支撑。三是创建特色村庄支撑。以特色风貌、特色文化、特色产业、特色服务、特色自然生态景观来推动特色村庄的形成。四是发展新型产业农民与乡村振兴人才支撑。大力发展与培育组织性、业主性、合伙性、产业性农民,形成宏大的乡村振兴的新型农民大军。通过创新人才政策,鼓励各类人才依据乡村振兴的需要,参与乡村振兴的伟大事业。五是创新运行机制支撑。按照市场化原则,推进共享与分享、包容性增长及一体化机制创新,推进乡村可持续发展,使乡村发展成为区域社会经济发展的有力支撑。其五,重构乡村新型发展方式。一是构建现代农业新型供求关系。宏观的总量平衡,创建微观的需求大于供给的产业发展态势。实现高质量与高效益的农业产业新发展。二是提升农业与国民经济发展的关系。强化与提升农业在国民经济的基础性地位,推进农业产业功能化及其创新,保有生物多样性与发挥生态优化功能,发挥乡村在中华文明特别是农耕文明的传承与创新功能,农业产业转型升级创造宏观需求市场。三是构建区域发展新关系。推动城乡一体,实现城乡互动;推动村镇一体,实现村镇互动;推动村村一体,实现村村互动,由此形成区域融合一体的乡村发展新格局。

在乡村振兴路径的探索过程中,存在一个如何科学对待"乡村振兴发展模式"的问题。我们认为,乡村振兴的发展模式是乡村振兴路径的具体承载方式。创新发展模式是发展路径创新的具体形式,也是发展路径的实现途径。一项具体的改革创新,可以创造一种发展模式。俗话说得好，路径千万条，模式千万种。所以，一个地方在乡村振兴中，应该采取什么样的乡村振兴发展模式，要依据各自面临的发展问题，结合发展条件来确定，不能照搬别人。这就是我们对待"模式"的正确态度。

乡村振兴面临的五大问题和政策建议

——基于262个村庄的调查分析*

张 璟 陈 洁

党的十九大提出实施乡村振兴战略，这是加快农村发展、改善农民生活、推动城乡一体化的重大战略。为摸清乡村振兴战略实施元年我国乡村经济社会发展的基线情况，2018年年初，我们开展了"乡村振兴专项调查"，收集了25个省262个村的经济社会发展情况。样本村庄类型以平原村为主，占48.5%，山区村浅山区村占37.4%，丘陵高原村等占14.1%。样本村村均总面积99.37平方公里，村均可耕地面积3077亩，占总面积的2.1%；每个行政村平均有4个自然村9个村民小组。样本村庄涉及华东、华北、华中、华南、西南、西北、东北七大地理区域，经济区位类型多样，代表性较好。根据对样本村的经济社会发展现状、集体经济发展情况和集体产权制度改革情况的调查分析，我们梳理了村庄面临的五大突出

---

* 本文为农业农村部2018年创新项目、农业农村部农村经济研究中心重大调研课题"我国特色农业多重价值与产业支持政策研究"的阶段性研究成果。本次"乡村振兴专项调查"得到华中师范大学中国农村研究院支持，在此致谢！执笔人：张璟，农业农村部农村经济研究中心改革试验研究室助理研究员、博士；陈洁，农业农村部农村经济研究中心副主任、研究员。

问题，具体阐述如下。

一、乡村中"人"的问题突出，三农带头人亟待培养

乡村振兴，关键在人。人是事之本，乡村振兴需要人来实施，其素质高低、能力强弱直接关系到乡村振兴战略实施的效果。在乡村全面振兴的过程中，培养造就懂农业、爱农村、爱农民的人才队伍是关键。从被调查村的情况看，乡村中"人"的问题突出，主要表现在以下方面：

（一）村庄人口老龄化程度高且劳动力受教育水平低，性别比失衡情况普遍

农村老龄化形势严峻。各地村庄中59岁以上的老龄人口占全村总人口的比重均超过10%的老龄化社会标准线，其中尤以东北（29.8%）、华北（23.1%）地区农村老龄化程度最深。农村劳动力受教育水平低。样本村中拥有高中学历的劳动力占比超过20%的分别是华东（23.6%）、华北（23.4%）、华南（23.3%）、东北（20.3%），最低的是西南地区（14.0%）。村内人口性别不平衡情况普遍存在，男女比例为1.13：1，各区域农村男性人数均多于女性人数。

（二）农村劳动力务农与非农选择呈现区域分化，华北、西北、东北的务农劳动力数接近或超过非农劳动力数的1倍

样本村中，华北、西北、东北的务农劳动力数接近或超过非农劳动力数的1倍：华北村均务农劳动力639人，非农劳动力335人；华东、华南、西南的务农劳动力小幅超过非农劳动力，华东村均务农劳动力580人，非农劳动力507人；华中村均务农劳动力514人，少于村均非农劳动力600人。

在非农劳动力中，村均外出打工人数华南、西南地区最多，平均在600人以上，华东、华中、华北、西北和东北分别为402人、489人、289人、330人和318人；村均外来人口数西北、华南、华东地区较高，平均200人以上，华中、华北、西南分别为165人、65人和89人，东北地区

最少，平均 54 人。

（三）乡村"三农带头人"数量及能力不足

1. 村内党员人数较少，年青党员占比低。样本村党员人数平均 60 人，占村均总人口的 3% 左右，2012 年后新发展党员数占党员总人数的 17.11%。40—50 岁和 50—60 岁年龄段的党员人数均为 13 人，各占 21.7%，合计达 43.4%；党员人数最多的年龄段为 60 岁以上，平均人数 18 人，占党员总人数的 30%；30 岁以下的党员平均 7 人，占 11.7%。

2. 现任村干部受教育水平高于前任，但学历水平仍较低。样本村中，现任村书记的文化程度多为初中程度，占 37.4%，高中程度的占 24.8%，中专占 16.14%，中专以上的占 9.5%，高中中专及以上合计 50.4%，与前任村书记相比高出 18.9 个百分点（前任村书记高中毕业、中专毕业和中专以上的分别为 18.6%，5.8% 和 7.1%），受教育程度有所提高，但大专以上的高学历者仍旧缺乏。现任村主任的文化水平也较低，且低于现任村书记的平均水平，现任村主任中初中毕业人数最多，占 42.6%，高中占 22.7%，中专占 12.5%，中专以上学历只有 6.6%，三者合计占 41.8%，现任村主任受教育程度高于前任村主任的学历水平 15.3 个百分点。

3. 村两委领导有异地工作经历的比重较低，经营管理经验不丰富，个人拥有的资源有限。样本村中，现任村书记和村主任在本村以外的地方工作过的人数占比不到 30%，但高于其前任的平均水平约 10 个百分点。有参军经历的村书记和村主任占比约 15%，略低于其前任 2.75 个百分点。现任村书记和村主任在企业里工作过的占比在 10%—20% 之间，在村办企业当过管理人员的以及当过私营企业管理人员的比重均不足 10%，但现任高于前任①。村书记和主任当过个体户的人数占比约为 25%，有商

---

① 当过村办企业管理人员的现任村书记占比 6.7%，前任村书记占比 5.4%，现任村主任占比 6.3%；前任村主任占比 4.9%。当过私企管理人员的现任村书记占比 8.3%，前任村书记占比 4.5%，现任村主任占比 7.8%，前任村主任占比 3.6%。

业投资的人数约占20%，现任均高于前任约10个百分点和约5个百分点。从村书记和村主任的家庭经济条件来看，比一般村民好的村书记和主任占25%，比一般村民差的村书记和主任占13%左右，与普通村民家庭经济条件一样的占比约60%，可见大部分村领导个人所拥有的资源与一般村民相差不大。当前乡村带头人各项素质有所提高，但在致富经验、能力、拥有社会资源等方面依旧缺乏。

二、乡村基础设施建设条件有改善，但仍存在短板，水平亟待提升

基础设施建设是实现乡村振兴和乡村全面发展的重要基础。当前，乡村基础设施建设还有较多欠账，距离城乡基础设施和公共服务均等化目标还有较大差距。

1. 乡村基础设施和公共服务设施条件有改善。样本村中，16.5%的村位于镇政府所在地，村均距离县城24.2公里，距镇政府5.4公里，距最近的村1.4公里，距最近的集市3.4公里。样本村中，贫困村占18.8%，缺水村占8.4%。样本村的有限电视信号和网络设施建设情况较好，有限电视信号户占比89.3%，有94.3%的村能够上网。村庄硬化道路占村内道路总长的比重为78.5%。48.7%的村庄有公厕，其中水冲式厕所比重为46.2%，旱厕比重为39.2%。

2. 乡村基础设施建设欠账多，乡村道路是主要短板。调查发现，由于政府对乡村道路投入不足，村集体成为村庄基础设施的主要供给方，在这方面的支出压力大。村集体支出的主要内容就是基础设施建设，集资和负债的主要用途也是公共基础设施修建，包括乡村路桥和水利等。样本村村均集体开支66.0万元，分地区来看，华南最高，为130.1万元，其次是华北和华中，分别为123.2万元和83.0万元；东北支出最少，为12.1万元。在支出项目中，以基础设施建设支出最多，平均41.9万元，占总支出的64%；其次是公共福利/事业支出，平均16.9万元，占26%；村干部年度工资及补贴平均5.7万元，办公费支出平均1.5万元（见表1）。华北华南村集体支出中96%用于基建和公益事业，西南西北分别为87%和90%，华东华中为76%和88%，东北为57%；村干部工资及补贴东北

比例最高，为40%，其次是华东19%，其他地区不超过10%；办公费均占不到5%。

表1 2017年村集体开支情况 单位：元

地区	集体全部开支	基础设施建设	占比	公共福利/公益事业	占比	村干部工资及补贴	占比	办公费	占比
华东	308994	148814	48%	85911	28%	59593	19%	14676	5%
华北	1232491	1137000	92%	55195	4%	32614	3%	7682	1%
华中	830459	407716	49%	327155	39%	78740	9%	16848	2%
华南	1301344	986866	76%	263091	20%	44414	3%	6973	1%
西南	425153	266586	63%	102374	24%	41467	10%	14726	3%
西北	789216	483971	61%	227120	29%	48690	6%	29435	4%
东北	121251	42500	35%	26250	22%	48063	40%	4438	4%
总计	660418	419366	64%	169047	26%	56864	9%	15141	2%

从村集体集资情况来看，2012—2017年村集体集资数量在降低，东北地区农村基本没有集资，华东地区集资水平最高，2017年平均集资151万元。村集体集资的主要用途是公共基础设施建设，其中一半左右的集资用于修路和建桥（见表2）。其次，修建排水沟和灌溉水利设施的集资占比也较高，2017年为9.1%，2016年为28.3%，饮用水也是村集体集资的主要用途之一。

表2 村集体集资主要用途 单位：%

集资用途	2017年	2016年	2015年	2014年	2013年	2012年
道路桥梁	51.51	39.63	48.39	42.59	37.5	53.57
水利设施	9.10	28.3	8.06	12.97	22.92	7.14
梯田和农田	—	—	—	1.85	—	1.79
植树	—	—	—	3.70	—	7.14
公厕	3.03	1.89	1.61	1.85	—	3.57
饮用水	9.09	1.89	9.68	5.56	8.33	7.14
电话	—	—	—	—	—	1.79

续表

集资用途	2017年	2016年	2015年	2014年	2013年	2012年
医疗室	—	—	—	—	—	1.79
电力电网	4.55	3.77	3.23	5.56	8.33	—
有线电视	—	—	—	—	2.08	—
幼儿园	—	—	—	—	4.17	—
学校	—	3.77	—	—	—	—
戏台	1.52	—	11.29	7.41	—	1.79
礼堂/会堂/祠堂	1.52	3.77	1.61	1.85	2.08	3.57
农村活动中心/老人活动中心	1.52	3.77	4.84	7.41	—	—
广场	9.09	—	1.61	—	—	1.79
其他	9.09	13.21	9.68	9.26	14.58	8.93
总计	100	100	100	100	100	100

从可灌溉面积为代表的耕地情况看，华东、华中、华北地区可灌溉面积占80%左右，华南、西南次之，占比70%左右，西北地区较少，占比52.1%，东北地区最少，仅占23.8%（见表3）。其中，华北地区调查村庄的耕地灌溉面积占比接近80%，作为我国重要粮仓的东北地区的调查村庄可灌溉耕地面积最低。

表3　各地区样本村村均耕地面积和可灌溉耕地面积　　单位：亩

地区	耕地面积	可灌溉耕地面积	可灌溉耕地面积占比
华东	2225	1922	86.38%
华北	1966	1566	79.65%
华中	2019	1626	80.53%
华南	2994	2239	74.78%
西南	1986	1379	69.44%
西北	5921	3086	52.12%
东北	5889	1404	23.84%
总计	2653	1846	69.58%

三、乡村经济发展潜力大，私营企业带动就业能力强，但特色产业仍待开发

产业兴旺是乡村振兴的基础，也是推进经济建设的首要任务。当前乡村产业发展还存在资源开发利用不足，企业主体有待培育，产业发展规划欠缺等问题。

（一）乡村土地类型丰富，资源禀赋存在较大地域差别，开发利用潜力大

在产业发展方面，被调查村中仅有12.2%的村是专业村，其中，10%是旅游专业村，16.7%是养殖专业村，40%的村是林果种植专业村，23.3%的村为蔬菜种植专业村，还有3个村是食用菌、茶叶专业村。

从各地区土地类型总量来看（详见表4），村均土地面积西北地区最大，为14289亩，其次是东北地区和华南地区，分别为13465亩和11345亩，华北地区最小，为3391亩。耕地面积西北地区最大，为6279亩，东北地区居其次，为5893亩，华北地区最小，为2084亩。林地面积以华南地区最大，为7154亩，东北居其次，为6111亩，西南地区第三，华东地区最小。草地面积西北地区最大，为2191亩，水面面积西北地区最大，为574.5亩，其次是华南地区，为336.5亩。

从各地区土地类型户均拥有情况看，西北地区的户均土地面积最大，为26.15亩，其次是东北和华中地区，分别为19.87亩和11.78亩，华北地区最少，为7.26亩。户均耕地面积也是西北地区最大，为11.49亩，东北地区次之，为8.7亩，华南地区最少，仅有2.75亩。户均林地面积以东北地区最多，为9.02亩，其次是西南地区，为6.12亩，华北地区最少，只有0.61亩。户均草地面积除西北地区外，其他地区都较小，西北地区为4.01亩，其次是为西南地区，为0.36亩。户均水面面积各地区都较少，西北地区最高，为1.05亩，其次是华东地区，为0.61亩。

从各地区土地类型人均拥有情况看，人均土地资源禀赋最多的地区为西北地区，人均土地面积7.56亩，其次是东北地区，为6.24亩，其余地

区相差不大，华北地区最少，为2.02亩。人均耕地面积依旧是西北地区最大，东北地区次之，分别为3.32亩和2.73亩，华南地区最少，为0.66亩。人均林地面积东北地区最多，为2.83亩，华北地区最低，仅有0.17亩。人均草地面积西北地区最多，为1.16亩，其他地区都较少。人均水面面积各地区都较少，西北地区最多，为0.3亩，东北地区最少，为0.04亩。从各地区村庄土地资源禀赋来看，各地资源禀赋存在差异，但村庄拥有的土地类型丰富，因地制宜进行多种经营和发展特色产业的潜力大。

表4　　　　　　　　　全村土地面积及类型情况　　　　　　　　单位：亩

地区	土地面积			耕地面积			林地面积		
	村均	户均	人均	村均	户均	人均	村均	户均	人均
华东	4838	8.12	2.30	2310	3.88	1.10	2141	3.59	1.02
华北	3391	7.26	2.02	2084	4.46	1.24	284.3	0.61	0.17
华中	6166	11.78	2.86	2131	4.07	0.99	1548	2.96	0.72
华南	11345	8.88	2.14	3518	2.75	0.66	7154	5.60	1.35
西南	7279	11.55	3.29	2209	3.50	1.00	3858	6.12	1.74
西北	14289	26.15	7.56	6279	11.49	3.32	2945	5.39	1.56
东北	13465	19.87	6.24	5893	8.70	2.73	6111	9.02	2.83
总计	6979	11.76	3.17	2829	4.77	1.29	2451	4.13	1.11

地区	草地面积			水面面积			其他面积		
	村均	户均	人均	村均	户均	人均	村均	户均	人均
华东	12.82	0.02	0.01	361.9	0.61	0.17	49.81	0.08	0.02
华北	37.8	0.08	0.02	86.67	0.19	0.05	666.3	1.43	0.40
华中	68.21	0.13	0.03	272.6	0.52	0.13	344.9	0.66	0.16
华南	13.64	0.01	0.00	336.5	0.26	0.06	83.33	0.07	0.02
西南	227.6	0.36	0.10	319.5	0.51	0.14	204.1	0.32	0.09
西北	2191	4.01	1.16	574.5	1.05	0.30	485.1	0.89	0.26
东北	0	0.00	0.00	78.57	0.12	0.04	500	0.74	0.23
总计	304.7	0.51	0.14	313.9	0.53	0.14	285.6	0.48	0.13

(二) 私营企业是乡村产业最活跃的主体，乡村企业发展存在较大地域差异

企业是市场活动的重要载体，私营企业是农村企业的主要组成部分，相较于村办和乡办企业吸纳了更多的劳动力。样本村私营企业吸纳职工数平均为 66 人，乡办企业为 6 人，村办企业为 6 人，个体户为 27 人；而从吸纳本村劳动力就业水平看，村办企业最高，其吸纳本村劳动力就业比例是 90%，其次是个体户 83%，私营企业是 45%，乡办企业是 42%。由分地区农村企业和个体户发展水平来看，随着经济发展水平的提高，两者的增长潜力和拉动就业的能力较大。在样本村中，村内整体平均有 3—4 家企业，村内企业个数最多的是华南地区，达 26 个，最少的是西南地区，平均不足 1 家。在所有企业中，农产品加工企业占比较低，平均只占 15%，合作社比重 20%。受雇于合作社的人数中，华东地区最高，平均达 69 人，最低的是华南地区，不足 3 人。村内乡办企业数较少，乡办企业就职人数也较少，村办企业数高于乡办企业数，但数量也较少。村内企业主体是私营企业，平均每村 1—2 家，且私营企业雇佣的职工人数多，平均达 65 人，华南地区私营企业就职人数更是平均达 410 人，且绝大多数是外来劳动力。村里的个体户数量较多，平均每村 20 个，但其雇工人数较私营企业少，平均每村 27—28 人。从吸纳本村人就业的情况看，在乡办企业方面，华中地区乡办企业吸收本村劳动力的比例最高近 100%，华东地区达 79%；在村办企业方面，企业带动本村劳动力的整体水平较高，达 90%，华中、西南地区近 100%；在私营企业方面，西南地区私营企业吸纳本村就业比例最高，为 91%；在个体户方面，华南地区个体户带动本村人员就业的程度最高，为 98%。2017 年，企业向村集体上缴收入平均值为 11.33 万元，华北地区最高，达 67.52 万元，东北地区最少，仅有 0.125 万元（详见表 5）。

表 5　　　　村内企业及其职工情况　　　　单位：个、万元

地区	企业个数	农产品加工企业	合作社	受雇于合作社人数	村内乡办企业数	乡办企业职工数
华东	2.592	0.786	0.676	69.93	0.543	3.838
华北	3.900	0.367	0.567	8.767	0.0667	33.33
华中	2.803	0.406	0.635	10.83	0.0154	0.0806
华南	26.64	0.0909	0.364	2.909	0	0
西南	0.714	0.543	0.500	16.56	0	0
西北	3.074	0.615	1.654	11.23	0.0370	2
东北	1.625	0.500	0.625	3.500	0.250	5.250
总计	3.629	0.541	0.716	27.91	0.180	5.706

地区	其中本村人数	村里村办企业数	村办企业职工数	其中本村人数	村里有私营企业数	私营企业职工人数
华东	3.031	0.0580	5.221	4.364	1.714	47.53
华北	8.667	0.172	5.517	5	3.700	91.50
华中	0.0833	0.0781	3.932	4	1.288	47.32
华南	0	0	0	0	0.636	410.9
西南	0	0.143	16.65	17.31	0.706	9.382
西北	0.400	0.115	3.962	1.080	0.963	68.15
东北	4.375	0.125	2.500	1.875	0.625	18.86
总计	2.176	0.0950	6.111	5.507	1.537	65.54

地区	其中本村人数	村里有个体户	雇工人数	其中本村人数	企业向村上缴收入
华东	35.09	22.99	28.30	18.88	3.578
华北	67.93	8.700	11.17	9.667	67.52
华中	22.25	23.63	24.89	21.15	5.859
华南	2.727	48.09	184.7	180.2	1.273
西南	8.588	16.91	9.758	7.242	2.920
西北	30.46	4.769	10.38	6.538	1.080
东北	14	16	20.25	16.50	0.125
总计	29.49	19.50	27.49	22.90	11.33

（三）乡村特色产业发展规模有限，亟需政策支持和产业规划

从被调查村来看，村均特色农产品种植面积784.1亩，西北地区种植面积最大，涉及户数也最多，分别是2031亩和173户。西北地区特色产业以特色养殖为主，村均养殖牲畜4179头只，远超其他各区，村均涉及户数42户。水面养殖以华北、华南、华中地区为主，村均户数较少。

在从事特色农产品生产的被调查村中，拥有品牌的比重只有18.6%，在问及没有品牌的原因时，选择特色农产品规模不大的比重最高，为63.4%，其次是选择无资金，占14.0%，12.8%的被访者选择还不需要。从事特色农产品生产的村的产业组织化程度较低，组建农民专业合作社的只占24.5%，而未组建合作社的原因有52.3%的被访者选择特色产品规模有限。在问及目前村里特色产业发展的主要问题时，有28.9%的村庄选择特色产业形不成规模，有25.2%的村庄选择没有产业规划，有18.8%的选择发展思路不清，有14.7%的选择缺少政策支持。

在政府对乡村特色产业的支持方面，只有33.0%的村庄选择上级政府对村里的特色产业有规划，而需要此规划的村庄比重达54.1%。村庄获得上级政府对特色产业发展支持的比重为44.4%，在未获得支持的村庄中，需要此支持的村庄比重为70.7%。而在特色产业发展方面，被调查村反映最需要的事项时，选择需要政府提供资金支持基础设施建设的最多，占36.7%；选择需要政府帮助规划的为其次，占35.8%；选择需要政府在市场开拓品牌推广方面提供支持的复次之，占9.2%，需要金融支持、需要新品种信息等占5%左右。

四、基层自治基础良好，群众性文体活动和民间社会化服务组织较为缺乏

乡村有效治理是推动农村稳定发展的基本保障。乡村治理有效才能真正为产业兴旺、生态宜居、乡风文明和生活富裕提供秩序支持，乡村振兴才能有序推进。从调查情况看，乡村自治情况良好，但存在公共性事务缺乏组织、群众性文体活动有待丰富和提升的问题。

(一) 村民代表大会运行和履职情况良好

从调查数据看,各村村民代表大会的成立时间不一,但运行和履职情况良好。在262个调查村中,有90.1%的村实行差额选举,当前任职的村民委员会多为第8—10届,2017年各村村民代表大会召开的次数为4次及以上的占比近70%,村民代表大会的代表人数平均为43人,其中党员人数有15人。

在村务治理中,村民代表大会也在实际履行自身职能。在被调查中,村民代表大会能够罢免村主任的比重为62.3%,能够检查村里预决算的比重为90.1%,能够查看村财务的比重为83.6%;在行使否决权上,2017年否决过村委会决议的占比35.9%,过去否决过村委会决议的占比41.2%。村务开支需要经过村民代表大会同意的占比51.9%,其中各地区须经村民代表大会同意支出的金额数不一,东北地区最低,为2750元,华北地区最高,为2.77万元(见表6)。

表6　村民代表大会实际履职情况

	是	占比	否	占比
罢免村主任	163	62.21%	99	37.79%
检查村里预决算	236	90.08%	26	9.92%
查看村财务	219	83.59%	43	16.41%
去年是否否决过村委会决议	94	35.88%	168	64.12%
过去是否否决过村委会决议	108	41.22%	154	58.78%
开支是否需经村民代表会同意	136	51.91%	126	48.09%

除上述重要事务外,村民代表大会在其他村务管理中也扮演重要角色,如村内新办公益事业有80.5%的村需要经过村民代表大会同意,宅基地分配方案有79.7%的村需要村民代表大会同意,土地承包的决定权有87.5%的村需要经过村民代表大会同意,与企业签订经济业务合同须经村民代表大会的村占比71.5%,投资于集体经济建设的占比77.9%,村办企业承包的占比68.9%,村办企业人事任免的占比61.3%,村办企

业分红须经村民代表大会同意的占比 66.4%。

（二）农村公益性、群众性文体活动缺乏

在被调查村中，由村里举办的公益性、群众性文体活动有限。近两年举办过戏剧活动的村只占 38.9%，有电影或录像活动的占 54.6%，有球类比赛活动的有 18.3%，春节时有全村集体活动的占 38.8%。群众性文体活动有凝聚和团结人心的作用，此方面的活动缺乏一方面与村庄经济缺少可用资金有关，另一方面反映了村庄人气的缺乏（见表7）。

表7　　　　　　　近两年内村里举办的社会活动情况　　　　　单位：个

	是	占比	否	占比
戏剧活动	102	38.93%	160	61.07%
电影或录像活动	143	54.58%	119	45.42%
球类比赛活动	48	18.32%	214	81.68%
春节时全村的集体活动	102	38.78%	161	61.22%

农村社会组织是村内专业性事务组织化运作的重要依托，也是服务村民日常工作生活的主要主体。被调查的262个村庄中的民间社会组织主要可分六类，其中有红白理事会的村为114个，占43.5%；有寺庙类宗教组织的村为52个，占20.2%；有企业类经济组织的村占7.9%，有科技组织/科技协会的村占18.3%，还有12.3%的村设有校委会，有16.6%的村有健康和体育活动协会（见表8）。总体上看，农民对婚嫁、生死、信仰等较为看重，民间自发成立的相关组织有一定数量，而带有经济属性的社会化组织明显不多，反映了村庄社会属性大于经济属性的现实情况。

表8　　　　　　　农村民间社会组织情况　　　　　　单位：个

村里是否有如下民间社会组织	是	占比
红白理事会	114	43.51%
寺庙类宗教组织	52	20.15%
企业类经济组织	21	7.98%

续表

村里是否有如下民间社会组织	是	占比
科技组织/科技协会	48	18.32%
校委会	32	12.31%
健康和体育活动协会	43	16.60%

（三）村规民约制定情况良好，但乡风文明内容仍需完善

样本村中，有村规民约的占80.2%，其中每家每户发放的占比53.4%，有64.14%的村规民约定期修订。村规民约的内容包含邻里和睦的、孝敬老人的、红白喜事份子钱标准的、保护环境的、社会治安的和防火防洪的比例分别为93.8%、92.8%、62.5%、92.4%、93.7%和88.3%。总体上看，农村村规民约制定情况良好。红白喜事从简、对份子钱作出明文规定等，这些有助于农村社会交往的风清气正，不过还有37.5%的村庄没有出台这样的规定，说明一些村庄的村规民约中涉及乡风文明的内容还需要完善。

五、村集体经济发展不均衡，产权改革任务艰巨

农村集体产权制度改革是涉及我国基本经济制度的一件大事，也是强化乡村振兴制度性供给的重要基础。深化农村集体产权改革在破解城乡二元结构体制障碍、推进城乡要素平等交换和促进集体经济转型升级中意义重大，是当前和今后一个时期全面深化改革的重点和难点所在。

（一）农村集体经济组织收入差异大

经营性收入和上级拨款是集体经济组织收入的主要来源。2017年样本村的集体经济总收入为101.3万元，其中集体经济组织经营收入平均51万元，占50.3%，而集体经营性企业收入平均16万元；集体农林业收入平均6.8万元；集体承包收入平均10万元，其中企业承包收入4万元，承包地/果园收入4.5万元；村公益事业费平均5万元，其中集体集资平均 1.1 万元；上级拨款平均 30.2 万元，占 30%；其他收入平均 3.6 万元。

集体经济总收入的区域差异大。华北地区集体经济总收入最高，平均 245.9 万元，华中和华东地区其次，均为 100 万元，东北地区集体经济总收入最少，仅为 20 万元。分地区来看，集体经营性收入区域差异大。华北地区集体经营性收入最高，平均 211.3 万元，其次是华中和华东地区，平均为 44.5 万元和 44.2 万元，最少的是东北地区，仅为 1.25 万元。在集体经营企业收入中，华北地区最高，为 73.2 万元，在集体农林业收入中，华中地区最高，为 15.4 万元；在集体承包收入中，华东地区最高，平均 25 万元，其中企业承包收入 10.9 万元，承包地/果园收入 11.5 万元；村公益事业费华东地区最高，平均 7.4 万元，集体集资收入西南地区最高，平均 1.5 万元，上级拨款收入西北地区最高，平均 50.5 万元（见表 9）。

表 9　　2017 年村集体经济组织收入　　单位：元

地区	集体经济总收入	集体经营收入	其中企业收入	集体农林业收入	集体承包收入	其中企业承包收入
华东	1032447	442043	13152	20026	250767	109431
华北	2458759	2113000	732143	26286	28483	1786
华中	1054144	445304	254254	154160	70204	25607
华南	289125	23637	0	5455	62612	10254
西南	394236	101292	1143	104357	2500	2086
西北	569925	24400	3522	13783	12960	4087
东北	200833	12500	3750	8750	21250	15000
总计	1013120	512994	160415	68023	101002	40691

地区	承包地/果园收入	村公益事业费	集体集资	上级拨款	其他收入
华东	115451	74289	12536	165977	86835
华北	27714	20138	5172	285102	6864
华中	16885	55450	13542	468394	1250
华南	49291	20450	9984	158176	14266

续表

地区	承包地/果园收入	村公益事业费	集体集资	上级拨款	其他收入
西南	41.67	7566	15114	263824	3940
西北	8696	3200	7800	505440	16125
东北	6250	2500	0	6250	158333
总计	44770	49573	11278	302162	36111

（二）部分经济欠发达地区集体经济组织收不抵支

从 2017 年各地区样本村村均集体收入和支出情况看，华南、西南、西北地区集体经济当年收不抵支，华东、华北、华中、东北地区入可敷出（见表 10）。

表 10　　　　2017 年村集体经济组织收支情况　　　　单位：元

地区	集体经济总收入	集体全部开支	收支盈余
华东	1032447	308994	723453
华北	2458759	1232491	1226268
华中	1054144	830459	223685
华南	289125	1301344	-1012219
西南	394236	425153	-30917
西北	569925	789216	-219291
东北	200833	121251	79582
总计	1013120	660418	352702

从资产情况看，2017 年被调查村村集体拥有的固定资产总值平均为 129.5 万元，华东地区最高，为 275 万元，华北地区其次，为 136.3 万元，东北地区最少，只有 4.4 万元。村集体流动资产华北地区最高，其次是华东地区，华南地区最少。集体储蓄存款华中地区最高，其次是华东地区，华南地区最少（见表 11）。

表 11　　　　　　　　　　村集体资产情况　　　　　　　　　单位：元

地区	村集体固定资产总值	村集体流动资产总值	集体储蓄存款	村集体资产合计
华东	2750000	415397	704517	3869914
华北	1363000	664115	138784	2165899
华中	518770	257182	867340	1643292
华南	206228	33667	49444	289339
西南	682751	67429	67294	817474
西北	664167	293333	99565	1057065
东北	43750	127500	125000	296250
总计	1295000	315252	484077	2094329

在村集体负债方面，总体来看，2012—2017 年，样本村村集体负债水平有较大变动，特别是 2014 年、2015 年数额较大，村均达 217 万元，主要原因是华中地区 2014—2015 年集体负债水平较高，分别是 435.2 万元和 762.9 万元。分地区来看，华中地区集体负债水平最高，2017 年平均为 109 万元；其次是华东地区，负债平均为 49.18 万元；华北地区 2017 年负债水平高于往年，为 49.21 万元，华南地区村均负债较低，西南地区 2017 年较高，西北地区有所下降，东北地区负债较为稳定（详见表 12）。

表 12　　　　　　　　　　年末累积负债情况　　　　　　　　　单位：万元

地区	2012	2013	2014	2015	2016	2017
华东	43.57	44.87	329.3	49.27	50.92	49.18
华北	5.012	5.588	6.651	8.059	8.952	49.21
华中	106.9	106.4	435.2	762.9	108.5	109.0
华南	22.24	171.3	19.67	14.63	1.196	8.328
西南	1.567	2.139	2.321	3.385	2.867	19.93
西北	18.87	9.182	14.82	13.82	11.45	9.955
东北	14.13	14.38	14.25	14	14.13	14.13
总计	45.09	51.76	217.3	217.7	46.86	54.10

（三）农村集体产权制度改革进展缓慢，各项权能有待落实

调查发现，只有 9.1% 的样本村进行了村集体资产的折股量化，农村集体产权制度改革进展缓慢。在进行改革的村庄中，折股量化的对象大部分是本村村民，占比 57.1%，而量化对象是集体经济组织成员[①]的占比为 42.9%。在折股量化的村庄中，股份能够继承的占 65.5%，股份能够转让的占 57.1%，转让对象限制为家庭内部成员的占 52.6%，其余为在村集体成员内部转让，没有村子允许对外转让股权。

一般来说，在集体经济欠发达的地区，农民主动进行集体产权制度改革的认识不足，在集体经济发达的地区，既得利益主体进行改革的意愿不强。在样本村庄中，集体经营性收入为零的村有 174 个，占了 66.4%，其中进行了集体产权制度改革的村只有 8 个，只占 4.6%，这表明在集体经济欠发达的村，农民对作为发展壮大集体经济先置条件的集体产权制度改革的重要性认识不到位，一种无资产就没有改革必要的认识拖延了改革的总体进度。而在集体具有经营性收入的 79 个村庄中，进行了集体产权制度改革的村也只有 15 个，占 19%，改革进程相对缓慢。农村集体产权制度改革进展缓慢的背后，到底有怎样的深层次的客观影响因素值得深入研究。

六、政策建议

基于对 262 个村庄的调查，我们认为，乡村振兴面临五大问题，需要逐一妥善解决：一是农村人口老龄化、劳动力受教育水平低、性别比例失衡等问题严峻，"三农带头人"人数及能力不足，乡村振兴中"人"的问题突出；二是乡村基础设施建设仍需提升，特别是道路桥梁、水利设施和饮用水设施；三是乡村特色产业有资源开发潜力和增值空间，但产业发展不充分，规划和政策支持不足；四是乡村基层自治情况良好，但农村公益

---

① 本村村民一般指拥有同一村庄户口的人员，集体经济组织成员的界定标准更加多样，本村村民与集体经济组织成员不完全重合。

性组织、群众性文体活动缺乏；五是农村集体经济发展水平区域间发展很不平衡，东北、西北、西南等地亟需差异化的区域发展支持政策；农村集体产权制度改革进展缓慢，农民对集体资产股份的权能有待全面落实。为保障乡村振兴战略全面顺利实施，应从以下方面着手，推动乡村振兴和农村改革发展。

第一，要重视乡村"人"的发展。关注农村地区性别比失衡问题；在全国范围内积极推动普及高中教育，不断提高农村人口的受教育水平；积极培育乡村三农带头人和职业农民，为其提供必要的项目、资金、人力培训等，提高"三农"带头人的致富经验和资源的获得及利用能力；鼓励农村劳动力务农人数比重大的地区继续发展农业生产，对农村劳动力非农化倾向高的地区促进农地流转进行规模化经营和加快培育新型经营主体。

第二，不断加强政府对农村道路桥梁等公共基础设施的投资，降低农村集体经济组织负担。政府继续加大对村庄道路桥梁等基础设施缺乏的村庄的公共投资，并在公共基础设施维护上给予奖补支持。在农田水利设施的修筑上，充分考虑区域水土资源现状，特别要将相应的资金资源向粮食主产区倾斜，以实现责任与能力相匹配，提高粮食主产区农业生产效率。对于东北、西北、西南等地区，要给予差异化的区域发展支持政策和继续倾斜支持。

第三，因地制宜，以本村资源禀赋为基础大力发展特色产业。乡村产业发展不局限于传统种植业，在乡村振兴"产业兴旺"的总要求下，应利用乡村优势资源发展特色产业，如东北地区以其丰富的林地资源发展林下经济、特色养殖，西北地区以其丰富的草地资源发展特色养殖和观光旅游等产业，华中、华东、华南地区利用水面资源发展水产养殖业等。产业的兴旺发展离不开企业等市场主体，未来要进一步激发私营企业的积极性；支持农户个体以及相应的企业从事乡村特色产业经营，并在产业规划、信息供给、规模做大、市场做强等方面提供政策支持，发挥其带动乡村经济发展，吸纳农村劳动力就业的重要作用。

第四，充分发挥基层自治力量，进一步培育农村各项服务多元供给主体，丰富农民生产生活。一方面可继续支持完善村民代表大会制度，通过进一步健全议事工作制度，规范村务公开，明确权利与义务，增强村委会工作的透明度，调动农民参与村庄治理的积极性，使村民代表大会在农村公共事务决策和监督中发挥主导作用；另一方面，注重农村其他生产生活服务性公益性组织的培育和发展，为农村社会活动的举办和延续提供相应的资金支持。除此之外，还要加强村规民约的制定与完善，宣传良好乡风，不断增强农民的凝聚力和向心力。

第五，要继续深入推进农村集体产权制度改革，不断壮大集体经济。要做好宣传工作，增强村干部和农民对农村集体产权制度改革重要性的理解和认知。持续推动落实农民对集体资产股份占有、收益、有偿退出及抵押、担保、继承权，盘活、用好并管好集体资产，既要防止在改革中少数人对集体经济的侵占，非法处置集体资产，又要防止集体经济被社会资本所侵吞，非法控制集体资产。在集体经济发展壮大方面应着眼制定区域差异化政策，对集体经济发展情况好的华北、华中、华东等地区，为其创造更自由、公平的市场竞争环境，而对集体经济发展落后的东北、西北、西南等地区要加强政策和项目扶持。

特色农业是西部乡村振兴的支柱产业

——基于贵州两个村的调研

龙文军

党的十九大报告首次提出乡村振兴战略,提出了"产业兴旺、生态宜居、乡风文明、治理有效、生活富裕"20字的总要求,产业兴旺位列总要求的首位。从发展逻辑来看,只有发展好产业,从根本上帮助农民解决收入问题,才有实现"生态宜居、乡风文明、治理有效、生活富裕"的可能。西部地区要实现乡村振兴,一定要发展特色农业产业,这是支柱。贵州省的一些地方已经在国家政策的指导下,推进农业产业结构调整,大力发展特色产业,已经初见成效。但是,特色农业产业的发展仍然面临一些问题,需要加大支持力度,及时铲除制约特色农业产业发展的因素。

一、特色农业产业带动西部地区乡村振兴的现状

(一)以减少镰刀弯玉米产量为契机制定特色产业发展规划

为贯彻落实中央关于加快转变农业发展方式的部署和调整优化农业结构的要求,发挥比较优势,推进农牧结合,促进产业提档升级,实现稳粮增收、提质增效和可持续发展,国家对镰刀弯地区作出了减少玉米生产的

部署和要求。贵州省抓住这一契机，结合落实国家退耕还林还草政策，调减山坡地和缺少灌溉保障地区的玉米种植，积极发展杂粮杂豆、茶叶、核桃、油茶、中药材、樱桃、猕猴桃等，改良草山草坡，发展饲用麻、饲用桑、饲油兼用油莎豆和人工草地，支撑本地草食畜牧业发展，发展特色高效农业。例如，纳雍县积极推进农业供给侧结构性改革，加强产业结构调整，规划了"33216"产业发展布局，"33"即3000万羽土鸡、30万亩华农菌草、30万头肉牛，"21"即1亿棒食用菌、10万亩蔬菜，"6"即60万头生猪。"33216"产业发展布局为纳雍县打赢脱贫攻坚战蓄积了强劲的动能。水城县出台了《农业产业结构调整"1+12+N"方案》，确定了农业科技化、规模化、品牌化发展路径。先后创建了国家级出口猕猴桃质量安全示范区、国家级出口茶叶质量安全示范区、国家级农业标准化示范区、国家级有机产品认证示范区。水城猕猴桃产业园区连续五年荣获全省综合排名第一，成功入选首批创建的国家级现代农业产业园。猕猴桃、刺梨、小黄姜等精深加工取得初步进展，水城春、弥你红、桃花鸡等品牌影响力不断提升。

（二）以加快推进精准扶贫为抓手引导农业改变种植结构

精准扶贫攻坚战打响以来，西部地区以此为抓手，基层干部走村串户，挨个给农民做工作，因地制宜指导农民调整优化农业结构，扎实推进特色产业精准扶贫脱贫工作。水城县不断丰富"产业+扶贫"的内涵，围绕"土地面积全覆盖、种地农户全覆盖、贫困人口全覆盖"根本目标，按照长短结合、林上林下结合、山上山下结合、种养结合的基本原则和方法，让农业产业成为稳定脱贫的有力保障。水城县委党校承包花戛乡一个贫困村的脱贫工作，党校的校长专门住到农户家里，跟农民一起讨论如何改变以往的种植结构，共同探讨如何让仅有的土地资源更好地发挥作用。驻村干部、第一书记等都有包村的任务，他们有的给农民提供信息，有的就直接拿起锄头跟农民一起去地里种，反正说什么也不让农民再种玉米了。西部地区玉米产量低，资源消耗量大，人工成本高，如果因地制宜、精准施策，种价值高的经济作物，牵住特色农业产业的"牛鼻子"，既能脱贫,又能致富。

(三) 以园区企业和合作社为龙头把农民有机联系起来

农民,尤其是小农户要走向现代化,仅靠其个体的力量远远不够,必须把其组织起来。而园区、龙头企业、合作社等是把农民组织起来的有效载体。纳雍县厍东关乡针对当地玛瑙红樱桃产业的发展实际,专门成立了一个"中国共产党玛瑙红樱桃产业工作委员会",当地人称为"党工委"。在这个机构的带动下,一个全新的玛瑙红樱桃产业发展平台搭建出来,龙头企业、合作社、社会资本等不断进入,以玛瑙红樱桃为核心的其他产业不断催生,农民在生产、销售、服务各个环节都能获得收益。水城县针对南部山区发展的实际,专门成立了"南部产业发展园区",作为一个区域性的协调机构,协调相关乡镇重点发展特色农业产业,尤其是推动富硒茶叶园区、蔬菜园区等不断发展壮大,不断深入实施农业配套设施和农旅一体设施建设,推动全县农业产业向科技农业、设施农业、观光农业、功能农业迈进,以示范带动、中心辐射、利益联结、技术推广、科技研发为主要内容,推动区域性农业结构调整和产业升级,促进全县农业产业园区跨越式发展。园区、龙头企业、合作社、产业大户的带动作用越来越明显,科技水平越来越高。

(四) 以推进三变改革为基础稳定农民发展特色产业信心

以"资源变资产、资金变股金、农民变股东"为核心的"三变"改革在贵州开展得红红火火,这是贵州省农村改革的智慧结晶,更是打赢脱贫攻坚战、走出农业增效、农民增收、农村发展的新路子和建成全面小康社会的"牛鼻子",这一探索作为一项重要的政策创新已经写入2017年的"中央1号文件"。在土地资源极其稀缺的情况下,"三变"改革激活了农村存量资产、自然资源、人力资本,促进了农业生产增效、农民生活增收、农村生态增值,这样的改革给农民吃下了定心丸,使农民对发展特色农业产业充满了信心。调研中,农民对什么是"三变"了解不多,但是他们看到改革以后,地还是自己的,合作社或公司经营中有自己股份,不用自己专门照看,坐得股金收益。如果能劳动,每天还能挣工资。这样的"三变"改革,他们完全愿意接受。正因为有农民支持,土地的集约化、规模化经营才成为可能,特色农业才能成为产业发展起来。

二、特色农业在西部地区发展面临的主要问题

(一) 农业基础设施仍然落后

西部地区的特色农业基础设施普遍落后。水城县营盘村的茶产业、猕猴桃产业、蔬菜产业等特色农业产业已经成为农民增收致富的支柱产业。那些大棚、冷库等基础设施建设为蔬菜产业的健康发展提供了保障。但是,猕猴桃、茶叶的田间道路、灌溉等都还非常缺乏,一旦出现天灾,这些产业的损失十分巨大,与此相关的农户增收来源也会受到影响,甚至可能当年就会返贫。即使蔬菜已经建设了大棚,也还远远不够。灌溉设施还不完善,道路设施还比较落后。纳雍县陶营村在省里的项目资金支持下,樱桃基地里已经埋上了喷灌的管子,但是还没有启用。即使启用,也只是众多樱桃基地中的很少一部分。因此,基础设施建设任重道远。

(二) 熟练的农业劳动力缺乏

由于特色农业大都在西部地区的山区,很多作物都生长在坡地或山地上,不适宜机械操作,因此,对劳动力的需求量大,尤其对熟练的劳动力需求量更大。例如,水城县顺场乡营盘村一个腾鹏合作社有2000多亩茶园,平均每天都需要200多名工人来采茶。熟练的工人采明前茶每天能采1公斤,一般工人只能采0.5公斤。当这些茶园进入盛产期后,需要工人的数量更大。而当地和周边有很多村民外出浙江等地打工,导致当地都出现了"用工荒"的现象。每天,合作社要专门用车到村民家里去接来采茶。在采茶高峰期,熟练工人更是抢手。在陶营村的樱桃成熟季节,当地的樱桃采摘人员根本不够用。有些家里劳动力稍多一点勉强能自己摘,有些家庭在外地打工的劳动力要专门请假回来摘樱桃,有些干脆花钱请人摘,还有一些人春节回家以后一直等到樱桃采摘结束以后再外出打工。

(三) 市场销售缺乏主打品牌

特色农业产业发展生产出的产品有一定的特色，需要依托一定的主体向市场上推广。这些主体有大有小，也有农民自己去找市场。总体来看，缺乏主打品牌，不能形成特色产业的发展合力。一粒粒玛瑙红樱桃大都由农民自己卖，只要在总溪河边上长出来玛瑙红樱桃，就能卖出去，基本没有品牌概念。樱桃树苗也能在快递的作用下到处卖，没有品牌的保护意识，与此相关的包装等还做得不够好。"水城春"的茶叶，缺乏不同等级的品牌，导致市场购买者不能建立起对品牌价值的全面认识。例如，"水城春"牌明前茶，贵的能卖到每公斤3.8万元左右，一般的也能卖到每年4000元左右。其品牌价值的挖掘还远远不够。

(四) 农业保险发展严重滞后

当地老百姓大都以特色农业产业为主要收入来源，但是农业保险这样的保障措施却没有跟上，各种特色农业产业基本是"裸奔"的状态。一场冰雹来袭，打掉了一部分在生长过程中的樱桃，连续几场冰雹会使得樱桃绝收。农民所有的家当就是这些樱桃，在没有保险保障的情况下只能是独自承担损失。一次倒春寒，就会让小茶苗冻死。一次干旱，就会让茶树大面积枯死。农民只能"望灾兴叹"，只能期望老天保佑。农业保险业务在西部地区的普及率并不高，仅有的大宗农产品保险业务对村民的作用并不大。随着产业结构的调整，玉米、小麦等的种植面积越来越萎缩，与此相应的保险业务也越来越萎缩。相反，特色农业产业对农业保险需求越来越大，严重滞后的农业保险已经成为制约特色农业产业发展的瓶颈。

三、几点建议

(一) 加强基础设施建设夯实产业基础

做好基础设施建设是产业发展的前提。只有基础设施建设的不断完善，才能加快特色农业发展的步伐，才能增强了广大群众增收致富奔小康的信心和决心。因此，迫切需要加大对田间基础设施的投入力度，夯实产业发展的基础。具体到茶基地上可以增加灌溉设施、太阳能杀虫灯等；蔬菜、猕猴桃基地要把灌溉设施铺设到位，提高基地的利用率。

（二）加大劳动力培训和吸引人才力度

要对产业扶贫、精准扶贫对接、易地搬迁、农村基础设施建设等有关精准扶贫的惠农政策进行详细解读，围绕当地的特色主导产业发展，举办农村实用人才培训班。鼓励外地务工有成就的人士返乡创业或参与到家乡的乡村振兴中去。

（三）大力培植当地的市场销售品牌

农业专业化、区域化发展成为未来的发展趋势，促进农业区域品牌的建设成为了关键。要充分认真品牌的价值，打造地方特色农产品品牌。依托当地的能人、名人或龙头企业，寻找当地农业发展优势，进行差异化定位，凸显自己的特色，与其他地区形成区别，建立核心品牌。围绕核心品牌，开展一系列的推介活动，包括线上和线下的推介。

（四）加快政策性农业保险制度建设

提高对农业保险的认识，加快特色农产品的保险制度建设，把特色农业保险纳入地方产业发展规划中统筹考虑，加大省、市、县对特色农业产业保险的财政支持力度，让从事特色农业产业经营的主体能够踏踏实实发展产业。健全灾害定损机制，确保灾害发生以后的赔付及时足额，让农业保险真正起到"稳定器"的作用。

浙江省衢江区湖仁村振兴乡村产业的观察与思考

孙 昊 宋洪远

2017年11月29日至12月1日,我们赴浙江省衢州市衢江区走访基层联系点。围绕实施乡村振兴战略中的产业兴旺问题,我们考察了高家镇湖仁村柑桔产业发展情况,走访了泉井边村绿丰食用菌专业合作社等新型农业经营主体,分别与衢江区涉农单位和省里的涉农部门进行了座谈。通过考察调研使我们对乡村振兴中的产业兴旺问题有了新的思考与认识。

一、衢江区及湖仁村的基本情况

衢江区地处浙江省西部,位于浙、闽、赣、皖四省交界地带,素有"衢通四省"之称。衢江农村区域较大,农业人口众多。全区总人口40.4万人,其中农业人口34.2万人,占比达到90%以上。区域面积1728平方公里,耕地面积26万亩,下辖10镇、8乡、2街道和1个办事处,共3个社区和271个行政村。衢江是典型的农业大区,农业产值在国民经济总产值中比重高。2016年全区农业总产值36.44亿元,农民人均纯收入1.6万元,三次产业比重为14.8:43.5:41.7,第一产业比重高于全省10.6个百分点。衢江先后被评为全国粮食生产先进县、全国商品粮生产基地、全国生猪调出大县、中国椪柑之乡、中国柑桔二十强县、国家级生态示范区。

我们的联系点高家镇湖仁村位于衢江区的最东部，其东部、南部与龙游县相邻。该村下辖5个自然村和8个村民小组，人口1080人，耕地面积共1680亩。本村居民年轻人大多外出打工经商，留守务农人口已经不多，主要种粮食（水稻）和柑桔，全村每年可生产稻谷约680吨，各类柑桔约320多吨。我们来到湖仁村主要就当地柑桔产业的发展情况展开调研。

二、湖仁村柑桔产业发展的情况

种柑桔在湖仁村已经有30多年的时间，是当地的传统产业。在1986年，湖仁村就发展了500多亩柑桔园，头十多年种柑桔确实为村民带来不少效益。但随着种植面积的推广，种植规模的不断扩大，市场价格却不升反降。村里种的柑桔从抢购到滞销，"致富树"一度成了"伤心树"，果农大都折了本，很多人打了退堂鼓，甚至想把树刨了回去种粮食。

1999年，汪水荣担任湖仁村党支部书记，他觉得坐以待毙不是办法，要迎难而上去解决问题。他带领几个庄户人一起搞调查研究，发现柑桔卖不上好价钱的原因有两个方面：一是村里的果树品种退化，桔子不如过去好吃了；二是市场上相类似的品种柑桔太多，大路货供过于求，价格自然上不来。

汪水荣认为，要想提升效益必须要改良品种。2000年，汪水荣从中国柑橘研究所引进了20多个柑橘品种进行试种，并在自己的地里做改良杂交的试验。10多年时间，累计投入60万元，前后选育出了5个适合当地气候、水土条件的优质桔橙品种，在村里推广种植。

2014年，汪水荣将村里的柑桔最新品种注册为"湖仁红"商标，打出了一个湖仁村的公共品牌。"湖仁红"柑桔是传统柑桔和脐橙的配种，即采即食、无后熟期、皮薄汁多、口感细腻、吃多不上火，深受市场欢迎。普通的柑橘品种市场价格每公斤4—10元，"湖仁红"每公斤价格可以卖到40元以上。除了本地销售，很多来自无锡、宁波的经销商慕名前来收购,为村里果农创造了很好的经济效益。

目前,全村已推广"湖仁红"柑桔400多亩。其中,村民成立的宏景柑桔合作社流转土地80亩,开展连片种植;汪波家庭农场流转土地120亩,连片种植;其余200多亩为村民一家一户分散种植。全村依靠种植"湖仁红"桔橙,每年收益达800万元(其中成果年收益700多万元,种苗出售年收益80多万元),直接带动农户86户200多人,人均增收16000元。湖仁村的柑桔产业成功实现了二次创业,借着"湖仁红"品牌,村民再度尝到了"致富树"的甜头。

三、泉井边村茶树菇产业发展情况

在湖仁村的走访座谈中我们了解到,离湖仁村不远的泉井边村绿丰食用菌专业合作社,带动周边几个村镇农户发展茶树菇产业,近年来取得了很好的经济效益。于是,我们顺道对绿丰食用菌专业合作社的茶树菇产业发展情况进行了走访。

绿丰食用菌专业合作社最初由泉水边村村民毛金富发起成立。他从事食用菌种植已经15年,积累了丰富的种植经营经验。说起种蘑菇的缘起,毛金富认为是个巧合。在2000年,他在衢江城区务工,是一名普通的出租车司机。某天机缘巧合,搭乘他出租车的一位乘客,是食用菌种植方面的专家。在聊天过程中,毛金富第一次了解到食用菌种植,感觉到市场前景广阔,具有很大的商业价值。经过一段时间的考察调研,他决定辞掉出租车司机的工作转型做老板,自掏腰包5万元聘请技术专家回到村里种植茶树菇。2002年,他成立了衢州市锐轩生物科技公司,经过15年的时间,通过滚雪球式发展,由最初的5万元发展成为目前年产值千万元规模的企业。2013年,毛金富在衢江区后溪镇泉井边村牵头成立了绿丰食用菌专业合作社以及锐轩家庭农场,并注册了"泉井兰"商标。他们的茶树菇产品成功打入上海、杭州、义乌、金华等地市场,并于2015年获得省级、国家级无公害农产品产地和无公害产品认证。

茶树菇种植经营特点适合于激活农村留守人口参与增收。茶树菇种植技术简单(主要是浇水),但无法机械采收;对人工有需求但劳动强度小，这种特点很适合带动无强劳动能力的农村留守群体，特别是贫困农户家庭参与。合作社带动农户经营，主要有两种具体方式：一是卖菌包（种籽）给农户，产成后按照与市场价格连动的价格进行收购，相当于将种植环节外包给农户；二是用农户提供的菌包加工、培育，收取加工费，若需要代销则是收入与农户分成，相当于为农户代加工。毛金富算了一笔账，菌包一个1公斤左右，生产成本是1.6元，卖给农户是2元，单位成本很低；种植成熟回购的市场价格在4元以上，单位产品的利润附加值却很高。一个菌包农户可以净赚2元，一年下来平均每户可实现增收2万元左右。

参与合作社进行茶树菇种植经营的农户能够实现多元渠道增收。一是获得租赁财产性收入。以每年600元/亩价格租赁泉进边村42户农户土地70亩，每年向农户支付土地租金4.2万元，户均租金收入1000元。二是获得产业经营性收入。带动67户农户种植食用菌900余万袋，可实现年产值4500万元，实现收入900万元，户均增收近13万元以上。三是获得就业工资性收入。合作社常年雇佣当地劳动力80余人，人均工资性收入可达2万元以上。同时，合作社以400万元财政扶贫资金8%年收益，用于低收入农户菇棚租金补贴以及无劳动能力低收入农户、村级集体经济薄弱村直补。

谈起成功的经验，毛金富总结了以下几个方面：一是诚信经营，互利共赢。他坦率地表示，茶树菇市场上的成本价格很透明，每个环节能赚多少钱，农户用手机上网就可以查到。绿丰坚持按质量定价，把钱挣在明处，实现合作社与农户的双赢。农户相信绿丰，所以参与进来，这是最大的成功经验。二是引入信息化技术，降低市场风险。随着信息化手段不断增多，各种经营主体相互间建立微信群，里面既有种菇的，又有卖菇的，大家在一起交流行情信息与生产技术。种植经营的不确定性大幅下降，收入的高低最大程度反映在产品质量好坏上，形成了区域茶树菇市场的优质优价。三是科学分析把握市场行情。毛金富认为，随着居民消费结构的升级，目前国内市场对于食用菌产品消费有逐年增大的趋势。相对而言，全国规模种植基地仍偏少，未来5—10年茶树菇生产经销仍拥有广阔的市场前景，这对于绿丰合作社发展是难得的机遇。

四、对产业兴旺的理解与认识

在调研过程中，我们召开了座谈会，就乡村振兴战略中产业兴旺的理解与认识进行了交流。我们体会到，产业兴旺的内涵与要求可以从不同角度认识和把握。从农业现代化角度看，产业兴旺是核心；从农村现代化角度看，产业兴旺是基础；从建设现代化经济体系的要求看，产业兴旺是首要任务；从实施乡村振兴战略的要求看，产业兴旺是关键。关于产业兴旺的现实意义，浙江省委书记车俊在全省美丽乡村和农村精神文明建设现场会上的讲话给出了比较清晰和明确的阐述：只有把农村产业搞火了、搞强了、兴旺了，农村才有活力，农民才有奔头，美丽乡村建设才有源头活水，才能从根本上解决乡村"空巢化""空心化"问题，形成"产、村、人"共享共融、共荣共进的新局面。

在衢江区的座谈会上，不少同志认为，乡村产业兴旺为农村集体经济注入了活力，是农村实现长久稳定与发展的基础。区农办主任金士建在发言中讲到：如果农村没有产业发展作为支撑、农村集体经济没有稳定的收入来源，即使那些贫困户今天实现了精准脱贫，明天也会返贫。如果村集体没有产业发展带来的收入、不能保证给保洁员开出工资，美丽乡村就无法长久，也谈不上乡村的生态宜居。有了产业支撑，农户才有可能以土地入股、资金入股等形式参与集体经济，进而才有可能获得稳定的财产性收入。可以说，产业兴旺在实施乡村振兴战略中处于核心地位。

在省里召开的座谈会上，浙江省农村工作委员会副主任蒋伟峰在发言中将乡村产业兴旺的内涵概括为"四旺"。一是"旺"在品质。立足对传统农业的改造升级，促进农业品牌化经营，加大科技支撑力度，加快农业生产方式转向绿色生态和清洁可持续，实现农业提质增效。二是"旺"在主体。大力培育新型农业经营主体，通过引导新农人、农创客等人才流向农业农村创业兴业，让懂技术、懂市场和有企业家精神的人才，成为乡村产业兴旺的主力军。三是"旺"在融合。立足于乡村区位优势与特点，充分挖掘农业农村的多功能，发展农村新产业新业态，实现农村产业融合发展，拓宽农村居民增收渠道。四是"旺"在服务。探索完善农村多种经营主体之间的合作与利益联结机制，通过深化农村资源要素市场化改革，加快推进资源要素在城乡之间与农村内部的流动整合，在强化农业农村社会化服务的基础上培育壮大产业。

六户镇探索乡村振兴之路

王佳星 龙文军

近期笔者在山东调研,时城南举办庙会,十分热闹。经了解得知,庙会举办地是六户镇,这个镇在当地独具特色。六户镇历史悠久,在民国前属于灶地,现今位于东营区南部,处于城郊和油田腹地,距区政府13公里,区域面积363平方公里,耕地面积6094公顷,辖13个村民委员会,有5669户,1.9万人。近年来,六户镇通过整合并利用优势资源,发展产业、优化环境、举办并承接多姿多彩的文化活动、优化社会治理方式、带动农民增收,逐渐探索出了一条可持续发展的乡村振兴之路。

一、以乡村旅游带动产业发展

六户镇所处区域地势平坦,有良好的生态环境,旅游资源丰富,拥有"国家级生态乡镇""山东省旅游强镇""山东省环境优美镇"等荣誉称号。四干渠、五干渠横贯六户镇,武家大沟、广蒲河、老广利河和运料河等五条河流流经境内,河流纵横,产生了大量湖泊水面、原生态湿地,物产丰饶。六户镇内有两个万亩生态林场,成为紧邻东营中心城区的一处天然氧吧。六户镇耕地面积广且集中连片,在东营区旅游部门指导下,六户镇大力发展以生态农庄为依托的乡村旅游产业,发展了大量采摘园和农家乐，目前已拥有开心农场、丽日锄禾、桃花源生态农庄、菜地厨香等一批具有特色的品牌农家乐，这些品牌兼顾了农业项目和旅游景点，成为带动六户镇乡村旅游发展的龙头企业。目前，东营区委、区政府在六户镇推动开发"城南民宿"项目，并设置两大原则：第一，整体开发原则，在保护原有的生态环境、历史文化和人文风貌基础上，因地制宜进行民宿招商；第二，对外招商的目的是在保护生态环境的基础上带动当地经济发展和本地百姓致富，所以招商项目要求必须对民众开放，让百姓受益；遵守绿色环保、可持续发展的原则，严厉杜绝黄、赌、毒等容易滋生违法违规问题的"带病"项目等。在合理规划下，六户镇充分发挥了生态资源丰富的优势，发展生态旅游，促进了乡村旅游产业健康可持续发展。

二、以综合卫生整治优化乡村环境

六户镇生态基础良好，在居住区通过综合举措，推进乡村综合环境整治。首先，建立垃圾清理长效机制。六户镇建立了垃圾回收和清运管理机制，重点加强保洁队伍建设，建立了人员充足、责任明确的基础设施管护和卫生保洁队伍，将保洁队伍建设及工作成效与农村综合考核挂钩，实现保洁管护工作常态化。在监督检查上，六户镇将整治任务分解落实到人，严格奖惩，并开展日巡查、周督查、月评比，实行三天一调度、一天一通报，每月进行一次综合评比。其次，扎实推进畜禽污染整治。六户镇为彻底整治畜禽污染，制定了《六户镇畜禽养殖污染集中整治工作方案》，成立多部门参与的整治领导小组，细化分工，把责任落实到人；在各村配备联络员，形成镇村联动的工作机制。六户镇发布养殖场（户）搬迁关闭整治通告，多渠道集中宣传畜禽污染整治工作，引导养殖户理解、支持并积极参与整治。镇里组织各村和油田单位对各自管辖范围内的畜禽养殖情况进行详细调查摸底，摸排出禁养区养殖专业户11家，非禁养区养殖场（区）11处、养殖专业户42家。对禁养区内养殖场（户）建档立册，分类施策，采取了"主动拆除、限期整改清理、逾期强制拆除"三种方式，扎实推进了养殖场（户）清拆工作。最后，实行"河长制"加强水域生态保护。六户镇根据《东营区全面实行河长制工作方案》要求，出台了

《六户镇全面实行河长制工作方案》，对镇范围内的所有河道排查摸底，成立了多相关单位参与的六户镇河长制办公室，镇政府每年给河长制办公室拨付工作经费10万元。河长制办公室每个成员单位确定1名联络员，负责落实办公室安排的各项工作。为加大河长制工作的社会参与度，在村级推荐的基础上，六户镇确定了13名"民间河长"，协助村级河长开展河长制相关工作，聘任了河道管理员，实行一年一聘，每月工资800元。结合实际，六户镇委出台了《六户镇河长制相关工作制和考核办法》，建立了镇、村河长制工作体系，实现分工明确，责任到人，有效加强了水域生态保护。

三、以文化活动引领文明乡风

近年来，六户镇通过不断夯实文化活动阵地、积极壮大文艺宣传队伍、开展丰富多彩的文化活动等举措，丰富了人们的精神文化生活，引领形成文明乡风。第一，完善文化基础设施建设。六户镇逐年加大文化基础设施建设力度，充实完善各村农家书屋和文体活动场所，为文化活动提供阵地，积极开展丰富多彩的群众文化活动。目前在田庄村已有综合文化服务中心、数字文化广场，西六户村和东辛集村也已开展相关建设。第二，发展文艺宣传队伍。六户镇以创建国家公共文化服务体系示范区为依托，加大基础设施设施投资力度，积极开展文化活动，大力培育文化人才队伍，文化事业得到较大提升。六户镇通过支持开展村级文化队伍的组织和培训，提高了农村文艺表演队伍的整体素质；通过广场舞比赛、秧歌比赛、文艺汇演等多场活动，丰富了村级文艺表演队伍的演出经验。各村在多年积累基础上发展出多个特色品牌文艺队伍，并在节日期间开展了秧歌队表演、篮球比赛、广场舞比赛等不同形式的联欢活动。第三，丰富群众文化生活。六户镇积极组织"剧团下村"活动，在2017年元旦、春节期间，邀请红荆吕剧团、紫惠艺术团等民间文艺团到13个村开展文艺下乡巡回演出26场，进一步丰富了群众文化娱乐生活。2018年春节，六户镇承办了新春庙会，从大年初一开始，奉上舞狮、吕剧、短穗花鼓、盐垛斗虎等本地民间文艺表演民俗展演，以及传统中式婚礼展演、马戏杂技等表演,日平均接待游客达3万人,总游览人数预计20多万人次。

四、以"网格化管理"激活乡村治理

六户镇根据属地管理、地理布局、现状管理等原则,将六户镇管理辖区划分为14个网格单元,对每一网格实施动态、全方位管理,实现网格内"人、地、事、物、情、组织"等全要素信息的常态化管理,提供主动、高效、有针对性的服务。每个网格设置一个网格长,网格长为网格第一责任人,负责本网格内的信息综合、便民服务、党建工作、综治维稳、宣传教育、劳动保障、计划生育、环境卫生、文体工作等所有业务。为充分调动网格长工作积极性、主动性和创造性,六户镇积极探索长效管理机制,建立考核制度,把考核结果作为网格长绩效工资发放、奖惩和聘用的重要依据。六户镇积极组织对网格长的培训工作,邀请东营区数字中心专业人员进行集中培训,发放网格化管理操作手册,帮助网格长尽快熟悉工作程序,履行好网格长工作职责,真正做到"三活"(活户籍、活档案、活地图)、"四清"(家庭情况清、人员类别清、区域设施清、隐患矛盾清)、"五到家"(经常走访到各家、各类意见听到家、建立感情心到家、细致工作做到家、好事实事办到家)。

五、以"农旅"结合提高农民收入

近年来,六户镇利用区位优势、资源优势,大力在乡村发展瓜果、蔬菜、花卉为主的优质高效农业,构建起了"种养加,产学研,商消游"一体化的农业新格局,大大提高了农业综合效益。近年来,六户镇累计发展瓜果种植4000余亩,仅此一项,每年都能为农民带来超过1500万元的效益,人均增收千余元。2017年,六户镇实现地区生产总值29.71亿元,农民人均可支配收入20659元。东六户村从2012年开始大面积种植葡萄,如今全村2600多口、700多户人家,其中400多户种植葡萄,全村种植面积达1000多亩,年产值达到300多万元,东六户村着力打造"十里六户生态苑,万亩葡萄玫瑰香"的乡村休闲旅游品牌,现已成为东营市市民"近郊游、农家游、采摘游"的首选之地,"六户葡萄"也成为享誉周边的农产品品牌。武王村立足本村实际，大力发展西红柿大棚种植。成立"武王红蔬菜种植农民专业合作社"，注册了"武王红"西红柿品牌，实行"种植规模化、管理企业化、产品市场化"的运作模式，测土配方施肥、组织种植户参加培训、改造水库解决灌溉问题。目前，全村已有160个西红柿大棚，合作社成员23人，带动种植者200余人，仅西红柿种植这一项就能带动增收800余万元。目前，武王村积极发展以果蔬采摘、农事体验为主的农业旅游，每年可接待西红柿采摘游客万余人次，大大提高了农民收入。

六户镇是山东省普普通通的一个乡镇，却能够立足自身实际，梳理优势资源，积极探索符合自身发展规律的乡村振兴途径，在发展经济的同时不忘保护生态，在优化社会治理方式的同时不忘提供丰富的文化活动引领文明乡风，在促进产业发展同时不忘带动农民增收，扎扎实实探索出了一条可持续发展的乡村振兴之路。

乡村振兴战略下农村人才培养：国际经验视角*

高 鸣 武昀寰 邱 楠

一、发达国家农村人才培养的经验与总结

（一）美国的经验

美国是典型的现代化农业大国。美国在城市化水平飞速发展的阶段，农业的式微导致了农村人才的大量流失，这与当前中国的现状十分相似。为了突破农业后继无人的窘困局面，美国建立起了一套科学的农村人才培养体系。

1. 美国制定了农村人才培养的法律体系。美国制定了许多针对农村人才培养的法规法案，如农业发展早期的《莫内尔法》《哈奇法》和《史密斯—利费法》等一系列涉及农村人才培养的法案，明确了联邦及各州政府支持农村人才培养的主要职能，规定政府要加大对农业大学、职业院校及农业推广站的科研、教育、推广等环节的资金支持力度，为美国农村

---

* 本文研究受农业农村部软科学研究项目"农村专业人才队伍建设研究"（编号：2018088）、农业农村部农村经济研究中心青年课题项目"乡村振兴战略农村人才培养机制研究"、国务院研究室委托项目的共同资助。作者单位：高鸣，农业农村部农村经济研究中心；武昀寰、邱楠，湖南农业大学经济学院。

人才培养提供足够的资金保障。在农业赶超阶段，美国不仅适时出台各种新的农村人才培养法案，而且及时修订农业法中不符合当下农村人才培养发展状况的内容（美国约每5年修订一次，中国是10年）。即便已经进入发达农业大国行列，美国仍然继续强调农村人才培养。2012年，在美国颁布的农业改革、食品和就业法案中，提出继续提高对农村人才培养的资金支持力度；2014—2018年，美国每年向农村人才培养项目支出达8500万美元，具体通过联邦、州、地方三级财政进行支付（万蕾等，2014）；参加公立人才培养机构的受训人不仅不需要缴纳学费，反而可以获得一定的培训补助，而私立培养机构则需要受训人自己承担开支。

2. 美国完整完善完备的农业教育体系对农村人才培养起了极大的促进作用。首先是"三位一体"的农业知识推广体系和"双轨化"的农村人才培养机制。"三位一体"包括联邦农业推广局、州立大学、县级农推部门；"双轨"分别指正规农业教育和一般性农业知识推广。具体来说，就是由美国联邦农业推广局负责协调组织各州的农村人才培训活动，统筹全局；由各州立大学农学院院长兼任站长的州农业推广站，一方面要对州内的县级农业推广站和一些农村青年进行正规农业教育；另一方面还要负责依据本州的具体情况对一般性农业知识推广工作进行规划。与我国迥然不同的是，美国科研院校不仅重视科研和教学，还强调知识推广。如每个教师必须按50%、25%、25%的比例承担科研、教学和推广三项工作，否则很难升迁（史浩，2014）。这种"双轨化"的培养机制在保证教师理论功底和实践能力的基础上，确保了美国农业知识的传播。最后由县级推广部门来负责本县区的农村人才的具体培养。这样一套成功的农村人才培养和知识推广体系起了很大作用，最成功的案例莫过于"4H教育"。

3. 美国建立了多元化的农村人才输送通道和多样化的农业教育形式，以培养适应市场需要的农村实践型人才。先是多元化的农村人才输送通道，美国农村人才培养要么在公立大学内进行，要么就通过公立学校外开展的非正规农民职业培训来进行。前者主要包括：（1）多交由专家学者来教授的辅助行业教育（SOE），主要面向从事生产管理和农业投资方向的农村人才；（2）为美国农业输送新鲜血液的"未来美国农民"教育

(FFA);(3) 强调将所学知识应用到农业各个方面的辅助农业经验（SAE）；(4) 由公立大学主导的在农村高中开办农业课程。值得提到的是，公立大学内进行的农业培训是美国农村人才培养的最主要形式。后者则主要面向成年农民，培训地点不限于教室，农场、果园和田间都可以成为教学场所；培训时间大多在农闲时节；农企经营者、农场主、社会团体和个人等都可以参加。再是多样化的农业教育形式。按阶段分，教育形式包括初、中、高三级农村人才教育；按时间分，又有各种类型的短、中、长期的培训；教学内容上，美国根据市场需求，通过突出实践性来设置有关课程。农村人才不仅需要掌握农业科学知识，也要学习农村建设、农产品营销、农企经营等方面的管理知识，另外还需要掌握实际的农业生产技巧，如种植、养殖、园艺、农机操控等知识。光有理论是不够的，学生还需要有一定时间要求的农场或农企的工作经验，要帮助解决一个农场或公司的实际问题，才可以拿到国家认可的毕业文凭和专业技能鉴定书，从而成为一个名副其实的农村人才。在培养农村人才的整个过程中，教师只起"启发式"的作用，负责引导学生思考和实践，为学生提供学习所必需的土地、种苗和机械等学习资源，传授最新的农业生产知识。

4. "软"条件和"硬"条件兼顾，引导优秀人才流向农村。只要农业的"弱质性"还在，农业农村优秀人才的外流趋势就不会改变，所以美国通过改善"硬"条件和优化"软"条件来形成激励机制，留住农村人才。改善"硬"条件就是指建设良好的农村生活环境。美国十分重视乡村整体布局，要求达到"七通一平"的布局效果（给水通、排水通、电力通、电讯通、热力通、道路通、煤气通和场地平整）（唐任伍，2018），还要求乡村必须重视绿化，早在20世纪60年代，美国政府就开展了"生态乡村"建设运动，使乡村生活充满生机活力。2002年美国共计投入约1700亿美元用于改善农村生活条件（李国祥等，2013）。优化"软"条件指的就是调整户籍登记制度。美国户籍登记的主要目的是为政府提供人口信息，而不是抑制人口流动，户籍不和居民的工作、社会福利和子女入学挂钩，只要你是美国公民，你迁移至美国的任何一处地方，都可以通过社会保障卡（美国缴税、就业、保险和社会保障都需要此卡）

无偿享有所在地的福利待遇。这种户籍管理制度有利于农村人才的自由流动和优化配置，方便各界高素质劳动力进入农村就业和生活，成为农村人才的一份子。

（二）德国的经验

德国是欧盟体系下农村人才培养的有力代表之一，通过德国可以窥见欧盟各成员国的农村人才培养的基本状况。尽管中国农业农村农民发展状况与德国大相径庭，但是早在20世纪90年代初期，中德两国就开始在农业相关领域进行合作，可以说我国向德国借鉴农村人才培养经验具备较好的历史基础。

1. 多层次的农村人才等级认定制度。首先，德国将农业从业资格进行法律化，使得农业准入门槛十分高。就比如要成为一名普普通通的农民，必须先完成基础教育阶段的学习，从学校合格毕业之后，再进入企业或者是农场进行实践学习，签订劳动合同，并按照要求在农业协会登记，随后进行相关实践工作，与此同时，还需要到公立农业院校进行有关的理论学习，在完成相关的课程后，通过德国全国统考的农业职业资格考试，只有合格取得学徒证书才成为一个普普通通的初级农民。如果你还想经营农业企业或者继承农场，仍然是不够的，必须要再进入公立农业院校学习，经过3年的农业职业教育后通过结业考核，在取得专业证书的基础上，还要经过1年的专科学校的继续深造且通过结业考核，便可以获得农业师傅证书，这时才可以经营农业企业或继承农场，并且正常地获取德国政府和欧盟为你提供的各种补贴。如果还想获得更高的等级，则需要继续接受2年的职业教育，获得技术员证书之后再通过附加考试，进入高等公立农业院深造，顺利毕业后将由欧盟发放工程师证书。总之，你要成为杰出的农村人才，就必须分别获得代表不同层次能力的5个等级证书（如表1所示）。

表1 德国农村人才等级认定

等级	证书	标准	证书功能
1	学徒证书	进入企业农村进行实践学习,通过结业考试	初级证书,但非合格职业农民
2	专业证书	进入农业院校进行3年培训并且通过结业考试	农业专业人才,合格职业农民
3	师傅证书	进入专科学校进行1年培训并且通过结业考试	具备经营农场、农企的资格
4	技术员证书	进入专科学校进行2年培训并且通过结业考试	担任技术指导
5	工程师证书	通过附加考试进入高等院校进修	担任农业工程师(欧盟颁发)

2. 德国"双元制"教育模式。"双元制"是世界上最典型的成功农村人才培养模式之一,学生必须要拿到学徒证书之后才能进入"双元制"教育体系。"双元制"的运行过程是以市场为主导,它所认可的农业职业必须是德国联邦职业教育与培训研究所(BIBB)、企业、农协和社会团体利益相关方提出政策建议,之后报请有关部门核准,再通过职业教育规定以立法形式加以确定,由于之中有企业、农协和社会团体利益相关方的参与,所以农业职业的认定从开始就是以市场为导向的(高松,2013)。

3. "普适性"的欧盟资质框架(European Qualifications Framework)。该框架通过知识、技能和能力三个要素来衡量评价德国整个教育体系下的毕业生,知识就是理论性的知识;技能包含了认知技能和实用技能;能力主要涉及责任感和自律。资质水平共8级,拥有师傅证书的农村人才相当于EQF6级水平(博士毕业生为EQF8级水平)。它使得农业和其他行业的资质评价认定汇集到了同一个资质评价框架内,让不同行业人才的学习成果和能力水平能有一个共同的参照物,这样既促进了资格的比较和转换,又提高了农村人才的认可度。不仅如此,在EQF框架下,最初选择专科职业教育的农村人才只需要到高级职业院校进修并考试合格后,便可以前往公立大学进行理论深造。而公立大学的学生同样可以转入更为注重实践能力教育的专科职业院校。这样青年们便可以根据自身的实际需要及资质水平,选择不同的教育路线,更重要的是,选择职业教育的学生不会被当做"差生"而被社会轻视,职业院校和公立大学是平等的,这与中国有着迥然的不同。

4. 优渥的农村福利待遇。一方面,德国社会养老保障体系健全,分为两大主系统和六个子系统,而农村社会养老保险体系是一个独立的养老保险体系,是国家养老保障体系的重要一环。目前德国农村的养老和医疗都有专门的农业社会保险联合总会承担。另一方面,由于过去的农业直接补贴政策对新进入农村的青年极为不公,所以德国近些年不断深化农业脱钩补贴改革。比如青年农民计划(Young Farmers Scheme)可以将不超过2%的直接支付资金用于支持40岁以下的青年农民,而且所有从事相关农业工作的人都可以获得一定的额外津贴,津贴补贴年限不得超过5年。成功的农村人才培养体制为德国培养了一批又一批的新型现代化农村人才,为德国农业发展提供了充足的后备人力资源。统计数据显示:2010年,德国69%的农业企业管理层都接受过职业培训。农业企业管理层中59%拥有职业进修教育学历,31%拥有中等职业教育学历,22%拥有专业资格证书或师傅证书。这些高素质的农村人才为德国农业发展作出了重大贡献。

(三) 日本的经验

随着日本经济的高速发展,大量农村人口向城市的迁移,使得农业兼业化、农村空心化日趋严重,为解决农村人口老龄化、农业"后继无人"、生产效率低下的困局,日本政府将农村人才的培养作为农业工作的重中之重,分别从法律的制定、政策的支持以及农民职业教育培训体系的构建三个方面推进农村人才培养工作。

1. 制定了完善的法律体系。在经历第二次世界大战后,日本经济萎靡不振,农业生产止步不前,面临着严峻的农业危机。农民作为恢复农业生产的主力军,自然成为了日本政府重点关注培养的对象。为培养农民的生产技能、提高农业生产效率,日本于1947年颁布了《学校教育法》,其中明文规定要设立农业综合高中并开展农业学科教育,第一次以立法的形式将农民教育放到了重要的地位。同年,制定了《农民合作社法》,通过成立农协来提高农民的组织化程度,农协的出现与发展在之后农民职业教育体系的构建中发挥了关键的作用。1948日本在《农业改良助成法》中提出要设置农业改良普及组织,专门负责农业技术的研究与推广,以此提高农业科研成果的转化率推动农业的现代化发展;同时相应地成立农民教育协会,来选拔农业改良普及员（李红,2013）。20世纪50年代,日本又相继颁布《农业改良资金援助法》《产业教育振兴法》《青年学级振兴法》,其核心内容均是加大政府的财政支持,为农业生产改良的普及与推广以及农民教育事业的顺利推进提供资金的保障,同时更加注重对农村青少年的培育,通过提升农业主力军的生产技能来促进农业的生产。在进入20世纪60年代后,日本的农业危机得到缓解,经济也开始进入快速发展的阶段,但与此同时出现了农村劳动力大量外流,农业就业人数逐年递减的情况,农业劳动力老龄化的问题逐渐凸显。为了应对新的危机,日本在相继颁布的《农业基本法》与《农业振兴法》中均强调了农村教育的重要性,并提出除了要强化农民职业教育以此来提高农民的自主生产经营的能力,同时通过构建农村社会保障制度、振兴农业农村,来保障农民生活的稳定（李凌,2014）。在这一阶段,日本财政对农村教育事业进行了大规模的投入,为之后农民教育体系的构建奠定了基础。20世纪80年代起,日本逐渐开始调整其农业生产结构,通过制定《农地法》《农地改良法》等法律促进土地的流转,从而推动小农生产向大农生产转变,以此来吸引更多的青年劳动力。在进入21世纪后,作为日本农业的基本法,《粮食、农业、农村基本法》贯穿了整个日本农业改革的进程,对农村教育事业的发展起到了指导性的作用,明确提出国家要大对农村教育事业的财政支持。目前,日本农业教育的经费全部来源于财政的支持,其中近70%由国家财政负担,30%来自于地方政府（向安强,2006）。法律的制定在极大程度上为日本农民教育事业的推定提供了保障。

2. 构建系统的农民职业教育体系。除了法律体系的构建,为保障农村人才培养的规划性与系统性,日本还构建了由国家统筹规划、各政府部门协调作用、各社会组织共同参与的农民职业培育体系。日本的农民教育培训体系主要由两个部分构成：一是由文部科学省主导的农民职业培训。作为日本国内专门负责教育管理的部门，文部科学省主导的农民教育属于日本国内正统农业教育，其目的在于培养农科类学生、教师以及农业技术、科研人员，主要内容包括初等、中等、高等农业教育。具体而言：初等教育的主要目标在于培养国民的农业素养，普及农业基本常识，所面向的是日本所有的中小学生，其主要课程贯穿于在中小学的课程体系中，属于普及式的农业教育（倪慧，2013）；中等教育较之初等教育则更加的专业化，在培养对象以及培养目标上更加的明确。其服务的对象主要为将要在农业专业继续深造的学生以及即将从事农业生产经营活动的自营农业者和农业技术人员，根据培养对象的不同相应地分为普通高中农业教育和专业化农业教育（李毅，2016）；高等教育所培养的农业人才是日本国内农业科研领域的主力军，主要包括大学里的农业专业教育、农科类大学的专业农业教育以及短期大学开展的涉农学科三种形式（李逸波，2016）。二是由农林水产省主导的农民职业培训。相比于文部科学省开展的正统农业教育，农林水产省主导的农民教育培训更注重培养职业农民，在课程的设置上也更侧重于开展农业技术与农业生产经营管理知识的普及教育，所采用的也是理论教育和实践培训相结合的教学方式，形式更加多样化。具体包括农业技术普及教育与农协教育两个部分。具体而言：农业技术普及教育主要是为首次从事农业的劳动者以及农业经营者进行农业技术的普及和农业经营管理知识的传授，分为正规教育与非正规教育两个层次。正规教育主要由农业者大学、道府县农业大学、农业实践学园、八岳中央农业实践大学以及鲤渊学院构成；非正规教育主要包括农业改良普及重心、农业青年俱乐部、国内外留学教育以及务农预备校（齐美怡，2014）。日本农协是其农民职业培育体系中的重要一环，对农民培训工程的推进发挥了重要的作用。大约有90%以上的日本农民加入了农业协会，因此农协对农民能够起到很好的组织作用。农业协会教育主要以讲座、交流和短期培训等形式开展，内容大多为农业的推广，是日本农业职业教育的重要构成部分。

3. 对农业生产者采取政策激励措施。除了法律体系与职业农民教育体系的构建，政策的激励极大限度地刺激了民众从事农业生产活动的积极性，在一定程度上为农村教育事业的推进提供了辅助作用。具体而言：一是对农业生产大户进行资金的支持。由于农业劳动人口的老龄化问题严重，日本于1993年制定了"认定农业者制度"与"骨干农业经营者培育制度"，政府一方面对认定农业者进行技术的培训；另一方面给予其资金的扶持、税收的优惠，以此来促进农业的规模化经营，有效地推动了其农业的现代化发展（高强，2014）。这一制度在进入21世纪后逐渐演变成骨干农业者培育政策，是日本经营安定政策的重要组成部分。同时，为培养农业接班人，日本制定了青年务农补贴制度，对中青年务农者每年支付150万日元的补贴，同时对新进青年农业生产者给予技术和资金的支持，有效地促进了青年务农人数的增长（任玉霜，2016）。二是建立了农村养老保险体系。日本的农村养老保险起步较早，在20世纪50年代，日本就在颁布的《国民年金法》对农民参与养老保险进行了强制性的规定。到20世纪70年代，日本进一步提高了农村养老保险的水平，在制定的《农民劳动者年金法》中，只对农业生大户参与养老保险进行了强制性的规定，并对转让土地经营权的老年农户支付土地转让金。20世纪90年代起，日本的农村养老保险从保障农民基本生活向保障农民生活质量转变，在颁布的《国民年金基金制度》进一步提高了农村养老保险的保障水平（陈殿美，2013）。农民的生活得到了保障，生产积极性也得到了提高。三是制定了特有的农业生产者国内外研修制度。从20世纪50年代开始，为发展现代农业，日本政府开始将青年农业生产者送往欧美发达国家和地区学习先进的农业生产技术与管理经验，并不断地制度化，形成了国外研修制度。到20世纪60年代，日本国内又兴起了国内研究制度，即将青年农业生产者派送到农业生产流通等产业进行学习，或者由指导农业人士对其进行农业知识与技术的传授。国内外研修制度逐渐演变成国内外留学教育，作为农林水产省主要的农民职业教育的重要组成部分（刘亚奇，2017）。

二、发达国家农村人才培养的比较分析

美国、德国以及日本等农业现代化国家都将农村人才的培养作为农业发展中的重点事业,其对于农村人才的培养也是既有共性又具特色。

其共性以下几点:第一,均构建了完善的农民教育法律体系来支持与保障农民教育事业的推进。如美国在农业发展初期就颁布了《莫雷尔法案》《哈奇试验站法案》等法案来推进农村人才培养工作,德国也相应的颁布《职业教育法》《职业训练促进法》等法律,日本的农民教育是由政府所主导的,相应地也给予了完善的法律与政策的支持(王景妍,2018)。第二,政策的支持也均为农业教育事业的推进贡献了力量。如美国、德国、日本都建立了完善的农村社会保障制度,并给与农民生产者相应的资金与技术的支持,以此来吸引青年劳动者进入农业领域,与此同时致力于建设农业基础设施,来改善农业生产环境。第三,都构建了农民教育培养体系,各组织、各部门权责分明,系统地开展农民教育培训。

其差异及特色主要表现在:一是农民教育体系的构成有所差异。美国的农民教育体系是由学校以及校外组织所主导的;德国则采取的是学校培训与企业实践的双元制教学;日本的农民教育则有政府部分主导,学校、企业、农协共同参与。二是农民培养目标的差异。由于日本农业劳动力老龄化严重,农业接班人后继乏人,因此日本致力于培养能扎根于农村并能够适应现代农业的高水平农业经营者。美国无论是农业经济还是农业科技均处于世界一流水平,因此美国的农业教育更注重培养农业领域的科研人员、农场经营管理者、农业技术人才等等。德国是工业化水平极其发达的国家,其农业的机械化、现代化也走在世界前列,因此,德国的农民教育更注重培养高技能型的"农业工人"(见表2)。

表 2　　美、德、日农村人才培养的比较

国家	法律体系	农民教育体系	部分政策措施
美国	《莫雷尔法案》《哈奇试验站法案》《史密斯·利费法》《乔治·里德法案》	农业推广局、州立大学、县级农推部门"三位一体";公立学校的正规农业教育和由校外组织的农业服务推广教育构成的"双轨制"并行	加大乡村地区基础设施建设 调整户籍登记制度
德国	《职业教育法》《职业训练促进法》	"传统"学徒制与现代职业教育相结合的"双元制"与严格的人才等级认定制度相结合	健全养老保险制度 完善的基础设施建设 在农业财政与税费上给予支持
日本	《学校教育法》《农业改良助成法》《农业改良资金援助法》《产业教育振兴法》《青年学级振兴法》	由文部科学省系统的初等、中等、高等教育与农林水产省系统的农业技术普及教育与农协教育两部分构成	强制全民参与养老保险 重视农业基础设施建设 建立认定农业者制度并给与生产大户资金与技术支持

三、发达国家农村人才培养对我国的启示

(一)利用法律来保障农村人才培养工作的顺利推进

不管是美国、德国等地多人少,资源禀赋优越的农业现代化国家,还是日本等资源匮乏,以小农经济为主的国家,都制定了相关的农民教育培训法律来保障农村人才培养事业的顺利推进。如美国早在1862年就以法律的形式明确了农民教育的重要性,日本也于1947年颁布了第一部农民教育法。相较之下,中国的农民教育法律体系的构建起步较晚,直到1992年国家才下发《关于积极实行农科教结合,推动农村经济发展的通知》,第一次以政策的形式提及了农民教育在农村经济发展中的重要性。同时,我国的农民教育法律缺乏系统性。尽管在我国现有的法律法规中,如《中华人民共和国教育法》《中华人民共和国农业法》《中华人民共和国农业技术推广法》等,都不同程度地涉及了农民教育问题,但没有一

部系统性的法律对农民教育进行明确地规定（张忠伟，2009）。因此，我国应该尽快修订农民教育法，构建起完善的法律体系以及与之相配套的政策体系，通过法律政策的引导才推进农村人才培养工作的顺利进行。

（二）整合各方资源，构建目标多层次、功能多元化的农民教育培训体系

纵观发达国家农村人才培养的经验，制度化、规范化的农民教育培训体系的构建起到了至关重要的作用。尽管我国一直高度关注农业农村的发展，并积极开展新型职业农民培育工程，但仍然存在各部门组织不协调、培训主体不明确、培训水平层次不齐等问题（何梅，2014）。伴随着乡村振兴战略的提出，农业农村的发展亟需注入新鲜血液，这要求我国需加大力度支持农民的职业培训，亟需构建起由政府统筹规划，农业院校、农民合作社、农业企业等社会组织希协调作用，目标多层次、功能多元化的农民教育培训体系。一是要发挥政府在农村人才培养工作中的统筹规划作用，做好组织协调监督管理的工作，同时要确保对农村人才培养的财政支持。只有政府加大投入的力度，才能更好地引导民间资本进入农业教育事业。二是各培训主体发挥自身的比较优势，做到全责分明、目标明确。如农业院校负责农业科研人才的培养；农业推广机构负责农业科研成果的推广与农业生产技术的传授；农业企业应更注重教育培训与产业、市场的结合，提高农民的经验管理的能力等。三是要发展多形式的培育方式，根据农民的发展方向的不同因材施教，利用多元化的培育方式达到最好的培育效果。四是要注重农村基础教育，提高国民的农业素养。

（三）树立新型的农村人才观，注重对新农人的培养与引进

随着乡村振兴发展战略的提出，农村有了更广阔的发展空间，新农人也不断地崛起，为农业农村的发展增添的活力，因此我国亟需构建起新型的农业人才观来推进农村人才培养事业的进展。一是要提高新型职业农民的社会认可度，鼓励高学历、高素质的青年加入新农人的队伍。由于长期存在的城乡二元结构，农村在经济教育医疗文化等方面均与城市有较大差距，使得大量农村人口外流。然而乡村的振兴离不开高素质的人才，只有组建一支有技术、懂经营，能够更好地跟市场对接的新农人队伍，才能够更好地促进农业农村的现代化。因此政府应该加大对农业领域人才的引进，为农业农村的发展注入新鲜血液。二是要重视对农民的职业化培训。农村人才不能光靠引进，还需重视本土农民的培养与教育，不断提高农村地区劳动人民的综合素质，才能更好地进行农业现代化技术的推广与经营理念的传播。三是要加大对新型经营主体的培育与支持。随着城镇化的不断推进，农业也走向规模化的经营的道路，新型经营主体作为未来农业生产的主体，应该也必须得到重视，因此应加大政府对农业新型经营主体的资金支持与技术指导。

（四）构建良好的发展环境，为农村人才培养的推进保驾护航

在乡村振兴的背景下，农村有了更广阔的发展前景，农民的主体地位也逐渐彰显。因此应构建良好的发展环境，为农村人才培养的推进保驾护航。从制度环境来看，一是要构建起农村社会保障体系。由于长时期的城乡二元体制，农村的的社会保障水平远不及城市，因此亟需完善农村社会保障体系，保障农民的生活质量，才能留住人才。二是提高农民的组织化程度，大力培育新型农业经营主体。我国是以小农经济为主的国家，农民组织化程度较低，抵御市场风险的能力较弱，因此应该加快土地的流转，发挥农民合作社等新型农业经济主体的作用，才能有针对性地开展农村人才培养工作。三是要提高农民的收入水平。城乡收入的巨大差距是农村劳动力外流的主要原因，因此政府应该加大对农民的收入补贴与优惠政策，只有提高农民的收入水平，才能吸引的青年从事农业行业。除了制度环境的优化，还需加强农村教育基础设施的建设，加大农村公共物品的供给，为农民的教育培训提供良好的物质基础。

参考文献

[1] 万蕾，刘小舟. 培育新型职业农民：美国经验及对中国的思考

[J]. 农学学报, 2014 (6): 120-124.

[2] 史浩. 美国职业农民的培训教育体系研究 [J]. 世界农业, 2014 (1): 130-137.

[3] 唐任伍. 新时代乡村振兴战略的实施路径及策略 [J]. 人民论坛·学术前沿, 2018 (3): 26-33.

[4] 李国祥, 杨正周. 美国培养新型职业农民政策及启示 [J]. 农业经济问题, 2013 (5): 93-97.

[5] 高松. 德国双元制职业教育及其在高等教育领域的发展 [J]. 河北师范大学学报 (教育科学版), 2013 (1): 86-88.

[6] 李红, 成玉峰. 战后日本农民职业教育: 叙说、经验及启示 [J]. 内蒙古教育 (职教版), 2013 (5): 7-10.

[7] 李凌, 何君. 法律与政策保障视角下的职业农民教育培训国际比较研究 [J]. 世界农业, 2014 (1): 152-156.

[8] 向安强, 贾兵强, 许喜文, 等. 浅论国外农民教育的特点 [J]. 成人教育, 2006 (1): 92-94.

[9] 李毅, 龚丁. 日本和韩国农民职业教育对中国新型职业农民培育的启示 [J]. 世界农业, 2016 (10): 59-64.

[10] 李逸波, 张亮, 赵邦宏, 等. 中日比较视角下的日本职业农民培育体系研究与借鉴 [J]. 世界农业, 2016 (5): 186-193.

[11] 齐美怡. 日本、韩国现代农业职业教育体系及其对我国的启示 [D]. 河北科技师范学院, 2014.

[12] 高强, 刘同山, 孔祥智. 日本大米生产的发展历程及大米政策改革探析 [J]. 现代日本经济, 2014 (4): 85-94.

[13] 任玉霜. 基于新型农业经营主体的职业农民培育研究 [D]. 东北师范大学, 2016.

[14] 陈殿美, 刘吉双. 日本农民参加社会养老保险机制及其对我国的启示 [J]. 学术交流, 2013 (4): 130-132.

[15] 刘亚奇. 新型城镇化进程中新型职业农民培育问题研究 [D]. 华中农业大学, 2017.

[16] 王景妍. 发达国家农业职业教育发展模式的比较与借鉴 [J]. 世界农业, 2018 (1): 183-188.

[17] 何梅, 杨全海. 日本农民职业技术教育对中国的启示 [J]. 世界农业, 2014 (5): 180-182.

世界遗产遇上乡村旅游[*]

——小罗的喜与忧

吴天龙 　张灿强

　　开展遗产旅游是诸多国家发掘遗产资源经济价值的重要途径。全球重要农业文化遗产是一种新型的遗产类型，它是农村与其所处环境长期协同进化和动态适应下所形成的独特的土地利用系统和农业景观，这种系统与景观具有丰富的生物多样性，而且可以满足当地社会经济与文化发展的需要。农业文化遗产往往以其美丽的景观、多样的文化成为人们旅游目的地，如何在有效保护生物、景观、文化多样性和遗产系统稳定，引导农业文化遗产旅游健康发展？本文以云南哈尼梯田为例，哈尼梯田既入围世界遗产中的文化景观，又是全球重要农业文化遗产，申遗成功不仅提高了哈尼梯田的社会知名度，也带来了越来越多的游客。当世界遗产遇到乡村旅游，会有哪些碰撞与冲突，通过对一个土生土长的客栈经营者的访谈，探析遗产旅游的问题。

---

　　[*] 本研究得到国家社科基金青年项目"贫困地区农业文化遗产活态保护与产业扶贫协同路径研究"（17CSH012）、农业部软科学"农耕文化遗产科学保护与活态利用研究"（2018043）、乐施会"农业文化遗产地农户精准扶贫与脱贫机制研究"等课题资助。

一、案例剖析

主人公叫小罗,土生土长的梯田人,哈尼族,家住元阳县新街镇普高老寨村,"80 后",曾务农、外出打工,2009 年利用自家住宅经营起农家乐,一干就是 9 年。作为亲身参与梯田旅游的小罗来说,他有着自己的欢喜与忧愁。在跟小罗的访谈中,我们了解到,小罗的农家乐陆续投入 50 多万元,前后几次装修和扩建,可接待的客房从最初的 8 间到现在的 13 间,餐桌也增加到了 5 个。梯田旅游的旺季是 12 月到次年 3 月,在这近 4 个月的时间里,小罗家的 13 间客房很少有空房,住宿均价 300—400 元/房间,5 个餐桌每天都要轮换 4 次左右。小罗的客栈经营得比较粗放,对收入也没有精打细算,估算下来除去所有成本和一家老小的开销,大概每年能剩下 12 万元左右的纯收入。

(一) 喜之一:靠自己经营客栈有了稳定的生计来源

申报世界文化遗产名录(简称"申遗")成功以后,来哈尼梯田旅游的人越来越多。有些人没有能力自己开客栈,将自家的住房租给外地的老板,而小罗选择自己干。刚开始很难,既需要投入装修成本,还要学习经营,但是他熬了过来。小罗有三个孩子,他认为这个农家乐是全家安身立命之本,他说,"如果把房子出租出去,虽然也能够有些房租收入,但找不到更好的谋生手段,所以始终坚持继续经营,当年父亲也劝我把房子以便宜的价格租给别人,但是我没听,还是要自己干,我要坚持到 2019 年,那时新机场建成和高速公路开通,这里的经营会更加火爆,我们的生意会更好"。

(二) 喜之二:有了更多接触外界和学习经营的机会

小罗说,"最近这些年,哈尼梯田景区的人越来越多了,名气也越来越大了,作为经营者,也确实得到了许多便利,尤其是与外界的联系明显增加了。"刚开始经营的时候小罗就想过要把农家乐的信息在网上平台发布,但当时没有门路,也不知道该怎么联系,后来随着景区影响力的扩大，有一些网站直接找到他，从 2013 年开始，网上的订单的明显增加。如今，小罗的农家乐与携程、去哪儿、艺龙、飞猪等旅游网站都有合作，"旺季的时候，我会把 7 个左右的房间放在网上预订，支付给网站 15% 的利润，虽然利润有所分流，但保证了客源的稳定"，在小罗看来，还是划算的。

（三）忧之一：外地老板和工商资本的强势竞争

在小罗看来，农业文化遗产为当地农家乐带来更多游客的同时，也面临更多竞争。一是竞争对手增加了。小罗说，"2012 年左右的时候，附近一带的农家乐只有 30 多家，申遗成功后开始迅速增加，现在已经有 80 多家了。竞争对手的增加，直接导致了农房租金的上涨，申遗前 6 万元/年的房租已经是高价，现在最高的已经涨到了 20 万/年以上，越来越多的农户将自家的住房出租，选择自己经营客栈的农户不到三分之一"。二是竞争对手升级了。据小罗介绍，"新增加的竞争对手多是酒店型宾馆，档次更高，服务更到位，对当地传统农家乐的经营造成了很大冲击。其中，冲击力最大的还是一家大型国有旅游公司，这家公司在 2014 年强势入驻，还开通了环线巴士，游客需要乘坐这家公司的环线巴士游览景点，游览结束后还会将游客带到他们公司的酒店，给当地农家乐带来了非常沉重的打击。后来在当地客栈的联合行动下，政府出面取消了环线巴士，如果没有那次联合（行动），很可能会出现更多的当地客栈倒闭的情况"。

（四）忧之二：消费升级带来客栈转型压力

当初小罗的客栈设施简陋，房间里没有独立的卫生间，就连洗澡的热水都无法保证足量供应。小罗说，"这种条件在现在基本无法运营，一方面是因为游客的需求提高了；另一方面也是竞争对手的条件都改善了"。此外，哈尼梯田申遗的成功，还推动了地方政府对规范管理的重视，小罗也庆幸农家乐开办得早，如今各种证件、审批条件都会更加严格。为了适应消费需求的升级和政府管理的加强，小罗家在 2014 年花费 20 多万元进行了一次大的改造，扩建了房屋、升级了室内配置，也完善了安防措施，这是小罗农家乐经营以来最大的一次改造和投资。

二、思考与启示

（一）如何实现整体保护与有序开发

小罗从经营者的角度诉说了他对遗产旅游的看法，然而从更深层次看，旅游发展的基础是梯田的完好存在与永续发展。小罗所在的村庄普高老寨村，不管是本地农户还是外地老板对投资建客栈的热情很高，客栈也是越建越多。正如该村的卢村长所讲："近几年随着旅游业的发展，村里为游客提供餐饮、住宿的客栈逐步发展起来，游客和客栈的增多使用水量增加，而客栈基本上位于山腰，从而减少和分散了山上涵养并自流到山下梯田的水，有些梯田开始出现旱化"。产业的发展需要对梯田进行整体保护，特别是梯田的命脉水资源的保护，从政府层面看，要在承载力等科学分析的基础上进行规划设计，合理确定承载规模，防止过度开发对梯田的破坏。

（二）谁是梯田旅游的经营主体

对比经营管理水平、客栈配套设施和市场推广与营销能力，当地居民开办的客栈处于劣势，随着房租的提高，当地越来越多的居民将农房出租给外地老板，自己坐收房租。表面看起来似乎对游客、农户和外地老板都有好处，但是长期来看，不容乐观，一是当地居民收取高价房租以后，为了寻求更好的生活条件，可能离开梯田，特别是年轻人，经营梯田的人只会越来越少，梯田被抛荒的风险会越来越大；二是随着外地经营者越来越多，而本地居民越来越少，传统的、民族的文化将随之消失，梯田将成为没有文化的土地，缺少文化的梯田将成为纯粹的农业景观，它的完整性将不复存在，梯田走丢了"灵魂"。现阶段，需要对工商资本下乡开展梯田旅游进行适当引导和控制，防止工商资本对当地居民发展空间的过度挤占，让更多的创业机会留给本地居民。

(三）梯田旅游如何转型升级

加强旅游道路、卫生设施等配套设施建设，拓展梯田旅游的产业链条，加强旅游产品的策划设计，增加文化元素，让游客有更多的参与感，延长游客在梯田的停留时间，由梯田观光转变为文化体验。完善小额信贷支持，鼓励农户完善客栈配套设施，开展提档升级。加强对客栈经营者的培训，提高经营管理水平和利用互联网进行推广的能力。成立管理部门或协会，出台专门文件或行业自律规定，加强对梯田旅游的管理，防止哄抬物价、恶意宰客等不法现象发生。村集体要发挥应有的作用，从村庄长期发展的角度，制定乡村旅游的村规民约，对外地租用农房开办客栈的要通过村民议事会的民主程序，防止村庄旅游的无序开发和恶性竞争。

农业高质量发展

完善构建质量兴农战略政策体系研究

张照新　孙昊

质量兴农是兴国之道、强国之策。推进质量兴农是以习近平同志为核心的党中央准确把握我国农业农村发展的阶段性特征和主要矛盾,对"三农"工作作出的重要战略部署和重大工作安排。2018年"中央1号文件"聚焦实施乡村振兴战略,提出推动农业由增产导向转为提质导向,切实推进质量兴农。农业农村部将2018年确定为"农业质量年",全面推进质量兴农、绿色兴农、品牌强农。构建完备的政策体系,是实施质量兴农战略,实现农业高质量发展的保障。

一、构建质量兴农战略政策体系的目标和任务

质量兴农战略是实现农业由外延式数量增长转向内涵式质量增长的重要步骤,是推动农业高质量发展、提升农业供给体系质量与效率的重要途径。质量兴农战略具有丰富的内涵,从狭义上看,质量兴农可以理解为提高农产品质量安全水平,满足消费者对健康、安全的现实需要。但从农业发展阶段转变的角度看,质量兴农实际上并不仅仅限于质量安全,而是包括优质化、品牌化、绿色化、集约化等多重含义,是实现农业由追求数量向追求质量提高转变。当然从更为广义的角度理解,质量兴农还需以保障

食物数量安全作为基础,是数量目标基础上的层次递进。推动质量兴农绝非淡化农产品供给数量安全的要求。量足质优是质量兴农追求的核心要求,也是质量兴农的难点所在,离开数量安全空谈质量兴农毫无意义。

从现阶段的农业发展的主要矛盾看,质量兴农战略的重点通过农业转型升级,提高农业经营效益,改善农业生产效率,提高农业产业竞争力,实现农业绿色可持续发展,让农业成为有奔头的产业,让农民成为有吸引力的职业。质量兴农战略的要求在于六个"高":农产品品质高、农业产业效益高、要素生产效率高、经营者素质高、国际竞争力高、农民收入高。这是质量兴农的目标,也是新时期农业现代化发展的主攻方向。

实施质量兴农战略,要将新技术、新理念、新主体等引入农业领域,激发农业的新业态、新模式、新机制,推动农业融合发展、绿色发展,实现农业新旧动能转换。重点任务主要有六个方面:

第一,推动优质化,提高农产品品质与质量安全水平。深入供给侧结构性改革,优化品种和品质结构,推动农业生产的全程标准化,完善质量管理体系,建立质量可追溯制度体系,提高农产品的质量安全水平,满足城乡居民对健康、安全的消费需求。

第二,推动特色化,提高农产品附加值。立足于农村地区当地实际情况,因地制宜因时制宜地发展特色农业。将特色农产品产业发展与第一、第二、第三产业融合发展、农业休闲旅游业密切结合,以融合发展推动特色农产品本地销售。突出"人无我有,人有我优"的差异化特征,满足消费者多样化、个性化需求,提高农产品附加值。

第三,推动品牌化,提升农产品市场竞争力。推进区域特色农产品公共品牌建设,以品牌化战略树立新型农业经营主体的质量信誉。建立品牌信誉质量相互挂钩联系的农业要素、产品评价体系,强化树立"优质为荣、劣质为耻"的社会风气。引导形成"优质优价、劣质劣价"的农业要素、产品市场秩序,完善公平、竞争、质优、多样的农业市场机制环境。

第四,推动绿色化,提高可持续发展能力。正确处理好经济发展同生态环境保护的关系,牢固树立保护生态环境就是保护生产力、改善生态环境就是发展生产力的理念。推动化肥农药减量,大力发展有机绿色要素对传统化肥、农药等生产要素形成替代。加强绿色可持续有效的技术集成与推广。推进退耕、休耕、高标准农田建设，实现耕地、草地、林地、水资源综合开发与合理利用。

第五，推动集约化，提升农业要素生产效率。大力发展土地、资本、人才等要素集约化投入的农业适度规模经营形式，鼓励农业规模经营主体创新模式，应用高效、优质、绿色的要素与技术，助力新型农业经营主体在提质增效、要素技术集约化应用方面发挥引领、辐射、带动的作用。

第六，推动产业化，推动产业融合发展。深入推进"三园一区"建设，在具有特色农产品资源的地区，找准做强特色产品产业，加强水电路网气等基础设施建设力度，引导发展适合于当地情况特色农业新产业、新业态。充分发挥农产品加工业龙头企业在提高农产品附加值中的主体作用，完善企业与农户的利益联结关系，带动广大小农户对接市场、提高收入。鼓励农产品加工企业出口转内销，开拓国内市场，发掘内需潜力，发挥内部消费的拉动作用。

二、新时代现行农业支持政策存在的问题和不足

进入21世纪以来，在"重中之重"指导思想下，国家不断加大对农业的支持力度，出台了一系列强农惠农富农政策，围绕提高农业综合生产能力、保障农产品质量安全、增加农民收入和保护资源和生态为目标，以农业补贴、价格支持、基础设施建设、金融保险、人才培训为主要内容的政策体系，对于促进农业生产发展、保障国家粮食安全、促进农民增收发挥了重要作用。

但随着我国农业发展进入新时代，农业面临的主要矛盾由总量不足转为结构性矛盾，提高效益和市场竞争力成为农业发展的主要发展目标，这就要求农业支持政策由增产导向转为提质导向，为农业高质量发展提供强有力的支撑。与新时代发展的要求相比，现行农业支持政策在目标导向、投入结构、操作机制等方面仍存在诸多不相适应，具体来说主要表现在如下四个方面：

（一）现行政策偏重增产导向，提质导向体现不够充分

长期以来受农产品产不足需的影响，提高农业综合生产能力、保障国家粮食安全成为各项农业政策的主要目标，也成为支农资金投入的重点。近年来围绕农业绿色化、优质化、品牌化，农业支持政策进行了一系列调整，但总的来看以增产为导向的政策仍然占有较大比重，对于提质导向体现得不够充分。一方面，农业补贴政策、农产品价格政策、科技政策、投资政策以及产粮大县、生猪调出奖励等政策，在目标设计上偏重于数量和规模指标，对于农业结构优化、产品品质提升和绿色发展方面的质量指标和比重偏弱；另一方面，对于结构调整政策、标准化生产示范、质量体系建设、品牌培育等提质导向的政策，投入资金和规模相对较少。

（二）现有农业政策偏重产中环节，对产前产后环节支持相对薄弱

要实现高质量的发展，既要在产中环节把优质农产品生产出来，更需要通过产后加工流通环节把产品有效供给到市场和消费者手中。受传统增产导向和体制等因素的影响，现行政策大多数集中在产中环节，目标就是生产出足够多的农产品，但对于产前优质高效的绿色农资产业发展和产后加工、流通体系的建设，支持政策不多，投入也比较小。在经营主体培育方面，现行政策主要是针对家庭农场、专业大户、合作社等产中环节的主体给予奖补，对产前环节农资供应、产后的流通服务领域的各类主体的支持相对较少；在生产设施和条件建设上，重点支持农田水利设施建设和农业生产机械装备购置，对于产后的仓储、流通设施建设以及加工装备，虽然出台了一些政策，但总体规模很小；在科技政策上，主要是支持产中病虫害防治和高产稳产品种的研发和推广应用，对于产前绿色农资、产后深加工的研发支持很少。

（三）现有政策偏重"硬件"建设，对"软件"培育相对不足

随着农业主要矛盾由总量矛盾转变为结构性矛盾，农产品由卖方市场转变为买方市场，不仅需要农产品具有安全优质的"硬实力"，还需要有

品牌、信誉这些"软实力",才能获得市场认可,形成强大的市场竞争力。但现行的支持政策比较重视农田水利、机械装备、品种培育等有形的"硬件",对于一些无形的"软件"重视不够。一方面,现行政策中,主要资金用于支持农业基础设施建设和设备购置,对于设施和设备运行维护支持相对不足,导致一些设施设备无法有效发挥作用;另一方面,现行政策对于农业耕种管收等有形服务体系比较重视,对于经营管理体系、质量可追溯体系、市场营销体系以及品牌培育等无形的服务体系重视不够,支持力度比较弱,制约了农产品"软实力"的培育。

(四)现行政策偏重项目扶持,对市场执法与监管力度不够

让优质产品在市场上实现优价,生产者获得较高收益,是推动农产品优质化、特色化和品牌化的有效途径。因此强化执法与监管,构建竞争有序的市场,是发挥市场对资源配置的决定性作用、实现农业高质量发展的必然要求。但由于农业投入长期处于严重不足的局面,导致以往农业政策偏重于项目和资金的投入,把财政支农项目投入作为衡量农业支持水平高低的主要指标,而对于市场执法和监管则重视不足。一方面,现行执法监管工作,偏重审批许可,而日常执法监督检查工作相对滞后,导致市场假冒伪劣难时有发生;另一方面,对市场执法与监管体系建设投入不足,导致政府部门监管能力远不适应市场发展的需要,制约了市场作用的有效发挥。

(五)现有政策偏重规模增长,政策间的协调配合仍然不够

进入21世纪以来,党中央、国务院把"三农"问题全党工作的重中之重,把农业农村发展摆在优先位置,实施"以工补农、以城带乡"的基本方略,不断加大对农业的投入。到2017年国家财政用于农业的支出接近2万亿元。但受历史和体制等因素的影响,我国涉农部门众多,财政支农资金和项目也分散在农业、财政、发改、水利等各部门,分头管理,支农项目碎片化,不同领域交叉重复与投入不足并存,项目之间非但不能形成合力,还造成了支农资金的闲置和浪费。近年来,国家深化财政支农

项目改革，实施"大专项+清单"，推动地方统筹各项支农资金，促进了项目间的协调与配合。但由于体制的限制，不同部门、不同政策之间没有建立起有效的协作机制，各项支农资金仍未能形成合力。

三、健全质量兴农政策体系的总体思路

构建质量兴农战略政策体系，要以农业供给侧结构性改革为主线，以农业产业的质量和效益提升为核心，围绕高水平投入品供给体系、高素质经营队伍体系、高效率服务体系和规范的市场体系等重点内容，以体制改革和政策创新为动力，通过转换导向、优化机制和补齐短板，构建涵盖财政税收、金融信贷、基础设施建设和科技创新的政策体系，推动农业的优质化、特色化、品牌化、集约化和绿色化发展水平，实现产品品质高、产业效益高、生产效率高、国际竞争力高和农民收入高的目标。

（一）构建质量兴农政策体系的原则

1. 坚持规模经营与带动小农户相结合。要培育新型农业经营主体，支持家庭农场、合作社和龙头企业和专业化服务组织等规模经营主体发展。坚持农民主体地位，强化对小农户的支持。引导各类新型农业经营主体与小农户建立密切联系关系，通过订单合同、入股合作、专业化服务等方式，引领小农户走上现代化的轨道，实现多种经营方式融合发展。

2. 坚持市场导向与更好发挥政府作用相结合。要发挥市场在资源配置中的决定性作用，利用市场机制吸引工商企业和社会资本进入农业，带动新技术、新理念和优秀人才进入农业。同时强化政府引导作用，加大农产品生产过程中投入、产出、服务环节的监督管理力度，提高常态化监管与维护水平，创造公平公正透明的市场竞争环境。

3. 坚持全产业链施力与重点推动相结合。推动农业高质量发展，要有全产业链的视野，推动各环节的紧密联系与协调配合，增强产业体系的竞争力。同时又要重点发力，针对产业链条的薄弱环节和关键环节，强化政策支持，实现以点带面，实现产业整体提升。

4. 坚持强化扶持与改革创新相结合。实施质量兴农战略，既需要政

府加大投入，通过财政税收、项目投资等政策引导各类主体调整生产行为，提高品质和效益，保护资源和生态，也要进一步深化改革，创新机制，破除目前制约质量提升和绿色发展的体制障碍，形成有利于高质量发展的制度和政策环境。

（二）完善构建质量兴农战略政策体系的思路

构建质量兴农战略政策的实质是适应新时代农业由数量导向质量导向转变的要求，推动现行农业支持政策体系转型，为实现农业高质量发展提供强有力的支撑。因此，构建质量兴农政策体系，就需要对现行农业支持政策进行调整、优化和完善。具体来说主要包括三个方面：

一是要转换目标导向。对以数量增长为目标的政策进行调整和改革，推动现行农业政策由数量导向到质量导向的转型。面向经营主体的奖补政策，要强化绿色、优质的目标导向，如把地力保护补贴与保护性耕作行为相挂钩，大豆和玉米生产者补贴与品种、品质结构调整行为提升挂钩；农业投资政策，则强化生态保护、结构调整的目标导向，如农田水利等基础设施投资要与水资源节约利用、土壤治理等行为相挂钩；农业科技创新政策，要强化优质化特色化的目标导向，如种业创新政策，要更多支持特色品种、功能化品种的培育；产粮大县、生猪调出大县等地方政府奖励政策，要强化产业化、品牌化的目标导向，把奖励资金与当地主导产业集群集聚发展相挂钩。

二是优化投入机制。调整投入结构，完善实施机制，推动政策的精准化。针对当前农业支持政策存在的重产中轻产前产后、重有形设施建设轻软实力培育的问题，调整财政支农投入结构，加大对产前产后环节的支持力度，强化对质量提升、人才培训等"软实力"的投入；对于标准化生产示范、节水节肥节药以及农业废弃物综合利用等行之有效的政策，在增加投入的基础上，完善操作机制，强化支持政策对生产行为的引导作用，进一步发挥示范带动作用；按照"大专项+清单"的思路，完善绩效考核办法，推动地方政府加大各项支农资金的整合，让各项政策协调配合，发挥合力。

三是补齐政策短板。针对推动农业高质量发展所急需而又缺少的政策，要补齐和健全。一方面，针对我国产前绿色高效农资和先进农机装备产业发展，研究制定科技、税收等扶持政策，从供给侧角度推动有机肥、低毒农药和先进适用农机装备产业的发展；出台支持农田健康管理、畜禽环境养殖环境绿色管理等专业化服务业的发展；对于产后品牌建设、市场营销、法律金融等方面，研究制定通过政府购买服务、财政奖补、税收优惠等措施，引导城市中的各类专业性人才和组织参与，为各类新型农业主体和小农户提供专业化服务，提升农业的现代管理水平和市场营销能力，增强产业抗风险能力。

四、完善质量兴农政策体系的建议

农业高质量发展包括四个内容：一是要能生产出优质安全的农产品；二是要产品能够有效满足市场需求，优质优价，实现较高的经济效益；三是要有较高的劳动生产率，农民收入大幅度增加；四是能够节约利用资源，保护生态环境，实现绿色发展。要实现高质量发展的四个目标，需要四个保障体系：一是高水平的物质装备和技术条件，这是能够实现绿色化、优质化生产的物质技术支撑；二是要有高素质的人才和经营队伍体系，这是优质农产品生产的关键；三是要有相应供应链体系，把农产品及时有效地供给到市场和消费者手里，这是实现效益高和竞争力强的有效保障；四是要有竞争有序的农资市场和农产品市场，为农业高质量发展创造良好的外部环境。推动农业高质量发展，也要从这个四个维度，构建政策保障体系。具体来说需要从五个方面完善政策体系：

（一）健全绿色高效投入品体系支持政策

生产资料的绿色高效是产品提质增效的重要前提。质量兴农应从源头上产前环节要素入手，加强化肥农药清洁投入、大力发展智能化与小型化农机装备、强化特色优质种业发展、加强耕地资源有效利用、推动农业新技术有效集成推广。

1. 健全优质绿色高效农资的支持政策。出台对高效有机肥和高效低毒农药的研发支持政策，支持生物智能防治技术的研发和产业化推广应用，并给予税收减免优惠；重点研发高效缓释肥料、高效低毒低残留农药、生物肥料、生物农药等新型产品。

2. 完善构建智能化和小型化农机装备产业发展政策。通过对机械制造企业税收减免，支持运用物联网和大数据的智能化农机装备研发，引导企业开发适合丘陵山区的小型农机化装备和特色产品的机械化装备。通过加大财政补贴力度，积极推广先进施肥施药机械；通过调整农机购置补贴、农机报废更新补贴对象与范围，由支持大机械为主转向大中小机械兼顾支持，促进小农户家庭生产所需的小型化、智能化、专门化的机械装备行业的发展。

3. 完善种业创新政策。落实现代种业发展支持政策，加强符合区域特色的优质化种苗种畜品种培育和推广，尤其是对品种保护难度大的特色种苗种畜，给予研发经费支持。支持企业研发种养结合的可持续栽培模式。

4. 完善耕地资源保护与利用支持政策。扩大现行高标准农田、耕地轮作休耕制度试点政策，加大财政对于耕地保护与质量提升补助政策的力度。强化退耕还林还草、退牧还草支持政策奖励补贴支持力度，完善评价指标体系，探索灵活有效的奖补模式，通过调整指标，避免奖励补贴标准与单纯与数量指标相挂钩，将退耕退牧的环境成效质量纳入评价体系中。

5. 探索机制创新与技术集成推广政策。完善落实绿色高质高效创建政策，重点开展分区域、分作物集成组装一批化肥、农药减量增效技术模式。重点推广化肥机械深施、机械追肥、种肥同播、水肥一体等技术。应用农业防治、生物防治、物理防治等绿色防控技术，推进统防统治与绿色防控融合。加力推进示范带动，突出果菜茶等用肥、用药量大的作物，突出优势产区、核心产区和品牌基地，选择一批重点县市整建制推进果菜茶有机肥替代化肥和全程绿色防控试点。强化农资企业的产品专利和知识产权保护，激发企业对绿色高效农资和先进适用机械装备的研发积极性。

(二) 健全农产品供应链体系支持政策

1. 加强农产品加工、流通体系的支持政策。通过税收减免、信贷优惠等方式，增加对农产品冷链物流新技术研发应用的支持力度。将农产品加工、电子商务企业在冷链仓储用电，纳入享受农业用电价格优惠政策的范围。深化农业设施用地改革，落实好现行政策，满足农业经营主体在办公、仓储、农用机械停放方面的用地需要。

2. 完善农产品标准化与品牌化支持政策。加强新品种、新技术、新工艺的研发和推广应用。建立农业生产标准化的认定体系，鼓励企业参与到新工艺、新产品、新技术、新设备生产加工行业标准规范的制定过程中。大力培育企业品牌、丰富产品品种、提高附加值。推进区域农产品公共品牌建设，推进一村一品、一乡一业，发展区域优势特色农业产业。积极探索农产品产销直接的新业态、新模式，并以法律法规的形式固定下来实现有序管理。

3. 完善农业废弃物综合利用的支持政策。加大对于现行畜禽粪污资源化利用政策、农作物秸秆综合利用政策支持力度。通过税收减免、信贷优惠、奖励补贴的方式，推动秸秆综合利用的新技术的研发、集成与推广。加大政府购买服务的力度，支持农业秸秆利用、畜禽粪污和病死畜禽处理服务业发展。

(三) 健全现代农业人才队伍体系支持政策，完善经营体系

人才资源是农业现代化发展的重要支撑。实现质量兴农要打造一支"一懂二爱"的高素质农业人才队伍。这需要完善现行的新型职业农民培育政策与农业实用人才政策，帮助农业人才解决创业初期遇到的现实困难，为新农人的成长提供良好的外部环境。

1. 完善现行新型职业农民培育政策，为农业人才提供成长平台。鼓励发展多种类型的新型职业农民培训机构，支持专业化服务组织对农民开展农产品经营管理等专题培训，以政府公益性与社会营利性相结合的方式，加强农业技术教育，统筹整合农业教育资源，加大对新型职业农民、

青年农场主的培训力度。

2. 完善农村实用人才培养政策，加快农业技术资质认定。鼓励农广校、农业院校以专门培养、委托培养、远程函授、线上教学等形式，开设农业生产技术、经营管理技能、农业电子商务、农产品加工业、农产品市场营销相关领域知识技能的课程。完善制定农业人才学历资质统一认定标准，提高农业职业农民资质的社会认可程度与学历含金量，提升农业技能培训的覆盖面、效果和社会影响力。

3. 完善各类人才"三乡"返乡、回乡、下乡创业就业的支持政策。对经过资格认定、具备农业经营资质的新型职业农民，在农业信贷担保、农业政策性保险和税收减免上给予优惠。加大对大中专毕业生、返乡农民工发展农业产业的支持力度，给予金融、税收等方面的优惠政策。支持合作社、集体经济组织聘请职业经理人，对农业科研院所与合作社、家庭农场对接、科研人员到合作社、龙头企业兼职给予优惠政策。

（四）强化农业生产性服务业的支持政策

发达的农业生产性服务体系是把小农户与农业现代化有机衔接，实现质量兴农的客观要求。要强化对农业产中环节的耕种管收等生产性服务的支持，又要引导非农领域专业化服务服务进入农业，大力展以"互联网+"为特征的平台服务经济模式，带动农业资源整合，激发内生动力。

1. 加大对农业产中环节的耕种管收等农业服务业的支持。落实《关于大力推进农业生产托管的指导意见》，完善对农业托管服务、农田健康管理服务等新型服务方式的支持政策。积极发展多元化、多层次农业生产性服务业，支持农业生产服务组织开展土地托管、联耕联种、代耕代种、统防统治等直接面向农户的农业生产托管。扩大农业服务规模，集中连片推广绿色高效农业生产方式。推进农业生产托管服务标准建设，规范服务行为和服务市场。

2. 引导各类非农业领域专业性服务组织进入农业，为农业发展提供专业化经营服务。拓展农业服务的业务范围，鼓励农业经营主体发展规范化服务性经营。盘活社会要素组织的资源，吸引资产评估、会计审计、战略规划、财务管理、市场营销、法律支援、融资信贷等服务组织助力农业发展。引导外部社会服务组织将现代市场经济观念与成熟经验进入农业，对传统农业经营的思维方式进行更新改造，实现现代服务业与传统农业互融互促。

3. 健全对"互联网+"为特征的平台服务经济模式的支持政策。引导以移动互联网、物联网技术为依托，以大数据为驱动力得专业化服务平台的发展，推动新理念、新技术进入农业领域，切实加快农业生产与信息技术服务融合。创新发展模式和发展业态，培育发展新动能。支持各级政府机构采用以向社会外包服务、购买服务的形式，纾解政府的非行政职能，提高服务职能的实施效率与专业化水平。

（五）强化农产品质量安全常态化监管体系

完善监管体系是实现质量兴农的保障。要健全农产品质量安全监督机制，实现准入审批与常态监督并重。要探索对农产品市场监管的方式，实现市场管理与监督并重。要充实质量安全宣传手段，实现科普宣传与示范引导相结合。

1. 健全农产品质量安全监督机制，转变重准入审批轻常态监督的倾向，转向准入审批与常态监督并重。提高认证产品准入门槛，严格审核认证，加强绿色食品标志许可和有机农产品认证管理，扎实推进无公害农产品认证制度创新调整。强化对于农业投入品质量的检查力度，从生产源头杜绝质量安全隐患。探索建立农产品质量安全的常态化全程监管机制，以生产标准化为基础，实现督查常态化。维持农产品质量安全问题事故零容忍的高压姿态，从严从重处理涉及农产品质量安全的案件，杜绝生产经营者以次充好的不良风气。加大财政对农业常态化监管体系的支持力度，加强农产品质量安全队伍组织管理与技术装备水平。

2. 探索对农产品市场监管的方式，转变重监督轻管理的倾向，转向市场管理与监督并重。加强出台法律法规，采取主动管理的形式，完善特色优质农产品的标准认证体系，规范"三品一标"产品标志使用。开展优秀农业品牌的评比活动，以评促销，以评提质，充分发挥品牌化信誉对于市场主体保障质量安全的自发激励约束作用。加强对于质量安全风险事前防范，强化质量安全事故的严厉惩治力度，使之不敢弄虚作假，为农产品优质化、品牌化，实现优质优价，创造良好的市场环境。

3. 充实质量安全宣传手段，转变重示范引导轻科普宣传的倾向，转向科普宣传与示范引导相结合。完善农产品质量安全县创建政策，探索支持资金的管理办法，创建支持方式，提高支持资金的使用效率，发挥更好的示范带动效果。加强农产品地理标志品牌培育、管理、保护科普宣传方面的财政投入力度。运用好互联网传媒技术，提升农产品监管水平。开通农产品质量安全官方微信，做强公众号。开展农产品质量安全万里行系列活动，让绿色优质安全农产品进乡村、进社区、进校园，不断提升农产品生产者质量安全意识，提高消费者质量安全科学认知水平，大力推动诚信体系建设。

一个人一棵树一片天

——玛瑙红樱桃的故事

王忠海

2018年是乡村振兴的元年。我有幸于3月份带领一个调查组赴贵州省的两个村——纳雍县厍东关乡陶营村和水城县顺场乡营盘村——围绕实施乡村振兴战略这个主题进行了一个月的驻村蹲点调查，完成了两篇共计4万多字的调查报告《玛瑙红樱桃撑起乡村振兴一片天》和营盘村的《"三变"中茶产业在高山云雾间崛起》。然而，尽管调查已经结束快一个月了，但仍感意犹未尽，特别是现在正值玛瑙红樱桃收获时节。一个人、一棵树和一片天萦绕于脑海之间，日有所思，夜有所想，不吐不快。

一

这个人，就是"玛瑙红樱桃之父"徐富军。

3月4日上午，我们从杭瑞高速公路的厍东关出口一下来，映入眼帘的就是漫山遍野的樱桃树，虽然盛花期刚过，但剩下少部分残花依然很美很壮观，足令人想象得出这里在樱桃花盛开时的美景。产业振兴是乡村振兴的基础，只有产业振兴了，乡村振兴才有希望。如此大面积的樱桃种植，不仅令我们眼前一亮而且很自然地就成为了我们此次调查必须探究的一个关注重点。原来大片种植的樱桃就是玛瑙红樱桃，而且人们一提起玛瑙红樱桃就会谈到徐富军，大家都称徐富军为"玛瑙红樱桃之父"。

何以如此，这背后又有着怎样的故事？为了一探究竟，3月7日我们约徐富军到他的樱桃园一叙。徐富军，1964年10月出生在紧邻陶营村的维新镇盐井村。他是1972年冬天上小学，一直上到1982年高中毕业，之后复读一年在1983年考上学制三年的黔西南农校园艺专业，1986年中专毕业。1986年8月13日，也就是被分配到纳雍县农业局工作的上班第一天，他就打起背包到位于陶营村的维新苗圃场蹲点，而且这一蹲就是两年多。1989年回到农业局上班没多久，他就响应县政府"科技人员留薪留职领办创办'四园三场'（茶园、果园、菜园、药园，猪场、牛场、鸡场）"的号召，于1990年3月重新回到了陶营村领办"纳雍县总溪河园艺场"。

办好园艺场并不是一件容易的事，光资金投入一项就令徐富军不堪重负：除了支付12名职工每人每月50元的工资，每年还要向农户支付每亩200元的土地流转费（园艺场的土地面积从1987年的50亩经流转土地扩大到近200亩）。为了以短养长，他一边在果园里栽种樱桃树、葡萄树、枇杷树等多种果树，一边在果树之下套种西瓜。为了看护好西瓜，他白天打着光脚板同大家一起在地里干活，晚上就睡在坟地旁。办场前三年，累计投入40多万元都没见到回头钱。1993年50亩的樱桃丰收在望，4月15日那天已找好80多人准备第二天上午采摘樱桃，但下午的一场冰雹令第一年进入盛产期的50亩樱桃颗粒无收，按每亩产500公斤、每公斤价格4元钱计算，损失在10万元左右。为此，徐富军虽然痛哭一场，但也只能默默承受打击。他讲，那时候见到朋友都想躲着走。接下来的3年则是时来运转，1994年的50亩樱桃收入了13万多元，1995年和1996年也都风调雨顺，收入不错。

徐富军种植的樱桃品种就是当地的称之为珍珠樱桃的普通樱桃，尽管果实比较甜、口感好，但颗粒小、果柄短，只能一簇一簇的采摘下来。因此，如何选育和改良樱桃品种的问题时常会在徐富军的脑海中闪现。天道酬勤，功夫不负有心人。在1996年4月的一天，面对满园数千株成熟的樱桃,他偶然间发现1987年12月5日栽种的一棵樱桃树明显与众不同,果实的颗粒大、颜色好、果柄长。经仔细辨认和查阅资料,他最终确认这是一棵整株变异植株。欣喜之情就好像是哥伦布发现了新大陆。

就是这样的一个人,心中有梦,不辞辛苦,不忘初心,在近十年的摸爬滚打中尝尽了艰苦创业的酸甜苦辣,但同时也练就了为常人所难以企及的一双慧眼!从此,徐富军便踏上了研发培育樱桃新品种的漫漫征程!

二

这棵树,就是玛瑙红樱桃的"母亲树"。

发现"新大陆"之后,他像照顾婴儿一样,细心观察这株樱桃树的生长变化,认真做好观察记录。1998年春天,徐富军开始了种植试验,采用嫁接的方法种在果园里种了5亩。为了对比实验,1999年在黑沙垮村用高空压条的方法种了20亩,2000年又在黑沙垮村用高空压条的方法种了120亩。谈起2000年的这次扩种,徐富军在言语中充满了感激:那时手中没有钱,就连流转土地需要支付的3万元流转费都付不出。就在他几乎想要放弃继续试验时,是县农业局的同事出手相助帮他渡过了难关。同事吴嵩不仅借给他3000元,还帮助找来民间借贷8000元。不仅如此,为了保证试验能进行下去,2002年他还卖掉了县城里的单位集资房。

2001年,徐富军新嫁接种植的5亩樱桃开始结果了,但由于是第一年挂果,樱桃的产量很少。2002年有更多的新桃树挂果,产量也不多。真正的第一个丰收年是2003年,产量有1000多公斤。当时他给这种樱桃起的名字是"紫色樱桃",因其颗粒大、品质优、品相好,被遵义的水果批发商王身健一眼相中,不仅给出每公斤9元的高价,而且全部收购。此后连续6年,他都加价收购,价格一直加到每公斤19元,收购最多时王身健提前一年支付的订金就有8万元。2004年徐富军带了少量的樱桃到贵阳搞试销,结果是卖出每公斤16元的高价,远远高出普通樱桃的每公斤3元。回忆起当时的情景,徐富军依然很是兴奋:这种樱桃,颗粒大的,76颗就有0.5公斤;而本地普通樱桃,122颗才有0.5公斤。无论它的颜色、个头,还是它的味道,都可以说是无可挑剔。

眼看着樱桃的产量越来越多，市场销售也一路看好，徐富军开始打起品牌的主意。首先是要给这种樱桃起个好名字。徐富军觉得称其为"紫色樱桃"并不好，并不能充分体现它的特征，且它明显不同于四川已有的紫色樱桃品种。最后，在2005年4月，这种樱桃被正式命名为"玛瑙红"。不仅如此，在2006年6月，徐富军同县农业局的四位局长讨论决定把即将注册成立的公司定名为"纳雍县万寿玛瑙红樱桃有限公司"。2006年7月4日，该公司正式完成了工商注册。但这还不算完，2009年4月，徐富军注册了"玛瑙红"商标；2011年12月，玛瑙红樱桃通过了贵州省农作物品种委员会的审定，被确定为属中国大樱桃品系，其果形椭圆、果色鲜红、果大肉厚，而且耐储存，是樱桃中的优良品种。

至此，1996年发现的这棵整株变异樱桃树，经过徐富军十余年的努力，终于完成了从其身上培育出中国优良樱桃品种——玛瑙红樱桃——的光荣使命。为表达对这棵樱桃树由衷的感恩之情，2009年7月，徐富军在这棵樱桃树前树碑立传，并将其命名为"母亲树"。

就是这样的一棵"母亲树"，使得徐富军这个人的命运同玛瑙红樱桃紧紧地联系在一起，不仅成就了其后世子孙的不朽英名，而且也成就了徐富军为之不懈奋斗的人生事业。

三

这片天，就是玛瑙红樱桃撑起的乡村振兴一片天。

据徐富军讲，玛瑙红樱桃真正在当地引起轰动效应是在2006年。这一年，县里结合落实退耕还林工程，由政府出面在2006年年底一下子就向徐富军预订了20万株玛瑙红樱桃苗，并且政府是免费发放给老百姓种植。这20万株玛瑙红樱桃苗也让徐富军拿到了真正意义上的"第一桶金"：一级苗每株6元、二级苗每株5.5元，这20万株苗的价值就是100多万元。卖苗赚的钱加上当年卖樱桃赚的钱，终于让徐富军把所有债务全部都还清了。2007年冬天，这20万株樱桃苗种在了库东关乡和维新镇的4000亩土地上。当年的樱桃种植还得到了毕节地委的高度重视，时任地委书记刘晓凯一年内四次到这里调研。从此开始，当地的玛瑙红樱桃种植一发不可收拾，不仅在2008年11月出现了一晚上被偷走5000多株苗的"偷苗大行动"，而且群众多年种植的玉米地纷纷都改成了樱桃林，如今陶营村的5000多亩地几乎全部都种上了玛瑙红樱桃。

在徐富军的带动和各级政府的大力扶持下，玛瑙红樱桃不仅成为陶营村的农业主导产业，而且还辐射到库东关乡的其他村、纳雍县的其他乡镇、毕节市的其他县、贵州省的其他市乃至其他省份。徐富军介绍，他自己公司的种植面积有700亩，库东关乡及维新镇的种植面积有3万多亩，纳雍县的种植面积有15万亩左右，省内其他县市的种植面积有5万亩，省外10个省的种植面积有5万亩，合计玛瑙红樱桃的种植面积接近25万亩。玛瑙红樱桃不仅帮助越来越多的农民实现脱贫致富，而且日益成长为适宜种植区域的农业主导产业。

玛瑙红樱桃产业的崛起，更是带动了当地乡村观光旅游业发展，促进了陶营村这个总溪河畔樱桃小镇的快速成长。据不完全统计，2017年的赏花品果时节，陶营村所处的总溪河旅游景区共接待游客50万人，直接消费总额达到5000万元。在陶营村的核心街区开设的超市、餐饮小吃店、宾馆、快递等各类店铺上百家。目前，总溪河畔有成片的玛瑙红樱桃采摘园有15个、采摘步道60余公里、樱桃交易中心10个、停车场12个，配套的宾馆、农家乐有100多家。自2011年这里举办"观滚山珠·品玛瑙红·漂总溪河"为主题的纳雍县生态旅游文化艺术节以来，每年的赏花和采摘季节都有一系列围绕玛瑙红樱桃开展的各种活动，令来这里观光游览、赏花品果的人们流连忘返。在驻村蹲点的十几天里，我们不仅感受到了樱桃小镇快速发展的勃勃生机，更感受到了这里产业兴旺、乡村振兴的美好前景。

从这样的一个人到一棵树再到一个产业，我们看到的是：一个人为了梦想守住初心而不懈奋斗30余载，一棵树因被慧眼识"株"而在20多年内繁衍出了无数后代子孙，一个产业在十几年多方合力的助推之下而生根发芽茁壮成长。由此，我们所能感受到的已不仅仅是一个人的成功、一棵树的价值和一个产业的崛起，更有贫困农民脱贫致富的前景、广大农村产业兴旺的希望和这样的一个人一棵树所撑起的一片乡村振兴之朗朗晴空。

党的十九大发出了乡村振兴的动员令、吹响了全面推进乡村振兴战略的号角，玛瑙红樱桃的故事定将激励我们：在乡村振兴的征程中迎难而上、披荆斩棘、阔步向前，不断在中华大地上谱写出产业兴旺、生态宜居、乡风文明、治理有效、生活富裕的美丽乡村新篇章。

农业领域推进政府和社会资本合作：现状、问题与思路*

曹 慧 谭智心

一、引言

农业是国民经济的基础性产业，承担着保障国家粮食安全和重要农产品供给、促进农民增收等重要任务。党的十九大报告提出要坚持农业农村优先发展，实施乡村振兴战略。2018年"中央1号文件"指出，实施乡村振兴战略，必须解决钱从哪里来的问题，要健全投入保障制度，创新投融资机制，加快形成财政优先保障、金融重点倾斜、社会积极参与的多元投入格局。推进政府和社会资本合作（PPP）是农业领域投融资机制创新的一个重要内容，不仅有利于提升农业农村基础设施和公共服务的供给水平和效率，减轻各级政府的财政支出压力，还有利于转变政府职能，完善农业投资管理模式，加快政府由农业领域基础设施和公共服务的直接"提供者"，向社会资本的"合伙人"和项目"监督人"的角色转变。

政府和社会资本合作（PPP）作为一种涉及多个学科理论和多个领域政

---

* 本文为2017年农业农村部计划司十大重点调研课题《典型领域农业PPP运行机制研究》部分研究成果。

策的高难度管理模式,在我国农业领域的理论和实践探索刚刚起步。从已有文献看,关于农业领域 PPP 模式的研究较少,且主要集中在农业农村基础设施建设领域。贾康等(2006)、胡静林等(2006)、肖海翔(2007)对农业基础设施领域引入 PPP 模式的必要性和可行性以及主要障碍、政策思路进行了初步的探讨。在此基础上,王春福(2008)详细讨论了在农村基础设施领域推行 PPP 模式须配套的政策工具,认为除现有的政策工具外,还要加强产权拍卖、规制、补贴等政策工具的创新和组合运用;唐祥来、杨娟娟(2012)研究发现上一期投资量、农业生产力水平、人均 GDP、上一年贷款利率和农业人口等是农业基础设施 PPP 项目建立和健康运行的主要影响因素。韩美贵、蔡向阳等(2016)将农村基础设施分为经营性、准经营性和非经营性三类,并结合 PPP 管理模式主要类型及特征,为不同类型的农村基础设施建设匹配了相应的 PPP 管理模式。还有学者从实际出发,探讨 PPP 模式在某一具体项目,如高标准农田建设方面应用的可行性(曹博,赵芝俊,2017)。此外,农业园区类项目、农村批发市场、农村沼气工程、渔港码头、基层动物防疫体系等也是可以鼓励 PPP 投资的主要领域(郭永田,2015)。从国际经验看,PPP 还可以为农业科研体制改革提供一种系统有效的改革办法(包月红,高芸等,2017)。

从已有研究看,虽然国内学者对农业领域推行 PPP 模式的研究已经取得了一些十分有借鉴意义的成果,但与近年来国内农业领域 PPP 的发展步伐相比还略为滞后。尤其是 2017 年以来,国家层面不断出台鼓励和规范农业 PPP 项目的政策文件,各地农业领域推广 PPP 模式热度空前高涨,我们需要及时跟踪和总结国内农业领域推广 PPP 模式的经验和教训,以便为进一步完善相关政策法规提供参考。本文在梳理农业领域推行政府和社会资本合作背景的基础上,总结当前国内农业推行 PPP 模式的进展情况和主要问题,进而提出相关政策建议。

二、农业领域推行政府和社会资本合作的背景

政府和社会资本合作(PPP)模式的概念最早发源于欧洲,由于该模式较好地解决了市场失灵和政府失灵问题,因此在美国、加拿大等其他国

家和地区发展也较为迅速。关于PPP的定义,各国的理解都有所不同,一般会根据不同的案例来确定,但均包含两个关键要素:一是公共部门与私人部门的合作关系;二是目的是为满足公共需求(提供公共项目或服务)。国内有的学者将PPP分为广义和狭义,广义PPP的内涵基本与国际相似,而狭义PPP的定义可以理解为一系列项目融资模式的总称,包括BOT(建设—经营—转让)、TOT(转让—经营—转让)、DBFO(设计—建造—投资—经营)等多种模式。但不论是广义还是狭义,PPP均是指一个大的概念范畴,而不是一种特定的项目融资模式(王灏,2004)。从国内官方发布的文件中看,对PPP的定义除包含两个基本要素外,还更加强调PPP执行过程中,公共部门即政府和私人部门即社会资本方各自的权利和义务(见表1)。

表1　国内文件关于政府和社会资本合作(PPP)的定义

文件名称	发文部门	定义
《关于开展政府和社会资本合作的指导意见》(发改投资〔2014〕2724号)	国家	PPP是指政府为增强公共产品和服务供给能力、提高供给效率,通过特许经营、购买服务、股权合作等方式,与社会资本建立的利益共享、风险分担及长期合作关系
《关于推广运用政府和社会资本合作模式有关问题的通知》(财金〔2014〕76号)	财政部	PPP是政府和社会资本在基础设施及公共服务领域建立的一种长期合作关系
《关于在公共服务领域推广政府和社会资本合作模式指导意见的通知》(国办发〔2015〕42号)	国务院办公厅	政府和社会资本合作模式,即政府采取竞争性方式择优选择具有投资、运营管理能力的社会资本,双方按照平等协商原则订立合同,明确责权利关系,由社会资本提供公共服务,政府依据公共服务绩效评价结果向社会资本支付相应对价,保证社会资本获得合理收益

续表

文件名称	发文部门	定义
《基础设施和公共服务领域政府和社会资本合作条例（征求意见稿）》	国务院法制办公室	政府和社会资本合作是指政府采用竞争性方式选择社会资本方，双方订立协议明确各自的权利和义务，由社会资本方负责基础设施和公共服务项目的投资、建设、运营，并通过使用者付费、政府付费、政府提供补助等方式获得合理收益的活动

文献来源：作者整理。

PPP模式在我国的实践探索始于20世纪80年代，主要是为了解决基础设施建设及相关服务提供严重滞后与改革开放的迫切需求之间的矛盾。1984年深圳沙角B电厂项目被认为是中国第一个采用BOT模式来解决电力投资的PPP项目；党的十四大确立"社会主义市场经济体制"的改革目标之后，国家计划委员会等部门开始有计划的试点推行电力、交通等重点领域的PPP项目，1997年国内掀起了第一波PPP热潮，但随后爆发的亚洲金融危机将PPP试点打入低谷；党的十六大明确指出："坚持和完善公有制为主体、多种所有制经济共同发展的基本经济制度"，允许非公有资本进入基础设施、公用事业及其他行业和领域，2003年国内掀起了第二波PPP热潮。但2008年爆发的美国金融危机以及我国推出的经济刺激计划，使得PPP的生态环境遭到破坏，发展再次陷入了停滞期；直到2013年党的十八届三中全会提出，鼓励社会资本通过特许经营等方式参与城市基础设施投资和运营，国内PPP发展才得以再次起步，因此2014年也被称为"PPP元年"。

我国农业领域推行PPP模式起于20世纪90年代，虽然有一定发展，但是由于缺乏国家相关政策支持，规模和范围都十分有限（郭永田，2015）。2004年以来，我国农业农村发展进入了一个黄金时期，连续十五年的"中央1号文件"都以"三农"为主题，凸显了农业、农村、农民问题在国民经济中的基础性地位。国家对农业的财政投入不断增加，2007

年到2016年，国家财政用于农林水事务支出由3404亿元增至18587亿元，增长了4.5倍。但是，由于长期的"二元经济"发展格局，我国农业农村基础设施建设和社会服务的建设基础较差，可以利用的公共资源严重不足，仅依靠政府的财政投入不仅无法满足总量需求，也难以克服因政府失灵而导致的管理低效供给矛盾（韩美贵，蔡向阳等，2016）。在农业领域推行PPP模式，不仅有助于优化农业资金投入方式，减轻政府当期财政支出压力，还有助于改善农业农村公共服务的供给效率和管理水平，推动农业供给侧结构性改革。

三、我国农业领域推行政府和社会资本合作的现状

从2014年开始，国家发展和改革委员会、财政部大力推动公共投资领域的政府和社会资本合作模式，其中国家发展和改革委员会主管基础设施建设领域，财政部统筹推进公共服务领域，两部委均出台了一系列的PPP政策，并分别建立了各自的项目库，我国PPP模式的发展进入了一个爆发式增长的时期。截至2017年年底，财政部PPP中心项目库的入库项目数量达到14509个，项目总规模17.74万亿元，较2014年均增长了10倍左右。尤其是2015年和2016年，每年新入库的项目均在5000个左右，之后热度有所降低，2017年新入库项目降至1981个，但仍大于2014年以前的入库项目总和，我国已经成为全球影响力和规模最大的PPP市场。从行业分布看，入库项目涉及市政工程、交通运输、生态环保、医疗卫生、农业、林业、科技、能源、教育、养老、旅游、体育、文化、水利建设、城镇综合开发、社会保障、保障性安居工程、政府基础设施和其他等19个一级行业，其中市政工程和交通运输的PPP项目无论从数量还是规模上都远远高于其他行业。与其他行业相比，农业领域PPP项目的起步较晚，而且与国家各部委的推动政策密不可分。

（一）农业领域PPP政策陆续出台

为加快现代农业建设，近年来，不仅中央财政资金逐渐向农业倾斜，而且鼓励社会资本加快进入农业领域。《国务院关于创新重点领域投融资机制鼓励社会投资的指导意见》（国发〔2014〕60号）、《中共中央、国务院关于深化投融资体制改革的意见》（中发〔2016〕18号）等文件均提出，要带动社会资本投向农村产业融合领域，推进农业领域政府和社会资本合作，为加快农业现代化提供有力支撑。2017年"中央1号文件"也指出，要"创新财政资金使用方式，推广政府和社会资本合作，实行以奖代补和贴息，支持建立担保机制，鼓励地方建立风险补偿基金，撬动金融和社会资本更多投向农业农村。拓宽农业农村基础设施投融资渠道，支持社会资本以特许经营、参股控股等方式参与农林水利、农垦等项目建设运营"。

为贯彻相关文件精神，2016年12月，国家发展和改革委员会联合农业部印发《关于推进农业领域政府和社会资本合作的指导意见》，这是国家部委首次出台专门指导农业领域PPP的纲领性文件。文件要求拓宽社会资本参与现代农业建设的领域和范围，重点支持社会资本开展高标准农田、种子工程、现代渔港、农产品质量安全检测及追溯体系、动植物保护等农业基础设施建设和公共服务；引导社会资本参与农业废弃物资源化利用、农业面源污染治理、规模化大型沼气、农业资源环境保护与可持续发展等项目；鼓励社会资本参与现代农业示范区、农业物联网与信息化、农产品批发市场、旅游休闲农业发展，并采取资本金注入、直接投资、投资补助、贷款贴息等多种方式，实现社会资本的合理投资回报。

2017年5月，财政部联合农业部印发《关于深入推进农业领域政府和社会资本合作的实施意见》，拓宽了社会资本参与现代农业建设领域和范围，并对农业领域实施PPP模式的一些重点问题和环节进行了规范和指导。文件提出将重点引导和鼓励社会资本参与农业绿色发展、高标准农田建设、现代农业产业园、田园综合体、农产品物流与交易平台、"互联网+"现代农业等领域的农业公共产品和服务供给。政府可以参股项目公司，但应保障项目公司的经营独立性和风险隔离功能，不得干预企业日常经营决策，不得兜底项目建设运营风险。

在这些纲领性文件的基础上，国家相关部门在一些重点领域，如休闲农业、乡村旅游、现代农业产业园、田园综合体等发展的指导文件中，鼓励使用PPP模式。这些文件的出台释放了积极的信号,为PPP模式进入农业基础设施和公共服务领域注入了强劲的动力,使得2016年以来农业领域的PPP项目呈现快速增长趋势(见表2)。

表2 国家部委鼓励农业重点领域推行PPP的文件

发文机构/发文号	文件名称	政策要点
农业部会同国家发展和改革委员会、财政部等14个部门(农加发〔2016〕3号)	《关于大力发展休闲农业的指导意见》	探索社会资本参与贫困地区发展休闲农业的利益分享机制,引导和支持社会资本开发农民参与度高、受益面广的项目,鼓励社会资本利用PPP模式、众筹模式、"互联网+"模式、发行债券等新型融资模式投资休闲农业,参与休闲农业宣传推介平台建设
农业部(农计发〔2017〕40号)	《关于开展国家现代农业产业园创建工作的通知》	发挥财政资金引导作用,通过PPP、政府购买服务、贷款贴息等方式,撬动更多金融和社会资本投入园区建设。鼓励地方创新产业园管理体制和投资、建设、运营方式
财政部(财办〔2017〕29号)	《关于开展田园综合体建设试点工作的通知》	探索推广PPP模式,提出综合考虑运用先建后补、贴息、以奖代补、担保补贴、风险补偿金等,撬动金融和社会资本投向田园综合体建设,鼓励各类金融机构加大支持田园综合体建设的力度
农业部(农办加〔2017〕15号)	《农业部办公厅关于推动落实休闲农业和乡村旅游发展政策的通知》	鼓励担保机构加大对休闲农业和乡村旅游的支持力度,加大对休闲农业的信贷支持,带动更多社会资本投资休闲农业和乡村旅游
财政部(财农〔2017〕53号)	《开展农村综合性改革试点试验实施方案》	允许各级财政部门采取资金整合、以奖代补、政府和社会资本合作等方式,统筹相关资金支持试点试验工作;鼓励社会资本规范有序地适度参与建设田园综合体

文献来源:作者整理。

（二）农业领域 PPP 不断探索前行

虽然我国农业领域 PPP 项目不论从数量还是投资规模上都显著落后于其他行业，但发展潜力较大，增长速度较快。截至 2018 年 5 月 31 日，财政部向社会公布的全国 PPP 综合信息平台项目库中，入库项目 12566 个，其中农业项目 186 个，占总数的 1.48%；其中，国家示范类 PPP 项目 11 个，占各行业示范项目总数的 1.1%。但从每年 PPP 项目数量和投资金额的增长速度上看，近年来农业类项目增速居各行业之首。从 2013 年到 2018 年，进入财政部 PPP 项目库的农业类项目个数由 1 个增至 61 个，投资总额由 1193 万元增至 436.5 亿元（见表3）。

表 3　　　　　　　农业领域 PPP 项目统计

年份	项目数量（个）	投资金额（万元）
2013	1	1193
2014	4	132500
2015	24	956318
2016	43	3004015
2017	53	3680576
2018	61	4364727

数据来源：财政部 PPP 中心项目库①，项目数量和投资金额为储备库和管理库的总和。2018 年项目截至 5 月 31 日。

从区域分布来看，我国农业类 PPP 项目分布在西部地区最多，其次是中部和东部地区，东北地区较少，这与全国 PPP 项目的分布特征较为相似。但从单体项目的金额来看，东部地区要高于中部和西部地区，东北地区的农业 PPP 项目虽然比较少，但单体项目金额均明显高于全国其他地区。从各省情况看，东部的山东，中部的湖北和江西，西部的贵州、陕

---

① 自 2017 年 10 月起，财政部 PPP 项目库划分为储备库和管理库。储备库是指识别阶段项目，是地方政府部门有意愿采用 PPP 模式的备选项目，但尚未完成物有所值评价和财政承受能力论证的审核。管理库是指准备、采购、执行和移交阶段项目。

西、四川、云南和新疆农业 PPP 项目较多,其中,贵州不管是管理库还是储备库项目均居全国前列,山东和云南的管理库项目较多,农业 PPP 发展相对较为成熟;湖北、陕西、四川、新疆的储备库项目较多,地方发展农业 PPP 的积极性较高,后备力量较足(见表 4、图 1)。

表 4　　　　　分区域农业领域 PPP 项目统计

区域①	管理库			储备库		
	项目数量（个）	投资金额（万元）	单体金额（万元）	项目数量（个）	投资金额（万元）	单体金额（万元）
东部	19	2432904	128048	7	644502	92072
中部	15	758232	50549	19	1018179	53588
西部	25	959038	38362	37	1239489	33500
东北	1	162020	162020	3	616071	205357

数据来源：财政部 PPP 中心项目库。数据截止日期为 2018 年 5 月 31 日。

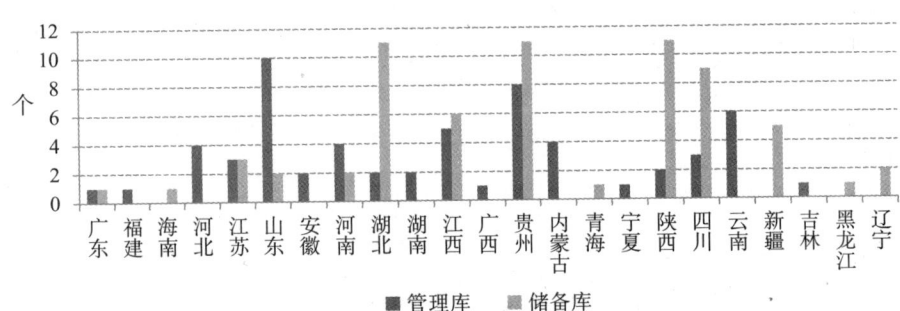

图 1　分省农业领域 PPP 项目统计

数据来源：财政部 PPP 中心项目库。数据截止日期为 2018 年 5 月 31 日。

从项目进入的农业领域看,社会资本参与现代农业产业园领域的积极性最高,PPP 项目数量占到总数的近一半;其次是农产品物流与交易平台

---

① 东部包括：北京、天津、河北、上海、江苏、浙江、福建、山东、广东和海南；中部包括：山西、安徽、江西、河南、湖北和湖南；西部包括：内蒙古、广西、重庆、四川、贵州、云南、西藏、陕西、甘肃、青海、宁夏和新疆；东北包括：辽宁、吉林和黑龙江。

的项目,也占到总数四分之一;田园综合体、农业绿色发展、高标准农田建设及"互联网+"现代农业领域的项目相对较少,每项占比均在10%以内。从单体投资金额看,田园综合体项目由于涵盖的内容较多,一般涉及农业生产、产业加工、文旅休闲、生活居住和综合服务等方面(胡向东等,2018),单体投资金额平均达到8.14亿元,在各类农业领域中排名首位;排在第二位的是现代产业园和高标准农田建设项目,单体投资金额平均也在6亿元以上,而"互联网+"现代农业项目不仅数量占比最小,单体投资金额平均为1.59亿元,远低于其他领域的农业项目。从落地情况看,截至2018年5月31日,财政部项目库内已落地的农业项目有21个,落地率①为11.3%,现代农业产业园落地项目较多(11个),田园综合体领域尚未有项目进入执行阶段(见图2)。

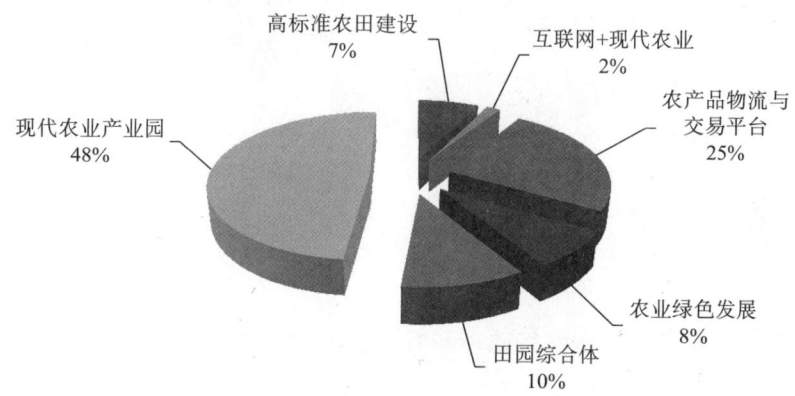

图2 农业PPP项目分领域占比情况统计

数据来源:财政部PPP中心项目库。数据截止日期为2018年5月31日。

从回报机制来看,使用者付费项目占比最大,项目数量达到60个,总投资金额212.25亿元;其次是可行性缺口补贴(即政府与市场混合付费)项目48个,总投资金额190.18亿元;政府付费项目最少,仅为18

---

① PPP项目进展状况按全生命周期分为识别、准备、采购、执行和移交5个阶段。执行和移交两个阶段项目数之和与准备、采购、执行、移交4个阶段项目数之和的比值为项目落地率。

个,但单体投资金额最大,总投资达到203.52亿元,主要涉及现代农业产业园、田园综合体和农产品物流与交易平台等领域。从运作模式看,BOT(建设—运营—移交)模式是在中国影响最大、知名度最高、应用最广泛的PPP具体模式,管理库中共有42个农业类PPP项目采取该种模式,占管理库农业项目总数的70%;有8个项目采用BOO(建设—运营—拥有)的模式,也有个别项目采用DBOT(设计—建设—运营—移交)和BLT(建设—租赁—移交)模式(见图3)。

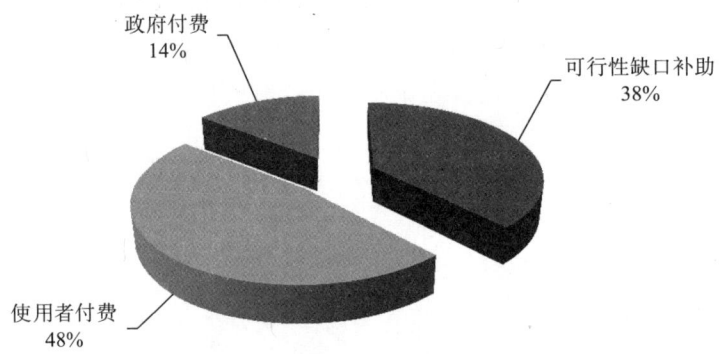

图3 农业PPP项目按汇报机制占比情况统计

数据来源:财政部PPP中心项目库。数据截止日期为2018年5月31日。

四、当前农业领域推行政府和社会资本合作的主要问题

虽然近两年农业领域推行PPP项目的势头较为迅猛,入库项目增长较快,但从笔者2017年对部分省份PPP项目调研的情况看,大部分项目仍处于识别和准备阶段,进入执行阶段的项目占比较低。虽然地方申报农业PPP项目的积极性较高,但真正符合PPP操作规范的项目较少,在合规项目中,又有部分只具备PPP的雏形或合作关系,并未形成完整的PPP模式。

(一)认识误区:对农业PPP项目存在初识障碍

从地方实践看,由于农业PPP项目属于新生事物,各地对此类项目

的内容、适用范围、操作规程、实施方式等了解不多,认识上存在误区。从政府的角度来看,地方政府及相关主管部门期望通过 PPP 项目的实施来帮助政府解决当地农业项目投入不足的问题,但是由于对 PPP 不了解,采取的操作方式大多跟以往的政府购买服务没有两样。从企业的角度来看,农业类 PPP 项目收益能力弱,社会资本介入意愿不强。一方面,农业生产周期长影响投资回报周期,社会资本必须要有足够的耐心和承受力等待未来的资金回报;另一方面,农业基础设施建设投入较大,首先就把一部分社会资本挡在了外面,即使部分资本勉强进入,也易导致采取"短期行为"。从调研情况看,部分企业"等、靠、要"思想严重,希望通过 PPP 项目从政府身上获得更多的财政资金支持。

(二) 操作混乱:农业 PPP 项目的规范水平不高

调研中发现,虽然有些项目由于自身盈利性强,PPP 协议的内容商业性较强,而忽视了 PPP 项目所应有的公共服务的职能。而有一些项目具备很强的公益性特点,也是政府鼓励进入的项目,如高标准农田建设、现代渔港建设、农业废弃物资源化利用,病死畜禽处理等等,只要转变思路,加强规范,很容易转化成为很好的农业 PPP 项目。但从目前情况看,由于地方政府和企业缺乏相关信息,或者没有找到合适的咨询机构,使得项目流程遗漏较多,项目协议不规范,不符合国家下发的相关文件规定。在调研时,一些企业不知道有财政部下发的《政府和社会资本合作模式操作指南(试行)》操作流程,也不知道需要通过正规的招投标手续获得政府支持,以为仍然是和以前一样,由政府财政进行直接补贴。此外,目前农业领域的 PPP 投资主体还不十分成熟,社会资本尤其是民营资本参与的程度还需要大幅度提高。

(三) 边界不清:政府与市场的责权利界定不明

PPP 项目应该属于公共服务领域,政府负有提供义务的。同时,企业通过承担一部分本不该由企业承担的公益性职能,来为政府服务,这部分公益职能所产生的成本和费用应该由政府通过特定的方式(如特许经营、可行性缺口补贴等）进行补偿。在调研中发现，有些项目在政府没有介入前，企业已经在对项目进行投资，而且市场边界非常清楚，合作方、业务范围都较为明确。政府介入后，为了增加项目的影响力和作用范围，要求企业改变经营模式，从而增加了企业的运营成本，这些成本需要政府进行补贴。而企业在考虑问题时，则希望政府全部兜底，保证企业扩展部分的全部收益和利润。这种机制的设定不符合2017年财政部50号文件的规定。在PPP项目实施过程中，政府领导班子的更迭、监管约束的缺失以及项目风险分担的不合理导致政府担责能力不足，使得社会资本利益受损。总体来看，政府和企业在合作初期，没有对整个项目周期中各方的责、权、利约定清楚，风险分担机制也不够完善甚至没有建立，财政资金的承受能力评估不够准确。如此下去，可能会增加政府和社会资本长期合作的不确定性。

（四）支撑乏力：农业PPP项目的政策支持力度不够

农业PPP项目属于新生事物，在成长初期需要一些政策扶持，但目前支持力度还不够。一是土地政策。随着国家土地政策的调整，用地难矛盾十分突出，特别是农业设施用地紧张，制约了设施农业或其他需要较大规模设施用地的农业项目的发展。土地流转进程滞后，没有签订规范合同的流转行为较多，更有政府力量主导农村土地流转的情况，从而使"自愿流转农地"的行为转变成"强制流转"，容易引发各利益主体之间的矛盾。二是人才政策。PPP项目具有很强的专业性，需要实施人员具备财务、金融、法律等各方面的知识和实操经验，但目前，我国专门从事PPP项目操作的人员和规范的咨询机构较少，无法适应PPP迅速发展的形势。三是金融政策。社会资本投资农业，缺少抵押物或者抵押物不符合金融机构的要求，难以通过贷款审批；农业保险的品种少、覆盖面窄，社会资本经营风险较大。四是评估体系。现有的PPP绩效评价体系存在诸多问题，如绩效评价标准不统一、评价方法不科学，再加上评价机构缺乏权威性，导致绩效评价结果缺乏约束力。

五、进一步推进农业领域政府和社会资本合作的建议

为了遏制一些地区和领域存在的"泛PPP"的现象,防止PPP异化为新的融资平台,从2017年下半年开始,财政部、国家发展和改革委员会、国务院国有资产监督管理委员会、"一行三会"等国家主要经济主管部门密集出台了规范地方政府举债融资、规范政府购买服务、规范PPP项目库管理、规范央企参与PPP项目、鼓励民间资本参与PPP项目等政策文件,标志着我国PPP发展由快速增长期进入规范监管期。截至2018年5月30日,财政部全国PPP综合信息平台项目库清理退库项目共计4427项,其中农业类项目48个,项目金额达到302.8亿元。在此背景下,为进一步推进农业类PPP项目高质量发展,应坚持"严格管理、规范流程、风险可控、试点先行"的基本原则,从以下几方面加强政策引导:

(一)广泛开展农业PPP项目培训

农业PPP项目投资量大、周期长,且有许多潜在风险,促进其健康发展迫切需要大量既懂得农业技术和政策,还懂得PPP模式运作的复合型人才。应加强对相关人员的PPP知识培训和技术指导。对于地方政府相关部门来讲,要正确认识到PPP是一种准公共品的提供模式,其目的更多的是为了提供公共服务的效率,融资仅仅是手段,绝非目的;对于PPP经营主体来讲,要加强对农业PPP项目具体运作过程的了解。要加快组建指导PPP模式运作的专家团队,指导农业PPP项目的规划编制、标准研究和技术指导工作,将人才培训纳入农业专业技术培训计划,引入具有PPP业务经验的勘察设计单位、科研机构、咨询公司、律师事务所、会计师事务所等第三方机构,积极参与农业PPP业务的咨询工作,提升专业化水平。

(二)加强对农业PPP项目的识别和管理

各级职能部门要加强合作,对已有的具备农业PPP项目特点的项目进行甄别,推动合适的项目向 PPP 模式转化;规范操作并完善农业 PPP 项目库建设,明确入库标准,优先选择有经营性现金流、适宜市场化运作的农业公共设施及公共服务项目,做好项目储备,明确年度及中长期项目开发计划,确保农业 PPP 有序推进。此外,要加强对项目前期项目论证、项目建设进度、资金使用拨付等关键环节的监督管理,全面掌握涉农领域资金分布和使用情况,注重发挥规划的统领作用。改革资金管理方式,要彻底改变以前的重投轻管的状况,形成"投资—建设—管理—运营"一体化的方式,促进项目可持续发展。在监管主体方面,除了政府部门外,还可以依托行业部门等各方面力量构建投资综合监管体系,并鼓励社会大众特别是使用者参与监管,对于特别专业的领域,也可以委托独立的第三方机构代表政府监管。进一步推进农业 PPP 试点工作,探索形成可复制的具有推广价值的经验和模式,以点带面,全方位开展农业领域 PPP 工作。

(三) 健全农业 PPP 利益分配与风险防控机制

利益分配问题是 PPP 模式的基石,参与农业 PPP 项目的各方始终应恪守契约精神。首先,根据国家相关政策文件对经营性项目、准经营性项目和非经营性项目分类确定使用者付费、可行性缺口补贴和政府付费等回报机制;其次,探索相对灵活的定价或调价机制。农业领域 PPP 项目收益一般是通过 10 年、20 年甚至更长时间的合作来获得,因此在确保政府的资金起到杠杆作用的同时,可以根据宏观经济状况和农业产业特点制定动态可调整的定价机制,每隔一段时间,根据通货膨胀水平、项目收益率等指标,重新评估社会资本的盈利能力和水平,以保障社会资本的基本利润水平。合理的风险分担机制是保证 PPP 项目可持续运作的关键,农业领域 PPP 项目在准备阶段,要根据项目特点合理分担风险,根据承担风险程度"与所得回报相匹配""有上限"两大原则,明确社会资本方和政府方各自应承担的风险,在协议中还应拟定重新谈判的触发机制和调解机制,实现风险共担。

(四) 优化农业 PPP 社会资本投资环境

良好的投资环境是社会资本投资农业的基础,要在国家法律允许范围内,营造良好的制度、法制和服务环境。一是精简审批流程。横向上可以采取多部门联审、联审的方法,纵向上要减少重复性审查,精简审查环节。二是稳定政策环境。加快推动《基础设施和公共服务领域政府和社会资本合作条例》的完善与出台,将多方主体的共同责任和利益建立在严格且规范的法制基础上。三是优化信用体系。加快推进社会信用体系建设,建立健全投融资领域相关主体信用记录,提升政府和投资者的契约意识和诚信意识,规范履约行为。加强政务诚信建设,优化社会资本参与农业 PPP 项目的信用环境。四是健全市场体系。建立健全以政府为主导、社会资本方参与,第三方机构支撑的 PPP 市场体系。鼓励和引导具有较强技术实力、经营能力和资金实力的农业企业作为社会资本方积极参与农业 PPP 项目。

(五) 拓展农业 PPP 项目的融资渠道

相比第二、第三产业的投资热门行业,农业类型项目投资周期长、回报慢,而且农业受自然气候条件影响较大,不确定因素较多,加上国内农业保险市场发育不足,致使农业类项目抗风险能力较低,PPP 项目融资的难度较大。因此,要拓展农业项目融资渠道,构建以财政资金为引导,构建以企业自有资金、信贷资金和财务投资为主体的多元化投入渠道。一是加快政府投融资平台转型,积极引入社会资本,推动符合条件的投融资平台转型为 PPP 实施主体;二是创新项目融资模式,采取股权投资等方式,运用政府投资成立农业 PPP 专项基金,探索农业基础设施"PPP + 产业引导基金"的模式,撬动社会投资支持农业基础设施建设;三是加强金融机构对农业 PPP 项目的支持,鼓励政策性银行、开发性银行及商业银行对涉农项目贷款的倾斜和支持,在授信、贷款期限、利率等方面给予特殊考虑和优惠,并加强产品、服务及担保方式创新;四是提高财政支持力度。整合各类农业补贴资金,增强企业使用财政性资金和补贴的灵活性和自主性。

参考文献

[1] 贾康,孙洁. 新农村建设中基础设施建设中 PPP 模式的应用 [J]. 地方财政研究,2006 (5).

[2] 胡静林,周法兴. PPP 模式在农村基础设施建设中的应用 [J]. 中国财政,2006 (9).

[3] 肖海翔. "公私伙伴关系"模式:新农村基础设施供给的新选择 [J]. 财政理论与实践,2007 (3).

[4] 王春福. 农村基础设施治理 PPP 模式研究 [J]. 农业经济问题,2008 (6).

[5] 唐祥来,杨娟娟. 农业基础设施建设 PPP 模式的投资激励决策机制 [J]. 农业技术经济,2012 (10).

[6] 韩美贵,蔡向阳,徐秀英,张云清. 不同类型农村基础设施建设的 PPP 模式选择研究 [J]. 工程管理学报,2016 (8).

[7] 曹博,赵芝俊. 引入 PPP 模式的高标准农田建设及财政支持体系创新 [J]. 地方财政研究,2017 (4).

[8] 郭永田,龙文军. 加快推进农业 PPP 投资 [J]. 农业工作通讯,2015 (22).

[9] 包月红,高芸,赵芝俊. 农业研发领域的公私合作伙伴关系 [J]. 农业技术经济,2017 (1).

[10] 王灏. PPP 的定义和分类研究 [J]. 都市交通快轨,2004 (5).

农业供应链金融核心问题和最新发展趋势*

吴 比 石宝峰

在金融监管趋势日渐严格和农村金融发展日渐式微的大环境下,农业供应链金融逐渐成为一支支持我国现代农业发展的有效力量,对构建多层级的现代农业经营体系,尤其是促进新型农业经营主体发展发挥了重要作用。从金融业角度来看,我国金融发展应遵回归本源、优化结构、强化监管、市场导向四大原则。进一步,农村金融的发展应服从服务于现代农业发展的需要,通过完善农村金融市场、农村金融机构、农村金融产品体系,提高防范化解金融风险能力,并发挥市场在金融资源配置中的决定性作用。

当前,我国农村金融发展体系已见雏形。除传统的银行贷款模式之外,从农户角度来讲,多年以来中央和各地合力共建的依靠"信用村""信用户"的农村信用贷款,可以基本满足小农户的生活性和生产性小额贷款需求;从新型农业经营主体角度来看,国家和各省由财政部门相继成

---

* 本文为国家自然科学基金项目"农业供应链金融实证研究:机理、影响与政策选择"(项目编号:71603141)和国家自然科学基金面上项目"普惠金融视角下基于违约损失显著判别的农村个体工商户信用评价研究"(项目编号:71873103)的研究成果。作者吴比,农业农村部农村经济研究中心;石宝峰,西北农林科技大学。

立的农业信贷担保联盟,一定程度上发挥了贷款增信的作用,但是无法解决农业产业融资难、融资贵的根本性问题,总体放贷体量相对很小。以上两种体系从根本上看,依然是政府主推,政府"背书"痕迹较重,非市场化主导。

农业供应链金融定位和取向与以上模式不同,他的内核是坚持市场化为导向,以服务现代农业体系为根本的模式。随着农业发展需求变化和金融科技的不断进步,农业供应链金融也在逐步迭代,如何做好农村金融创新,更好地把资金通过农业供应链金融引入农业实体,服务我国现代农业发展,是需要我们深入思考的课题。

一、农业供应链金融的核心模式

无论种养业还是农产品加工业,农产品生产过程可分为三个阶段,即原材料——中间产品——成产品,在专业化分工背景下,产品生产的不同阶段需要不同的经营主体分工完成。一些主体完成产品原材料的供给,例如农资或初级农产品,一些主体共同分环节完成产品的加工过程并对接下游的经销商,由其完成产品的销售,这一条链式的功能结构就是相对完整的农业供应链。

以农业供应链为基础,从主导金融等服务的不同主体角度可以划分为三个类型:

一是金融类机构,包括商业银行(含中国工商银行、中国农业银行、中国银行、中国建设银行四大行,全国性股份银行,地方城商行,信用社和村镇银行等)、政策性银行(如中国农业发展银行、国家开发银行)、各类小贷公司、保理公司、资产管理公司、金融服务公司。

二是农业产业核心企业,包括农业产业链上占优势地位的核心企业(如大北农、新希望、温氏等集团公司)、大型集团财务公司(如地方大型农业产业化企业单独成立的财务公司)。

三是供应链服务商,包括B2B、B2C交易平台(如阿里、京东、乐村淘以及各地成立的农产品交易平台等)、供应链管理公司、物流公司。

目前,我国以金融类机构为主导的农业供应链金融较少,碍于农业产业附加值低等属性,政策性银行参与较多。以供应链服务商为主导的模式多处于萌芽状态,尤其是类似于基于电子交易平台的农业供应链金融多是以数据为驱动,处于起步阶段。当前,中国农业供应链金融多以农业产业核心企业为主导,辅助信息化手段,通过引入资金、物流等多方服务,共同搭建农业供应链平台。

以农业产业核心企业提供的供应链金融服务是主流,即可以通过核心企业的应收账款,缓解自身信用级别低、缺少抵押物等先天性缺陷。核心企业作为该供应链中的"老大",具备规模体量大、信用程度高等优势,拥有绝对话语权。农业产业核心企业在供应链中十分强势,可以与供应商不使用现金进行交易,而是支付凭证方式,延期支付。但这一模式也存在问题,核心企业背书的信用无法传导至底层的中小企业。从上游的一级供应商到二级、三级甚至更多级时可以赊账的期限越短,甚至不允许赊账,而用来抵账的商业票据(应收账款)在贴现时不得分拆,这样核心企业充分压榨了供应链上的中小企业,大大增加了上游中小企业的资金压力(见图1)。

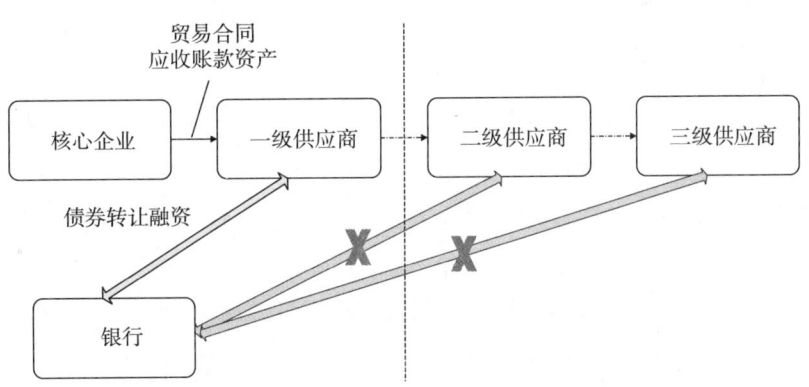

图1 农业供应链金融的核心模式和存在的症结

然而现实场景当中,尤其在农业产业领域情况会复杂得多,农业供应链上的中小微企业和新型农业经营主体,尤其是3级及多级供应商,他们所面临的是融资难、融资贵、融资乱、融资险等困境,有时甚至10%—20%的利率都融不到钱,比大中型优势企业的贷款成本高出一倍甚至数倍。这既有农业产业的先天性缺陷,但同时也是我国金融体系架构所决定的(见图2)。

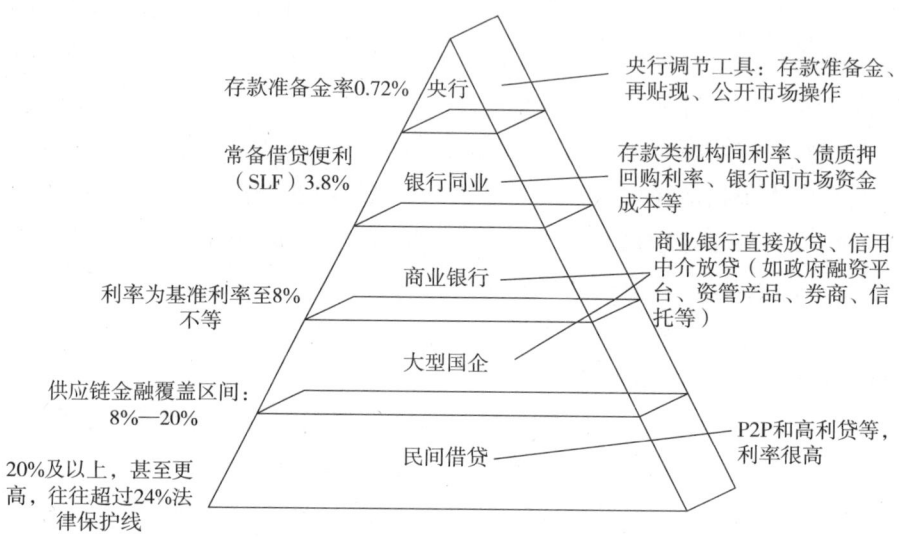

图2 我国金融体系构架和现有利率结构

如图2所示,利率作为资金供给的价值尺度非常直观,展示了基于现有的资金流通体系的几个层级。从央行到商业银行,再到大型企业和民间融资,管制金融体系下形成不同资金供需阶层,导致不同层级的资金流通成本是逐级递增的。农业产业本身作为弱势产业,从产业结构角度来看处于最低端,其所承受的资金成本相对较高,比较适合供应链金融所覆盖的利率范围。供应链金融作为以供应链流动性资产为标的金融模式,利率覆盖区间正常为年化8%—20%,并且12%是一个槛,可以简单划分为8%—12%、12%—15%、15%以上,分别代表着不同的资金供需,也间接反映着不同资金来源的风险溢价。

二、以龙头企业为核心的农业供应链金融应具备的条件

将银行业资金引入农业产业化供应链,实质上是借助供应链的信用传

导,增加农业供应链上的流动性和资源再分配,解决原有的资源错配的问题。

从银行角度来看,参与基于真实场景下农业供应链的融资活动需要满足以下几点:一是连接,通过可控的方式接入供应链中,对接供应链资产;二是高效,通过各种技术手段降低的展业、风控、贷款管理成本;三是收益,通过合理风控模式来获得贷款稳定的风险溢价。这三层面并非都全依靠农业核心企业自己完成,亦有大量的金融服务企业,在全方位的探索数据、风控、物流等各种方式,从而形成资金借贷的全闭环桥梁。

从农业核心企业本身来看,必须具备以下条件:

一是农业核心企业可以确保资金安全。这既要求核心企业有能力对供应链闭环有充分的把握力度,又要求核心企业自身的信用可靠,可以给供应链提供信用背书。

二是农业核心企业对上下游主体具有足够的掌控力。信贷资金转变为农资、农产品之后,核心企业能够有效监控和把握货物流向,并且在出现风险的时候通过处置货物对冲风险。

三是农业核心企业可以提供真实的交易信息和数据。农业供应链金融的风控模式不同于传统的风控模式,很多风控模型的构建来自于核心企业的交易数据,如果不能提供真实的交易信息会影响风险把控,也会影响资金安全。

可以看出,如果想通过农业供应链引入银行资金,必须满足一系列条件,其中风险控制是核心。银行传统的信贷主要还是基于 FICO 模型对借款人的资产负债表进行分析和判断,但是供应链金融更加专注于交易场景的真实性,同时要求银行批量化、线上化、高效化、及时化的处理业务,对银行的风控业务提出新的要求。所以,利用好银行资金的前提,必须要在完善自身供应链建设上下功夫,充分满足银行的合规性,一方面既需要金融创新,发挥市场化的作用;另一方面又需要更多地去了解熟悉商业银行的运作,从根本上帮助银行达成合规性要求。

三、我国农业供应链金融未来的几种发展趋势

（一）农业供应链金融发展的线上化大趋势

电商平台的兴起和供应链信息化程度的提升，使得农业供应链金融业务的发展速度和受重视程度与日俱增，从而诞生了在线供应链金融新的表现形式。目前，许多商业银行正尝试自建或者与电商平台合作开展线上供应链金融。

各参与主体通过建立专注某一具体细分农业产业的供应链金融服务线上平台（例如水稻交易平台、水果交易平台等），实现资源整合，优化物流链、资金链和信息链，为大型企业和上下游中小企业提供专业化和定制化的金融服务。同时，在这一过程中，最大限度地掌握了供应链融资过程中的物流、商流、信息流、资金流，从而具备了衡量借款企业实际的还款能力，从而为解决金融业务中核心的风险定价提供了良好的支撑。

各类有融资需求的农业企业或新型农业经营主体，在线上供应链金融服务平台可以自助申请贷款，平台系统进行实时审批，自动放款。企业每次借款还款均通过线上完成，手续简便、随借随还，极大地降低了中小企业的融资成本，提高企业资金周转率。供应链金融发展的线上化趋势提升了资金使用效率并打破了传统商业银行主导的供应链金融模式，进而大大拓宽了传统供应链金融的范围边界。

（二）农业供应链金融发展的垂直化和细分化大趋势

供应链金融在不同行业的应用，必然衍生出不同的行业特性。这将促使农业供应链金融向更垂直细分、更精准、更专业的方向发展，农业细分产业在线金融的综合服务将逐渐走向成熟。目前，包括商业银行、农业核心企业、电商平台等供应链金融参与方都已在各细分产业、细分领域布局了供应链金融融资业务。

农业是大行业，不同农产品具有天然的特性差异，每个细分的子行业都有自身的行业属性和特点，比如养殖产业的生产特性差异巨大，渔、猪、牛、羊等特点迥异。种植业又可以细分众多不同的子产业，因此不同

产业链上的企业具有迥异且多样化的金融服务需求特征。因此，各供应链金融参与主体需要根据不同行业、不同企业的具体需求来为其量身定做金融服务，提供更加灵活和个性化的农业供应链融资产品。

可以预见，各农业供应链金融参与主体只有不断深耕各自所经营的一条或几条产业链，在充分了解行业属性和特征的基础上，结合自身的专业分析与研判能力，才能为各垂直细分供应链上的企业提供个性化的供应链金融产品服务。未来将会有更多的农业细分行业供应链金融模式或平台提供者出现。

（三）农业供应链金融的大数据充分应用的大趋势

供应链金融最终是要实现物流、商流、资金流、信息流的"四流合一"。与传统金融相比，供应链金融不再单纯看中贷款企业的财务报表等静态数据，转而对企业的动态经营数据进行实时监控，将贷款风险降到最低。

农业供应链金融参与主体在掌握了大量的动态客户交易信息，利用大数据的应用可以快速帮助各参与主体进行大量且非标准化的交易数据的整理和分析，并且帮助参与企业节省成本，提高信息利用效率以及提供融资服务的实现效率。

农业供应链金融参与主体通过自建或者与大数据机构合作建立大数据平台，为贷款企业客户量身定制全方位、多维度的分析报告。可以依托大量的真实交易数据来源和大数据处理技术，计算出各标准数据的区间范围，通过上下游企业数据的匹配，对贷款企业客户的资信状况进行全面合理判断。该分析报告最大的亮点是数据实时变化，并提供了部分数据变化预测，对业务周期进行全程化、多维度的监控和测评，能够做到及时通知和给出建议，从而将参与主体的放贷风险降到最低。

云处理为大数据提供了弹性可拓展的基础设备，是产生大数据的平台之一。除此之外，物联网、移动互联网等新兴计算形态，也将一齐助力大数据革命，这些都将让大数据在农业供应链金融领域发挥出更大的影响力。

（四）农业供应链金融发展的平台化和生态化大趋势

以腾讯区块链技术为代表的金融科技落地供应链金融，为供应链金融的发展提供了强大技术支撑。通过区块链连通农业供应链中的各个公司/机构，完整真实地记录资产（基于核心企业应付账款）的发行、流通、拆分、兑付。

由于区块链上的数据经多方记录确认，不可篡改，不可抵赖，可以追溯，从而实现应收账款的拆分转让，全部能够追溯至登记上链的初始资产。通过技术实现供应链金融中的信任穿透机制，将原本不可拆分的应收账款数字化，提升资产流动性，降低中小企业的融资成本，深度盘活金融资源，承接国家战略，促进农业供给侧改革。

在农业供应链金融场景中，所有基于区块链技术发布的资产都能够完整追溯至农业核心企业与一级供应商的可信贸易背景，从而做到后续融资成本较低的同时，提升了全流程的安全保证。

未来，我国农业供应链金融领域必将产生多样化的发展模式和创新服务类型，从而成为农业产业结构调整和乡村振兴的重要抓手，农业供应链金融有望迎来发展黄金时期，发展前景十分广阔。

"一带一路"背景下我国农业对外合作的潜力、风险与对策研究*

张 振 于海龙

一、引言

2013年9月和10月，国家主席习近平在出访中亚和东南亚时，先后提出"丝绸之路经济带"和"21世纪海上丝绸之路"的重大倡议，两个倡议合在一起简称"一带一路"倡议。在"一带一路"倡议下，我国与沿线国家和地区经贸合作稳步推进，2016年，我国与沿线国家和地区进出口总额达6.3万亿元，同比增长0.6%，新签对外承包工程合同1260亿美元，同比增长36%，对沿线国家和地区直接投资145亿美元，占我国对外投资总额的8.5%[①]。近年来，国内农业生产资源环境的刚性约束和国家粮食安全战略的需要，使我国农业对外依存度不断提高，"走出去"利用国际国内两个市场两种资源，构建开放型的全球农业供应体系日益迫切。而"一带一路"沿线国家与我国农业资源禀赋差异较大，贸易互补

---

* 本文是国家社科基金青年项目《"一带一路"背景下农业对外合作风险防范与政策设计研究》（项目编号：17CGJ016）的阶段性研究成果。作者张振，农业部农村经济研究中心副研究员；于海龙，清华大学博士后。

① 数据来源于中国一带一路网，网址：https://www.yidaiyilu.gov.cn/。

性强,农业技术合作、农业投资前景广阔。未来,随着"一带一路"倡议的深入推进,我国与沿线国家的农业合作势必全面铺开,而沿线涉及65个国家和地区,各国资源禀赋条件、农业经济发展水平、农业现代化程度、农产品贸易政策、土地政策、农业投资环境千差万别,我国与沿线国家和地区的农业合作潜力有多大?将面临哪些风险?应当如何应对?这些问题的回答对于推进我国与沿线国家和地区开展农业合作,用好国际、国内两个市场、两种资源,不断提高我国粮食安全保障能力和农产品国际竞争力,具有重要的理论和现实意义。

  从已有研究看,我国农业发展面临的新挑战和农业的可持续发展要求我们实施全球战略,全球农业战略就是为实现谷物基本自给、口粮绝对安全的国家粮食安全保障体系提供基础支撑,构建持续、稳定、安全的全球农产品供应链,而"一带一路"倡议恰恰是我国全球农业战略的重要着力点和有力支撑[1]。农产品贸易方面,"一带一路"沿线国家资源环境条件各异,各国农业发展也各有优劣[2],但在土地密集型的小麦、稻谷和玉米等粮食作物生产潜力巨大,生产潜力总量约在3.82亿—4.1亿吨之间[3],且农产品贸易互补性较强,尤其是中亚五国、蒙古国、俄罗斯及东南亚地区,与我国的农产品贸易互补指数(TCI)均显著大于1,我国与沿线国家农产品贸易潜力巨大[4]。农业投资情况方面,我国现已形成全产业链发展、抱团出海、租地代种、替代种植、收购兼并等多种农业走出去模式[5]。与沿线国家和地区的农业投资主要以种植业为主,投资领域相对

---

[1] 王颖梅,程国强."一带一路"背景下的中国农业发展[J].农经,2015(7):74-77;程国强,朱满德.中国农业实施全球战略的路径选择与政策框架[J].改革,2014(1):109-123.

[2] 李富佳,董锁成,原琳娜,等."一带一路"农业战略格局及对策[J].中国科学院院刊,2016(6):678-688.

[3] 孙致陆,李先德."一带一路"沿线国家粮食发展潜力分析[J].华中农业大学学报(社会科学版),2017(1):32-43.

[4] 何敏,张宁宁,黄泽群.中国与"一带一路"国家农产品贸易竞争性和互补性分析[J].农业经济问题,2016(11):51-60.

[5] 徐雪高,张振.政策演进与行为创新:农业"走出去"模式举证[J].改革,2015,(03):127-135.

较广、地缘特征明显,但平均投资规模相对偏小、投资水平相对较低、投资成效仍有待提高①,应致力于培育大型跨国涉农企业,提升对外投资层次、优化投资结构、提高农业对外投资收益②。此外,对沿线重点区域农业对外合作的研究主要集中在中亚、东南亚等国家和地区。我国与中亚国家和地区在农业资源、资金、技术、市场等方面具有较强的互补性和巨大的发展潜力,双方在农产品贸易、农业投资等领域合作前景广阔③,尤其是以互补的农产品贸易领域、以中亚本地农产品为基础的农产品加工领域、以生物技术、灌溉技术为主的农业技术交流合作领域和以中方投资为主的农村金融领域等④。综上,已有对我国与"一带一路"沿线国家农业合作的研究主要采用定性方法对农产品贸易和农业投资的现状、潜力和存在问题的分析,对我国与沿线国家农业合作中的潜在风险认识不足,对应如何在宏观层面构建我国农业对外合作的战略框架尚未有系统全面的分析。

二、我国农业对外合作的潜力

(一) 土地密集型农产品贸易具有较大合作潜力

土地密集型农产品贸易相当于利用沿线国家的土地资源和水资源满足国内需求,是缓解国内农业生产的资源、环境压力,保障主要农产品稳定供给的有力支撑。随着我国经济的飞速发展、人们生活水平的提高和消费方式的转变,尤其是对肉蛋奶等畜产品需求的快速增长,使得作为油脂和重要饲料来源的土地密集型农产品需求激增,而国内土地面积有限,资源环境承载力已接近极限,我国与"一带一路"沿线国家和地区土地密集

---

① 刘志颐,王琦,马志刚,等. 中国企业在"一带一路"区域农业投资的特征分析 [J]. 世界农业,2016 (5):194 – 197.

② 翟雪玲,张雯丽. 中国农业"走出去":特点、问题及发展思路 [J]. 国际经济合作,2013 (7):43 – 46.

③ 张芸,杨光,杨阳. "一带一路"战略:加强中国与中亚农业合作的契机 [J]. 国际经济合作,2015,(01):31 – 34.

④ 闫琰,王秀东. "一带一路"背景下我国与中亚五国农业区域合作的重点领域 [J]. 经济纵横,2016 (12):67 – 72.

型农产品贸易和合作领域潜力巨大。2014年，我国大豆、高粱、油菜籽、小麦、稻谷等土地密集型农产品进口折合耕地约8亿亩，2016年，我国大豆进口高达8391万吨，按国内120公斤/亩的平均单产计算，若完全自给需新增耕地约7亿亩。与此同时，通过大量使用化肥、农药、地膜等农业投入品维持单产水平的提高和粮食增产的生产方式已给资源、环境带来巨大压力，造成了严重的土地污染和水资源短缺，依靠土地超载和环境透支继续扩大农业再生产的发展模式已难以为继。而"一带一路"沿线许多国家和地区地广人稀、耕地资源丰富，农业生产条件相对较好，土地密集型农产品生产和出口潜力巨大。以与我国农业互补性较强、区域优势明显的中亚五国为例，中亚五国人均耕地面积0.46公顷，是我国的5.8倍，其中哈萨克斯坦人均耕地1.45公顷，是我国的18倍。据测算，"一带一路"沿线国家和地区土地密集型的粮食生产潜力约在3.82亿—4.1亿吨之间，潜力增幅在40.34%—43.29%之间，其中小麦、稻谷和玉米三大类作物的发展潜力分别约在1.92亿—2.18亿吨、0.88亿—0.92亿吨、1亿—1.04亿吨之间[①]。

（二）农产品贸易互补性强，多品类农产品贸易潜力巨大

2010—2014年，我国与沿线国家和地区农产品进出口贸易总额由433.9亿元增长至615.1亿元，年均递增7.2%，占我国农产品进出口贸易总额的比重则由27%下降至25%。尤其是随着我国大宗农产品进口的不断增加，沿线国家和地区对我国农产品出口额占我国农产品进口总额的比重不升反降，由2010年的27%下降至2014年的23%[②]。因此，仅从贸易总量来看，我国与沿线国家在农产品双边贸易尤其是进口贸易方面，仍有较大的提升空间。从贸易结构看，目前我国主要向沿线国家出口蔬菜、水果、水产品及部分特色林果产品，而沿线国家主要向我国出口植物油、

---

① 粮食生产潜力数据摘引自：孙致陆，李先德. "一带一路"沿线国家粮食发展潜力分析[J]. 华中农业大学学报（社会科学版），2017（1）：32－43.
② 贸易数据摘引自：何敏，张宁宁，黄泽群. 中国与"一带一路"国家农产品贸易竞争性和互补性分析[J]. 农业经济问题，2016（11）：51－60.

谷物、棉花、林产品和畜产品等,双方农产品贸易结构基本没有重叠,互补性较强。根据比较优势理论,两国农业资源禀赋差异越大,农产品互补性越强,越有利于双边贸易的开展。通过对我国与"一带一路"沿线国家比较优势指数(RCA)和贸易互补性指数(TCI)的测算,东南亚、南亚和中东欧地区具备比较优势的各品类农产品(除鱼和鱼制品外)都是我国不具备比较优势的,双方贸易互补性较强。从贸易互补性指数看,中国进口与沿线国家和地区出口的贸易互补性显著高于中国出口与沿线国家进口的贸易互补性,互补性最强的依次是中国进口与中亚五国出口、中国进口蒙俄出口、中国进口与东南亚11国出口[1],我国与沿线多个国家和地区在多种农产品上存在较大的贸易空间。

(三) 技术交流与合作前景广泛

虽然"一带一路"沿线部分中东欧国家农业技术水平相对较高,但整体而言,受区域经济发展水平、农技研发和推广能力的制约,沿线国家和地区农业技术水平和农业生产效率相对较低。从主要农产品单产水平看,2013年沿线国家小麦、稻谷和玉米单产水平分别仅为世界平均单产水平的83.19%、88.54%和79.64%,低于世界平均水平的国家分别有32个、20个和35个,农业生产效率和技术水平仍有很大的提升空间[2],各国对先进的农业技术、管理方法、农业发展的成功经验等需求强烈。而经过改革开放以来近40年的发展,我国农业生产在机耕、机种、机收、植保和农田水利设施建设等方面已具备相当优势,农业发展中的制度创新、组织模式创新、生产经营方式创新、农技研发与推广等方面也积累了许多成功的经验,我国与"一带一路"沿线国家和地区农业技术交流与合作前景广阔。此外,与农产品贸易和农业投资涉及面广、过程繁琐、易于造成摩擦和纠纷不同,农业技术交流与合作有利于提高东道国农业技术水平

---

[1] 测算结果摘引自:何敏,张宁宁,黄泽群. 中国与"一带一路"国家农产品贸易竞争性和互补性分析 [J]. 农业经济问题,2016 (11): 51-60.

[2] 孙致陆,李先德. "一带一路"沿线国家粮食生产现状及前景 [J]. 世界农业,2015 (12): 1-8.

和农产品综合生产能力，易于被东道国政府和民众接受，而且沿线国家和地区农产品尤其是粮食生产效率的提升有助于缓解区域和全球粮食不安全问题，对冲全球粮食价格波动，从长期来看，对我国粮食生产和进口也是有利的。

（四）农业投资前景广阔

2010—2015年，我国农林牧渔对外直接投资流量由5.34亿美元增长至25.72亿美元，年均递增30%，且涌现出一大批具备一定影响力的农业投资企业。2015年我国对"一带一路"沿线国家投资流量189.3亿美元，虽然同比增长38.6%，但主要投资流向租赁和商务服务业、制造业、能源、批发零售业、采矿业、金融业和建筑业，直接流向农业的占比极低[1]，农业对外投资也主要集中在新加坡、俄罗斯、印度尼西亚、柬埔寨、老挝等7个国家，投资存量占沿线国家和地区农业投资总量的88.9%，我国与沿线国家和地区农业投资合作仍处于初始的起步阶段。沿线许多发展中国家由于政局不稳、经济增长动力不足、投资环境差、投资回报率低等原因，吸引和利用海外投资的能力相对较弱。如2014年俄罗斯、哈萨克斯坦、蒙古和乌克兰实际利用外资分别仅为4088万美元、3655万美元、16万美元和38万美元，其中投向农业领域的海外投资占比更低[2]。但与此同时，沿线国家在铁路、公路等基础设施建设、大型水利工程、农业技术研发和推广、农田基础设施建设、农产品生产、加工、仓储、物流交通等方面都有着巨大的投资需求，只要做好政策衔接、风险防控，注重培育投资主体、创新投资方式，我国与沿线国家在农业领域的投资前景十分广阔。但需特别注意的是一个国家和地区经济发展水平的提高和投资环境的改善不会一蹴而就，许多地区农业投资的风险依然较大，应充分做好前期论证和科学分析，避免盲目投资和一拥而上。

---

[1] 中华人民共和国商务部. 2015年度中国对外直接投资统计公报 [M]，北京：中国统计出版社，2016.

[2] 数据来源于中国一带一路网，网址：https://www.yidaiyilu.gov.cn/。

三、我国与沿线国家农业对外合作面临的风险

(一) 国内风险

1. 政策目标与企业目标偏离的风险。"一带一路"倡议是我国农业全球战略重要支撑，服务于我国保障粮食安全和重要农产品供给的总体战略，目标是最终形成一个开放、包容、普惠的区域经济合作框架，在这一框架下，促进形成国际农业合作新格局、全球农业治理新秩序。因此，"一带一路"框架下我国农业对外合作的政策目标是通过共同发展、共同繁荣的互利共赢之路，全方位提高农业合作水平，提升沿线发展中国家农业综合生产能力，用好国际、国内两个市场、两种资源，提升我国粮食安全保障能力，提高我国农业国际竞争力，推动我国农业现代化进程。而企业开展农业对外合作的目标则是企业收益的最大化，政策目标与企业目标的偏离往往会导致部分企业在农业对外合作中紧盯着企业的短期经济利益，粗放式发展和短视行为严重，突出表现为投资方式简单、领域集中、发展层次较低，不注重技术的交流与合作，不注重东道国农业综合生产能力的提升和资源环境的保护，不仅使得企业难以在东道国立足并获得长远发展，更使得我国农业对外合作环境不断恶化，以往我国农业走出去过程中此类教训十分惨痛。

2. 农业对外合作企业的经营发展风险。目前，我国农业对外合作仍以国有企业为主，虽然近年来民营企业和社会资本所占比重不断扩大，已接近半数。但整体而言，我国农业对外合作仍处于起步发展阶段，许多企业农业跨国经营管理经验不足、复合型国际化人才缺乏、经营管理理念陈旧，一些企业仍停留在单纯的海外买地种地，农业对外投资也主要集中在技术水平低、附加值不高的产业链上游环节，加之不了解东道国政治经济制度、不熟悉国际通行规则、不注重融入当地的社会文化环境，许多企业走出去步履维艰。而且由于民营企业对外投资主要来源于自有资金或社会融资，海外经营不善或意外风险往往拖累企业的整体发展，增大企业的市场经营风险。

3. 潜在农产品进口对我国粮食自给安全和农业生产能力的冲击。近

年来，我国农业生产中化肥、农药、农膜、劳动力等要素价格不断上涨，农业生产成本大幅攀升，三大谷物国内价格均已顶破"第一道天花板价格"，玉米等部分品种在特定时点上甚至顶破"第二道天花板价格"，国内外农产品价格倒挂严重，国内农业生产体系应对国际冲击的能力已十分脆弱。而随着我国与"一带一路"沿线国家农业合作的深入推进，资源禀赋更好、要素价格更低、农业生产潜力更大的沿线部分国家，其特色农畜产品、土地密集型农产品势必会不断进入我国，这是否会对我国粮食自给安全和国内农业生产带来新一轮冲击虽仍需进一步研判，但影响将不可避免。

（二）东道国风险

1. 政治风险。"一带一路"沿线部分国家和地区仍处于政权更替、政局动荡的不稳定状态，增加了我国在该区域开展农业对外合作的不确定性。如伊拉克、叙利亚、巴勒斯坦等中东地区仍在饱受战火煎熬，伊朗、沙特阿拉伯、卡塔尔、约旦等西亚国家地区在大国角力下的政治格局错综复杂。与政局不稳并存的是部分国家政策的不确定性，"一带一路"沿线涉及65个国家和地区，其中多数为发展中国家，国内政治经济制度不健全、不完善，一些政策朝令夕改，部分国家和地区甚至超越政策界限维护自身利益，如我国农业企业在俄罗斯的投资就曾遇到俄方擅自收回承包土地、提高租赁价格、削减劳务用工指标的情况。此外，各国不同政治势力、不同政党的执政理念、对待中国崛起的态度以及与我国开展经贸合作的看法差别较大，国内执政党更迭后，往往也会带来内外政策的调整，增加了我国农业对外合作的不稳定性，增大了农业对外合作的风险。如我国与泰国、缅甸等的经贸合作就曾受到东道国国内政党更迭的影响。

2. 舆论风险。随着我国对外投资和合作的快速发展，部分企业只注重经济利益的短视行为，给东道国带来了一定的资源破坏和环境污染。一些政治团体和媒体借此大肆鼓吹"中国环境新殖民主义""中国环境威胁论""掠夺式开发"等论调,并在一些国家造成了较坏的舆论氛围①。而且土地和粮食在任何国家和地区都是敏感问题,以往我国部分农业企业大规模海外投资买地、租地,未顾及当地民众的土地情怀,未能与当地政府、民众、媒体和非营利组织(NGO)等做好有效的说明和沟通,不仅引起了当地政府的警觉,更是引发了当地媒体和民众的普遍担忧,使我国农业对外合作舆论环境十分不利。

3. 社会文化差异带来的风险。"一带一路"沿线辐射东南亚、南亚、中亚、西亚、中东欧等多个地区,不同国家和地区的历史传统、民族文化、宗教信仰、意识形态等千差万别。如西亚是世界三个宗教犹太教、基督教和伊斯兰教的发源地,同时也是世界的火药桶之一;东南亚地区政府和民众对土地极为珍视,国家法律一般禁止外国企业和个人拥有本国土地,或严格限定获得本国土地尤其是耕地的使用条件;中亚地区民众对于农业经济交流与合作的态度更为保守和谨慎。全球一体化的新形势下,农业对外合作不再仅仅是单纯的经贸合作,更涉及深层次的文化交流与社会认同。目前,我国对沿线国家和地区的民族文化、宗教信仰、意识形态、交往禁忌等方面仍缺乏系统的分析和研判,因文化差异引发的误解和纠纷偶有发生。因此,在我国与沿线国家和地区的农业合作中,由社会文化差异带来的风险不容忽视。

4. 生态环保风险。农业生产是生物生长与社会再生产的有机结合,对土地、水、空气等资源和环境的影响较大。当前,世界各国都十分重视农业生产的生态环境保护,尤其是"一带一路"沿线部分国家农业生产基础差、生态环境脆弱,为我国农业对外合作提出了新的更高的要求。例如与我国农产品贸易和投资具有较大发展潜力的中亚地区草原、丘陵和荒漠广布,是典型干旱、半干旱地区,水资源匮乏、草原退化严重、生态环境极其脆弱。东南亚地区森林资源丰富、河网密布,但毁林开荒和水土流失严重,当地政府和民众对农业生产的生态环境影响十分敏感。

综上,我国与"一带一路"沿线国家农业合作中,除不可控的政治

---

① 韩秀丽. 中国海外投资中的环境保护问题[J]. 国际问题研究,2013(5):103–115.

风险和文化冲突外,各方博弈的焦点更多的是收益分配问题、发展方式问题和发展过程中的负外部性问题,这就与我国农业对外合作的大局观、发展思路和策略以及与东道国的合作方式、沟通交流的紧密程度等密切相关。从各方农业资源禀赋条件和农业发展水平看,只要我们调整思路、转变策略,采取更加适当的合作方式,我国与沿线国家和地区的农业合作定能实现优势互补、互利共赢和共同发展。

四、推进我国与沿线国家农业合作的总体思路与基本框架

与"一带一路"沿线国家和地区农业合作是我国农业全球战略的重要组成部分,通过构建持续、稳定、开放、安全的全球农产品体系,确保国家粮食安全的战略需要,满足人民日益增长的美好生活需要是最终目标。但在具体实施中切忌不讲策略的"以我为主",以往的经验表明,只有有利于东道国农业综合生产能力的提升、人民生活水平的提高和资源生态条件的改善,农业对外合作才能长久、持续和共赢。

(一)转变发展思想,坚持长期合作、互利共赢和共同发展

随着我国综合国力的提升和国际影响力的增强,农业对外合作不应仅局限于粮食海外生产和回运,而是要树立"着眼全球、和谐发展"的大局观。摒弃以短期经济利益为目标的发展思想,坚持"长期合作、互利共赢、共同发展"的指导思想。在农业对外合作过程中承担更多的国际责任,带动沿线不发达国家农业综合生产能力的提升和人民生活水平的提高。在顾及合作国的经济、社会和环保利益,提高合作国农业技术水平、生产经营水平,遵守合作国政治经济制度、宗教文化传统,不损害其资源、生态环境的基础上,开展对双方都有利的农业合作。

(二)对合作国家和地区做好系统的前期研判

"一带一路"倡议辐射全球65个国家和地区,各国在资源生态环境、政治经济制度、宗教文化信仰、农业生产比较优势和发展水平等方面存在较大差异。而农业对外合作是一项系统工程,涉及当地政治、经济、文

化、生态、环保等多个方面,受多重因素的制约,任何一个方面的疏漏都可能导致对外投资与合作的失利。为更好地推进我国与沿线国家和地区的农业合作,减少合作误区,提高合作水平,深化合作的广度和深度,在全面深化农业对外合作前,一定要做好系统的调查分析,由国内相关部门联合各国驻外使领馆,分地区分国别编制"一带一路"沿线国家和地区农业资源生态情况白皮书、沿线国家涉农制度白皮书、各国农业投资风险白皮书、我国农业走出去经验教训总结等。

(三) 理顺体制机制,营造宽松的政策环境

农业对外合作坚持市场主导、企业主体和政府服务的原则,一是理顺我国与沿线国家和地区农业合作的体制机制,建立和完善我国农业对外合作的统一归口管理,设立部际联席会议等日常协调机制,破除各部门之间的藩篱,减少我国农业对外合作的内部交易成本。二是构建涵盖政策扶持、金融支持、税收优惠在内的农业对外合作支持体系,减少不必要的审批环节,简化手续、有条件地放宽限制,为企业走出去开展农业合作营造宽松的政策环境。三是规范企业行为,设立农业对外合作企业奖惩机制,对于不遵守东道国法律法规、不尊重宗教文化传统、破坏资源生态环境等损害我国农业走出去集体声誉的企业,在政策、融资、信贷等方面给予限制。

(四) 农业科技先行,农产品贸易和农业投资跟进

1. 推动农业科技的交流与合作。充分发挥我国农业技术的比较优势,与沿线国家和地区开展多领域、多层次、全方面的农业技术交流与合作,不断提升我国农业走出去的软实力和东道国农业综合生产能力。总结中非农业技术示范中心成功的经验与教训,在政局稳定、对外关系好、农业合作潜力大的国家和地区共同建设农业技术示范和推广中心,推动人员交流、经验分享和深层次的农业技术合作。示范中心可采取"政府扶持、企业主导、多方参与"的发展模式,不断提高中心的生产运营和自我发展能力,在深化人员交流、技术研发和推广的基础上,以示范中心为载体,通过不断吸引直接投资,完善基础设施建设,加快推进技术成果转化

和产业集群发展,使其真正成为我国农业走出去的桥头堡。

2. 持续加大农业对外投资支持力度。投资主体:鼓励和支持包括综合型、科技型民营企业在内的多元投资主体在沿线国家开展农业投资,重点支持资金实力强、农业技术先进、对外投资经验丰富的大型跨国农业企业走出去,培育一批具备相当国际竞争力的大型企业集团。投资领域:由传统的技术水平低、附加值不高的产业链上游环节向加工、仓储、物流、销售等产业链纵深环节延伸,尤其注重有利于东道国农业技术水平、农业综合生产加工能力提升的技术研发、农产品深加工领域的投资。不断提高投资水平和投资层次,并以农业对外投资带动相关农产品的适度出口。投资方式:采取因地制宜、灵活多样的投资方式,由以直接投资为主向直接投资、合资、合作等多元化的投资方式转变,注重开展合资、合作等更有利于东道国接受的投资方式,特别需要注意的是要适当减少东道国政府和民众较为敏感的直接投资买地、种地的农业投资。此外,对于农业对外投资经验丰富、投资前景好,且符合我国与"一带一路"沿线国家和地区农业合作大方向,有利于双方优势、互补互利共赢,有利于提高我国国际影响的投资做重点支持。

3. 多措并举促进农产品贸易。充分发挥沿线国家和地区农业生产的比较优势,有条件地增加沿线国家和地区土地密集型农产品的进口贸易。如对于粮食充盈的国家和地区,可采取粮食直接出口回流的贸易方式,而对于东道国粮食等大宗农产品相对紧张的国家和地区,应采取更为机动灵活的方式,首先满足当地市场需求,在保障东道国粮食安全,在获得当地政府、社会和民众的充分认可和接受的基础上,实现盈利的适度回流,提高走出去企业在外生存和发展能力。促进大豆、棉花、食糖、木薯、棕榈油、鱼类产品等当前我国大量进口或进口潜力较大农产品来源多元化,提前防范贸易集中度过高带来的风险和摩擦。

参考文献

[1] 王颖梅,程国强."一带一路"背景下的中国农业发展 [J]. 农

经，2015（7）：74-77.

［2］程国强，朱满德. 中国农业实施全球战略的路径选择与政策框架［J］. 改革，2014（1）：109-123.

［3］李富佳，董锁成，原琳娜，等. "一带一路"农业战略格局及对策［J］. 中国科学院院刊，2016（6）：678-688.

［4］孙致陆，李先德. "一带一路"沿线国家粮食发展潜力分析［J］. 华中农业大学学报（社会科学版），2017（1）：32-43.

［5］何敏，张宁宁，黄泽群. 中国与"一带一路"国家农产品贸易竞争性和互补性分析［J］. 农业经济问题，2016（11）：51-60.

［6］徐雪高，张振. 政策演进与行为创新：农业"走出去"模式举证［J］. 改革，2015，(03)：127-135.

［7］刘志颐，王琦，马志刚，等. 中国企业在"一带一路"区域农业投资的特征分析［J］. 世界农业，2016（5）：194-197.

［8］翟雪玲，张雯丽. 中国农业"走出去"：特点、问题及发展思路［J］. 国际经济合作，2013（7）：43-46.

［9］张芸，杨光，杨阳. "一带一路"战略：加强中国与中亚农业合作的契机［J］. 国际经济合作，2015，(01)：31-34.

［10］闫琰，王秀东. "一带一路"背景下我国与中亚五国农业区域合作的重点领域［J］. 经济纵横，2016（12）：67-72.

［11］孙致陆，李先德. "一带一路"沿线国家粮食生产现状及前景［J］. 世界农业，2015（12）：1-8.

［12］中华人民共和国商务部. 2015年度中国对外直接投资统计公报［M］，北京：中国统计出版社，2016.

［13］韩秀丽. 中国海外投资中的环境保护问题［J］. 国际问题研究，2013（5）：103-115.

［14］胡俊超，王丹丹. "一带一路"沿线国家国别风险研究［J］. 经济问题，2016（5）：1-6.

加快角色转变 积极参与全球粮食安全治理

夏海龙

粮食安全治理是全球治理体系的重要组成部分，是落实联合国《2030年可持续发展议程》的重要平台，也是世界主要大国全球治理竞争的重要领域。新时期，我国应加快角色转变，更加积极地参与全球粮食治理，进一步提升话语权和影响力，推动构建人类命运共同体。

一、全球粮食安全治理发展趋势及影响

当前，全球粮食安全治理的格局初步形成。以联合国为主导的国际组织，以二十国集团（G20、亚太经合组织（APEC）、欧共体（OECD））等为代表的区域和多边体系，以美国和欧盟为首的主要国家和地区，纷纷积极介入全球粮食安全问题并发挥重要作用。

（一）全球粮食安全治理体系的构架

1. 联合国系统粮食安全治理体系。在全球粮食安全保障的重大问题上，联合国一直发挥着重要的作用。2015年9月，联合国通过了《2030年可持续发展议程》，旨在进一步消除一切形式的贫穷。该议程于2016年

1月1日正式生效，在接下来的15年内，各国将致力于消除一切形式的贫穷、实现平等和应对气候变化，同时确保没有一个人掉队。议程涵盖17个可持续发展目标中，消除饥饿，实现粮食安全，改善营养状况和促进可持续农业被放在了重要的位置上。为实现《2030年可持续发展议程》，联合国系统中主要由总部设在罗马的三家与粮食主题相关的机构，联合国粮农组织、国际农业发展基金会和世界粮食计划署共同致力于保障世界粮食安全。

  作为联合国系统主管农业和粮食安全的专门机构，联合国粮农组织宗旨是消除饥饿，提高农村人口的营养水平。20世纪90年代以来，粮农组织多次召开世界粮食安全首脑会议，协调各国政府对粮食安全的政治承诺，实施粮食安全行动计划。除了为成员国提供讨论世界粮食安全的全球战略和重大政策外，粮农组织还负责制定规范和标准、收集和共享信息数据，积极帮助成员国加强能力发展，提供农业政策咨询，开展各领域、各层次的技术培训。《全球粮食安全和营养战略框架》是每年提交粮食安全委员会全体会议批准的一份单一的不断发展的文件，其宗旨是改进协调，指导广大利益相关者采取一致行动。战略框架将具有灵活性，能够根据优先重点的变化而作出调整，为制定粮食安全和营养战略、政策及行动方面的核心建议提供切实的指导。战略框架在促进全体利益相关者在全球、区域和国家各级采取一致行动提供准则和建议，同时强调各国政府负有首要责任以及国家自主拥有抗击粮食不安全和营养不良的计划等方面发挥着核心作用。

  作为联合国系统专门向发展中成员国提供粮食和农业发展贷款的金融机构，国际农业发展基金宗旨是通过筹集资金，以优惠条件提供给发展中的成员国，用于发展粮食生产，改善人民营养水平，逐步消除农村贫困，促进农业范围内南北合作与南南合作。在增加粮食生产方面，有短期项目、长期项目和政策支持项目。短期项目主要是通过改良土地、改进排灌、改良品种、改进农作制度和管理水平来提高作物产量。长期项目主要是通过兴修水利、垦荒和移民等手段改善和提高农民的生产和生活条件。政策支持项目主要是协助政府解决在土地、物价、信贷、市场、补贴等农业政策投资方面的资金需求。国际农业发展基金还协助各国制定了国别战略计划,旨在实现"消除饥饿,实现粮食安全"的可持续发展目标。

作为联合国内负责多边粮食援助的机构,世界粮食计划署宗旨是以粮食为手段帮助受援国在粮农方面达到生产自救和粮食自给。援助方式分紧急救济、快速开发项目和正常开发项目3种。世界粮食计划署构建了战略框架,为成员国提供扶持贷款,用于发展粮食生产,改善人民营养水平,逐步消除农村贫困。

2. 区域和多边体系。除联合国系统外,一些全球性和地区性的多边机制在全球粮食安全中扮演着日益重要的角色。

(G20)作为一个国际经济合作论坛,宗旨是为推动已工业化的发达国家和新兴市场国家之间就实质性问题进行开放及有建设性的讨论和研究,以寻求合作并促进国际金融稳定和经济的持续增长。通过参与联合国系统,G20成员坚定履行在可持续发展目标下做出的承诺。通过"G20粮食安全和营养框架"以及《G20粮食安全和可持续粮食系统行动计划》,G20成员致力于推动机制、政策和科技创新,以便以可持续的方式提高农业生产力。G20重点关注发展中国家的粮食安全问题,推动发展中国家构建多层次粮食安全治理体系,通过"亚的斯亚贝巴行动议程""南北合作""南南合作"及三方合作,推动可持续农业确定的优先重点,并为发展中国家,特别是最不发达国家,提供更多适当和可预见的资源及相关技术。

APEC作为一个区域性经济论坛和磋商机构,宗旨是保持经济的增长和发展促进成员间经济的相互依存加强开放的多边贸易体制减少区域贸易和投资壁垒维护本地区人民的共同利益。APEC先后通过了一系列粮食安全宣言、指导文件和行动计划,成为各经济体维护本区域粮食安全可持续的纲领性指南。各经济体结合实际情况,把APEC粮食安全指导文件成果转化为具体项目、措施、行动,为保障粮食安全作出新的贡献。2016年,APEC召开粮食安全政策伙伴关系机制(PPFS)框架内的"粮食标准互联互通研讨会"及"小农和中小企业粮食减损技术、经验和有关行动高级别研讨会"。此次会议是落实2014领导人北京宣言、面向2020年粮食安全路线图、增强粮食质量安全与标准互通行动计划和减少粮食损失和浪费行动计划的一项具体行动。APEC 面向 2020 粮食安全路线图短期目标是到 2020 年，努力使亚太地区粮食损失浪费总量减少 10%（同比 2011—2012 年度）；长期目标是到 2020 年，建成食物体系框架，帮助 APEC 所有经济体实现永久的粮食安全，促进联合国千年发展目标中减少饥饿和营养不良人口的指标实现。增强粮食质量安全与标准互通行动计划是促进 APEC 粮食标准互联互通，协商推进粮食标准区域合作的规划和措施，推进实施粮食标准互通行动。其作用在于共同促进粮食标准体系发展，加快形成协同的标准体系，以提高粮食贸易效率，促进贸易公平，提高区域粮食安全水平。

经济合作与发展组织（OECD）作为由 35 个市场经济国家组成的政府间国际经济组织，宗旨是促进成员国经济和社会的发展，推动世界经济增长；帮助成员国政府制定和协调有关政策，以提高各成员国的生活水准，保持财政的相对稳定；鼓励和协调成员国为援助发展中国家作出努力，帮助发展中国家改善经济状况，促进非成员国的经济发展。OECD 通过与 FAO 联合开展粮食监测预警，每年发布《农业展望报告》和《全球粮食安全报告》，帮助成员国政府制定和协调有关粮食政策，保障全球粮食安全。

3. 重点国家和地区。部分国家和地区在全球粮食安全问题上发挥着重要的作用。美国和欧盟为了实现自身的全球战略，凭借强大的经济实力，通过相关的法案推动全球粮食安全治理。非洲作为全球粮食安全最为薄弱的地区之一，其自身的粮食安全状况影响着全球的粮食安全形势。近年来，这些国家和地区出台了一些新的战略举措。

2016 年，美国出台了《全球粮食安全法案》，旨在结合美国粮食安全投入计划，改善全球粮食安全现状、永续发展和食品营养。通过项目实施和采取行动，促进农业经济的包容性增长，减少全球贫困、饥饿和营养不良；提高小型农业生产者的生产率、收入，改善他们的生计；提高粮食生产能力，降低弱势群体和家庭对粮食救济的依赖；创造农业发展和投资环境；改善妇女和儿童的营养状况；契合美国在贸易、经济增长、科技、农业研究与推广、孕产妇和儿童健康、营养、水、卫生等领域的投资和战略，发挥其杠杆作用；加强与农业能力建设相关的境外合作院校的关系；保障投资效果。

2015年，欧盟和联合国粮农组织共同宣布启动了一项新的合作协议，旨在帮助至少35个国家强化其粮食和营养安全、可持续农业和抗灾能力。欧盟和粮农组织将分别为这项由国家主导和需求驱动的计划提供大约5000万欧元和2350万欧元。此次推出的新举措包含两个五年计划。一是粮食和营养安全影响、抗灾能力、可持续发展和转型基金，旨在加强政府和区域行政部门在改善粮食安全和营养及制定和落实可持续农业政策的能力。它将通过提供政策援助和能力建设支持来实现。二是营养、粮食安全和抗灾力信息促进决策计划，将帮助提高抵御人为和自然灾害导致的粮食危机的能力。

2014年，非盟第23届首脑会议召开主题为"农业和粮食安全"的峰会，就非洲农业发展、气候变化与粮食安全等议题展开讨论。非洲联盟制定并通过了《2063年议程》《非洲农业综合发展计划》，通过稳定农业投入，提高农业生产率、促进粮食本土化生产、发展现代农业和保障粮食安全作为重要发展方向，实现2063年完全消除饥饿和食物短缺的发展目标。

（二）当前全球粮食安全治理的焦点问题

全球粮食安全治理是全球治理的一个重要方面。目前全球粮食安全治理的焦点问题已从国家和非国家的决策相对作用转向对各种主体之间互动及其结果对决策和行动影响的规制和过程的重视[1]。

1. 治理主体。治理是关于公共和私有部门说明各自利益，制定、执行及确保正常延续的正式和非正式的各种规则的整个过程。全球治理的主体主要有三类：一是各国政府、政府部门及地方政府；二是正式的国际组织，如联合国、世界银行、世界贸易组织、国际货币基金组织等；三是非

---

[1] 何昌垂. 粮食安全：世纪挑战与应对[M]. 北京：社会科学文献出版社，2013（5）. p. 17.

正式的全球和地方公民社会组织，如乐施会等。近年来，国际上非政府组织和其他民间社团力量加强，影响着国家和国际对粮食安全政策的决策，成为经济转型国家在全球政策制定过程中的重要伙伴。从各主体发挥的作用来看，与全球贸易格局相似，全球粮食安全治理过程中，全球性组织作用下降，区域和多边的国际合作加深。

在各治理主体参与全球治理的过程中，由于其自身特色以及在国际体系中的不同地位，体现出三种不同的治理模式：一是国家中心治理模式，即以主权国家为主的治理模式，主权国家在彼此关注的领域，出于对共同利益的考虑，通过协商、谈判而相互合作，共同处理问题，进而产生一系列国际协议或规制；二是有限领域治理模式，即以国际组织为主，国际组织针对特色的领域（如经济、环境等领域）开展活动，使相关成员国之间实现对话与合作，谋求实现共同利益；三是网络治理模式，即以非政府组织为主，在信任和互利的基础上，协调目标与偏好各异的行动者的策略而展开合作管理。在国家层面，鉴于各国政治体制不同，各国需要探索与国强相适应的粮食安全治理模式。

2. 治理规则。治理规则主要是指维护国际社会关系正常秩序，实现人类普世价值的规则体系，包括用以调节国际关系和规范国际秩序的所有跨国性的原则、规范、标准、政策、协议、程序等。粮食安全治理相关国际规则主要包括："土地和其他自然资源权属负责任治理资源准则""负责任的农业投资原则"（粮食安全委员会）；农业贸易规则——《农业协议》（世贸组织）；与种子息息相关的知识产权制度——《与贸易相关的知识产权协定》（世界知识产权组织）；授予育种者权利的《国际职务新品种保护公约》（植物新品种保护国际联盟，即UPOV）；对植物遗传资源获取和利益分享标准——《粮食和农业植物遗传资源国际条约》（联合国粮农组织）；农药标准——《鹿特丹公约》（联合国粮农组织和联合国环境署）；卫生和植物检疫措施标准——《国际植物保护公约》（联合国粮农组织）；国际食品标准、准则和规范——《食品法典》（联合国粮农组织和世界卫生组织）。

参与全球粮食安全规则制定的利益相关者都围绕粮食生产和供给的权

力以及利益和风险分配的控制力而展开较量。鉴于各项国际谈判涉及不同的国际组织,如联合国粮农组织、世界知识产权组织、世界贸易组织、生物多样性公约、植物新品种保护国际联盟等,这决定了参与各项谈判的同一国家要在不同场合与不同对手较量。除了极少数国家之外,多数政府代表来自于农业部、外交部、商务部、环保部等部门,能否妥善协调不同部门立场实现国家的战略构想,是一国在国际谈判中的实际参与能力的重要体现。

二、全球粮食安全治理发展趋势及中国角色

(一) 发展趋势

从国家来看,美国作为粮农组织和粮食署最大的双边捐助国,凭借其军事和经济上的优势,在全球粮食安全治理方面发挥着主导作用,在联合国粮食安全治理体系和区域的粮食安全体系都有重要的话语权和影响力。中国作为联合国粮农组织的出资国、联合国粮食计划署的援出国,在全球粮食安全治理中参与程度不断加深,发挥的作用也不断提升。

从区域来看,多边和双边的粮食安全联合合作不断加深,尤其是不同治理主体之间,在粮食安全治理的具体事务中的合作得到了加强,如FAO和OECD的联合预警合作,欧盟和FAO的合作项目等。

(二) 中国角色

随着国家的发展和改革开放的深入,我国参与全球治理认知、态度和角色定位也在发生改变,从粮食受援国转变为粮食援出国,从规则和制度制定的融入者变为建设者。

粮食产量的持续增长和生产能力的不断提高,为我国未来参加全球粮食安全治理并发挥大国作用提供了有利条件。近年来,我国先后编制了《推动共建丝绸之路经济带和21世纪海上丝绸之路的愿景与行动》《农业对外合作"十三五"规划》《农业对外合作"两区"建设方案》等,借助"一带一路"战略对沿线国家和地区进行农业开发,开展农业技术援助。在2018年的机构改革中,我国政府将商务部对外援助工作有关职责、

外交部对外援助协调等职责整合，成立国家国际发展合作署，这将有利于对外援助战略在顶层设计中的统筹，便于我国集中力量做好全球粮食安全的保障工作。

目前我国在全球粮食安全规则制定方面的话语权依然较少。为了变革不公正、不合理的安排，推进全球粮食安全治理民主化、法治化，使其更加平衡地反映大多数国家意愿和利益，我国可以加强参与全球粮食安全治理的水平。未来，中国应以负责任的政府形象对国际层面的粮食安全有所作为。一方面，要积极争取在国际舞台快速实现角色转变，做一个有声有色有力的粮食安全治理伙伴；另一方面是加强自身谈判和规则制定的能力建设。粮食安全治理涉及国际争论的重大议题，触角深入政治、外交、经济、贸易等多种领域；内容涵盖从可持续发展到气候变化；从生态保护与生物多样性到可持续生产与消费；从营养与食品安全到国际标准与食品，法典制定；从负责任投资到小农利益保护；从公平贸易体系与规章制定到信息透明与市场监控等。建设并完善多学科团队，研究国际政治问题、分析粮食安全主要趋势，跟踪双多边兴趣热点，积极参与国际谈判和重大活动以及监督后续行动进程。这不单是体现国际利益，维护其国民利益的基本手段，也是改变现有国际治理格局，有效参与国际决策、保障全球粮食安全的重要举措。

三、积极参与全球粮食安全治理，提升中国话语权

1. 加快角色转变，积极参与全球粮食安全治理。一是积极参与和推动FAO、G20和APEC等倡议的粮食安全计划和战略框架；二是利用好G20农业部长会议、APEC粮食安全伙伴关系机制和粮食安全部长级会议等平台，将农业"走出去"纳入国家双边或多边经贸谈判框架；三是积极参与全球农业贸易和投资规则制定，及时掌握国际贸易和投资规则的发展趋势，增强国内国际规则的一致性。

2. 加强能力建设，提升参与全球粮食安全治理水平。粮食安全治理涉及国际争论的重大议题，触角深入政治、外交、经济、贸易等多领域，我国应加强自身能力建设并完善多学科团队，提升与联合国粮农组织、世

界粮食计划署等机构的合作水平,发挥 G20、APEC 等机制作用,加强国际谈判和规则制定的能力,提升我国在全球粮食安全治理当中的影响力和话语权。

3. 主动承担国际义务,彰显负责任大国形象。充分发挥对外援助作为大国外交的重要手段作用,加强非洲、拉美等地区的粮食援助工作,更好服务国家外交总体布局。依托"一带一路"战略,加强对沿线国家的农业开发,发挥中国的资本、技术、经营经验等优势,结合其他国家的农业资源,保障全球粮食安全。

我国小农户实现现代化的路径选择

王佳星

在相当长的时期内,农业经营中小规模的兼业农户仍将是我国农业生产经营的主要组织形式,在小农户占农业经营户的绝大多数的情况下,没有小农的现代化就不可能真正实现中国农业农村的现代化。

党的十九大报告中指出,要发展多种形式适度规模经营,培育新型经营主体,健全农业社会化服务体系,实现小农户和现代农业发展有机衔接。为落实党的十九大报告精神,2018年"中央1号文件"再次提出,要统筹兼顾培育新型农业经营主体和扶持小农户,采取有针对性的措施,把小农生产引入现代农业发展轨道,帮助小农户实现节本增效、提高组织化程度、对接市场、提质增收、提高抗风险能力。

我国幅员辽阔,不同地区的自然、经济、社会和资源具有很大差异性,从而导致我国区域发展特别是农村区域发展具有明显的东、中、西三大地带的差异,不同地区的小农户要实现与现代农业发展有机衔接,需要分类施策,选择不同的发展路径。

一、小农户发展的区域特点

为科学反映我国不同区域的社会经济发展状况,我国的经济区域被主要划分为东部、中部、西部和东北部四大地区。东部地区包括京、津、冀、沪、苏、浙、闽、鲁、粤、琼等10个省（市）；中部地区包括晋、皖、赣、豫、鄂、湘等6个省；西部地区包括渝、川、贵、云、藏、陕、甘、青、宁、新、桂、内蒙古等12个省（区、市）；东北地区包括辽、吉、黑等3省。由于本文旨在研究我国小农户发展的总体区域情况，故以东中西部地区为主要研究对象。

（一）我国小农户发展总体情况

2010年，第六次全国人口普查公报显示，我国居住在乡村的人口为6.7亿人，占全国人口的50.32%，2016年，乡村人口下降到5.9亿人，占全国人口比重的42.5%[1]。在全国范围内，河北省、山东省、河南省、湖南省、广东省、四川省的乡村人口数最多，其中山东省、河南省、四川省的乡村人口数均已超过4000万人；除西藏自治区、青海省、宁夏回族自治区外，北京、天津、上海的乡村人口数最少，在267万—293万人之间浮动。2016年乡村就业人数为3.6亿人，从事第一产业的为2.1亿人，其中小农户占比98.1%[2]。也就是说，在城镇化背景下，乡村人口虽然大幅下降，但在总人口数中占有重要位置，乡村仍有超过一半的劳动力从事农业，农业经营户中小农户为主要经营主体。

2016年，我国农村地区仍有贫困人口4335万人，其中东部地区有383万人，占比8.8%；中部地区有1468万人，占比33.9%；西部地区2250万人，占比51.9%。中西部地区，尤其是西部地区的贫困人口较多，脱贫攻坚的压力较大。

根据国家统计局对农村住户的调查，从1990年到2012年，农村居民家庭劳动力文化状况呈现出了一系列的变化，其中文盲和小学程度的劳动力逐年递减，初中、高中、中专乃至大专及以上的劳动力逐年增多，其中

---

[1] 国家统计局农村社会经济调查司. 2017中国农村统计年鉴［M］. 北京：中国统计出版社，2017（3）p.36.

[2] 国家统计局农村社会经济调查司. 2017中国农村统计年鉴［M］. 北京：中国统计出版社，2017（3），p.36.

初中程度文化水平的劳动力的最多,占比53%,随着社会的发展,农民的文化程度呈增高的趋势①。

(二) 东中部地区基础设施建设较好,西部地区基础设施薄弱

在农村发展方面,第三次全国农业普查主要数据公报显示,西部地区通村主要道路中沙石路面仍占5.3%,村内主要道路路面沙石路面占11.7%,道路基础设施建设程度远低于东中部地区。从村通讯设施来看,东、中、西部有宽带互联网的村子比例分别为97.1%、92.7%、77.3%,有电子商务配送站点的村子比例分别为29.4%、22.9%、21.9。可见东、中、部地区的网络通讯的发展程度上远高于西部地区,而东、中、西部在电子商务配送上虽然覆盖面并不广,但都有了一定的发展基础。从村文化设施来看,东部地区有体育健身场所的村子占72%,中、西部地区分别占55.5%、46%;东部地区有农民业余文化组织的村子占44.4%,中部地区占40.8%,西部地区仅有36.7%②。

(三) 东部地区农业产值高,中、西部地区农产品商品化程度有待提高

在农业发展方面,2015年,我国耕地面积约为13.5亿千公顷,其中东部地区占比19.42%,中部地区占比22.6%,西部地区占比34.1%③。2016年,在各地区的耕地面积构成中,东部地区以淮河为界,淮河以北地区水浇地的比重最大,其次为旱地,淮河以南地区,水田比重大,其次为旱地,土壤肥力普遍较好;中部地区除山西和河南以水浇地和旱地为主外,其他四省均以旱地和水田为主;西部地区主要以旱地为主,具体说来,以秦岭为界,秦岭以南以旱地和水田为主,秦岭以北以旱地和水浇地

---

① 国家统计局农村社会经济调查司. 2017 中国农村统计年鉴 [M]. 北京:中国统计出版社,2017 年 (3),p. 37.
② 数据来源:第三次全国农业普查主要数据公报 (第三号),http://www.stats.gov.cn/tjsj/tjgb/nypcgb/qgnypcgb/201712/t20171215_ 1563589.html.
③ 中国农业年鉴编辑委员会. 中国农业年鉴 [M]. 北京:中国农业出版社,2016. p. 185.

为主①。在农业机械化程度上，2015年，我国平均农业机械总动力为3684.43万千瓦，东部地区中，河北、江苏、山东三省高于全国农业机械总动力平均值，浙江、福建、广东略低于全国平均值，其余省市的农业机械总动力较低；中部地区，除山西、江西两省略低于全国平均值，其余四省均高于全国平均值，农业机械化程度较高；西部地区，除西藏、青海、宁夏三省（区）的农业机械总动力较低外，内蒙古、广西两区的农业机械总动力高于全国平均值，其余省（区、市）的农业机械总动力均略低于全国平均值，农业发展有一定机械化基础②。在粮食产量上，2016年，我国粮食全国总产量为61625万吨，其中东部地区占比24.2，中部地区占比29.7，西部地区占比26.8③。2016年，我国第一产业生产全国总值为63671亿元，东部地区占比34.4，中部地区占比26.4，西部地区占比29.2④。

  从以上数值中，我们可以看出，在农业发展上，东部地区耕地在三大区域中占比最低，但是耕地的土壤肥力较好，除部分地区机械化程度较高外，小农户人力耕作是普遍情况，东部地区的粮食产量在三大地区中占比最低，但是第一产业的产值却最高，反映了东部地区粮食产品和其他农业产品的商品化程度较高，小农户与市场对接能力较强。中部地区仅6个省，但耕地面积较大，占比22.6%，耕地构成总体来看土壤肥力较为均匀，农业机械化程度较高，粮食总产量大，在三大地区中粮食产量占比最高，是我国重要的产粮区，但中部地区的第一产业总产值在三大地区中最低，农产品商品化程度有待提高。西部地区包含12个省（区、市），耕地面积在全国占比最多，耕地中旱地在这一区域占很大比重，土壤水分差异大，西部地区农业发展有一定的机械化基础，粮食产量在三大地区中居

---

① 国家统计局农村社会经济调查司. 2017中国农村统计年鉴［M］. 北京：中国统计出版社，2017（11），p. 55.
② 中国农业年鉴编辑委员会. 中国农业年鉴［M］. 北京：中国农业出版社，2016. p. 343.
③ 中华人民共和国国家统计局. 中国统计年鉴2017［M］. 北京：中国统计出版社，2017. p. 826.
④ 中华人民共和国国家统计局. 中国统计年鉴2017［M］. 北京：中国统计出版社，2017. p. 826.

中，第一产业的产值也居中，农业产品中商品化和自给自足并存。

（四）东部地区工资性收入比重大，中、西部地区经营性收入比重大，三大地区发展型消费支出比重都有所增长

在农民收入方面，2016年农民人均可支配收入为12363元，东、中、西部地区农民人均可支配收入之比为1.56∶1.19∶1，地区间差距虽然有所缩小，但仍存在较大差距。从国家统计局的统计数据来看，目前我国农村居民的人均可支配收入来源中，工资性收入都占有一定比例，可见小农户兼业已经成为普遍现象。具体而言[1]，东部地区的农村居民人均可支配收入大多高于全国平均水平且工资性收入较多，除山东和海南经营性收入略高于工资性收入外，总体看来东部地区农民工资性收入普遍占可支配收入的50%以上，经营性收入仅占5%至40%左右，可见东部地区农民收入较高，且更依靠兼业而非农业本身生活。中部地区的农民可支配收入在全国平均水平上下徘徊，工资性收入与经营净收入所占的比例比较接近，除山西省的工资性收入占到51%外，其余5省两者所占的比重均在35%—40%之间，值得注意的是，中部地区的转移净收入与东部大部分地区的数额相近，在2000—3000元，但是占总可支配收入的比重却高于东部地区，可见中部地区的农民兼业与务农均是收入的主要来源，政府的各项农业补贴也占了农民收入的重要一部分。西部地区的农民可支配收入均低于全国平均水平，工资性收入数额较低，除贵州、陕西和宁夏外，其余各省（市、区）的经营性收入所占比例都高于工资性收入，西部地区的转移净收入数额普遍低于中西部地区，但是所占的总收入比例却和中部地区相近，在青海的占比甚至达到了31%，可见西部地区农民兼业的工资水平较低，农业经营是收入的重要来源之一，在西部地区脱贫攻坚的压力下，政府的各项补贴数额虽然亟待提高，但在西部地区农民生活的维系中起着重要的作用。

---

[1] 中华人民共和国国家统计局. 中国统计年鉴2017 [M]. 北京：中国统计出版社，2017. p.189.

在农民消费方面,受农村消费环境和条件明显改善、农民收入增长以及农民消费结构升级等因素影响,农民扩大消费的意愿和能力明显增强。2016年,全国农村居民人均消费支出是10130元,总体看来,农村居民的人均消费支出保持着平稳增长,其中交通通信、居住、教育文化娱乐支出的增速较快,分别增长了16.9%、11.5%、10.4%[①]。分地区来看[②],东部地区除河北、山东和海南的农民人均消费支出低于全国平均水平外,东部其余地区的消费支出远高于全国平均水平,中西部地区的农民消费则普遍低于全国平均消费水平。从消费构成来看,对比2014年的数据,2016年我国农村居民在食品烟酒支出所占的比重普遍下降,而交通通信、教育文化娱乐支出所占的比例则明显上升,也就是说东、中、西部各地区的恩格尔系数均有所降低,而发展型的消费支出比重提高了,农村居民消费的结构有所优化。在收支对比上,2016年,东、中部地区农村居民普遍结余较多,而西部地区的农村居民由于收入较低,支出较多,虽然大部分省份能够实现略有结余,但是在甘肃和青海,甚至出现了支出大于收入的情况,在收入增长缓慢的背景下,虽然消费结构升级提高了农民的生活质量,但是长远看来不利于西部地区的农民稳定脱贫。

二、不同区域选择路径的原则

(一) 因地制宜

由于区域间资源禀赋存在明显差异,且不同地区社会经济发展存在不平衡性,小农在不同地区的形态和生存状况不同,东部地区、中部地区和西部地区的小农,在农业发展条件、农业产量、收入构成、消费习惯等方面都存在明显差异。为小农与现代农业接轨寻找路径,应尊重区域间的差异性和小农的生存实际,因地制宜,依据地区资源禀赋和有利发展方式引导和规范小农发展,避免把模式样板生搬硬套、搞一刀切。

[①] 魏后凯,黄秉信主编. 农村绿皮书:中国农村经济形势分析与预测(2016—2017)[M]. 北京:社会科学文献出版社,2017, p.41.

[②] 中华人民共和国国家统计局. 2017中国统计年鉴[M]. 北京:中国统计出版社,2017, p.191.

（二）循序渐进

引导小农户与现代农业接轨，是一项长期的历史任务，小农户的成长和农业发展有其自身的规律，尤其在不同区域小农户的发展基础不同，应循序渐进引导小农户发展，地方应正视这一点，避免贪多求快。目前小农户普遍受制于经营规模小、土地细碎化、机械化程度低、融资能力弱、运用现代科技能力弱等问题，应在保护小农承包地、宅基地、集体资产收益等权益的基础上，逐渐解决既有问题，引导小农与市场接轨，善作善成，善始善终。

（三）统筹发展

实现小农户现代化是一项系统工程，需要地方在乡村振兴战略的大背景下统筹考虑，制定具体可行的合理规划，整合可利用的资源，促进城乡间优质要素的流动，依托小城镇带动乡村发展，在资金、人才、技术、土地整治、利益联结机制等方面综合筹划，予以政策倾斜，实现农业、农村、农民的系统发展、全面转型升级。

（四）激发内生动力

小农户发展需要政策的大力支持与引导，但是想要发展具有可持续性和源源不断的动力，更需激活小农户的主体性，培养并提升小农户的自我发展能力，通过培训、宣传、带动等方式，转变小农户的种植结构和农业发展方式，积极链接新产业和新业态，在市场中得到反馈，变"要我发展"为"我要发展"。

三、不同区域小农户实现现代化的路径选择

（一）小农变专农——东部地区小农户现代化路径选择

东部地区经济发展基础较好，早在20世纪80年代中期，东部沿海地区的农民已完成了由自给自足的小农到商品小农的转变。由于现代化的快速发展，东部地区的小农户的发展目标为优化小农户的构成群体、经营方

式，引导小农户由普通小农户向专业化小农户转变。

1. 大力发展家庭农场。东部地区普遍社会经济发展较快，农民兼业收入较高，随着社会经济的进一步发展，还会有越来越多的农村人口进入第二、第三产业。地方应结合发展实际，推动包括转包、出租、互换、转让、入股等方式的土地流转，加快土地流转平台建设，方便愿意从事农业的承包农户集中土地发展家庭农场，提升农业的规模化、集约化经营水平，引领适度规模经营，从而推动建设现代农业。

2. 有条件的地区探索建立承包地退出机制。随着城镇化进程加快，大量农业人口离开农村向城市集聚，人地分离现象十分普遍，部分农民长期在城镇稳定居住就业生活，这部分人的承包地往往撂荒或委托他人耕种，不仅容易造成土地资源的浪费，对农民进城落户形成阻碍，也难以保障农民土地财产权益。目前在承包地有偿退出试点中，引导有稳定非农就业收入、长期在城镇居住生活且社会保险健全的农民自愿退出土地承包经营权已有一定的实践基础。在退地过程中地方政府往往会投入大量资金，东部发达地区经济基础较好，社会保障较为健全，进城农户具有有偿退出承包地的现实基础和保障，应在有条件的地区有序引导进城农户退出承包地，再将土地由发包方整理进行重新发包或流转，实现土地资源的优化配置。

3. 加强小农职业培训。东部沿海地区的小农户大多已成为商品小农，已具有和市场接轨的意识，让小农户发展和现代农业发展接轨，应首先加强针对小农群体的职业培训，加强小农户在现代农业技术、观念上的转化，增强小农的职业化能力。地方应以生产经营型培训、专业技能型培训、专业服务型培训、引领带动型培训为重点，在培训中改原来课堂单向教学为实地教学，把小农户培训、生产实践和产业特色结合起来，培养有条件的小农户成为爱农业、懂技术、善经营的新型职业农民。

4. 完善农产品产业链建设。农业的现代转型升级不仅是生产者的组织化和转型，更重要的是构建起完整的产业链。东部地区应在农产品商品程度较高的基础上，重视建立并完善地方农产品产业链的建设，将产前的农资产品到产中种植、养殖以及产后的深加工进行有机整合，形成完整的产业链，构建起产销信息对接平台，引导小农户优化产品结构，形成品牌意识，倒逼农户提升农产品质量，进而提高农产品产值。

（二）散农变合农——中部地区小农户现代化路径选择

中部地区可耕地面积广，具有浓厚的农耕传统，大多省份农业较为发达，机械化程度高，但在农业可持续发展上能力较弱，农产品商品化程度有待提高，小农户的农业经营兼有自给自足和商品特征，中部地区应引导小农户组织化，从传统分散的小农户转变为组织化较强的合作型小农户，集约农业生产资源，提高生产效率，促进农产品的商品化。

1. 发展多样化的联合与合作。小农户的家庭经营往往较为分散，难以形成规模效应，作为个体农户在不断改善农业基础设施上又是有心无力，致使农业缺乏可持续发展的后劲，比较效益低，因此中部地区应积极发展针对小农户的多样化联合与合作方式，提升小农户的组织化程度。首先，可发展龙头企业带动的产业化经营，依靠"公司+农户""公司+基地+农户""公司+专业市场+农户"等运行机制，提高小农户的组织化程度；其次，可发展新型农民专业合作社带动模式，小农户通过劳动联合、资本联合、生产联合等方式组建起合作社，将分散的农户组织起来，形成合力；最后，可发展农业企业联合经营模式，在经济发展相对较好的地区，小农户通过资本入股联营，组建起公司制的农业企业。

2. 加快发展农业生产性服务。小农户由于经营规模小、分散等特点，在农业生产过程中往往得不到及时的指导和服务，中部地区应加快构建农业服务体系，扶持农业生产性服务业发展，以政府为主导，以合作社为主要形式，为家庭农场、小农户提供一系列的服务，如基础设施建设、资金投入、政策法律服务、订单服务等，支持各类为农服务组织采取土地托管、代耕代种等方式，面向小农户提供生产性服务，增强小农户的抗风险能力，降低生产成本，提高经营效益。

3. 促进农村电商发展。农村电子商务是实现农业较快发展，形成线上线下融合、农产品进城与农资消费品下乡双向流通格局的重要方式，中部地区应重视电商的网点、库房、道路、网络通讯等方面的建设，大力扶持农村电商这一农业新兴业态发展发展,支持小农与电商平台对接,拓宽小农增收渠道,打造农产品、农业衍生品的进城通道,培育特色电商村,以此提高农产品的商品化程度和附加值,提升散农的组织化程度,为小农户向现代商品小农转变铺平道路。

(三) 贫农变康农——西部地区小农户现代化路径选择

西部地区大多是农业为主的省份,农业经济发展较为落后,且有些地区存在生态环境恶化现象,农业生产条件不佳,小农发展以自给自足为主,也有部分地区有商品小农存在,小农户的发展与脱贫攻坚工作联系紧密。西部地区应从加大财政补贴力度、完善基础设施、着实提高小农户自我发展能力入手,帮助小农户稳定脱贫致富。

1. 小农户发展与易地扶贫搬迁结合。部分贫困乡村位于深山、荒漠化、地方病多发以及生态环境脆弱的地区,不具备基本发展条件,这些"一方水土养不起一方人"的地区应出台生态移民政策,配合易地扶贫搬迁,并完善相关后续扶持政策,从根本上改善这些地区小农户的生产生活条件。

2. 加强基础设施建设。基础设施完善程度是制约地区农业发展的重要因素,西部地区经济基础较为薄弱,应加强基础设施建设,完善道路体系,提高道路硬化面积,提高村内道路路面质量。此外,应推进贫困乡村的网络覆盖率,加快网络优化升级,提升宽带支撑能力,完善物流网点建设,为贫困农村发展电商奠定设施基础。同时,应不断改善小农户的生产条件,支持开展农业基础设施建设与管护,提高农业机械化程度,增强小农户的生产能力。

3. 推动贫困乡村产业发展。西部欠发达地区应重视村级基层组织对小农户的组织和带动作用,由村级基层组织牵头,挖掘当地的资源优势、劳动力优势、农业生产优势,找准当地可发展的特色产品,带动小农户成立专业合作社,发展适宜本地发展的特色产业。在组织方式上,可采用"支部+合作社+小农户"模式,提高村级党组织的带动能力,稳定并提高特色产品质量,通过市场价值反馈农户,提高小农户参与合作社的积极性，增强农民合作社的扶贫功能，通过特色产业的发展解决部分当地贫困农户就业、创业问题。

4. 多元整合社会扶贫资源。在政策支持下，贫困地区往往有诸多扶贫项目的扶持，西部地区应抓住脱贫攻坚的机遇，充分利用企业扶贫单位、远山结亲计划、电商扶贫项目等资源，将多元的扶贫资源加以整合，完善小农户的农业经营产业链。有条件的地区可以在资源整合的基础上成立地方农业企业，打造农产品品牌，建立农产品可追溯系统和网络销售系统，为小农户营造稳定的盈利空间，缓解小农户生计的脆弱性，降低小农户致贫或返贫的可能性。

5. 加大财政转移支付力度。西部欠发达地区经济基础薄弱，农民兼业收入较低，农产品商品化程度不足，且贫困地区财政支撑力度有限，单纯依靠小农户自身发展难以实现脱贫攻坚的任务。因此，需要统筹财政资源，对于欠发达地区加大财政转移支付力度，提高均衡性转移支付资金总量，完善贫困地区基本公共服务，加大农产品价格补贴，设置专项基金支持小农户发展，保障并适当提高欠发达地区农民的转移净收入。

参考文献

[1] 熊吉峰. 转轨期我国小农经济改造研究 [D]. 博士学位论文，华中农业大学，2004.

[2] 陈莉，钟玲. 农民合作社参与扶贫的可行路径——以小农为基础的农业产业发展为例，农业经营管理，2017 (5).

[3] 余永和，邹新平. "小农·农户与中国现代化"学术研讨会综述 [J]. 中国经济史研究，2017 (3).

[4] 中共中央 国务院关于实施乡村振兴战略的意见. 2018.

[5] 伍嘉冀，杨君. 走向"终结"抑或迈向转型：传统"小农"的现代转向 [J]. 西北农林科技大学学报（社会科学版），2018 (1).

[6] 赵晓峰，赵祥云. 新型经营主体社会化服务能力建设与小农经济的发展前景 [J]. 农业经济问题，2018 (4).

[7] 何颖. 小农经济与新型农业经营主体的共存模式与路径 [J]. 江苏农业科学, 2018 (1).

[8] 张红宇. 大国小农：迈向现代化的历史抉择. 微信公众号《村庄与城市》, 2018-7-9.

我国大宗淡水鱼养殖的基本特征、主要问题及对策[*]

何安华 周洪霞 陈 洁

一、引言

中国的大宗淡水鱼主要包括七类：青鱼、草鱼、鲢、鳙、鲤、鲫、鲂（亦称鳊、武昌鱼）。自1986年中国确立"以养为主"的渔业发展战略以来，大宗淡水鱼在整个渔业生产结构中的地位越来越重要。2016年中国大宗淡水鱼产量2184.67万吨，占淡水养殖鱼类产量的77.59%，占全部水产品总产量的31.66%[①]。目前，大宗淡水鱼生产以池塘养殖为主，在打好农业面源污染防治攻坚战的背景下，大水面养殖将面临更多约束，推广池塘健康养殖成为推进大宗淡水鱼生产的重要举措。

关于大宗淡水鱼领域的研究，已有文献多聚焦于品种培育、饲料营养、产品加工、高效养殖模式等技术层面的分析，一些文献也分析了大宗

---

[*] 本文发表于《中国渔业经济》2018年第5期。论文说明：本文由国家科技重点项目"现代农业产业技术体系建设专项资金"（CARS-45-30）资助。

① 农业部渔业渔政管理局（编）.中国渔业统计年鉴2017.北京：中国农业出版社，2017.

淡水鱼产业的发展态势,但基于养殖户调查数据并利用统计方法去分析大宗淡水鱼养殖的特征及问题的文献并不多。促进大宗淡水鱼产业健康发展必须先要搞清楚谁在养鱼和怎样养鱼,基于养殖主体去分析产业基本特征,研判养殖主体的现状及其发展需求。以此为命题,本文基于2017年9—10月由国家大宗淡水鱼产业技术体系的30个综合试验站获取的182个养殖户调查数据①,试图从养殖户视角归纳出当前中国大宗淡水鱼养殖的基本特征和存在问题,并针对存在的问题提出相应建议。

二、大宗淡水鱼养殖的基本特征

基于大宗淡水鱼养殖户调查资料,从养殖规模、养殖效益、养殖主体、养殖投入四个层面归纳当前我国大宗淡水鱼养殖的基本特征。

(一) 池塘是主要养殖水域且规模结构"两头大,中间小"

水域是水产养殖的基础要素。据《2017中国渔业统计年鉴》统计,2016年中国淡水养殖面积6179.6千公顷,其中池塘养殖面积2762.6千公顷,占44.71%,远高于其他养殖水域所占比重。从户均池塘规模看,157个池塘养殖户的户均规模是14.53公顷。分组考察样本养殖户的池塘经营规模,发现其呈现出"两头大中间小"的哑铃型结构。池塘养殖户样本中,池塘经营规模在3.33公顷以下、3.33—6.67公顷、6.67—10公顷、10—13.33公顷、13.33—16.67公顷、16.67公顷以上的比重分别为31.85%、22.29%、12.10%、7.64%、2.55%和23.57%,即超过半数养殖户的池塘经营规模在6.67公顷以下,这类养殖户主要是小型的家庭渔场。近1/4养殖户的池塘经营规模在16.67公顷以上,组内平均规模达到44.42公顷,这类养殖户以公司化养殖主体居多。可以看出,当前我国池塘养殖仍以传统小规模养殖户为主,但公司化的规模养殖主体已成为一股重要力量。

---

① 在182个养殖户样本中,纯池塘养殖户有144个,池塘兼营养殖户有13个。

(二) 家庭经营规模和成本收益具有明显的水域差异

按是否经营池塘将样本养殖户分为纯池塘养殖户、池塘兼营养殖户和非池塘养殖户三组。2017 年这三组养殖户的户均经营规模分别为 15.04 公顷、40.19 公顷和 79.67 公顷。以水域面积为权重计算各组养殖户的单位面积养殖收益,发现纯池塘养殖户、池塘兼营养殖户和非池塘养殖户的养殖利润分别为 5.14 万元/公顷、4.75 万元/公顷和 1.36 万元/公顷,成本利润率依次为 30.07%、33.01% 和 96.84%。另外,据笔者 2016 年对 160 余户稻田养渔户的调查,稻鱼模式养殖户的平均养殖利润是 1.66 万元/公顷,成本利润率为 46.22%①。粗略而言,池塘水域的功能主要是养鱼,投入和产出值都高,但成本利润率最低。稻田水域的功能是种稻和养鱼 "一水两用",投入和产出值、成本利润率都是居中。河湖沟渠等大水面水域的功能是以生态保护为主、养鱼为辅,投入和产出值都最低,但成本利润率最高。

(三) 中等学历的中年男性专职养殖户是养殖主力军

大宗淡水鱼养殖从业人员的性别差异非常明显,养鱼事业基本上是男性之间的角逐。调查显示,样本养殖户中男性占 95.05%,女性占 4.95%。81.46% 的养殖户是中等学历,15.73% 的养殖户是高等学历。样本养殖户的平均年龄是 47.28 岁,其中 40—60 岁年龄段的中年养殖户占到 76.88%。样本养殖户中专职养鱼的占 66.29%,兼职养鱼的占 33.71%。进一步分析发现,样本养殖户的学历和年龄呈负相关关系,初等、中等和高等学历养殖户的平均年龄分别是 51.20 岁、48.01 岁和 43.07 岁。综合而言,中等学历的中年男性专职养殖户是当前大宗淡水鱼养殖的中坚力量。

---

① 稻田养渔除稻鱼模式外,还有稻虾(小龙虾)、稻鳅、稻鳖、稻蟹模式,据样本统计,后四种模式的成本利润率分别为 43.72%、79.01%、77.48% 和 95.86%。

（四）生产要素投入是饲料最费钱和捕捞最耗工

样本养殖户中，82.29%的人认为购买饲料是大宗淡水鱼养殖过程中最费钱的支出。不计算池塘改造等重大工程成本，纯池塘养殖户的池塘养殖常规成本是14.77万元/公顷，其中占用资金最多的是饲料费，其次是苗种费，分别是9.33万元/公顷和3.08万元/公顷，分别占总成本的63.14%和20.85%。表1所示纯池塘养殖户的养殖成本结构与刘景景等（2017）的调查结果大体一致①。从劳动力需求看，纯池塘养殖户中52.78%的人认为最费劳动力的环节是捕捞，其次才是养殖巡塘（占23.89%），但仍有少数养殖户认为最费劳动力的是沟渠建设、清除杂草等环节。

表1　　　　　纯池塘养殖户的养殖成本结构　　　　单位：万元/公顷、%

内容	池塘流转费	清塘消毒费	苗种费	肥料费	饲料费	病害防治费	水电费	家庭用工折算	雇工费	其他	总成本
数值	0.57	0.15	3.08	0.20	9.33	0.15	0.45	0.28	0.44	0.13	14.77
比例	3.88	1.02	20.85	1.33	63.14	1.02	3.07	1.87	2.95	0.88	100.00
排序	3	9	2	7	1	8	4	6	5	10	

说明：根据调研数据整理，纯池塘养殖户样本是144个。

三、大宗淡水鱼养殖存在的主要问题

1986年我国确立"以养为主"的渔业发展战略，经过30余年的发展，大宗淡水鱼养殖取得了令人瞩目的成就，但其存在的问题也日益暴露出来。

（一）养殖品种优化、技术培训、市场信息服务等供需缺口大

从需求侧看，因大宗淡水鱼的养殖风险和市场风险都比较高，养殖户对从养殖到销售全过程相关服务都有着非常高的需求。养殖户样本中，有更新优化养殖品种需求的占82.78%，有病害防治服务需求的占70.79%，

---

① 刘景景，张静宜，袁航．淡水鱼养殖成本收益调查与分析［J］．中国渔业经济，2017，35，（1）：18-27．

有技术培训需求的占 95.51%，有市场价格信息服务需求的占 73.03%，对前述四类服务都有需求的占比超过 50%。这反映出超过半数养殖户从产到销的自我服务能力是不足的。

从供给侧看，大宗淡水鱼优质种苗供应不足，种质混杂退化，良种覆盖率低①，青鱼、草鱼、鳙都没有人工选育的良种，鲤、鲫、鲂虽有良种但高产抗病新品种极少②。养殖技术培训出现重理论轻实践、接地气的实用技术少、培训内容不能紧扣养殖户需求、培训方式不灵活等问题，导致养殖户的培训参与度较低。养殖户获取市场信息主要依靠自身渠道，容易出现信息获取滞后和信息精确性低的问题，进而影响经营决策。养殖户在品种优化、技术培训和信息服务方面的需求得不到有效供给，供不应求或供需结构性失衡阻碍着大宗淡水鱼产业的健康发展。

（二）水源约束趋紧，但调节水质仍偏重补新水并粗放处理废水

我国大宗淡水鱼的产量主要来自池塘养殖，而池塘改善水质的传统方式是换水。在水资源趋紧的大背景下池塘养殖遭受越来越大的用水约束。据笔者调查，2013 年有 32.31% 的养殖户出现过水源短缺现象，到 2015 年增加到 34.60%。2017 年，87.36% 的养殖户在养殖过程中需不断补水，需补水的养殖户大部分都是池塘养殖户，养殖用水来源的排序依次是河湖沟渠 > 地下水 > 雨水 > 水库水。与 2013 年相比，地下水的排序从第 4 位上升到了第 2 位，抽取地下水已成为河湖沟渠用水不足的最主要补充方式。在一些干旱半干旱地区，如新疆昌吉市，池塘是其最主要的养殖水域，但池塘水源几乎全是依靠地下水。

大宗淡水鱼养殖一方面是面临水源约束趋紧，另一方面是养殖户调节

---

① 陈洁，刘景景. 2014 年度大宗淡水鱼产业发展趋势与建议 [J]. 科学养鱼，2014，(3)：81 - 84.

② 戈贤平. 我国大宗淡水鱼产业现状与发展方向 [J]. 渔业致富指南，2013，(14)：17 - 21.

水质和处理养殖废水的方式粗放。水质对于淡水鱼养殖具有至关重要的影响①,高密度养殖对水质造成了严重污染,倒逼养殖户调节水质②。调查显示,89.01%的养殖户使用一种或多种方法调节水质,其中73.46%的养殖户使用过微生态制剂,70.37%的养殖户采用加注新水方式,随后才是培养水生植物、泼洒生石灰、使用增氧剂、混养鲢鳙鱼等方式。近年来养殖户逐渐采纳了生态方法去调节水质,但加注新水仍是主要选择,尤其是池塘的水环境较差时,养殖户大多直接排出旧水换注新水。

(三) 高度依赖饲料投喂,但水产饲料产业发展滞后、投饲技术不足

除了部分水库和湖泊等作为饮用水源保护地而从事洁水养殖和少数水域从事生态养殖外,池塘等多数水域的养殖都高度依赖饲料投喂。82.32%的养殖户是以人工投喂饲料为主,辅以天然饵料;10.50%的养殖户以天然饵料为主,适量人工投喂饲料;仅7.18%的养殖户完全依靠天然饵料,这类养殖户主要是在水库、湖泊和稻田上进行生态养殖。尽管我国水产配合饲料产量从1991年的74.67万吨提高到2016年的1904万吨,25年间增加了24倍多,增速远高于同期淡水产品养殖产量,但这种高增速很重要的原因是饲料产量基数太低。2010—2016年,我国淡水产品养殖产量从2346.53万吨增加到3179.26万吨,增长35.49%,年均增长5.19%,而同期水产配合饲料产量从1473.54万吨增加到1904万吨,增长29.21%,年均增长4.36%。可以说,"十二五"以来我国水产饲料产业发展仍是相对滞后。

大宗淡水鱼养殖高度依赖饲料投喂,但养殖户掌握的饲料投喂技术仍显不足。在投喂饲料时,仅9.96%的人认为不存在技术问题,54.18%的人认为饲料利用率不高,29.08%的人在气温发生变化或出现鱼病时掌握不好投喂时间,3.59%的人存在投喂机械功率小导致投喂范围小的问题。

---

① 张军英,戴云燕. 淡水鱼养殖对水质的要求及生产管理 [J]. 中国畜牧兽医文摘,2016,32,(2):71.

② 程俊. 浅论淡水鱼养殖对水质的要求及生产管理要点 [J]. 农技服务,2016,33,(11):138;杨雪,张汉邦. 浅谈淡水鱼养殖水质调节的方法 [J]. 山西农经,2017,(7):72.

92.34%的养殖户需要精确投喂技术的指导或培训服务。再者,饲料投喂技术培训基本是由当地水产技术推广部门提供,饲料公司、合作社和养殖大户提供相关培训服务的较少,存在着养殖户饲料投喂技术需求多样化和饲料投喂技术培训供给单一化的矛盾。

(四)病害严重导致滥用渔药,但病害防治和识药用药知识欠缺

随着池塘养殖密度提高和饲料投喂量加大,池塘水体环境容易恶化,大宗淡水鱼养殖面临的细菌性、病毒性和寄生虫等病害威胁越来越大。据统计,淡水养殖鱼类的病害种类多达100余种[1]。样本中,出现过死鱼现象的养殖户占81.32%,其中水质不好是最主要原因。病害严重导致了养殖户滥用渔药。样本养殖户中,使用过渔药的占93.96%,认为水产养殖对抗生素存在依赖性的占43.62%,在养鱼过程中经常使用抗生素的占10.32%。滥用渔药不仅使病原体产生耐药性,更因药物残留而危害养殖鱼类的健康,严重影响水产品的质量安全。

样本显示,养殖户使用渔药时,有详细用药记录、简单记录和没有记录的比例分别为42.52%、50.39%和7.09%。对禁用渔药非常了解、了解一些、听说过但不了解的比例分别为61.03%、34.25%和4.72%。对渔药使用后有休药期规定非常了解、了解一些、听说过但不了解、不知道的比例分别为57.48%、31.10%、9.45%和1.97%。样本养殖户中,需要病害预防、用药技术、渔药识别、药品功能介绍等知识培训的比例分别为85.38%、78.36%、53.80%和46.78%。养殖户识药用药知识欠缺恰恰反映出渔药使用技术培训服务是供给不足的。

(五)池塘简陋老化亟待改造,电力供应和道路设施需升级换代

21世纪以前修建的池塘基本沿袭了传统养殖方式的结构和布局,建设标准低,配套设施少,功能不完善,很多池塘作为鱼类生长的"容纳

---

[1] 戈贤平. 我国大宗淡水鱼产业现状与发展方向 [J]. 渔业致富指南, 2013, (14): 17-21.

器"只有简陋的进排水口。样本养殖户中,池塘有水源处理设施的占14.45%,有排放水处理设施的占28.52%。由于运行时间长且得不到应有的维护,池塘的进排水口堵塞、池梗垮塌、塘底淤积、保水性差等问题日益严重。养殖户中出现池塘严重老化问题的占16.42%,池塘老化但不太严重的占52.61%。

池塘老化亟需改造,养殖户在渔业设施建设上遇到的最突出问题是沟凼塘老化改造。样本中,75.15%的养殖户需要改造老化池塘,但部分养殖户又缺少沟凼塘改造技术,例如有40.34%的养殖户需要专家提供沟凼塘改造技术。在池塘养殖的配套设施保障上,道路条件差是很大的痛点,41.82%的养殖户都面临池塘道路差的问题。电力供应难保障是另一个痛点,33.94%的养殖户都受到电力供应不足的困扰。

四、促进大宗淡水鱼产业健康发展的建议

根据当前我国大宗淡水鱼养殖呈现出的基本特征和主要问题,促进大宗淡水鱼产业持续健康发展,需要重点从六个方面发力。

(一)注重培育新型渔业经营主体

新型渔业经营主体是实现渔业现代化的重要组织载体[①]。应对淡水鱼养殖户老龄化的趋势,培育新型渔业经营主体的着力点应侧重在两个方面:一是稳定既有主体,通过渔业机械替代劳动力和加强技术培训及指导的方式延缓老龄养殖户退出养殖领域的过程,同时鼓励发展渔业经营性社会化服务组织,以外购服务补充养殖户自我服务的不足;二是培育新生力量,注重培育一批年轻化、专业化的经营主体,优化渔业人才队伍梯队结构。在分工分业深化的大背景下,不管是从哪个着力点去发力,都需要把握住一点:转变传统的淡水鱼养殖方式需要适度规模经营,包括经营水域的规模化和社会服务的规模化。因此,培育新型渔业经营主体,一方面应

---

① 赵蕾,孙慧武. 水产品价值链视角下的新型渔业经营主体发展研究[J]. 中国海洋大学学报(社会科学版),2017,(6):50-55.

进一步消除各类主体跨区承包养殖水域的制度性障碍，促进养殖水域流向渔业合作社、渔业企业、养殖大户、家庭渔场等新型主体，引导不同类型主体加强联合与合作；另一方面应大力发展专业化服务组织，如专业捕捞队、种苗防疫队等。

（二） 完善水产科技和信息服务体系

大宗淡水鱼养殖产业已进入微利阶段，其转型升级需要以市场需求为导向，坚持科技兴渔和信息兴渔。良种培育应围绕消费者对鱼类的肉质口感需求和养殖户省劳力、少病害、快大高产的养殖需求，找到供需最佳平衡点，通过改良品种生长特性和引进新品种去调整地区养殖品种结构，将良种繁育提升到同步实现种源优化和水产品市场调节双重目标的高度。加速推进水产饲料产业发展，加强水产饲料营养研究，重点攻克饲料精确投喂模式及技术，提高饲料利用率和降低水体环境污染。鼓励各类养殖主体联合组建横向组织，整合产业链各环节主体创建纵向联盟，同时在横向和纵向上促进各主体之间互通信息，提升供求沟通效率，避免盲目养殖。把握"互联网＋"的发展契机，由政府建设集种苗生产、水产品供求、气象预测、政策法规等信息于一体的网络平台，通过培训指导养殖户采取多种途径跨越信息鸿沟，以便养殖户能更好地作出经营决策。

（三） 加强渔药开发和病害监测预警

要破除养殖户滥用渔药和有效渔药短缺的困局，需要不断加强渔药的研发和推广使用。政府需要做好三件事：一是对渔药研发从资金保障上建立长效支持机制，从体制机制上提升研发成果的转化效率；二是支持农技推广部门和各类有能力的经营主体为养殖户提供系统的用药知识技能培训，包括常见病害预防知识、渔药识别和功能介绍、渔药使用技术等；三是加强渔药生产流通监管工作，成立专门机构查处假冒伪劣渔药，确保渔药质量。同时，政府还应加快健全渔业病害防控体系建设，对重大病害加强监测和预警，在网络平台上及时发布各地区病害防治信息并提供用药指导。

（四）推广普及洁水和节水健康养殖

当前大水面养殖受到的管制约束越来越强，生态健康的洁水养殖必然会成为水产养殖业发展的核心方向，其根本举措在于预防为主、管治结合的"防管治"三位一体。"防"需要开发并推广普及健康养殖模式，引导养殖户树立生态养殖观念，适度投放鱼苗并选用优质饲料进行科学投喂，严格要求养殖户对养殖废水处理达标后再排放。"管"需要建立养殖水质信息采集与监测体系，构建起从点到面的区域水域生态环境动态监测网络，防止污染事件发生。"治"需要继续加大养殖面源污染治理专项资金的投入，加大对水域污染行为的惩罚力度。面对日益短缺的水资源，大力发展节水养殖是必然趋势和惟一出路①。节水养殖一方面应高度重视高效节水养殖技术的推广应用；另一方面应立足区域资源禀赋推动水产养殖业向地表水资源丰富、养殖空间大的地区集聚，干旱地区应严防过度养殖并根据资源环境承载力调整养殖规模。

（五）加快池塘改造和完善配套设施

政府应继续加大对标准化池塘改造的投入力度，以精养池塘升级改造工程为突破口，适当降低池塘改造项目申报"门槛"和提高补贴标准，探索"以奖代补"方式，以财政资金撬动养殖户投入更多的池塘改造资金。按照"集中连片、分段实施"的原则，将池塘改造纳入各级农田水利工程项目中统一组织实施，项目资金由中央财政和省级财政提供，逐步取消项目县安排配套资金的制度设计。在稳定池塘承包关系的基础上适当延长池塘承包期，给予养殖户稳定的池塘投资预期，鼓励养殖户自主参与池塘改造。此外，要实现淡水鱼养殖业的转型升级，还必须加快水、电、路、养殖机械设备、监（检）测仪器设备、越冬设

---

① 杨慕，张清靖，贾成霞，等. 北京节水渔业发展的现状及建议 [J]. 中国水产，2017，(11)：107 - 109.

施、进排水系统、养殖废水预处理设施等基础设施建设,全面提高池塘质量和设施保障水平。

(六)推进大宗淡水鱼市场体系建设

大宗淡水鱼产业的健康发展不仅需要养殖户能够生产出有质量安全保障的鱼,还需要养殖户能把鱼顺畅地销售出去并获得合理的养殖利润。政府应加快推进大宗淡水鱼的市场体系建设:一是加强大宗淡水鱼产地和销地市场建设,发展大宗淡水鱼交易的批发市场、专业市场和零售市场,完善各类交易市场的基础设施建设。二是创新大宗淡水鱼的交易方式,引导和支持大宗淡水鱼流通或销售合作组织发展,推进养殖户、合作组织和超市、学校、企业、社区等直接对接;搭建供求信息发布平台,联手京东、淘宝等网络销售平台,探索大宗淡水鱼网上交易方式。三是继续发展水产品冷链物流体系和鲜活水产品配送体系,畅顺产销对接。四是为大宗淡水鱼商品市场参与主体提供公平、有序的经营环境。

参考文献

[1] 刘景景,张静宜,袁航. 淡水鱼养殖成本收益调查与分析 [J]. 中国渔业经济,2017,35,(1):18-27.

[2] 陈洁,刘景景. 2014年度大宗淡水鱼产业发展趋势与建议 [J]. 科学养鱼,2014,(3):81-84.

[3] 戈贤平. 我国大宗淡水鱼产业现状与发展方向 [J]. 渔业致富指南,2013,(14):17-21.

[4] 张军英,戴云燕. 淡水鱼养殖对水质的要求及生产管理 [J]. 中国畜牧兽医文摘,2016,32,(2):71.

[5] 程俊. 浅论淡水鱼养殖对水质的要求及生产管理要点 [J]. 农技服务,2016,33,(11):138.

[6] 杨雪,张汉邦. 浅谈淡水鱼养殖水质调节的方法 [J]. 山西农

经，2017，(7)：72.

[7] 赵蕾，孙慧武. 水产品价值链视角下的新型渔业经营主体发展研究 [J]. 中国海洋大学学报（社会科学版），2017，(6)：50-55.

[8] 杨慕，张清靖，贾成霞，等. 北京节水渔业发展的现状及建议 [J]. 中国水产，2017，(11)：107-109.

要素流入能提高大宗淡水鱼养殖户的养殖效率吗?*

——以池塘养殖为例

何安华 郭铖 陈洁

一、引言

在渔业资源日渐枯竭的背景下,1986年中国调整了渔业发展战略,颁布并开始实施《中华人民共和国渔业法》,以法律形式确立了"以养为主"的发展方针。1990年,中国水产养殖产量首次超过捕捞产量,成为全球惟一养殖产量超过捕捞产量的国家。当前,中国已是世界渔业大国,水产品总产量连续26年居世界之首,2016年达到6901.25万吨,占世界1/3以上。中国渔业呈现出"养殖以淡水养殖为主,淡水养殖以池塘养殖为主"的格局。2016年,中国的淡水池塘养殖产量为2286.32万吨,占淡水养殖产量的71.91%,占全国水产养殖产量的44.46%。在淡水养殖

---

* 本文发表于《中国农村经济》2018年第7期。本文研究得到国家科技重点项目"现代农业产业技术体系建设专项资金"(项目编号:CARS-45-30)的资助。作者何安华、陈洁,农业农村部农村经济研究中心;郭铖,山西大学经济与管理学院。

中，2016年，大宗淡水鱼产量为2184.67万吨，占淡水养殖鱼类产量的77.59%，占淡水养殖产品产量的68.71%，占水产品总产量的31.66%[①]。大宗淡水鱼池塘养殖在中国渔业发展上有着非常重要的地位[②]。

在看到发展成就的同时，也应看到近30年来中国水产养殖业仍以粗放式增长为主（郑思宁等，2016），发展不平衡、不协调、不可持续的问题突出，亟需推广生态健康养殖模式，推进渔业供给侧结构性改革。2017年初原农业部发布的《全国渔业发展第十三个五年规划（2016—2020年）》明确了渔业发展减量增收的目标，指出要减少捕捞产量、促进养殖产量稳中有升。保持水产养殖总体稳定需要稳定池塘养殖，其关键是提高池塘养殖效率。资源的有效配置有利于提升效率和推进供给侧结构性改革。近年来政府大力培育生产要素市场，资金、劳动力和土地等生产要素在池塘养殖业中流动越发顺畅。

在学术界，很多学者已认识到生产要素流动会对农业生产效率产生影响（例如冒佩华、徐骥，2015；钱龙、洪名勇，2016）。但现有文献多聚焦于土地流转对农业生产效率的影响，且研究结论并不一致。在种植业方面，朱建军等（2011）、陈园园等（2015）认为，土地流转对农户的土地生产率和劳动生产率都有显著的正向影响。刘卫柏等（2017）、盖庆恩等（2017）认为，土地流转提高了农户的劳动生产率。钱龙、洪名勇（2016）发现，转入土地不会显著影响农户的劳动生产率，但会显著提升其土地生产率。再者，土地流转对不同农作物生产效率的影响也可能存在相异的结果，如土地流转能显著提高玉米种植的土地生产率，但会显著降低水稻种植的土地生产率（邹朝晖等，2017）。在畜牧养殖业方面，谭仲春、谭淑豪（2018）的研究表明，草地流转显著提高了牧户的技术效率。总体而言，已有文献分析了土地要素流动与农业生产效率的关系但并无定论，较少分析资本、劳动力要素流动与农业生产效率的关系。而在水产养

---

① 数据来源：农业部渔业渔政管理局（编）. 中国渔业统计年鉴2017 [M]. 北京：中国农业出版社，2017.

② 中国的大宗淡水鱼主要包括七种：青鱼、草鱼、鲢鱼、鳙鱼、鲤鱼、鲫鱼、团头鲂（亦称鳊、武昌鱼）。

殖业方面，分析生产要素流动与养殖效率的关系的文献更是鲜见。由于产业特性、产业发展阶段和生产要素组合形式都显著异于种植业和畜牧养殖业，生产要素流动是否能够提高水产养殖户的养殖效率？或者说流入生产要素的水产养殖户就具有更高的养殖效率吗？如果经验证据和传统认识不符，那么，政府就应及时思考渔业政策调整的必要性。

二、文献回顾

关于水产养殖效率测算的研究，国外学者主要利用养殖户调查数据进行技术效率测算，国内学者则是基于省级面板数据测算整个水产养殖业的全要素生产率、技术效率、纯技术效率和规模效率等，在测算的基础上比较区域差异。由于测算时主要采用 DEA 和 SFA 方法，国内学者的测算结果大体一致，认为 20 世纪末以来中国多数省份的水产养殖效率有显著改善（席利卿、彭可茂，2010；于淑华、于会娟，2012），但沿海地区和内陆地区水产养殖的全要素生产率增长模式不同（席利卿、彭可茂，2010）。一些学者基于宏观统计数据分析了中国水产养殖技术效率的影响因素。例如，孙炜琳等（2014）选取 2004—2011 年全国 18 个淡水养殖省份作为样本，发现淡水产品加工率和淡水养殖面积受灾率对淡水养殖技术效率的影响较大。万广珠、杨卫（2017）的研究表明，水产品加工率、水产品净出口率、人均水产养殖面积和技术推广机构的数量对水产养殖技术效率都产生显著的影响。

学者们基于养殖户调查数据探讨了水产养殖技术效率的影响因素。这些因素大致可分为四类：一是养殖户个体特征。男性的水产养殖技术效率要比女性高（Crentsil and Essilfie，2014；Inoni et al.，2017）。养殖户的年龄、接受正规教育年限、养殖年限对其水产养殖技术效率都有显著的正向影响（缪为民等，2003；Girei et al.，2013）。二是养殖户家庭特征。家庭人口规模和信贷可得性分别对养殖户的水产养殖技术效率产生负向影响和正向影响（Inoni et al.，2017）。独自经营的养殖户比联合经营的养殖户具有更高的水产养殖技术效率（Misra and Misra，2014）。三是池塘特征。池塘的使用年限和池塘深度对养殖户的水产养殖技术效率产生正向影响（Alam et al.，2012）。经营自有池塘的养殖户比经营租赁池塘的养殖户具有更高的水产养殖技术效率（Sharma and Leung，2000）。缪为民等（2003）、邢丽荣等（2014）的研究表明，池塘面积对养殖户的水产养殖技术效率有正向影响，但Samah et al.（2016）得出了相反的结论，而Misra and Misra（2014）则认为两者的关系并不确定。Adeogun et al.（2014）比较了使用水泥池、泥土池、塑料池和纤维池进行水产养殖的技术效率，指出使用纤维池养殖的技术效率最高。四是地区变量。但地区差异是不是解释水产养殖技术效率差异的显著因素仍需要深入探讨。除上述四类影响因素外，国内学者还分析了养殖户的技术培训参与情况、合作社参与情况、农机补贴获得情况以及养殖场的技术工人占比、标准化生产程度等对养殖户的水产养殖技术效率的影响（缪为民等，2003；邢丽荣等，2014；郑思宁等，2016）。

梳理文献发现，现有研究还存在一些不足之处：（1）对水产养殖效率的衡量指标侧重于使用全要素生产率和技术效率，忽略了较为直观且养殖户比较关心的微观指标，如池塘养殖的土地生产率、劳动生产率等。（2）国内基于水产养殖户调查数据去分析养殖效率的文献较少，即使有相关研究，也很少关注养殖户的资金、劳动力、土地等生产要素的流动对其水产养殖效率的影响。有鉴于此，本文拟基于国家大宗淡水鱼产业技术体系30个综合试验站监测的268个池塘养殖户的数据，从大宗淡水鱼池塘养殖的土地生产率和劳动生产率角度，考察池塘养殖户的生产要素流动与养殖效率的关系，以期为推进渔业供给侧结构性改革提供科学决策的依据。

三、研究方法、数据说明与变量选择

（一）研究方法

理性的池塘养殖户会流入短缺要素或流出富余要素，使家庭各种生产要素从"失配"状态调整到"适配"状态。池塘养殖户之间存在异质性，例如，他们拥有或经营的池塘总面积、可用于投资池塘养殖的资金、家庭从事池塘养殖的劳动力人数、池塘养殖知识储备和经验积累、池塘管理能

力等存在差异。异质性诱致池塘养殖户在养殖效率上有高低之分。通常而言,池塘养殖经验丰富和池塘管理能力较强的养殖户有着更高的养殖效率。知识学习和能力提升是以智力资本为支撑的,智力本身既是一种参与要素配置的重要资源,又作为杠杆调节其他要素的流向(王微,2005)。池塘养殖活动是养殖户对智力资本、资金、劳动力和土地等生产要素进行配置的过程。当资金、劳动力和土地要素中的一类或多类不能满足养殖户要素配置的需要时,该类要素就被视为养殖户池塘养殖活动中的"短板"要素。

当存在"短板"要素时,在利润最大化的驱动下,具有较高养殖效率的池塘养殖户就有动力从外部流入自己短缺的要素以补足"短板",这在池塘养殖活动中突出表现为扩大池塘规模或提高池塘养殖密度。随着池塘养殖的规模收益递减,这类池塘养殖户的养殖效率将逐渐下降并趋近行业平均水平。姚洋(2000)指出,土地的自由流转促使土地边际产出较小的农户将土地租让给土地边际产出较高的农户从而可能产生边际产出拉平效应。实际上,在要素市场完善的条件下,各类要素的自由流动都可能产生边际产出拉平效应。若某类要素市场完善,该要素可以自由流动,那么,均衡的结果就是池塘养殖户不论是否流入该类要素都可能不会呈现出明显的养殖效率差异。相反,若某类要素的流动遭受约束,流入和不流入该类要素的池塘养殖户间就可能存在明显的养殖效率差异。按此逻辑,本文研究将通过实证分析去考察池塘养殖户的资金、劳动力、土地要素流动与其养殖效率的关系。

进行计量模型检验时,不能忽略其他影响养殖效率的因素,包括池塘养殖户的个体特征、家庭特征、池塘特征、水产品销售渠道、区域养殖条件等。这些因素都应作为外生控制变量纳入模型。根据已有研究和数据可获得性,本文研究采用如下方程进行 OLS 估计,分别考察池塘养殖户的资金、劳动力和土地要素流入对其养殖效率的影响:

$$efficiency_i = C + \beta_1 finance_i + \sum_j \delta_j control_{ij} + \varepsilon_i \qquad (1)$$

$$efficiency_i = C + \beta_2 hirelabour_i + \sum_j \delta_j control_{ij} + \varepsilon_i \qquad (2)$$

$$efficiency_i = C + \beta_3 rentpond_i + \sum_j \delta_j control_{ij} + \varepsilon_i \tag{3}$$

上述式子中，$efficiency_i$ 表示第 i 个池塘养殖户的养殖效率；$finance_i$、$hirelabour_i$、$rentpond_i$ 分别表示第 i 个池塘养殖户的融资、雇佣长期工和承租村外池塘情况；$control_i$ 表示控制变量，j 表示控制变量的个数；β 和 δ 是估计参数，ε 是随机扰动项。

（二）数据说明

本文数据来源于 2015 年 9—10 月国家大宗淡水鱼产业技术体系的 30 个综合试验站对各自服务区域内大宗淡水鱼养殖户的实地调查。调查方案如下：第一，30 个综合试验站各抽取 3—5 个县作为样本县；第二，在每个样本县选取 2—5 个主养大宗淡水鱼的监测示范养殖户，并由试验站调查员对样本养殖户进行面对面问卷访谈。调查共获得来自全国 25 个省份的 323 份有效问卷①。由于本文主要目的是分析池塘养殖户的生产要素流动和养殖效率的关系，分析时剔除了既有池塘养殖又有湖泊、水库、河沟等非池塘养殖的样本，仅保留纯池塘养殖户样本，另外还剔除了数据缺失或为异常值的样本，最终得到 268 个有效样本用于本文研究。

在 268 个样本池塘养殖户中，融资的占 47.01%，雇佣劳动力的占 77.61%，在本村以外承租池塘的占 28.36%。将雇工分为雇佣短期工人和长期工人（分别简称为"短期工"和"长期工"），全部样本中未雇工的占 22.39%，只雇佣短期工的占 36.57%，只雇佣长期工的占 9.70%，同时雇佣短期工和长期工的占 31.34%。可见，多数池塘养殖户都雇佣过短期工，占到 67.91%。本文研究以融资反映资金要素流入，以雇佣长期工反映劳动力要素流入，以承租村外池塘反映土地要素流入。表 1 报告了样本池塘养殖户的要素流入情况。样本池塘养殖户中，全部要素都不需要流入的占 25.75%，流入 1 种要素的占 43.28%，流入 2 种要素的占

---

① 国家大宗淡水鱼产业技术体系的 30 个综合试验站分布于 25 个省（区、市），其中，湖北、江苏、湖南、四川和广东各有 2 个综合试验站，黑龙江、河北、山西、海南、青海、西藏无综合试验站，其余省（区、市）各有 1 个综合试验站。

19.78%，流入 3 种要素的占 11.19%。可以发现，池塘养殖户的要素流入现象已不鲜见，如果将劳动力要素流入放宽到包括雇佣短期工、土地要素流入放宽到包括承租村内池塘，那么，流入要素的池塘养殖户所占比重将更高。

表 1　　　　　　　　池塘养殖户要素流入情况

要素流入	流入 0 种要素	流入 1 种要素	流入 2 种要素	流入 3 种要素
融资		55（20.52%）	26（9.70%）[a]	
雇佣长期工	69（25.75%）	42（15.67%）	12（4.48%）[b]	30（11.19%）
承租村外池塘		19（7.09%）	15（5.60%）[c]	
合计	69（25.75%）	116（43.28%）	53（19.78%）	30（11.19%）

注：[a] 表示同时融资和雇佣长期工，[b] 表示同时雇佣长期工和承租村外池塘，[c] 表示同时融资和承租村外池塘；括号中的数字表示流入某种要素的池塘养殖户占总体样本池塘养殖户的比重。

表 2 汇报了样本池塘养殖户的基本特征。户主特征方面，平均年龄是 48.23 岁，其中 46—55 岁的占 50.75%；受教育程度为中等学历的占 77.98%；从事池塘养殖的时间普遍较长，养殖年限在 5 年及以下的占 10.82%，在 15 年以上的占 55.98%；专职养殖和兼职养殖的各占 50%；有非农就业经历的占 44.40%。家庭特征方面，家庭人口在 3—5 人的池塘养殖户占 73.51%；家庭有池塘养殖劳动力 2 人及以下的占 79.85%；户均池塘规模是 127.98 亩，其中，50 亩及以下的占 49.25%，51—150 亩的占 27.99%，150 亩以上的占 22.76%，虽然池塘养殖仍以传统的家庭小规模养殖为主，但公司化规模养殖正在日益发展；有家庭成员外出务工的占 34.33%；参加渔业合作社的占 65.30%。

（三）变量选择

根据本文的分析思路和数据的可获得性，各变量选取如下：

1. 被解释变量。用产出层面指标表示养殖效率。由于池塘养殖是以混养为主，同一口池塘内放养多种鱼类，如主养草鱼搭配少量鲤鱼和鳙鱼，主养鲤鱼搭配少量鳙鱼和鲫鱼等，有的养殖户还会主养大宗淡水鱼搭配其他小宗鱼类。样本池塘养殖户中，有 61.54% 的养殖户专养大宗淡水

表 2　　样本特征分布情况

户主特征	选项	人数（人）	比例（%）	家庭特征	选项	户数（户）	比例（%）
年龄	35 岁及以下	20	7.46	家庭人口规模	2 人及以下	17	6.34
	36—45 岁	68	25.37		3—5 人	197	73.51
	46—55 岁	136	50.75		6—8 人	49	18.28
	56—65 岁	42	15.67		8 人以上	5	1.87
	65 岁以上	2	0.75	家庭水产养殖劳动力人数	1 人及以下	65	24.25
受教育程度	小学及以下	19	7.09		2 人	149	55.60
	初中	103	38.43		3 人	32	11.94
	高中或中专	106	39.55		3 人以上	22	8.21
	大专及以上	40	14.93	家庭池塘规模	50 亩及以下	132	49.25
水产养殖年限	5 年及以下	29	10.82		51—150 亩	75	27.99
	6—15 年	89	33.21		151—250 亩	39	14.55
	16—25 年	86	32.09		251—350 亩	6	2.24
	26—35 年	56	20.90		350 亩以上	16	5.97
	35 年以上	8	2.99	家人是否外出务工	是	92	34.33
是否专职养鱼	是	134	50.00		否	176	65.67
	否	134	50.00	是否参加渔业合作社	是	175	65.30
是否有非农就业经历	是	119	44.40		否	93	34.70
	否	149	55.60	—	—	—	—

鱼，有 38.46% 的养殖户主养大宗淡水鱼搭配少量小宗鱼类，平均而言，大宗淡水鱼产量占到家庭池塘养殖总产量的 89.06%。对不同鱼类的养殖产量简单直接加总是不够科学的，还需要将价格信息考虑在内，故本文研究用产量和产值反映养殖效率，具体是用池塘的亩均产量、亩均产值表示土地生产率，用长期劳动力的劳均产量、劳均产值表示劳动生产率[①]。

[①] 李谷成等（2009）从成本利润率的角度考察过农户的生产效率。因难以获取池塘养殖户自家投入的劳动用工量数据，且自家投入劳动的机会成本存在差异，据此估算出的自家投入劳动的成本会存在较大偏差。若计算不含自家劳动力成本的成本利润率，则池塘养殖户的成本利润率将会被高估。鉴于此，本文放弃了以成本利润率指标来衡量养殖效率。

2. 核心解释变量。本文研究从是否流入要素和流入要素所占的比重两个层面衡量要素流入情况。（1）融资，包括是否融资、融资比重。（2）雇佣长期工，包括是否雇佣长期工、长期工比重。因多数养殖户不论池塘规模大小都有雇佣短期工的现象，较为普遍的如雇佣专业团队捕鱼清塘，但长期工不是"非雇不可"，所以，长期工的雇佣情况更能反映池塘养殖户的劳动力要素流入情况。（3）承租村外池塘，包括是否承租村外池塘、村外池塘比重。通常来说，承租村外池塘所需的交易费用高于承租村内池塘。若养殖户承租村外池塘，则意味着他有更强烈的池塘流入需求。

3. 其他控制变量。（1）亩均经营费用，包括苗种费、饲料费、水电费、渔机具折旧费、池塘承租费、雇工费、清塘消毒费等各项费用。（2）亩均劳动力数量，是考察池塘养殖户土地生产率时需要用到的变量，用自家投入池塘养殖的劳动力人数、长期工人数、短期工折算人数（按4:1折算）之和与池塘总面积之比来表示。（3）劳均经营池塘面积，是考察池塘养殖户劳动生产率时需要用到的变量，用池塘总面积与长期劳动力人数之比来表示①。（4）池塘规模，为池塘养殖户在自家承包地自挖池塘和承租池塘的面积总和。（5）池塘细碎化程度，用池塘的块均面积表示，单位为亩/块。（6）户主特征变量，包括户主年龄、户主水产养殖年限、户主受教育年限、户主是否专职养鱼、户主社会资本。（7）家庭特征变量，包括是否参加渔业合作社、是否接受技术培训。（8）销售渠道稳定性，以反映池塘养殖户的水产品市场参与方式，用"是否有稳定销售合作方"来测度。（9）地区虚拟变量。定义2014年淡水鱼类养殖产量超过省级平均产量的省（自治区、直辖市）为养殖主产区，反之为非养殖主产区②。

变量定义及描述性统计详见表3所示。

---

① 长期劳动力人数是养殖户自家投入池塘养殖的劳动力人数与雇佣的长期工人数之和。
② 据《中国渔业统计年鉴2015》（农业部渔业渔政管理局编，中国农业出版社出版）数据，2014年，全国31个省（区、市）淡水鱼类养殖总产量为2602.97万吨，省级平均产量为83.97万吨，超过省级平均产量的省份有江苏、安徽、江西、山东、河南、湖北、湖南、广东、广西和四川。

表 3　　变量定义与描述性统计

变量名称	变量说明	观测值	平均值	标准差	最小值	最大值
亩均产量	单位：公斤/亩，取对数	254	6.71	0.81	2.13	7.92
亩均产值	单位：元/亩，取对数	268	9.22	0.61	7.03	10.52
劳均产量	长期劳动力人均产量，单位：公斤/人，取对数	254	9.79	1.15	5.82	14.50
劳均产值	长期劳动力人均产值，单位：元/人，取对数	268	12.29	1.04	9.72	16.38
是否融资	融资=1，未融资=0	268	0.47	0.50	0	1
是否雇佣长期工	雇佣长期工=1，未雇佣长期工=0	268	0.41	0.49	0	1
是否承租村外池塘	承租村外池塘=1，未承租村外池塘=0	268	0.28	0.45	0	1
融资比重	融资额占养殖总投资的比重	112	0.36	0.22	0.05	1.00
长期工比重	长期工人数占长期劳动力人数的比重	110	0.57	0.19	0.20	1.00
村外池塘比重	村外池塘面积占池塘总面积的比重	76	0.77	0.25	0.23	1.00
亩均经营费用	单位：元/亩，取对数	265	8.97	0.66	6.51	10.46
亩均劳动力数量	自家投入的劳动力人数、长期工人数、短期工折算人数（按4∶1折算）之和与池塘总面积之比，单位：人/亩	268	0.10	0.11	0.00	0.77
劳均经营池塘面积	池塘总面积与长期劳动力人数之比，单位：亩/人，取对数	268	3.07	0.92	0.85	7.60
户主年龄	户主当年的年龄，单位：岁	268	48.23	8.22	24	67
户主水产养殖年限	户主从事水产养殖的年限，单位：年	268	17.97	9.43	2	40
户主受教育年限	按文盲=0、小学=6、初中=9、高中或中专=12、大专及以上=15折算，单位：年	268	10.87	2.47	6	15

续表

变量名称	变量说明	观测值	平均值	标准差	最小值	最大值
户主是否专职养鱼	户主是否专职养鱼；是=1，否=0	268	0.50	0.50	0	1
户主社会资本	户主是否党员或村民代表；是=1，否=0	268	0.42	0.49	0	1
池塘规模	在自家承包地自挖池塘和承租池塘的面积总和，单位：亩，取对数	268	4.12	1.12	1.10	7.80
池塘细碎化程度	池塘的块均面积，单位：亩/块	268	24.69	52.49	1.13	408.20
是否参加渔业合作社	是否参加渔业合作社；是=1，否=0	268	0.65	0.48	0	1
是否接受技术培训	是否接受过饲料投喂技术培训；是=1，否=0	268	0.85	0.36	0	1
销售渠道稳定性	是否有稳定销售合作方；是=1，否=0	268	0.56	0.50	0	1
养殖主产区	是否养殖主产区；是=1，否=0	268	0.47	0.50	0	1

四、实证结果及分析

（一）融资与养殖效率

从土地生产率看，表4（1）列显示，池塘养殖户是否融资对其亩均产量没有显著的影响，（5）列显示，融资比重对亩均产量也没有显著的影响。但（2）列显示，发生融资的池塘养殖户的亩均产值要低于未发生融资的池塘养殖户，且在10%的水平上显著；（6）列显示，随着融资比重上升，池塘养殖户的亩均产值是显著下降的，融资比重对池塘养殖户亩均产值的负向影响在5%的水平上显著。从劳动生产率看，表4（3）列和（7）列显示，是否融资和融资比重对池塘养殖户的劳均产量都没有显著的影响，但（4）列和（8）列显示，是否融资和融资比重对池塘养殖户的劳均产值都有显著的负向影响。因此，模型估计结果表明，无论是从土地生产率还是劳动生产率的角度，融资对池塘养殖户以"产值"衡量的养殖效率有着显著的负向影响，但对池塘养殖户以"产量"衡量的养殖效率没有显著的影响。

表4　　　　　　　融资与池塘养殖效率关系的模型估计结果

	(1)	(2)	(3)	(4)	(5)	(6)	(7)	(8)
	亩均产量	亩均产值	劳均产量	劳均产值	亩均产量	亩均产值	劳均产量	劳均产值
是否融资	-0.021	-0.058*	-0.007	-0.060*				
	(0.107)	(0.030)	(0.105)	(0.030)				
融资比重	—	—	—	—	-0.149	-0.592**	-0.110	-0.569**
					(0.289)	(0.277)	(0.309)	(0.268)
亩均经营费用	0.630***	0.813***	0.637***	0.803***	0.778***	0.745***	0.765***	0.736***
	(0.078)	(0.031)	(0.080)	(0.034)	(0.102)	(0.068)	(0.104)	(0.070)
控制变量	已控制	已控制	已控制	已控制	已控制	已控制	已控制	已控制
R_2	0.299	0.804	0.651	0.935	0.396	0.738	0.603	0.879
Prob > F	0.000	0.000	0.000	0.000	0.000	0.000	0.000	0.000
观测值数	251	265	251	265	104	111	104	111

注：回归估计时，(5)—(8)列为发生融资的池塘养殖户样本；括号中数字为稳健标准误；*、**和***分别表示在10%、5%和1%的水平上显著；为节约篇幅，截距项和控制变量的估计结果省略，下同。

融资对池塘养殖户以"产值"衡量的养殖效率产生显著的负向影响，其原因可能是融资资金成本显性化降低了发生融资的池塘养殖户的投资力度。亩均经营费用变量对各养殖效率指标都产生了显著的正向影响，这与理论预期是一致的，也与池塘高密度养殖技术日益成熟的现实相符。大宗淡水鱼池塘养殖属于资本密集型产业，高密度放养和高频率"捕大留小"对资本投入的需求非常大，理论上讲是高投入带来高产出，但由于边际收益递减规律的作用，池塘养殖户是根据成本、风险和收益作出资本投入决策。也正是因为利用外部资金的成本是显性的，利用自有资金的成本是隐性的，发生融资的池塘养殖户的资金成本要比未发生融资的池塘养殖户高。当池塘养殖户投入资金遵循资金边际报酬等于边际成本的原则时，发生融资的池塘养殖户的亩均资金投入就要普遍低于未发生融资的池塘养殖户。样本中，发生融资的池塘养殖户的亩均资金投入为9193元，未发生融资的池塘养殖户为9854元，前者比后者低6.71%。进一步分析发现，发生融资的池塘养殖户的亩均资金投入随着融资比重的上升而先增后减，呈"倒U型"[①]。这是因为适度融资确实能起到缓解资金短缺的作用，但当融资比重上升到一定程度后，使用更多外部资金意味着显性化的资金成本增加和还款压力加重。如果发生融资的池塘养殖户继续追求高投入高密度养殖，那么他的盈亏平衡点和养殖风险都在提升，其理性选择应是通过减少投入降低养殖密度去规避养殖风险，不再纯粹地追求增加亩均产值和亩均利润，而是追求合理的亩均成本利润率[②]。

融资对池塘养殖户以"产值"衡量的养殖效率产生显著的负向影响，其原因也可能是融资资金在偿还时间上的强约束性不利于发生融资的池塘养殖户"压塘"等待更有利的出售时机。低产值可能是低价格造成的，即发生融资的池塘养殖户在价格低迷的行情下更可能会被动出售大宗淡水鱼。一是"借钱"融资有时限约束。池塘养殖户通过金融机构或亲友熟人等渠道融资都有着明确的还款日期，当还款日期临近时，不管成鱼价格是否低迷，其现实选择是"捕大留小"，出售规格较大的成鱼以便按时偿还债务。虽然通过亲友熟人等非正规金融渠道融资的还款时限约束会弱一些，但这类融资的突发性催还借款风险却更强一些。二是供应链融资也有时限约束。当前饲料成本已成为池塘养殖的最主要成本，不少池塘养殖户向饲料生产厂家、饲料经销商赊购饲料，而双方对赊购时限、赊购额度也

---

① 发生融资的池塘养殖户样本中，融资比重在（0, 0.18]、(0.18, 0.36]、(0.36, 0.52]、(0.52, 1]区间的分别占14.55%、47.27%、20.00%、18.18%，对应的亩均资金投入分别为9294元、9901元、9146元、7431元。

② 通常来说，饲料使用量随着池塘放养密度的升高而增加，水质环境随之变差，鱼群爆发病害的概率上升，鱼群成活率有所下降。鱼苗投放量和饲料使用量的大幅增加可能只带来了亩均产量的小幅增加，高密度养殖反而会提高养殖成本和降低成本利润率。在养殖技术和配套设施没有大变革的情形下，融资的池塘养殖户适当减少投入和降低养殖密度，虽然会降低亩均利润额，却能够提高成本利润率因而显得更加"经济"。

是有着明确的约定。这也迫使发生融资的池塘养殖户在面临低迷的行情时不得不选择捕捞出售部分成鱼。实际上，融资资金偿还时间的强约束性降低了发生融资的池塘养殖户成鱼"压塘"的自由度，他们在更有利的时机时出售成鱼的选择空间反而更小。

大宗淡水鱼池塘养殖业出现以"产值"衡量的"融资低效"现象，在某种程度上是池塘养殖户应对当前农村金融和水产养殖保险发展滞后的结果。在农村金融层面，一方面是池塘养殖户缺少投资渠道，富余闲散资金主要流向银行储蓄以致保本增值空间较小和机会成本较低，进而池塘养殖户使用自有资金容易出现成本隐性化，最终可能导致了池塘养殖资金投入"内卷化"；另一方面是农村金融服务未能有效契合池塘养殖业的产业特性，尤其是贷款期限和还款方式不能根据池塘养殖户为应对市场行情变化而"压塘"延长养殖期进行动态调整，池塘养殖户在享受融资好处的同时也戴上了不利情形下"割肉"还款的"紧箍咒"。在水产养殖保险层面，池塘养殖具有投入大风险高的特点，但淡水鱼养殖政策性保险目前仅在江苏、安徽、宁夏等少数地区试点，而且对参保对象设置了养殖规模门槛，保险金额也远低于养殖成本①，保费补贴基本由地方财政承担，淡水鱼养殖保险工作的开展严重滞后于淡水鱼养殖业的发展。规模小的养殖户不能参保，规模大的养殖户不愿参保，减少投入和合理控制养殖密度成为池塘养殖户自我降险的重要策略。

（二）雇佣长期工与养殖效率

从土地生产率看，表5（1）列显示，是否雇佣长期工对池塘养殖户亩均产量的负向影响在10%的水平上显著。（2）列显示，是否雇佣长期工对池塘养殖户的亩均产值没有显著的影响。（5）列和（6）列分别显示，长期工比重对池塘养殖户的亩均产量和亩均产值没有显著的影响。从

---

① 例如，江苏省张家港市要求养殖规模在30亩以上，常规鱼类和特种鱼类的保险金额分别为3000元/亩和5000元/亩，保险费率都是6%；安徽合肥市要求养殖规模在50亩以上，保险金额为2000元/亩，保险产量为750公斤/亩，保险费率为8%。

劳动生产率看，表 5（3）列显示，是否雇佣长期工对池塘养殖户的劳均产量产生负向影响，且在 10% 的水平上显著，而在（4）列中，是否雇佣长期工对池塘养殖户的劳均产值没有显著的影响。（7）列和（8）列分别显示，长期工比重对池塘养殖户的劳均产量和劳均产值没有显著的影响。从表 5 可以看出，大宗淡水鱼池塘养殖户在雇佣长期工上的差异并没有引起以"产值"衡量的养殖效率的明显差异。

表 5　　　　雇佣长期工与池塘养殖效率关系的模型估计结果

	（1）	（2）	（3）	（4）	（5）	（6）	（7）	（8）
	亩均产量	亩均产值	劳均产量	劳均产值	亩均产量	亩均产值	劳均产量	劳均产值
是否雇佣长期工	-0.025*	0.039	-0.272*	0.013	—	—	—	—
	(0.105)	(0.059)	(0.142)	(0.053)				
长期工比重	—	—	—	—	0.847	-0.149	0.753	-0.162
					(0.928)	(0.128)	(1.002)	(0.121)
控制变量	已控制	已控制	已控制	已控制	已控制	已控制	已控制	已控制
R_2	0.308	0.803	0.657	0.934	0.232	0.880	0.610	0.958
Prob > F	0.000	0.000	0.000	0.000	0.000	0.000	0.000	0.000
观测值数	251	265	251	265	104	109	104	109

注：回归估计时，（5）—（8）列为雇佣长期工的池塘养殖户样本；括号中数字为稳健标准误；* 表示在 10% 的水平上显著。

雇佣长期工不会显著影响池塘养殖户以"产值"衡量的养殖效率，可能的原因是长期工投入具有较强的可替代性。池塘养殖不是劳动密集型产业，雇佣的长期工主要用于人工辅助投喂饲料、适时开关增氧设备和池塘守护等活动，这些活动不需要长期工具备较高的养殖技术和管理能力，所以，长期工不属于专用性资产，其可替代性是非常强的。一是池塘养殖户通过投入更多的自有劳动来替代雇佣长期工。在缺少其他就业机会的情况下，池塘养殖户自有劳动的机会成本很低，同时家庭自有劳动与池塘养殖中的其他可变投入更容易形成互补性，因而有的池塘养殖户宁愿放弃闲暇机会或提高劳动强度也不选择雇佣长期工。表 6 显示，未雇佣长期工的池塘养殖户亩均投入长期劳动力 0.077 人，而雇佣长期工的池塘养殖户为

0.054人,组间长期劳动力投入差异较为明显。二是通过雇佣更多的短期工去替代长期工。相较于雇佣长期工,雇佣短期工具有市场大、灵活性强、劳动易于监督和计量的特点,池塘规模小的养殖户更倾向于选择"自有劳动+雇佣短期工"的劳动力配置。表6也显示,未雇佣长期工的池塘养殖户亩均雇佣短期工0.186人,而雇佣长期工的池塘养殖户为0.055人,前者是后者的3.38倍。三是通过增加机械设备和引入新的管理方式来替代长期工。例如使用自动投饵机、安装池塘监控设备、添置水温和溶氧度监测设备等。这在本质上是资本对劳动的替代。

雇佣长期工与以"产值"衡量的养殖效率无关的论点是有实践基础的。结合池塘经营规模来看,未雇佣长期工的池塘养殖户和雇佣长期工的池塘养殖户的户均池塘规模分别为59.33亩和226.59亩(见表6)。前者池塘规模小但劳动力投入多,走的是劳动投入"过密型"道路;后者池塘规模大,虽雇佣长期工但户均雇佣约4人,以雇佣长期工1—3人居多(占70.6%),他们在适量雇佣长期工的基础上倾向于使用更多机械设备和采用新型管理方式,走的是"科技型"道路。这两种相异的池塘经营方式都以池塘养殖户的家庭要素禀赋为基础,当家庭要素禀赋没有发生大的变化时,他们的池塘经营方式将会保持惯性。因此,当前中国淡水鱼池塘养殖业是两条发展道路并存且还将维持较长一段时间。但随着淡水鱼池塘养殖业的信息化、组织化程度及装备水平持续提高,池塘养殖户的要素禀赋和比较优势将发生变化。科技的不断介入将使"过密型"池塘养殖户和"科技型"池塘养殖户呈现出此消彼长的态势,"过密型"池塘养殖户逐渐从自我雇佣转为短期工甚至长期工,"科技型"池塘养殖户则进一步扩大规模、适度雇工和使用更多科技要素。两类池塘养殖户的职业分化将成为未来中国水产养殖业转型升级的重要结果。

表6 雇佣长期工养殖户和未雇佣长期工养殖户的劳动力投入比较

	样本数	户均池塘规模（亩）	长期劳动力（人/亩）	雇佣短期工（人/亩）	总劳动力（人/亩）
雇佣长期工养殖户	110	226.59	0.054	0.055	0.068

续表

	样本数	户均池塘规模（亩）	长期劳动力（人/亩）	雇佣短期工（人/亩）	总劳动力（人/亩）
未雇佣长期工养殖户	158	59.33	0.077	0.186	0.124
均值差	—	167.26***	-0.023***	-0.131***	-0.056***

注：计算亩均总劳动力投入时，短期工按4:1折算，长期工按14:1折算；*** 表示两组样本均值之差在1%的水平上显著异于0。

（三）承租村外池塘与养殖效率

表7（1）列和（2）列、（5）列和（6）列估计结果表明，是否承租村外池塘、村外池塘比重对池塘养殖户的土地生产率没有显著的影响。（3）列和（4）列、（7）列和（8）列估计结果表明，是否承租村外池塘、村外池塘比重对池塘养殖户的劳动生产率也没有显著的影响。可以说，池塘养殖户经营村内池塘和经营村外池塘并不会因池塘区位不同而使得养殖效率出现明显差异。

表7　承租村外池塘与池塘养殖效率关系的模型估计结果

	（1）	（2）	（3）	（4）	（5）	（6）	（7）	（8）
	亩均产量	亩均产值	劳均产量	劳均产值	亩均产量	亩均产值	劳均产量	劳均产值
是否承租村外池塘	-0.008 (0.094)	-0.020 (0.050)	0.002 (0.095)	-0.031 (0.056)	—	—	—	—
村外池塘比重	—	—	—	—	0.239 (0.602)	0.156 (0.244)	0.267 (0.585)	0.143 (0.261)
控制变量	已控制	已控制	已控制	已控制	已控制	已控制	已控制	已控制
R_2	0.299	0.802	0.651	0.934	0.660	0.722	0.816	0.885
Prob > F	0.000	0.000	0.000	0.000	0.000	0.000	0.000	0.000
观测值数	251	265	251	265	68	76	68	76

注：回归估计时，（5）—（8）列为承租村外池塘的池塘养殖户样本；括号中数字为稳健标准误。

从池塘来源看，样本池塘养殖户中全部池塘都在本村内承租或自挖的占71.64%，全部池塘都在村外承租的占26.49%，既在本村内承租或自挖池塘又在村外承租池塘的仅占1.87%。对池塘养殖户而言，村内池塘和村外池塘不仅在池塘区位上有差异，区位差异的背后可能是养殖用水、池塘土质、交通条件等养殖环境的差异以及因池塘经营权获取方式不同导致的养殖投入差异。模型估计结果表明，样本池塘养殖户经营村外池塘和经营村内池塘在养殖效率上没有明显差异，那么，究竟是村内村外池塘的养殖环境、养殖户的养殖投入都不存在明显差异，还是村内村外池塘养殖环境、养殖户的养殖投入本身就对养殖效率没有影响？笔者设计养殖户调查问卷时对影响水产养殖产量和水产品品质的因素分别设置了问题。统计发现，样本池塘养殖户认为池塘水质、饲料质量、养殖技术和鱼苗质量均是影响水产养殖产量和水产品品质的主要因素。因此，解释池塘来源与养殖效率的关系时应重点比较村内村外池塘养殖环境和池塘养殖户的养殖投入。

村外池塘和村内池塘的养殖用水环境并无明显差异。表8分组显示了样本池塘养殖户的池塘水源和水质情况。不管是经营村外池塘还是经营村内池塘，池塘养殖户都主要依靠河湖沟渠来为池塘补水。样本中，村外池塘养殖户通过河湖沟渠来为池塘补水的占67.57%，村内池塘养殖户的这一比重为61.17%，前者比后者高出6.4个百分点。在养殖过程中，村外池塘养殖户样本中出现过水源短缺的占36.49%，该比重在村内池塘养殖户样本中为33.51%。这说明，样本池塘养殖户经营村外池塘和村内池塘所面临的养殖水源约束是相差不大的。从养殖水质看，根据《地表水环境质量标准》（GB3838—2002）制定的水域环境功能和保护目标，Ⅱ类水适用于鱼虾类产场，Ⅲ类水适用于水产养殖区等渔业水域。在样本池塘养殖户中，池塘养殖用水的水质以Ⅱ类水和Ⅲ类水为主，村外池塘养殖户中养殖水质为Ⅱ类水和Ⅲ类水的合占80.00%，该比重在村内池塘养殖户中为82.85%。在池塘养殖过程中调节水质是非常必要的。不管经营的是村内池塘还是村外池塘，样本池塘养殖户都会采取加注新水、搅动底泥、使用增氧剂等多种方式自行调节水质。统计也表明，样本池塘养殖户中拥有耕水机、水质调控机等水质调控设备的人并不多，其中，村外池塘养殖户中拥有水质调控设备的有14.86%,村内池塘养殖户的这一比重为13.83%。总体而言,样本池塘养殖户的池塘水源条件、水质及水质调控设备拥有情况并未因池塘区位不同而有明显差异。

表8 养殖户村外池塘和村内池塘的水源条件及水质比较

	样本数	养殖水源	曾发生过水源短缺	养殖水质	自行调节水质	拥有水质调控设备
村外池塘养殖户	74	河湖沟渠（67.57%） 地下水（21.62%） 雨水（28.38%） 其他（16.22%）	36.49%	II类（32.31%） III类（47.69%） IV类（16.92%） V类（3.08%）	98.65%	14.86%
村内池塘养殖户	188	河湖沟渠（61.17%） 地下水（32.98%） 雨水（23.40%） 其他（16.49%）	33.51%	II类（45.14%） III类（37.71%） IV类（12.00%） V类（5.14%）	96.81%	13.83%

注：表中的百分比数值为样本养殖户的比重；养殖水源为多选项，养殖水质为单选项；剔除了未回答的样本；养殖户既在村内承租或自挖池塘又在村外承租池塘的，纳入村外池塘养殖户组（表9和表10按同样方式处理）。

村外池塘和村内池塘的土质总体上没有明显差异。土质与土壤通气、保肥、保水状况及养殖捕捞的难易程度有密切关系。据样本池塘养殖户反映，池塘土质对水产养殖产量和水产品品质都有一定程度的影响。考察村外池塘和村内池塘的土质，发现两者大体相当，在所调查的村外池塘养殖户、村内池塘养殖户中,池塘土质为粘土的养殖户分别占对应样本组的46.58%和49.47%(见表9)。池塘土质为壤土和砂土的养殖户在对应样本组中所占比重虽有差异,但差别不是很大。可能的原因是样本池塘养殖户承租的村外池塘大多还是在本县范围内,同一县域范围内池塘的水环境和土质通常不会有较大差异。此外,样本池塘养殖户认为池塘所在地的交通条件总体上都是比较好的,组间均值 t 检验说明两者没有显著差异。

表9　养殖户村外池塘和村内池塘的土质及交通条件比较

	样本数	池塘土质		池塘交通条件
村外池塘养殖户	73	粘土（46.58%） 砂土（21.92%）	壤土（16.44%） 其他（15.07%）	2.00
村内池塘养殖户	188	粘土（49.47%） 砂土（19.68%）	壤土（24.47%） 其他（6.38%）	1.92

注:表中的百分比数值为样本养殖户的比重;剔除了未回答的样本;对池塘交通条件进行数值化处理:很好=1,较好=2,一般=3,较差=4,很差=5。

比较样本池塘养殖户在村外池塘和村内池塘的养殖投入情况。村外池塘养殖户样本的户均池塘规模为182.76亩,村内池塘养殖户样本的户均池塘规模为107.99亩,两者相差约75亩,且该差异通过了10%水平的显著性检验(见表10)。然而,两组池塘养殖户的亩均池塘承包费、亩均劳动力投入和亩均短期经营费用虽略有差异,但组间均值都没有显著差异。平均而言,经营村外池塘养殖户的短期经营费用要比经营村内池塘养殖户高出1104元/亩。这一方面可能是因为村外池塘的承包费稍高于村内池塘;另一方面是因为经营村外池塘需要雇佣更多长期工从而增加了雇工费用,两类池塘养殖户雇佣的长期工占长期劳动力比重的差异就说明了这一点,经营村外池塘养殖户的该比重为34.65%,经营村内池塘养殖户为18.70%。但是,与池塘养殖产量和水产品品质关系比较密切的鱼苗费用、饲料费用在两组养殖户之间差别不大,池塘养殖户在投放鱼苗和投喂饲料时并未过多考虑村内村外池塘。这主要是因为大宗淡水鱼的成鱼养殖周期较短,养殖户的鱼苗和饲料投入资金可以较快回笼。

表 10　　养殖户村外池塘和村内池塘的养殖投入比较

	样本数	户均池塘规模（亩）	池塘承包费（元/亩·年）	长期劳动力（人/亩）	雇佣短期工（人/亩）	总劳动力（人/亩）	经营费用（元/亩）
村外池塘养殖户	76	182.76	863.77	0.069	0.114	0.097	10429.34
村内池塘养殖户	186	107.99	703.46	0.066	0.133	0.099	9325.22
均值差	—	74.77*	160.31	0.003	−0.019	−0.002	1104.12

注：计算亩均劳动力投入时，短期工按 4∶1 折算，长期工按 1∶1 折算；计算池塘承包费时，剔除了承包费为 0 和未回答的样本，村外池塘养殖户是 73 户，村内池塘养殖户是 174 户；* 表示两组样本均值之差在 10% 的水平上显著异于 0。

大宗淡水鱼池塘养殖户经营村内村外池塘与养殖效率无关，这可能是养殖水面经营管理制度不断完善和池塘经营权交易市场发育的结果。池塘多选址于给排水、土地蓄水、交通条件等养殖环境较好的地区，前文分析也说明了村外池塘和村内池塘的养殖环境并无明显差异。随着养殖水面经营管理制度的完善，池塘养殖户不再局限于本村组集体的成员，在开放条件下池塘承包费成了反映池塘质量的有效工具。村组集体为了获取更多的池塘租赁收入而投资改造池塘或为养殖户改造池塘提供便利。村组集体对集体所有的池塘进行竞投租赁管理和改造缩小了不同区位池塘的质量差距。实际上，养殖户承租村外池塘还是村内池塘的决策会受到不同区位池塘质量的影响，同时又会反过来刺激不同区位池塘质量趋同化。当池塘养殖环境和养殖户投入都相近时，池塘位于村外还是村内仅是空间位置上的差异，此时的池塘只是水产养殖用来蓄水的"水箱"，其区位基本上就不再是影响养殖效率的重要因素了。当然，村外池塘和村内池塘养殖环境无差异的论点还需要通过更多养殖户样本去检验，毕竟本文研究中的池塘养殖户样本量小且均为养殖示范户，可能存在样本选择问题。

五、结论与启示

本文使用国家大宗淡水鱼产业技术体系综合试验站监测的 268 个大宗

淡水鱼池塘养殖户调查数据，以池塘的亩均产量、亩均产值表示土地生产率，以长期劳动力的劳均产量、劳均产值表示劳动生产率，分别从土地生产率和劳动生产率角度考察了池塘养殖户的资金、劳动力和土地要素流入与养殖效率的关系。研究结果显示：融资对以单位产值衡量的养殖效率产生显著的负向影响，但对以单位产量衡量的养殖效率不产生显著的影响；雇佣长期工对以单位产值衡量的养殖效率不产生显著的影响；承租村外池塘对以单位产值和单位产量衡量的养殖效率都不产生显著的影响。本文进一步分析认为，池塘养殖业"融资低效"可能是融资成本显性化、还款时限硬约束和淡水鱼养殖保险发展滞后所致。劳动力投入的强可替代性使得养殖效率与雇佣长期工无关。池塘租赁市场打破了村组边界，促使不同区位池塘的养殖环境改善并趋近，进而引致养殖效率与池塘区位无关。诚然，这些结论具有很强的产业特性。

结合以上研究结论，今后促进大宗淡水鱼池塘养殖业健康发展应注重如下几点：第一，为池塘养殖户提供差异化的金融服务。一方面，要为资金富余的养殖户打通资金出路，拓宽资金保值增值渠道，提高其使用自有资金的成本意识，降低池塘养殖业资金投入"内卷化"；另一方面，要瞄准淡水鱼池塘养殖经营活动的特征，为融资养殖户设计还款期限和方式灵活的贷款产品，同时还应加快推进以饲料供应为核心环节的供应链金融创新。第二，加强淡水鱼养殖政策性保险体系建设，完善中央、省、市三级财政支持体系，积极探索区域产量保险、气象灾害保险等产品，建立由政府、保险机构和养殖户等多方参与的巨灾风险共担机制。第三，强化池塘密集地区农民的水产养殖技能培训，既要培育池塘经营的专业人才又要培养水产养殖的职业工人，促进养殖户分工分业，还应加强劳动节约型机具设备的研发推广，以便适应农村劳动力日渐短缺的形势。第四，继续消除养殖户异地承租池塘的体制机制障碍，优化区域间人地资源配置。

需要指出的是，受制于研究经费和调查难度，本次调查的池塘养殖户样本量并不大，且均为具有一定养殖规模的示范户，因此，本文的一些研究结论还需要通过更广泛地采集样本去做进一步审慎检验。本文另一个不足之处在于养殖效率和要素流入之间可能存在互为因果的关系，但因未能获取到与本文研究相关的养殖户面板数据,也尚未找到比较合适的工具变量,故本文并未讨论内生性问题。此外,本文结论是基于对大宗淡水鱼池塘养殖户的分析所得出,具有较明显的产业特性,如果以粮食种植户为分析对象,所得结论可能会是另一番景象。笔者将在下一步研究中重点解决上述不足并进行产业比较分析。

参考文献

[1] 陈园园,安详生,凌日萍. 土地流转对农民生产效率的影响分析——以晋西北地区为例 [J]. 干旱区资源与环境, 2015 (3).

[2] 盖庆恩,朱喜,程名望,史清华. 土地资源配置不当与劳动生产率 [J]. 经济研究, 2017 (5).

[3] 李谷成,冯中朝,范丽霞. 小农户真的更加具有效率吗?来自湖北省的经验证据 [J]. 经济学(季刊), 2009 (1).

[4] 刘卫柏,郑爱民,彭魏倬加,李中. 农村土地流转与劳动生产率变化——基于 CIRS 调查数据的实证分析 [J]. 经济地理, 2017 (12).

[5] 冒佩华,徐骥. 土地制度、土地经营权流转与农民收入增长 [J]. 管理世界, 2015 (5).

[6] 缪为民,袁新华,钱继仁,苏雪英. 鲤科鱼类池塘养殖技术效率的研究 [J]. 中国渔业经济, 2003 (4).

[7] 钱龙,洪名勇. 非农就业、土地流转与农业生产效率变化——基于 CFPS 的实证分析 [J]. 中国农村经济, 2016 (12).

[8] 孙炜琳,刘佩,高春雨. 我国淡水养殖渔业技术效率研究——基于随机前沿生产函数 [J]. 农业技术经济, 2014 (9).

[9] 谭仲春,谭淑豪. 草地流转与牧户效率:"能人"效应还是"资源平衡"效应? [J]. 中国人口·资源与环境, 2013 (3).

[10] 万广珠,杨卫. 中国水产养殖技术效率测算及分析 [J]. 中国渔业经济, 2017 (4).

[11] 王微. 智力资本——资源配置中的新要素 [J]. 现代情报,

2005 (3).

[12] 席利卿, 彭可茂. 技术进步、技术效率与中国渔业增长分析 [J]. 中国科技论坛, 2010 (3).

[13] 邢丽荣, 徐翔, 林连升. 江苏省水产养殖技术效率与影响因素分析 [J]. 江苏农业科学, 2014 (10).

[14] 姚洋. 中国农地制度: 一个分析框架 [J]. 中国社会科学 2000 (2).

[15] 于淑华, 于会娟. 中国沿海地区渔业产业效率实证研究——基于 DEA 和 Malmquist 指数分析 [J]. 中国渔业经济, 2012 (3).

[16] 郑思宁, 刘强, 郑逸芳. 规模化水产养殖技术效率及其影响因素分析 [J]. 农业工程学报, 2016 (20).

[17] 朱建军, 郭霞, 常向阳. 农地流转对土地生产率影响的对比分析 [J]. 农业技术经济, 2011 (4).

[18] 邹朝晖, 宋戈, 陈藜藜. 黑龙江省粮食主产区土地流转对土地生产率影响效果的实证研究 [J]. 经济地理, 2017 (4)。

[19] Adeogun, O. A., T. Alimi, and R. Adeyemo. Comparative Analysis of Profitability and Technical Efficiency of Fish Farming Using Different Rearing Techniques in Nigeria [J]. Asian Journal of Agricultural Extension, 2014, 3 (5): 405 – 418.

[20] Alam, M. F., M. A. Khan, and A. Huq. Technical Efficiency in Tilapia Farming of Bangladesh: A Stochastic Frontier Production Approach [J]. Aquaculture International, 2012, 20 (4): 619 – 634.

[21] Girei, A. A., B. Dire, M. M. Iliya, and M. Salihu. Stochastic Frontier Production Function on the Resource Use Efficiency of Fadama Ii Crop Farmers in Adamawa State, Nigeria [J]. European Journal of Agricultural and Forestry Research, 2013, 1 (2): 1 – 15.

[22] Inoni, O. E., O. D. Ogisi, and F. O. Achoja. Profitability and Technical Efficiency in Homestead Catfish Production in Delta State, Nigeria [J]. Economics of Agriculture, 2017, 64 (4): 1449 – 1465.

[23] Misra J., and S. R. Misra. Technical Efficiency of Fish Farms in West Bengal: Nature, Extent and Implications [J]. Agricultural Economics Research Review, 2014, 27 (2): 221-232.

[24] Samaha, R., R. Kamaruddinb, and L. H. Eam. Efficiency Analysis of Pond Fish Culture System in Negeri Kedah and Pulau Pinang: Data Envelopment Analysis Approach [J]. International Journal of Sciences: Basic and Applied Research, 2016, 27 (1): 154-166.

[25] Sharma, K., and P. Leung. Technical Efficiency of Carp Production in India: A Stochastic Frontier Production Function Analysis [J]. Aquaculture Research, 2000, 31 (12): 937-947.

把握消费转型特征和趋势
引领渔业供给侧结构性改革[*]

张静宜 陈 洁 刘景景

中国是水产品生产、贸易和消费大国。当前，我国水产品供给总量充足，城乡居民水产品消费稳定增长并呈现明显的转型升级特征。同时渔业发展方式粗放、发展不平衡不协调、结构不合理不可持续的问题凸显，水产品供给质量难以满足人们日益增长的改善需求。2016 年，农业部提出"提质增效、减量增收、绿色发展、富裕渔民"的渔业转方式调结构的要求，深入推进渔业供给侧结构性改革。增加市场有效供给，补齐产品和服务短板，不断满足城乡居民日益增长的消费需求，是今后一个时期渔业供给侧结构性改革面临的主要任务。为此，需要准确把握水产品消费转型特点和趋势，发挥消费对产业的引领导向作用，有重点、有针对性地推进渔业供给侧结构性改革。

---

[*] 本文为国家大宗淡水鱼产业技术体系建设专项 CARS – 45 – 30 产业经济研究的研究成果。本文调查数据来自 2016 年水产品消费者调查，该调查共获得样本 767 份；调查框架和问卷设计由体系产业经济岗位负责。

一、水产品消费主要特征

1. 消费数量稳中有增。水产品消费主要受人口规模、家庭收入、城市化进程及饮食习惯四大因素影响。改革开放以来，随着收入、生活水平的提高和城市化进程的推进，居民消费水平逐渐提高、质量显著改善，食品消费结构经历了由生存型、温饱型到享受型的转变，集中表现为粮食消费比重下降，肉、蛋、奶和水产品消费增长。以低脂肪、高蛋白为主要特征的水产品消费规模不断扩大，在居民食品消费中逐渐占据重要地位。我国城乡居民家庭人均水产品的消费量均有增长，统计数据显示，2017年我国城镇居民和农村居民人均水产品消费量则分别为14.8公斤/人和7.4公斤/人，比2000年的水平高出26.5%和92.3%。分阶段来看，1985—2000年城乡人均水产品消费年均增速分别为2.7%和6.1%，2000—2010年城乡人均水产品消费年均增长2.7%和2.9%，2010—2017年城乡人均水产品消费年均消费增长0.1%和3.3%，水产品消费数量呈现由快速增长转为稳定增长的趋势。美、日、韩等发达国家在经历20世纪80年代的水产品消费高速增长后转为平稳发展。全球水产品产量已进入平稳增长期，年均增长率在2%左右，人均消费量也保持稳步增长，这是世界水产品消费发展的大趋势。

2. 消费结构加快转型。消费数量增长的同时，结构也出现明显的转型特征。一是消费常态化，根据2017年大宗淡水鱼产业技术体系开展的消费者调查（以下简称体系消费者调查），水产品消费频率增加，呈现常态化趋势，43%消费者的消费者常年购买水产品，其余消费者在节假日购买水产品。二是地域扩散化，水产品的主要消费市场由大城市、东部地区和沿海沿江地区向中西部地区扩展开来。三是品种和形态多样化，海水和淡水、国内和国际、捕捞和养殖产品品种不断丰富，"名特优新"品种涌现，市场细分明显；水产品消费的主体扩充，消费边界扩展，消费方式推陈出新，对精深加工水产品的需求增长，需求多元化和个性化特征明显。四是消费升级，以满足数量为主转变为更加注重满足质的需求，消费者对渔业多功能性更加重视，休闲、娱乐、文教等新兴需求和服务需求增长。

3. 城乡差异明显、消费重点不同。城乡居民水产品消费的数量差异明显，2000年、2010年和2017年城镇人均水产品消费量比农村居民分别高出200%、192.3%和97.3%。城乡水产品消费差异主要原因是收入差距导致的生活水平和消费结构的差异。此外，水产品在生产和流通上的地域性限制造成农村水产品供给相对不足。农村居民的食物消费和营养水平虽然有所提高，但仍偏于高谷物膳食结构，动物性食物以及优质蛋白质的消费相对不足，存在营养结构不合理的问题。但是，农村居民水产品消费增速超过城市，城乡居民水产品消费的重点也有不同，城市居民的消费增长更多体现在转型升级和创新方面的需要，消费升级特点更为明显，而农村地区的水产品消费以数量增长为主。

4. 水产品消费仍有增长空间。虽然我国城乡居民水产品消费显著增长，但距离科学营养水平与世界平均水平仍存差距。2016年我国每日人均水产品消费量为31克，不及2016年《中国居民膳食消费指南》中每日摄入水产品70克的下限。2016年全球人均年水产品消费量达到20.5千克，我国与世界人均水平存在一定差距。我国人均水产消费量为仅为亚洲平均消费量50%，也远低于美洲、欧洲和大洋洲等地区。在世界范围内，我国水产品人均消费水平尚低，我国消费增长潜力仍然较大，消费水平有待进一步提高（见表1）。

表 1　　　　2000年以来城乡水产品消费情况　　　　单位：千克

年份	城镇人均消费量	农村人均消费量
2000	9.9	3.9
2001	10.3	4.1
2002	13.2	4.4
2003	13.4	4.7
2004	12.5	4.5
2005	12.6	4.9
2006	13.0	5.0
2007	14.2	5.4
2008	—	5.3

续表

年份	城镇人均消费量	农村人均消费量
2009	-	5.3
2010	15.2	5.2
2011	14.6	5.4
2012	15.2	5.4
2013	14	6.6
2014	14.4	6.8
2015	14.7	7.2
2016	14.8	7.5
2017	14.8	7.4

数据来源：历年《中国统计年鉴》。

二、消费理念更加注重"优、绿、新"

随着我国渔业生产的发展和消费需求升级，水产品消费理念也在逐渐发生变化，不限于满足基本生活需要和价格接受程度，还考虑水产品质量安全、营养价值、风味口感等；不限于物质产品的满足，还考虑品牌价值、美誉度和消费体验，更加关注环境保护和可持续发展，消费理念追求"优、绿、新"。水产品消费理念的转型升级对产业发展具有重要的导向作用。

1. 对优质水产品的需求增长。近年来国内消费理念回归理性，水产品消费向大众化、平民化转变。与此同时，人们对优质水产品消费需求不降反增。根据体系消费者调查，消费者对水产品的关注度依次是新鲜程度、品质质量、价格和优惠程度、加工程度、认证标志、产品品牌以及产地和生产者。消费者对优质水产品的重视集中体现在质量安全上，体系消费者调查显示，90%的消费者非常关注水产品的质量安全。吃得好、吃得多样、吃得安全、吃得放心成为人们对美好生活追求的重要目标。品种上，大宗水产品需求平稳，名特优新水产品受到消费者热捧。体系消费者调查显示，消费者普遍表示愿意尝试购买特色农产品，六成多的消费者愿意购买新品种的鱼类，对新产品和特色水产品具有较高的消费热情，56%

的消费者能够接受特色农产品价格比一般价格略高一些的情况。水煮鱼、烤鱼、大闸蟹、小龙虾等消费热点推动了对优势特色产品和产业的需求。消费者品牌意识也在不断提高,品牌水产品的市场占有率逐年提升。这提示生产者要在质量安全、品质品牌上下功夫,注重突出"优"字,打造优质水产品。

2. 追求绿色生产的意识增强。人们不仅有对优质产品的需求,还有对生态绿色的需求。消费者调查显示,71%的消费者非常关注鱼的生长环境,可以说,消费者对水产养殖污染问题非常重视。绿色生产和质量品质是源与流的关系,优质安全水产品必须要以绿色生产方式作为保障。绿色渔业生产方式正在成为消费者的理念和追求,优质、生态、健康、绿色的综合循环种养模式如稻田虾蟹、鱼菜共生等模式产品受到消费者的欢迎。但渔业生产上仍然是单一的高产导向,高密度养殖模式带来的病害、污染和品质下降问题,已经威胁到产业的可持续发展,需要及时调整改进,因地制宜应用推广生态健康养殖标准和养殖模式,发展环境友好型水产养殖业,提高水产品的绿色养殖水平。

3. 欢迎新形式、新业态。随着产业发展模式的创新和渔业多功能价值的开发,新形式、新业态不断涌现,受到消费者的欢迎。目前我国消费水产品主要形式为鲜活、冷冻水产品。消费者对鲜活水产品的认可程度比较大,但随着水产品消费市场的多元化发展,消费主体开始向年轻一代转变,对加工品的需求呈现快速发展态势。消费地点上,团体就餐和外出消费增加。加工品中的熟制、干制品主要用于大中城市饭店、餐馆,近几年来发展迅速,需求量成倍增加,水产品加工业迎来新的增长机遇。此外,消费者对休闲渔业、观光休闲、文教娱乐等体验、服务需求放量增长,在满足"吃"之外,渔业多元价值得到挖掘和拓展,消费观念也从"购买产品"转向"享受服务",从"满足日常需求"变为"丰富生活经历、改善生活品质",新业态中消费个性化、差异化、多元化等趋势更为明显。国际经验表明,当一个国家或地区人均GDP超过5000美元时,会形成休闲度假的消费需求,休闲消费能力显著增强。我国人均GDP已经超过8000美元,休闲渔业发展大有作为。《中国休闲渔业发展报告》表明,

2017年全国休闲渔业产值708.42亿元,占渔业经济总产值的2.86%,占渔业第三产业产值的10.45%。渔业新形式、新业态具有广阔市场前景和良好发展机遇。

三、水产品进口需求快速增长

中产阶级的成长形成了对中高端优质水产品的消费支撑,由于国内水产品供给结构难以满足消费升级的需要,消费潜能释放到国际市场,出现国内消费者"买全球"的现象,中国正在消费全球优质水产品。体系消费者调查反映,消费者购买进口水产品的意愿较强,15%的消费者非常愿意购买进口农产品,63%的消费者表示愿意购买进口农产品,仅22%的消费者选择不愿意购买进口农产品。

水产品进口数量大幅增长,特别是水产品食用进口近10年来进入了快速增长时期,食用水产品的进口额由2006年的4.6亿美元增长到2016年的34.6亿美元,增加30亿美元,年均增长22%,远高于同期水产品进口总额年均增速。2017年食用水产品进口额42.61亿美元,同比增23.2%。2018年1—10月,食用水产品进口量达到122.63万吨,同比增长56.1%,进口额60.88亿美元,同比增84.3%。2018年前三季度食用水产品进口规模已经超过2017年全年水平(见图1)。

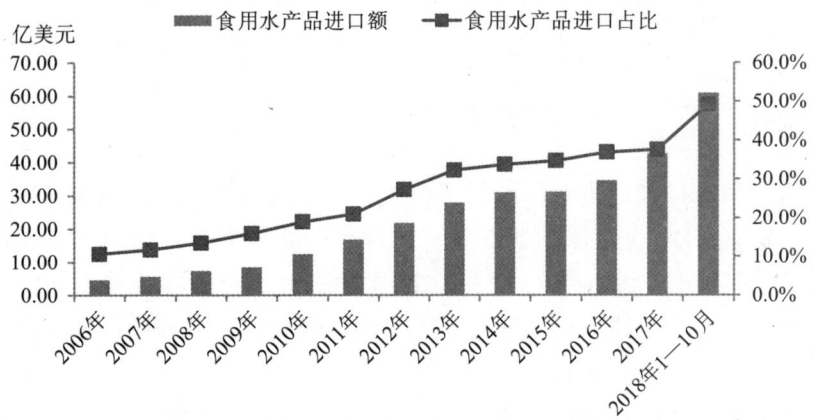

图1 2006年以来我国水产品进口增长情况

据海关统计,2018年1—10月我国自109个国家和地区进口水产品,俄罗斯、东盟、秘鲁、美国等为主要进口来源地。我国自东盟、加拿大、澳大利亚、厄瓜多尔、欧盟等国家和地区进口增长迅速,进口量同比分别增长31.3%、4.1%、45.8%、22.8%和3.8%,进口额同比分别增长60.3%、35.0%、164.8%、153.9%和34.8%。主要进口产品为鳕鱼、对虾、鲑鱼、蟹类、龙虾等高端产品,优质水产品进口呈现快速增长势头(见表2)。

表2　　2018年1—10月水产品进口市场结构

进口市场	进口量（万吨）	同比变化（%）	占总进口量的比重（%）	进口额（亿美元）	同比变化（%）	占总进口额的比重（%）
国家或地区合计	438.5	4.0	—	123.5	31.2	—
俄罗斯	96.6	5.2	22.0	18.1	39.3	14.7
东盟	68.3	31.3	15.6	17.6	60.3	14.2
秘鲁	84.1	-12.8	19.2	14.1	-3.7	11.4
美国	38.4	-12.6	8.8	12.4	1.5	10.1
加拿大	9.7	4.1	2.2	8.4	35.0	6.8
智利	16.9	2.8	3.9	6.0	18.0	4.8
澳大利亚	1.3	45.8	0.3	5.6	164.8	4.5
挪威	14.5	-0.7	3.3	4.9	42.9	4.0
厄瓜多尔	9.0	22.8	2.0	4.4	153.9	3.6
欧盟	11.7	3.8	2.7	4.1	34.8	3.3

数据来源：中国海关。

水产品进口增长主要源于我国消费者对中高端水产品的需求扩大。中国加入世贸组织15年保护期结束,进口水产品大量进入国内市场,进口增长是大势所趋。顺应这一进程,我国实施积极的进口政策。2014年9月,国务院决定实施积极的进口促进战略,稳定国内需要的资源进口,合理增加与群众生活密切相关的牛羊肉、水产品等一般消费品进口,并配套了一系列贸易便利化的措施。继2017年6月我国首次降低部分消费品进口关税之后,2018年1月、7月和11月连续3次降低了对水产品的进口关税，涉及金枪鱼、北极虾、鳕鱼等多种受国内消费者欢迎的海鲜产品，丰富国内消费者的购物选择，为水产品进口贸易带来利好。进口贸易已经成为我国水产品市场增长的重要驱动力，水产品进口弥补国内消费的不足，与国内大宗养殖产品为主的供给格局形成互补，并发挥了缓解捕捞资源压力的作用。同时，优质进口水产品的增长，深刻改变国内市场格局和消费者选择，倒逼渔业供给侧结构性改革。

四、制约水产品消费的主要因素

水产品消费需求在变，消费者如何选择水产品也在变。当前还存在制约水产品消费的因素，据体系消费者调查，50%的受访者消费水产品数量基本持平，30%的受访者消费水产品数量增加，20%的受访者消费水产品数量减少。消费减少的原因有三点：一是农贸市场的关闭制约鲜活水产品购买；二是对质量安全担忧放弃购买；三是因水产品加工麻烦减少消费。生产、流通以及质量安全等关键环节的短板致使供给侧跟不上需求变化的力度和节奏。

（一）产业转型难度大

1. 成本压力加大改革难度。高成本威胁我国的农产品的竞争力，水产品也面临同样问题。水产养殖的人工、塘租、饲料成本呈逐年上行趋势，成本的增速远高于价格和增加值的增速，降低了生产的比较收益，采用新品种、新技术和新模式的成本压力制约了渔业供给侧结构性改革。当前，水产养殖的资源环境成本不断显化，受到的水、土等资源环境的约束不断强化，产业的转型升级并不容易。在经济下行压力加大的背景下，企业面临较大的生存压力，发展的难度更加凸显。

2. 传统产业结构和组织形式制约发展。当前我国水产养殖呈现小、弱、散的特点，生产设施薄弱，经营理念落后，难以适应新品种、新技术、新模式和新业态的要求。养殖结构单一、养殖理念固化，追求产量的高密度精养模式趋于固化，养殖技术存在路径依赖，转型升级难度很大，在饲料营养、疾病防控、养殖技术、养殖环境等方面仍存在一些瓶颈问题亟需解决。现有的休闲渔业项目,产品服务停留在低层次水平,特色不足,功能单一,重复竞争,回头客较少,深层多元价值挖掘得不够深入。此外,渔业产业的组织化程度较低,龙头企业对渔民的带动能力和利益共享程度不足,渔业合作组织的引领带动作用不强,制约渔业第一、第二、第三产业融合发展。

3. 加工业发展滞后。水产加工业的发展难以满足需求的新变化。一是加工率低,我国水产品加工比例在45%左右,远低于国际70%的水平。二是缺乏统一的标准规范,加工技术手段简单,精深加工的技术开发落后,综合利用度不高。三是加工品与消费的对接不够顺畅。低端水产加工竞争日趋激烈、市场日趋饱和,原料切块、冷冻等粗加工已难以满足变化了的市场需求,向中高端、多元化转型迫在眉睫。在消费主体多元,边界逐渐拓展、模式深刻调整的消费市场中,水产品加工业的市场开发推广不足,与需求的对接不畅,制约水产品消费增长。

(二) 流通渠道适应性不足

1. 流通渠道存在制约因素。根据体系消费者调查,消费者购买水产品的主要场所是农贸市场,占比45%,农贸市场能够较好满足消费者对水产品鲜活的要求。但现实中农贸市场遭到大规模地拆除撤并,数量减少是大趋势,代之以社区周边配套的果蔬店等形式。然而,这些社区店进货主要选择容易存储、购买频率较高的菜、肉、蛋类,对鲜活要求较高、购买次数少的水产品受到影响,消费者购买渠道收缩。农贸市场基础设施简陋,保鲜设施配套不足,还存在一定的弄虚作假、损害消费者权益的问题。体系消费者调查显示,在超市购买水产品的消费者比例占41%,一些超市虽然设有鲜活水产品区域,但是选择范围较少,品种集中度较高,基本限定大宗淡水鱼品种范围内,可选的新品种较少。由于进场费、提成和设备提高了成本,鲜活水产品在超市售价偏高。此外,还有一些超市不提供处理加工服务,不利于水产品消费。

2. 流通渠道不适应新形势。近年来,超级终端、电商平台等销售形式逐渐发展不可忽视的市场力量。水产物流制约了新渠道的发展。尽管物流技术近年来得到提升，但鲜活水产物流仍处于原始状态。渠道不畅、配送提货麻烦制约了电商发展。受制于物流环节的短板，电商平台的配送成本、推广费用越来越高，市场效率却越来越低。水产品从生产到供应的复杂性和质量安全控制的薄弱性是消费者网购水产品的主要顾虑，加上水产品标准化程度低、新鲜程度要求高，造成网购的风险大于实物、等待产品的时间风险高于普通产品。由于政策、市场、技术、成本等多方面的原因，一些水产品电商平台运营遭遇水土不服，进入发展瓶颈期。

（三）质量安全引发公众担忧

根据农业农村部公布国家农产品质量安全例行监测结果，农产品总体质量安全水平持续向好。但是质量安全仍是消费者的一大担忧。体系消费者调查中，55%的人认为水产品的质量问题比较严重，消费者的顾虑与官方公布的质量安全水平相去甚远。消费者认为质量安全危险主要来自土地水源污染、投入品使用和加工流通环节。虽然消费者对质量安全的疑虑存在主观偏差的成分，但是确实造成了对消费的制约。所以要把提高水产品质量安全水平作为治本之策，同时提振消费者对水产品质量安全的信心。

1. 水产品质量安全确实存在一定隐患。我国水产养殖分散，种类多，规格杂，标准化程度低。生产者缺乏质量安全生产理念，有的主体未严格执行渔药使用规定。渔业投入品管理和使用管理不严，从种苗、饲料到药物都存在需要规范的地方。生产、收购、储存、运输等环节多，风险点增多，质量安全追溯检查覆盖面不够，监管难度大。究其原因，水产品质量安全问题多是潜在的内源性风险，对于消费者来说难以识别，所以生产者保障质量安全的内在动力不足，市场不能识别产品质量的信息不对称造成市场失灵。解决这个问题，一个思路是通过市场信誉和品牌，将产品质量安全信息外显化，传递质量差异的市场信号，同时通过市场监管，提高质量安全违法成本。

2. 也要看到消费者的顾虑有非理性成分。消费者对价格的关注度在下降，而对质量的敏感度却日益升高。《2016年我国农产品质量安全网络舆情监测与分析年度报告》显示，公众高度关注农产品农兽药残留超标问题，对农产品营养功能关注度及相关谣言、科普宣传十分关切。此外，质量安全的舆情容易受到网络传言的导向。人们对农产品的安全生产、消费科学常识缺乏足够了解，特别是受部分媒体恶意炒作的影响，网民偏听偏信，引发舆情偏离理性。水产品消费市场是"信心市场"，质量安全事件虽然发生概率小，但一旦发生，将对消费市场造成严重冲击。

五、消费转型对渔业供给侧结构性改革的启示

推进渔业供给侧结构性改革，要把握水产品的消费转型特征，及时调整思路、方向和重点，在"创新、协调、绿色、开放、共享"发展理念引领下，以转方式、调结构为主线，以渔业提质增效、绿色发展和渔民增收为目标，以改革创新为动力，着力优化渔业产业布局，加快转变渔业发展方式，解决渔业发展不平衡、不协调、不可持续的问题，推动供给侧从"有没有"向"好不好"转变，以满足人们日益增长的消费需求。

一是优化生产结构。首先是品种结构，以市场需求为导向，调减结构性等过剩品种的养殖量，加大新品种的引进、试验和推广力度，因地制宜发展地方特色渔业和"名特优新"品种。其次是养殖生产模式，推广高效设施渔业、池塘工业化生态养殖、渔稻综合种养、健康养殖示范场等现代化生态养殖模式，促进渔业设施化、生态化、信息化。此外，转变资源利用方式，坚持生态优先、绿色发展，转变传统高密度、高投入、高风险的粗放生产方式，依托高科技、高品质、高效益降低渔业资源的利用强度，有度有序利用渔业资源。

二是提品质、创品牌。切实解决水产品质量安全隐患问题，落实生产记录登记造册和投入品使用可追溯记录管理制度，在主要区域、薄弱环节强化质量安全的监督检查，严防、严管、严控水产品质量安全风险。科学引导舆情，树立水产品消费信心。集中力量解决制约水产品品质和产业健康发展的关键技术瓶颈，加大复合育种技术、饲料工艺技术、低残留渔药技术、病害监测检验技术的研发推广力度。提高渔民健康养殖水平、技术素质和生产经营能力。推动企业进行质量安全认证、产地认证和产品认证，发挥政府、行业协会和企业力量，共同打造水产品产地公共品牌与产

品品牌。引导企业树立品牌意识，用一流的品质缔造一流的品牌，提高生产的标准化程度，发挥品牌的增值效应。

三是促进产业转型升级。做大做强水产加工业，提升初加工产品的品质，推动发展精深加工，加大方便、快捷水产食品的研发力度，提高水产品综合利用水平，带动水产品消费潜力更多释放。积极发展多种形式的产业化经营，促进水产龙头企业和新型经营主体之间建立多种形式的利益联结机制，推动养殖、捕捞、加工、物流业相互融合、协调发展，各自发挥资源优势、技术优势、产品优势、渠道优势和品牌优势，延伸产业链、提高价值链。充分挖掘"互联网+"的潜力，破解流通渠道的"中梗阻"，依托电子商务和线上销售平台，全面打通优质水产品、水产加工半成品、水产加工食品的市场流通渠道，提供多元优质产品，提升用户体验。此外，积极发展渔业新模式、新业态，充分发挥各地水资源和水域生态环境的优势，全面挖掘渔业资源和水资源的旅游观光价值、休闲体验价值，推动休闲渔业、观光渔业和体验渔业的高质量发展，促进渔业第一、第二、第三产业深度融合。

参考文献

[1] 中国经济时报. 中国农村发展报告：农村发展呈现5大特征 [J]. 现代城市研究，2018（09）：131.

[2] 刘景景，张静宜. 我国水产品进口贸易形势与战略布局 [J]. 中国水产，2018（09）：26-33.

[3] 李祥洲，钱永忠，邓玉，宋卫国，廖家富，杨明升，廉亚丽. 2016年我国农产品质量安全网络舆情监测与分析 [J]. 科学通报，2017，62（11）：1095-1102.

[4] 吴倩倩. 农产品销售渠道分析 [J]. 农技服务，2016，33（15）：197.

[5] 罗万纯. 农户农产品销售渠道选择及影响因素分析 [J]. 调研世界，2013（01）：35-37，52.

[6] 康斯柯, 包特力根白乙. 辽宁省居民水产品消费及其影响因素分析 [J]. 商场现代化, 2009 (23): 58-60.

[7] 李哲敏. 近50年中国居民食物消费与营养发展的变化特点 [J]. 资源科学, 2007 (01): 27-35.

[8] 隋昕融, 詹夏菲, 樊佳伟. 我国水产品消费市场预测分析 [J]. 现代农业科技, 2017 (21): 293-295.

推动我国绿色有机农产品加工业发展的思考与建议[*]

高 鸣 习银生 吴天龙

近年来,随着生活质量的不断提升,消费观念的不断变化,居民对绿色有机农产品的需求也在逐年攀升。在农产品销售市场上,绿色有机农产品受到越来越多消费者的追捧。正如以农产品消费为主的粤港澳大湾区,该区域正致力于打造绿色、有机、安全的农副产品集散地和绿色食品产业加工的集聚基地。

党中央、国务院高度重视绿色有机农产品加工业的发展,2018年的"中央1号文件"中也指出,"要全方位推进农业的绿色化、优质化、特色化、品牌化建设,加大特色农产品优势区创建力度,建设农产品品牌,对地理标志农产品进行保护"。

绿色有机农产品具有绿色有机、健康、口感、环境友好等多方面的优势,这也决定了其具有非常大的市场潜力,但由于农产品加工业的品牌化程度低、宣传力度低、技术含量低、精深加工程度低等一系列问题的存在,绿色有机农产品加工业的发展较为缓慢。当前,我国已步入绿色有机

---

[*] 基金项目:国家自然科学基金项目(71803094);农业农村部软科学项目(2018088)。

农产品加工业发展至关重要的阶段,推动我国绿色有机农产品加工业的高速发展,可以从以下几方面着手。

一、促进三次产业融合,建设和布局绿色有机农产品加工园区

第一,从绿色有机农产品的生产源头开始,加快加工设备的不断升级,降低加工过程对环境的不良影响,促进第一、第二、第三产业的全面融合与发展。同时,加快绿色有机农产品加工业的产业转型和升级。一方面,促进绿色有机农产品加工业逐步向劳动生产率高、资源友好发展更协调和产品附加值高等相关行业的转移;另一方面,实现绿色有机农产品加工业的就近或就地发展,既减少产成品的交通运输成本,又使消费者的消费更加方便快捷。

第二,在三次产业融合促进绿色有机农产品加工业各环节间联系的基础上,逐步建设以绿色有机农产品加工业为中心的产业融合体系。以绿色有机农产品加工业为中心,促进绿色有机农产品原料供应、加工生产设备、产成品包装宣传、品牌建设和农业旅游等产业的发展,促进农产品加工业为中心,第一、第二、第三次产业更深入地互动发展。

第三,在三次产业有机融合体系的基础上,加速建设和布局绿色有机农产品加工园区,结合当地特色,最大限度地发挥在生产资源、产品市场和技术水平等方面优势,因地制宜地考虑绿色有机加工产成品的种类、产品交通运输、原材料的区域辐射范围、市场距离的远近等因素,积极促进独具优势的绿色有机农产品加工业的发展,逐步形成各具特色的绿色有机农产品加工园区。

二、科技升级加工业,实现绿色有机农产品的精深加工

第一,引进、推广国内外先进的农产品加工技术,加大对绿色有机农产品加工业相关领域的科研投入,推动绿色有机农产品各加工环节的科技进步。对加工设备和技术进行升级和创新,推进绿色有机农产品加工业与前沿生物技术、新材料新能源等战略性新兴和高新技术产业的融合互动,加大绿色有机农产品加工技术推广体系的建设力度,促进发展生产信息、

产品评估、产品咨询等中介组织，实现绿色有机农产品加工业的科技升级。

第二，加大对农业科技人才的引进、培养和管理，促进重点绿色有机农产品加工企业与农业科研院所、高等院校合作，合力组建农产品加工业技术研发中心，推广和运用高新生物科技、技术科技、工程科技和信息科技等。打造形成以农产品加工企业为主体、以专业院校为科技依托的绿色有机农产品加工研究与开发体系，提高绿色有机农产品加工的科技含量，提升绿色有机农产品加工业的核心竞争力。

第三，提升对绿色有机农产品加工业各环节的经营管理水平，引进和学习国内外农产品加工业或相关行业优秀的管理模式、管理办法。推动完善农产品加工企业的内部治理结构，推进企业自身的技术进步和自主创新能力，重点提高农产品加工企业的管理营运效率，促进农产品加工业的深层发展。

第四，以绿色有机农产品的精深加工为主要导向，促进绿色有机农产品加工业的精深加工能力的提高。加大对绿色有机农产品深加工的政策支持力度，增大对绿色有机农产品精深加工工艺和技术水平的引进和创新研究，依托科技、科研和经营管理等提高绿色有机农产品的综合加工能力，重点支持科技含量较高、精深加工能力较强的绿色有机农产品加工项目工程，不断延长绿色有机农产品加工链，构建高附加值和高加工效益的绿色有机农产品精深加工体系。

三、培育和扶持绿色有机农产品加工龙头企业

第一，增大国家对绿色有机农产品加工业的政策倾斜，调整项目建设资金的投入重点，加大对绿色有机农产品加工龙头企业的财政支持力度，通过出台绿色有机农产品加工业发展相关的意见办法，给予绿色有机农产品加工龙头企业更多的税收优惠，加大信贷支持力度，拓宽融资渠道等形式重点扶持有较好市场前景和较强辐射带动能力的绿色有机农产品加工龙头企业。

第二，建设以绿色有机农产品加工龙头企业为核心，具有较强国际竞争力的农业产业体系，促进农产品加工产业链的不断延伸。持续扩大企业的规模，提高产成品的技术含量，发展兼具高科技与精加工的绿色有机农产品加工龙头企业，促使绿色有机农产品加工龙头企业对加工业的带动作用得到最大限度的发挥，推动绿色有机农产品加工业发展。

第三，加强对绿色有机农产品加工龙头企业的监督管理，促进绿色有机农产品加工业的标准体系的建设。同时，不断完善食品安全、农产品加工、产品质量的法律法规。引导绿色有机农产品加工龙头企业对相关法律法规的了解和学习，促进龙头企业的健康持续发展，促进绿色有机农产品加工企业的不断壮大。

四、推进品牌建设，促进绿色有机农产品加工业持续发展

第一，加大对绿色有机农产品加工企业品牌的宣传和推广力度，通过建立绿色有机农产品的专业化品牌市场，借助互联网、电视广播等平台传播品牌建设的重要性，增强加工业相关领域的品牌意识，促进绿色有机农产品加工业的品牌化经营。

第二，培育和壮大农产品品牌的经营管理主体，以绿色有机农产品加工龙头企业为核心主体，依托特有的土壤、光照、降水、地形、生态环境等自然因素和耕耘方式、历史文化等人文因素，借助政府政策力度，开发或培育独具区域特色的农产品品牌、地标品牌和农业企业品牌，如东北大米、河北鸭梨、吐鲁番的葡萄、西湖龙井等。

第三，加大对绿色有机农产品品牌的监管，规范和引导绿色有机农产品加工企业建立健全绿色有机农产品加工品牌监管体系，加强从品牌宣传和使用到品牌完善与保护全过程的严格管理，全面提高绿色有机农产品加工业品牌监督管理的能力。

五、提高绿色有机农产品加工业信息化程度，发展互联网＋订单农业

第一，加强绿色有机农产品加工信息体系的建立，通过、互联网、数字化物流管理、智能技术、增强对绿色有机农产品加工过程中各生产环节、各加工部门的信息集聚和管理，理顺各生产环节之间的职责关系，推进从农田到餐桌全程信息化的绿色有机农产品加工信息体系的建设。

第二，绿色有机农产品加工信息应用系统，依托互联网＋农业的优势，通过互联网门户网站及专用手机应用 APP 进行绿色有机农产品的网上信息发布、专家咨询、市场需求分析、网上交易等。缩短绿色有机农产品的加工及流通环节，提高绿色有机农产品加工信息的反馈速度，促使农产品加工的各个环节更加快捷精准。

第三，发展高效绿色生态有机的互联网＋订单农业。对绿色有机农产品从生产源头到消费市场实施精细化管理，全程记录下种养殖户在生产、加工、流通各个环节的质量安全信息，使绿色有机农产品的质量安全有了较强的可追溯性，实现消费者与绿色有机农产品生产企业之间有关绿色有机农产品质量安全信息的无缝对接。

农产品市场与贸易

2018年重要农产品和农资市场形势分析与2019年展望

农业农村部农村经济研究中心产品分析预警小组

2018年稻米市场形势回顾和2019年展望[*]

一、2018市场形势回顾

（一）稻谷和大米价格持续下跌

12月份，早籼稻收购均价2.36元/公斤，同比跌9.9%，相比1月份累计下跌9.2%；晚籼稻2.56元/公斤，同比跌7.2%，相比1月份累计下跌6.6%；粳稻2.86元/公斤，同比跌5.9%，相比1月份累计下跌5.3%。相对地，大米价格虽总体下跌，但是跌幅不及稻谷那么大。12月份，早籼米批发均价3.76元/公斤，同比跌1.5%，相比1月份累计下跌1.5%；晚籼米4.06元/公斤，同比跌3.8%，相比1月份累计下跌3.3%；粳米4.08元/公斤，同比跌12.1%，相比1月份累计下跌11.3%。

---

[*] 执笔人：彭超、张欢。

（二）稻米价格下跌主要受最低收购价下调影响

稻米价格下跌主要受 2018 年稻谷最低收购价全面大幅降低影响。2018 年生产的早籼稻（三等，下同）、中晚籼稻和粳稻最低收购价分别调整为每百公斤 140 元、152 元和 260 元，比最高时的 2015 年降低 30 元、24 元和 50 元。

（三）2018 年稻谷丰收基本已成定局

总体来看，2018 年稻谷生产保持基本稳定，但由于早稻减产、各地种植结构调整等，预计全年稻谷总产量保持稳定，部分地区略有减少，仍为丰年。一是早稻减产。全国早稻总产量 286 亿公斤，比上年减产 13 亿公斤，下降 4.3%。这是顺应农业供给侧结构性改革的主动调优调精，由于双季稻比单季稻生产劳动投入强度大、成本高、单产低，市场接受度较低，南方主产区部分农户选择"双改单"，早稻播种面积继续缩减。全国早稻播种面积 7187 万亩，比上年减少 525 万亩，下降 6.8%。但是在科技进步和气候有利的情况下，早稻单产较上年增加。全国早稻单产为 398 公斤/亩，比上年增加 10 公斤/亩，增长 2.7%。二是中晚稻结构调整效果初显、优质品种种植面积继续增加。2018 年中晚稻生长关键期，全国基本没有遭受大范围、长时间的不利天气影响，光温水较为匹配，整体天气状况比较适宜农作物生长，产量稳定。例如，黑龙江农业部门调查稻谷播种面积为 6100 万亩，遥感测量面积为 7500 万亩，10 月 9—10 日黑龙江下了早霜，是最早的一年，对出米率有一定的影响。江西省农业部门预计，晚稻面积减少 70 万亩，但是晚稻减少的面积基本被品质较好的中稻替代。湖南省中储粮预计 2018 年中晚稻播种面积 3786 万亩，同比减少 3.2%，总产 851.5 万公斤，减幅达到 4.3%，但该省大力推进优质粮食工程，优质稻面积有所增加。

二、2019 年市场走势预测

2019 年稻谷价格易跌难涨。稻谷最低收购价将再度下调，预计 2019

年国内稻米价格弱势运行,总体下跌。跌幅待2019年稻谷最低收购价政策出台后才能测算。国际大米价格基本维持2014年以来的箱体震荡格局,待季节性因素消化之后,有望止跌反弹。

三、值得关注的问题

(一) 稻谷收购价格下降导致农民利润减少

据江西省价格成本调查监审局对省内29个县(市、区)的261户调查户的调查,该省早稻亩均总成本1025.22元,同比增3.8%。其中,增幅最大的成本是人工费用,2018年江西省早稻亩均人工成本433.71元,同比增6.4%;其次是化肥费用,达到133.40元,同比增5.8%;农药费50.48元,同比增2.0%;土地成本151.10元,同比增1.3%;机械作业费181.42元,同比增0.8%;种子费62.00元,同比约增0.5%。调查户实际到手的现金收益为亩均481.14元,同比减少17.9%。如果剔除家庭用工折价和自家土地折租,亩均早稻净利润为-78.13元,同比减少255.9%,自2004年粮食最低收购价政策实施以来首次出现亏损。早稻收益较大幅度减少的原因还是在于最低收购价降低引发了市场价格下跌,调查户已出售的早稻平均价格为2.24元/公斤,同比跌约9.4%。

(二) 规模种植户收益损失较大

规模经营主体是粮价降低的主要利益受损者,因此对托市政策改革最敏感。如果稻谷托市价格大幅下调,稻谷新型经营主体将遭遇"寒冬",种粮大户、合作社等主体"退租跑路"将有可能集中爆发,稻谷适度规模经营发展有可能遭遇历史性倒退。当然,目前仍然存在有利的机会,即各类生产经营主体经历了稻谷最低收购价降低这一轮调整,市场主观能动性增强。因此,各类生产经营主体对最低收购价的调整已经有了一定的预期,托市政策渐进式改革已经具备一定的环境。

(三) 未现大面积"卖难"但"惜售"值得关注

改革3年来,稻谷主产区并没有出现大范围明显"卖粮难"问题。

2018年，市场上开始出现农民惜售的现象。辽宁省农户普遍反映："卖稻谷倒不是问题，但价格低，不爱卖"；江西省接受访谈的11个稻谷种植大户都反映，没有出现明显"卖粮难"，但价格普遍比往年低10%左右；安徽省种粮大户普遍反映，平均每公斤稻谷比2017年要降低0.3—0.4元；四川省水稻收购价每公斤较2017年平均下降0.2元左右。黑龙江省虎林市圆粒水稻10月上市后价格跌到了2.44元/公斤，比2017年同期下降了0.4元/公斤，该市的种粮大户基本都计划国储开库后再卖。据国家粮食和物资储备局统计，截至12月31日，主产区累计收购中晚籼稻2936万吨，同比减少45万吨；粳稻3402万吨，同比减少419万吨。收购进度较慢的原因主要是，新粮收获后水分偏高，又逢降雪等天气原因，水稻无法晾晒脱水。种植优质稻谷的农户计划12月以后价格涨一些再出售，种植普通稻谷的农户则想等到国家储备粮库开库后再卖。四川省广汉市和隆昌县等水稻主产区很多大户到11月中旬只出售了部分稻谷，余下的稻谷则计划留待年底双节涨价后再卖。

（四）地方稻谷收购积极性不高

2018年最低收购价预案进一步强调了粮食安全省长责任制和食品安全地方政府负责制，压实了地方政府责任，将库点统筹的责任落到县市一级，对县市财政和粮食行政管理能力提出了新的挑战。一方面，地方粮食部门收购积极性不高。据中国储备粮管理集团公司湖南分公司反映，部分县市托市方案启动报批较慢，主要原因在于2018年湖南重金属超标粮食收储经费由省县财政共同负担，县一级政府启动最低收购价收购的积极性不高。另一方面，粮食收购过程中标准从严掌握的比例较高。江西部分地区在稻谷储备轮换收购中把重金属作为主要标准从严掌握，鄱阳县因有部分金属矿，加工企业对该县稻谷直接压价10%—20%收购。安徽省池州贵池区、黄山徽州区出现重金属超标问题，国家粮库不收购。由于压实了地方政府的食品安全责任，湖南省长沙、株江、湘潭三市的早稻收购已经实施了重金属先验后收，中晚稻先验后收的范围会扩大，已经释放了稻谷收购对重金属标准从严掌握的信号。

（五）优质优价难以落实

优质稻发展相对偏慢，农民靠"优质优价"增收的空间有限。2018年最低收购价水平较大幅度下调后，虽然拉开了优质稻和普通稻的价差，但稻谷种植户调结构动力依然不足，扩大优质稻种植的积极性不高。2018年粳稻最低收购价从每公斤3元降到2.6元后，80%以上的种粮大户首先考虑的不是扩大优质稻种植，而是什么品种单产高种什么，即使口感相对差一点，只要一垧地（15亩）产量达到10吨以上，加上生产者补贴，利润就有保障，而优质稻一垧地产量只有7—8吨，抗倒伏等性状较差，收益没有保障。优质稻种植效益低的另一个重要原因是大米品牌小散乱杂，往往一个产粮大县就有十几个大米品牌，容易恶性竞争，品牌溢价不足。

四、有关政策建议

（一）托市政策改革的原则遵循"保留框架，增加弹性，合理调整"

保留框架，即保留稻谷最低收购价政策，作为一种托底政策，让政策不启动成为常态；增加弹性，即根据国内外粮食供求形势调整最低收购价，探索灵活的、定向的收储政策，为最低收购价提供补充性、应急性措施；合理下调，即充分释放稻谷最低收购价调整的预期，引导种粮农民科学调整种植结构。

（二）产需两侧发力"去库存"

一方面，结合耕地草原河湖休养生息规划，开展一定规模的休耕轮作。在东北黑土区参考秸秆禁烧的执法方式坚决遏制"旱改水"，支持农民和新型经营主体把目前尚需井灌的水稻有序休耕、调整，改种雨热同季的玉米、马铃薯和耐旱的杂粮杂豆；在湖南省长（沙）、株（江）、（湘）潭等重金属超标的耕地重度污染区开展连续多年休耕，经检验达标前，禁止种植食用水稻；在长江中下游平原稻作区，加大补贴力度，开展整县推进，发展"油菜—水稻""绿肥—水稻"等轮作模式，主动调减优化双季稻种植。另一方面，引导市场主体，大力促进稻谷加工转化。优先在稻米深加工产业中落实农产品增值税核定扣除政策，倡导健康消费理念，鼓励稻米油产业发展，加强技术研发，合理发展稻米乙醇产业，尤其鼓励国有粮食企业探索"种植+仓储+加工+物流+港口"跨界融合经营模式，促进粮食储备定制化轮换，打造稻米全产业生态圈。

（三）增强国内市场调控与进出口调控政策的协同性

通过完善检验检疫、港口储备、全程追溯等政策，综合使用关税、配额、技术性贸易壁垒等手段，降低进口大米对国内产业的冲击。同时，积极实施"走出去"战略，争取世界范围内的稻谷和大米定价的话语权。加强对大型跨国粮食企业的培育，尤其是鼓励企业更多地对外投资物流、仓储、港口等产业基础，增强企业对全产业链的把控能力。与对外粮食援助相结合，鼓励扩大优质大米出口，重塑我国稻米产业竞争力。

（四）探索分主体实施托市政策

探索"最低收购价+灵活性收购合同"的方法，采用国有粮食企业与生产经营主体签订灵活性合同的方式，以一定的数量、质量和标准，定向收购规模经营主体的稻谷。如果市场价格高于该价格，规模经营主体可以选择市场化销售；如果市场价格低于该价格，规模经营主体自然会将粮食交售到国有粮食企业。同时结合粮食生产功能区建设，利用地理信息系统和大数据技术，将托市政策落实到地块上。根据第三次全国农业普查的样本数据推算，全国大约有44万规模种植农户，每户水稻种植面积平均为154.47亩。可以以此为依据制定"灵活性营销贷款"政策：以一个合理的最低收购价评估稻谷亩均收益，农户可在种植开始前以此获得抵押贷款。收获后，如果市场价格高于该最低收购价，那么农户可以选择市场出售，并及时偿还贷款；如果市场价格低于该最低收购价，那么农户可以选择把粮食交售到粮库，并以销售凭证到政策性银行偿还贷款。以稻谷2016年亩产计算，即使种粮大户把全部交售，每年需要收购的稻谷上限在3000万吨左右，据国家稻谷检验中心统计，稻谷优质化率在40%左右，那么3000万吨中有40%以上可以实现优质优价，基本上不会交售，这样每年的稻谷收购量在1800万吨左右,不会给库容造成太大压力。而且今后最低收购价会适度降低,如果政策能够合理执行,收购入库的稻谷比这个数量还要少很多,财政需要负担的保管费用也会比估计的金额少很多。

(五)稻谷最低收购价标准由数量导向升级为质量导向

适应居民消费结构升级、结合我国国情,把最低收购价政策执行由主要关注数量向质量导向转变,在继续实施最低收购价政策的同时,在托市政策执行中更加重视收购稻谷的品质,科学提高收储粮食的质量标准,还可以探索实施分品质定价收储、拉开档次收储等模式。强化对农户生产经营的指导,科学减少农药化肥等投入品施用。加强政策引导,鼓励农户在水源地、黑土区实施休耕轮作。借助普惠金融等手段,促进产业链整合,加强农药化肥供应的监管。在大米价格形成和消费支付中合理体现资源环境成本,结合国民教育、新闻宣传、科学普及等手段,推动形成节约粮食、反对浪费的绿色生活方式。

2018年玉米市场形势分析与2019年展望

习银生　杨　丽　吴天龙

一、2018年玉米市场特点

（一）国内玉米市场

1. 玉米生产略有下降。2018年，尽管由于玉米价格上升，种植效益继续改善，农民玉米种植积极性有所提高，但因东北春玉米播种期干旱，加上国家扩大粮豆轮作补贴范围，同时生产者补贴向种植大豆倾斜，导致部分延迟播种地块及缺苗补种地块改种了大豆等其他作物。华北、黄淮产区及西北、西南产区等继续推进农业供给侧结构性改革，玉米播种面积继续有所调减。2018年，全国玉米播种面积连续第三年下降。据国家统计局公布的数据，2018年全国玉米播种面积42129千公顷，比上年减少0.64%，其中，黑龙江省由于种植比较效益上升，玉米面积有所恢复，其余产区大多继续有所调减。从气候条件来看，东北产区自春播以后持续大范围干旱，导致玉米播种及出苗延迟，且苗情长势不整齐，部分甚至未出苗只能毁种改种，8月初又出现高温少雨天气，都对产量形成造成一定影响，但后期气候条件较好，收割期比常年推迟2周左右，利于玉米产量形成和质量提高，有效弥补了前期不利天气对产量的不利影响，玉米减产幅度低于前期预期，其中辽宁和吉林单产下降，黑龙江单产上升。华北、黄淮产区则遭遇花期高温和灌浆期大风降雨天气导致积涝和倒伏，也在一定程度上影响玉米产量形成。据国家统计局数据，2018 年全国玉米平均单产 6108.14 公斤/公顷，与上年基本持平；总产 2.57 亿吨，比上年减少 0.67%（见图 1）。

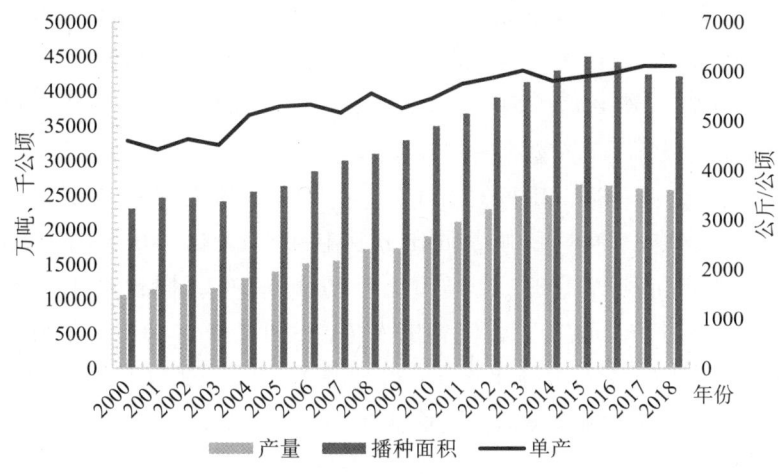

图 1　2000 年以来我国玉米生产变动

资料来源：国家统计局。

2. 国内价格总体走高。由于面积和产量持续调减，消费需求继续增长，国内玉米阶段性供大于求的格局已转变为产不足需的格局，且产需缺口逐步扩大，2018 年，国内玉米价格呈震荡上升的态势，总体价格水平高于上年。

（1）批发价格阶段性波动特征明显。2018 年，国内产销区批发价格总体呈上升的态势，但阶段性波动特征明显。其中，一季度价格持续上涨，主要是受上年玉米面积和产量下降，消费需求持续增长，市场预期国内玉米出现产需缺口等因素的影响，加上华北玉米由于收获期持续阴雨导致霉变情况严重，质量明显下降，用粮企业纷纷转向东北采购玉米，出现市场主体争抢粮源，农户惜售心理加强，企业因补库抬价收购，贸易商囤粮待涨的现象，玉米价格上涨较快。4 月份以后，国家临时收储玉米开始大量拍卖，从 4 月份的每周拍卖约 600 万吨增加到 5 月份以后的每周约 800

万吨。截至 10 月底，国家临时收储玉米拍卖累计投放量达到 21991 万吨，实际成交 10014 万吨。临时收储大量拍卖有效压制了玉米价格，4—10 月国内玉米价格稳中偏弱运行。11 月份以后，随着临时收储拍卖结束，在市场预期国内玉米减产，产需缺口扩大，且东北产区玉米推迟上市等因素的综合影响下，国内玉米价格重拾升势。1—12 月，产区平均批发价格各月环比涨幅分别为 5.1%、1.4%、4.0%、-2.7%、-1.2%、-0.5%、-0.2%、-0.1%、0.7%、0.0%、3.4%、2.0%，销区平均批发价格环比涨幅分别为 4.3%、0.6%、3.6%、-3.0%、-2.6%、-1.7%、-0.7%、0.4%、2.2%、1.0%、2.9%、2.1%。产区和销区全年平均批发价格分别为 1806 元/吨、1968 元/吨，同比分别上涨 11.1%、10.0%。12 月份，产区平均批发价格为 1885 元/吨，比年初涨 6.7%，同比涨 12.1%。其中，东北产区 1790 元/吨，比年初涨 4.7%，同比涨 11.8%；华北、黄淮产区 1958 元/吨，比年初涨 8.1%，同比涨 12.6%。销区平均批发价格为 2060 元/吨，比年初涨 4.6%，同比涨 9.1%（见图 2）。

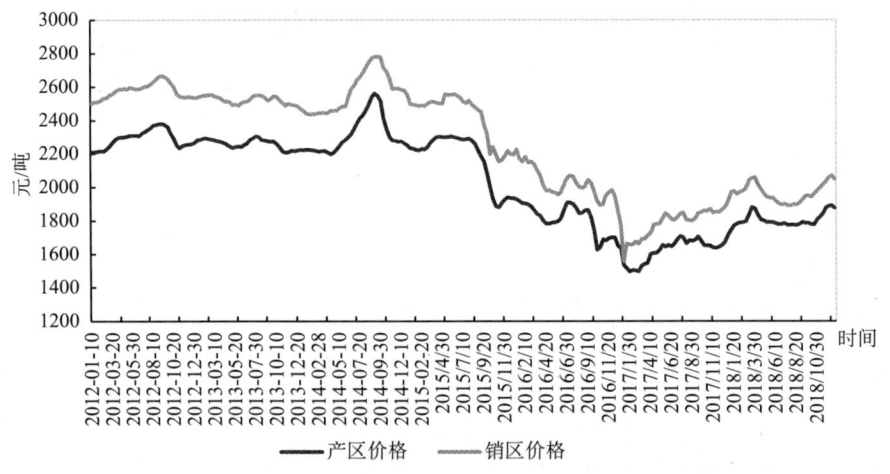

图 2　2012 年以来国内玉米产销区平均批发价格走势

资料来源：根据中华粮网、中国玉米市场网、国家粮油信息中心等数据整理。

（2）新玉米价格冲高回落。2018 年 9 月中下旬以来，新产玉米逐步上市，由于市场预期今年玉米减产以及年度产需缺口扩大，加上东北产区新玉米上市推迟等,新玉米收购价格呈现高开高走的态势,企业抬价收购,价格同比明显上升。但12月份,随着新玉米逐步进入集中上市期以及临时收储拍卖玉米出库的叠加作用等,市场供应压力加大,收购价格出现季节性回落。据国家粮食和物资储备局发布的数据,截至12月25日,主产区累计收购玉米3944万吨,同比减少1440万吨。国家粮油信息中心监测显示,截至12月30日,东北三省一区农户售粮进度为37%,同比慢20个百分点;华北地区为41%,同比快1个百分点。12月底,黑龙江深加工企业挂牌收购价(水分含量14%,下同)为每公斤1.66—1.72元,比上月底跌0—0.08元,同比涨0.08—0.28元。吉林深加工企业挂牌收购价为每公斤1.66—1.76元,上月底跌0—0.20元,同比涨0.06—0.12元。山东深加工企业挂牌收购价为每公斤0.94—2.04元,比上月底跌0—0.06元,同比涨0.18—0.28元。

(3)期货价格震荡上升。2018年,国内玉米期货价格与现货价格走势基本一致,呈震荡上升态势。大连商品交易所玉米期货全年最低价格出现在5月初,近月合约收盘价为1709元/吨,最高价格出现在3月初,为1960元/吨。到12月底,近月合约收盘价为1840元/吨,比上年底涨5.7%。全年均价明显高于上年,全年近月合约收盘价平均为1814元/吨,同比涨11.4%(见图3)。

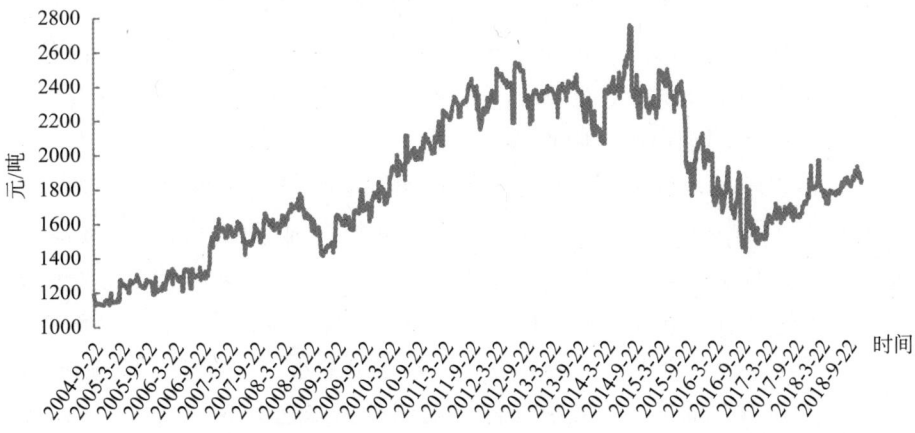

图3 大连商品交易所玉米期货近月合约价格走势

3. 国内消费较快增长。2018年，国内玉米饲用消费和深加工消费保持增长态势，带动玉米消费需求继续增长。从深加工看，近年来深加工产能快速扩张并逐步释放，由于原料成本上升，企业经营利润有所下滑，但盈利状况仍然较好，开工率继续保持较高水平，带动玉米工业消费继续增加。据国家粮油信息中心数据，2018年，玉米酒精行业平均开工率为62.3%，同比略降0.7个百分点，玉米淀粉行业全年开工率平均达到73.4%，同比降2.6个百分点。预计2018年深加工玉米消费超过7000万吨，同比增长约7%。从饲料消费来看，2018年，尽管因非洲猪瘟疫情等因素生猪生产受到一定影响，但生猪出栏和猪肉产量仍然继续稳中有增，禽类生产基本平稳，禽蛋产量继续稳步增长，加上进口替代品减少，有利于玉米饲用消费增加。农业农村部数据显示，到2018年11月份，全国生猪存栏环比降0.7%，同比降2.9%；能繁母猪存栏环比降1.3%，同比降6.9%。另据国家统计局数据，2018年9月底，全国生猪存栏4.29亿头，同比减2.3%。前3个季度，生猪出栏4.96亿头，同比增0.1%。全国猪牛羊禽肉产量6007万吨，同比增0.2%。其中猪肉产量3843万吨，同比增0.3%；牛肉444万吨，增0.6%；羊肉322万吨，增0.8%；禽肉1397万吨，减0.4%；禽蛋2249万吨，增1.2%。养殖业稳中有增的同时，玉米及高粱等替代品进口继续减少，相应增加了国内玉米饲用消费需求。2018年1—11月，我国累计进口玉米、高粱、大麦、DDGS 1356万吨，同比减少14.9%。此外，由于玉米与小麦、稻谷相比仍具有明显的价格优势，饲料中玉米添加比例增加，也相应促进了玉米消费增长。预计全年玉米饲用消费量同比增加1000多万吨（图4）。

4. 国内外玉米价差有所缩小。2018年，国内玉米价格整体上涨，我国南方港口国内玉米到港价也随之上涨。同期，国际价格保持低位运行，但受中美贸易摩擦影响，自7月6日起我国对进口美国玉米加征25%的关税，美国墨西哥湾玉米到达我国港口的到港税后价显著上升并持续高于国内玉米到港价。全年，国内外玉米价差继续缩小。全年进口配额内1%关税（7月后按加征25%关税计算）的国外玉米运抵我国南方港口的到岸税后价平均为1867元/吨，同比涨192元/吨；国内玉米到港价平均为

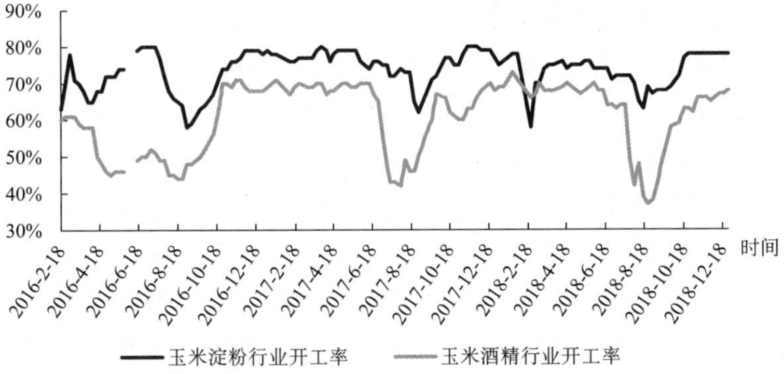

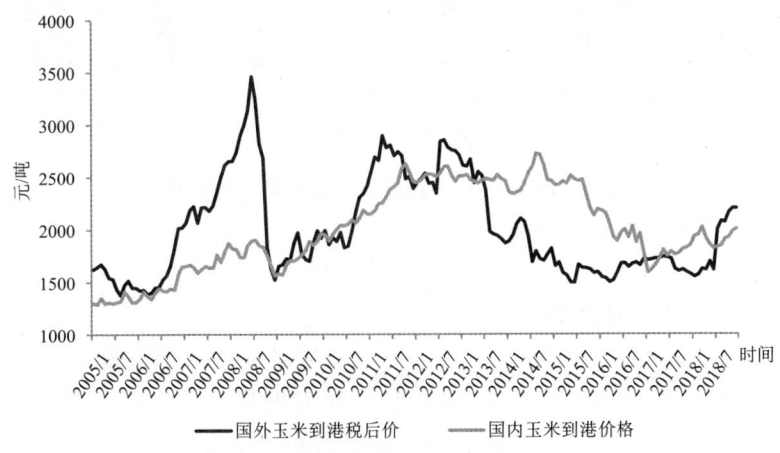

图 4 全国玉米淀粉加工和酒精加工行业开工率变化

资料来源：根据国家粮油信息中心数据整理。

1919 元/吨，同比涨 170 元/吨；国外玉米比国内玉米价格平均低 52 元/吨，价差比上年缩小 22 元/吨。7 月起加征 25% 关税后，美国玉米进口到岸税后价比国内玉米价格平均高出 202 元/吨。12 月，进口配额内 1% 关税（加征 25% 关税）的美国玉米运抵我国南方港口的到岸税后价平均为 2202 元/吨，同期国内玉米到港价为 2007 元/吨，美国玉米比国内玉米高 195 元/吨（见图 5）。

图 5 国内外玉米价格比较

资料来源：根据中华粮网、中国玉米市场网等数据整理。

5. 玉米进口增加替代品进口减少。我国对进口美国玉米加征关税后，美国玉米难以进入国内市场，但自其他国家进口的玉米仍然具有明显的价格优势，2018年，我国玉米进口呈增长态势。2018年1—11月，我国玉米累计进口量310.45万吨，同比增30.9%。与此同时，由于我国对进口美国高粱等产品加征25%关税、加上国际市场高粱、大麦价格走高，玉米替代品进口则显著下降。1—11月，我国累计进口高粱、大麦、木薯、DDGS分别为364.45万吨、667.21万吨、453万吨、13.21万吨，同比分别减25.6%、19.4%、37.1%、65.7%。玉米及四种替代品累计进口量1809万吨，同比减少21.8%（见图6）。

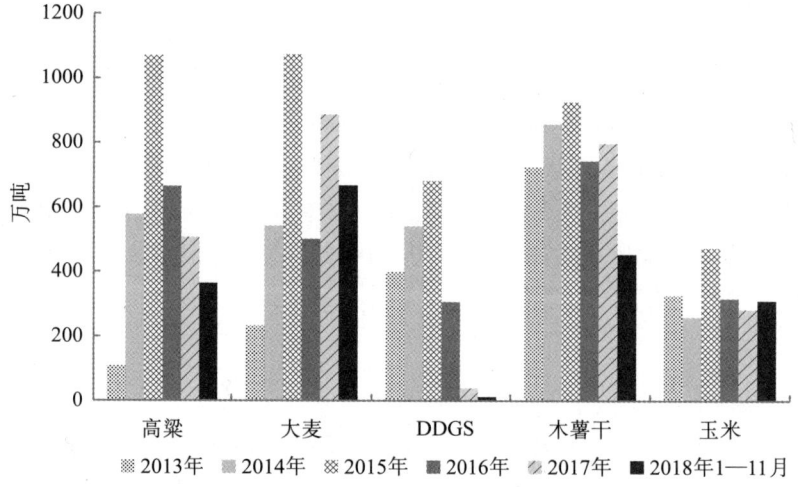

图6　2013年以来我国玉米及替代品进口量

资料来源：根据海关数据整理。

（二）国际玉米市场

1. 国际价格低位震荡。2018年，国际玉米价格呈现震荡运行的特点，但总体依然处于低价位。1—5月，受南美玉米因干旱减产、美国玉米播种面积预期持续减少、天气因素导致播种延期并影响出苗、国际玉米供求宽松形势有所改善等因素影响，国际玉米价格持续反弹，但6—7月，随着美国玉米带气候改善，国际价格明显回落。8月份以后，国际价格继续随气候变化而震荡运行,但波动幅度相对较小。1—12月,美国墨西哥湾2级黄玉米平均离岸价为166.25美元/吨,同比略涨0.1%,芝加哥期货交易所(CBOT)玉米主力合约收盘月均价每吨147.10美元,同比涨2.5%。分月看,1—12月,离岸价各月环比涨幅分别为0.6%、3.9%、4.2%、0.6%、5.4%、-7.8%、-4.0%、2.1%、-0.1%、3.5%、0.9%、1.9%;期货价格各月环比涨幅分别为0.4%、4.3%、4.2%、3.7%、1.1%、-8.2%、-0.6%、1.7%、-3.9%、2.8%、-0.6%、4.2%。12月,美国墨西哥湾2级黄玉米平均离岸价每吨172.25美元,同比涨10.8%;芝加哥期货交易所(CBOT)玉米主力合约收盘月均价每吨150.13美元,同比涨8.6%(见图7)。

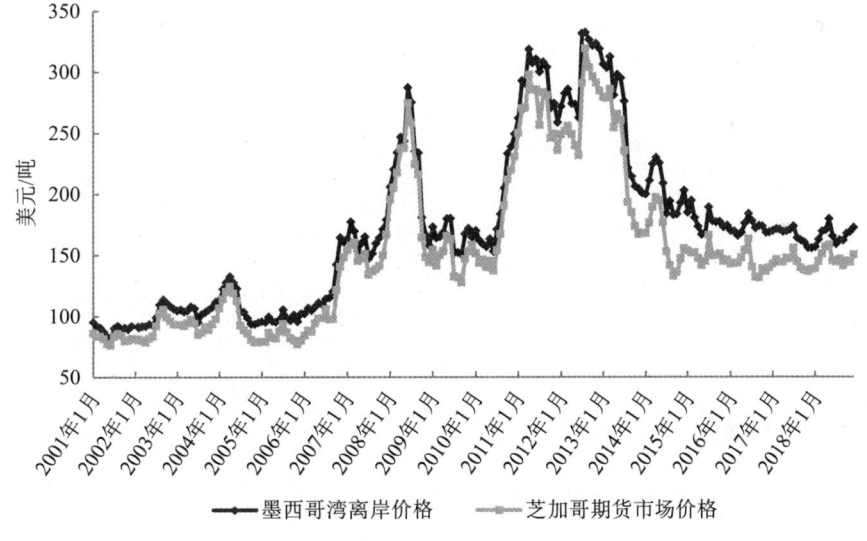

图7 国际玉米价格走势

资料来源:根据中华粮网、中国玉米市场网等数据整理。

2. 国际玉米供求形势依然宽松。受比较效益下降及天气等因素影响,2018年美国玉米播种面积继续减少,同时中国继续调减玉米面积,使全球玉米播种面积较上年略有下降。气候方面,尽管中美量大主产国在播种期均受到不利气候条件影响,但后期气候条件改善,单产水平均有所提高,其他主产国气候条件总体较好,全球玉米单产比上年有较明显的上升,总产也有所提高,并达到历史次高水平。消费方面,全球畜牧业发展依旧稳健,带动玉米消费稳步增长,玉米总消费量高于当年产量,全球玉米库存水平较上年有所减少,但总体供求形势依然较为宽松。据美国农业部12月份供需报告预测,2018/2019年度全球玉米产量11.0亿吨,同比增2.2%;总消费量11.31亿吨,同比增4.2%;贸易量1.66亿吨,同比增12.5%。预计全球玉米期末库存3.09亿吨,同比减9.2%;库存消费比27.3%,比上年度降4个百分点,但仍处于较高水平,玉米供求维持较为宽松的形势。

表1 2016/2017—2018/2019年度全球及美国玉米供需平衡预测

单位:百万吨

地区	年度	期初库存	产量	进口	消费	饲料消费	出口	期末库存
全球	2016/2017	311.38	1122.41	135.59	1083.55	655.95	160.05	350.24
	2017/2018	350.24	1076.18	149.71	1086.23	670.09	148.02	340.2
	2018/2019	340.2	1099.91	159.74	1131.31	698.74	166.46	308.8
美国	2016/2017	44.12	384.78	1.45	313.83	138.94	58.27	58.25
	2017/2018	58.25	370.96	0.92	313.83	134.57	61.94	54.37
	2018/2019	54.37	371.52	1.14	319.55	139.71	62.23	45.25

数据来源:美国农业部网站。

二、2019年玉米市场展望

(一)玉米种植面积有望恢复性增加

玉米收储制度改革以来,我国玉米播种面积已连续3年调减。由于2018年新产玉米销售价格普遍高于上年,农户玉米种植收益有所提高,预计2019年农户玉米种植意向将有所提高。但由于东北产区特别是黑龙江大豆生产者补贴显著高于玉米生产者补贴,导致大豆种植综合效益与玉米基本相当,部分地区明显高于玉米,因此政策导向可能影响农户玉米种植意向,特别是玉米和大豆生产者补贴的差距以及粮豆轮作的力度等,将对农户选择种玉米还是大豆产生重要影响。综合来看,2019年玉米面积有望恢复性增加，但增加的幅度存在较大不确定性，主要取决于政策导向。

（二）国内玉米价格重心有望继续抬升

2018年，国内玉米市场总体呈震荡上升的运行格局。预计2019年国内玉米价格重心将继续抬升，平均价格将高于上年，但增速可能趋缓。支撑价格的主要原因：一是成本上升。2018年各主产区玉米生产成本均稳中有升，租地成本上升明显。二是玉米产需缺口继续扩大。国内玉米产需缺口可能继续扩大。近年来，国内玉米生产连年调减，而消费需求持续增长，国内玉米供求关系已发生了明显变化，由原来的阶段性供大于求转为产不足需，且产需缺口逐步扩大，这已被国家临时收储玉米去库存力度超市场预期，库存水平大幅降低所体现。预计2019年，国内玉米消费需求仍将进一步增长，在2018年玉米减产的情况下，玉米市场供求关系将逐步趋紧。抑制价格上涨的主要原因：一是短期玉米供应仍然充足。2019年仍有部分国家临时收储玉米需要去库存，加上2018年拍卖成交的临时收储玉米有很大一部分结转到2019年消费，将加大市场供应压力。二是非洲猪瘟疫情影响玉米消费。三是中美贸易摩擦增加玉米进口不确定性。此外，国际价格仍处于低位，将对国内玉米价格产生一定抑制作用。

（三）玉米消费保持增长但增速可能趋缓

深加工方面，企业经营状况和效益仍然较好，开工率维持在较高水平，新建扩建项目较多，深加工产能已达1.1亿吨左右，预计2019年深加工仍将处于盈利状况，开工率将继续保持较高水平，部分新增产能将陆续投产，带动玉米深加工业继续保持较快增长。但随着玉米价格逐步提高，深加工企业成本将呈上升趋势，挤压企业盈利空间，企业开工率可能继续有所降低，加上受稻谷去库存影响，部分陈化稻谷将替代玉米用于生产燃料乙醇，因此，2019年玉米深加工消费虽保持增长态势，但增速可能趋缓。从饲料消费来看，受非洲猪瘟疫情影响，生猪跨省调运受阻，猪粮比价走低，不少养殖户出现亏损，补栏积极性下降，将影响玉米饲用消费。但居民对猪肉产品有刚性需求，预计2019年下半年生猪养殖可能进入上升周期，加上禽类、牛羊及其他养殖业继续保持稳步增长，预计2019年玉米饲用消费量将保持温和增长态势，增速较上年趋缓。

（四）玉米进口不确定性增加替代品进口有望减少

由于国内玉米价格上涨，而国际价格维持低位，国外玉米仍保持较为明显的价格优势，进口玉米有利可图，同时国内玉米产需缺口较大，这使得国内对进口玉米有较为旺盛的需求。尽管受中美贸易摩擦影响，我国对美国玉米加征25%的关税，按此关税美国玉米难以进入国内市场，但其他国家特别是乌克兰玉米价格优势明显，预计2019年我国玉米进口规模与上年基本相当。最大的不确定性来自中美贸易谈判的走向，如果达成贸易协议，我国自美国进口的玉米数量可能增加，玉米进口总量可能比上年明显增加。替代品进口方面，由于我国大麦进口主要来自澳大利亚，受我国对澳大利亚大麦开展双反调查影响，预计2019年我国大麦进口量将显著下降。木薯进口量将保持基本稳定，高粱和DDGS进口量有望保持较低水平，但受中美贸易摩擦走向的影响，存在较大的不确定性。

2018年大豆市场形势回顾和2019年展望

张 璟 张 振 李 剑

一、2018市场形势回顾

对大豆产业来说，2018年是不寻常的一年，这一年诸多内外部因素对大豆产业的发展带来影响，如中美经贸摩擦、极端天气、非洲猪瘟等，总体来看，大豆市场存在以下特点。

（一）国产大豆价格持续低位运行

与中美经贸摩擦爆发时的预期不同，国产大豆价格并未有较大幅度上涨，反而呈现持续下行趋势。2018年1—12月，国产大豆入厂价平均为每公斤4.06元，同比跌9%；年度内价格最高为3—6月的每公斤4.10元，最低为11—12月的每公斤4.02元。值得一提的是，大豆价格下行从2017年的9—10月开始，价格从2017年9月的每公斤4.64元下降至2018年12月的每公斤4.02元，降幅13.4%。造成国产大豆价格低迷的原因：一是国产大豆供给增加，2017/2018年度国产大豆丰收，产量达1528万吨，同比增加12.9%；2018年大豆播种面积增加至839.93万公顷，中美经贸摩擦后，东北地区出台的补贴政策（如2018年4月初黑龙江省紧急下发通知要求大豆轮作面积再增加500万亩且每亩补贴150元）有利于提高农户种植大豆的积极性，但一定程度上造成了供过于求的现状和市场预期。二是临时收储供应增加对大豆价格上行带来压力，2018年10月份临时收储大豆继续以每周一次拍卖的方式投放市场，计划销售量保持在10万吨左右，成交率较9月大幅回升，临储供应增加对大豆价格上行带来压力。三是受早霜等极端天气影响，2018年新豆质量两极分化，劣质豆比重高于往年，拉低新豆整体价位水平。四是国产大豆需求不足，始于2017年9—10月的环保督查使得众多豆制品企业加工量萎缩，国产大豆产业链下游的加工企业需求受限。

（二）CBOT大豆价格大幅回落并低位震荡

2018年CBOT大豆价格变化符合预期。年初至5月初，CBOT大豆价格呈上升趋势，从1月第1周的周平均价每吨356美元升至5月份第一周的每吨385美元，涨幅8.2%，自5月第二周起价格开始回落，跌至9月底的每吨307美元，比年初价格下跌13.8%，比5月初价格下跌20.3%。10月、11月CBOT价格出现小幅回升至11月底的每吨326美元，同比下跌11.6%，仍处较低水平。12月COBT价格出现较大幅度上升，达每吨344美元，环比增4%。国际大豆价格变化的原因：第一，年初国际价格提升缘于2017/2018年度阿根廷大豆减产1720万吨，降幅31.3%，供给减少提升价格预期；第二，后期国际价格下跌缘于我对美大豆反制措施影响，美豆出口受阻，库存高企至2600万吨，创纪录新高，CBOT价格上涨乏力；第三，后期价格回升缘于市场对G20峰会中美经贸关系改善的预期以及12月中国重启美豆进口的带动作用。

（三）国际大豆贸易格局发生变化，国内市场大豆供求基本稳定，供给缺口有望减小

中美经贸摩擦开启后，国际大豆贸易格局发生变化，中国进口美豆大幅减少，2018年1—12月中国进口大豆8806.44万吨，同比减7.82%，其中进口美国大豆1664.09万吨，同比减少49.35%。市场对油用大豆缺

口存在担忧，但从2018年的情况看，国内大豆市场供求基本平稳，从船期跟踪情况看，预计2019年1月进口大豆到港量约为600万吨，2017年12月约为620万吨，预计2月可能降至370万吨。目前国内港口大豆库存量约为677.8万吨，处于正常偏高水平。国内大型油厂大豆供应充足，12月加工厂商业库存165万吨，处于正常偏高水平。市场供应平稳的主要原因一是多方进口缓解供应压力，中国大量采购了巴西大豆，1—12月进口巴西大豆6611.70万吨，占75.08%，并增加从俄罗斯、乌拉圭、印度进口大豆。二是多举措减少豆粕供应缺口，一方面通过低蛋白饲料配方的推广来削减豆粕在养殖业中的用量以实质性减少进口大豆需求，预计可减少豆粕需求1100万吨，折大豆1375万吨；另一方面积极拓宽其他蛋白粕来源，例如放开乌克兰葵花粕、印度菜粕的进口，预计杂粕可替代豆粕的量为150万—200万吨。三是养殖产业危机减少饲料需求，2018年8月以来全国24个省爆发非洲猪瘟，疫区猪价及需求低迷，挫伤了养殖户积极性，预计非洲猪瘟对豆粕需求削减幅度在100万—150万吨。

二、2019年市场走势预测

（一）大豆种植面积有望继续增加，但国内价格仍将处低位

在中美经贸摩擦及大豆补贴政策等因素影响下，预计2018年播种面积增长至839.9万公顷，2019年播种面积继续增长至866.2万公顷。但国产大豆产业链的加工生产能力不足，加之2018年新豆质量总体较低，预计2019年国产大豆入厂价仍将维持在每公斤4.02—4.10元的水平。

（二）压榨消费量降低，鲜食消费量继续增加

随着低蛋白配方饲料标准推广应用，预计2018/2019年大豆压榨量为8672万吨，比2017/2018年度降低440万吨。随着居民生活水平的提高和健康意识的增加，大豆蛋白和豆制品的需求也会稳步增加，预计2018/2019年大豆鲜食消费量为1253万吨，比上年度增加49万吨。

（三）大豆国内外价差继续缩小，进口量平稳波动

2018年1月至2018年12月，大豆国际价格（青岛港口进口大豆到岸税后价）由1月的每公斤3.34元提升至11月的每公斤3.54元后降至12月份的每公斤3.42元，国内外价差减小。贸易摩擦开启后，大豆国际市场价格与CBOT美盘期货价格走出相反的趋势，如当前贸易环境不发生改变，美盘大豆价格将有可能让位于国际市场价格，预计国内外价差继续缩小，直至进口大豆到岸税后价与加税后美豆价格持平为止。受国内大豆需求减少影响，预计2019年大豆进口量为8996万吨，比2018年度小幅增加190万吨，比2017年降低558万吨。

（四）国际大豆供求整体宽松，国际价格仍将低位运行

根据美国农业部12月供需月报的数据预测，2019年全球大豆产量预计3.69亿吨，而全球大豆消费量预期为3.52亿吨，供过于求，加之美豆库存高企至2600万吨、中美经贸关系仍不明朗，国际大豆价格仍将低位运行。

三、值得关注的问题

（一）大豆补贴制度不完善，市场力量有待激发

在东北产区，国家"轻玉米、重大豆"的补贴政策导向明显，2017年黑龙江省大豆种植自有地净收益每亩295元，玉米种植自有地净收益每亩424元，玉米每亩地净收益比大豆高129元，而2018年下半年黑龙江玉米和大豆的补贴标准分别为每亩25元和每亩320元，这极有可能对东北地区农户改种大豆带来极强的政策刺激，导致大豆种植面积进一步提升。而2018年安徽、河南等黄海、淮海部分地区承担了轮作大豆补贴试点任务，但因补贴不是普惠性政策，没有得到补贴的农户心里不平衡，甚至出现部分农户上访现象。政策设计造成绝大部分种豆农户不能享受政策补贴，尤其是项目区2017年种植大豆的农户因享受不到补贴，部分农户反而弃种大豆改种玉米。在补贴标准上，农户反映未能协调考虑种植大豆

与玉米的收益，对引导农户调整种植结构效果不佳。

（二）国产大豆产业链不完善，加工企业亟待转型升级

自2016年起，国产大豆产量止跌回升，但产业并未真正具有竞争力，如无国家补贴，农民种植大豆的积极性将大打折扣。造成这一问题的原因与我国国产大豆产业链不完善有关，各环节均存在问题，加工环节尤为严重，如大豆生产环节种植成本高、技术水平低、市场竞争力不足，大豆流通领域购销不畅、交易成本高、转基因进口监督不足，大豆加工领域传统豆制品加工产能不足与大豆蛋白产业长期低水平低技术重复建设问题并存，豆制品消费"低端"化仍然制约产业效益增长，加工企业在生鲜产品包装、冷链消费等方面投资不足，企业生产环境仍需改善，国内企业同质化竞争白热化，高附加值的产业被做成了微利产业。这些问题成为阻碍我国大豆加工环节向现代化转型升级的重要因素，也是下游市场无法带动上游农户积极种植国产大豆的关键所在。

（三）全球大豆供过于求，大豆定价体系呈现新变化

根据美国农业部2018年12月供需报告，美国新豆产量估计值1.25亿吨，比上年增加500万吨，受出口限制，美豆库存高企达2600万吨，是2017年库存量的2.18倍。2018年巴西增加了其大豆播种面积，预计2018/2019年度种植面积将增至3600万公顷，产量有可能达到创纪录的1.22亿吨，阿根廷大豆产量将重回5550万吨，2019年全球大豆产量预计3.69亿吨，而全球大豆消费量预期为3.52亿吨。美豆的高库存和世界大豆供过于求的格局将形成全球大豆产业的买方市场，这一实质性的转变意味着如果全球贸易形势未能好转，美盘大豆价格将无法代表全球大豆的最大购买方中国在国际大豆市场中的交易价格，国际市场上将出现两个价格，一是CBOT美豆价格；二是中国在国际大豆市场中的交易价格。此时如能充分利用大连商品交易所的黄大豆2号期货合约为国际大豆市场提供中国标准和中国价格，即可为大豆生产国提供更加安全和稳定的贸易环境，同时提升中国在全球大豆贸易领域中的价格话语权。

四、有关政策建议

(一) 明确政策重点，发挥市场引导生产的基础性作用

在大豆产业链发展中，政府要加强在技术研发、服务推广等公共领域的投资，如加强对高蛋白、高亩产优质大豆品种的研发，增加对国产非转因大豆新型加工技术的研发投入等；政府要做好大豆生产环节水旱雨雪霜冻等自然灾害风险的防控，建立完善的天气预警机制，提高田间水利等基础设施保障水平以及完善保险止损补偿等政策，提升农户尤其是种粮大户保险保障水平。在生产补贴方面遵循市场化收购＋补贴的政策原则，协调处理好大豆玉米补贴政策。在加工领域降低国产大豆加工企业税负，使其与使用进口大豆的食用植物油压榨企业处于平等的竞争环境中。在消费领域加强宣传，倡导消费者建立少油、低脂、鲜食的健康饮食习惯。

(二) 提升大豆基础竞争力，加强大豆全产业链建设

我国大豆生产的主要问题在于单产水平较低，基础竞争力弱。加大科技投入，加强基础研究和应用技术及产品研发，积极推广适合地方特点的高产优质品种及配套稳产增产技术，推动农机农艺结合，增强大豆综合生产能力。加快建立大豆生产保护区，划定大豆生产保护范围，协同考虑乡村道路建设和高标准农田建设。同时，国产大豆主要用于传统豆制品加工，大部分加工企业规模小，没有形成产业化经营，在特色品牌培育、产品升级、技术改造方面有待提高。应加强大豆加工科技创新，鼓励企业开拓大豆保健品市场，引导企业向高质、高效、品牌化、技术化、专利化方向发展。加大监管惩罚力度，严查转基因大豆流入食用豆的行为，引导豆类加工企业开拓一个有别于进口转基因大豆的高端市场。

(三) 充分利用大豆买方市场机遇，增强价格话语权

我国大豆进口量巨大，但目前对于大豆价格的话语权仍不够。一方面我们应充分利用期货市场规避国际市场风险；另一方面应鼓励国内粮贸商走向世界，通过开展粮食仓储、物流、加工、贸易等方面的国际合作，全球化布局农产品交易市场。从交易所角度看，未来应进一步完善黄大豆1号和2号的合约设计，通过优化期货交易商制度进一步活跃黄大豆2号合约，便利实体企业参与利用期货市场。同时，响应"一带一路"倡议，进一步推动黄大豆1号、2号、棕榈油品种的对外开放，建设以人民币计价的国际性油脂油料期货市场，服务国际市场参与者。

2018年国内外棉花市场形势分析及后期展望

翟雪玲

2018年,国内棉花面积、产量"双增长",棉花质量明显好于上年。由于全球主要经济体贸易冲突和中美贸易摩擦,本年度棉花消费形势急转直下,下半年市场景气度明显下降。棉花价格先涨后跌,内外棉价差呈缩小态势。

一、2018年棉花市场形势回顾

(一)棉花供给较为充足

2018年我国棉花市场供给由三部分组成,包括国内产量、进口量和国内储备棉。从整个供给情况看,年度内棉花供给充足,满足了企业的市场需求。

1. 棉花面积、产量"双增长"。受棉花目标价格补贴政策稳定、新疆棉花生产机械化的大力推进,2018年我国棉花播种面积3367千公顷,较上年度提高0.5%。其中,新疆棉花面积增幅较大,达到2633千公顷,较上年增加7.7%。内地棉花播种面积继续下降,为73.3公顷,同比下降20%。2018年整个生产期间新疆、黄河流域气候正常,光温条件较好,雨量适中,病虫害和自然灾害轻度发生,棉花生产条件总体适宜。尽管5月份新疆发生了较大规模的风灾、雪灾和雹灾,但后期各种生产补救措施及时,较好地弥补了生产损失。2018年我国棉花单产达到每公顷1764公斤,同比增长0.3%,总产594万吨,同比增长0.8%。

2. 棉花质量较好。由于2018年新疆棉区天气条件较好,利于棉花生长,整体棉花质量好于上年。黄河、长江流域棉区光热充足,多风少雨,利于棉铃脱水吐絮,籽棉色泽好,商业品质优良。据中国棉花公证检验数据显示,2018年度全国细绒棉公检白棉3级及以上占比92.1%,同比高1.5个百分点;纤维长度28毫米及以上占比95.62%,同比高1.96个百分点;马克隆值A+B(3.5—4.9)档占比91.12%,同比高7.92个百分点;断裂比强度S2(29.0—30.9)及以上档占比34.16%,同比高9.62个百分点。

3. 储备棉抛储规模较大。2018年储备棉抛储从3月12日启动至9月30日结束。轮出期间,国家发展和改革委员会、财政部等有关部门先后发布了调整储备棉交易主体及储备棉轮出延期等公告,不仅及时调控了国内棉价,稳定了棉花市场,也保证了新棉上市前棉花供应稳定,合理引导市场预期,确保新旧年度棉花市场平稳有序过渡。经统计,本年度中国储备棉管理有限公司计划出库销售储备棉累计431万吨,其中新疆棉168万吨、地产棉263万吨;累计成交250.6万吨,成交率58%,其中新疆棉成交155.9万吨,成交率93%,地产棉成交94.7万吨,成交率36%。从成交价格看,本年度成交平均价格14770元/吨,折标准级(3128)价格16138元/吨。

4. 棉花进口较上年增加。2018年我国仍然处于棉花去库存阶段,但由于去库存进展顺利,国储棉大幅下降,为满足国内市场需求,国家下发了100万吨的棉花滑准税配额,棉花总进口量较上年增加。据中国海关统计,1—11月我国累计进口棉花135.5万吨,同比增29.5%,进口主要来自美国、澳大利亚、印度、巴西和乌兹别克斯坦,进口量占进口总量的比例分别为37.4%、27.5%、11.6%、7.2%和4.0%。预计全年我国棉花进口量约150万吨,较上年增加20%以上(见图1)。

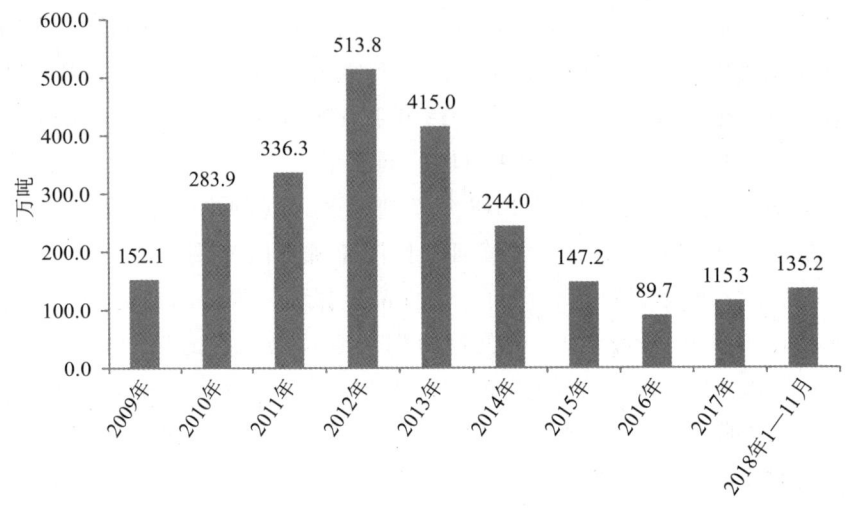

图 1 2009—2018 年我国棉花进口量

数据来源：中国海关。

（二）棉花需求波动下降

2018 年上半年国内外经济发展较为平稳，棉花消费预期较好，行业整体订单充足，尤其是受中美贸易摩擦影响，部分企业加班加点赶制订单，整个行业消费状况较好。据国家统计局数据，1—11 月份，我国累计纺纱量 2854.1 万吨，同比增 0.6%。根据中华全国商业信息中心统计，8 月全国百家重点大型零售企业中服装鞋帽、针纺织品零售额同比增长 7%，增速较上年同期放缓 1.9 个百分点。但 9 月份以后我国棉花消费形势开始恶化。9 月 24 日起，美国对 2000 亿美元中方输美产品加征 10%（2019 年 1 月份加征 25%）的关税，其中包括纺织品服装的税号有 917 项关税细目，涉及全部种类的纺织纱线、织物、产业用制成品以及部分家用纺织品等，涉及产品年出口额约 37 亿美元。从 2019 年 1 月 1 日起，附加关税的税率水平将提高到 25%。美国是我国主要的纺织品服装出口市场。2017 年，我国纺织品服装出口额为 2669.5 亿美元，其中出口美国市场的约占 16.9%，涉及 450.4 亿美元。本次加征关税涉及纺织品服装年出口额约37亿美元。除了中美之间的贸易摩擦,还有美国和加拿大、美国和欧盟、美国和墨西哥等经济体之间。由于大国之间的贸易往来受阻,扰乱了产业链的正常运行,加上主要经济体国家紧缩货币政策造成汇率波动,新兴市场风险上升。世界贸易组织(WTO)和国际货币基金组织(IMF)分别下调2018年、2019年两年全球货物贸易量增速和全球经济增长预期,制造业景气度下降。中美纺织品贸易往来受阻、世界经济增长速度下行直接导致下游需求走弱,对国内涉棉纺织企业生产行为产生影响,国内棉花消费开始出现萎缩态势,下游纺织品企业纱、布销售不畅、库存增加、价格下跌。另外,外纱价格竞争优势明显,平均每吨低于国产纱300元左右。2018年1—11月我棉纱线进口量为191万吨,同比增6.3%。外纱的进口也挤压掉了一部分国内棉花消费。

(三)国内外棉花价格波动较大,内外棉价差缩小

1. 国内外棉价先涨后跌。1—4月份,国内外经济状况平稳,国家棉花抛储政策及时,国内棉花价格非常平稳。标准级棉花每吨价格从15680稳中略降到15488元,降1.2%。2018年5—6月份,由于新疆突发较大范围的风灾、雪灾和雹灾,市场主体普遍担忧新年度棉花生产受到较大损失,同时由于国储棉去库存进展顺利,国储棉数量有限,市场主体对新年度棉花供给产生担忧恐慌,棉花价格一路走高。5月2日至6月4日,标准级棉花每吨从15451元上涨到16900元,涨9.4%。后期国家调整了抛储棉的投放要求,不允许贸易企业参与竞拍。同时,后期随着棉花生长条件好转,棉花丰产预期渐强,棉花价格逐渐平稳。9月份以后,受中美贸易摩擦和全球经济走弱影响,国内纺织行业下游消费开始走弱,纱布库存增加、价格下跌,直接影响棉花价格走弱。另外,由于新疆这几年机采棉快速发展,2018年北疆90%以上都是机采棉,南疆30%左右也是机采棉,原来将近3个多月的采棉期一下子缩短到一个月左右,新棉大量上市,造成短期内供给充裕。受此两方面影响,国内棉花价格持续走弱。2018年1—12月,国内标准级棉花价格每吨从15680元波动下降到15406元,降1.8%。1—12月份均价每吨15878元,同比降0.3%。

2. 从国际棉花价格来看，也呈现先涨后跌态势。2017年以来，世界经济回暖向纵深发展，经济增长率较好，大宗商品价格有所上涨，从而带动全球棉花消费增长。2017/2018年度全球棉花消费量为2661.3万吨，同比增5.5%。2017/2018年度全球期末库存为1850万吨，连续两个年度在低水平徘徊。受此影响，2018年1—6月，国际棉花价格整体恢复性上涨。CotlookA指数从68.75美分/磅上涨到94.95美分/磅，上涨38.1%。2018年1—6月，CotlookA指数均价为93.03美分/磅，同比上涨8.4%。但7月份后，受国际主要经济体贸易摩擦、世界经济增长速度下降全球棉花消费量下调以及国际棉花产量预期较好等影响，国际棉花价格开始下降。2018年1—11月，CotlookA指数月均价从91.41美分/磅波动下降到86.00美分/磅，下降5.9%。2018年1—12月，CotlookA指数均价为91.49美分/磅，同比增长9.4%（见图2）。

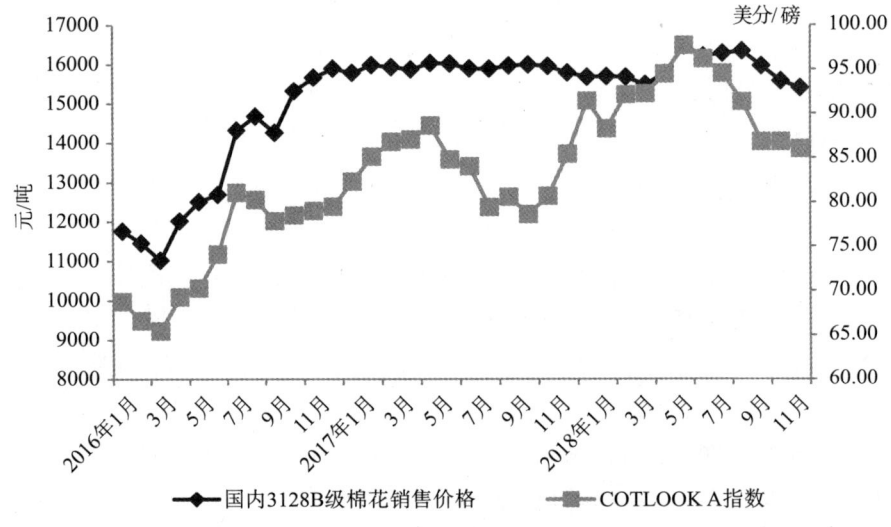

图2　2016—2018年国内外棉花价格走势

3. 内外棉价差总体呈缩小态势。尽管国内外棉花价格都呈先涨后跌的态势，但涨跌幅度不同，国内外棉花价差总体呈现缩小态势。2018年1—12月，1%关税下进口棉折到岸税后价每吨从14938元波动至14882元，国内标准级棉花价差每吨从743元波动下降至555元；滑准税下进口棉折到岸税后价每吨从 15879 元波动至 15798 元,国内标准级棉花价差每吨从 -199 元波动至 -321 元(见图 3)。

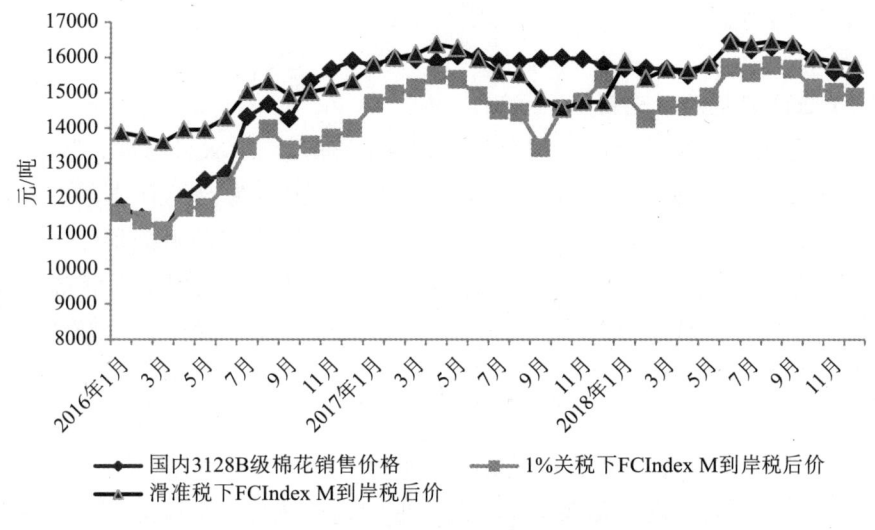

图 3 2016—2018 年国内棉花价格和国际棉花价格到岸税后价

二、2019 年棉花市场走势展望

(一)棉花消费趋弱可能性较大

棉花消费和世界经济发展状况紧密相关。当前,世界经济增长动能有所削弱,不确定性不稳定性因素增多、下行风险加大,2019 年全球 GDP 增速或进一步下降。10 月国际货币基金组织预计,2019 年世界经济增速为 3.7%,与 2018 年持平,但不排除 1 月下调该预测值的可能性。高盛集团等机构预测,由于全球金融条件收紧,2019 年世界经济或呈疲软态势,增速较 2018 年进一步下降。另外,美国政府保护主义的消极影响将继续加深。尽管中美两国领导人争取了"谈判三个月",但谈判走向仍然有不确定性。目前双方已征的关税对中美贸易乃至全球贸易的负面影响正在显现。国际货币基金组织预测,2019 年全球货物出口量增速在 2018 年已经明显下降的基础上,将进一步降至 3.76%。从国内看,国内经济正处于转型升级阶段,经济增长速度下降,结构转型压力加大,带动棉花消费增长动力不足。2018年10月份,中国官方制造业采购经理人指数为50.2,逼近荣枯平衡点。从国内外两方面分析判断,2019年国内棉花消费有可能呈现趋弱态势。

(二) 棉花供给充裕

国内棉花供给分为两个部分,国内生产和进口。从目前看,2019年国内棉花供给较为充裕。2018年我国棉花产量预计为594万吨,甚至有可能突破600万吨。2018年8月份国家下发了100万吨的滑准税配额,再加上新年度89.4万吨1%以内关税的进口配额以及前期国家抛储部分企业的商业库存,2018/2019年度我国棉花市场总供给达到800万吨以上,在新棉上市之前国内棉花供给是有保障的。

(三) 棉花价格弱势震荡可能性较大

受供给充裕、需求偏弱影响,新年度国内棉花价格很可能呈现弱势震荡格局。但也存在一定的不确定性。主要是中美贸易摩擦的走向。如果中美贸易摩擦不能得到很好的解决,新年度国内棉花消费走软的态势会更明显,势必会影响棉花价格。但如果中美贸易摩擦能够较好解决,也不排除棉花消费企稳的可能性。

三、需要关注的问题

(一) 内地棉区植棉意向可能继续下滑

2018/2019年度以来,国内籽棉价格平开低走,棉农收益一般,农民植棉积极性不高。另外,内地棉区由于种植规模、种植模式等问题,实现机采困难较大。因此,在劳动力成本持续攀升、籽棉价格不高的状况下,2019年内地棉区稳定棉花种植面积难度较大,植棉意向很有可能继续下滑。

(二) 棉花消费萎缩棉花价格下滑,后期市场风险加大

中美互为重要的纺织品贸易大国,美国是我国主要的纺织品出口市

场。如果中美贸易摩擦不能很好地得到解决,将直接影响我国服装面料和辅料的加工企业的生产经营,有这些生产产能的企业将很快转移到其他国家,这样势必会影响我国棉花消费量,引起国内棉花价格下滑。

(三) 机采棉质量急需提高

受劳动力短缺、劳动力成本持续上涨影响,我国棉花主产区新疆机采棉发展迅速。目前,新疆全疆机采棉占到了70%左右,其中北疆地区机采棉占90%以上,南疆地区机采棉占到了30%左右,预计未来3—5年,南疆机采棉面积会迅速扩大。尽管实现了机采,但机采棉质量急需提高。目前,我国在机采棉的品种研发、栽培模式、加工标准方面尚没有突破,机采棉的质量相比手摘棉下降,竞争力明显降低。从未来看,机采棉的推广趋势难以改变,要提高我国棉花质量必须下大力气提高机采棉质量。

四、有关政策建议

(一) 在内地棉区大力推广轻简栽培和直播棉,鼓励发展托管服务

劳动力短缺、成本偏高已经成为制约内地棉区发展的主要障碍,今后必须大力推广轻简栽培,总结轻简栽培的成熟模式。另外,这两年为适应小麦等作物全程机械化,长江流域部分内地棉区大力推广了直播棉。直播棉能够有效缓解植棉劳动力短缺问题,提高土地综合效益。建议进一步完善直播棉种植技术,加大麦(油)后直播棉花品种选育研究力度,扩大直播棉的推广力度,在内地适宜省份棉区示范推广。另外,针对植棉缺乏劳动力的问题,部分棉区已经发展出了机耕机播、植保托管等服务,也得到棉花种植者的认可。未来可以通过鼓励土地流转,对能够提供相关专业服务的经营主体或社会服务组织进行资质认定,根据其对农户提供的服务探讨支持方式。

(二)"开放应对摩擦",进一步提高我国纺织品服装的出口退税率

2015年为提高国内纺织品服装的出口竞争力,我国提高了部分纺织品服装的出口退税率至17%。面对中美贸易摩擦,为增强市场信心,建议扩大纺织品服装的出口退税率提高至17%的范围，降低我国纺织品服装的成本，尤其对于美方加征关税清单中的纱线类企业，避免纺织制造业因为中美贸易摩擦加大向外转移的现象。另外，在中美贸易摩擦的背景下，需要坚定地走改革开放的道路，进一步扩大对其他国家和地区的开放力度，以"开放应对摩擦"。落到纺织业上，要更加鼓励纺织企业全球范围内优化供应链，灵活调整和优化采购、生产、销售、资金等环节，业务范围多地化，避免过度集中在部分国家带来的风险。

（三）谨慎研究发放新年度棉花滑准税

由于全球经济增速下降、中美贸易摩擦走向未定等原因，新年度国内棉花消费有可能萎缩。在这种状况下，为稳定国内棉花价格，要谨慎根据新年度国内棉花供需形势、贸易状况等因素综合考量，谨慎确定棉花滑准税发放时机和发放规模。

（四）大力提高机采棉质量

今后机采棉是我国棉花产业发展的必然趋势，必须认清这一形势，下大力气突破产业发展瓶颈，提高机采棉质量。大力培育选育适合机采的新品种，在吐絮集中、纤维长、果枝始节高、马克隆值、比强度等性状方面取得突破性进展，实现产量、品质、抗性和早熟性指标相统一。总结探索机采棉种植模式、管理规程以及脱叶催熟技术，促进农机农艺结合，良种良法配套，解决机采棉浪费和含杂率高的问题。加大棉花加工企业的技改步伐，形成统一高效的棉花籽清和皮清加工工艺规程，提高机采棉轧花质量。

2018年中国油料食用植物油市场供需形势分析与展望

张雯丽

2018年，中国油料生产稳中略减，加工消费总体趋稳，油脂消费量稳中有增，油料进口同比略减、油脂进口同比显著增加。预计2019年，中国油料生产稳中有增，结构进一步优化，油料进口贸易恢复性小幅增长，油脂进口同比下降，市场波动风险加剧。

一、2018年市场供需形势分析

（一）主要油料作物产量稳中略减

预计2018年我国夏收油菜籽面积较上年减0.4%，总产较上年减0.6%。分省看，江西、湖南两省面积较上年分别增7.4%、2.7%，产量分别增17.4%、4.2%；四川面积基本持平，产量增0.6%；江苏、安徽、湖北、河南面积分别减1.9%、5.6%、3.7%、3.0%；产量分别减2.1%、6.0%、2.7%、2.7%。四川继续保持全国油菜籽产量第一大省。

2017年花生收获时节的连阴雨影响了花生品质，油用比例增多，市场价格下滑，影响了农户种植的积极性，2018年花生种植面积稳中略减。据油料全产业链调度情况看，全国花生种植面积比上年减0.8%，其中，河北减1.9%，山东减3.9%，河南减0.2%。向日葵因种植的比较效益较低、2017年积压产品较多，2018年种植面积比上年减11.7%，其中，内蒙古减12.6%，新疆减8.6%。受干旱、台风、涝灾、病虫害等因素影响，单产稳中略减，秋收油料作物的产量比上年有所减少。其中，花生产量比上年减1.4%，向日葵产量比上年减10.8%。

（二）食用油籽进口同比略减，食用植物油进口同比大幅增加

据海关统计，2018年1—10月累计，我国进口食用油籽8235.68万吨，同比减0.5%，进口额363.41亿美元，同比增4.1%；进口食用植物油638.00万吨，同比增7.6%，进口额47.16亿美元，同比增4.1%。

1. 油籽进口结构显示大豆进口量同比略有下降，其他油籽进口显著增加。海关统计数据显示，2018年1—10月，我国累计进口大豆7692.8万吨，同比下降0.49%，占我国油料进口总量的93.4%；油菜籽是第二大进口油料，累计进口395.6万吨，同比减少0.03%。其他油料作物进口量明显增加，亚麻籽进口31.1万吨，同比增加15.6%，芝麻进口75万吨，同比增加19.2%（见表1）。

表1　　　　2017—2018年中国油料进口规模与结构

种类	2017年	占比	2018年（至10月）	占比
大豆	9552.6	93.6%	7692.8	93.4%
油菜籽	474.8	4.7%	395.9	4.8%
芝麻	71.2	0.7%	75.1	0.9%
亚麻子	34.0	0.3%	31.1	0.4%
花生	25.4	0.2%	18.0	0.2%
葵花籽	12.2	0.1%	8.1	0.1%
其他油籽	30.3	0.3%	14.7	0.2%

2. 油脂进口主要以棕榈油为主，另有部分葵花籽油、菜籽油、豆油等，油脂进口普遍增加。其中，棕榈油进口418.48万吨，同比增5.6%，主要来自印度尼西亚（占67.8%）、马来西亚（占32.2%）；菜籽油进口

102.03万吨，同比增55.6%；葵花籽油和红花油进口55.4万吨，同比增加3.6%；豆油进口43.85万吨，同比减27.5%。此外，除部分油料和食用植物油进口增多外，我国菜粕进口显著增加，至10月累计进口菜粕114.12万吨，同比增47.5%。

（三）油料油脂价格走势分化，内外价差保持高位

1. 油菜籽价格同比上涨，花生价格大幅下跌。2018年1—11月，国产油菜籽价格先涨后跌，总体价格重心继续上行；花生价格上半年持续下跌，下半年出现快速上涨，但总体成交较为清淡。

具体来看，1—11月，国产油菜籽入厂均价每吨从5347元最高涨至5450元，6月份集中上市后价格略有下滑，至11月价格降至5200元，全年均价每吨5313元，比2017年上涨2.7%。油菜籽价格走势变化的主要原因：一是夏收油菜籽产量较上年略减。受上年秋冬种期间的连阴雨影响，播种面积减少，苗情普遍偏弱，生长期间气象条件相对较少，病虫害、冻害等影响较常年偏低，但一二类苗比例较常年偏低，因此单产稳中略减，夏收油菜籽产量较上年略减。二是国内对浓香型菜籽油的需求较为旺盛。消费者对非转基因菜籽油的青睐度较高，带动国产油菜籽价格稳步上涨。三是下半年油脂消费需求偏弱。下半年以来，国内油脂库存高企，消费需求总体弱势，带动包括油菜籽在内的原料价格小幅下调（见图1）。

花生仁价格上半年持续走低，下半年略有上涨。入厂均价从1月每吨6518元跌至6月最低6000元，创下近3年来的最低，至9月份新花生上市后，因花生小幅减产同时品质好于往年影响，收购价格回升至6400元。全年均价每吨6262元，较2017年下跌14.9%。花生价格走势变化的主要原因：一是2015—2017年花生面积产量连续3年双增长。花生市场供需相对宽裕，影响原料价格上半年持续下跌。二是花生油市场消费需求总体较为低迷。国内油脂供给充裕，花生油库存也处于高位，市场加工需求总体偏弱，原料采买随用随买，原料收购积极性总体偏弱，抑制花生价格上行。三是新花生上市后，局部减产以及品质优于往年带动价格快速跳涨。9月份国内花生收购价格涨至每吨6365元，较8月上涨5.2%，10月份继

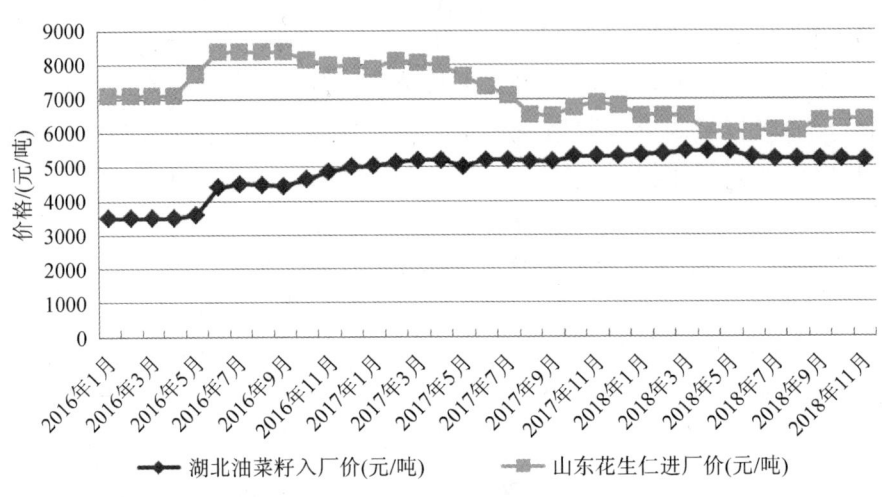

图 1　2016—2018 年中国油菜籽和花生价格走势

续小幅上涨至每吨 6400 元。

2. 食用植物油价格普遍走低。2018 年 1—11 月，国内油脂价格全线走低，跌幅不一。其中，湖北四级菜籽油出厂均价每吨 6554 元，同比跌 2.5%；山东国标四级豆油出厂均价每吨 5534 元，同比跌 10.4%；山东国标一级花生油出厂均价每吨 13027 元，同比跌 9.7%；天津棕榈油到港均价每吨 4942 元，同比跌 16.5%。食用植物油价格走低的主要原因：一是国际市场食用植物油延续供需宽松格局。美国农业部 10 月报告显示，2018/2019 年度，全球食用植物油产量 2.03 亿吨，比上年度增 4.8%；消费量 1.97 亿吨，比上年度增 3.1%；贸易量 8375 万吨，比上年度增 4.9%；期末库存 2096 万吨，比上年度增 2.0%。二是国内食用植物油库存保持高位，需求相对疲软。三是国际市场原油价格走低（见图 2）。

3. 国际市场油料油脂价格下跌、内外价差保持高位。内外油料油脂价格保持高位。其中，油菜籽内外价差总体缩小。油菜籽与国际市场油菜籽到岸税后价格价差保持在每公斤 1.30—1.72 元之间，总体呈缩小趋势。豆油价差先扩大后缩小。价差最高达每公斤 2.14 元，最低 1.38 元。价差缩小的原因：一是人民币贬值；二是国际市场油菜籽价格总体稳定、跌幅不大以及国内豆油价格跌幅大于美国豆油出口价格跌幅。

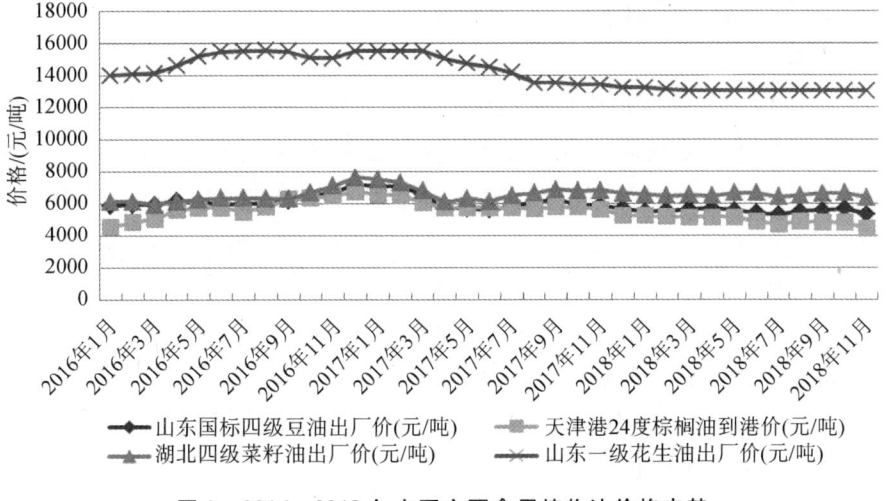

图 2 2016—2018 年中国主要食用植物油价格走势

二、2019 年走势预测与展望

（一）预计国内外油料油脂价格前高后低，油料价格继续延续分化趋势

1. 国际市场油料油脂价格短期内有望震荡走高。主要支撑因素：一是中美贸易摩擦矛盾短期内有所缓解。2018 年 12 月 1 日，中美两国元首达成共识，停止相互加征新的关税。中方愿意根据国内市场和人民的需要扩大进口，包括从美国购买适销对路的商品，逐步缓解贸易不平衡问题。双方同意相互开放市场，在中国推进新一轮改革开放进程中使美方的合理关切得到逐步解决。双方工作团队将按照两国元首达成的原则共识，朝着取消所有加征关税的方向，加紧磋商，尽早达成互利双赢的具体协议。尽管具体的协议尚未落地，但给予市场的信号是积极和谐的，有利于提振市场信息。二是油脂生物质燃料消费预期增加。棕榈油方面，马来西亚政府计划从 2018 年 12 月 1 日起开始分阶段实施 B10 生物柴油项目，从 2019 年 2 月 1 日起在全国范围内实施。B10 生物柴油政策的实施将使马来西亚国内所用的柴油中添加 10% 的生物柴油。自 2014 年以来，马来西亚一直

实施7%的生物柴油掺混政策。新政策的实施有助于增加棕榈油用于生物柴油的消费。

2. 国内油料油脂价格继续延续分化，油料与国际市场形成两个走势，油脂市场走势高度趋同。油料方面，油菜籽和花生价格走势相对独立。国产油菜籽继续突出浓香、特色风味等国产特色，随着多功能用途的开发和利用，油用菜籽油规模总体趋稳，收购价格预计保持稳中有增，明显高于加拿大等国际市场油菜籽价格走势。国产花生在连续三年面积、产量双增长、价格持续走低背景下，2019年面积和产量有望下降，有利于支撑花生价格走势，预计价格略高于2018年。

（二）中国油料油脂保持高位

油料进口保持高位，进口规模较2018年小幅增加。大豆进口保持高位，随着我国饲料工业协会饲料蛋白配方标准的发布和实施，豆粕用于饲料添加需求有望小幅下降，对大豆进口需求将显著低于2017年，但高于2018年。食用植物油进口小幅下降。棕榈油、豆油、菜油仍需依靠国际市场进口调剂余缺，2018年我国油脂进口大幅增加，一定程度上替代了大豆进口的减少缺口，2019年大豆进口增加的同时，食用植物油进口有望减少。

三、需要关注的问题

一是国内油料油脂消费用途和结构升级，产业发展潜力较大。油菜多功能开发日益成熟，除传统油用外，花用、菜用、蜜用、饲用、肥用等功能逐渐推广并得到有效利用，给产业发展和产值提升带来较大的空间和潜力。特色油料消费需求日益增多，居民对健康油脂和保健油脂产品需求增多，加工企业也逐渐增加特色油脂产品生产加工线，国产特色油料发展迎来机遇。

二是油料油脂内外价差较大，进口依存度保持高位。国产油菜籽与国际市场价格形成两个市场走势，有利于国产油菜籽走差异化市场竞争路径。但豆油仍面临较大的竞争劣势，在相当长一段时间，我国仍将对国际市场保持较高依存度。

三是中美贸易谈判存在一定的不确定性，市场面临较大的波动风险。尽管中美贸易摩擦有所缓和，但未来双边油料油脂经贸合作仍面临较大的不确定性，贸易规模、贸易结构以及主要油料油脂价格走势都将受贸易谈判影响，由此带来的市场风险需高度关注和提前预判。

四、政策建议

一是积极发展国内油料，通过降成本、补短板、拓功能、促产业、强品牌等措施促进国产油菜籽、花生以及油脂加工产业有序健康发展，确保一定的食用植物油自给率。

二是"一带一路"倡议背景下，积极拓展油料进口来源国，降低进口来源过度集中带来的贸易风险。

三是积极引导企业和大规模经营主体参与到期货市场中，合理利用期货市场发展价格、规避风险的功能，减少因贸易摩擦带来的价格波动和市场风险。

四是做好监测预警工作，对市场贸易及时动态监测，及时分析预判政策以及贸易形势变动可能引发的影响，做好预警工作。

2017/2018榨季中国食糖市场形势分析及2018/2019榨季展望

马 凯 徐 雪 朱亚伟

一、2017/2018榨季中国食糖市场形势分析

2017/2018榨季，国内食糖产量连续第二年增长，食糖消费量小幅增加，食糖进口量稳中略增，食糖价格跌幅较大。

（一）食糖产量恢复性增长

2017/2018榨季，中国糖料种植面积2063.98万亩，同比减少29.67万亩，减幅1.42%。其中，甘蔗种植面积1800.85万亩，同比减少36.59万亩，减幅2%；甜菜种植面积263.12万亩，同比增加6.91万亩，增幅2.7%。分产区来看，广西、广东、内蒙古糖料种植面积小幅增加，云南、海南、新疆糖料种植面积小幅下跌，黑龙江糖料种植面积增幅较大。

2017/2018榨季，中国食糖产量1031.04万吨，同比增加102.22万吨，增幅11%。其中，甘蔗糖产量916.07万吨，同比增加91.96万吨，增幅11.2%；甜菜糖产量114.97万吨，同比增加10.26万吨，增幅9.8%。从结构上看，甘蔗糖在中国食糖生产中占88.8%，同比提高了

0.1个百分点；甜菜糖增产幅度不及甘蔗糖，在食糖总产量中的占比略有下降，为11.2%。

在糖料种植面积基本持平的条件下中国食糖产量恢复性增长，主要是由于糖料作物单产、含糖等农艺指标改善导致糖料入榨量增加。2017/2018榨季，中国甘蔗平均单产4.45吨/亩，同比增加0.33吨/亩，甜菜平均单产3.68吨/亩，同比持平；中国甘蔗平均含糖分13.54%，同比持平，甜菜平均含糖分15.19%，同比提高1.06个百分点；糖料入榨量8695.4万吨，同比增加890.5万吨，增幅11.4%。

（二）食糖消费量稳中略增，民用消费占比增加

受人口规模增加、城镇化快速推进等因素影响，近年来，中国食糖消费量呈现稳中趋增态势。根据中国糖业协会数据统计显示，2017/2018榨季，中国食糖消费量为1510万吨，同比增加20万吨，增幅1.3%。

从消费结构来看，中国食糖消费仍以工业消费为主，但工业消费与民用消费此消彼长的趋势仍得以延续。2017/2018榨季，工业消费占比为58%，同比下降1个百分点；民用消费占比为42%，同比提高1个百分点。这主要是由于食糖在甜味剂食糖上受到低价淀粉糖的竞争，而在民用消费领域由于价格弹性较小，消费需求则较为稳定。

（三）食糖进口稳中略增

2017/2018榨季，国际糖价持续低位运行，食糖进口有所增加。2017/2018榨季我国累计进口食糖243.1万吨，同比增加14.3万吨，增幅6.3%。累计出口食糖18.4万吨，同比增加5.91万吨，增幅47.3%。与2016/2017榨季相比，受保障措施关税、世界产销形势变化等因素的影响，中国食糖进口有两个变化值得关注：一是食糖进口来源国有所变化，2017/2018榨季进口来源国以古巴、泰国、澳大利亚为主，食糖进口量分别为37.3万吨、24.9万吨、20.3万吨，与2016/2017榨季相比，从世界第一大食糖生产国——巴西进口食糖的规模明显缩减；二是食糖进口集中度下降，进口来源更加多元，前三大来源国的食糖进口规模在食糖进口总

量中的占比由 2016/2017 榨季的 72.7% 下降到 2017/2018 榨季的 34%。

（四）国内糖价大幅下跌

2017/2018 榨季，受国际食糖价格低迷、国内市场信心不足等因素综合影响，国内食糖价格持续下行，目前已低于多数制糖企业的成本线。2017/2018 榨季，国内食糖均价 5648 元/吨，同比下降 922 元/吨。受国内食糖价格下行影响，制糖行业再次出现亏损，根据中国糖业协会的统计，2017/2018 榨季全国制糖行业亏损 19.2 亿元。

二、2018/2019 榨季中国食糖市场形势展望

（一）产量稳中有增

综合分析主产区反映的情况以及遥感、气象等信息，预计 2018/2019 榨季糖料种植面积 2216 万亩，同比增加 152 万亩，增幅 7.4%；食糖产量 1068 万吨，同比增加 37 万吨，增幅 3.6%。分产区来看，截至 2019 年 1 月底，北方甜菜糖生产已临近尾声，受不利天气等因素的影响，内蒙古产区的甜菜出糖率下降；南方甘蔗糖厂处于生产旺季，但阴雨寡照天气对食糖生产有所影响。

（二）消费量持平略增

当前，我国人均食糖消费量不及世界平均水平的一半，未来仍有较大增长潜力。尤其是随着人口规模的扩大和城镇化水平的提升，中国食糖消费需求将进一步提升。与此同时，进入新榨季以来，国内食糖价格不断下探，有助于提升食糖在甜味剂市场上的竞争力，减少淀粉糖对食糖的替代，提振食糖消费。但食糖消费也受到人们健康饮食观念的影响。总的来看，预计 2018/2019 榨季中国食糖消费量 1520 万吨，同比持平略增。

（三）进口量小幅增加

我国食糖进口受国内供需关系、国内外食糖价格、国内调控政策等多重因素的综合影响。如前所述，2018/2019 榨季，预计我国食糖产消均将

小幅增长，食糖产需缺口依然较大，国内食糖价格低迷，储备糖投放时间可能性较低，国际食糖市场受巴西、印度、泰国等主产国食糖产量下调预期增强的影响，可能会出现供给缺口，从而对国际食糖价格有所支撑，但是国内外食糖价差仍将客观存在，且2019年5月份贸易保障措施关税将进一步下调5个百分点，因此中国食糖进口压力依然较大，打击走私的任务同样艰巨。除此之外，市场主体对政府出台新的产业扶持政策的呼声较高，产业政策的调整变化也将影响食糖贸易。综合研判，预计2018/2019榨季中国食糖进口有可能小幅增加。

（四）食糖价格有望止跌回升

2018/2019榨季，国内食糖价格走势受到国内外多重因素的影响。一方面，国内食糖产不足需的基本面、贸易保障措施继续实施等因素为糖价提供了一定支撑，作为我国食糖最大主产区的广西下调了糖料收购价格，有助于降低制糖成本；另一方面，随着巴西、印度、泰国等世界食糖主产国减产预期的不断增强，国际食糖市场有望在2018/2019榨季由供给过剩转为产不足需，利好国际糖价。综合国内外的因素，预计2018/2019榨季国内食糖价格5200—5700元/吨。

三、值得关注的问题

（一）成本居高不下，短期内无法"破题"

受糖料户均种植面积较小、地块分散、地形地貌、适用农机具缺乏、生产工艺落后、投入品价格上涨等因素的影响，我国糖料种植成本和食糖生产成本居高不下，且上述约束条件在短期内较难改变，需要长期持续的投入。

（二）市场化程度不够，发展后劲不足

我国糖料作物是典型的"订单农业"，一方面，糖料种植采取订单式收购的方式，糖料收购价格较为固定；另一方面，食糖市场为开放市场，价格随行就市，波动较大。在此过程中，市场风险过度集中于制糖企业，糖厂与糖农之间的利益共享和风险分担机制尚未真正建立起来。

与此同时，我国部分食糖主产区长期以来对国家政策依赖度较高，"等、靠、要"思想严重，行情好时"闷声发财"，不愿投资引进先进的生产设备，改善生产工艺；行情差时则向国家要政策要资金，导致市场竞争意识缺乏，不利于产业的长远发展。

（三）政策工具箱越来越少，新政策出台面临内外压力

近年来，国家出台了许多政策来扶持食糖产业发展，如自动进口许可、贸易保障措施关税等。当前，我国食糖产业发展再度面临严峻挑战，行业对国家政策的呼声愈发高涨，纷纷要求国家出台糖料直接补贴。但是在当前的贸易环境下，新的扶持政策的出面不仅面临较大的外部压力，而且面临着内部不同产区之间利益平衡的问题。

四、有关政策建议

（一）着力降低生产成本

一是提升糖料种植机械化水平。进一步放宽专业机械的农业补贴范围，提高农用机械的购机补贴额度，同时利用国家相关农业行业科技项目，建立稳定长效的投入机制，加快研发适用于坡地生产的小型甘蔗机械。同时，要改进传统种植习惯，使之更适应现代化的农机作业标准，促进农艺与农机融合发展。

二是推进糖料种植规模化水平。鼓励种植大户、家庭农场和农民专业合作社等新型农业经营主体开展规模连片种植，对规模种植给予项目倾斜。加快土地整治工作，将小块分散的土地集中起来连片生产，实现规模经营。切实落实奖补政策，有条件的地区加快推进"小块并大块"的土地整治工作。

三是加大良种研发推广力度。进一步加大资金支持力度，加强良种繁育体系建设；深入推进农业科技成果权益改革试点尤其是种业科研成果权益分配改革试点在食糖产业中的开展，提升科研人员积极性；发展市场化的新型科技研发机构，推动科技成果产业化，促进产业与技术紧密结合；

开展技术培训服务，促进新品种推广应用。

（二）稳定国内食糖市场秩序

一是规范产区管理。政府、行业组织应根据区域内压榨能力划分相对固定的产区，按照"谁投资、谁受益"的原则，保障糖厂对产区内原料的收购权，防范原料外流，维护正常的市场秩序。

二是加强信息发布和市场管理。加强对期货、现货食糖市场的有效监管和惩处力度，切实防范过度投机炒作，积极配合国家宏观调控，充分发挥白糖期货市场服务糖业实体经济发展的功能。

三是推进糖料收购价改革。逐步建立以糖分为主要标准的糖料定价体系，实行优质优价，建立由物价、市场监管、工信、农业农村等部门共同参与的糖分测度监管体系，确保糖分测度方法和结果科学有效。

（三）审慎出台产业扶持政策

我国食糖产业发展面临"内忧外患"的形势，国内糖料种植成本刚性上升，国内外食糖价差巨大，国内产业竞争力孱弱。但是作为重要的农产品，食糖产业涉及国家安全和糖农收入，不能放任不管。所以，需要国家出台相应的产业扶持政策。但是，产业扶持政策要兼顾产区品种、尊重市场规律。一方面，应通过调控食糖进口、打击非法走私等，合理控制食糖进口规模和节奏，在发挥国际市场调节作用的同时，防范国际市场对国内市场造成冲击；另一方面，要兼顾国内不同产区、不同品种，营造公平竞争环境，国家政策不应以简单地以通过增加财政投入降低某一特定产区的制糖成本为导向，而是要在考虑产区、品种公平的同时，向有竞争优势的地区和品种适度倾斜，以引导国内行业主体重视基础竞争力的提升，培育市场竞争意识，减少对国家政策和财政资金的依赖和预期。此外，还应处理好政策衔接之间的关系，既要有"管长远"的政策体系和长期投入，着力提升产业基础竞争力，又要加强对市场的分析研判，做好政策储备，及时出台临时性的应对政策，保证产业稳定发展。

2018年我国肉鸡市场形势分析及展望

蒋 芳

2018年我国肉鸡行业摆脱了长期低迷的困境，鸡肉生产保持稳定，消费增长，价格上涨，养殖效益好。国际市场美国鸡肉价格上涨，出口增加。预计2018年我国鸡肉产量小幅增长，市场价格将呈现上涨的趋势，贸易增加；国际方面，全球鸡肉产量、贸易均增加。

一、肉鸡市场向好，养殖效益增加

（一）祖代产能调整到位

2014年起，由于产能过剩，肉鸡市场低迷，为改变这种状况，行业主动去产能，加之种鸡出口国美国和法国因疫病封关，国内祖代肉鸡引种规模进入收缩周期。据协会监测数据显示，2014—2017年连续4年祖代种鸡进口量下降，其中2016—2017年在产祖代白羽肉种鸡平均存栏在80万套上下，种源供应处于基本均衡状态，肉鸡产业供需平衡重新构建，产业逐渐向理性发展。2018年祖代引种量仍在低位，预计全年引种量约75万套。2018年，国家出台一些相关政策，特别是对环境整治力度加大，国家开始征收环境保护税，并对污水处理要求越来越严格，养殖场禁止使用抗生素等，许多小规模小成本的养殖户都退出了，2019年，国家将对规模较大的养殖场（年出栏10万只）给予补贴，自动化、适度规模化和智能化等新型养殖方式将成为发展趋势。

家禽生产基本持平。据国家统计局数据显示，2018年前3个季度，全国家禽出栏92.7亿只，下降0.1%；禽肉产量1397万吨，同比降0.4%；9月底全国家禽存栏58.3亿只，下降0.4%。

（二）消费增加

2018年以来，我国宏观经稳步回暖，且人感染H7N9流感病例极少，肉鸡生产稳定，鸡肉消费信心和消费环境好转，肉鸡消费情况触底反弹，结束了连续三年的下降，鸡肉需求呈现上升态势。2018年学校、机关和饭店等集团消费稳中有增，快餐小幅增长，肯德基和麦当劳全国开店增速回升，家庭消费增加。受非洲猪瘟疫情的影响，猪肉消费下降，鸡肉的消费替代增多，尤其是集团消费和家庭消费在一定程度上替代猪肉，品种上鸡胸肉需求持续快速增加。

（三）养殖成本上升

2018年以来，饲料原料玉米和配合饲料价格上涨，我国肉鸡饲料中玉米所占比重为55%—60%，2018年全国玉米平均价格为2.04元/公斤，同比上涨6.8%，除1月份外其余月份价格均在2—2.08元/公斤之间波动，12月份，全国玉米月平均价格2.08元/公斤，同比上涨6.7%，为全年最高点。饲料费用在肉鸡养殖成本中占70%，玉米原料价格的上涨带动了饲料价格的上涨，1—12月份肉鸡配合饲料价格为3.12元/公斤，同比上涨0.6%，其中12月份肉鸡配合饲料3.16元/公斤，同比上涨1.9%；同期肉雏鸡价格持续上涨，特别是11月价格已涨至4.38元/羽，成为近5年来的新高，养殖成本明显增加。1—12月全国肉雏鸡平均价格为3.32元/只，同比上涨7.1%。另外，环保因素将继续推高行业各环节成本。由于受用工、土地、投入品及环保政策的影响，养殖成本不断上升。因此，2018年全年肉鸡养殖成本整体上升。

(四) 养殖收益增加

自 2017 年下半年以来肉鸡养殖继续保持盈利,肉鸡市场供需持续改善,需求转旺,鸡肉价格整体呈现上涨趋势且持续时间长久,整个肉鸡产业进入各个环节全面盈利的时代。我们通常以鸡粮比来衡量农户养殖盈亏情况,盈亏平衡点为 7.5:1,2018 年鸡粮比价为 9.3:1,高于盈亏平衡点,农户养殖盈利;鸡料比来衡量规模养殖盈亏情况,盈亏平衡点为 5.5:1,2018 年鸡料比价为 6.1:1,规模养殖盈利,白羽肉鸡龙头企业全面盈利,无论是农户养殖还是规模养殖均实现了盈利。虽然肉鸡养殖成本增加,但其上涨幅度低于活鸡价格上涨幅度。肉鸡养殖企业收益较为可观,2018 年养鸡产业链公司中,除龙头温氏股份业绩略减外,圣农发展、仙坛股份、益生股份和民和股份预期业绩均大幅上涨。据测算,全国肉鸡养殖平均每只盈利 2 元左右。

二、国内外肉鸡市场价格

(一) 国内集市价格

2018 年我国肉鸡业在供给减少,需求好转的联动作用下,肉鸡市场价格大幅上涨。2018 年全国活鸡、白条鸡集市均价分别为 18.9 元/公斤和 19.2 元/公斤,同比分别上涨 9.9% 和 7.3%。活鸡和白条鸡价格走势相似,均呈上涨态势,鸡肉价格创 4 年来的新高。

上半年肉鸡市场价格震荡上涨(见图 1),市场恢复明显。1—6 月份全国活鸡、白条鸡集市均价为 18.56 元/公斤和 18.83 元/公斤,同比分别上涨 11.13% 和 8.22%。年初受双节消费需求带动价格开始走高,2 月份活鸡、白条鸡集市均价分别为 19.34 元公斤和 19.5 元公斤,同比分别上涨 10.9% 和 7.9%,均为上半年最高价格。春节过后,市场消费减弱,价格回落,且猪肉价格创近 8 年来最低,不同程度抑制了鸡肉价格的销售价格,直到 4 月份价格才有所企稳,但各月价格均高于上年同期。6 月全国活鸡、白条鸡集市平均价格分别为 18.06 元/公斤和 18.44 元/公斤,同比分别上涨 12.5% 和 9.0%。进入下半年受肉鸡出栏量不足、消费季节性增加以及贸易政策变化等影响，肉鸡的价格继续保持上涨态势，加之受非洲猪瘟疫情的影响，居民消费意愿向肉鸡和水产品转移，肉鸡价格保持连续上涨态势。12月份活鸡、白条鸡价格分别为19.9元/公斤和20.3元/公斤，环比分别上涨0.4%和0.7%，同比分别上涨4.9%和6.2%。从整体来看，全国各地肉鸡价格普遍上涨。

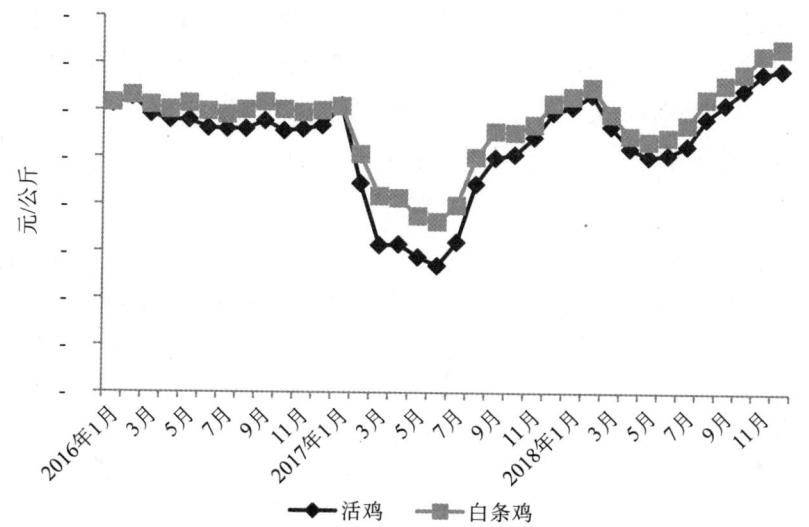

图1 2016—2018年我国肉鸡集市价格变化情况

注：农业部畜牧兽医信息网。

（二）美国肉鸡产品批发价格

2018年美国鸡肉批发价格同比大幅下降（见图2），为近年来的最低，分品种来看，鸡胸肉（无骨无皮）批发价格先涨后跌，总体高于上年平均水平。1—6月鸡胸肉平均价格为20.04元/公斤，同比下降14.5%。从各月走势来看，上半年价格为21.8元公斤，同比下降8.4%，其中1—4月逐月上涨，5—6月份下降，总体低于上年同期，6月份鸡胸肉为21.5元/公斤，比年初上涨10.8%，同比下降28.6%。下半年自8月份开始逐月下降，12月份鸡胸肉为16.2元/公斤，比年初同比分别下降19.9%、14.5%。1/4鸡腿批发价格下降，呈现先涨跌的趋势，1—12月鸡腿平均价格为 6.3 元/公斤，同比下降 10.8%。上半年 1/4 鸡腿批发价格先涨后跌，同比下降。鸡腿平均价格为 7.03 元/公斤，同比上涨 2.9%；下半年价格逐月下降，12 月鸡腿平均价格为 5.13 元/公斤，与年初同比分别下降 22.5%、21.6%。

美国鸡肉价格走势分析：美国国内鸡肉需求持续增长，2018 年上半年美国家禽市场增长，但增速缓慢，预计 2018 年美国的肉鸡产量同比增长 2%；美国的鸡腿肉主要用于出口，2018 年美国鸡肉出口预计增长 2.5%，国内鸡腿价格下降。因此，鸡肉供应量会继续增加，而价格大幅回升的希望不大。

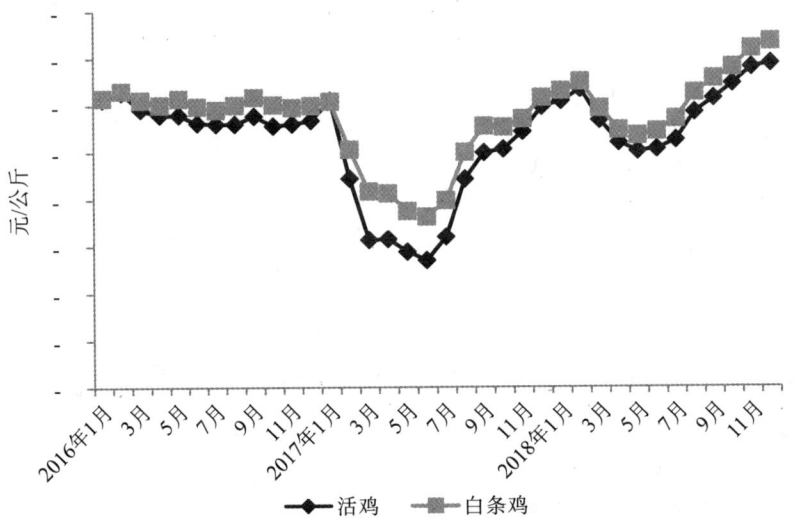

图 2　2016—2018 年美国肉鸡批发价格变化情况

注：AMS/USDA。

三、贸易增加

目前我国鸡肉产品的出口大多是高附加值的深加工产品，进口的多是国外价格较低的加工副产品。

进口增加。2018 年我国鸡肉进口量为 35 万吨，同比增加 12%，其中进口鸡肉及杂碎占进口总量的 95% 以上，主要从巴西、阿根廷智利等国进口。2018年尽管我国对巴西鸡肉征收了反倾销税，但从巴西进口的鸡肉总量保持了上升的趋势，同比增长9%；从泰国进口占比5%。巴西与泰国、阿根廷、智利和波兰的鸡肉进口竞争加剧，2018年第三季度我国政府开放了5家白俄罗斯鸡肉产品，预计每年进口5万—10万吨。

出口增加。2018年鸡肉出口量将达46万吨，同比增加5.5%。其中以鸡肉熟食和调理品为主，出口额占比为60%，我国肉鸡肉主要出口到日本、中国香港、东南亚、中东和欧盟等国家或地区。从我国肉鸡肉供应分省情况来看，目前我国活鸡主要供应省为广东、广西和海南，三省区占全国活禽出口总数的99.8%，禽肉、鸡杂碎主要供应省为广东、山东、辽宁、河南、吉林5省，占禽肉及杂碎出口总量的97%。

四、国际市场形势分析

世界鸡肉产量、贸易均增加。据美国农业部最新数据，由于禽流感疫情的控制和需求增长，全球鸡肉产量增长，但增速趋缓。预计2018年全球鸡肉产量将达到9559万吨，同比增长2%，产量的增长主要来自于美国、印度和欧盟，其中主要生产国美国和欧盟鸡肉产量同比分别增长1.9%和2.1%，由于国内饲料供应充足且价格低廉，中国产量小幅增长，巴西产量小幅减少，连续第4年取代中国成为世界第二大鸡肉产地；2018年全球鸡肉消费量预计在9378.7万吨，同比增长1.9%。2018年全球鸡肉进口总量达936.3万吨，同比增长0.1%，增幅减小。其中日本和墨西哥进口量略增；欧盟鸡肉进口减少。2018年全球肉鸡出口预计为1115.3万吨，同比增长1%，其中美国和欧盟出口增长，增速分别为0.6%和6.7%，泰国、欧盟和中国都有不同程度的增长，而巴西出口下降5.1%，一改近年来持续增长的态势，与国内肉类生产重组有关，还有欧盟、中国和俄罗斯等主要出口国或地区对巴西的肉类制品在卫生方面进行了更加严格的检查，进一步使得巴西出口的肉类制品总量大幅下降。

五、后期展望

(一) 国内市场

1. 供需方面。

(1) 生产方面。2018 年活鸡价格高价位运行,产业利润有所提升,12 月全国肉雏鸡平均价格为 3.96 元/公斤,同比上涨 31.9%,说明养殖户补栏积极性高涨,肉鸡产量有增长趋势。但由于受饲养成本不断提高和环保压力越来大等因素的影响,预计 2019 年国内肉鸡产量小幅增加。

(2) 消费方面。随着 H7N9 流感影响的消退以及中国活禽市场的逐步关闭,人们对鸡肉消费重新认识,市场继续推广冰鲜鸡肉以及对禽流感疫病的防范等措施,市场消费呈现稳中向好的趋势。2019 年消费创新持续,随着消费者健康理念的形成,特别是以健身餐为代表的鸡胸肉需求将持续快速增加。另外,元旦、春节期间消费需求有明显提升。因此,2019 年肉鸡消费需求呈现稳中向好趋势。

2. 价格方面。随着 H7N5 流感疫情影响的消退,肉鸡市场形势好转,产业恢复盈利,因此,在供给减少和需求转旺的拉动下,市场供需偏紧,预计 2019 年鸡肉价格将继续呈上涨态势。目前,父母代种鸡存栏水平较低,影响到未来 1—2 个月内的肉鸡出栏量,活鸡供应减少,价格上涨;随着春节对肉鸡市场或有小幅提振作用;受供给偏少和成本推动影响,预计后期禽肉价格仍将高位运行,小幅波动。加之猪瘟疫情影响,鸡肉替代消费增加。预计 2019 年鸡肉价格仍将保持高位运行。

3. 贸易方面。

(1) 进口增加。受国际贸易政策、禽类疫情的影响,中国鸡肉进口的格局正在发生变化。中美贸易变化,取消对美"双反"。2019 年,来自巴西、泰国的进口鸡肉将会爆发性增长。中国延长了对巴西进口鸡肉反倾销的调查,巴西具有饲料成本优势;由于泰国禽流感疫情得到了有效控制,我国取消了从泰国进口鸡肉及产品的限制,再加上中国对泰国实施鸡肉进口免税政策,将会相当大程度得刺激到进口。因此,预计 2019 年我国鸡肉进口增加。

（2）出口增加。欧盟将增加对我国禽肉进口配额，2018年11月，中欧双方就禽肉配额达成协议，欧盟同意对中国禽肉产品开放新的关税配额，包括6600吨鸭肉国别配额和5000吨鸡肉全球配额，预计2019年一季度正式实施。据行业预测，鸡肉制品年出口将突破2.5万吨，增长25%，相关行业迎来出口利好。据海关总署信息，福建圣农集团等3家企业获准向美国出口禽肉产品。因此，预计2019年我国鸡肉出口将小幅增加。

（二）国际市场

世界鸡肉产量、贸易均增加。据美国农业部最新数据，由于粮食供应充足价格低廉和禽流感疫情的控制，全球鸡肉产量增长。预计2019年全球鸡肉产量将达到9780.2万吨，同比增长2%，主要生产国美国和巴西同比分别增长1.9%和1.8%，欧盟和印度产量增加是由于国内鸡肉消费稳定上升，中国肉鸡产量略有增加，但仍处于历史较低水平；2019年全球经济的复苏，鸡肉鸡消费持续增加，全球鸡肉消费量预计在9597.4万吨，同比增长2.3%；2019年全球鸡肉进口总量达977.5万吨，同比增长4.4%。日本进口量将萎缩，由于国内供应量充足；2019年全球鸡肉出口总量为1161.9万吨，同比增长4.0%，创了新的历史记录，主要是菲律宾、安哥拉、古巴和加纳等发展中国家鸡肉鸡消费的增加，刺激全球鸡肉出口的增长。主要出口国欧盟、美国有明显增长，增幅分别为5%和3%；巴西增幅为2%，出口量仍保持一个较低的水平；中国鸡肉出口预计小幅增加。

六、政策建议

（一）加快培育白羽肉鸡品种

我国肉鸡种业相对滞后，需要加快培育白羽肉鸡自主品种速度；黄羽肉鸡品种繁杂，需提高单一品种市场占有率。鼓励科研机构和相关企业加快白羽肉鸡育种的本土化进程，设立国家白羽肉鸡遗传育种重点研发计划项目，充分利用国内丰富的遗传资源，培育出适合我国肉鸡消费市场的品种，逐步提高国产白羽肉鸡品种占有率，摆脱长期依靠进口的局势。我国黄羽肉鸡品种丰富，截至2014年，全国已有46个黄羽肉鸡新品种（配套系）通过国家畜禽遗传资源委员会审定，加大优势品种推广。

（二）净化养殖环境

由于规模化肉鸡养殖业的快速发展，造成禽粪等对环境的严重污染，目前养殖废弃物的处理成为制约畜牧业发展主要问题，目前国家环保政策趋于严格，《中华人民共和国环境保护税法》等新法案的颁布实施对畜禽养殖行业将产生深远影响。如果养殖环境不好，疫病风险会增加，由于规模化养殖产生的粪便含有大量的毒物质和病原微生物，要做好粪便的处理和利用，减少对环境的污染，未来发展方向是"集中处理，企业缴费，政府采购，农民使用"。

（三）开拓多元化消费市场

随着经济的不断发展，消费者对安全、方便、快捷、美味的食品需求增大。另外，政府积极推行无抗养殖，各地陆续关闭了活禽市场，消费者对冰鲜鸡的接受程度明显提高。黄羽肉鸡产业大力推广"冰鲜鸡"，冰鲜产品以营养、美味、卫生等特点，在欧美国家已成为消费主流，企业应逐渐加大对冰鲜鸡产品的开发力度。目前我国鸡肉消费需扩宽消费渠道，提升产品多元化。白羽肉鸡产业需要促进消费升级，积极研发鸡胸肉新品种；以鸡腿为原料的产品也亟待开发，优化产品。

（四）严厉打击走私行为

目前走私肉类的数量并没有统计数据，但走私现象比较严重，肉类走私中最多的是冻鸡。肉类走私带来食品安全、防疫等问题。据白羽肉鸡联盟的报告，目前联盟已与中国海关缉私局达成初步合作框架，按照海关要求联盟采集和提供相关走私线索和物证等，海关再介入缉私。通过严厉打击冻鸡等冻品走私行为，维护正常贸易秩序。

2018年水产品市场形势与2019年展望

刘景景 沈 辰 张静宜

2018年，我国水产品生产稳定，市场运行总体平稳，价格同比持平略涨。出口较上年变化不大，进口额大幅增长，贸易顺差明显收窄。预计2019年我国水产品总产量将与2018年基本持平，或略有下降；水产品进口将延续较快增长态势；水产品市场价格将小幅上涨。

一、2018年水产品市场特点

（一）总产量与上年基本持平，捕捞产量减少较为明显

据农业农村部渔业渔政局初步统计，2018年1—11月份全国水产品总产量5375.55万吨，与上年同期大体持平，同比减1.0%。其中，水产品养殖产量4230.87万吨，同比增0.3%；捕捞产量1144.68万吨，同比减5.6%。总的来看，水产品生产供给较为稳定，养殖产品供给略有增长，而捕捞产品供给有所减少。

（二）价格同比持平略涨，总体呈逐渐下跌态势

中国农业信息网监测数据显示，2018年水产品加权平均批发价每公斤22.38元，同比涨0.3%。其中，1季度水产品加权平均批发价每公斤

23.23元,同比涨8.8%;2季度水产品加权平均批发价每公斤22.87元,同比涨1.7%;3季度水产品加权平均批发价每公斤22.18元,同比跌1.6%;4季度水产品加权平均批发价每公斤21.41元,同比跌6.1%,总体呈逐渐下跌态势,同比涨幅逐渐收窄并转为下跌。

分种类看,2018年淡水鱼加权平均批发价每公斤14.90元,同比涨0.7%;海水鱼加权平均批发价每公斤40.81元,同比跌4.8%;虾蟹类加权平均批发价每公斤146.21元,同比涨2.0%;贝类加权平均批发价每公斤15.04元,同比跌4.6%。所监测的30种水产品中,鲫鱼、武昌鱼、石斑鱼、蛤蜊等批发价格下跌较为显著,同比分别跌10.2%、8.7%、11.5%和18.5%(见图1)。

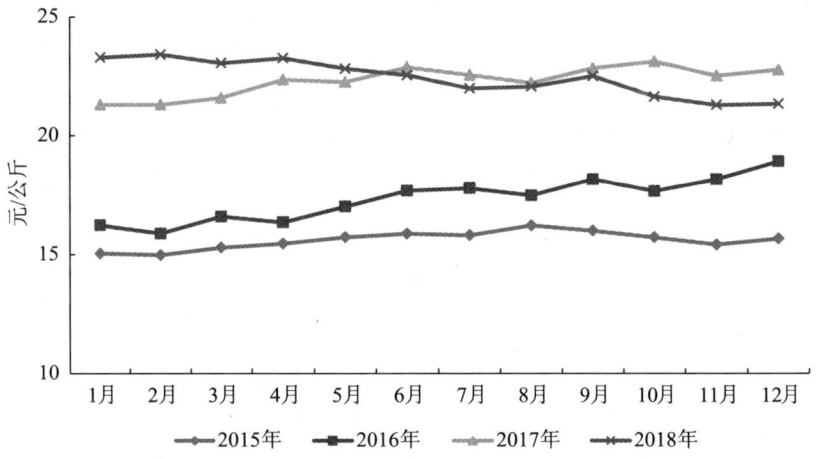

图1 2015年至2018年水产品加权平均批发价格

数据来源:农业农村部信息中心。

(三)出口较为稳定,进口额大幅增长

据海关统计,1—12月水产品累计进口522.22万吨,同比增6.6%,进口额148.61亿美元,同比增31.0%。其中,自俄罗斯、东盟、加拿大、智利、澳大利亚、挪威、厄瓜多尔、欧盟、日本、印度、阿根廷、墨西哥等国家或地区进口额同比分别增长42.8%、54.1%、34.4%、20.0%、

115.1%、23.8%、178.0%、38.5%、26.8%、214.5%、101.7%和140.8%，增长迅速；自东盟、澳大利亚、厄瓜多尔、日本、印度、阿根廷、墨西哥等国家或地区进口量增长较为显著，同比分别增长30.0%、25.4%、36.7%、47.9%、339.2%、70.2%和69.5%（见表1）。

表1　　　　　　　　2018年我国水产品主要进口来源

国家或地区	进口量（万吨）	同比（%）	占进口总量比例（%）	进口额（亿美元）	同比（%）	占进口总额比例（%）
俄罗斯	116.12	8.2	22.2	22.17	42.8	14.9
东盟	84.24	30.0	16.1	21.98	54.1	14.8
秘鲁	88.58	-10.2	17.0	14.81	-0.9	10.0
美国	44.26	-16.9	8.5	14.23	-5.5	9.6
加拿大	11.90	3.7	2.3	10.13	34.4	6.8
智利	20.00	8.3	3.8	7.17	20.0	4.8
澳大利亚	1.75	25.4	0.3	6.80	115.1	4.6
挪威	17.58	-11.5	3.4	5.87	23.8	4.0
厄瓜多尔	10.79	36.7	2.1	5.34	178.0	3.6
欧盟	14.08	7.5	2.7	4.93	38.5	3.3
国家合计	522.22	6.6	100	148.61	31.0	100

数据来源：根据海关数据整理。

1—12月水产品累计出口432.18万吨，同比减0.4%；出口额223.26亿美元，同比增5.6%。其中，对韩国、墨西哥出口增长较为显著，出口量同比分别增12.7%和12.6%，出口额同比分别增19.9%和14.6%。1—12月份，水产品贸易顺差为74.6亿美元，同比减23.9%（见表2）。

表2　　　　　　　　2018年我国水产品主要出口目的地

国家或地区	出口量（万吨）	同比%	占出口总量比例%	出口额（亿美元）	同比%	占出口总额比例%
日本	60.94	-2.9	14.1	40.30	4.8	18.1
美国	56.13	1.3	13.0	34.28	6.4	15.4

续表

国家或地区	出口量（万吨）	同比%	占出口总量比例%	出口额（亿美元）	同比%	占出口总额比例%
东盟	60.56	-9.5	14.0	27.69	1.4	12.4
欧盟	55.57	0.8	12.9	25.32	6.7	11.3
中国台湾	14.27	3.4	3.3	19.45	7.9	8.7
韩国	54.01	12.7	12.5	19.04	19.9	8.5
中国香港	18.40	-1.5	4.3	17.63	-5.0	7.9
墨西哥	11.24	12.6	2.6	5.40	14.6	2.4
俄罗斯	10.26	-8.7	2.4	5.15	11.7	2.3
加拿大	6.67	-0.6	1.5	4.97	10.1	2.2
国家合计	432.18	-0.4	100	223.26	5.6	100

数据来源：根据海关数据整理。

对美加征关税后，7月份至12月份，我国自美国进口水产品量额同比明显下降。其中，水产品自美进口量同比分别减30.7%、27.0%、35.2%、32.5%、32.3%和43.9%；进口额同比分别减28.3%、29.5%、32.2%、32.3%、28.8%和44.5%。1—12月累计，我国水产品自美国进口量同比减16.9%，下降较为显著；进口额同比减5.5%。

二、2019年水产品市场预测

（一）生产供给或持平略减

随着国内环境保护和资源养护力度加强，很多沿海、库区湖区、水网地区等被划入生态红线范围；各地大力推进江河湖库围栏围网网箱拆除，进一步压减了养殖产能。根据新颁布《中华人民共和国水污染防治法》的要求，部分采取传统养殖方式的养殖户面临着停产压力。预计2019年水产品总产量将与2018年基本持平，或略有下降。

（二）水产品进口量额将进一步增长

随着我国居民收入水平的不断提高，水产品消费需求不断增长，特别是一些海水捕捞产品，消费增长尤其明显，进口不断增加。2018年，我国陆续出台了一系列减税降费、优化口岸营商环境、促进跨境贸易便利化等有效措施。相关措施的实施，将进一步促进水产品进口贸易增长。预计2019年水产品进口将延续较快增长态势。

（三）预期水产品价格将小幅上涨

2019年水产品供给总体将保持稳定。由于非洲猪瘟疫情持续，生猪养殖补栏意愿有所下降，饲料企业对后市需求信心不足，预计国内豆粕价格将稳中有降。秘鲁北部地区鳀鱼第二捕捞季配额为210万吨，捕捞情况较好，预计国内鱼粉价格将稳中有降。若豆粕、鱼粉等饲料原料价格下跌，将有利于水产品养殖生产。考虑到国内环保治理和资源养护力度加强，部分养殖户设施设备投入成本或增加。在消费需求增长拉动下，预计2019年水产品价格总体将小幅上涨。

三、需要关注的问题

（一）受中美贸易摩擦影响，部分出口企业经营面临较大压力

2018年9月18日，美国政府宣布实施对从中国进口的约2000亿美元商品加征关税的措施，其中对水产品加征关税范围包括罗非鱼、对虾、鱿鱼、扇贝、贻贝等约370种产品，自9月24日起加征关税税率为10%。据了解，8月份以来，国内贝类、罗非鱼、鲷鱼等多个品种的出口企业出现大规模订单暂停或取消的现象。我国对美出口企业利润率一般在5%—10%，美国加征10%关税，给部分企业经营带来困难。

（二）出口企业面临着较为严峻的融资困境和汇率风险

2018年以来，在金融监管加强、去杠杆、去通道、信用紧缩的大背景下，水产出口企业面临不断加大的融资压力。由于出口企业间的竞争加剧，收汇期延长，企业亟需解决出口发货与收汇期之间的现金流通问题。此外，近年来人民币汇率频繁波动，2018年4月份之后，人民币汇率一改年初的升值态势，加速贬值，人民币对美元汇率中间价一度跌破6.90

元关口。人民币汇率频繁波动，直接影响到出口企业的利润，进一步加大了企业经营风险。

（三）部分大宗淡水鱼养殖收益有所下降

水产品消费升级是引导渔业转型升级的根本性驱动因素。在消费升级的背景下，普通品种与特色品种、一般产品与品牌产品的分化正在加速。近年来，小龙虾、大闸蟹等虾蟹类产品受到市场热捧，而大宗淡水鱼市场表现较为平淡，这与大宗淡水鱼等产品主要依靠走量获利、品牌建设滞后等因素密切相关。2018年，鲫鱼、武昌鱼等大宗淡水鱼价格下跌较为显著，在人工、土地等成本不断增长的背景下，相关产品养殖收益出现较为显著下降。

四、相关政策建议

（一）建议引导支持出口企业内销和转型

在水产品出口受阻的情况下，开拓国内市场、挖掘内销潜力成为必然选择。中小水产企业目前虽积极开拓新客户，但短期内难以解决这么多的库存问题，亟需消化库存产品的营销方案。建议在餐饮对接、品牌推介、消费习惯培养等方面为企业提供多方面支持。通过"三同"产品（同线同标同质）宣传，转变"一流产品出口、二流产品内销"的国产产品印象，提振消费信心。在贸易战倒逼企业转型升级、企业对绿色、高效养殖模式和加工技术需求增长的背景下，应加大对水产养殖、加工新技术的扶持。

（二）优化融资环境，提供政策性金融支持

水产养殖与加工企业多数为民营企业，又属于劳动密集型行业，面临较大的资金压力。特别是受到中美贸易摩擦等外部因素冲击，部分企业经营运转受到一定影响，迫切需要在融资方面提供一定的便利或优惠措施。针对汇率波动较为频繁的问题，建议创新金融手段，能够推出具有锁汇功能的金融产品，以降低成本、应对贸易战下的汇率风险，促进企业更好地

"走出去"。

(三) 进一步推动养殖结构调整，加强水产品品牌建设

针对部分大宗淡水鱼养殖规模偏大，价格显著下跌的问题，应鼓励引导各地根据各自地理、气候、种质等资源条件，推广发展特色水产品养殖，进一步优化调整水产品养殖结构。应大力加强水产品的品牌建设，鼓励支持各地加强水产品区域公用品牌的申报、推介和管理，打造一批叫得响、过得硬、有影响力的水产品品牌，不断提升产品价值。应强化水产品品牌推介，通过报刊、广播、电视等传统媒体以及微博、微信等新媒体，加强水产品品牌的宣传推介，不断扩大品牌影响力和知名度，促进相关产品消费。

2018年农资市场形势回顾和2019年展望

龙文军　姜　楠　张　莹

2018年，我国化肥产量明显下降，供求形势偏紧，市场价格明显上涨。同时由于原材料价格不断上涨，化肥企业生产运输成本持续上升，化肥行业结构面临深度调整。2019年，受化肥供求形势影响，化肥价格将呈上涨态势，建议进一步稳定和完善化肥商业淡季储备政策，有效保障化肥企业的生产和运输，从而有效保障2019年春季的化肥供应。

一、2018年农资市场形势回顾

（一）化肥产量下降，供求形势偏紧

2018年以来，受企业效益下降和行业形势严峻等因素影响，我国化肥产量明显下降，但仍有效保障了国内化肥供应和农业生产。据国家统计局统计，1—10月份我国累计生产化肥4689.2万吨（折纯，下同），同比减少5.7%，其中氮肥3042.9万吨，同比减少7.0%；磷肥1421.8万吨，同比减少4.7%；钾肥534.8万吨，同比增长2.4%。据中国氮肥工业协会预计，2018年全年尿素总产量约4800万吨，相比5000万吨的总需求，存在一定缺口。据中国磷复肥和钾肥协会统计，目前磷肥、钾肥供求基本平衡，但总体处于紧平衡态势。

(二) 化肥价格明显上涨

2018年以来，化肥价格持续上涨。据中国资讯网数据，全年国产尿素平均出厂价每吨1963元，同比上涨19.8%；磷酸二铵平均出厂价每吨2647元，同比上涨11.6%；氯化钾平均出厂价每吨2313元，同比上涨19.3%；复合肥平均出厂价每吨2533元，同比上涨20.7%。特别是9月份以来，受国内经销商积极备货带动，价格进一步上涨，10—11月化肥价格达到近年来的高位水平（见图1）。

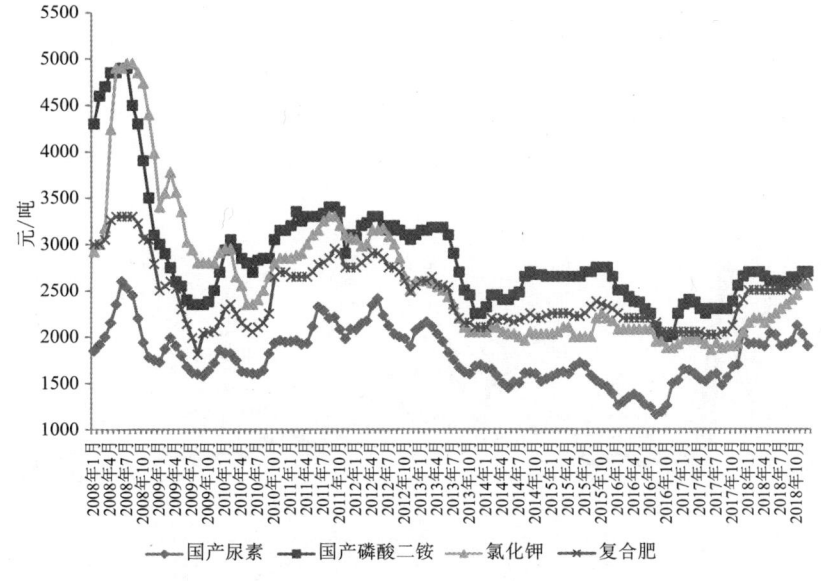

图1　2008—2018年国内化肥市场价格走势

资料来源：农业部监测数据。

(三) 化肥出口减少，进口增加

据海关统计，2018年1—11月全国进口化肥841万吨，同比增长0.5%，进口额23亿美元，同比增长7.9%；出口化肥2208万吨，同比减少2.2%，出口额62亿美元，同比增长11.3%；其中尿素出口量同比减55.6%。受国内供求形势偏紧影响，2018年化肥出口有所减少，特别是尿素出口明显下降；进口方面，氯化钾进口总体稳定，尿素进口虽大幅增加，但由于总量较少，仍不能弥补国内供求缺口。

（四）国际市场价格明显上涨

2018年，波罗的海地区小颗粒散装尿素离岸平均价格为252美元/吨，同比上涨15.4%；美国海湾地区磷酸二铵离岸价格为412美元/吨，同比上涨16.6%；以色列氯化钾离岸价为276美元/吨，同比上涨13.5%；独联体48%含量复合肥离岸价格为284美元/吨，同比上涨7.1%（见图2）。

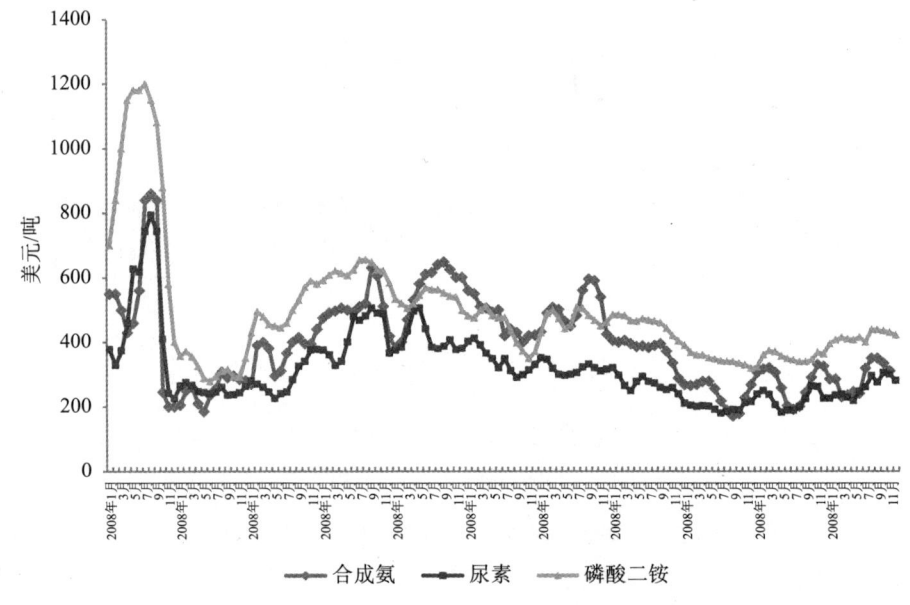

图2 2008—2018年国际化肥市场价格走势

注：以上价格分别为合成氨尤日内离岸价（美元/吨）、尿素尤日内离岸价（美元/吨）、磷酸二铵美国离岸价（美元/吨）。

二、2019年市场走势预测

受2018年化肥产量下降，供求形势偏紧影响，预计2019年化肥供应形势依然紧张。据中国氮肥工业协会反映,随着冬季的到来,"气荒""限煤"和"错峰生产"等因素将限制产能发挥,预计2018年全年尿素产量约4800万吨,相比全国尿素工农业需求约5000万吨(其中农业3400万吨,工业1600万吨),存在一定缺口。据中国钾肥协会反映,随着冬储市场启动,要密切关注氯化钾进口到货量,如果进口钾肥到货量偏小,而国产钾肥受冬季检修和铁路运输影响,将会在一定程度上造成冬储钾肥和明春钾肥的供应紧张。据化肥企业反映,即使现在尿素价格比2017年上涨了200元/吨,但辽宁、湖南等地市场仍然出现买不到肥、采购紧张的情况。未来如果环保压力加大、供暖开始、天然气紧张等情况出现,短缺局势可能更加严重。

在供求形势偏紧的形势下,预计化肥价格还将继续上涨。根据近期价格监测,多省尿素、磷酸二铵、氯化钾和复合肥的批发和零售价格均同比上涨100—400元/吨。氮肥方面,受印度尿素招标、伊朗货源受阻、非洲和南美洲多地出现尿素需求等影响,国际尿素需求增加,价格快速上涨,带动国内尿素价格上行。目前市场尿素批发主流价格在2050—2250元/吨之间,同比上涨400元/吨左右。磷肥方面,价格整体稳定,个别省份有50元/吨左右的上涨。钾肥方面,自大合同签订后价格虽有所上涨,但整体持稳;进口钾价格仍有25—50元/吨的小幅上涨。预计未来一段时期,尿素除储备任务外缺乏化肥刚性需求,大部分经销商处于观望态势,但国际尿素价格快速上涨将继续推涨出厂价格,批发价格也将上涨;磷肥整体价格稳定,但由于其他化肥价格上涨的影响和秋季备肥需求的增加,经销商有挺价意愿;钾肥受大合同价格上涨影响仍将上涨。

三、值得关注的问题

(一)化肥企业生产成本增加,开工率较低

由于天然气和无烟煤供应紧张,尿素生产成本明显提高。目前西南地区气头氮肥企业的天然气供应只能满足正常生产负荷的70%—80%,并且自10月中旬起,将陆续停止供气,预计持续3个月。1—8月氮肥企业无烟煤平均到厂价1176元/吨,同比上涨24.7%,四季度受环保安全检

查、供暖开始影响,预计无烟煤价格还将继续上涨。受此影响,化肥企业开工率较低,1—8月全国尿素企业平均开工率为59.55%,气头尿素的平均开工率仅为51.54%;氯化钾开工率仅为62.8%,低于2016年的71.3%和2017年的65.3%。无论是停气还是提高气价和煤价,都将造成西南地区乃至全国化肥市场价格的大幅波动。

(二) 区域性供需矛盾突出

我国氮肥产能越来越向山西、山东、河南、内蒙古、新疆等区域集中,华东、华中、华南的产能陆续退出,如福建、浙江、湖南、江西、广东等省已经没有尿素企业。山西、内蒙古、新疆都是铁路运力紧张的区域,短期内从这些区域调出化肥比较困难。上半年华南、华东地区合成氨和氮肥市场供应相对偏紧,价格处于较高水平,局部时段不得不通过进口满足供应。

(三) 社会库存偏低,化肥市场波动增大

由于化肥市场连续多年旺季不旺,流通环节储备的积极性受挫,社会库存量逐年下降,而生产企业迫于资金压力及库容限制,库存也十分有限。据统计,2018年8月底国内尿素生产企业库存只有12万吨,同时流通环节库存也明显下降。据中华供销合作总社统计,8月底供销社系统氮肥库存639万吨实物,同比下降5.6%;尿素库存388万吨,同比下降3.9%。社会库存长期处于低位,每到化肥需求释放时段,供应就会紧张,价格波动增大。

(四) 当前企业储备积极性下降

由于目前化肥价格仍然处于高位水平,企业储备风险高,积极性下降。不少企业表示目前情况下除非有储备任务,否则即使存货较少也只会等价格低时再进货储备,现在这种价格只会观望,而化肥主产省份的企业则几乎不考虑储备,整个供应链上氮肥库存量都偏低。

（五）铁路运输紧张，影响钾肥供应

钾肥自从 2015 年青藏铁路公司将运价由 2#运价调整至 4#运价之后，吨钾肥千公里平均运费上涨 50 元，企业成本压力不断加大。以盐湖一家为例，钾肥运费由过去的 168 元/吨涨至 321 元/吨，运费成本较之前增加 6 亿多元。第四季度正值用钾时期，近几年的冬季，随着煤炭、粮食等大宗货物发运量增加，造成化肥运力相对不足，特别是青海地区，大量钾肥运输持续发运不畅，使得局部地区货源偏紧，因此造成复合肥企业因钾肥原料短缺面临停产的局面。

四、有关政策建议

（一）稳定和完善化肥商业淡季储备政策

在目前我国化肥供应能力大幅下降，季节性、区域性供需矛盾尤为突出的背景下，保证适当的淡储总量是非常必要的。据测算，我国春季用肥总量在 3000 万吨左右，储备 1000 万吨是基本保障，如果再低则难以有效调控市场。此外，由于国家提倡化肥减量增效，建议淡储的品种增加增值尿素、增值磷铵、复合肥等肥效更高又便于监管的肥料比例。

（二）有效保障化肥企业生产

有效保障气头企业的天然气供应和气价稳定，特别是要保障云南、四川、重庆等气头企业集中区域的天然气供应。以西南地区为例，如果该区域尿素企业能够正常生产，能增加尿素产量 120 万吨，不用再从内蒙古、新疆等地向这些区域调运尿素，既可以节省铁路运费 3 亿元，节约宝贵的铁路运力运送其他紧缺物资，还可以起到平抑全国化肥市场价格的作用（保守估计可平抑价格 200 元/吨）。

（三）保障安全环保达标的合规企业稳定运行

2018 年 8 月 31 日生态环境部印发的《关于进一步深化生态环境领域"放管服"改革推动经济高质量发展的指导意见》中明确要求：严格禁止

"一刀切",保护合法合规企业权益。要科学地环保整治,根据具体情况"因地施策""因企施策",化肥作为重要的农用生产物资,为了保障明年春耕用肥的供应和价格稳定,建议允许合规化肥生产企业冬季环保治理期间能够正常生产。

(四) 保障西北钾肥铁路运输运力

建议国家发展和改革委员会协调铁路部门提前部署,安排运力,保障今冬明春青海、新疆的化肥运输。钾肥运价调整后运费每千公里上涨50元,运费成本已经成为制约青海钾肥行业发展的主要瓶颈之一,因此钾肥运费、运价需要国家铁路部门的特殊支持。建议政府能够考虑市场实际情况,协调铁路总公司,适当给予青海铁路运费优惠政策,下调青藏铁路运费,恢复到2#运价水平。

(五) 加大对假冒伪劣化肥的打击力度

当前化肥价格整体处于历史高位,农民用肥投入积极性低,给低价的假冒伪劣化肥以可乘之机。建议加大对假冒伪劣化肥的打击力度,维护市场正常秩序。

新时期国家粮食安全问题初探

曹 慧 孙 昊

保障国家粮食安全关乎经济社会发展全局,是一项具有长期性的国家战略。党的十九大报告明确提出,要确保国家粮食安全,把中国人的饭碗牢牢端在自己手中。2018年"中央1号文件"首次提出,要"推进粮食安全保障立法",对国家粮食安全具有重要的理论与实践意义。当前我国经济发展进入新常态,粮食供求格局发生了深刻变化,影响安全发展的深层次矛盾日益凸显,如何实现中长期供求平衡,满足城乡居民对粮食消费的新要求,是长期而又艰巨的重大任务。

一、牢固树立新的粮食安全观

(一)理清粮食及粮食安全的概念

1. 科学合理界定粮食概念

粮食通常是各种主食食料的总称。广义的粮食主要是指食用作物,狭义的粮食则专指谷物类作物。一些国际组织和国家对粮食又有不同的定义,所包括的作物也有所不同。联合国粮农组织(FAO)每年公布的世界粮食总量中共包括16种谷物（Cereal）①，美国农业部（USDA）的数据库中粮食包括12种谷物（Grain）②。从FAO和USDA的定义和统计中可以看出，虽然两者在谷物的种类上不尽相同，FAO包括了主要谷物种类和杂粮，USDA包括了大豆、油菜籽，却不包括稻谷，但两者均未包含任何薯类。

关于粮食安全的内涵也是在不断发展变化的，不同国家不同发展阶段的目标和要求又是不同的。1996年，世界粮食首脑会议就粮食安全的定义达成一致，并由粮农组织采用："只有当所有人在任何时候都能够在物质上和经济上获得足够、安全和富有营养的粮食来满足其积极和健康生活的膳食需要及食物喜好时，才实现了粮食安全。"这一定义包括四个维度：（1）通过国内生产或进口（包括粮食援助）可提供质量可靠、数量充足的食物；（2）个体能够获得充足的资源（也称为权利），以便得到营养膳食所需的适当食物；（3）通过充足的膳食、清洁的水源、卫生和健康服务利用食物，以期达到营养的良好状态，满足各项身体需要；（4）稳定提供和获得粮食，不受突发冲击（如经济或气候危机）或周期性事件（如季节性粮食短缺）的影响。总的来看，粮食安全的主要内容兼顾三个层面：在宏观（国家）层面，要保证一定的自给率；在中观（城市）层面，要提高粮食的可及性；在微观（家庭）层面，要提高低收入群体粮食的可获得性。

当前，我国的粮食概念包括水稻、小麦、玉米、大豆、薯类、杂粮等，粮食安全包括所有这些产品的供给安全，这既与联合国等国际组织的食物安全概念不同，又不符合我国现阶段粮食安全的现实。为科学指导国内农业生产，环节国内资源环境压力，减少国内外舆论压力，建议尽早调整粮食统计口径，将粮食安全限定为水稻、小麦、玉米三大谷物的供给安

---

① 包括小麦、稻谷、大麦、玉米、爆米花、黑麦、燕麦、小米、高粱、荞麦、藜麦、佛尼奥、小黑麦、金丝雀种子、混合谷物和谷物其他类。资料来源：http://www.fao.org/waicent/faoinfo/economic/faodef/fdef01e.htm。

② 包括大麦、油菜籽、玉米、亚麻籽、混合麦、燕麦、黑麦、高粱、大豆、葵花籽、小黑麦、小麦。资料来源：https://www.gipsa.usda.gov/fgis/usstandards.aspx。

全。同时还要树立新的粮食安全观和粮食安全理念。第一，粮食安全的根本是"能力安全"，要把保障粮食安全的着力点放在提高国内生产能力、对国际资源的掌控力以及必要的储备能力上来。在毫不放松国内生产的同时，更加主动地利用国内国外两种资源、两个市场。第二，粮食安全的核心是"口粮安全"，在粮食中要重点保谷物基本自给，在谷物中要确保口粮绝对安全。第三，要确保全产业链的粮食安全。粮食安全不能仅考虑粮食生产环节，还要确保粮食流通、储备、加工、消费等全产业链的安全。第四，要构建发展可持续的粮食安全。要转变农业发展方式，科学规划生产力布局，依据资源环境条件设定生产目标，逐步建设可持续的生态环境保护体系和保障粮食安全的长效机制。第五，要从"粮食安全"向"食物安全"拓展。要从食物安全的全局来谋划粮食安全，以保障粮食安全为基础，以保障食物安全为目标。合理调整不同类型食物的比例，确保口粮的同时积极改进食物的品种、花样、质量（胡鞍钢，2015）。

2. 党的十八大以来习近平总书记关于粮食安全的重要论述。解决好吃饭问题始终是治国理政的头等大事。党的十八大以来，习近平总书记始终把粮食安全问题当做"三农"工作的重中之重。他强调，只要粮食不出大问题，中国的事就稳得住。"民以食为天"，粮食安全是社会稳定、国家安全的重要基石。在粮食生产实现"十一连增"，部分地区粮食安全意识弱化的背景下，习近平总书记提出了"以我为主、立足国内、确保产能、适度进口、科技支撑"的国家粮食安全战略，形成了一条具有中国特色的粮食安全之路，成为新时期指导我国粮食工作的重要准则。

要立足国内解决我国人民吃饭问题。习近平总书记总结历史经验教训，以战略家的视野认真审视"饭碗"问题。他强调："中国人的饭碗任何时候都要牢牢端在自己手上，我们的饭碗应该主要装中国粮。""在粮食问题上不能侥幸、不能折腾，一旦出了大问题，多少年都会被动"。历史经验告诉我们，尽管粮食以实现连续多年增产，但仍不能放松粮食安全意识。20世纪90年代末，我国的粮食产量连续四年保持在5亿吨左右，供需形势宽松，对粮食生产的关注度下降，使得1999年之后，粮食产量连续下滑，到2003年累计下降了15.3%，之后虽然国家采取了一系列促农增收的措施,但粮食生产能力直到2007年以后才恢复至5亿吨水平之上。近年来,我国粮食消费量稳步上升,2006年跨过5亿吨的台阶,2011年超过6亿吨,平均增速要高于产量。而全球每年的谷物贸易量只有3亿吨左右,仅相当于我国年消费量的一半左右,依靠进口满足国内粮食消费需求,既不现实也不可能。

要藏粮于地、藏粮于技。习近平总书记多次强调,保障国家粮食安全的根本在耕地。耕地是粮食生产的命根子,耕地红线要严防死守。可耕地资源是约束我国粮食安全和农业可持续发展的关键因素,要像保护大熊猫一样保护耕地。新形势下,要实行最严格的耕地保护制度和最严格的节约用地制度,并探索实行耕地轮作休耕制度。习近平总书记指出,农业的出路在现代化,农业现代化关键在科技进步。改革开放以来,我国粮食播种面积下降了0.1亿公顷,粮食产量翻番依靠的是单产的提升,这主要受益于农业科技的应用。从种子的不断更新、化肥的使用,到农药和作物栽培技术的改进,都大大提高了单产,从而造就了我国粮食生产迈上6亿吨的台阶。地有了,技术有了,保障粮食安全可持续性的关键还要靠人。习近平总书记强调,要解决好"谁来种地"问题,培养造就新型农民队伍,确保农业后继有人;要加大强农惠农富农政策力度,要让农民种粮有利可图。

要坚持数量质量并重。粮食生产的连续丰收保证了数量上的安全,但随着人民生活水平的提高,质量安全越来越受到关注。习近平总书记高度重视农产品和食品安全,强调食品安全关系群众身体健康,关系中华民族未来,在保障数量供给的同时,要更加注重农产品质量和食品安全,让人民吃得饱、吃得好、吃得放心。受农业资源偏紧、多年来开发过度影响,我国农业面源污染问题普遍存在,部分地区粮食农药残留、重金属超标问题严重。今后在保证粮食数量安全的同时,应更急注重质量安全;在实现产出高效的同时,更要加强生产源头的治理;进一步完善粮食质量安全标准体系,确保粮食消费健康、营养、安全。

要善于用好两个市场两种资源。我国用世界不到9%的耕地和6%的淡水资源养活了全球22%的人口,但也因此为国内农业生产资源带来沉重负担。为保证农业生产的可持续性,必须做到有保有放。新时期,我国不再要求面面俱到的粮食安全,而是在做到"谷物基本自给,口粮绝对安全"的基础上,积极有效地利用国际粮食市场和国际资源,以弥补国内部分品种的供需缺口。习近平总书记指出,积极稳妥利用国际农产品市场和国外农业资源是一项长期战略布局。我们不仅要通过适时适度进出口调剂保持国内农产品供求的基本平衡,环节国内资源压力,同时还要积极推进农业"走出去"战略,统筹运用生产、销售、贸易、投资、外交等多方面的政策措施,开发国际资源,形成境外的产能储备,提高我国对全球农产品的调配能力。

(二) 当前我国粮食安全面临的新形势

2004 年以来,中央出台了一系列扶持粮食生产的重大政策措施,有效调动了地方政府重农抓粮和农民务农种粮的积极性,粮食生产能力不断增强。在我国粮食安全保障能力和水平进一步提高的同时,也要清醒地看到,当前粮食供求形势正在发生深刻变化,出现了一些新情况、新问题,需要未雨绸缪,长远打算,提前布局。

1. 粮食安全问题由总量矛盾向结构性矛盾转变。保证粮食供给充足、解决人民吃饭问题一直是国内农业政策的重要目标,粮食生产被认为是农业最重要的功能。我国粮食产量在 1996—1999 年连续接近甚至突破 5 亿吨后,国内粮食产需形势由长期供不应求转向基本平衡且丰年有余。但随之而来的农业结构调整导致粮食产量连续 5 年下滑,2003 年跌至 4.3 亿吨,供求关系再度紧张。虽然从 2004 年开始,国家出台了一系列惠农政策,大幅度增加对农业投入,粮食综合生产能力逐步提高。但一直到 2007 年,我国粮食总产量才重回 5 亿吨以上,也就是说在最低收购价政策出台时,我国粮食市场的主要问题是产不足需的矛盾。随着国内粮食生产实现"十二连丰",粮食产量由 2003 年的 4.3 亿吨增加到 2016 年的 6.2 亿吨,国内粮食市场形势发生了根本性的变化,主要矛盾由产不足需的总量矛盾转为结构性矛盾,主要表现一是品种结构矛盾,玉米、稻谷阶段性过剩特征明显,大豆产需缺口巨大。二是品质结构矛盾,一般性产品、传统产品、资源性产品过多,优质化、多样化和专用化的农产品发展依然滞后。如中筋和中强筋小麦、普通稻谷供给过剩,而强筋和弱筋小麦、优质稻谷供给不足。三是区域结构矛盾,粮食生产日益向东北等水热条件并不占优的北方核心产区集中,全国75%的粮食产量、80%以上的商品粮、90%以上的调出粮来自13个主产省,粮食跨区域流通和平衡的压力越来越大。

2. 城乡居民对粮食质量和食品安全的要求日益提高。新形势下对提高粮食质量安全的要求主要体现在三个方面:一是从需求看,民众对粮食质量安全的期许不断增长。2017年,全国居民人均可支配收入25974元,比上年名义增长9.0%。其中,城镇居民人均可支配收入36396元,增长8.3%;农村居民人均可支配收入13432元,增长8.6%。全国居民恩格尔系数为29.3%,首次低于30%,进入了联合国划分的20%—30%的富足区间。随着城乡居民收入和生活水平的不断提高,人们更加看重饮食的健康和安全,对食物消费的需求也不断向更高层次提升,确保粮食质量和食品安全就成为保障粮食供给的题中应有之义。二是从产业链看,保障粮食质量安全的监管任务更加艰巨。由于粮食业的产业链变得越来越复杂,粮食质量安全的风险也就越来越容易被放大。在粮食从"农田到餐桌"的诸多环节中,有物理性危害,如杂草籽、金属碎屑、渣瓦石等;有化学性危害,如农药和重金属及有机溶剂残留、滥用添加剂染污、脂类物质酸败等;有生物性危害,如细菌和真菌及毒素的污染、害虫及鼠类的危害、转基因种质的危害等等。这些突出问题,迫切要求切实加强粮食质量安全工作,确保人民群众身体健康,维护广大人民群众的根本利益。三是从市场主体看,分散化的经营加大了粮食质量安全风险。我国有2亿多个农户、40多万家食品生产企业、300多万个食品经营主体以及难以计数的小作坊、小摊贩。食品安全的技术性、专业性、隐蔽性较强,任何一个粮食质量风险都可能通过网络进行放大和快速传播,产生巨大影响。如何通过加强监管,切实保障食品安全,将是一个充满长期挑战而艰巨的任务。

3. 农民增收与粮食稳产增产的矛盾凸显。价格调控政策是确保国家粮食安全和农民增收的重要措施之一。据国家粮食局估计,"十二五"期间，我国累计托市收购粮食 16800 多亿公斤、油菜籽 1500 多万吨，通过价格托底、优质优价、整晒提等、产后减损等措施，带动农民增收约 2500 亿元。但近年来，随着粮食种植成本的不断上涨，粮食增产对农民收入的促进作用受到影响。2004—2016 年，我国 3 种粮食每亩总成本由 395.5 元增至 1093.6 元，增长了 1.77 倍，远高于同期平均出售价格 155% 的增速，而同期 3 种粮食每亩净利润由 285.1 元降至 -80.3 元。主要原因是近年来土地和人工两项成本增长迅速，尤其是 2007—2013 年，两种成本年均增长率分别达到 15% 和 16%，到 2015 年两种成本占总成本的比例高达 61%，较 21 世纪初增长 12 个百分点。种植成本的大幅上升，在很大程度上降低了价格支持政策对促进农民收入的作用。尤其是 2013 年以来，在中央一系列培育新型经营主体、构建新型农业经营的支持政策带动下，涌现出了一大批专业大户、家庭农场和农民专业合作社等新型经营主体。虽然这些新型农业经营主体和传统农户相比具有规模大、专业化、市场化程度高等优势，在粮食商品化供给方面的作用日益显著，但其承担的来自土地和雇工上涨的压力以及市场风险也较普通农户大很多。近两年，受粮价下跌、自然灾害、流转费居高不下等影响，新型经营主体流转土地种粮不赚钱甚至赔钱。例如，2016 年安徽省由于小麦受灾，规模种植户亏损严重，新型经营主体种粮积极性受挫，一些地方出现毁约、退地现象。因此，现行的粮食安全保障政策正面临两难境界，要保收益就必须继续调高政策收购价格，但如此一来就面临国际粮食价格天花板、WTO 黄箱规则等一系列因素制约。

4. 粮食生产的资源环境约束加剧。

（1）耕地数量减少和质量下降。进入 21 世纪以来，中国的耕地面积从 2001 年的 19.06 亿亩，减少到 2008 年的 18.26 亿亩。截至 2016 年年底，我国耕地面积为 20.25 亿亩，年内净减少耕地面积 99 万亩。与此同时，耕地质量也在不断下降，2009 年全国中低等耕地面积占全国耕地总面积的 67.35%。随着工业化的发展和城镇化的推进，中国耕地面积减少的趋势也难以扭转，预计到 2020 年中国耕地面积将累计净减少 1000 多万亩。受土壤严重污染和耕地占优补劣等因素的影响，耕地质量下降的问题也难以在短时期内根本解决。据初步测算，到 2020 年，由于耕地面积减少和质量下降等因素的共同影响，将导致粮食生产能力下降 1% 以上。

（2）水资源短缺和部门间竞争加剧。从当前情况看，中国人均水资源占有量仅为世界平均水平的 28%，耕地亩均水资源占有量约为世界平均水平的 50%，水资源短缺已经成为制约中国粮食生产的重要因素。从发展趋势看，人口增加、经济社会发展、生态环境建设，将导致非农用水需求量增加，农业用水比例下降。据中国水资源模拟模型（CWSM）推算，中国的城镇化率每增加 1 个百分点，将导致农业用水量所占比重下降 0.47 个百分点，考虑到部门间的重新分配，预计到 2020 年农业用水占总用水量的比重将下降到 58%。根据国务院《关于实行最严格水资源管理制度意见》的要求，到 2020 年全国用水总量应控制在 6700 亿立方米以内。按农田灌溉用水占全国用水总量的比例减少 4 个百分点测算，到 2020 年，全国 13 个粮食主产省的农田灌溉用水增长 4% 左右，远低于过去 10 年 16% 的用水增长幅度。水资源短缺，势必会提升水资源价格，将对保持粮食生产持续稳定发展构成严重威胁。

（3）生态环境压力不断加大。目前，我国生态环境整体恶化趋势仍在延续，农业生态环境状况堪忧。全国耕地土壤点位超标率高达 19.4%，其中中度和重度污染点位占比为 2.9%，约有 3 亿亩耕地受到重金属污染。全国水体质量呈恶化趋势，70% 以上的江河湖泊受到不同程度的污染，污灌受害农田 4950 万亩。农业生态环境的污染源主要是工业"三废"、城市污染物、城乡生活垃圾、农用化学品、畜禽水产养殖排放物等。大量的工业废弃物、城乡生活垃圾和污水以各种形式进入农田，全国受工业污染的耕地面积达 1.5 亿亩，来自工业燃煤、汽车尾气、焚烧垃圾产生的污染物严重危及农产品产地环境安全。每年仅重金属污染就造成粮食损失 480 亿公斤，直接经济损失 200 亿元。不合理使用化肥、农药、农膜等农业生产资料造成的农业产地污染也日益严重。我国的生态环境污染日益加剧，对农业生产和农产品质量安全已构成严重威胁。

5. 气候变化给粮食生产的不利影响日趋严重。FAO 在 2016 年做的长期预测显示，2030 年以后，气候变化将给粮食生产带来不利影响会日趋严重。与温带发达国家相比，热带的发展中区域更易出现作物减产以及畜牧、渔业和林业生产力的下降。到 2050 年，相对于预计没有气候变化的情况而言，由于生长季延长，高纬度地区的一些作物的单产损失幅度较小甚至会提高。低纬度区域的单产损失通常更为严重。多数区域的玉米单产在多数气候情景下会出现下降，越极端的情景下损失就越严重。全球层面小麦单产受到的影响较小，但是在南亚和撒哈拉以南非洲较为显著。近期一项运用农业模型比较与改进项目（AgMIP）以及部门间模型比较项目框架而开展的综合研究就气候变化对作物单产影响给出了其他的测算结果。这些结果都表明，与不发生气候变化的世界相比，如不采取气候变化减缓措施，则将产生剧烈的长期影响。在高排放气候情景中，2100 年对单产的影响为：玉米单产降低 20% 到 45%，小麦降低 5% 到 50%，稻米降低 20% 到 30%，大豆降低 30% 到 60%（Rosenzweig 等，2013）。假设二氧化碳施肥的效果完全实现，气候变化对作物单产的影响就会有所减少，具体为玉米降低 10% 到 35%，小麦变为提高 5% 到降低 15%，稻米降低 5% 到 20%，大豆降低 0% 到 30%。如果明确考虑氮获取面临的局限，则二氧化碳施肥对作物产生的有利影响就将有所削弱，气候变化带来的不利影响将会扩大（Müller 和 Elliott，2015）。

二、中国粮食供求形势回顾

准确把握当前我国粮食市场的供求形势，是我们构建未来国家粮食安全战略的基础。近年来，我国粮食市场供求表现出明显的阶段性特征，出现了"三多一低"现象，就是粮食生产量越来越多、进口量越来越多、库存量也越来越多，但粮食自给率却出现降低。本节将从我国粮食供需及贸易形势入手，通过计算粮食和谷物的自给率水平来衡量目前我国粮食的供求现状，并以谷物当量形态量化分析中国城乡居民食物消费结构演变趋势及其对农业资源生产能力的需求。

（一）进入 21 世纪以来我国粮食的供求形势

1. 粮食综合生产能力明显提高，产量稳步提升。2004 年以来，面对保障国家粮食安全的严峻形势,中央出台了一系列扶持粮食生产发展的重大政策措施,有效调动了地方政府重农抓粮和农民务农种粮的积极性,粮食综合生产能力不断提升。2013年粮食产量首次突破60000万吨,2014年至2016年均在60000万吨以上,标志着我国粮食生产水平已稳步跨上60000万吨的新台阶,粮食综合生产能力实现质的飞跃。2016年,全国人均粮食占有量达到447公斤,比世界平均水平高47公斤。从这一年开始,国家实施农业供给侧结构性改革,主动调减玉米播种面积,全国粮食总产量较上年有所下降,但仍是历史第二高产年份。2016年,全国粮食总产量达到61624万吨,比2004年增长31.3%,年均增长2.3%。其中,稻谷产量20693万吨,增长15.5%,年均增长1.2%;小麦产量12885万吨,增长40.1%,年均增长2.9%;玉米产量21995万吨,增长68.5%,年均增长4.4%。农业科技对粮食增产的作用增强,良种良法大规模推广应用,粮食土地产出率提高,单产增加。2016年,全国粮食单产达到363公斤/亩,比2004年增加了55公斤/亩,增长18.7%(见图1)。

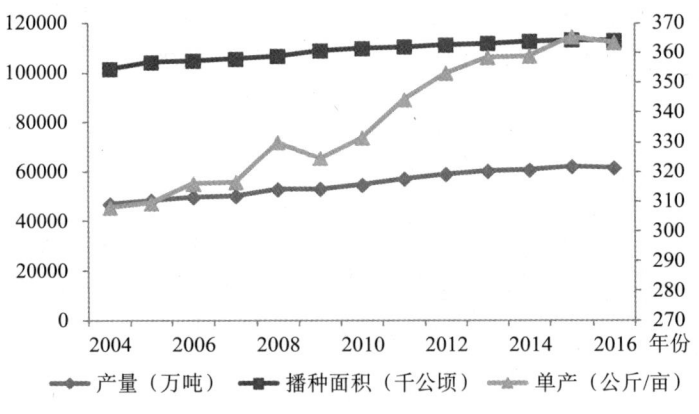

图1 2004—2016年我国粮食生产形势变化

2. 粮食消费稳步上升,三大谷物占比有所下降。1978年以来,我国的粮食消费总量稳步增长,但各阶段增长速度不尽相同。1978年至1990年是我国传统计划经济向市场经济的转轨时期,由于粮食供给能力和居民收入水平的大幅提高,粮食消费快速增长,年均增速达到2.7%;1991年至2000年是我国粮食市场化改革时期,粮食消费总量平稳增长,年均增速降至1.7%;2001年以后,我国粮食市场逐步全面放开,由于饲料用粮和工业用粮的增加,粮食消费总量增长再次提速,年均增速达到2.4%(见图2)。

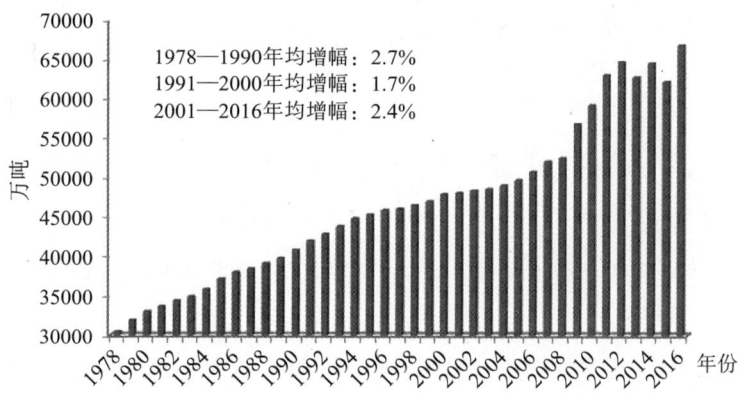

图2 1978年以来我国粮食消费总量变化趋势

数据来源:国内粮食消费数据1978—2002年来自茅于轼、赵农(2011),2003—2016年数据来自国家粮食局《中国粮食发展报告》及国家粮油信息中心。2015年和2016年的杂粮消费数量是依据当年产量和进出口数量预测得出。

从品种构成上看,2003年以来三大主粮中,稻谷和小麦的消费比重逐渐下降,由2003年的37.1%和21.1%降至2016年的27.7%和16.1%。玉米消费比重逐年上升,由26.0%增至30.1%,成为粮食消费中占比最大的品种。但由于大豆消费量的迅速增加(2003—2016年增长了1.8倍),三大主粮消费总量在粮食中的比重略有下降,由2003年的84.2%降至2016年的73.9%(见图3)。

3. 粮食自给率降至安全线附近,谷物自给率已超过110%。粮食自给率是判断一个国家粮食安全的重要指标之一。多数经济学家认为,自给率达到95%或以上时,即达到了足够高的粮食安全水平;自给率在90%—95%之间,即达到了可以接受的粮食安全水平;自给率小于90%时,则为不安全;而要追求100%的粮食自给率目标,会付出高昂的经济代价,牺牲经济发展效率。国际经验中的粮食自给率参考值是按谷物类粮食确定

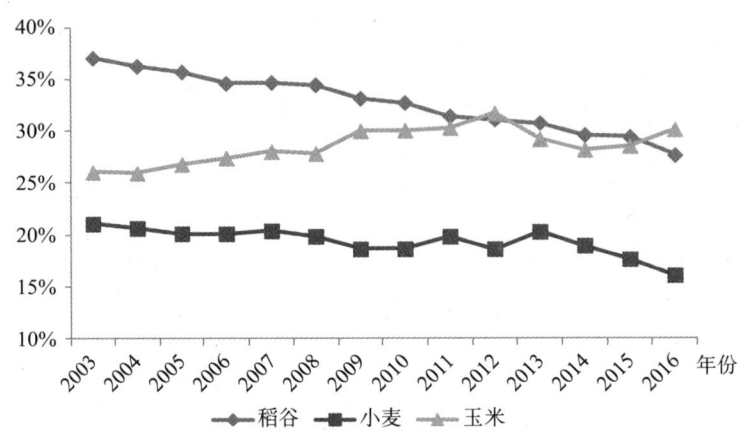

图3 2003—2016年我国三大谷物消费占粮食总消费的比例变化

数据来源：同上。

的，不含油用大豆和薯类作物。而我国粮食的概念中包括谷物、薯类和豆类。本文在讨论我国粮食的自给率时，将分为两个部分：首先讨论包括大豆、薯类在内的我国粮食概念上的自给率水平；其次将参考国际经验，仅计算包括稻谷、小麦、玉米在内的主要谷物品种的自给率水平。

（1）粮食自给率水平降至安全线附近。根据第一部分对我国近年来粮食供给和消费方面的讨论，可以计算得到我国粮食自给率的变化趋势，如图4所示。可以看出，1978年以来我国粮食自给率整体呈现波动下降的趋势，并以1999年为分界点，之前年份粮食平均自给率为高达104%，之后年份平均自给率降至95%。由于生产量的持续下滑，1999年至2003年我国粮食自给率由108.1%降至88.6%，低至安全线以下，粮食产销缺口高达5555万吨，占2003年粮食产量12.9%。2004年以后，随着粮食生产量的回升，我国粮食自给率水平当年就跃上了90%的安全线，并一路攀升至2008年的100.6%。之后，虽然粮食生产量持续增加，但由于消费量的增速更快，我国粮食自给率再度呈现下滑状态，到2011年跌至90.5%，之后虽有所上升，但截至2016年仍在安全线附近为92.1%（见图5）。

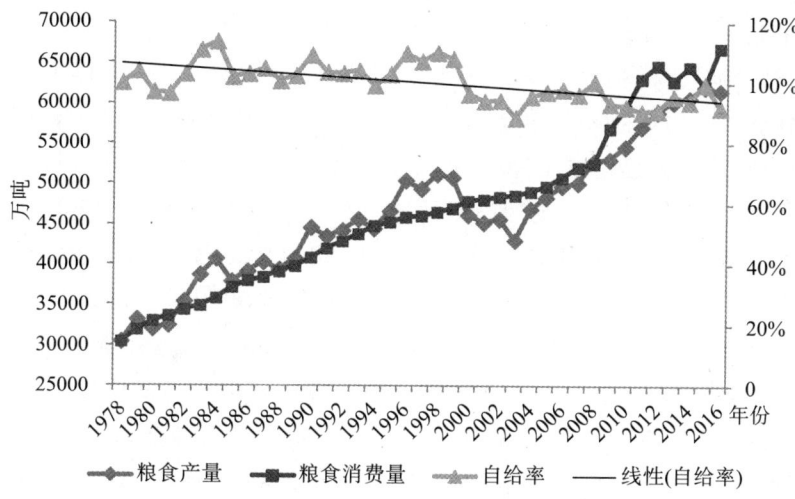

图 4　1978—2016 年我国粮食自给率变化情况

数据来源：同上。

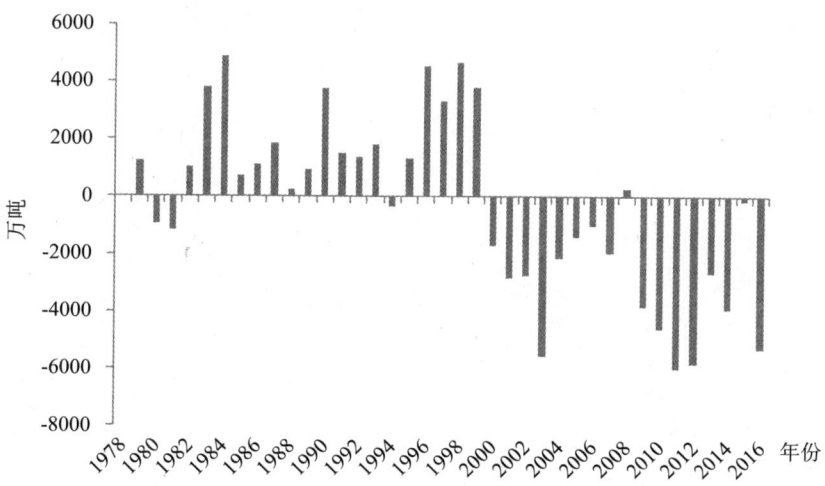

图 5　1978—2016 年我国粮食产需缺口变化情况

数据来源：同上。

（2）谷物自给率整体呈上升趋势，已超过 110%。与粮食不同的是，我国谷物的自给率一直保持在较高水平。由图 6 可以看到，2003 年以来我国谷物的自给率整体呈现上升的趋势，2005年以后基本都在100%以上。分品种看，稻谷的自给率从2007年开始均保持在100%以上；小麦的自给率在谷物中波动幅度最大，2003年仅为80.5%，是三大谷物中最低的，自2005年起超过了90%的安全线水平，2006年至2010年保持在100%以上。2011年由于饲用消费猛增，小麦自给率降至93.8%，再度成为三大谷物中自给率最低的品种。但随着2012年小麦玉米比价倒挂现象的结束，小麦饲用消费量明显下降，自给率升至99.9%。到2016年，小麦自给率已上升至119.6%，一跃成为三大谷物中自给率最高的品种；2003年，我国玉米的自给率只有87.2%，2004年以后，基本维持在95%的水平以上，一些年份超过了100%，其中2008年为最高值113.5%。由于深加工消费的迅速增加，2009年玉米自给率下跌17.4个百分点至96.1%，较同期稻谷、小麦及谷物的自给率水平低7—12个百分点。之后随着产量的迅速增加，玉米自给率逐渐回升，2015年曾达到峰值126.5%。

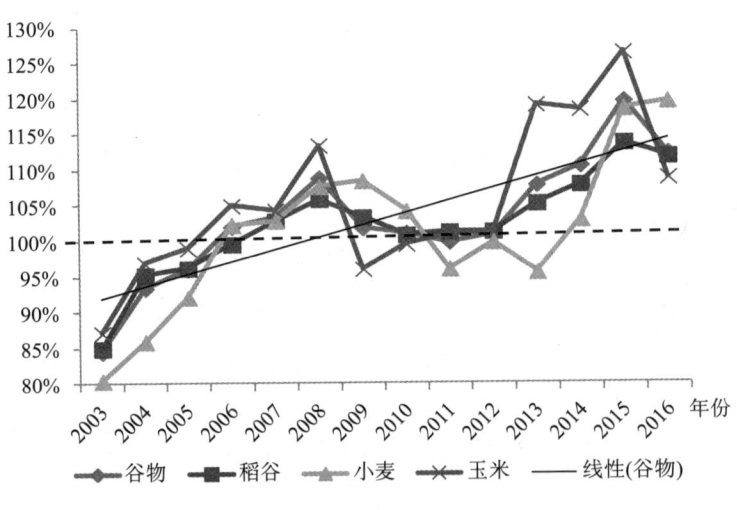

图6　2003—2016年我国谷物自给率变化情况

数据来源：同上。

（二）谷物当量视角下的中国粮食供求

中国作为一个人口大国，居民粮食需求应主要依靠自身供给解决。粮食消费需求完全依赖国际市场提供是不现实的，这一方面会对世界原料农产品生产保障能力造成巨大的需求压力；另一方面粮食对外依赖度过高会对国内农业产业形成冲击，损害农民的生计并引发社会不稳定。因此，如何维持粮食有效保障能力是关乎国家安全稳定的重大战略问题。我国人口规模不断扩大，而农业生产所需资源条件总量有限，农业资源的承载能力正受到前所未有的挑战。中国是否有条件与能力来维持粮食的高自给率？这是很多国内外研究者关心的问题。

下面通过以谷物当量的核算方法，来考察中国粮食供给与消费能力以及农业资源消耗程度特征。谷物当量即是通过将不同种类食物的农业资源消耗量折算为粮食消耗量，来间接反映居民粮食生产与消费能力。随着我国居民收入不断提高，食物消费逐步升级，直接性粮食消费占比逐渐下降，而以动物性食物消费为代表的间接性粮食消费持续增长，并已经替代直接粮食消费成为粮食总需求增加的主要因素。谷物当量化处理可以反映出不同种类食物在粮食和农业资源消耗上的差异，更为全面地反映出食物生产与消费特征变化对农业资源消耗产生的影响，将居民食物消费结构升级带来的农业资源消耗变化纳入分析框架，有助于我们对我国粮食安全的基本态势形成更全面的认识。

1. 食物供需能力的谷物当量核算方法。谷物当量是标准化形态统一衡量居民食物在生产过程中的直接和间接食物生产的耗量。本文利用谷物当量系数法，标准量化中国居民各类食物生产消费对农业资源的需求量。从消费角度看，食物类型主要包括粮食、蔬菜、食用油、瓜果、猪肉、牛羊肉、禽肉、禽蛋、水产品、奶类、鲜瓜果、坚果类和食糖等12类，其中各类食物的谷物当量系数如表1所示。谷物当量系数设定，根据 RASK（2014）中的设定，参考了曹志宏（2013）的文章，综合看两篇文章中谷物当量系数设定大体一致。

表 1　　　　　　　　　　谷物当量折算系数

粮食	蔬菜	食用油	猪肉	牛羊肉	禽肉	水产品	鲜蛋	奶类	鲜瓜果	坚果类	食糖
1	0.08	2.72	8.3	19.4	4.4	3.2	3.8	1.2	0.14	0.77	1.08

居民人均食物消费数量等基础数据来源于1993—2015年的《中国农业发展报告》《全国农业统计提要》和《中国统计年鉴》。由于《中国统计年鉴》中1993—2012年全国居民食物消费量采用城市、乡村居民分开统计的方式，各自指标设置不尽相同，并存在个别年份的缺省值，因此本研究对数据进行了一些处理：一是将城乡居民食物消费量指标进行了归类合并，如农村居民的蔬菜消费量等同于城镇居民的鲜菜消费量、鲜蛋等同于蛋及制品、鲜奶等同于奶及制品等。二是对缺失值进行估算，对前后年份数值进行算术平均。由于年鉴中我国居民食物消费量呈现逐年单调递增态势，这种估算替代是合理的。三是将城乡居民消费量，以当年城乡居民人口数为权重，加权求和形成该年全国居民食物消费量，并在此基础上计算谷物当量。

各类食物消费对农业资源产出的需求量（谷物当量形态）一般由相应农产品消费量与其谷物当量系数之积获得，其计算公式如下：

$$P = \sum_{i=1}^{n} P_i = \sum_{i=1}^{n} X_i * A_i$$

P 为食物消费对农业资源需求的谷物当量总值；P_i 为食物 i 的谷物当量值；A_i 为食物 i 的谷物当量系数；X_i 为食物 i 的年人均消费重量，这里的 n 为12。中国1990—2016年居民食物消费农业资源谷物当量核算结果如表2。

表 2　　　　1990—2016年居民食物消费农业资源谷物当量　　　　单位：千克/人

年份	粮食	蔬菜	食用油	猪肉	牛羊肉	禽肉	水产品	鲜蛋	奶类	鲜瓜果	坚果类	食糖	总计
1990	227.39	10.82	14.95	104.84	28.23	8.02	11.51	14.02	2.44	3.41	1.07	1.80	428.49
1991	217.48	10.40	15.71	106.09	28.23	10.01	13.44	16.37	2.22	3.49	1.06	4.07	428.57
1992	212.33	10.24	15.52	103.80	30.46	10.89	12.42	17.72	2.27	3.51	1.07	5.69	425.92
1993	218.93	8.89	16.52	103.42	28.86	9.69	12.88	17.30	2.29	3.53	1.08	5.61	429.01
1994	215.26	8.92	16.85	103.05	27.69	10.31	13.91	18.72	2.31	3.55	1.09	5.24	426.91

续表

年份	粮食	蔬菜	食用油	猪肉	牛羊肉	禽肉	水产品	鲜蛋	奶类	鲜瓜果	坚果类	食糖	总计
1995	209.88	8.64	16.81	103.87	23.52	10.79	16.18	19.43	2.12	3.65	1.08	1.51	417.47
1996	206.96	8.80	17.39	104.23	31.86	12.76	16.52	20.02	2.70	3.87	1.14	1.59	427.84
1997	198.95	8.73	17.66	100.42	35.06	14.22	16.86	24.05	2.78	3.93	1.16	1.55	425.39
1998	195.07	8.84	17.96	102.48	33.51	13.95	17.56	24.05	2.86	4.00	1.19	1.64	423.11
1999	190.92	8.88	18.31	106.09	32.49	14.50	19.48	25.04	3.94	4.31	1.24	1.71	426.91
2000	189.41	9.04	20.29	120.60	37.38	16.56	21.61	26.99	5.13	4.55	1.28	1.55	454.38
2001	178.37	8.94	20.20	118.93	37.07	16.65	20.67	26.08	6.32	4.75	1.26	1.64	440.89
2002	174.73	9.03	21.53	135.06	36.58	23.69	25.01	26.47	8.24	4.69	1.20	1.78	468.02
2003	164.51	8.95	20.28	136.74	40.56	24.78	26.16	28.10	10.28	4.74	1.17	1.53	467.82
2004	159.76	9.05	18.93	131.57	44.35	19.72	25.04	26.59	10.82	4.68	1.27	1.45	453.24
2005	152.16	8.74	20.14	145.81	47.20	26.17	26.28	27.19	11.20	4.78	1.33	1.47	472.48
2006	148.11	8.65	20.15	145.04	49.41	24.86	27.31	28.13	11.85	5.07	1.35	1.45	471.38
2007	143.55	8.61	20.79	129.41	50.84	28.70	30.13	27.72	12.06	5.13	1.38	1.45	459.76
2008	142.65	8.86	22.14	130.77	44.63	26.71	30.25	30.12	10.75	5.02	1.44	1.48	454.83
2009	137.08	8.73	21.50	142.11	48.43	31.93	30.68	29.86	10.88	5.31	1.51	1.47	469.49
2010	131.54	8.37	20.60	145.76	50.51	31.62	32.56	28.72	10.51	5.23	1.54	1.46	468.42
2011	124.58	8.18	22.83	146.11	57.25	33.62	32.34	29.72	11.45	5.14	1.55	1.47	474.25
2012	119.32	7.94	23.17	149.32	56.08	34.24	33.69	31.60	11.81	5.49	1.57	1.56	475.77
2013	147.79	7.80	28.83	164.34	29.10	31.68	33.28	31.16	14.04	5.29	2.31	1.30	496.92
2014	140.01	7.75	28.29	166.00	29.10	35.20	34.56	32.68	15.12	5.40	2.23	1.40	497.75
2015	133.20	7.82	28.83	166.83	31.04	36.96	35.84	36.10	14.52	5.67	2.39	1.40	500.60
2016	131.22	7.86	28.37	163.30	55.29	40.56	37.40	37.09	14.73	6.24	2.64	1.45	526.16

2. 我国居民食物消费与农业承载力变化。1990—2016年我国居民人均食物消费的实际重量呈下降趋势，但食物消费对农业资源的消耗却不断上升。2016年人均食物实际消费重量为354.7千克，相比1990年下降了15.7%；按谷物当量计为526.2千克，相比1990年提高了22.8%。2016年人均食物消费消耗的农业资源高出实际消费重量约140千克，说明虽然居民吃的重量变少了，但由于食物精细化程度提高，我国居民在食物上耗

费的农业资源反而增加了。

食物消费的精细化是食物消费结构的升级转型的表现，即由"植食化"向"肉食化"转变升级。随着经济水平不断提高，我国居民食物结构正由单一的粮食蔬菜，转向多样化的肉、禽、蛋、奶、水产品等食物需求。1990年我国居民人均食物消费实际重量（420千克）与CE消费量（428千克）两者在数值上较为接近，主要原因在于我国居民食物消费以植物性食物为主，折算权数较大的肉禽蛋奶实际消费量小。

从消耗农业资源的角度看，1990年居民人均食物消费（CE）中粮食消费占到总量的一半（53.1%），猪肉消费占比约为四分之一（24.5%），牛羊肉、禽、蛋、奶、水产品合计占比仅为六分之一左右（15%）。2016年相比1990年，我国居民食物消费中动物性食物占比显著提高。居民人均食物消费中，禽肉、水产品、蛋类、奶类食物消费占比合计由8.4%上升至30.3%，猪肉由24.5%上升至38.1%，食用油由3.5%上升至6.6%。反观粮食消费占比由53.1%下降至30.6%，蔬菜消费占比由2.5%下降至1.8%。动物性食物（猪肉、牛羊肉、禽肉、蛋类）占比由39%上升至66%，植物性食物由61%下降至34%，双方结构出现了逆转（见表3、图7、图8）。同等重量的动物性食物相比植物性食物要耗费更多的农业生产资源，随着我国居民食物需求精细化、肉食化程度提上升，我国农业生产能力与资源承载能力势必将面临更大的挑战。

表3　　　　　　　人均食物消费重量与谷物当量对比

年份	谷物当量人均	人均消费食物重量
1990	428.49	420.75
1995	417.47	381.09
2000	454.38	383.79
2005	472.48	356.75
2010	468.42	338.35
2015	500.60	349.40
2016	526.16	354.69
变化	15.7%	-22.8%

农产品市场与贸易

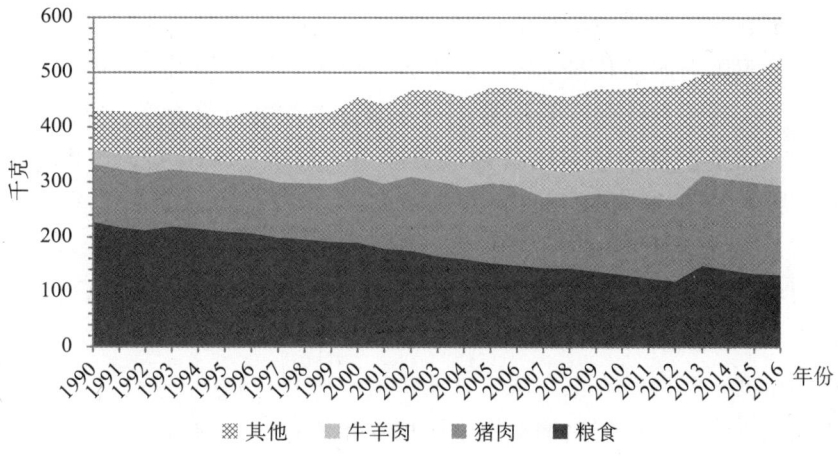

图 7 我国食品消费结构变化情况

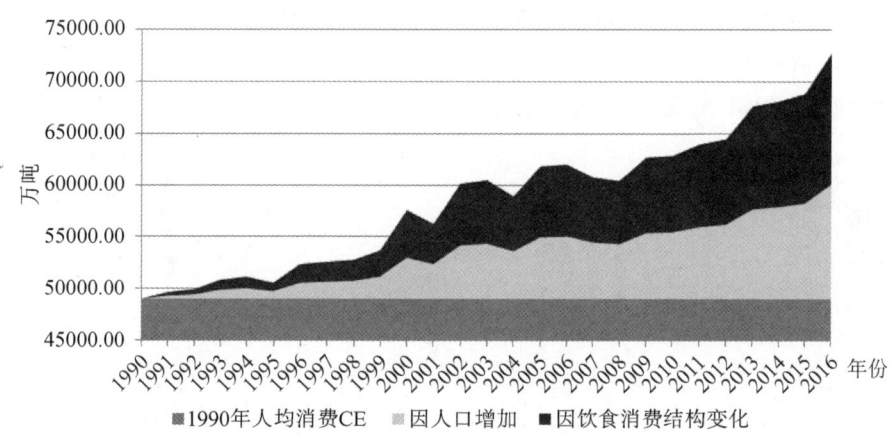

图 8 人口增长 VS 饮食结构变化：我国 CE 消耗的变化情况

表 4 　　　　按谷物当量计算我国食用农产品产需平衡表　　　单位：万吨

年份	1990	1995	2000	2005	2010	2016
供给总量	49817.82	52851.44	54887.33	59718.59	67839.34	77448.00
消费总量	49637.82	60118.59	60402.08	60747.87	62811.58	72752.40
库存结余	180.00	-7267.15	-5514.75	-1029.28	5027.76	4695.60

3. 我国食物供需能力与农业承载力变化。居民食物消费能力不断加

强，对于农业生产能力提出了更高的要求。随着我国农业现代化水平的不断提高，我国农产品产量规模不断扩大，保障居民食物需求的能力逐渐加强，有力实现了食物的有效供给。一方面，以谷物当量折算，我国食物供给能力在总量上要高于居民食物消费能力。1990—2016年，国内生产食物总量折合粮食共计约165.23亿吨，国内消费食物总量折合粮食共约158.18亿吨，供给高出需求7亿吨，结余消费比为4.5%；2016年，国内生产的各种食物总量折合粮食约为7.74亿吨，居民消费食物总量折合粮食约为7.28亿吨，当年结余4696万吨，结余消费比为6.6%。从历史还是现实角度，我国基本上实现了农业供需平衡与食物的自给自足。另一方面，我国食物的生产能力增加快于居民食物消费能力的增加，食物安全保障能力得到加强。2016年相比1990年，我国食物供给总量按谷物当量计增加了2.76亿吨，增幅达到55.5%；同期居民食物消费总量上升了2.31亿吨，增幅为46.6%。我国农业自身对于居民食物消费需求的供给保障能力在近30年实现了提升与巩固。

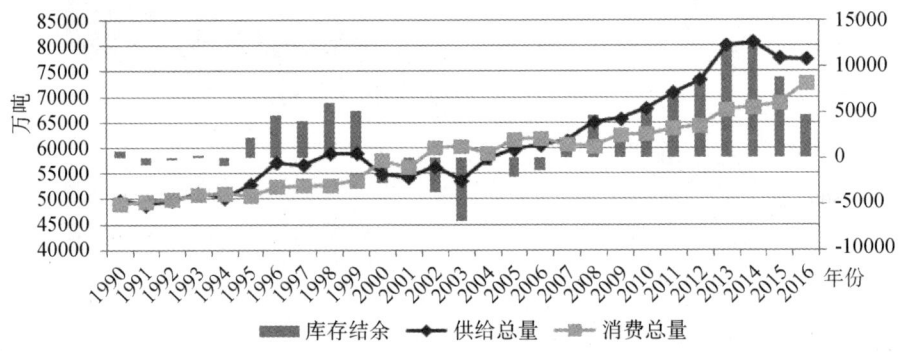

图9　我国CE供给和消费的变化情况

但应注意的是，我国食物总量供需能力格局是不稳定的，不同阶段供需能力此消彼长，供大于求与供不应求现象交替互现。我国食物供给需求变化大体经历四个时期：1990—1994年供需平衡时期；1995—1999年为供大于需时期，2000—2007年为产不足需时期；2008—2016年为持续的供过于求时期；其中，我国食物产需能力从2000—2007年连续8年表现为产不足需,即国内农业生产并不能满足居民对于食物的需求。这一时期按谷物当量计食物总产量为45.9亿吨,消费量为47.8亿吨,产需缺口1.8亿吨,约占消费总量的4.1%。2008年后,食物供需特征才表现为农业生产能力稳定持续地高于消费需求能力。福克斯和马丁(Fukase & Martin,2013)基于1980—2008年数据对于中国食物消费对农业资源的消耗进行的研究,担忧中国农业承载力能否满足居民食物消耗是有道理的。

自2008年至2016年,我国农业实现连续增产,食物供应能力稳步提升,居民食物消费需求得到充分保障。其中2008—2014年,我国连续7年供大于需,结余量逐年提高。这一时期食物结余累计5.2亿吨,平均结余消费比为10.1%,供给高于需求约十分之一。其中2014年度结余量达到1.2亿吨,结余消费之比达到15.7%,为历史最高水平。随着供给侧结构性改革的深入,自2015年开始,我国食物供求状况趋于平衡,但总体上仍属于产大于需的状态。

未来我国是否能够维持供需宽松的格局,取决于农业供给潜力以及居民消费需求的边界。从历史变迁看,供需格局在2008年以后已进入总量上供大于需的阶段。1990—2007年,我国居民食物消费需求增速(1.9%)快于农产品供应规模的增速(1.3%);2008—2016年,居民食物消费需求增速有所提高(年均2.05%),而农产品供应规模增速明显提高(年均2.66%),且供给增加持续高于消费需求增加量。单从数量上消耗看,现阶段我国农业农产品供应规模对于食物消费需求形成了有效保障,"产大于需,供需宽松"的局面近年来在逐步稳固。但这不能证明我国农产品的供应结构科学合理,农产品供应的品质种类对于充分满足居民食物消费多样化、个性化需求的目标尚存差距。相应地,农业供给侧结构性改革也要求食物供给要由片面追求量的提高向追求质的提高转变,因此目前数量上的充分保障对于满足未来居民食物新要求是不够的。

三、未来十年中国粮食供需形势变化

未来5—10年,供给侧结构改革将是中国经济发展的主线,平稳的宏观经济形势是中国农业现代化发展的重要基础。据中国农产品监测预警系

统（CAMES）的最新基线预测，至2027年，中国经济增长转向高质量发展，年均增速为6.1%。城乡居民收入将实现持续增长，城镇和农村居民可支配收入年均增速分别为3.6%和6.6%（扣除价格因素）；人口总量继续增加，年均增速2.73‰；城镇化率稳步提高，2020年、2027年常住人口城镇化率将分别达到61.3%、65.4%；CPI在合理区间小幅波动，涨幅保持在2.0%—3.0%。从农业自身看，农业政策红利持续释放，乡村振兴战略将开创农业发展新格局。未来10年，农业高质量发展将取得明显成效，农业发展不平衡不充分的问题将得到有效解决。农业综合生产能力保持稳健增长态势，谷物由阶段性供给充裕向保持基本自给格局转变。考察未来十年粮食供求状况及变化趋势，可以作出如下判断：

（一）粮食产量稳中有升，供给结构趋于合理

预计2018—2027年，我国三大主粮小麦、稻谷、玉米总产量年均增速分别为0.2%、0.4%、3%，至2027年总产量分别维持在1.32亿吨、2.1亿吨、2.38亿吨水平。在保持总产量稳健的基础上，注重提高农产品供给质量和效率，合理配置农业生产要素资源。玉米种植向优势产区集中，面积调减之后再稳步增加，产量由降转升，预计2027年面积将稳定在5.3亿亩，供需由基本平衡转向供需偏紧；未来10年，我国大豆种植面积将稳定在1.26亿亩以内，单产提升，总产量稳步增加，预计到2027年将达到1600万吨。农业劳动生产率、资源利用率和单产水平等核心指标将显著提高，预计2027年稻谷、小麦、玉米、大豆单产分别比2017年提高15.7千克/亩、4.3千克/亩、42千克/亩、7.4千克/亩。

（二）粮食消费持续增长，消费结构加快升级

从发展趋势看，随着人口总量的增加和城乡结构的变化、城乡居民消费水平的提高和消费结构的变化，饲料用粮和工业用粮的持续较快增长，全社会对粮食的需求总量持续增长。预计2018—2027年，大米、小麦消费总量保持小幅增长，年均增长率分别为0.4%和0.9%，玉米消费总量继续较快增长，年均增速5.1%。至2027年，大米、小麦、玉米消费总

量约为 1.55 亿吨、1.35 亿吨和 2.59 亿吨。其中，饲用消费量分别约为 1335 万吨、1579 万吨和 1.58 亿吨，工业消费量分别为 1342 万吨、1973 万吨和 8500 万吨。

（三）三大谷物净进口量下降，大豆进口增速放缓

我国农业资源禀赋相对稀缺的大前提下，随着主要粮食作物价格政策改革的不断深入，主要粮食作物产品市场价格中长期内将呈现稳中趋升的态势，其中优质口粮品种的价格可能持续走高。随着国内外价差趋于合理，农产品进口基本稳定。据预测至 2027 年，我国大米、小麦、玉米进口量将分别达到 398 万吨、276 万吨、500 万吨。受大豆需求旺盛、国内产不足需影响，未来 10 年中国大豆进口将维持高位，但由于基数大，增速较前 10 年趋缓，预计 2027 年大豆进口量将达到 1 亿吨左右，年均增长率为 0.59%，远低于上个 10 年的 10.97%。

（四）粮食年度结余量下降，供需转为基本平衡或偏紧

2017 年，我国大米、小麦、玉米等三大主粮总产量分别为 1.46 亿吨、1.29 亿吨、2.16 亿吨，国内消费量分别为 1.48 亿吨、1.24 亿吨、2.2 亿吨。预计 2017 年大米和小麦结余变化为增加 22 万吨、898 万吨，玉米结余减少 127 万吨。预计至 2027 年，大米、小麦、玉米等三大主粮总产量分别为 1.5 亿吨、1.32 亿吨、2.38 亿吨，总消费量分别为 1.55 亿吨、1.35 亿吨、2.59 亿吨。大米年度结余将下降 172 万吨，玉米结余将下降 1558 万吨，小麦结余将下降 78 万吨。

四、确保新形势下我国粮食安全的思路与措施

粮食作为社会发展的基础性自然资源、战略性经济资源和公共性社会资源，是非常特殊的商品。因而，粮食安全也是一个全球性、持续性的多边命题。针对当前我国粮食供求所面临的国际国内形势，要从全球与国内统筹，近期和中远期协调的角度，综合考虑粮食作为大国发展的安全保障、经济选择和政治手段，努力构建新形势下的国家粮食安全战略。

(一) 新形势下保障我国粮食安全的战略思路

立足我国基本国情,根据人口增长趋势、经济社会发展阶段、资源条件禀赋、可持续发展的要求以及国际市场供给变化等因素,我国粮食安全战略应为:从全球范畴、开放供给、立足国内、面向未来的战略支点定位国家粮食安全,重点构筑以"坚决保有国内产能、稳步拓宽国际渠道、挖掘科技创新潜力、健全政策支持体系"为主要内容的四大粮食安全支柱体系,牢牢掌握国家粮食安全的主动权,夯实国家长治久安的战略基础。

1. "坚决保有国内产能"是基点。综合考虑国内农业资源环境条件、农产品供求格局、国际贸易环境、可持续发展要求等因素,构筑"供给稳定、保障多元"的国家粮食安全体系,实现"以我为主、立足国内、确保产能、适度进口、科技支撑"的新形势下的国家粮食安全战略,确保谷物基本自给、口粮绝对安全,这是支撑我国粮食安全的战略基点。其外围子系统主要包括基础设施投入长效机制、农业社会化服务体系、农业生产组织形式、生态环境保护等。

2. "拓宽稳定国际渠道"是支撑。着眼国内国际两个大局,努力构建与全球粮食主产国持久稳定的安全伙伴关系,积极利用国际市场调剂调节饲料粮供给,补充其他紧缺农产品,综合运用政治、经济、外交、技术等手段,实现国家"适度进口"的战略任务,确保国家中长期粮食供求平衡。其外围子系统主要包括我国的粮食外贸政策、农业"走出去"政策、外交政策、参与全球粮食安全治理等。

3. "挖掘科技创新潜力"是方向。科技是我国粮食增长的最大潜力所在,是改变农业发展方式的最强大力量,是我国粮食安全的根本出路。必须统筹部署战略性、前沿性的农业科技领域,在推动农业可持续发展的高技术领域掌握一批核心技术和关键技术,依靠农业科技进步,不断提高单位面积粮食产量,有效降低农产品生产成本,改善农产品品质和质量,从而确保粮食等农业综合生产能力稳步提高和粮食等主要农产品有效供给,实现"科技支撑"的战略任务。其外围子系统主要包括农业科技投入长效机制、农业科技研发体制、市场化科技成果转化机制、农业科技推广体系等。

4. "健全政策支持体系"是保障。政策支持体系是21世纪以来我国粮食生产稳步发展的重要支撑。当前,国内外粮食市场的供需形势已经发生了明显变化,要求在继续完善农业资源的保护利用、农业科技的创新推广、基础设施的建设投入等对粮食生产具有长期性影响的政策体系的同时,积极探索符合供求形势变化与市场经济规律的政策体系,不断完善政策支持目标,进一步推进粮食生产区域布局与品种结构的优化;提高对种粮农民和粮食主产区的支持力度,保证粮食安全微观主体的生产积极性;同时不断扩大绿箱政策的实施范围,提升粮食安全保障体系的效率。

(二) 新形势下保障我国粮食安全的基本原则

1. 树立大食物、大粮食的安全观。立足我国的资源禀赋和粮食供求现状,特别是顺应居民消费需求趋势,必须树立大食物、大粮食的观念,由注重粮食安全转向注重食物安全,全方位、多途径开发食物资源,并依据国际市场供给潜力制定农产品国际贸易和农业"走出去"战略,构筑保障多元、供给稳定的粮食安全体系。

2. 确保中长期供求平衡。针对农产品供求总量难平衡、结构性矛盾日益加剧的现实,需要根据未来农产品需求总量和结构变化,把握供求平衡的重点和难点,谋划长远,强生产保基本、抓进口补短板,努力实现中长期供求总量和结构双平衡。

3. 坚持数量与质量并重。为满足城乡居民对优质安全农产品日益增长的消费需求,既要全力实现农产品数量安全,又要高度重视农产品质量安全。数量层面上的粮食安全,指粮食的产量、品种结构和级别齐全;质量层面上的粮食安全,指粮食要符合生产标准,营养结构合理、产品品质优良和食用卫生健康等。在保证农产品供给总量持续增加的同时,下大气力建立健全务实有效的农产品质量安全体系,全面提升农产品质量安全水平。

4. 实现农业可持续发展。为确保国家长远发展和民族繁衍生息,必须格外珍惜我们赖以生存的农业资源和生态环境,绝不能以牺牲资源环境为代价换取一时之利。造福当代、泽被后世,下决心转变农业发展方式,科学规划生产力布局,依据资源环境条件设定生产目标,实现农业资源永续利用。

(三) 新形势下保障我国粮食安全的重要措施

1. 不断提升国内粮食综合生产能力。

(1) 调整粮食种植结构。根据各地资源环境条件变化和农业可持续发展要求,深入研究不同地区的生产要素、技术组合与作物品种的科学配置模式,适时调整全国粮食生产区域布局规划,实现区域布局、品种结构与耕地、淡水、气候等资源合理匹配。重点压减黑龙江等寒地井灌稻和湖南重金属污染区域籼稻生产;继续扩大粮豆轮作试点,增加大豆、杂粮杂豆、优质饲草等品种;在水资源十分紧缺的华北、西北等地区,适当调减粮食产量指标,增加耐旱作物种植;在降水较多的长江中下游、西南和南方地区,充分利用资源优势发展粮油生产,鼓励发展小麦、玉米、大豆等作物的间作套种;在大中城市郊区,稳定和强化"菜篮子"产品生产。

(2) 加强粮食综合生产能力建设。继续坚持最严格的耕地保护制度和最严格的水资源保护制度,做到藏粮于地。加快划定建设粮食生产功能区、重要农产品生产保护区,加强"两区"高标准农田建设,强化农业补贴政策、完善主产区利益补偿、耕地保护补偿、生态补偿制度。继续增加农业补贴资金规模,新增补贴向主产区和优势产区集中,向专业大户、家庭农场、农民合作社倾斜。在相当长的时期内,小农户仍是我国粮食生产的基本面,要把帮助小农户与现代农业衔接作为一项重要工作。积极发展多元化多层次农业生产性服务业,不断提升生产性服务业对小农户的覆盖率。大力支持农业生产服务组织开展土地托管、联耕联种、代耕代种、统防统治等直接面向小农户的农业生产托管,扩大服务规模。

(3) 加强农业资源养护。大力实施耕地质量保护与提升行动,加大东北黑土地保护,将优质黑土耕地划为永久基本农田,积极推动黑土地保护立法,探索建立保护奖补政策;强化土壤污染管控和修复,开展耕地土壤环境质量列别划分试点，分区域分品种进行受污染耕地安全利用示范，划定食用农产品禁止生产区，继续实施湖南重金属污染耕地修复治理试点；扩大轮作休耕制度试点规模，初步形成技术模式、耕作制度、核实制度和补贴制度。地下水超采、淡水紧缺的地区，逐步退出农业生产，进行生态恢复修复。在中小河流、城市饮用水的重要水源地，退出农业生产，设立生态环境保护禁区。中央和地方政府应加大财政支持和补贴力度，采取综合措施保障这些地区农民的生产生活和就业增收。

（4）推进质量兴农、品牌兴农。全面清理农产品质量安全标准，加快建立符合国情和国际通行的农产品质量安全标准，并加强标准的宣传推广和使用指导。全面加强化肥和农药等农业投入品登记、生产、经营和使用监管，提倡科学定量施肥用药，鼓励研发应用生物农药、高效低毒低残留农药和有机肥料。实施粮食品牌培育行动，增强企业品牌意识，做大做强优势品牌，提升品牌附加值。支持企业开发具有地域特色的粮食资源，打造粮食地理标志和特色品牌。强化品牌质量管理，建立品牌目录制度，实行动态管理，确保品牌"含金量"。建立健全农业品牌的激励保护机制，严厉打击假冒行为，为品牌健康成长营造良好环境。

2. 不断强化农业科技的驱动作用。

（1）全面加快对粮食产业的新技术覆盖。加强种业竞争力、农业物联网和装备智能化，大面积推广粮食丰产、资源高效利用、绿色生态环保等技术，建设安全环境、洁净生产、生态储运全覆盖的粮食安全体系。力争在粮食重点关键技术上有所突破，特别是突破节地、节水、节肥和农业秸秆等废弃资源利用的重大技术与装备，突破物联网、大数据等新型信息化技术在农业生产、储运、消费中的应用模式。

（2）加强中低产田技术集成示范。加大科技投入，突破中低产田增产增效关键技术，创新集成抗旱新品种、集水抗旱、膜下灌溉等技术，提高干旱半干旱地区的粮食产量。继续推进渤海粮仓和粮食丰产科技工程，研究推广耐盐新品种、微咸水利用、土壤改良等针对盐碱地的新技术，推动中低产田改造进程。

（3）实施现代种业提升工程。全面深化种业权益改革，鼓励和支持科研人员以多种方式参与企业研发,推进科研成果转化,建立以企业为主体的商业化育种创新体系,启动粮食和地方特色优势作物良种联合攻关,加快落实南繁基地规划,加快选育适于机械化作业、轻简化栽培的新品种,加快推进节水节肥节药绿色新品种选育和更新换代,全面提升粮食等重要农作物良种质量。

(4)探索面向国际的粮食科技产业园区建设。面向全产业链,开展粮食科技产业园区试点,打造大粮食产业体系。让园区成为集聚农业科技成果、孵化现代农业企业、发展现代农业和带动四化同步的先行示范基地,推动政策、信息、金融、技术的融合一体,提升粮食的产业化价值链位次。

3. 提升利用两个市场、两种资源的能力。

(1)制定农产品国际贸易战略。抓紧制定农产品国际贸易战略,并将其提升为国家经济社会发展战略的组成部分。这一战略的基点是通过有效利用国际资源和市场,保障我国短缺农产品的长期稳定供给。今后需要综合运用政治、经济、外交、科技等手段,巩固和发展北美、南美和澳洲等地区的传统贸易伙伴关系,积极开辟中亚、远东和非洲等地区潜在进口来源地,建立稳定可靠的贸易关系,实现主要进口市场多元化。同时,要增强农产品国际贸易战略的透明度,有效引导国际市场增加供给。保持一定规模的农产品进口,既有利于提高我国国际贸易谈判地位和制定国际贸易规则的话语权,也可以作为国际政治和外交博弈中的有力武器。

(2)适时调整农产品国际贸易政策。根据有效利用国际资源和市场,保障我国短缺农产品的长期稳定供给的战略要求,相应调整农产品进出口的关税和非关税政策。如抓紧研究国际农产品贸易规则为我所用、扩展我国农产品相对于国际市场农产品价格的回旋空间、保护我国海洋资源鼓励增加海洋产品进口等问题。充分利用边境保护措施特别是关税保护措施,加强对国内大宗农产品产业发展的合理保护,尽早研究制定超配额进口关税调控政策;建立和加强产业损害预警,积极利用"两反一保"措施,推进贸易救济常态化。

(3)建立长期稳定的进口渠道。作为农产品进口大国,必须建立长期稳定的货源渠道，提高进口企业国际竞争力，有效掌控农产品国际贸易主动权。借鉴ADM、邦吉、嘉吉、路易达孚、丸红等国际大粮商的成功经验，采取有效措施培育若干家具有国际营销网络和竞争力的大粮油商、大棉商。支持这些企业通过为国外农民和农场主提供信贷、农资等服务，直接投资农产品仓储物流设施以及并购控股境外农产品国际贸易企业等方式，直接掌控海外农产品一手货源。

（4）稳步推进农业"走出去"。现阶段农业"走出去"肩负着两大任务，一是增加全球农产品供给，促进全球粮油产量增长、贸易量扩大，提高确保我国粮食安全的系数；二是通过控制海外农产品物流体系，进而稳定地掌握农产品货源。应该明确"走出去"的国家战略重点，哪些属于一般性号召、引导和支持的项目，如国际农业技术交流和经济援助、到海外买地租地种地。哪些是现阶段国家重点鼓励和扶持的项目，如在境外农产品主产国投资农产品加工、仓储、铁路和港口等物流设施，参股并购进入全球农产品供应链。要加强境外农业投资环境研究，实行统筹布局与"一国一策"相结合，深入研究支持各类企业"走出去"的财政、税收、金融等政策，探索建立农产品国际贸易基金和海外农业发展等基金。发挥边境省区的区位优势，支持开展境外农业生产，并给予生产、贸易、通关等方面的政策扶持。

4. 充分发挥市场机制作用。

（1）坚持市场定价原则。市场机制的核心是价格形成机制，发挥市场机制作用的关键在于充分发挥市场这只"看不见的手"的调节作用。保障农产品有效供给，首先要坚持农产品产销市场化方向不动摇，坚持充分发挥市场价格信号对生产、流通和消费的引导作用。今后一个时期，应通过粮食收储制度改革等措施加快建立以市场定价为基础的粮食价格形成机制，形成合理的粮食比价关系，促进农业资源合理配置，提高农产品产销效率，引导合理消费。

（2）划清政府与市场的边界。我国农产品市场特别是粮油棉糖等重要农产品是不完全竞争的市场，同时，市场机制本身也存在失灵和缺失的问题。在充分发挥市场机制作用的前提下，还必须科学有效地发挥政府调控这只"有形的手"的作用,弥补市场的缺陷和不足,这就需要划清政府与市场的边界,明确哪些事情交给市场做、哪些事情由政府干。发挥"有形的手"的作用,应不损害或少损害"无形的手"的作用。具体讲,就是尽量减少政府干预造成农产品价格的扭曲,避免政府对农产品市场多品种、大规模、长时间的干预,防止对多元化市场主体的排斥。

(3) 健全粮食市场体系。进一步健全以国家粮食交易协调中心为龙头,以区域性粮食交易中心为骨干,以专业性粮食批发市场和期货市场为补充,以粮食收购市场和零售市场为基础的统一开放、竞争有序的粮食市场体系。拓宽粮食市场服务范围,提升市场综合服务功能。推动粮食市场由传统经营向现代经营方式转变,提高经营管理水平,降低交易成本。培育具有国际影响力的粮食期货交易中心,增强现货市场与期货市场的联动,增强期货市场服务粮食宏观调控和实体经济的能力。

(4) 培育粮食市场主体。积极培育和发展多元粮食市场主体,营造公平竞争的市场环境,构建多元粮食市场主体共同参与保障国家粮食安全的新格局。积极引导大中型粮食加工企业等多元市场主体入市收粮,活跃收购市场。注重发挥国有粮食企业主导示范作用,培育一批具有市场竞争力的粮食行业领军企业。创造有利条件支持中小粮食企业发展,充分发挥中小企业在繁荣市场流通、优化产业结构以及吸纳就业、改善民生等方面的积极作用。引导粮食企业规范流转农村土地,加强与种粮大户、家庭农场、农民合作社等新型粮食生产经营主体合作,提高粮食市场组织化程度。

5. 完善粮食宏观调控体系。

(1) 明确宏观调控目标。宏观调控主要是针对粮食流通环节和粮食价格,而促进农业生产发展、增加农民收入和保障城乡低收入者的食品消费,应另外分别采取生产支持、收入保障和消费补贴等政策。此外,我国粮食统计口径包括谷物、豆类和薯类,而国际通行的粮食统计口径是指谷物。为了更准确地反映粮食自给水平,增强宏观调控的科学性,有必要在现行粮食统计口径中剔除豆类和薯类,形成与国际接轨的粮食和其他重要农产品统计口径。

（2）完善宏观调控制度安排。根据以往宏观调控的经验和今后保障供求平衡的战略要求，完善宏观调控制度需要把握好三点：一是在国内生产、国外进口和库存的关系上，要注重保持总量和结构的动态平衡；二是在国内市场与国际市场关系上，要综合运用关税以及配额、进口许可证、技术贸易壁垒、动植物检验检疫等非关税措施，特别是以"均衡渐进、小步快走"的方式出台相关非关税措施，避免大量进口过度冲击国内生产和打压市场价格；三是在调控手段运用上，要增加调控措施的透明度，更多地通过发布生产、进口、库存、消费等信息，有效引导市场预期。

（3）构建政府调控与市场调节相结合的调控体系。落实粮食经营、加工企业最低最高库存制度，建立健全企业参与的粮食安全调控机制，充分发挥骨干粮食企业在粮食收购、加工转化以及市场供应等环节的作用。加强市场粮情和粮食产业安全监测预警预报，及时研判市场供需形势，着力打造灵敏、准确、专业、权威的粮食信息网络体系。充分运用信息技术，改进监测预测、风险预警和政策效应评估。

（4）提升粮食应急保障能力。加强城乡粮食应急供应网点建设和维护，依托现有社会资源构建布局合理、设施完备、运转高效、保障有力的粮食应急供应保障体系。改造建设一批区域性骨干粮食应急配送中心、成品粮批发市场，提高突发事件发生时的应急供给、调运、配送能力。充实成品粮应急储备，提升成品粮应急供应能力。

（5）实施节约减损与质量安全保障措施。坚持厉行节约、反对浪费的舆论导向，在全社会宣传普及科学膳食的食物消费观，逐步将节约粮食上升为社会普遍认可的价值观。通过政策引导、技术进步、设备更新等措施，减少粮食生产、收获、储存、运输、加工全过程的损耗和浪费。抓紧推进相关立法工作，将粮食节约减损上升为国家意志和全民行动。

6. 进一步健全粮食储备政策。

（1）深化粮食收储制度改革。根据国内外粮食市场形势变化，合理调整小麦和稻谷最低收购价水平，改变"政策市"局面，防止托底收购启动常态化，充分激发市场活力，使托底收购回归余量调节的政策初衷。加强对未来我国人口变动、口粮消费结构、粮食生产能力等因素的综合研判，按照"有限目标、减少规模、优化结构、开放参与"的思路健全粮食储备政策。尽量采取单一政策目标，战略储备和调节储备适当高于国际标准线即可。加快培育多元市场主体，实现由政策性收储为主向市场化收购为主转变，分散储备成本，促进粮食产业链条的有机衔接。

（2）明确中央储备的职能定位。国家粮食储备的主要目标，首要是保证粮食在紧急情况下的安全供给，平抑市场价格、稳定生产者收入及经济效益是衍生目标。因此，中央储备应以常规储备为主。首要职能是在做好"备战备荒"的常规性安全储备的基础上，重点加强对后备储备的管理，使常规性后备储备成为国内粮食供需平衡的重要蓄水池和有效调节器。经营性职能应适当弱化，商业储备规模适度缩小。作为执行中央储备的重要主体，中储粮系统应尽快建立政策性职能与经营性职能彻底分开的管理体制。在绩效考核中适度提高储备粮宜存率、轮换完成情况等政策性职能指标的权重，适度调低利润增值等经营性指标的权重。完善中储备粮公司管理不同业务的政策性补贴核算办法，建立激励约束机制。

（3）进一步优化储备粮布局和结构。结合农业种植业结构调整的规划，根据粮食生产区域、加工基地分布、产销地的生产与需求规模、交通运输状况以及贸易格局，制定兼顾产区与销区、生产与消费的国家粮食储备的区域性布局规划。鉴于今后粮食供应危机可能更多发生在销区和部分粮食生产不能自给的偏远地区，国家应调整储备体系的布局，改变目前粮食储备主要集中在产区的做法，应将国家储备库更多布局在大中城市郊区、交通枢纽和那些缺乏粮食自给能力的偏远山区，确保这些区域的粮食市场稳定供给。在结构优化方面，应根据各地区口粮消费习惯和工业用粮品种需求以及不同粮食品种的储藏特性，确定储备粮食品种结构。提高优质粮食的收购价格，与普通粮形成一定价差，提高优质粮食及成品粮的储备比例。

（4）强化粮食储备监督和管理。一是加快完善政策性粮食管理体制。按照中央提出的"谁审批谁监管、谁主管谁监管"要求和责权利对等原则，进一步明晰落实政策性粮食的管理责任。在地方各级政府主导下，一方面，压实收储企业对政策性粮食安全管理的主体责任；另一方面，应明确相关企业主管单位从定点、收购入库一直到出库的监管责任。二是完善储备补贴制度，根据粮库实际储备能力、粮食存储时间、拍卖成交情况合理确定保管费、轮换费标准，杜绝粮食储存企业为了获得补贴故意阻挠粮食出库的现象，并严格核实粮库实际损耗情况。三是加强粮食储备法律法规保障，建议制定粮食储备单行法，并将农业企业纳入粮食储备法律规制的范围；将隶属于地方粮食行政部门的粮油购销公司确定为完全独立的法人实体；入库保质量、库存保安全、出库保流向应成为法律规制的方向。

（5）加强中央与地方两级储备协同运作。明确中央储备与地方储备两者之间的关系与定位。中央储备主要应对局部或发生大规模战争时所需的粮食储备，以原粮为主。地方储备以应对区域性突发事件所需粮食储备，以成品粮为主，是中央储备的有效补充和延伸。两者要加强协作，发挥合力：一方面，两者要在库点布局、品种结构等方面做好顶层设计，发挥好协同效应；另一方面，要突出自身特色优势，中央储备应坚持"三个维护""两个确保"的定位，做好重大自然灾害或其他突发事件的应对工作；地方储备应通过减总量、增品种、优布局等方式增强调控的灵活性，做好区域性粮食危机和市场波动的反应。

稻谷收储制度改革面临的问题与对策建议[*]

宋洪远 高 鸣 何在中

当前,在稻谷实行最低收购价政策的背景下,我国稻谷产业面临严峻的挑战,例如库存压力大、稻谷价格高、品质低、国际竞争力不强等问题。稻谷收储制度的市场化改革是改变这一现状的有力之举,因此稻谷收储制度亟待进行市场化改革。针对稻谷收储制度的市场化改革问题,课题组赴黑龙江省、湖南省和浙江省的省粮食局、中国储备粮管理集团分公司、财政厅、农业厅(农业工作委员会)等进行调研,并深入6个县市区进行实地调研,召开了农业、粮食、中储备粮部门负责人,米业加工企业负责人,农民合作经济组织负责人及种粮大户参加的座谈会。调研认为,现行稻谷价格形成机制和收储制度对增加农民收入、稳定粮食产量、保障国家粮食安全等方面发挥了重要作用,但随着我国市场经济体制改革的纵深推进,现行的稻谷定价和收储制度已日益不能适应市场农业发展的需要,迫切需要进行制度性改革。

---

[*] 本文为清华大学中国农村研究院重点项目"稻谷最低收购价制度改革与补贴政策研究"(编号:CIRS 2017-8)的研究成果。作者宋洪远、高鸣,农业农村部农村经济研究中心;何在中,中国储备粮管理总公司。

一、当前稻谷收储制度产生的不良影响

（一）优质稻进市场、普通稻进国库，且优质不能优价

2013年粳稻最低收购价3元/公斤，从2014年起连续3年，粳稻最低收购价都是3.1元/公斤，2017年粳稻最低收购价又调整回3元/公斤。早籼稻最低收购价格从2004年的每公斤1.4元上调到2016年的每公斤2.66元，增幅达90%；中晚籼稻最低收购价格从每公斤1.44元上调到每公斤2.76元，增幅达91.7%。稻谷最低收购价的持续走高带来了两个影响。其一，导致优质水稻进入了粮食市场，而普通稻被国家收购。据统计，黑龙江省近3个收购期最低价收购量占比都在60%以上。例如，2016—2017年收购期，黑龙江省收购1007亿公斤，其中商品粮296亿公斤、最低收购价粮671亿公斤。其二，导致市场上的优质稻米和普通稻米的价格差异较小，呈现出优质不能优价的现象。

（二）稻谷库存压力大，市场饱和致使去库存难度大

稻谷最低收购价政策的持续执行导致库存问题凸显。其一，稻谷库存容量紧张，库存爆满。湖南省稻谷有效仓容为1450万吨，目前，库存占用仓容1400万吨，条件较好的仓容几乎用尽。由于政策性收购持续实施，尽管2017年的收购价格下调，但种植比较效益仍有优势，对农民种植意愿影响不大，水稻库存仍将累增。其二，稻谷市场饱和导致去库存难度大。库存时间延长会导致品质下降，同时，水稻品种由于产业链太短，消化去向较窄。此外，由于整个粮食市场呈现出粮价持续下降、交易严重不活跃、库存高位运行的总态势，尽管多措并举，综合施策，但稻谷去库存效果不佳。2016年，湖南省按国家最低价收购稻谷竞价销售，早籼稻基本流拍，"顺价销售"几乎难以做到。湖南省2015年的最低收购价粮食目前全部压在仓库，随着时间的推移，品质变化，越往后消化难度越大。

（三）仓容不均衡、粮食收储及管理存在较大风险

在执行最低收购价水稻收购政策时，仓容总量可以满足需要，但部分

地区有收储仓容紧张的情况。玉米取消临时收储收购政策，收储库点收购水稻的动能增加，抢粮收购、抬价收购、贴钱收购现象可能发生。同时，陈水稻拍卖价格与新水稻托市收购价格差距较大，转圈粮、掺混销售风险较大，控制难度加大。超大管理规模带来的储备粮和生产安全风险加大。黑龙江中国储备粮管理分公司管理的中央事权粮食库存保持在1.5亿吨以上，其中93%以上的粮食委托和租仓储存直属库外，其消防安全设施差、储粮条件差，加之部分民营企业诚信低，生产安全风险、储粮安全风险和经济风险巨大。

（四）重金属超标稻谷量大，处置超标稻谷地方财政负担重

在南方部分地区，由于水质和土质的污染，导致稻谷的重金属超标等问题明显。重金属超标的稻谷应由中国储备粮管理集团转给地方政府处理，但是企业不参与收购且地方政府没有收购和处置的能力，又将收购责任推给中国储备粮管理集团。但是，中国储备粮管理集团直属库点没有能力配重金属检测仪，所以以最低收购价收购的稻谷中含有超标稻谷。其一，收购重金属超标的稻谷量较大，消化任务艰巨。湖南省少部分地区耕地受重金属超标问题困扰，稻谷生产和稻谷产业都受到严重冲击和影响，给广大种稻农民和稻谷经营企业带来了巨大损失。其二，处置重金属超标的地方财政负担重。国发〔2015〕56号文件关于《生态环境监测网络建设方案》虽暂缓执行，但财政部2016年已明确重金属处置费用中央补贴实行"退坡政策"，即从2017年起收购的重金属超标粮食处置将由地方政府负责，中央不再给予补贴。对超标粮食，地方财政每年需承担收购费用、保管费用、后期处置费用、增加收购现场快检设备投入、仓容需求加大的投入等费用，地方财政负担加重。

二、完善稻谷收储制度改革的几点建议

稻谷收储制度改革应以市场化为基础，以保障国家粮食安全和农业可持续发展为目标，以提升稻谷竞争力为核心，完善粮食价格形成机制，充分发挥市场机制在资源配置中的决定性作用，建立完善的价补分离体系，逐步形

成稻谷生产布局合理、稻谷市场竞争力强、资源环境可持续利用的新局面。

从总体来说，将最低收购价降低至市场价格水平（或不启动最低收购价政策），按玉米生产者补贴方式对水稻种植户进行补贴，在农业农村部划分的水稻生产功能区里实行订单农业以发展优质水稻，加大耕地保护补贴的支持力度。

（一）最低收购价政策逐步过渡至"价补分离，市场定价"，实现粮食价格回归市场

一是参照玉米价补政策，对稻谷实施"价补分离，市场定价"政策。综合考虑我国稻谷生产成本、种粮比较收益、收购主体承载能力、市场供求、国际市场粮价及不同作物之间效益比价等因素，按照"生产成本＋合理收益"的原则，科学合理设定目标价格，实施"市场定价，价补分离"模式。二是中央财政加大对水稻生产功能区（主产区）的水稻生产者补贴力度。三是对稻谷主销区实行运费补贴。最低收购价预案且收购量较大的省份调入主销区储备补库余缺，中央财政分配专项资金对交通运输对调入方给予一定的专项补贴。

（二）大力推进稻谷品种优质化，以订单农业模式实现收购"优质优价"

推行"优质优价"，要以精细农业为引领，充分发挥流通传导作用，大力优化品种种植结构、提高产品质量。推进市场认可的优质品种种植，依靠农业部门的推广，制定差异指导价格、体现优质优价的方式进行引导，制定优质稻谷的市场指导收购价。在农业农村部划分的水稻生产功能区里，实行稻谷产业链的订单农业生产模式。一是与良种企业签订订单合同。为充分调动农民生产水稻良种的积极性，稳定水稻生产种源，扩大良种覆盖面，应对持有效水稻种子生产许可证的种子企业签订订单合同，并按订单交售水稻良种的农户、家庭农场、合作社及合作社联合社社员等种子生产者，中国储备粮管理集团统一收购优质水稻。收购优质水稻不仅有利于仓储的轮换，还有利于市场的拍卖销售。二是积极支持鼓励有条件的

粮油企业介入生产前端，以建生产基地和发展订单农业等形式与农民建立利益联结机制，实现利益共享，增强优质粮油掌控话语权，不断优化原料品种和品质。三是向消费终端发轫，注重研究市场需求，创新营销模式，拓展销售半径，培植忠诚客户，不断提升产品的影响力和盈利能力。

（三）完善稻谷储备政策，充分发挥储备轮换吞吐调节功能

一是建立国家粮食储备管理新体系，进一步放开对粮食购销过程的控制。准确把握国家粮食储备粮的数量、吞吐和运作方式，公开粮食市场信息，有效地引导粮食的生产、储存与销售。二是优化地方储备粮品种结构和布局，适当增加成品粮油储备；推进地方储备轮换销售全部进场公开竞价交易；适时开展动态储备试点工作，鼓励符合条件的多元市场主体承储地方储备粮，盘活储备资源，激活发展潜力。三是提升仓储物流新层次，稳步构建粮食收储新机制。提升仓储设施管理信息化水平、科学储粮能力和储粮设备设施升级换代，打造流转顺畅、管理规范、储存安全的现代化粮食收储体系，由过去的"储得下"向"储得好"换代升级。四是激励多元主体参与粮食收储。在当前国家收储政策深度调整、去库存全面实施的大背景下，在继续发挥国家粮食收储企业主渠道作用的同时，也要充分调动和激励多元市场主体参与粮食收储的积极性，以减轻国家政策性收储的仓储、财政压力。

（四）重点支持重金属超标综合治理工作，推广稻谷的绿色生产

一是国家及有关部门从政策、资金、技术方面对重金超标治理工作给予倾斜和支持。各级政府积极配合并加大对重金属超标综合治理的工作力度。二是对重金属超标问题实行综合治理。综合运用土壤改良、休耕、农业产业结构调整等措施，从根本上解决重金属超标问题。完善农业资源环境领域的法律法规体系建设，用制度保障生态友好型农业发展，加强农业绿色发展的规划引导和政策支持。三是加大耕地支持保护补贴力度，构建绿色生态导向的农业补贴体系，新增补贴向生态友好型农业发展和农业生态环境保护倾斜。

贸易新形势下我国大豆产业发展战略取向*

张 振 张 璟

一、国内外大豆产业发展形势

(一) 世界大豆供需变化

总体来看,2000年以来全球大豆供求趋于稳定。大豆种植丰年多歉年少,大豆产量呈波动增长态势,2000/2001—2017/2018年度,世界大豆产量从1.76亿吨增加到3.37亿吨,年均增长3.9%;消费量由1.72亿吨增加到3.38亿吨,年均增长4.1%;受中国需求拉动,国际大豆进出口持续增加,进口量由0.53亿吨增加到1.53亿吨,年均增长6.4%;供给总体较为充裕,全球大豆库存消费比波动上升,由19.6%增加到28.33%(见表1)。

---

* 基金项目:国家社会科学基金项目"'一带一路'背景下农业对外合作风险防范与政策设计研究"(17CGJ016)。

表 1　　　　2000/2001—2018/2019 年度全球大豆供需情况

年度	产量（亿吨）	消费量（亿吨）	进口量（亿吨）	出口量（亿吨）	期末库存量（亿吨）	库存/消费（%）
2000/2001	1.758	1.716	0.531	0.538	0.337	19.60
2001/2002	1.848	1.845	0.544	0.529	0.355	19.30
2002/2003	1.969	1.915	0.629	0.610	0.429	22.40
2003/2004	1.866	1.896	0.540	0.560	0.379	20.00
2004/2005	2.158	2.049	0.635	0.648	0.475	23.20
2005/2006	2.207	2.153	0.641	0.638	0.532	24.70
2006/2007	2.371	2.252	0.691	0.713	0.629	27.90
2007/2008	2.211	2.297	0.781	0.795	0.530	23.10
2008/2009	2.120	2.213	0.774	0.768	0.426	19.20
2009/2010	2.608	2.382	0.867	0.926	0.594	24.90
2010/2011	2.636	2.520	0.888	0.911	0.699	27.80
2011/2012	2.395	2.562	0.932	0.919	0.547	21.40
2012/2013	2.679	2.593	0.956	1.007	0.570	22.00
2013/2014	2.833	2.751	1.113	1.129	0.628	22.80
2014/2015	3.196	2.997	1.221	1.260	0.777	25.94
2015/2016	3.138	2.754	1.333	1.326	0.779	28.30
2016/2017	3.481	3.289	1.443	1.474	0.967	29.39
2017/2018	3.367	3.375	1.535	1.537	0.956	28.33
2018/2019（7月预测）	3.595	3.543	1.544	1.573	0.983	27.74
2018/2019（8月预测）	3.677	3.536	1.548	1.580	1.059	29.96

数据来源：美国农业部（USDA）供需平衡表。

从地区分布看，南、北美洲和亚洲是大豆主要产区，其大豆产量占全球的96%以上（见图1）。其中，北美洲曾一度是全球最大的大豆产区，但20世纪80年代以来，其产量占比呈下降趋势，从1980/1981年度的61.2%下降到2017/2018年度的36.7%；而南美洲大豆产量占比呈现上升趋势，从 1980/1981 年度的 24.1% 上升到 2017/2018 年度的 50.7%，并于 2003/2004 年度超过北美洲，成为全球最大的大豆产区。

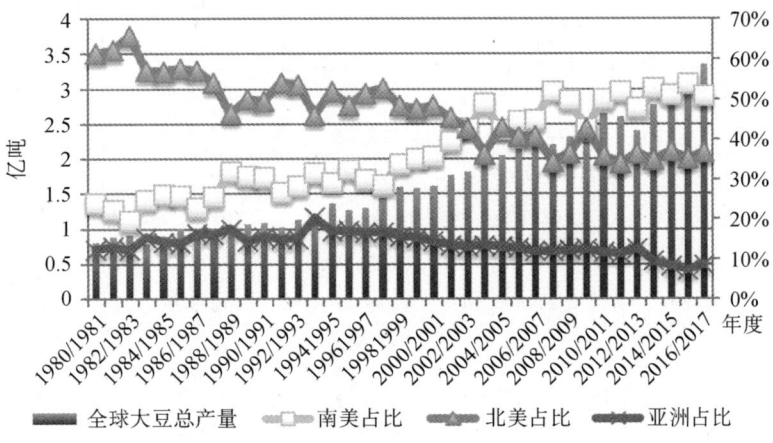

图1　1980/2081—2016/2017 全球大豆生产地区结构

数据来源：联合国粮食及农业组织数据库（FAOSTAT）。

（二）中国大豆产业供需现状

当前，中国大豆产不足需的现状难以改变，进口是满足国内需求的主要途径。2017 年中国大豆进口 9554 万吨，进口金额 396 亿美元，约占农产品进口总额的 35.1%。受益于农业供给侧结构性改革政策的持续推动，中国大豆播种面积连续第 2 年增加，预计 2018/2019 年大豆收获面积将增至 838.9 万公顷。据农业农村部市场预警专家委员会估计，2017/2018 年度，中国大豆产量为 1455 万吨，同比增加 12.4%；进口量 9390 万吨，同比增加 0.4%；消费量 10705 万吨，同比减少 0.98%，其中压榨消费 9278 万吨，食用消费 1253 万吨（见表 2）。

表2　　2016/2017—2018/2019 年度中国大豆供需情况

类别	2016/2017	2017/2018 （8月估计）	2018/2019 （7月预测）	2018/2019 （8月预测）
播种面积（万公顷）	720.2	778.30	838.90	838.90

续表

类别	2016/2017	2017/2018（8月估计）	2018/2019（7月预测）	2018/2019（8月预测）
收获面积（万公顷）	72.02	77.83	83.89	83.89
单产（千克/公顷）	1796.00	1869.00	1832.00	1832.00
产量（万吨）	1294.00	1455.00	1537.00	1537.00
进口（万吨）	9349.00	9390.00	9385.00	9385.00
消费（万吨）	10811.00	10705.00	10923.00	10923.00
压榨消费（万吨）	9290.00	9112.00	9278.00	9278.00
食用消费（万吨）	1118.00	1204.00	1253.00	1253.00
种子用量（万吨）	64.00	69.00	67.00	67.00
损耗及其他（万吨）	339.00	320.00	325.00	325.00
出口（万吨）	12.00	22.00	23.00	23.00
结余变化（万吨）	-180.00	118.00	-25.00	-25.00
国产大豆销区批发均价（元/吨）	4635.00	4075—4275	4175—4375	4175—4375
进口大豆到岸税后均价（元/吨）	3315.00	3250—3450	3300—3500	3300—3500

数据来源：农业农村部市场预警专家委员会。

二、世界贸易格局及演变

20世纪80年代至今，世界大豆出口贸易格局总体可分两个阶段，即由美国主导的大豆出口贸易转向美巴两国平分天下。第一阶段为1980/1981—2002/2003年度，表现为美国主导的寡头垄断。此阶段美国是大豆出口的主导者，大豆出口量从1971万吨增加到2842万吨，年均增长1.7%，但其垄断地位日益削弱，出口量占世界的比重从77.8%下降到46.3%。与此同时，巴西和阿根廷的大豆出口量和市场份额不断扩大，其中，巴西出口量从180万吨扩大到1963万吨，市场份额从7.1%增加到32%；阿根廷出口量从270万吨增加到862万吨，市场份额略有增长，从10.7%增至14.1%。第二阶段2003/2004年度至今，表现为美巴平分秋色。2003/2004 年度，巴西和阿根廷两国的出口市场份额达 48.5%，超过了美国（43%），除 2004/2005 年度和 2010/2011 年度外，南美成为世界最大的大豆出口市场。其间，美国大豆出口量从 2413 万吨增加到 2017/2018 年度的 5743 万吨，出口份额降到 37.3%；巴西出口量从 2042 万吨扩大到 7550 万吨，其中，2012/2013 年度出口量超过美国，成为世界第一大出口国，2017/2018 年度出口份额达 49.1%；阿根廷出口量从 674 万吨增加到 800 万吨，但其出口份额则不断下降，2017/2018 年度仅为 2.1%；此外，2010/2011 年度以来，巴拉圭、乌拉圭、加拿大和乌克兰 4 个小国的大豆出口份额不断增加，合计达 11% 左右。

中国是世界大豆主要进口国，2017/2018 年度进口占比高达 62.6%，其次是欧盟（9.2%）、墨西哥（3%）、阿根廷（2.5%）、日本（2%）。1996—2017 年，美国、巴西和阿根廷 3 个主要大豆出口国的出口市场份额由分散趋向集中，中国是三国最大的出口目的地。其中，美国大豆 1996 年主要出口到日本（14.7%）、荷兰（12.2%）、墨西哥（11.4%）、中国（5.8%）和其他亚洲地区（10.1%）。2017 年则 57.2% 的大豆均出口至中国；巴西大豆 1996 年半数以上（56.9%）出口到荷兰；2017 年则有 67.5% 出口至中国。

三、近期国内外大豆市场形势分析

在米豆轮作、生产者补贴等政策支持引导下，国产大豆种植面积和产量有望继续增加。受供需、气候、中美贸易摩擦等因素影响，国内外大豆市场呈现不同特点。

（一）国际大豆价格先扬后抑

2018 年 1—8 月，国际大豆价格在中美贸易战影响下大幅回落。1 月至 3 月初，豆价跟随美豆粕上涨大幅走强，美豆主连上涨了 109.25 美分/蒲式耳，增幅达 10.3%。受拉尼娜天气影响，阿根廷遭遇了 40 年来最为严重的干旱天气，导致大豆产量严重下滑，USDA 及阿根廷交易所接连下调其产量预估。虽然巴西大豆产量创纪录，但南美洲大豆整体减产接近

1850万吨。3月中旬至5月底,豆价宽幅震荡,美豆主连在983.5—1079.25美分/蒲式耳波动。随着南美洲大豆炒作逐渐淡出,中美贸易摩擦初现端倪,在美国宣布将对自中国进口的500亿美元产品加征关税后,中国也给出了包括大豆在内的同等金额的加税名单,此后两国进行了多次谈判,豆价在此背景下宽幅震荡。5月底至7月中旬,豆价受贸易战担忧影响大幅下跌。5月29日,特朗普宣布即将对自中国进口的500亿美元产品加征关税,并在6月15日公布了加税名单,于7月6日生效,中国随即宣布同样时间将对大豆在内的自美国进口产品进行加税。因担忧未来将缺失中国需求以及美豆播种顺利天气良好,投机基金也由多翻空,豆价高位跳水,美豆主力连续合约在此期间暴跌近140美分/蒲式耳。7月中旬至今,美豆价格在创出几年来的最低点后呈现了连续的技术反弹,8月24日芝加哥商品交易所(CBOT)美豆结算价为855.2美分/蒲式耳,较4月4日下跌16%。

(二) 中国大豆种植面积增加,产量有望继续增加

2018年我国大豆种植面积主要受上年种植比较效益和政策支持等因素影响。以黑龙江为例,2017年黑龙江省大豆种植自有地净收益为4425元/公顷,玉米为6360元/公顷,比大豆高1935元/公顷。2018年国家继续在内蒙古和东北三省实行大豆生产者补贴政策,其中黑龙江省的种植补贴标准为:大豆3150元/公顷、玉米1650元/公顷,两者补贴差距较上年扩大,带动了农户的大豆种植积极性。同时,2018年国家继续加大对大豆—玉米轮作和大豆种植的政策支持力度。2018年全国轮作休耕补贴试点面积36000万公顷,较上年增加一倍,其中轮作主要是玉米大豆轮作,4月初黑龙江省紧急下发通知要求大豆轮作面积再增加7500万公顷且补贴2250元/公顷。总体看,虽然大豆种植净收益不如玉米,但补贴政策支持仍有利于提高农户种植大豆的积极性。据《2018年8月中国农产品供需形势分析》预测,2018年中国大豆种植面积将达到838.9万公顷,全国平均单产为1832千克/公顷,总产量将达1537万吨。

(三) 国内产销区价格弱势平稳，总体同比大幅下跌

2018年1—8月，黑龙江产区油用大豆月均价为3.36元/千克，较上年同期（3.66元/千克）下跌8.2%。从月度价格变化看，年初黑龙江产区大豆市场购销两淡，1—3月大豆价格一直稳定在3.36元/千克；4月受气温回升大豆不宜保存和农民备春耕需要回笼资金等因素影响，豆农卖豆意愿提升，出售量增加拖累局部地区价格走低，但部分主产区实行大豆加工企业补贴政策，再加上国储大豆依然收购，支撑大豆价格上涨至3.38元/千克，环比涨幅0.5%；5月国产大豆继续消化，数量逐步减少，价格受到支撑，但由于2017年增产幅度较大，而市场需求增长有限，再加上6月临时收储大豆开始拍卖，大豆价格始终在狭窄区间内运行，8月下降至3.34元/千克。同期食用大豆价格略高于油用大豆，但价格走势基本一致，从1月的3.61元/千克上涨至4月的3.62元/千克，涨幅为0.4%；5月下降至3.60元/千克，环比降0.5%；6月保持稳定，较1月仅下跌0.1%。

2018年1—8月，山东销区国产大豆入厂月均价为4.08元/千克，较上年同期（4.55元/千克）下跌10.3%。月度价格大致跟随产区价格同涨同跌，1—2月价格总体稳定在4.06元/千克，3月略涨至4.10元/千克，4—6月保持稳定，7—8月下跌至4.06元/千克。

四、中美贸易摩擦对国内外大豆市场的影响

中美贸易摩擦发生后，2018年4月，中国将美国大豆（占美国对我国出口总额的10%，仅次于飞机）列为反制清单。虽然贸易反制的结果很容易"杀敌一千、自伤八百"，但目前学者普遍认为贸易争端对大豆的影响主要是价格的短期波动和贸易流的改变，对双方经济影响不大。总体来看，对中国的影响总体可控，对美国豆农的影响较大，尤其是政治作用更明显。

（一）中美贸易摩擦对国际大豆市场的影响

中美贸易摩擦将对全球大豆种植区域布局、贸易格局及其价格带来诸多影响。一是将推动全球大豆种植继续"北缩南扩"。若中国对美大豆加税，将继续刺激南美及其他地区扩大大豆种植面积，未来大豆全球供应链将发生结构性变化，"北缩南扩"格局将进一步强化。二是将改变全球大豆贸易流向，中国减少了美国大豆进口，转而增加了巴西大豆的进口。根据 USDA 出口销售报告，从 2018 年 4 月 5 日以来，中国已累计取消了 80 万吨美豆已成交合约。据中国海关数据，2018 年 1—7 月国内累计进口大豆 5288 万吨，同比减幅 3.7%；其中进口美豆 1610.6 万吨，同比下降 17.7%；此外，受阿根廷减产影响，2018 年中国进口阿根廷大豆也大幅下降，因此从巴西的进口大幅增加。2018 年 1—7 月中国累计进口巴西大豆 3459.3 万吨，同比增幅 12.2%。2018 年下半年国内仍需继续采购巴西大豆弥补美豆采购不足带来的供给缺口，从当前的采购情况看，10 月之前到货的巴西大豆采购已经结束，累计采购量达 5300 万吨，后期仍将继续进口以满足国内 11 月到 2019 年 3 月的需求。估计期间巴西能为中国提供 800 万—1000 万吨的陈作货源，再加上 2019 年 1 月的少量新作上市，总量估计在 1100 万—1200 万吨。若国内价格上涨幅度较大，阿根廷和巴西沿海油厂还将通过减少自身压榨让渡 200 万—300 万吨大豆给出口商。此外，加拿大还能提供 200 多万吨大豆。总体来看，2018 年 11 月到 2019 年 3 月，中国从巴西、阿根廷和加拿大进口的大豆总量将达 1500 万—1700 万吨。三是全球大豆生产继续增加，国际大豆价格波动性增强。在中美大豆贸易摩擦背景下，全球大豆生产整体将呈现扩张趋势，其中巴西大豆产量还将继续增长，有望超过美国成为全球最大的大豆生产国；阿根廷大豆生产将继续平稳增长，俄罗斯和乌克兰大豆生产发展空间较大，由于单产水平不断提高，全球大豆总产量将保持平稳增长。当前，全球大豆库存消费比仍处高位，供需形势总体宽松，加上原油供应充足，价格大幅上涨的可能性不大。中长期看，贸易保护主义抬头、气候变化、汇率波动及"黑天鹅"事件都会增加国际大豆价格的波动性。

（二）中美贸易摩擦对美国大豆市场的影响

首先，短期内美国很难找到大豆出口合作伙伴。美国大豆面积和产量的提升均受到中国消费市场的刺激，大豆出口高度集中。2017年美国对华大豆出口占其大豆出口总量的62.1%、生产总量的28.3%，对墨西哥、印度尼西亚、日本、荷兰及其他67个国家的出口份额均在6.5%以下，如果失去了中国市场，其他市场不可能完全承接中国的市场份额。

其次，美国豆农利益受损，大豆供应链会出现较大调整。据USDA数据，2017年美国农场主的生产净利润率仅为4.9%，亏损风险相对较高。当前美国大豆库存1510万吨，同比增加21%，且大豆替代作物玉米自2011年以来库存消费比也连续增加。加征关税，短期内因美国政府以贸易战损失的名义提供豆农特别补贴，对美国豆农的经济影响并不像目前估计的那么大，但长期看，美国大豆协会十分需要中国这个最大的发展中国家市场，提出"要市场、不要补贴"，因此，对美国大豆反制措施给美国豆农的政治影响可能更深。

（三）中美贸易摩擦对国内大豆市场的影响

1. 短期影响。

（1）加征关税会对中国大豆供给产生一定压力，但影响可控。2017年中国从美国进口大豆3285万吨，占进口总量的34.4%。中美贸易战格局下，中国大量采购了2018年8月之前到货的巴西大豆。截至6月底，国内油厂进口大豆库存已接近1000万吨，创历史新高；7—8月进口大豆继续大量到港，且下游需求恢复速度缓慢，油厂商业库存持续上升，8月底，进口大豆库存在1100万吨左右；9—10月库存有所回落，预计10月底将在900万吨左右，同比增加约300万吨。充足的进口大豆库存可以部分弥补9月至次年1月美豆市场季采购的不足。从供需总体情况来看，预计2018年11月到明年3月，中国大豆压榨需求为3000万—3100万吨，上年度同期是3670万吨；供给方面，可用进口资源1400万—1700万吨，商业库存可用700万吨，国产大豆可用100万吨，储备轮出需求300万吨，合计 2500 万—2800 万吨。豆粕供需缺口约 400 万吨，且春节后将比较紧张，可考虑通过进口杂粕来解决。

（2）对压榨行业和蛋白加工业形成利好，但对饲料行业、养殖行业、食品加工行业等产业构成压力。前期多数压榨和蛋白加工企业已点价①超买大豆，企业库存量较高，加征关税短期内不会增加其生产成本，相反因下游产品涨价将会获得更多利润，而养殖、饲料、食品加工等行业处于大豆产业链下游，容易受到大豆价格上涨影响②。当前，生猪供应压力较大，猪价仍处于下跌周期，大豆加征关税，会使得养殖和饲料行业雪上加霜，但考虑到豆粕仅占饲料比重的 20% 左右，通过改变饲料配方，降低豆粕添加比例，采用菜粕、花生粕、葵花粕等作为替代品，减少养殖过程中对饲料的浪费等措施，加税影响总体可控。

（3）对居民消费价格指数（CPI）影响不大，对食用油价格影响有限。进口大豆价格上涨对上下游产业链的影响主要是油料和饲料产业，尤其是食用油和肉禽制品。从大豆价格变化到 CPI 变化，中间有很多环节，这些环节会降低大豆价格对 CPI 的影响。综合有关研究结果，加征关税对全年 CPI 均值的拉升幅度为 0.04—0.2 个百分点，影响可控③。从大豆油价格变化和食用油价格变化的历史数据看，大豆油对食用油价格变化的贡献率不稳定，既出现过豆油价格上涨导致食用油价格下降，也出现过大豆油价格下降导致食用油价格上涨的情况。

2. 长期影响。长期来看，对美国大豆加税将会对国内非转基因大豆市场产生深远影响。一是有利于优化国内种植业结构，有效恢复国产非转基因大豆市场份额。对美大豆加税的直接影响即进口美豆市场份额减少，但这一缺口可以由多元化进口、调整饲料配方减少豆粕用量等措施进行弥

---

① 点价，又称作价。是指以某月份的期货价格为计价基础，以期货价格加上或减去双方协商同意的升贴水来确定双方买卖现货商品的价格的交易方式。

② 中国报告网. 2016—2017 年中国豆油行业产业链上下游市场发展现状分析［EB/OL］. http: //market.chinabaogao.com/jiudiancanyin/11303042402017.html, 2017-11-30.

③ 卞靖. 贸易摩擦背景下推动中国大豆产业提质升级发展［J］. 中国经贸导刊，2018（15）: 37-40.

补，这也为国产非转基因大豆恢复市场份额提供契机。未来，随着农业供给侧结构性改革的深入推进，大豆作为玉米、稻米、小麦等主粮作物的良好替代品，可作为种植业结构调整的重要选项。在综合考虑补贴政策及国产豆价格上涨的情况下，农户种植大豆意愿将提高，长期有助于增加国产大豆产量，扩大非转基因大豆的市场份额。

二是有利于促进非转基因大豆的生产贸易格局改变，增强中国非转基因大豆市场的世界话语权。中国是非转基因大豆第一生产大国，国产大豆一直受到东亚及欧美消费者的青睐，随着消费需求的增长和消费者健康意识的提升，非转基因大豆比较优势将逐步提升，大豆种植面积将继续恢复性增长。历史上，中国大豆播种面积曾高达1333万公顷，按照当前单产水平计算，总产量可达2500万吨，考虑到大豆在农作制度中的作用以及合理轮作体系的需要，产量达到3000万吨是比较合理、可行和可持续的。产量的提升将倒逼大豆精深加工产业的发展，促进大豆全产业链的完善。随着国内期货市场国际化进程的加快，非转基因大豆的"中国标准""中国价格"有望作为国际基准价格，从而提升企业国际贸易中的议价能力，增强中国大豆国际竞争力。

三是有利于优化国内食用油市场，为国产非转基因大豆抢回国内食用油市场提供战略机遇。15年前，USDA预测大豆产量下降，CBOT大豆价格暴涨，高位买入的中国大豆加工企业在随后的豆价暴跌中巨幅亏损，并从此被ABCD四大粮食巨头收购兼并，外资实际控制了中国食用油压榨行业。当前，中国的大豆进口80%被ABCD集团垄断，对美豆加税，实质增加了ABCD的大豆进口和压榨成本。此时，对于国产非转基因大豆，其机遇可体现为在进口转基因大豆成本高企时，依靠不断增加的国内非转基因大豆生产和国外进口，降低非转基因大豆压榨成本，选择合适的时机，如在外资企业退出时接盘或直接借助相应非转基因大豆压榨企业进入食用油压榨市场，树立非转基因大豆油品牌，抢占原有转基因大豆油的市场份额。如果国内非转基因大豆压榨企业能够成功夺回中国国内食用油市场，则可在未来的自育种、种植到经贸、加工等环节的非转基因大豆全产业链上掌握主导权，这将从根本上改变中国在国际大豆市场上的地位，使中国真正从消费大国变成有规则制定权和主导权的买方强国。

四是有利于认清大豆产业链发展短板，提升国产大豆综合竞争力。入世后，中国农业迅速融入世界，大豆成为统筹利用两个市场两种资源最具特点的产品，但大豆产业仍存在诸多短板，如生产方面表现为：生产领域，种植成本高、专业化程度不足、单产水平较低、比较效益差等；流通领域表现为：流通环节发展落后，传统价值链环节多，仓储物流效率低、成本高、运力不足、技术水平落后等问题；加工领域表现为：生产能力过剩、加工专用性不强、加工业科技创新能力弱、企业布局不尽合理等；政策调控方面表现为：国产非转基因大豆产业政策支持和保护力度不足[①]、大豆产业保险和风险分担机制尚不健全等。中美贸易摩擦充分暴露了当前制约大豆产业发展的体制机制障碍，更加认清了大豆产业发展存在的短板，从而有利于找准症结，提升国产大豆产业得质量效益和整体竞争力[②]。

五、国内大豆产业发展思路及建议

（一）思路

以发展新理念为引领，实施新形势下国家粮食安全战略和藏粮于地、藏粮于技战略，以大豆生产保护区建设为依托，坚持市场导向，强化政策扶持，推进科技创新，促进大豆生产稳定发展。加快淘汰落后产能，引导企业合理布局，提升大豆加工业科技创新能力，做大做强大豆产、加、销产业链。统筹利用国内国际两个市场两种资源，发挥大豆贸易大国优势，完善农业全球战略布局，提升贸易话语权。坚持"一二三四"发展战略，充分发挥市场资源配置的决定性作用和更好地发挥政府作用，统筹推进、综合施策大豆产业"补短板""降成本""去产能""去库存"四大任务，形成国产大豆和进口大豆错位竞争、相互补充格局，探索产出高效、产品

---

① 农业部农业贸易促进中心课题组，倪洪兴，于孔燕，等. 开放视角下中国大豆产业发展定位及启示 [J]. 中国农村经济，2013（8）：40-48.

② 殷瑞锋，徐雪高，张振. 2018年上半年大豆市场形势分析与下半年展望 [J]. 农业展望，2018，14（7）：11-15.

安全、资源节约、环境友好的现代大豆产业发展之路,全面提升大豆产业总体水平和质量效益。

1. 坚持"一个底线",确保国内大豆产能不降低。保持大豆生产稳定,不能轻言放弃大豆,大豆生产发展定位在满足国内食用大豆的需求。为此,要调整优化布局,逐步扩大传统优势区大豆种植面积,构建用地养地结合的轮作制度;推进科技创新,提高大豆单产、品质和效益;加快明确政策目标,完善政策创设配套,强化关键措施支撑,确保大豆国内产能不降低。

2. 注重"两个统筹",保障国内市场供需稳定。统筹政府和市场的关系,在保住国家粮食安全底线,保障农产品质量安全不出问题,补齐政府缺位领域短板的基础上,选择适当的时机、采取合适的方式从对农业市场不合理的干预中退出来,让市场在农业资源要素配置中起到决定性作用。统筹好国内与国际的关系,利用好国内国际两个市场、两种资源、两类规则,实施差异化发展战略,结合"一带一路"战略合理布局国际产能,保证国内市场稳定供应。

3. 围绕"三个保障",明确大豆产业支持重点。推进大豆产业供给侧结构性改革要坚持"产业安全""产品质量安全""生态环境安全"等"三个保障"不动摇,坚持问题导向,提升产业竞争力。实施新时期大豆产业振兴计划,提高大豆生产组织化程度,在稳定生产的基础上,加大对传统压榨行业的支持力度,健全大豆行业组织,完善外资并购政策,规范大豆进口;加大监管惩罚力度,严查转基因大豆流入食用豆的行为,引导豆类加工企业走出一条有别于进口转基因大豆的高端路线;加强大豆种源保护力度,加大对种植绿色或有机非转基因大豆产区和农户的支持力度。同时,鼓励米豆轮作,完善扶持政策体系,加大对生态环境的治理力度。

4. 推进"四个着力",促进产业健康稳定发展。推进大豆产业供给侧结构性改革,要充分考虑大豆生产、加工、贸易、消费等环节的特点,针对不同环节、不同阶段制定切实可行的产业政策。切实做到:着力促进大豆生产绿色融合发展,走现代生态循环之路,促进大豆生产数量的同时更好兼顾质量与效益;着力提升国产大豆加工能力,加强大豆加工业科技创新,提高国产大豆加工专用性,淘汰落后产能,不断延伸产业链条,提升价值链,构建完善的产加销产业链;着力打造"中国价格"与贸易标准,加强期货合约、期权合约的设计与研发,加快构建大豆产业信息采集分析与预测体系,提升中国在国际大豆定价的主导权;着力提倡健康生活方式,科学引导健康消费。鼓励居民合理食油、用油,厉行节约,杜绝浪费,广泛宣传食用大豆的营养功效和保健功能,扩大国内优质大豆消费市场,营造良好的大豆产业发展环境。

(二) 建议

未来亟需从大豆产业链各环节入手,以现代化的产业结构、组织方式、技术手段为抓手,实现大豆产业由大而弱向强而精的转变,促进产业链从传统到现代的转型升级。应对当前大豆产业链各环节的突出问题,未来可以从以下几个方面入手,提升大豆产业的竞争力。

一是注重大豆生产环节的规模化、组织化和专业化,提高大豆生产竞争力。规模经营降成本,组织结构提利润,未来中国大豆生产环节应进一步提高规模经营水平,变小规模分散种植为适度规模专业化种植,加强大豆种植田间管理,推广高脂肪、高蛋白的良种大豆,保证产品产量和质量稳定性。进一步提高豆农的生产组织化水平,积极发展合作社、生产协会等行业组织,推进适度规模经营和产业化,提高生产组织化水平,提升豆农的市场主体地位和价格话语权。加大科技研发力度,增强大豆综合生产能力,加强大豆杂种优势利用、分子设计育种、高效制繁种等关键技术研发,加大科技投入,大力加强基础研究和应用技术及产品研发,积极推广高产优质品种及配套技术,推动农机农艺结合,增强大豆综合生产能力。合理配置生产要素,做大做强优势产区,合理确定东北春大豆、黄淮海夏大豆、南方多作大豆的区域定位,加快建立大豆生产保护区,划定大豆生产保护范围,针对不同区域分类施策,保护和提升优势产区产能。

二是注重大豆加工环节的科技化、品牌化和国际化,提升大豆加工企业竞争力。拥有自主知识产权的高科技产品,走品牌化和国际化道路才能提升中国大豆加工企业的产品附加值,剔除过剩产能,减小恶性竞争,提升中国大豆加工业的整体竞争力。为此应进一步加强大豆加工科技创新，鼓励企业开拓大豆保健品市场，注意淘汰过剩产能，均衡区域布局，引导企业向高质、高效、品牌化、技术化、专利化方向发展。充分发挥"非转基因"等特色优势，走国产大豆品牌化道路，特别应注重"反转基因"地区市场空间的开发，如欧盟地区。依托地方特色，讲好品牌故事，以优势企业和行业协会为依托打造区域特色品牌，发挥好品牌的增信作用，提高消费者的认知度和忠诚度。要加强质量安全监管、行业自律和品牌维护，坚决将影响品牌建设的"害群之马"清除出去，防止"劣币驱逐良币"。

三是注重大豆流通环节的市场化、商务化和信息化，提升大豆流通环节效率。改革大豆等农产品价格形成机制和收储制度是农业供给侧结构性改革的当务之急，也是提升中国大豆国际竞争力必须面对的重大课题。改革的总体方向是要充分发挥市场形成价格作用，加快培育多元市场购销主体，逐步实现由政策性收储为主向政府引导下市场化收购为主转变。同时，要加快结合中国实际和借鉴国际经验，科学确定大豆国家储备规模，形成适度、有效、规范的国家储备体系。建议在系统总结近年来农产品价格和收储制度改革经验的基础上，重点把握好大豆、玉米、小麦等品种政策的协同性，统筹考虑大豆与其替代种植品种的收益比价关系，走出农业结构调整"多了多了、少了少了"的怪圈。采用PPP模式，积极培育大豆流通主体，鼓励个体运销户和大豆经纪人向企业化、公司化、集团化方向发展。加大对大豆储备设施、流通设施、市场信息网络及电子商务平台等基础设施的投资力度，积极培育鼓励产业链主体间通过订单、合约建立现代化的产业组织体系和商务网络，减少各主体间的交易成本，提升产品流通效率。提高流通体系各环节的信息化水平，特别是促进批发市场信息化基础设施建设，建立大豆生产、加工、流通等相关环节的信息发布平台，并通过区域互联实现国内各产销区、国际各进出口国的信息互通。

四是注重政府支持政策的连续性、协同性和普惠性，提升政策效力。良好的政策工具能够促进大豆市场的健康发展，为此对内应逐步完善以市场定价为基础的大豆价格形成机制和以直接补贴为主的农民利益保护机制。一方面，完善大豆生产者补贴制度，中央财政对大豆生产者给予补贴，鼓励增加大豆种植；另一方面，将充分发挥市场机制作用，继续通过加强市场信息发布、完善收购贷款信用保证基金、加强区域运输保障等措施，激发市场活力，鼓励多元市场主体入市收购；对外应采取有效控制进口措施，建立产业损害补偿机制。在缺乏关税有效保护的情况下，应更加主动利用世界贸易组织（WTO）赋予的权利，根据"两反一保"条例，及时启动贸易救济措施。同时，要综合施策，继续加强和完善对大豆生产的支持，逐步建立产业损害补偿机制，保护农业产业和重点区域农户的利益。调整产粮大县奖励政策资金测算办法，探索设立大豆生产大县单独奖补项目，对种植面积在1万公顷以上的生产大县进行奖励。加大财政投入力度，改善大豆生产、物流、仓储和加工等基础设施条件，提升大豆生产、稳产能力和流通效率。

五是注重发挥期货市场的公正性、预期性和灵活性，降低产业各环节风险。鼓励和引导农户对大豆种植的积极性，不仅要靠政府政策的支持，更需要市场的力量，但期货市场对多数农户来说进行套期保值是比较困难的，甚至很多豆农不知道、不了解期货市场，更无法运用期货市场最本质的功能——套期保值为自己的种植风险进行合理对冲。期货交易是一种有组织、规范化的统一市场，集中了大量的买者和卖者，通过公开、公平、公正的竞争形成价格，基本上反映了真实的供求关系和变化趋势。未来可以依托期货交易所，以期货交割库覆盖的物流及相关现货数据为基础，同时参考其他现货市场、信息机构等的信息，开发大豆现货价格指数，建立权威的信息发布平台，为市场价格的确定提供参考。通过"期货+保险"的方式，将风险转嫁给保险公司，再由其风险管理子公司在期货、期权市场上进行风险的分散，既可以降低政府的财政负担，又可以通过发挥期货市场与保险市场的力量保护豆农的收益，同时又不会对市场价格造成过度干预，有利于市场自由化。

六是注重国内国际两个市场两种资源的互补性、传导性和联动性，提高中国大豆产业国际竞争力。加强与"一带一路"沿线及周边国家和地区的大豆产业合作，制定有针对性的农业对外合作规划，通过签订双边政府协议或贸易备忘录等方式,进一步拓宽大豆进口来源渠道,实施大豆进口来源多元化战略,合理分散进口市场风险。加强顶层设计,培育一批具有国际竞争力和品牌知名度的国产大豆生产商、流通商和跨国农业企业集团,以此带动中国大豆产业的振兴和发展。支持企业到国外建基地、设工厂、搞贸易,在大豆生产、加工、仓储、港口和物流等环节开展跨国全产业链布局,拓展中国大豆供应渠道。鼓励中国大豆种业走出去,到美洲、非洲等大豆生产区培育、销售中国大豆品种,通过品种权、基因专利权获取效益;加快大豆期货国际化进程,吸引境外中介机构和投资者参与国内期货市场,完善贸易标准,加快大豆期权合约设计与研发支持,完善食品安全法规和标准体系,积极参与国际标准制修订工作,政府要加快健全国内外大豆产业信息采集分析和预测体系,占领权威信息发布制高点,推动中国逐步成为大豆等国际大宗农产品定价中心,提高中国大豆产业国际影响力和竞争力。

参考文献

[1] 殷瑞锋,徐雪高,张振. 2018 年上半年大豆市场形势分析与下半年展望 [J]. 农业展望,2018,14 (7):11-15.

[2] 搜狐市场. 2018 年 8 月中国农产品供需形势分析 [EB/OL]. https://www.sohu.com/a/246900793_267943,2018-08-13.

[3] 中国产业信息. 2018 年中国对美农产品进出口贸易额分析 [EB/OL]. http://www.chyxx.com/industry/201804/635390.html,2018-04-28.

[4] 刘慧. 贸易摩擦对我大豆市场影响有限可控 [N]. 经济日报,2018-07-10 (004).

[5] 中国报告网. 2016—2017 年中国豆油行业产业链上下游市场发展现状分析 [EB/OL]. http://market.chinabaogao.com/jiudiancanyin/11303042402017.html,2017-11-30.

[6] 卞靖. 贸易摩擦背景下推动中国大豆产业提质升级发展 [J].

中国经贸导刊, 2018 (15): 37-40.

[7] 杨同玉. 中美贸易摩擦: 黑龙江大豆产业的契机还是挑战? [N]. 中国经济时报, 2018-04-18 (001).

[8] 农业部农业贸易促进中心课题组, 倪洪兴, 于孔燕, 等. 开放视角下中国大豆产业发展定位及启示 [J]. 中国农村经济, 2013 (8): 40-48.

[9] 殷瑞锋, 徐雪高, 张振. 2018年上半年大豆市场形势分析与下半年展望 [J]. 农业展望, 2018 (7): 11-15.

[10] 网易新闻. 去产能去库存去杠杆 降成本补短板 [EB/OL]. http://news.163.com/16/0518/05/BNAUGGRE00014AED.html, 2016-05-18.

棉花产业供给侧结构性改革：进展、困难与发展思路[*]

翟雪玲

一、引言

我国是世界最大的棉花消费国、进口国和第二大棉花生产国，棉花产业在社会经济发展中具有重要地位，在全球棉花市场中占有重要份额。但是经过多年发展，尤其在进入新常态后，我国棉花产业各种问题和矛盾逐渐显现和突出，包括产业结构层次较低、区域结构分布不均衡、要素投入结构不合理、产业增长动力结构持续性不强和收入分配结构不稳定等。这些问题交织叠加，严重制约我国棉花产业整体质量优势提升。2015 年年底召开的中央经济工作会议中强调，推进供给侧结构性改革，是适应和引领经济发展新常态的重大创新，是适应我国经济发展新常态的必然要求。党的十九大报告中又明确提出，今后要深化供给侧结构性改革，把提高供给体系质量作为主攻方向，推动经济发展质量变革，扩大优质增量供给，

---

[*] 基金项目"国家现代农业产业技术体系建设专项资金——棉花产业技术体系（CARA - 15）"。

实现供需动态平衡。棉花产业其实从 2014 年就开始了供给侧结构性改革，尽管当时并没有明确提出改革的名称，但从改革举措来看，完全是根据供给侧结构性改革的路径推进。从 2014 年到现在，棉花产业供给侧结构性改革不断向纵深推进。但从实践和调研看，目前产业主体对棉花产业供给侧结构性改革的认识千差万别，对改革的内涵、要求理解不一，对未来改革的方向和路径缺乏清晰的认识，严重影响棉花产业供给侧结构性改革的持续深入推进。基于此，本文从棉花产业进入新常态后的特点出发探讨了棉花产业供给侧结构性改革的内涵，回顾和总结了棉花产业供给侧结构性改革的进展和成效，在深入剖析推进改革存在的困难和障碍的基础上提出了未来棉花产业推进供给侧结构性改革的发展思路。

二、棉花产业供给侧结构性改革的背景与内涵

当前，我国经济发展进入了新常态。新常态的主要特点有：一是经济从高速增长转为中高速增长；二是经济结构不断优化升级；三是从要素驱动、投资驱动转向创新驱动；四是资源配置由市场起基础性作用向起决定性作用转换。经济发展状态的变化也带来了我国棉花产业发展的变化。主要体现在：一是棉花消费量下降。由于经济增速的下降导致国内棉花消费量下降，棉花消费量从 2007 年高峰时期的年均约 1100 万吨下降到目前的约 800 万吨。二是纺织企业转型升级步伐加快，对棉花质量要求提高。三是农户植棉效益持续下降。2010 年以来，我国植棉效益呈持续下降态势，而且 2012 年以后，棉花亩均利润一直为负，在棉花主产国中单位面积收益最低。同时，近些年我国棉花生产成本过快增长、国内外棉花价格长期倒挂、国内库存规模过大、棉花品质和结构不符合市场需求、加工产能过剩秩序混乱等各种矛盾在经济进入新常态后开始集中显现。在这种背景下，我国启动了以目标价格为代表的棉花产业供给侧结构性改革。

供给与需求是经济活动的两个方面。产业持续发展既要有需求的拉动，更要有供给的推动。但进入新常态后，供给体系的质量和效率不适应需求的发展是其最主要的矛盾，只有提高供给体系质量和效率才能破解产业发展困境，推动产业向中高端迈进。供给侧的范围覆盖商品生产和服务的各个方面，从棉花产业的角度看，就是棉花的生产、流通、加工、储运等各环节，即进入消费之前的所有环节。因此棉花产业供给侧结构性改革的内涵就是针对棉花产业生产、流通、加工、储运等各环节存在的问题，在"创新、协调、绿色、开放、共享"五大发展新理念的引领下，坚持以满足纺织企业需求，提高我国棉花市场竞争力为导向，通过改革、创新激活棉花生产要素潜能、优化棉花资源要素配置、降低棉花生产与流通加工等诸环节的成本、改善政府的宏观调控，全面提升棉花产业的质量、效益和竞争力。

三、改革进展与成效

2014年我国启动了以取消临时收储政策、启动棉花目标价格为代表的棉花产业供给侧结构性改革。经过几年推进，改革取得了阶段性成效。

（一）改革措施

1. 实行棉花目标价格补贴试点政策。2014年，我国取消了连续实行3年的棉花临时收储政策，在新疆启动了棉花目标价格补贴试点政策。这标志着棉花供给侧结构性改革正式拉开了帷幕。试点期结束后国家完善了新疆棉花目标价格补贴政策。总体方案是保留整体框架，但对享受目标价格补贴的棉花数量进行了上限管理，补贴数量上限为基期（2012—2014年）全国棉花平均产量的85%，超出上限的不予补贴，目标价格一定三年不变，每吨18600元，如定价周期内棉花市场发生重大变化，报请国务院同意后可及时调整目标价格水平。目标价格补贴政策的实行标志着棉花市场价格形成由市场起基础性作用向起决定性作用转变。

2. 启动棉花抛储政策加快去库存。2008—2014年，全球经历了严重的金融危机，国内外经济增长速度下滑，棉花价格大幅波动。为保护棉农利益稳定棉花生产，我国在2008年、2011年、2012年和2013年分别启动了棉花临时收储政策。收储规模分别为122万吨、320万吨、662万吨和630.7万吨,占当年产量的16.3%、48.6%、96.6%和100%[1]。截至2014年4月份收储结束,国家棉花库存超过1000万吨。巨大的棉花库存给国家财政带来了沉重的负担。2015年7月开始,国家开始启动棉花抛储政策。2016年国家根据市场需求,制订了具备竞争力的储备棉抛储价格形成机制,加快棉花去库存进度(见表1)。

表1　　　　2008—2014年棉花临时收储政策实施情况

年度	收储价格(元/吨)	收储数量(万吨)
2008/2009[2]	12600	122
2011/2012	19800	320
2012/2013	20400	662
2013/2014	20400	630.7

(二)改革成效

1. 市场价格形成机制基本建立。实行目标价格补贴试点政策以来,价格由市场供需形成的机制快速建立。国内棉花价格快速下跌,国内外价格联动性进一步增强,国内外棉花价差快速缩小,内外价差回归至合理区间,产业竞争力提升,棉花进口大幅下降。2014年5月—2017年12月,1%关税下进口棉价格指数M级(相当于国内3128B级棉花)与国内棉价差距每吨从3236元下降到415元,降87.2%。棉花进口从2012年的514万吨下降到2015年的147万吨。

2. 市场主体适应市场能力明显增强。实行临时收储政策时期,国家敞开收购,供需双方不直接见面。棉农、加工企业追求高衣分、高产量,对绒长、强度等质量指标关注度不高。棉花目标价格改革后,棉花价格由市场决定,倒逼轧花厂、棉农改变生产行为,根据市场需求选择品种,加

---

[1] 根据国家统计局数据,2008年、2011年、2012年、2013年我国棉花产量分别为749.2万吨、659.8万吨、683.6万吨、629.9万吨。但棉花收储数量是中国棉花储备棉总公司根据年度内收储的规模计算。由于部分原因,收储数量和国家统计局的棉花产量出现了一定的偏差。

[2] 棉花市场年度为当年9月至下年8月。

强棉花质量管理，自觉提高棉花品质。

3. 去库存成效明显。2015—2017 年连续三年分别抛储棉花 6.3 万吨、265.9 万吨和 322.4 万吨，累计抛储 594.6 万吨。棉花库存规模大幅下降，财政负担大幅减轻，产业发展步入良性发展轨道。

四、推进棉花产业供给侧结构性改革存在的困难与障碍

宏观政策的调整为推进棉花供给侧结构性改革提供了良好的制度环境。但分散的经营方式、过快增长的生产成本、日益激烈的国际竞争、产加能力的不匹配等成为我国推进改革中难以避开的困难和问题，直接影响改革的进展和成效。

（一）分散经营为主，规模化、标准化、机械化生产推进难度大

棉花是重要的工业原料，原棉质量的稳定性和一致性对下游纺织品的品质具有重要影响。规模化、标准化、机械化生产是提升棉花质量、降低生产成本的重要途径。目前，我国棉花生产仍然以小农为主，规模小、分散经营是其基本特点。问卷调查显示，目前新疆棉区户均种植面积仅 50 多亩，黄河和长江流域棉区户均种植面积不足 5 亩，规模化、标准化生产难度极大。尽管部分地区已经发展出了植棉大户、棉花生产专业合作社等新型经营主体，新疆北疆地区已经大面积推广机采棉，但内地棉区和新疆南疆棉区由于人均耕地面积小、地块分散、间作套种、小型采摘机械缺乏等，适度经营成本偏高，分散经营的生产经营方式转变困难，棉花机械化生产推进困难重重。

（二）生产成本攀升与国内外价格倒挂问题突出，棉花效益提高空间有限

我国棉花产业具有"两头在外"的产业特点，棉花价格不仅受国内棉花生产成本、供求关系的影响，同时也深受国际棉花市场的影响。2004—2015 年，我国棉花亩均生产成本从 743.1 元上涨到 2288.4 元，年均上涨 10.8%。2015 年，我国亩均棉花生产成本分别是美国的 3.2 倍、印度的 4.2 倍和澳大利亚的 1.6 倍①。由于生产成本明显高于全球其他棉花主产国，导致我国棉花价格高于世界，出现国内外棉花价格长期倒挂现象。2017 年 9 月，国内棉花月均价（3128B 级）平均每吨高出国际棉花价格（COTLOOK A）4098 元，1% 关税下高出国际棉花价格 2533 元，滑准税下高出国际棉花价格 1115 元。随着水资源、土地等生产要素约束进一步加强，未来我国棉花生产成本企稳难度较大，仍然明显高于全球主要棉花生产国。长期看，产不足需是我国棉花供求基本特点，去库存阶段结束后棉花滑准税配额将会继续放开，在国内外棉花价格倒挂和成本地板的双重挤压下，推进棉花产业供给侧结构性改革中提高棉农效益的空间有限。

（三）产销衔接不畅，市场需求与生产脱钩问题突出

进入新常态后，随着纺织企业的转型升级，棉花质量的重要性正在不断上升。近些年我国棉花质量普遍表现为一致性差、异性纤维含量高，大路货居多，高等级棉花偏少，难以满足纺织企业转型升级带来的对棉花品质要求提高的需求。产销衔接不畅，是造成市场需求与市场脱钩的主要原因之一。棉花产业链长，包括棉农、轧花厂和纺织企业三个主体。相比美国、澳大利亚，我国多了籽棉收购环节。棉农植棉关注的是衣分和产量，轧花厂根据衣分和颜色决定收购价格，棉农并不直接面对纺织企业，纺织企业对棉花的质量需求和产品结构需求很难传递到种植环节，导致籽棉生产优质不优价、产品结构与纺织企业的需求结构匹配度不高、农户对棉花质量管控动力不足等诸多问题。此外，在市场配置资源下，及时准确的市场信息对棉花产业各主体的生产经营决策至关重要。但是由于我国千家万户的分散经营，农户文化程度普遍不高，缺乏使用各种传媒的技能，对各种市场信息甄别能力不强，导致农户获取有效市场信息的能力有限，也影响了农户的棉花生产经营决策。

---

① 翟雪玲，原瑞玲，许国栋. 供给侧改革背景下中国棉花生产成本收益分析及国际比较[J]. 中国棉花，2017（11）.

(四) 加工能力过剩,规范棉花流通秩序困难较大

加工企业是连接纺织企业与棉农的重要环节。拥有与生产能力相匹配的、布局结构合理的、符合国家标准加工工艺的加工能力是稳定棉花流通秩序、确保棉花加工质量、反映棉花市场真实供求信息的必备条件。但长期以来我国棉花加工能力严重过剩。近些年随着棉花生产规模的下降和棉花质检体制改革的推进,棉花加工企业数量有所下降,但仍然严重超过了生产能力。以新疆为例,截至2015年年底,全疆(含兵团)经自治区发展和改革委员会认定的具有棉花收购资质的棉花加工企业共949家,棉花加工生产线1126条,棉花加工产能达到563万吨,是2015年度实际收购量的1.6倍。这还不包括各种"一证多线"和小规模加工厂的情况。过剩的加工能力、有限的棉花资源导致加工企业之间经常无序竞争,不少企业混等混级收购加工,进一步加剧了棉花质量问题。2017年国家取消了棉花加工企业资格认定,一些小的加工企业很可能又会"卷土重来"。另外,当前机采棉已经在新疆推广开来,但目前疆内棉花加工厂很多缺乏配套机采棉的加工设备和加工工艺,导致机采棉加工后质量明显下降。据调查,由于设备和工艺不匹配,新疆机采棉加工需要5—6道工序,绒长损耗1—1.5毫米,而美国和澳大利亚一般仅需1—2道工序,绒长损耗控制在0.5毫米以内。加工能力过剩、加工设备落后对推进棉花产业供给侧结构性改革造成了较大的困难和障碍。

五、深化我国棉花产业供给侧结构性改革的思路及方向

当前我国棉花供给侧结构性改革已经进入深水区,各种矛盾、困难集中显现,必须直面产业发展中存在的瓶颈因素,加大改革力度,破解产业发展难题,培育产业发展新动能,提高供给体系质量和效率,确保国内棉花有效需求,全面提高我国棉花产业竞争力。

今后必须紧紧围绕党的十九大提出的"质量第一,效益优先,深入推进深化供给侧结构性改革"要求,坚持"创新、协调、绿色、开放、共享"的发展理念,紧紧围绕市场需求变化,以"提质量、降成本、增效益"为核心，以体制改革和机制创新为根本途径，强化科技应用支撑，优化棉花产业体系、生产体系和经营体系，提高土地产出率、资源利用率和劳动生产率，促进棉花生产发展由过度依赖资源消耗、主要满足量的需求向追求绿色生态可持续、更加注重满足质的需求转变。

结合我国棉花产业发展状况和形势，今后棉花产业供给侧结构性改革需要从以下六个方面深化：

一是强基础，保供给。长期看，去库存阶段结束后产不足需是我国棉花供求的基本特点。这几年我国棉花生产规模大幅萎缩，国内棉花产需缺口不断拉大。今后必须进一步加强棉花生产能力，加快建立棉花生产保护区进度，对适宜棉花生产的地区加大支持力度，实现稳棉保供。推进新疆棉花生产结构调整，引导棉花生产向优势产区集中，部分生态脆弱区坚决退出棉花生产；稳定黄河流域棉区和长江流域棉区，巩固沿海沿江沿黄环湖盐碱滩涂棉区。

二是抓品质，调结构。提高棉花品质，从单纯追求高产向全面提升棉花可纺性转变。加快推进棉花规模化种植、标准化生产，制定生产、加工标准和技术规范，切实提高棉花一致性。规范棉种市场，改变种子"多乱杂"现象。利用多种措施，狠抓异性纤维含量高的顽疾。调整产品结构，大力发展优质棉生产。加强超长绒棉、彩色棉等"优、特、新"品种的选育开发，发展"高端品质棉"生产，形成能够和美国、澳大利亚竞争的全球优质棉产能，满足纺织业由中低端向中高端转变对棉花带来的新需求。

三是降成本，增效益。推进科技创新，强化农业科技基础条件和装备保障能力建设，提升棉花生产的科技水平，提高农业资源的产出效率。推进机制创新，培育新型棉花生产经营主体和新型服务主体，发展适度规模经营，降低棉花物质投入。继续推广机采棉，从育种、栽培、采收、加工等全环节联合攻关，探索和总结成熟的机采棉生产模式和生产标准，加大棉花加工企业的技改步伐，升级加工工艺，提高机采棉加工质量，实现"机械换人，降本增效"。

四是促融合，创品牌。搭建产加销对接平台，鼓励纺织企业、加工企业与棉农合作社、棉农建立各种产销联结机制,发展订单式农业和股份合作农业,建立由市场需求指导和推进生产发展的新型产业发展模式。制定品牌棉花的质量规范、行业规范,改变常规性、粗放型经营模式为现代化、精准化服务模式,为纺织用户提供专业化、个性化服务,推动棉花品牌向中高端迈进,提高棉花产业整体竞争力。

五是严监管,稳秩序。根据国内棉花产量,科学合理规划棉花加工企业布局,鼓励和推进棉花加工企业兼并重组,将国内棉花加工产能控制在合理范围内。全面落实棉花加工企业质量主体责任,建立严格的市场督查及问责机制,加强对棉花加工设备的底线要求。完善棉花加工企业质量诚信档案,健全棉花加工企业信用评价体系。建立健全棉花质量问题追溯机制,加大对棉花质量问题的追溯和违法行为责任的追究力度。通过严监管、重处罚、优布局,达到稳秩序。

六是保生态,促发展。树立尊重自然、顺应自然、保护自然的理念。根据新疆自治区整体水资源情况,确定棉花生产规模合理区间,部分生态脆弱区坚决退出棉花生产。加大对在生态保护区开垦棉田行为的监督、检查和处罚力度,严守"三条红线"。节约和高效利用农业资源,加大"化学调控"、"轻简栽培"、生物防控等节本增效技术以及各种生物农药、高效低毒低残留农药和有机肥的推广利用,推进化肥农药减量增效。建立完善棉田残膜回收利用制度,引导农户使用环保地膜、企业回收残膜。加大开展无膜化栽培实验,尽快从科技的角度实现无膜化栽培。

六、深化我国棉花产业供给侧结构性改革的建议

相比美国和澳大利亚,生产规模小、成本高、质量稳定性差是我国棉花的主要特点。深入推进棉花产业供给侧结构性改革,必须坚持问题导向,始终瞄准制约棉花产业发展的体制性问题与机制性障碍,增强对策措施的针对性与指向性。

一是要完善棉花价格形成机制,理顺国内外价格关系。推进农业供给侧结构性改革就是要充分发挥市场在资源配置中的决定性作用。今后要继续坚持棉花目标价格补贴政策"市场定价,价补分离"的思路,针对我

国棉花产业"大进大出"的产业格局，必须坚持市场形成价格机制，避免人为扭曲市场价格。完善国家储备棉的收储抛储机制，充分发挥国储棉对国内市场的调节作用，稳定棉花价格和生产。

二是发展适度规模经营，提高集约化标准化生产水平。鼓励土地入股、土地托管、土地互换等多种形式的土地流转，发展适度规模经营。支持纺织企业、加工企业与棉农、合作社建立产销联结机制，积极推广"用棉企业提出用棉标准，种子企业筛选推荐种子，合作社按规范标准组织生产，加工企业订制加工皮棉，用棉企业按质量优价收购"的棉花种植新模式，大力发展订单、订制生产，促进棉花生产模式的转型升级。

三是大力发展机采棉，降低棉花生产成本。从新疆经验看，机采棉能够降低约20%的植棉成本，显著提高棉花竞争力。大力培育选育适合机采的新品种，在吐絮集中、纤维长、果枝始节高、马克隆值、比强度等性状方面取得突破性进展，实现产量、品质、抗性和早熟性指标相统一。总结探索机采棉种植模式、管理规程，促进农机农艺结合，良种良法配套，解决机采棉浪费和含杂率高的问题。加大棉花加工企业的技改步伐，形成统一高效的棉花籽清和皮清加工工艺规程，提高机采棉轧花质量。

四是加大科技推广投入，提高生产要素产出效率。增加科技研发投入，根据棉纺企业用棉标准，建立中高端水平棉花种子研发、繁育、加工及管理体系，大力发展40支以上中高支纱所需的优质棉花品种。加快棉花智能化节水滴灌、配方施肥、轻简栽培技术示范、投入品控制、机械采摘等节本增效措施的推广应用，实现节本增效。

五是全程加强监管，提高原棉质量。首先，加大棉种市场的监管执法力度，从源头上控制品种的乱引、乱销、乱种的行为；有条件的地方推广"一区一品""一县一品""一主两辅"的用种模式，提升纤维品质一致性水平。其次，抓紧出台并严格执行农用地面覆盖薄膜标准，确保棉田地膜厚度在0.01毫米以上，加大棉田残膜回收与再生利用示范工程实施力度。最后，要加大对异性纤维的整治力度。通过广播、电视和网络等各种媒体加强"三丝"问题宣传。多部门联合管理，严格手摘棉和机采棉采收和加工规范，在采摘、晾晒、贮存以及收购环节等加强管理规范。

六是完善市场体系，提高棉花流通效率。进一步加强对棉花市场的预测和研究，建立健全信息网络，及时向生产者、经营者和消费者提供准确可靠、系统完整的生产和市场信息。各主产省根据本地棉花产量和籽棉加工需求，科学合理规划棉花加工企业布局，鼓励和推进棉花加工企业兼并重组。加大对"一证一线"等政策的监管和落实，将棉花加工产能控制在合理范围内。全面落实棉花加工企业质量主体责任，加强对棉花加工设备的底线要求，依法查处企业使用国家明令禁止的棉花加工设备。鼓励推动企业升级加工设备、优化加工工艺。全面完善棉花加工企业质量诚信档案，健全棉花加工企业信用评价体系，科学评定企业质量信用等级，针对企业安全信用等级实施分类监管。建立健全棉花质量问题追溯机制，加大对棉花质量问题的追溯和违法行为责任的追究力度。

七是建立棉花生产绿色补贴体系，促进产业可持续发展。加强对残膜回收工作的宣传，提高广大棉农的环保意识。建立残膜回收技术补贴，对农户回收残膜或使用可降解地膜实行补贴。将残膜回收机具纳入农机具购置补贴范围内，加大补贴力度。制定农田地膜残留量标准和残膜留量超标准收费标准，制定治理残膜污染及回收的有关法规、条例，按照谁污染谁治理的原则依法治理，将农田地膜污染纳入法制化管理轨道。

参考文献

[1] 蒋辉、张康洁. 粮食供给侧结构性改革的当前形势与政策选择 [J]. 农业经济问题，2016（10）.

[2] 宋洪远. 关于农业供给侧结构性改革若干问题的思考和建议 [J]. 中国农村经济，2016（10）.

[3] 翟雪玲，原瑞玲，许国栋. 供给侧改革背景下中国棉花生产成本收益分析及国际比较 [J]. 中国棉花，2017（11）.

[4] 翟雪玲，原瑞玲，李想. 供需平衡略紧 棉价稳中有涨 [J]. 农民日报，2017 - 9 - 9.

[5] 谭砚文，李崇光. 中美棉花生产成本与收益的比较分析 [J].

中国农村经济，2003（11）.

[6] 祁春节，毛尔炯. 中美棉花生产成本及收益的比较研究 [J]. 中国棉花，2004（31）.

[7] 曹冲. 中国、美国、印度三国棉花贸易价格弹性 [J]. 江苏农业科学，2014（9）.

[8] 董合忠. 中国棉花种业和原棉品质的国际竞争力分析 [J]. 中国棉花，2013（40）.

[9] 马增梅，傅科杰. 美国棉花生产、加工情况介绍 [J]. 中国棉花加工，2011（2）.

[10] International Cotton Advisory Committee 2015："Production Aad Trade Policies Affecting The Cotton Industry" 第12期。

[11] Christian Lau, Simon Schropp, Daniel A. Sumner, 2015: The 2014 US Farm Bill and its Effects on the World Market for Cotton, International Centre for Trade and Sustainable Derelopment, Issue Paper No. 58.

全面开放新格局下我国棉花供给保障研究

翟雪玲 原瑞玲

我国是世界上最大的棉花消费国、进口国和第二大棉花生产国,棉花产业在社会经济发展中具有重要地位,在全球棉花市场中占有重要份额。但近些年我国棉花生产规模逐渐萎缩,国际棉花贸易争端频发,棉花供给面临挑战。对于我国这样"大进大出"的棉花产业格局来说,棉花的供给不稳直接影响到我国纺织企业的原料来源和生产经营。面对复杂的国际国内环境,如何在开放条件下保障我国棉花基本供给,对于保持我国棉纺织行业竞争优势、保证社会就业具有重要的现实意义。

一、供求形势分析判断

(一)生产规模下降

棉花是我国仅次于粮食的大宗农产品。20世纪80年代中期以后,我国成为世界上最大的棉花生产国。此后棉花生产在农村经济体制改革、棉花流通体制改革以及加入WTO以后的有利于棉花发展的大环境影响下取得了长足发展,并在世界棉花生产中占有举起足轻重的地位。2007年我国棉花产量高达762万吨,占同期世界棉花总量的29.0%。2007年以后随着棉花播种面积的快速下降,棉花产量逐渐下降。2017年我国棉花产量降至549万吨，较2007年下降28.0%，居世界棉花产量第二位。从区域布局看，我国棉花产业经过多年发展，区域布局发生了明显变化，棉花生产逐渐向新疆棉区转移。2000—2017年，新疆棉区占全国总面积的比重从25.0%上升到60.8%，产量比重从33.0%上升到74.4%（见图1）。

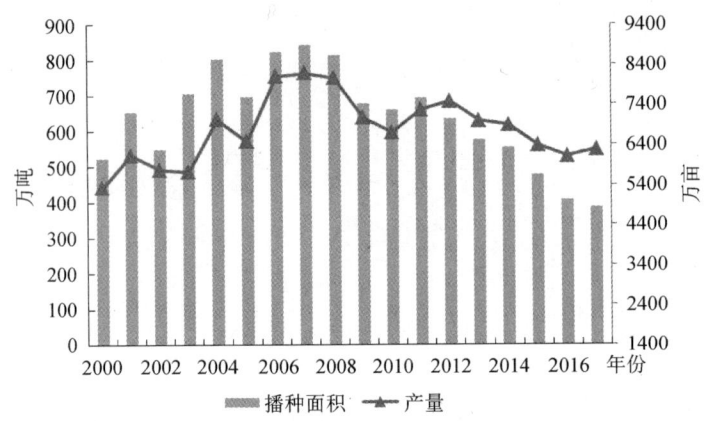

图1　我国棉花播种面积和产量（2000—2017年）

数据来源：《中国统计年鉴》。

随着《全国棉花优势区域发展规划》的实施和棉花高产创建行动的展开，近年来棉花生产逐步向生态条件适宜、种植技术好、粮棉矛盾小、增产潜力大的优势区域集中，棉花单产水平不断提高。目前我国棉花单产在世界上属于较高的国家之一。根据美国农业部（USDA）最新统计数据，2017年世界棉花平均单产为每公顷805公斤，我国单产居世界第3位，仅次于澳大利亚和土耳其，达到每公顷1761公斤，是世界平均单产的2.2倍（见图2）。

（二）消费波动下降

加入世界贸易组织后，尤其是2005年美国、欧盟和加拿大取消"多种纤维协定"后，我国纺织潜能被进一步激发出来，纺织品服装出口规模快速增长。在纺织行业快速发展的拉动下，我国棉花消费量大幅增加。

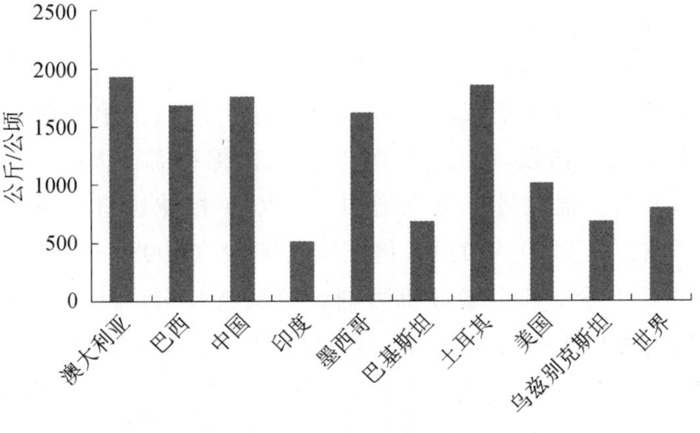

图2　2017年世界主要产棉国棉花单产

数据来源：美国农业部。

据ICAC统计，2007年我国棉花消费量高达1019万吨，占世界总消费量的40.0%，比入世初期的2001年增加了78.8%。经过2001—2007年的持续快速增长后，尤其是2008年金融危机的影响，我国棉花消费开始进入波动下行阶段，棉花消费量随国内外经济增长速度上下波动。2017年我国棉花消费量为865万吨（见图3）。

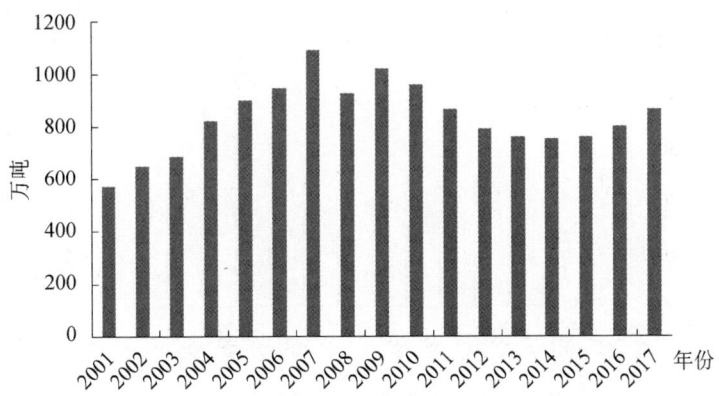

图3　我国棉花消费量（2001—2017年）

数据来源：国际棉花咨询委员会。

(三) 进口大幅波动

2001—2017 年我国棉花进口可以分为四个阶段。第一阶段（2001—2007 年）快速增长阶段。加入 WTO 后，我国棉花需求大幅增长，国内产不足需格局突出，棉花进口急剧增加。2006 年棉花进口规模达到创纪录的 364.2 万吨，是 2001 年的 65 倍。第二阶段（2008—2012 年）进口回落阶段。2008 年受全球金融危机影响，纺织服装出口疲乏，对棉花的需求下降，棉花进口规模有所下降。第三阶段（2012—2014 年）进口大幅增长阶段。这一阶段由于国内棉花临时收储政策托市，国内外棉花价差保持较高水平，纺织企业采购进口棉数量大幅增加，创历史新高。2012 年棉花进口量达到 513.7 万吨。第四阶段（2014 年至今）进口大幅缩小阶段。2014 年国家取消棉花临时收储政策，实施棉花目标价格补贴政策，国内外棉花价差大幅缩小。同时从 2015 年我国开始进入棉花去库存阶段，在棉花进口政策方面，停发滑准税配额，只发放 1% 以内的关税配额。在政策的影响下，2015—2017 年我国棉花进口规模保持低位。2017 年我国累计进口棉花 115.3 万吨（见图 4）。

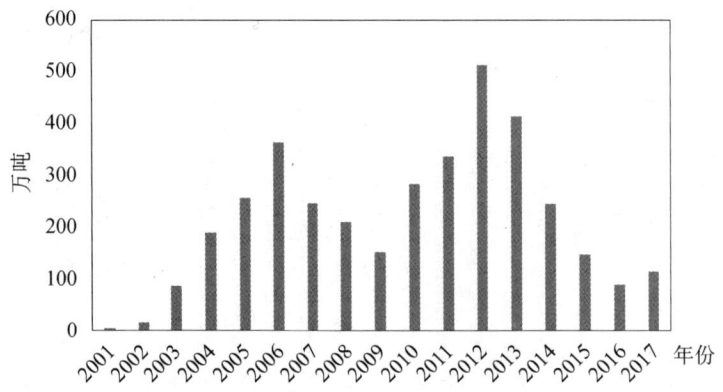

图 4　我国棉花进口（2008—2017 年）

从棉花进口来源国看，我国棉花进口来源高度集中。2007—2017 年，我国棉花进口主要来自美国、印度、澳大利亚、巴西和乌兹别克斯坦 5

国，5 国合计占我国棉花进口的近 90%，其中对美棉的进口占棉花进口总量的比重平均为 33.1%。2017 年我国从美国进口棉花占同期棉花进口量的比重达到 43.8%，对美棉的依赖较大。2015 年以前我国棉花进口主要是美国和印度，两者占进口总量的 60% 左右，2015 年澳大利亚超过印度成为我国第二大棉花进口来源国，与美国合计占我国棉花进口总量的 50% 以上。

（四）国内库存高位回落

实施棉花临时收储政策期间，为保护农民利益，保持国内生产稳定，国家收储了大量棉花。2013/2014 年度我国棉花期末库存量达到创纪录的 1240 万吨，约占全球棉花库存量的 60% 以上。2014 年启动棉花目标价格补贴政策以来，我国进入棉花去库存阶段，棉花期末库存逐年下降。根据农业农村部农产品市场预警分析团队 7 月预测，2017/2018 年度我国棉花期末库存量将下降至 762 万吨，国储棉期末库存将下降到 300 万吨以下（见图 5）。

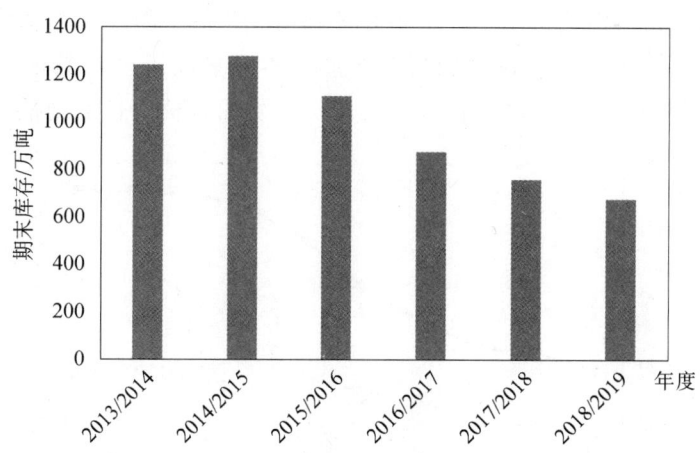

图 5　我国棉花期末库存量

数据来源：农业农村部棉花全产业链监测预警体系。

总体来看，我国棉花产业"大进大出"即大量进口原料棉花、出口纺织品的产业格局没有变化。目前我国棉花产量在 500 万—600 万吨左右，棉花消费量约 850 万吨，年度棉花供需缺口达到 250 万—300 万吨。未来利用国际市场进口棉花资源成为产业发展的必然选择。

二、面临的问题及挑战

当前我国棉花产业正处于供给侧结构性改革阶段，但分散的经营方式、过快增长的生产成本、日益激烈的国际竞争、产加能力的不匹配等成为我国提高棉花竞争力、保障合理的棉花生产规模难以避开的困难和问题。

（一）生产成本快速增长，国内外棉花价格倒挂现象突出

在土地、水等资源约束背景下，伴随着用工成本上升和农资价格上涨，我国棉花生产成本进入高成本时代。2007—2016 年，我国棉花亩均生产成本从 965.6 元上涨到 2306.6 元，年均增长 10.2%。每 50 千克主产品成本从 467.4 元上涨到 936.3 元，年均增长 8.0%。和世界主要棉花生产国相比，我国棉花亩均生产成本是美国的 3.2 倍、印度的 4.2 倍（见图 6）。由于我国包括新疆在内的棉花生产成本明显高于全球其他棉花主产国，导致我国棉花价格高于世界，出现国内外棉花价格长期倒挂现象。

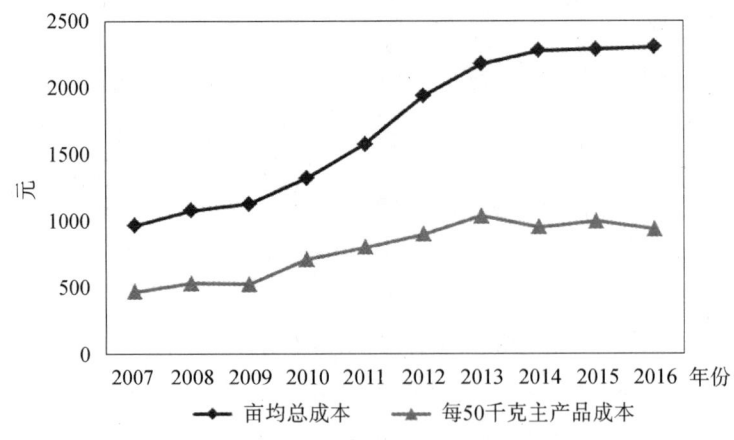

图 6 我国棉花生产成本

(二) 分散经营为主，规模化、标准化生产推进难度大

棉花是重要的工业原料，原棉质量的稳定性和一致性对下游纺织品的品质具有重要影响。规模化、标准化、机械化生产是提升棉花质量、降低生产成本的重要途径。目前，我国棉花生产仍然以小农为主，规模小、分散经营是其基本特点。新疆棉区户均植棉面积约50亩，黄河和长江流域棉区户均种植面积不足5亩，分别相当于美国的1.3%和1.3‰。尽管目前部分地区相继发展出了植棉大户、棉花生产专业合作社等新型经营主体，但在整个棉花生产中所占比例较少。由于生产环节难以实现专业化、组织化和规模化，我国机采棉推广困难，特别是在长江和黄河流域棉区因种植模式多样、棉田分布相对分散，机采棉推广难度极大。

(三) 棉花产品结构与市场需求结构匹配度不强

近些年，随着我国纺织企业转型升级步伐加快，对棉花质量要求提高。而我国棉花普遍表现为异性纤维含量偏高、原棉一致性较差、可纺性不高，难以满足现代棉纺织工业的要求。同时，产品结构不合理，高等级棉花偏少。根据中国棉花纺织行业协会对纺织企业棉花需求的调研，当前我国对中高档次棉花（"双30"以上）的需求占棉花总需求的30%—40%。但从实际生产看我国能够满足中高端棉花需求的总量不超过总产量的20%。产品供给结构与市场需求结构匹配度严重失衡。

(四) 加工能力过剩，稳定棉花流通秩序困难

加工企业是连接纺织企业与棉农的重要环节，拥有与生产能力相匹配的、布局结构合理的、符合国家标准加工工艺的加工能力是稳定棉花流通秩序、保证棉花加工质量、反映棉花市场真实供求信息的必备条件。但长期以来我国棉花加工能力严重过剩，收购市场秩序混乱，无序竞争状况突出。以新疆为例，截至2015年末，全疆（含兵团）经自治区发展和改革委员会认定的具有棉花收购资质的棉花加工企业共949家，棉花加工生产线1126条，棉花加工产能达到563万吨，是2015年度实际收购量的1.6

倍。这还不包括各种"一证多线"和小规模加工厂的情况。过剩的加工能力与有限的棉花资源导致加工企业之间经常无序竞争，不少企业混等混级收购加工，进一步加剧了棉花质量问题。

（五）国内补贴政策受限，调控空间不足

按照 WTO 规则，我国实行的目标价格补贴属于"黄箱补贴"，其补贴额度受到微量允许上限约束。按照我国入世承诺，特定品种"黄箱"补贴额不得超过该品种当年总产值的 8.5%。从目前我国对棉花产业的支持总量看，特定产品黄箱补贴有超箱风险。尽管 2017 年我国调整了对新疆棉花目标价格补贴的操作方式，从"黄箱"补贴调整为"蓝箱"补贴，但国际上部分国家对"蓝箱"补贴政策并不认可。如果未来不采取措施规避将有可能引发其他成员国质疑并引发贸易争端。

三、供给保障的目标定位

我国是世界第一大棉花消费国，拥有成熟的棉纺织产业基础和强大的纺织加工能力，是吸纳劳动力就业的重要行业。对于一个纺织品服装生产和出口大国，保持一定的棉花原料自给率十分重要。从我国棉花生产区域格局看，近些年新疆的地位愈加突出，新疆棉花支柱产业地位也日益凸显。目前原棉产值占全区农业产值的 50% 左右，棉花收入占新疆农民人均收入的 35% 左右，南部新疆达到 60% 左右。因此，无论从促进纺织行业发展和劳动力就业，还是维护社会稳定和民族团结的角度看，保有一定的棉花生产能力都是十分必要的。

我国棉花的消费量取决于纺织行业的发展状况。由于近年来劳动力成本上升造成产业转移，我国棉花消费量已经从高位回落，基本保持在千万吨以下的水平上。未来由于国内居民服装消费稳中略涨、服装出口增长速度下降、化纤对棉花的替代增强、纺织行业向外转移的速度加快以及进口棉纱的替代，我国棉花消费预期会呈波动下降趋势。但成熟的棉纺织产业基础、我国城镇化率的提高以及产业竞争力的增强将支撑我国一定的棉花消费水平。预计到 2020 年我国棉花消费量为 830 万—850 万吨，2035 年

为680万—720万吨。

从棉花生产看，在土地和水资源等约束趋紧的背景下，伴随着用工成本上升，棉花生产进入高成本时代。同时由于国内外市场联动性增强，棉花生产面临的市场风险进一步增大，预计未来我国棉花面积将稳中趋降。而从单产看，当前我国棉花单产已经处于世界较高水平，随着棉花供给侧结构性改革的推进，棉花生产将向更加满足消费需求的方向发展，关注点从以前的单纯关注产量向绒长、强度等纺织企业关注的品质方面转移，从而将会影响单产。另外，机采棉大面积推广是必然趋势，机采棉的推广也对单产的增加产生不利影响。

从区域布局看，我国棉花生产向新疆产区集中的趋势更加明显。由于2014年以来棉花目标价格补贴政策仅针对新疆实施，棉花生产的布局继续偏重新疆。此外，从我国棉花未来的发展方向看，机械化是必然之路，内地棉区因规模小、种植模式复杂，不具备大规模推广机械化的条件。在劳动力成本刚性增长的背景下，内地棉区棉花生产将进一步萎缩，但后期由于轮作需求、农民种植习惯等将会逐渐趋于稳定。

（一）到2020年目标定位

根据我国棉花消费的构成，据业内专家估计，目前我国棉花供给总量的65%用于满足国内需求，35%以纺织品形式出口后用于满足国际市场的需求。而国内棉花生产与粮食存在明显的争地关系，未来我国棉花生产的发展必须按照兼顾粮棉生产、优先发展粮食的次序原则，统筹考虑棉花产业内部与外部、工业与农业、上游与下游，国内与国际两个市场、两种资源的关系，在充分有效利用国际市场资源的同时，努力使国内棉花产量满足消费量的65%左右，即满足国人的用棉需求，其他用棉需求则通过国际市场满足。按照这一原则计算，2020年，按照消费量830万—850万吨计算，我国棉花产量必须保持在540万—550万吨，棉花产需缺口为290万—310万吨。新疆棉区和内地棉区仍然是我国棉花生产的重要区域，其中新疆棉区维持在450万吨左右，内地棉区维持在100万吨。进口棉仍然是我国棉花供需缺口的重要补充，棉花进口来源国主要为美国、巴西、澳大利亚、印度和乌兹别克斯坦等国。

（二）到2035年目标定位

到2035年，由于产业的转移和替代，预计我国棉花消费量为680万—720万吨。届时我国棉花消费构成也将发生变化，预计70%左右用于满足国内需求，而30%左右用于满足国际市场需求。根据国内国际资源统筹使用，国内棉花生产主要用于满足国内需求的原则看，国内棉花产量必须保持在480万—505万吨，棉花产需缺口为200万—240万吨。其中，新疆棉区的重要性继续上升。新疆棉区棉花产量保持在约430万—455万吨，内地棉区生产规模维持在约50万—75万吨。随着国内中低端纺织行业向外转移，国内对高品质棉花的需求进一步增强，预计棉花进口将主要依靠澳大利亚和美国等高品质产棉国。

四、对策措施及建议

当前我国棉花产业结构进入快速调整阶段，各种矛盾、困难集中显现，必须直面产业发展中存在的瓶颈因素，加大改革力度，破解产业发展难题，培育产业发展新动能，以供给侧结构性改革为主线，提高供给体系质量和效率，确保国内棉花有效需求，全面提高我国棉花产业竞争力。

第一，完善棉花价格形成机制，理顺国内外价格关系。今后要继续坚持棉花目标价格补贴政策"市场定价，价补分离"的思路，针对我国棉花产业"大进大出"的产业格局，必须坚持市场形成价格机制，避免人为扭曲市场价格。完善国家储备棉的收储抛储机制，充分发挥国储棉对国内市场的调节作用，稳定棉花价格和生产。

第二，加强棉花生产能力，加快建立棉花生产保护区进度。对适宜棉花生产的地区加大支持力度，实现稳棉保供。推进新疆棉花生产结构调整，引导棉花生产向优势产区集中，部分生态脆弱区坚决退出棉花生产；稳定黄河流域棉区和长江流域棉区，巩固沿海沿江沿黄环湖盐碱滩涂棉区。

第三，提高棉花品质，调整品种结构。在棉花育种方面，从单纯追求高产向全面提升棉花可纺性转变。加快推进棉花规模化种植、标准化生产，制定生产、加工标准和技术规范，切实提高棉花一致性。规范棉种市场，改变种子"多乱杂"现象。利用多种措施，狠抓异性纤维含量高的顽疾。大力发展优质棉生产，加强超长绒棉、彩色棉等"优、特、新"品种的选育开发，发展"高端品质棉"生产，形成能够和美国、澳大利亚竞争的全球优质棉产能，满足纺织业由中低端向中高端转变对棉花带来的新需求。

第四，多种措施降低生产成本，增加植棉效益。推进科技创新，强化农业科技基础条件和装备保障能力建设，提升棉花生产的科技水平，提高农业资源的产出效率。推进机制创新，培育新型棉花生产经营主体和新型服务主体，发展适度规模经营，降低棉花物质投入。继续大力推广机采棉，从育种、栽培、采收、加工等全环节联合攻关，探索和总结成熟的机采棉生产模式和生产标准，加大棉花加工企业的技改步伐，升级加工工艺，提高机采棉加工质量，实现"机械换人，降本增效"。

第五，完善市场体系，提高棉花流通效率。进一步加强对棉花市场的预测和研究，建立健全信息网络，及时向生产者、经营者和消费者提供准确可靠、系统完整的生产和市场信息。建立严格的市场督查及问责机制，特别是对"一证一线"等政策规定要加大监管和落实力度，将国内棉花加工产能控制在合理范围内。全面落实棉花加工企业质量主体责任，加强对棉花加工设备的底线要求，依法查处企业使用国家明令禁止的棉花加工设备。鼓励推动企业升级加工设备、优化加工工艺。建立健全棉花质量问题追溯机制，加大对棉花质量问题的追溯和违法行为责任的追究力度。充分发挥棉花期货市场的发现价格和套期保值功能，上市棉花期权交易，降低期货交易风险。

第六，开拓多元化市场，加快走出去步伐。近年来我国棉花进口来源地呈现多元发展，但进口来源地仍高度集中，对美棉和澳棉的依赖较高。中亚、非洲等国拥有丰富的棉花资源，在国家"一带一路"倡议下，国内企业、科研机构应积极开拓海外市场，与国内产业联动布局，合理配置资源。利用当地廉价的劳动力和土地资源，进一步开拓海外市场和资源。

提高美国棉花进口关税的经济影响分析

翟雪玲

近日,针对美国宣布将对原产于中国的进口商品加征25%的关税做法,我国政府依据《中华人民共和国对外贸易法》等法律法规和国际法基本原则,将对原产于美国编码为5201000未梳的棉花加征25%关税。此举对于捍卫我国自身合法权益,保护我国经济利益和安全至关重要。但是提高美国棉花进口关税后对我国棉花产业安全是否产生影响、对中美双方的经济影响有多大、我国应采取哪些措施将不利影响降到最低等问题急需尽快研究。

一、我国对美棉依赖度较大,但受影响的美棉规模不大

我国是全球最大的棉花消费国、进口国和第二大生产国,国内棉花供给常年需要依靠进口满足。2007—2017年,我国年均进口棉花250.4万吨,约占同期我国棉花消费量的28.7%。而其中美国是我国第一大棉花进口来源地(个别年份印度是第一)。2007—2017年,我国进口美国棉花年均85.5万吨,占总进口量的34.1%,占我国棉花消费总量的9.8%。从贸易数据可以看出,我国对美棉的依赖度较大,而且由于美棉具有一致性好、无三丝等特点,国内纺织企业普遍比较欢迎。

尽管从贸易数据看，我国对美棉依赖度较大，但拟加征细则中规定，我国仅对一般贸易方式进口的棉花加征关税，而加工贸易不在加征范围内。近3年我国进口棉花中一般贸易方式进口的棉花占总进口量的24.7%，以这个比例推算2007—2017年加征美国进口棉花的数量年均约21.1万吨，占同期我国平均进口量的8.4%。以2017年为例，2017年我国共进口棉花115.3万吨，其中一般贸易方式进口24.4万吨，占总进口量的21.2%。其中进口美国棉花50.5万吨，按照21.2%的比例计算，对美国进口棉花加征25%关税影响进口量约10.7万吨（见图1）。

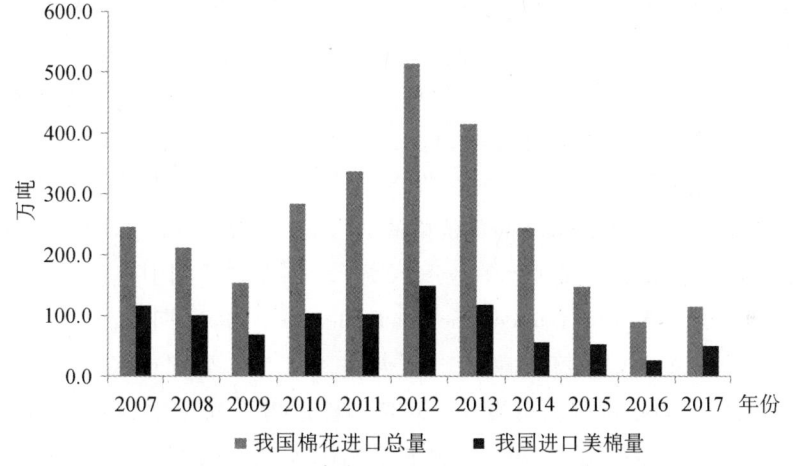

图1 我国棉花进口总量和来自美国棉花量

二、提高美国进口棉花关税的市场反应和经济影响

（一）美棉竞争力大幅下降

按照当前规定，我国棉花进口89.4万吨配额内实施1%的进口关税，配额外进口的一定数量的棉花实施滑准税。2016年以来，我国棉花正处于去库存阶段，仅发放1%关税内配额。按照当前拟加征关税规定计算，汇率按照2018年1—4月份的平均汇率1:6.4、港口费用每吨200元、美棉按照每磅90美分计算，1%关税下、11%增值税下美棉到岸价14549元/吨，加征25%关税下、11%增值税下美棉到岸价18151元/吨，较加征

关税前高 3602 元/吨，比 2018 年 4 月 8 日国内标准级棉花 15511/吨高 2640 元/吨。

从以上结果看加征 25% 的关税后同价位美棉人民币折算价格相比 1% 关税下将每吨提高 3600 元左右，高出当前国内棉价 2600 元左右，美棉进口成本将明显高于澳大利亚、巴西等国棉花价格。

（二）市场反应较为平淡

提高美国进口棉花关税市场整体反应较为平淡。从当前国内棉花现货市场看，棉花交易、储备棉抛储成交率并没有明显的变化，国内棉花价格仍然呈下行态势。国内 3128B 级棉花价格每吨从 4 月 3 日 15531 元下降到 4 月 10 日的 15505 元，储备棉的抛储成交率 4 月 9 日为 47.49%，相较于 4 月 3 日的 54.15% 的成交率有所下降。从国内期货市场看，CF805、CF807、CF809 合约无论是成交量还是成交价格并无大的变化。而从国际价格看，同样市场反应不大。代表国际棉花价格的 Cotlook A 指数每磅从 2018 年的 4 月 3 日的 90.20 美分上涨到 92.50 美分，似乎丝毫没有受到中美贸易争端的影响。美国洲际交易所（Intercontinental Exchange，ICE）期棉在 2018 年 4 月 4 日发布中国对美棉加征关税后市场大跌，但 5 日期棉市场回归基本面。随着美棉出口周报利好消息发布，ICE 期棉出现上涨，之后并没有出现受到中美贸易争端的影响迹象，更多的受美国天气等因素影响。

（三）对国内纺织产业影响有限，但潜在影响不容忽视

从以上分析可见，对美国进口棉花加征关税将影响约 20 多万吨的棉花。由于加征关税后美国棉花成本提高，企业承受能力有限，生产经营将受到一定的影响。但从市场多元化的角度分析，这种影响比较有限。

首先，市场上具有可替代品。目前，我国除了美国外，澳大利亚、印度、巴西都是我国较大的棉花进口国。其中，澳大利亚、巴西等国的棉花从质量上可以在一定程度上替代美国棉花。另外，从当前国际棉花供需形势看，也有利于我国分散棉花进口市场。根据国际棉花咨询委员会预测，2017/2018 年度国际棉花供需宽松，产量 2654.9 万吨，消费量 2629.9 万

吨，产量超过消费量，期末库存连续两个年度下降后又增加，达到1934.4万吨，在历史上属于库存规模较大的年份。而4—6月份刚好是南半球包括澳大利亚等国棉花的收获上市期，企业从其他国家组织货源难度不大。此外，国内新疆棉从2016年推进供给侧结构性改革后棉花品质大幅提升。根据企业反馈，目前同等级次的新疆棉质量完全可以媲美美国进口棉，企业也可以通过加大新疆棉的采购满足生产。

其次，企业可以通过直接进口棉纱替代。如果我国对美国进口棉花加征关税，企业可以通过从东南亚等国家直接进口棉纱替代。当前，我国规定对于含棉量在85%以上的棉纱进口关税为3.5%（东盟国家免税），而且从2009年起我国就开始大量进口纱线，整个纱线进口贸易网络比较成熟，企业可以较为便利地通过进口棉纱降低对进口美棉加征关税的影响和成本。如果增加进口棉纱则会对国内纺纱企业的生产能力有挤出效应，但总体看由于规模不大，影响并不会波及全行业。

从潜在影响看，如果双方贸易战升级，涉及我国纺织品服装出口，那对国内的影响就会比较大。2017年，我国纺织品服装出口额为2669.5亿美元，其中出口美国市场的约占16.9%，涉及450.4亿美元的出口。后续如果美国对来自我国的纺织品服装加征关税，国内纺织品服装出口会大幅下降，外贸企业都会普遍受到影响，开工率下降，员工就业、企业效益等都会受到不利影响。但是据棉花信息网数据显示，2017年美国进口纺织品服装总额1059亿美元，其中从中国进口387亿美元，占比36.5%。由此可见美国对中国的纺织服装品依赖度较高，且纺织服装又与广大民众的日常生活直接相关，预计波及纺织服装的可能性不大，但对于我国来说仍然要做好充分的准备。

（四）对美国影响有限

美国是全球最大的棉花出口国，2007—2017年年均出口棉花274.5万吨，占国内产量的78.8%。我国是其最大的棉花出口国（2016年后越南成为美第一大棉花出口国），2007—2017年美国出口中国的棉花年均85.5万吨，占美国总出口量的31.1%。提高关税后受影响的棉花数量平均为21.1

万吨,占美国平均年度内出口棉花总量的7.7%。从数量看,美国受到影响的出口棉花数量并不大。另外,2015年我国收紧滑准税配额以来,美国大力开拓其他出口市场。目前,越南、印度尼西亚等东南亚国家已经成为美国最主要的棉花出口市场,而且出口增长势头较好。2010—2017年美国出口越南、印度尼西亚的棉花数量从28.5万吨增长到91.6万吨,增长2.2倍,年均增长18.1%。仅从2017年看,美国受到影响的棉花只有约10万吨,这对美国300多万吨的出口总量而言影响并不大(见图2、表1)。

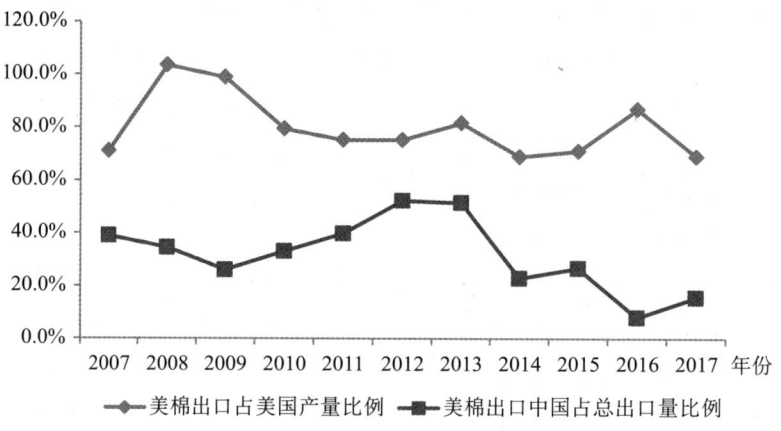

图2 美棉出口占产量和出口中国占总产量比例图

表1　　　　2012—2017年美棉主要出口市场占比份额

2012年	中国	土耳其	墨西哥	越南	其他亚洲国家	印度尼西亚
	54.0%	10.3%	7.1%	4.6%	3.0%	2.8%
2013年	中国	土耳其	墨西哥	越南	印度尼西亚	巴基斯坦
	38.5%	15.3%	7.9%	7.7%	5.0%	3.4%
2014年	中国	土耳其	越南	墨西哥	印度尼西亚	韩国
	23.9%	19.6%	10.1%	9.7%	7.7%	4.7%
2015年	中国	越南	土耳其	墨西哥	印度尼西亚	韩国
	19.9%	18.0%	12.6%	9.0%	7.9%	6.3%
2016年	越南	中国	土耳其	印度尼西亚	墨西哥	印度
	19.9%	13.9%	12.5%	8.7%	8.6%	6.3%

续表

2012年	中国	土耳其	墨西哥	越南	其他亚洲国家	印度尼西亚
	54.0%	10.3%	7.1%	4.6%	3.0%	2.8%
2017年	越南	中国	土耳其	印度尼西亚	墨西哥	印度
	19.3%	16.2%	12.6%	8.8%	6.9%	6.4%

三、应对措施

鉴于当前中美贸易争端仍没有缓和的迹象，我国应尽快做好应对措施，尽量将不利影响降到最低。

一是力争谈判解决，避免贸易争端升级。中美互为重要的贸易伙伴国，双方农产品贸易结构互补性较强。在全球化的背景下，开启贸易战只会损害双方利益，对双方都没有任何好处。因此，力争通过各种渠道各种方式，化解分歧，增进互信，寻求和平解决方法，避免贸易争端升级。

二是加大储备棉中进口棉的投放比例。当前我国储备棉尚有一定的规模，2018年度的棉花储备已经开始抛储。针对中美贸易争端，建议及时调整储备棉的抛储结构，加大进口棉的抛储规模以解企业燃眉之急，缓解市场焦虑情绪，避免棉花价格大幅波动。

三是加大国内新疆棉销售力度。供给侧改革以来我国新疆棉质量提高较快，与美棉不相上下，但很多企业并不了解新疆棉质量的改善状况。当前我国新疆棉供给充足，仍然有200多万吨的棉花待售。建议纺织行业协会、棉花协会等机构通过举办展会、赴新疆考察等多种方式增强企业对新疆棉的认识，加大新疆棉的销售力度，弥补美棉短缺对企业的影响。

四是促进棉花进口市场多元化。在"一带一路"倡议下，鼓励企业通过展销会、经贸洽谈会等多种方式大力开拓乌兹比克斯坦、哈萨克斯坦等中亚国家和澳大利亚、巴西等主要的棉花出口国，力促我国棉花进口市场多元化，分解进口过度集中的风险。

国际市场油菜籽价格波动特征及影响因素分析[*]

张雯丽

加拿大是世界第一大油菜籽生产和出口国,年出口量油菜籽占世界出口总量近70%。由于出口占比高,加拿大油菜籽出口价格也成为国际市场油菜籽价格形成和走向的风向标。基于数据的可获得性、连续性和代表性,本文以加拿大油菜籽出口市场价格以及期货价格为分析对象,在分析近10年来加拿大油菜籽价格走势特征的基础上,梳理剖析论证影响国际油菜籽价格波动的主要因素。分析显示,近10年来全球油菜籽价格走势呈现波动幅度减缓、波动频率加大、波动周期延长的特征;从影响价格波动的主要因素来看,除传统的供需形势影响价格形成外,期货价格走势、世界其他油料价格、主要国家汇率变化、气候因素以及资金流等因素对世界油菜籽价格形成的影响日益明显,凸显出全球油菜籽市场价格形成和波动面临的不确定性显著增加。

---

[*] 基金项目:国家现代农业产业技术体系特色油料产业专项(编号:CARS—14—1—32);农业部油料监测预警分析专项(2018)。

农产品市场与贸易

一、油菜籽国际市场价格的选取与基本走势

(一) 国际价格的选取

目前,国际市场中没有统一的全球油菜籽价格或者价格指数。从全球油菜籽生产结构来看,欧盟和加拿大是全球最大的油菜籽供应国(地区),两国(地区)油菜籽产量分别占全球产量的 29.6% 和 28.8%;从贸易结构来看,欧盟进口和出口贸易规模均较大,但多集中在欧盟区域内贸易,加拿大目前是世界第一大油菜籽出口国,年出口量油菜籽占世界出口总量近 70%。从市场价格形成看,欧盟和加拿大均具有高度的市场化价格形成机制,其中 ICE 油菜籽期货在加拿大温尼伯商品交易所(Winnipeg Commodity)上市,也成为世界油菜籽市场价格的风向标。基于生产、贸易和市场价格形成基础,本文将加拿大油菜籽价格作为国际市场油菜籽价格的代表进行分析。在分析数据的选取上,将加拿大油菜籽现货市场和期货市场价格均作为分析对象。基于数据的可获得性、连续性和代表性,本报告重点分析 2007 年以后油菜籽国际市场月度价格波动特征、规律。

(二) 国际价格基本走势

基于时间序列的价格趋势图来看,2007 年以来世界油菜籽价格总体呈现频繁波动趋势特征。初步按照市场价格上涨、下跌的阶段时期来划分,十余年来国际市场油菜籽价格走势可以划分为 5 个阶段。

1. 价格快速大幅上涨阶段(2007 年 1 月—2008 年 7 月)。这一时期,国际市场油菜籽价格从 384 美元/吨上涨是 747 美元/吨,涨幅高达 94.5%。这一轮价格上涨也使国际油菜籽价格上涨到历史高位。

2. 价格短期内持续大幅下跌阶段(2008 年 8 月—2008 年 12 月)。这一阶段,国际市场油菜籽价格在短短 5 个月内从最高 746 美元/吨回落至 383 美元/吨,价格跌幅高达 48.6%。

3. 价格波动回升阶段(2009 年 1 月—2013 年 5 月)。这一阶段,国际市场油菜籽价格总体呈现缓慢波动回升趋势特征,4 年多的时间,价格

从413美元/吨增至721美元/吨,价格增幅达到74.7%(见图1)。

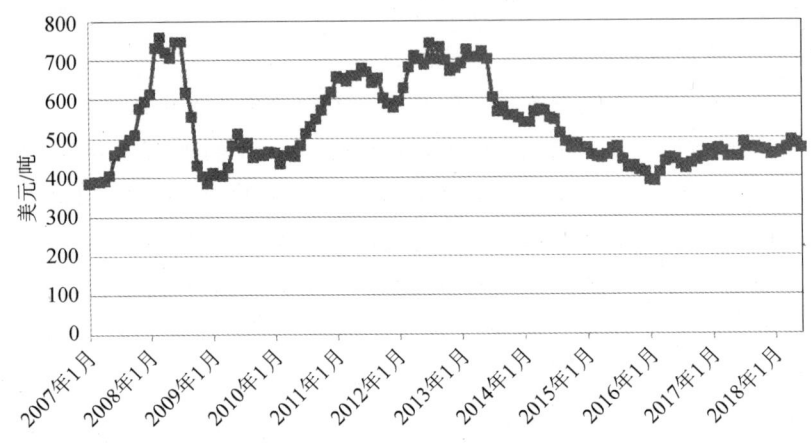

图1 世界油菜籽价格走势基本趋势特征

4. 价格波动回落阶段(2013年6月—2016年2月)。这一阶段,国际油菜籽市场价格波动下行趋势明显,在时段中间偶有上涨,但总体下行趋势不改。至2016年2月,价格跌至390美元/吨,较2013年6月下跌44.3%。

5. 价格波动中心小幅上移阶段(2016年3月—2018年6月)。这一阶段,国际油菜籽价格总体在420美元/吨至500美元/吨区间小幅波动,环比月均价波动幅度均在5%以内。从基本走势来看,尽管月均价波动幅度较小,但价格重心总体上移,突出表现为2016年3月—2017年3月,月均价为445美元/吨;2017年3月—2018年6月,月均价则增至469美元/吨。

二、油菜籽国际价格波动周期特征

(一)研究方法

为清晰刻画国际油菜籽价格走势特征,采用HP滤波法刻画价格波动的周期性特征;采用季节指数衡量短期价格波动的季节性特征。

1. HP滤波法。时间序列的变动要素中包含长期趋势要素、循环要素、季节变动要素和不规则要素。趋势分解方法是将经济时间序列中将长期趋势和循环变动要素进一步分离的有效方法。本文选择 HP 滤波法对价格波动的长短期特征进行衡量。HP 滤波法通过非线性回归对时间序列组成成分的长期趋势和循环要素进行分离。其原理为：

设 $\{Y_t\}$ 是包含趋势成分和波动成分的经济时间序列，$\{Y_t^T\}$ 是其中包含的趋势成分，$\{Y_t^C\}$ 是其中含有的波动成分，也即循环要素，则：

$$Y_t = Y_t^T + Y_t^C, \ t=1, 2, \cdots, T$$

利用 HP 滤波法将长期趋势从时间序列中分离出来，可观测的趋势要素 $\{Y_t^T\}$ 被定位为以下方程式最小化的解：

$$\min \sum_{t=1}^{T} \{(Y_t - Y_t^T)^2 + \lambda [c(L)Y_t^T]^2\}$$

其中：$c(L)$ 是延迟算子多项 $c(L) = (L^{-1} - 1) - (1 - L)$

长期趋势确定后，可以相应分离出循环要素。HP 滤波把经济周期看成是宏观经济对某一缓慢变动路径的一种偏离，长期趋势即为该路径在期间内的单调增长。

2. 季节调整。季节调整主要用于分析价格波动的短期特征。在考察价格序列波动周期时，首先需要剔除季节波动要素。季节调整的方法有 CensusX12 方法、11 方法、移动平均方法和 Tramo/Seats 方法等。本文采用移动平均方法乘法模型对季节要素进行衡量。

（二）价格波动特征

考虑到月度价格数据存在季节性特征，为避免季节性干扰数据本身的周期性特点，通过移动平均比率乘法模型的方法来计算季节指数，对加拿大油菜籽价格进行调整，季节指数如表 1 所示。季节指数显示，油菜籽价格指数在 3—8 月大于 1，也即油菜籽价格存在比较明显的上涨，这个时期的价格上涨与加拿大油菜处于种植阶段、油菜籽现货可供给量逐渐减少以及新菜籽尚未上市有一定关系。9 月以后，加拿大油菜籽陆续开始收获上市，国际市场现货供给逐步得到满足，价格指数会有小幅回落。随着后期油菜籽集中上市，市场供给显著增加，在一定程度上降低了市场价格预期，因此油菜籽价格指数逐步走低。

表 1　　2007 年 1—2018 年 6 月加拿大油菜籽价格季节指数

月份	1月	2月	3月	4月	5月	6月
季节指数	0.970351	0.992005	1.011266	1.024349	1.037166	1.053824
月份	7月	8月	9月	10月	11月	12月
季节指数	1.045412	1.000711	0.990221	0.957258	0.961257	0.962568

采用 HP 滤波法对经过季节调整的油菜籽实际价格序列进行长期趋势的剔除，最终得到价格波动的循环要素，图 3 为加拿大油菜籽价格循环因素体现。

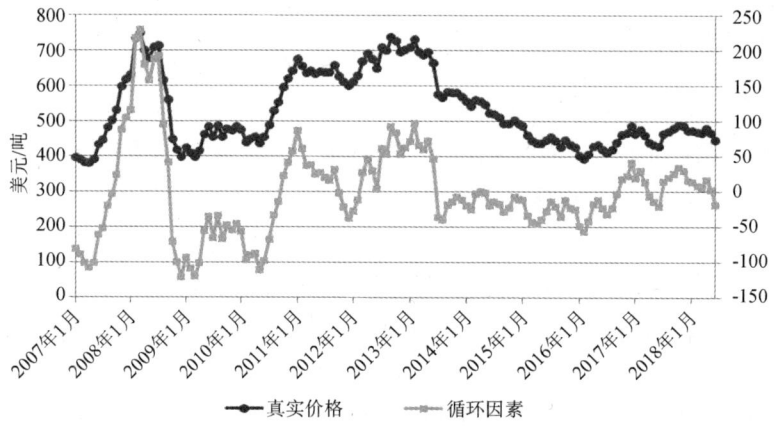

图 2　加拿大油菜籽市场价格波动示意图

国际市场油菜籽价格循环要素显示出价格波动的时间分布特征：一是从总体波动幅度趋势来看，世界油菜籽价格的波动程度，也即振幅呈现先大后小的趋势。二是从波动频率来看，呈现前期频率小，后期波动频率大的特征。为进一步刻画波动特征，我们对国际市场油菜籽价格波动周期进行细致划分。根据周期划分的标准①，我们将国际油菜籽实际价格波动划

---

①　波动周期的划分标准有三个：（1）形态标准。一个周期波动要求基本图形完成，从波峰点到波谷再到波峰，或者是从波谷到波峰再到波谷点，定义为一个波动周期，同时，图形具有明显的下凹或者上凸的形态。（2）幅差标准。在增长率波动的图形上，从波峰点到波谷点的落差要超过 5%。（3）时间标准。一个周期波动要有一定长的年限跨图，一般要包含 2 个或 2 个以上的生产周期，油菜籽为一年生作物，因此周期应该大于或等于 2 年（24 个月）。

分为以下3个完整周期和一个未完成周期（如表2所示）。

表2　　　　　　　加拿大油菜籽短期月度价格波动周期划分

序列	周期时期	长度（月）	峰值月份	峰值价格（美元/吨）	峰谷月份	峰谷价格（美元/吨）	振幅
1	2007年1月—2008年12月	24	2008年3月	757	2008年12月	383	49.4%
2	2009年1月—2011年12月	36	2011年1月	656	2009年3月	403	38.6%
3	2012年1月—2015年4月	40	2013年2月	726	2015年4月	449	38.2%
4	2015年5月至今	—	—		—		

注：振幅均为最高最低价差与最高价的比值百分数。

波动周期划分结果显示，世界油菜籽价格呈现波动周期延长、波动幅度总体较大、不同阶段波幅趋于缩小的特征。一是周期长度增加。三个完整周期长度分别为24个月、36个月和40个月。二是波动振幅均保持较高水平。三个已完成的周期振幅均在38%以上，最大的达到49.4%，显示价格波动十分剧烈。三是波动振幅呈收缩趋势。尽管三个周期波幅均较大，但总体上趋于缩小。特别是最近的未完成周期，油菜籽价格波动幅度显著小于前三个周期。

三、影响油菜籽国际价格波动的原因解析

（一）市场供需形势及关键因素

全球油菜籽供需形势是影响油菜籽价格波动的首要因素，也是核心因素。从供给来看，一是产量因素。世界主要生产国（地区）加拿大、中国、欧盟、澳大利亚等的油菜种植面积、产量预期是判断价格预期的基准因素。除传统油菜籽主产国以外，中东欧地区的乌克兰、俄罗斯等国近年来油菜生产发展迅速，随着生产规模的增加，对世界油菜产量的影响也逐渐显现。二是期初库存以及全球进口贸易量。期初库存高企则影响本年度价格下行。而期初库存主要受上年度期末库存影响。从需求端来看，因素

相对复杂，其中，主要消费国消费规模是影响是国际市场价格波动的主要因素。一是油菜籽的油用消费规模增长情况。目前菜籽油是中国、美国、日本等国居民的主要消费油脂种类，这些主要国家经济增长情况、人口结构变动、消费偏好等因素均对消费趋势产生影响，进而影响全球油菜籽价格走势。二是菜籽油生物质燃料消费需求。近年来，随着世界油菜籽工业和食用消费的快速增长，生物质能源也快速发展，欧盟等对菜籽油用于生物质能源加工的消费需求快速增加，直接影响全球油菜籽供需偏紧，造成世界油菜籽价格恢复上涨。

（二）国际市场油菜籽期货价格

国际油菜籽市场中，除加拿大油菜籽现货市场价格是国际市场油菜籽价格走势的风向标外，加拿大油菜籽期货市场价格也是油菜籽现货市场价格形成的重要因素和方向指标。农产品期现货市场关联十分紧密。从理论基础来看，持有成本理论（Robert，1999）和仓储理论（Working，1962）能较好地反映期货市场具有发现价格功能。期货价格作为现货市场的远期交易反映，对现货市场价格的形成具有影响。这种影响表现为：远期交易中，期货价格走高，表明市场远期交易需求增多，现货价格也将受到预期价格走高的影响表现出走高的趋势；期货价格走低，表明市场远期交易需求减少，现货价格受预期价格走低影响会表现出走低的相同趋势。近期交易中，期货价格则表现为向现货价格的回归，期现货价格之间的差额会越来越小，交割期两种价格差额会趋向于零。从整体上来看，期货价格与现货价格走势保持长期的趋同趋势。从国际市场来看，油菜籽远期供求变化会反映在期货交易价格上，国际市场中油菜籽远期供大于求，则远期交易期货价格呈走低趋势；反之，产品远期供小于求时，期货价格则呈现走高趋势。为更加具体地分析国际油菜籽价格波动特征，我们对油菜籽期现货市场价格关系进行实证分析（见图3）。

1. 国际市场期现货价格波动比较。从国际市场油菜籽期现货价格序列的波动相对幅度来看，现货价格波动更为剧烈，变异系数达到0.198，期货价格波动变异系数为0.153。期现货价格的相互影响及传导会对现货

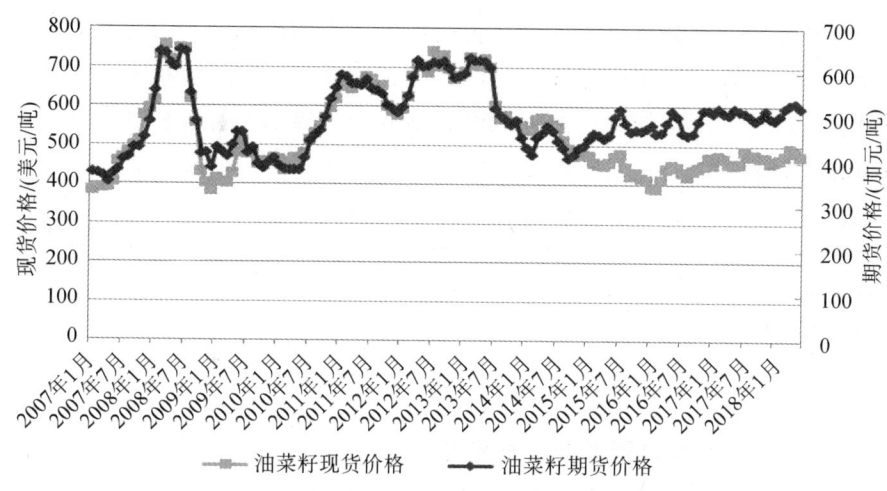

图3 加拿大油菜籽期现货市场价格趋势

市场波动程度产生影响，导致现货价格波动更为剧烈（见表3）。

表3 加拿大市场油菜籽期货价格和现货价格波动指标（相对波幅）

指标	现货价格（美元/吨）	期货价格（加元/吨）
均值	531.1	495.7
最大值	757	650.1
最小值	383	354.0
标准差	105.3	75.7
变异系数	0.198	0.153

2. 国内外期货价格相关性分析。对期现货价格的相互关系进行进一步分析。国内外期货市场价格关联性分析显示，2007年1月—2018年6月，国际油菜籽期现货价格序列保持较强的相关性，相关系数达到0.84。继续对平稳性及期现货价格关系进行检验。依据序列特征以及 AIC、SC 准则来确定序列的检验形式及滞后项，国际市场油菜籽期现货价格序列在一阶差分条件下均在1%显著性水平表现平稳。基于价格序列的平稳特征，进一步对期现货价格引导关系进行检验。检验结果显示：国际市场油菜籽期货价格与现货价格存在显著的格兰杰因果关系，期货价格对现货价

格的引导表现的十分显著,而现货价格则不对期货价格产生引导。从实证检验的角度来看,油菜籽远期市场的供需预期是引导现货价格的变动的重要因素,通过远期市场的监测和判断,能判断世界油菜籽价格的基本走向和趋势(见表4)。

表4　　　　　　　国际油菜籽期现货价格因果关系检验

因果关系	F值	P值	
现货价格不引导期货价格	0.338	0.7137	接受
期货价格不引导现货价格	9.62471	0.0001	拒绝

(三) 替代品供需形势及价格走势

大豆和棕榈油是全球油料油脂加工消费中的主要品种,特别是大豆,生产和贸易规模远大于油菜籽。在食用油加工特别是终端调和油加工中,豆油、棕榈油因价格优势对菜籽油的替代十分突出。因此,国际市场大豆和棕榈油供需形势以及价格走势也成为影响国际市场油菜籽价格的重要因素。如全球大豆和棕榈油生产减产引发价格上涨,也会相应带动油菜籽价格上涨,反之则影响油菜籽价格下跌。2005年中国等国油菜籽减产,虽然世界油菜籽贸易量也受到影响,由于受当时豆油市场价格持续下跌的影响,国际油菜籽价格持续低位运行。此外,如果菜油价格过高,精炼油厂或者用油企业往往会使用其他植物油替代,或者进行掺兑,从而导致菜油需求量降低,促使油菜籽价格回落。2016年,受厄尔尼诺气候影响,全球棕榈油预计减产600万吨,引发棕榈油价格大幅上涨,带动全球油料油脂价格均大幅上行。2016年1—12月,国际市场中马来西亚24度棕榈油FOB价由每吨548美元涨至747美元,累计上涨36.3%,年内均价为673美元/吨,同比涨11.8%,是全球油料油脂中涨幅最大的品种,也成为带动油料油脂价格普遍上涨的源动力。同期,加拿大油菜籽CNF均价由每吨391美元涨至467美元,累计上涨19.4%(见图4)。

(四) 全球能源供需形势及价格

全球能源价格变动从两方面影响世界油菜籽价格形成。一是能源价格

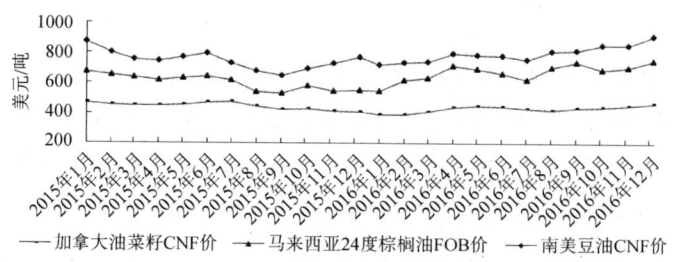

图 4　2015—2016 年国际食用植物油价格走势

上升增加油菜籽生产和国际运输成本，进而影响油菜籽价格走高。金融危机后，全球经济缓慢复苏，石油价格平稳上升，能源价格上涨直接推高了油菜籽生产和运输成本，导致国际油菜籽上涨。二是能源价格走势影响油菜籽用于生物质能源的加工需求，进而影响油菜籽价格形成。油菜籽是加工生物能源的原料之一，欧盟是利用菜籽油加工生物燃料的主要国家。石油是全球第一大能源，其供需和价格走势也是影响油菜籽生物燃料加工需求和价格的主要因素。全球石油价格走高时，利用油菜籽加工生物能源价格优势便突显出来，国际市场对油菜籽的需求也相应增加，一定程度上会带动油菜籽价格走高；反之，全球石油价格走低，油菜籽用于加工生物能源的价格优势减少，加工需求相应受到影响，进而影响价格走低。近年来，全球能源开发供给量不断增加，加之部分国家石油储备量陆续被发现，全球能源供给充裕，价格总体下行明显，国际市场油菜籽价格也受此影响持续低位震荡（见图5）。

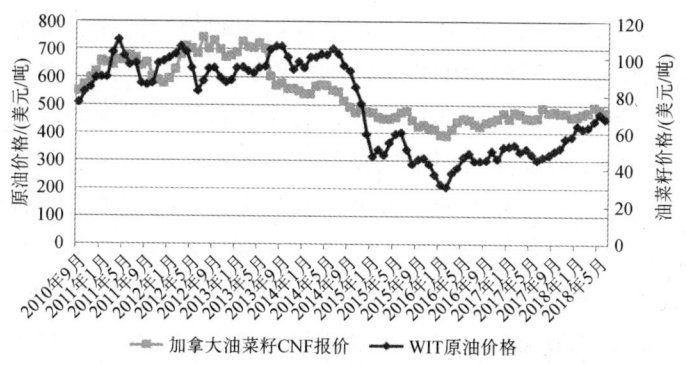

图 5　近年来世界原油价格走势与油菜籽价格变动趋势

（五）政策及气候等其他因素

一是政策因素。影响油菜籽价格的政策因素包括主要生产和贸易国的支持政策、调控政策以及贸易政策等。这些政策既涵盖单一针对油菜籽的，也包含针对其他油料油脂的政策。如2008—2014年，我国针对油菜籽实施临时收储政策，在很大程度上影响了中国油菜籽价格走势，也间接带动了国际油菜籽价格上行。2018年3月以来，中美两国围绕重要农产品加征进口关税等展开多次谈判，对中国油料进口结构以及全球油料贸易格局形成显著影响，也引起加拿大油菜籽以及其他国家油菜籽价格小幅上涨。二是气候影响。极端天气多发频发也是影响世界油菜籽产量进而影响价格的因素。油菜籽在生长过程中，受干旱、低温、洪涝影响较大，尤其在生长后期和收割、脱粒、整晒期，遭遇灾害性天气，将会使油菜籽品质降低、单产下降、出油率降低，进而对国际油菜籽价格造成影响。三是金融资本流动影响。金融投机资本利用各种突发事件炒作，信息传递便捷也在一定程度上放大了市场波动，影响全球油菜籽价格形成。由于油菜籽等油料品种具有供需弹性低、交易规模小的特点，更容易受到投机资金的炒作，从而加剧国际油菜籽价格波动。

四、结论

分析显示，近10年来全球油菜籽价格走势呈现波动幅度减缓、波动频率加大、波动周期延长的特征。价格波动的趋势特征显示出市场面临的不确定性越来越大，同时影响价格波动的因素也更加复杂、多变。

从影响因素的分析来看，在高度市场化和贸易融合度的背景下，世界油菜籽价格的形成首要决定因素仍是供需基本面。但由于油菜籽处于大宗油料油脂市场中，其涉及的竞争性替代品如大豆、棕榈油等品种较多，同时这些产品价格波动也极为频繁；另外，油菜籽市场面临的宏观环境和贸易环境也较为复杂，因此，除基本的供给和需求规模影响价格走势以外，期货价格走势、其他油料油籽替代品价格走势、世界能源价格走势、主要国家汇率、主要国家油料生产和贸易政策以及气候变化等因素对油菜籽价格走势的影响也日益明显。除供需基本面因素外,其他因素在弱化或加剧价格波动上发挥了重要作用。

参考文献

[1] 张雯丽. 供给侧结构性改革背景下油菜产业发展路径选择 [J]. 农业经济问题, 2017 (10).

[2] 农业部市场预警专家委员会. 中国农业展望报告 (2018—2027) [M]. 中国农业科学技术出版社. 2018 (4).

[3] 武玉环, 秦富. 近年我国油菜籽价格波动及成因分析 [J]. 价格月刊, 2018 (3).

[4] 叶锋等. 基于HP滤波法的我国猪肉价格波动周期性探究 [J]. 价格月刊, 2017 (10).

世界葵花籽生产、贸易结构变迁及趋势分析[*]

张 莹 张雯丽

葵花籽富含不饱和脂肪酸、多种维生素和微量元素，是一种重要的食用油料之一。近年来，我国葵花籽产业的不断发展壮大，对外贸易规模逐步提高。尤其是"一带一路"倡议实施以来，我国全方位扩大对外开放，形成了前所未有的开放新格局，为葵花籽及葵花籽油贸易带来开放新契机。对世界葵花籽生产、贸易结构变迁及趋势的分析，有助于进一步认清我国葵花籽市场在世界葵花籽市场中的地位以及产业发展的方向与机遇。

然而，现有文献对此研究尚不是很充分。与本文主体相关的已有研究大体可分为两类。一类研究以我国向日葵产业为研究对象，从生产潜力、产业发展现状等方面，分析了发展向日葵的生产优势及发展前景，指出了

---

[*] 基金项目：国家现代农业产业技术体系特色油料产业专项（编号：CARS—14—1—32）；农业农村部油料监测预警分析专项。

产业发展瓶颈与问题，并提出了发展向日葵的相关对策建议①。另一类研究与本文的关注点较为接近，从生产与贸易格局视角进行分析，但多是以油脂油料作物为研究对象。其中，滕怀渊（2006）指出，受人口增长和市场对植物油需求量不断增加的影响，世界油料作物快速发展，与其他油料作物相比，葵花生产发展平稳，贸易量增长迅速②。徐雪高等（2012）通过分析中国油料作物及食物植物油供需现状及进出口形势，对未来供需变动趋势及前景进行了预测，认为未来我国油料作物增产潜力之一就在于利用向日葵、胡麻等耐旱、耐贫瘠、耐盐碱等特性在西北盐碱地、干旱贫瘠地发展向日葵、胡麻产业③。邓婷鹤（2015）基于美国农业部相关统计数据，总结了近几年世界油料、油脂生产、消费以及贸易格局变动特征，认为中国等发展中国家对油料、油脂市场的影响日趋显著④。王永刚（2010）认为，大豆主导着世界油料的生产和贸易，国际市场上没有强有力的替代大豆的油料品种，油料及植物油进口相对分散，但中国在世界进口市场上占有重要地位⑤。何伟（2011）基于引力模型分析了中国食用油籽贸易影响因素及贸易潜力，对葵花籽出口的实证分析结果表明，葵花籽受国内市场供需的影响不大，其出口量主要受进口国潜在进口需求因素的影响，中国对主要市场的葵花籽出口量呈上升趋势⑥。

现有研究的一个重要不足是对世界向日葵生产和贸易格局尚没有较为系统的分析。造成这一不足的原因主要有两点：一是向日葵产业属于经济

---

① 刘俊梅. 向日葵生产发展潜力初探 [J]. 现代农业, 2015（3）: 16-17; 张晓洁 等. 山东省向日葵发展状况与前景分析 [J]. 中国种业, 2017（8）: 20-22; 赵贵兴 等. 中国向日葵产业发展现状及对策 [J]. 农业工程, 2011, 1（2）: 42-45; 贺小勇, 吴敏南. 内蒙古巴彦淖尔市向日葵产业发展瓶颈调查及建议 [J]. 河北农业科学, 2011（7）: 72-76.

② 滕怀渊. 世界主要油料作物生产贸易变化 [J]. 世界农业, 2006（8）: 30-33.

③ 徐雪高, 曹慧, 刘宏. 中国油料作物及食用植物油供需现状与未来发展趋势分析 [J]. 农业展望, 2012（11）: 9-15.

④ 邓婷鹤. 世界油料、油脂供需及贸易格局分析 [J]. 中国油脂, 2015, 40（9）: 1-6.

⑤ 王永刚. 世界主要油料及植物油生产和贸易格局分析 [J]. 中国油脂, 2010, 35（8）: 1-6.

⑥ 何伟. 基于引力模型的中国食用油籽贸易影响因素及贸易潜力研究 [D]. 中国农业科学院, 2011.

作物中的小品类，关注的学者相对较少；二是关注向日葵产业的学者偏向于生产技术的研究。在此背景下，本文拟基于相关统计数据，总结世界葵花籽生产、贸易发展情况和结构特征，并在此基础上分析未来世界葵花籽市场的发展趋势，以期对现有相关研究有所补充，为进一步推动我国向日葵生产和贸易发展提供科学参考。

一、世界葵花籽生产发展动态及结构特征

（一）世界葵花籽生产规模整体呈扩大趋势

自 20 世纪 60 年代以来，世界葵花籽生产规模虽有波动，但整体呈扩大趋势。在种植面积、单产水平双增的推动下，世界葵花籽总产量显著增加，且增速明显高于种植面积和单产水平的增速（见图 1）。从变化趋势看，世界葵花籽产量变化趋势与种植面积变化趋势基本吻合，具体可分为两个阶段：第一阶段为 1961—1999 年，此阶段世界葵花籽产量和播种面积大致呈稳步增加的趋势；第二阶段为 2000—2016 年，在此期间，世界葵花籽总产量、播种面积基本都是波动增加。发生这种转折的原因主要与国际市场价格有关。2000 年，国际市场植物油价格疲软，葵花籽首当其冲①。国际市场价格的下跌导致葵花籽播种面积的减少，进而造成世界葵花籽产量的下降。美国农业部发布的世界油籽市场贸易报告显示，2017/2018 年度世界葵花籽总产量预计小幅增加，葵花籽粕和葵花籽油消费需求讲带动葵花籽压榨量的提升。

（二）世界葵花籽生产区域分布相对集中，乌克兰和俄罗斯主产国地位较为稳固

从表 1 可以看出，世界葵花籽生产区域分布相对集中，主要生产国前三位排名由 1995 年的阿根廷、俄罗斯、乌克兰变为 2016 年的乌克兰、俄罗斯和阿根廷。1995 年以来，乌克兰和俄罗斯主产国地位较为稳固，基本上呈交替排位第一的状态，且两国合计产量占世界总产比例不断提高。

---

① 刘俊梅. 向日葵生产发展潜力初探 [J]. 现代农业, 2015 (3): 16-17.

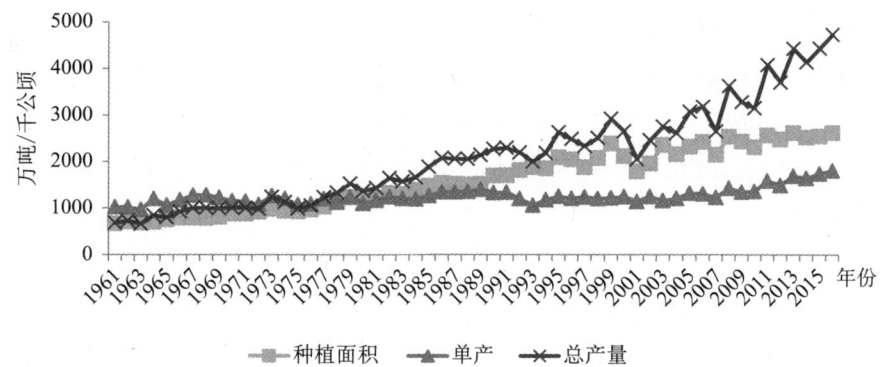

图1 1961—2016年世界葵花籽种植面积、单产、产量变化情况

数据来源：FAO 数据库。

2016年，乌克兰和俄罗斯两国葵花籽产量占世界总产量的比例合计52.04%，与1995年的26.84%相比，提高了25.2个百分点。产量增加的动力来自以下几个方面：一是葵花籽种植面积增加。乌克兰肥沃的黑土资源和适宜的气候条件有利于向日葵生长，产出的葵花籽品质好。乌克兰大力发展葵花籽种植，2016年葵花籽种植面积608.67万公顷，与1995年的200.76万公顷相比，增长了203.18%。葵花是俄罗斯的国花，向日葵是俄罗斯最受欢迎的农作物之一，种植面积占俄罗斯经济作物总面积的50%左右。2016年俄罗斯种植了729.36万公顷向日葵，与1995年的412.67万公顷相比，增加了76.74%。二是生产技术进步。作为传统优势产业，乌克兰、俄罗斯不断加大葵花籽生产技术研发，向日葵新品种及高产配套栽培技术等生产技术不断进步，单产水平稳步提高，带动了葵花籽产量的增加。三是葵花籽油消费需求拉动。近年来消费者对葵花籽油的营养功能认知度越来越高，葵花籽油消费需求快速增长。乌克兰、俄罗斯作为世界两大葵花籽生产国，在消费需求的刺激下，生产规模持续扩大。

阿根廷逐渐从世界生产第一大国退居第三大国，产量由1995年的579.95万吨下降至2016年的300.04万吨，降幅48.27%。产量下降的主要原因有两点：一是播种面积的下降，阿根廷葵花籽种植面积从1995年的295.45万公顷下降到141.4万公顷，降幅达到52.14%；二是天气干旱的影响,近年来阿根廷饱受天气干旱的影响,在一定程度上影响了葵花籽的产量。虽然阿根廷葵花籽产量世界排名虽然仅由第一位下滑至第三位,但产量占世界总产比例下滑十分明显,由1995年的22.05%下滑到2016年的6.34%,占比发生较大变动的主要原因在于乌克兰、俄罗斯占比的大幅增加。

中国葵花籽生产发展迅猛,世界排名由1995年的第六位上升至2010年的第三位,2016年排名有所下滑,位列第四,占世界总产比例为5.47%。近年来,罗马尼亚、保加利亚等东欧国家向日葵产业发展速度也明显加快,葵花籽产量排名上升不断攀升。

表1　1995—2016年世界葵花籽主要生产国占世界总产比例变化

1995年		2000年		2005年		2010年		2016年	
国家	占世界总产比例(%)	国家	占世界总产比例(%)	国家	占世界总产比例(%)	国家	占世界总产比例(%)	国家	占世界总产比例(%)
阿根廷	22.05	阿根廷	22.90	俄罗斯	21.05	乌克兰	21.49	乌克兰	28.78
俄罗斯	15.97	俄罗斯	14.79	乌克兰	15.32	俄罗斯	16.96	俄罗斯	23.26
乌克兰	10.88	乌克兰	13.05	阿根廷	11.92	中国	7.29	阿根廷	6.34
法国	7.67	中国	7.37	中国	6.27	阿根廷	7.08	中国	5.47
美国	6.92	法国	6.92	美国	5.93	法国	5.21	罗马尼亚	4.29
中国	4.83	美国	6.07	法国	4.92	保加利亚	4.87	保加利亚	3.96

数据来源:FAO数据库。

(三) 以色列、乌兹别克斯坦、奥地利和中国具有单产优势,未来发展潜力较大

从全球范围来看,以色列葵花籽单产水平增长最快,2016年为7117.8千克/公顷。乌兹别克斯坦、奥地利两国葵花籽单产水平也相对较高,2016年均超过3000千克/公顷,但与以色列单产差距较大。中国葵花籽单产水平稳步提高,2016年为2698千克/公顷,与世界平均单产1806.7千克/公顷相比,每公顷葵田可以多生产891.3千克的葵花籽。但与高水平单产国家相比,仍有很大增产空间。乌克兰和俄罗斯虽然是世界两大葵花籽生产国,但两国葵花籽单产并不高,2016 年乌克兰葵花籽单产水平为 2238.8 千克/公顷,略高于世界平均水平,俄罗斯葵花籽单产为 1509.6 千克/公顷,比世界平均单产水平还低(见图 2)。

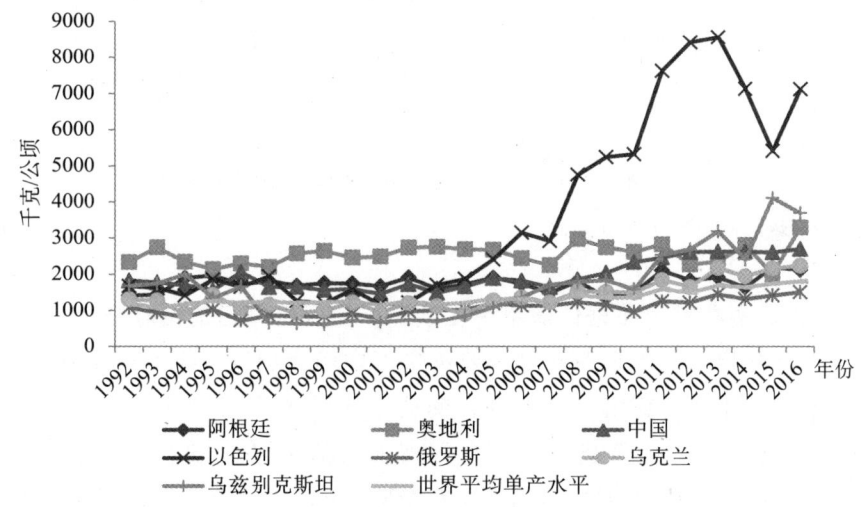

图 2　1992—2016 年世界葵花籽部分生产国单产水平变化

数据来源:FAO 数据库。

二、世界葵花籽贸易发展动态及结构特征

(一)世界葵花籽贸易快速发展,阶段性增长特征明显

1988 年以来,世界葵花籽贸易快速发展。全球葵花籽国际贸易量由 80.39 万吨上升至 2016 年的 908.35 万吨,增长了 10 倍多,年均增长率达到 9.05%(见图 3)。世界葵花籽贸易发展可以分为三个阶段:第一阶段(1988—1996 年),世界葵花籽贸易规模快速扩张,年均增长率达到 35.44%;第二阶段(1997—2002 年),世界葵花籽贸易规模逐年缩小年均降幅 11.08%;第三阶段(2003—2016 年),世界葵花籽贸易呈波动增长的趋势,受波动增长的影响,此阶段进出口贸易总量年均增长率仅为 1.86%。

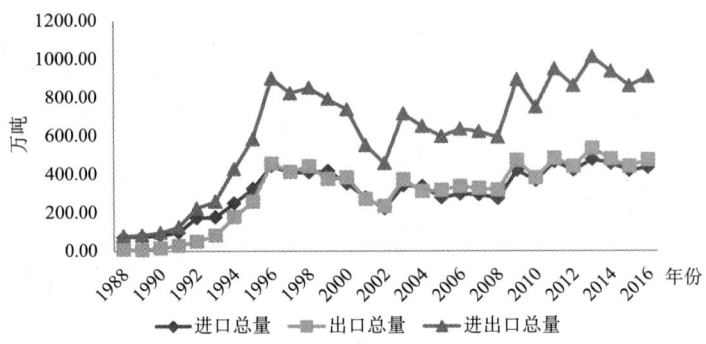

图3 1988—2016年世界葵花籽进出口贸易规模变化情况

数据来源：UN Comtrade 数据库。

（二）葵花籽主要进口国集中在欧洲，主要出口国别相对分散

1995年以来，世界葵花籽主要进口国别较为稳定，主要集中在荷兰、西班牙、土耳其、德国、意大利、葡萄牙等欧洲国家，进口规模差距不大，除个别年份，主要进口国进口规模占比都在20%以下。葵花籽进口贸易主要集中在欧洲地区与欧洲人喜欢食用葵花籽油有关。根据美国农业部数据显示，2017年欧盟葵花籽油消费量为466万吨，占世界总消费量的27.23%，俄罗斯葵花籽油消费量213万吨，占世界总消费量的12.45%，两者合计占比达到39.68%（见表2）。

表2　1995—2016年世界葵花籽主要进口国进口量占比变化

1995年		2000年		2005年		2010年		2016年	
国家	占比(%)	国家	占比(%)	国家	占比(%)	国家	占比(%)	国家	占比(%)
西班牙	18.56	荷兰	18.90	西班牙	24.34	土耳其	17.64	荷兰	15.11
荷兰	17.09	西班牙	15.96	荷兰	18.11	荷兰	15.09	法国	12.39
土耳其	11.02	土耳其	14.98	土耳其	17.65	德国	13.02	西班牙	10.67
比利时	8.44	德国	10.14	意大利	7.95	西班牙	6.58	土耳其	8.80
德国	8.14	葡萄牙	7.63	德国	5.66	意大利	6.00	德国	8.03
葡萄牙	7.77	比利时	5.41	奥地利	3.37	罗马尼亚	5.66	意大利	5.19

数据来源：UN Comtrade 数据库。

从表3可以看出，1995—2016年，世界葵花籽主要出口国别相对分散，排名变动较大，进口规模有所差异。2016年，罗马尼亚、保加利亚、摩尔多瓦等国是世界三大葵花籽出口国，三国的出口量占世界总出口量的比例接近50%。从区域分布上来看，葵花籽出口贸易主要集中在罗马尼亚、保加利亚、匈牙利、法国等欧洲国家，这主要是因为欧洲国家在葵花籽生产与贸易上具有地理区位优势。

表3　1995—2016年世界葵花籽主要出口国出口量占比变化

1995年		2000年		2005年		2010年		2016年	
国家	占比（%）	国家	占比（%）	国家	占比（%）	国家	占比（%）	国家	占比（%）
阿根廷	32.70	俄罗斯	28.54	法国	18.84	匈牙利	17.21	罗马尼亚	24.98
法国	29.96	乌克兰	21.33	保加利亚	16.14	保加利亚	15.17	保加利亚	14.52
美国	12.82	法国	13.46	匈牙利	15.65	罗马尼亚	14.59	摩尔多瓦	9.42
匈牙利	9.65	阿根廷	7.24	俄罗斯	8.74	法国	11.23	匈牙利	7.95
加拿大	2.93	匈牙利	7.17	美国	6.18	乌克兰	10.72	阿根廷	6.45
德国	2.58	美国	4.74	罗马尼亚	5.79	美国	4.01	法国	6.39
荷兰	1.62	摩尔多瓦	2.85	乌拉圭	4.17	中国	3.82	中国	6.25

数据来源：UN Comtrade 数据库。

（三）世界葵花籽贸易流向

1. 葵花籽主要进口国进口来源于罗马尼亚、保加利亚、摩尔多瓦、匈牙利等国家。2016年葵花籽进口量居于世界前五位的国家依次是荷兰、法国、西班牙、土耳其和德国，这五个国家的葵花籽总进口量占世界葵花籽进口总量的54.99%。在这五个国家中，有三个国家的第一大进口来源国都是罗马尼亚，此外，土耳其的第一进口来源国是摩尔多瓦，德国的第一进口来源国是匈牙利。具体来看，2016年，荷兰进口葵花籽65.64万吨，其中从罗马尼亚进口葵花籽17.37万吨，从保加利亚进口葵花籽16.97万吨，合计占比超过50%。法国进口葵花籽53.84万吨，从罗马尼亚进口25.51万吨，占比接近50%。西班牙进口葵花籽46.35万吨，第一大进口来源国也是罗马尼亚，进口量19.48万吨，占42.03%。土耳其葵花籽进口量为38.23万吨，其中，从摩尔多瓦进口葵花籽17.31万吨，占45.26%。进口来源国相对分散，从匈牙利进口葵花籽11.24万吨，占32.21%，从保加利亚、法国、斯洛伐克和奥利地四国共进口14.16万吨，占40.58%（见表4）。

表4　　　　　　　　2016年葵花籽主要进口国的进口来源

进口国	荷兰	法国	西班牙	土耳其	德国
主要进口来源国及占比	罗马尼亚（26.46%）	罗马尼亚（47.38%）	罗马尼亚（42.03%）	摩尔多瓦（45.26%）	匈牙利（32.21%）
	保加利亚（25.86%）	阿根廷（21.91%）	法国（33.40%）	罗马尼亚（14.68%）	保加利亚（17.26%）
	匈牙利（13.53%）	保加利亚（15.50%）	保加利亚（6.56%）	保加利亚（13.56%）	法国（8.48%）
	法国（7.56%）	乌克兰（7.03%）	美国（4.51%）	俄罗斯（12.90%）	斯洛伐克（7.98%）
	阿根廷（6.21%）	俄罗斯（3.88%）	乌克兰（3.48%）	阿根廷（8.15%）	奥地利（6.85%）

数据来源：UN Comtrade数据库。

2. 葵花籽主要出口国出口流向荷兰、法国、罗马尼亚、德国等国家。2016年，葵花籽出口量居世界前五位的国家依次是罗马尼亚、保加利亚、摩尔多瓦、匈牙利和阿根廷，这五个国家的葵花籽总出口量占世界葵花籽出口总量的63.31%。其中，罗马尼亚、保加利亚出口目的国相对分散，具体来看，罗马尼亚的葵花籽主要出口至法国、荷兰、巴基斯坦、葡萄牙和西班牙，出口目的国相对分散，第一出口目的国出口量占比在25%以下。保加利亚葵花籽出口目的国也不存在一家独大的情况，最大的出口目的国荷兰出口量占比20.86%；出口到德国和法国的葵花籽合计为16.22万吨，占23.57%；对土耳其和南非的出口量合计为9.39万吨，占13.64%。摩尔多瓦出口目的国居于前五位的依次是罗马尼亚、英国、土耳其、瑞士和保加利亚，罗马尼亚出口量占比在三分之一左右。匈牙利情况与摩尔多瓦类似，第一大出口目的国德国占比34.45%。阿根廷葵花籽出口目的国集中度最高,2016 年共出口葵花籽 30.55 万吨,其中对法国出口 14.75 万吨,占 48.28%(见表 5)。

表 5　　　　　　　　2016 年葵花籽主要出口国的出口流向

出口国	罗马尼亚	保加利亚	摩尔多瓦	匈牙利	阿根廷
主要出口目的地及占比	法国 (24.58%)	荷兰 (20.86%)	罗马尼亚 (35.18%)	德国 (34.45%)	法国 (48.28%)
	荷兰 (22.01%)	德国 (12.47%)	英国 (25.96%)	荷兰 (19.10%)	葡萄牙 (15.56%)
	巴基斯坦 (9.46%)	法国 (11.10%)	土耳其 (12.10%)	奥地利 (11.30%)	荷兰 (13.60%)
	葡萄牙 (7.46%)	土耳其 (7.95%)	瑞士 (10.49%)	意大利 (10.62%)	西班牙 (3.32%)
	西班牙 (7.13%)	南非 (5.69%)	保加利亚 (9.83%)	比利时 (9.62%)	土耳其 (3.13%)

数据来源:UN Comtrade 数据库。

三、中国葵花籽及制品贸易规模快速增长

为了促进油料作物的发展,我国相关部门先后出台了《振兴油料生产计划工作方案》《全国大宗油料作物生产发展规划(2016—2020 年)》等政策文件。在此背景下,我国葵花籽产业迅速发展,葵花籽及制品贸易规模显著增加。

(一)食用葵花籽出口规模不断扩大

从葵花籽贸易来看,我国葵花籽进口极少,主要以出口为主,出口品种为食用葵花籽。2005—2016 年,中国葵花籽出口量从不足 10 万吨增至近 30 万吨,出口额从不足 1 亿美元增加到 4 亿多美元。2016 年,我国葵花籽出口量占世界总出口量的比重为 6.25%,与 2010 年相比,提高了 2.43 个百分点,在世界贸易中占比显著提高。从出口目的国来看,我国葵花籽主要出口到伊朗、埃及、伊拉克、土耳其、越南等国家。目前葵花

籽出口量值已经超过了芝麻,成为中国出口食用油籽的第三大产品。

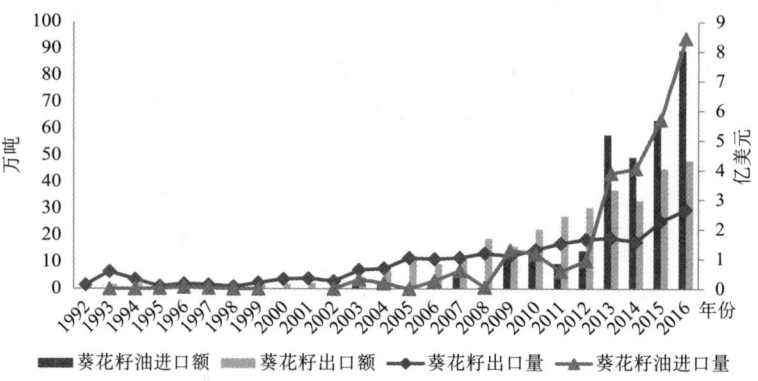

图 4　1992—2016 年中国葵花籽及葵花籽油进出口贸易变化

数据来源:UN Comtrade 数据库。

(二) 葵花籽油进口显著增加

尽管葵花籽主要以出口为主,进口规模较小,但国内对葵花籽油进口量近年来显著增加,尤其是 2012 年以来,进口增幅较为明显。2016 年,中国葵花籽油[①]进口量为 93.85 万吨,与 2012 年的 10.46 万吨相比,增长了近 8 倍,与 1995 年的 0.13 万吨相比,增长了 600 多倍,中国也成为世界葵花籽油主要进口国中进口量增幅最大的国家。由于进口规模显著增加,中国占世界进口贸易比重也在不断增加,1995 年仅为 0.06%,近年来的最高峰值达到 10.38%。从贸易结构来看,我国主要从乌克兰、俄罗斯等葵花籽主要生产国进口葵花籽油。2016 年,我国自乌克兰进口葵花籽油 69.92 万吨,占 74.49%,自俄罗斯进口 13.33 万吨,占 14.20%,从阿根廷、哈萨克斯坦、土耳其合计进口 10.42 万吨,占 11.10%。葵花籽油进口显著增加的原因是国内外价格倒挂,部分年景中国进口的葵花籽油价格接近国产油用葵花籽收购价格。中国在世界葵花籽市场中的贸易总量及结构趋势及特征凸显出中国葵花籽市场供需形势存在明显的结构性矛

---

① 海关统计数据中包含红花油。

盾，短期内中国参与世界葵花籽及制品贸易的程度将日益加深。

四、世界葵花籽市场发展趋势分析

（一）世界葵花籽生产规模稳步扩大

从上述分析中，可以看出，1961年以来世界葵花籽生产规模虽然有波动，但整体上仍呈上升趋势。考虑到世界葵花籽种植面积的增加、生产技术的进步以及单产水平的提高对葵花籽产量增加的拉动作用，再加上近年来消费者对葵花籽油的营养功能认知度越来越高，葵花籽油消费需求快速增长，未来世界葵花籽生产规模势必会继续扩大。

（二）世界葵花籽贸易集中度会有所降低

近年来，世界葵花籽需求稳步增加，国际贸易市场较为活跃。从葵花籽贸易结构中可以看出，世界葵花籽贸易主要集中在欧洲地区，同时贸易流向具有显著的区域特征。随着中国、哈萨克斯坦、阿根廷等亚洲、美洲国家葵花籽贸易的快速发展，未来世界葵花籽贸易结构会更加多元化，传统优势市场的贸易规模占世界总贸易规模的比例会呈下降趋势，世界葵花籽贸易集中度也会随之降低。

（三）中国在世界葵花籽市场上的重要性日趋增强

从生产上看，中国是葵花籽生产大国，生产规模虽然与阿根廷、俄罗斯等国相比还有较大差距，但整体呈上升的趋势，目前产量世界排名已经上升至第三位。从贸易上看，近年来葵花籽的出口量值已经超过了芝麻，成为中国出口食用油籽的第三大产品，中国葵花籽油进口逐年增多，已经成为世界第二大葵花籽油进口国。随着国内葵花籽产业的逐步发展壮大和国家"一带一路"战略的稳步推进，可以预测，中国葵花籽参与全球市场的程度将进一步提高。其中，食用葵花籽单产水平的提高将有利于促进食葵出口贸易更加活跃，而油用葵花籽及葵花籽油对进口依赖程度将不同程度提高。随着葵花籽及葵花籽油进出口贸易的日趋活跃，我国葵花籽产业受国际市场的影响程度也会越来越高，未来要警惕进出口贸易对国内葵花籽产业可能造成的影响,如油用葵花籽进口对我国油葵产业的冲击,进出口贸易国贸易政策调整对我国葵花籽及葵花籽油进出口的影响等。

(四) 世界葵花籽油贸易规模将进一步增加

随着居民收入的增加,膳食结构将进一步调整,人们对于健康饮食的关注度进一步提高,葵花籽油等健康油料作物势必会更频繁的走上餐桌。未来,欧盟、印度、中国、北非和中东等国家和地区葵花籽油等加工产品的需求量会继续增加,由此带动世界葵花籽油贸易规模的增加。

参考文献

[1] 刘俊梅. 向日葵生产发展潜力初探 [J]. 现代农业,2015 (3): 16-17.

[2] 张晓洁等. 山东省向日葵发展状况与前景分析 [J]. 中国种业,2017 (8): 20-22.

[3] 赵贵兴等. 中国向日葵产业发展现状及对策 [J]. 农业工程,2011,1 (2): 42-45.

[4] 贺小勇,吴敏南. 内蒙古巴彦淖尔市向日葵产业发展瓶颈调查及建议 [J]. 河北农业科学,2011 (7): 72-76.

[5] 滕怀渊. 世界主要油料作物生产贸易变化 [J]. 世界农业,2006 (8): 30-33.

[6] 徐雪高,曹慧,刘宏. 中国油料作物及食用植物油供需现状与未来发展趋势分析 [J]. 农业展望,2012 (11): 9-15.

[7] 邓婷鹤. 世界油料、油脂供需及贸易格局分析 [J]. 中国油脂,2015,40 (9): 1-6.

[8] 王永刚. 世界主要油料及植物油生产和贸易格局分析 [J]. 中国油脂,2010,35 (8): 1-6.

[9] 何伟. 基于引力模型的中国食用油籽贸易影响因素及贸易潜力研究 [D]. 中国农业科学院,2011.

我国水产品进口贸易形势与未来战略布局[*]

刘景景 张静宜

水产品是优势出口品种,近些年来,为满足国内养殖饲料和消费需求,水产品进口增长迅速,食用水产品进口更是进入快车道。虽然增速较快,但进口一直是国内产业的重要补充,水产品进口总体而言并未对国内产业造成实质性损害,甚至更大程度上弥补了国内资源的不足和消费需求。结合近年来水产品进口贸易发展的形势和我国产业发展需求,现对水产品进口贸易形势作一简要梳理和分析,对未来水产品进口贸易战略布局提几点参考建议。

一、我国水产品进口贸易发展的总体形势

(一)进口量、额均快速增长,进口集中度下降

从用途来看,水产品进口主要由来进料加工原料进口、饲用鱼粉进口和食用水产品进口等几个主要部分组成。目前全球水产品贸易主要有四大进口市场:欧盟、美国、日本和中国。作为重要的水产品加工出口国和养殖大国,我国水产业对来进料加工原料和饲用鱼粉的需求强烈,2005年

---

[*] 本文受农业农村部渔业局渔业经济形势项目和国家大宗淡水鱼产业技术体系(编号:CARS—45)资金资助。

起,我国就超越日本成为水产品进口总量最大的国家,目前水产品进口量约占世界进口总量的 11.8%,远高于美国、日本 7% 左右的比例水平。可以说,就量而言,我国已经是世界第一大水产品进口国。但从进口额来看,受水产品消费能力的制约和官方统计渠道的限制,我国目前是世界第三大水产品进口国,且进口额占世界进口总额的比例仅为 6.2%,远低于美国、日本 10% 以上的比例水平[1]。

我国水产品进口在近十几年来呈现快速增长状态,2000—2013 年水产品进口量年均增长 3.9%,在世界主要水产品进口国中,这一速度低于泰国、韩国和俄罗斯,但显著高于美国、日本、西班牙、丹麦、德国、法国等发达国家,说明我国水产品进口增长潜力巨大。与进口量的变化相比,进口额增长的速度则十分惊人,2000—2013 年,我国水产品进口额达到了年均 10.7% 的增长水平,这一比例基本高于主要的水产品进口国。进口额增速明显快于进口量的变化,这说明进口产品的价格提升较快以及侧面反映出进口结构中高值产品的比例有所增加。

我国水产品进口来源地主要包括俄罗斯、东盟、美国、秘鲁、加拿大、智利、新西兰、挪威、日本、欧盟等地。近年来,进口国家渐趋分散多元,集中度下降。2016 年,我国进口排名前十位的来源地进口量和进口额占比分别为 81.5% 和 78.6%,这一比例分别较 2012 年下降 4.3 个和 5.1 个百分点。2016 年东盟超越了美国和秘鲁成为我国水产品进口第二大来源地,加拿大的进口增长也较为迅速,排名第五,而自欧盟进口的排名位次下滑。

(二) 进口增速快于出口,贸易顺差收窄

我国水产品进口规模的快速扩张是与出口增长相伴的,近 10 年来,进口增长的速度逐步超越了出口。2006—2016 年,水产品进口额、出口额年均增速分别为 8.1% 和 8.3%,两者旗鼓相当。不过从 2014—2016 年

---

[1] 根据 FAO Fishery Commodities Global Production and Trade (online query) 数据计算,数据计算到 2013 年。

近3年来看,进口额年均增长达到2.8%,而出口额平均每年增长0.8%。贸易顺差也持续收窄,2016年贸易顺差额为114亿美元,与2015年持平,较2014年减少11亿美元。2017年,水产品贸易顺差98亿美元,同比减少13.7%。

从进出口价格对比来看,过去10年中,水产品进口价格增速为6.0%,水产品出口价格年均增速为4.8%,进口价格增长速度快于出口。2014—2016年,水产品进口价格年均上涨3.8%,出口价格却年均下跌1.5%,一涨一跌间可以看到我国水产品的国际竞争力实际在下降。未来随着食用水产品进口规模扩大,水产品进口价格的增幅预计仍将超过出口。

(三) 来进料加工原料进口比例萎缩,一般贸易进口比例增加

从贸易方式来看,水产品进口主要由一般贸易、来进料加工(包含来料加工装配贸易和进料加工)、保税区仓储转口货物、保税仓库进出境货物等主要部分构成。近年来,水产品进口的结构发生了重要变化。受劳动力成本增加以及东南亚等国同构竞争加剧等因素影响,进料加工和来料加工装配贸易的比例不断萎缩。2016年来料加工装配贸易进口额较2006年减少6.1亿美元,占水产品进口贸易的比例由2006年的18%下降至2016年的6%。进料加工贸易进口额较2006年减少12.6亿美元,占水产品进口贸易的比例缩减至18%,与2006年相比,下降了21个百分点。在来进料加工贸易内部结构上,进料加工贸易的比重相对提升,进料加工占总体来进料加工的比例由2006年的55%提高至2016年的80%。一般贸易比例总体呈上升趋势,2006年一般贸易进口占比39%,2013年以来这一比例基本稳定在50%以上,2016年为54%。

(四) 食用水产品进口增长迅速,鱼粉进口年际波动较大

我国食用水产品进口在近10年来进入了快速增长时期,食用水产品进口额由2006年的4.6亿美元增长到2016年的34.6亿美元,增加

30亿美元，年均增长22%，高于同期水产品进口总额年均增速14个百分点。食用水产品进口额占水产品进口总额的比例由2006年的10.7%增长至2016年的36.9%，提高了26.2个百分点，食用水产品进口增长对水产品进口增长作出了重要贡献。其中，进口体量较大的品种集中在鳕鱼、大马哈鱼、比目鱼、墨鱼、鱿鱼、鲭鱼、大西洋鲑鱼、扇贝、对虾、蟹类等。这些产品是国内消费者特别是沿海大城市居民青睐的热点产品，在国内需求日益增加且国内生产不足的背景下，进口驱动力强劲。

受国内水产、畜牧养殖需求和国际鱼粉产量、价格等多种因素影响，鱼粉进口年际间波动较大。2011年、2012年都在120万吨以上，2013—2016年基本稳定在100万吨左右。2017年我国实施了史上最严的禁渔期制度，禁渔时间延长，禁渔类型增加，许多特种水产品如大黄鱼、加州鲈鱼、海水蟹等以前用冰鲜鱼的，不得不转用饲料，变相增加了对鱼粉的需求。2017年年中，鱼粉价格处于近3年来低点，与2015年初相比，主要港口超级蒸汽鱼粉报价下降1/3以上。在上述几种因素叠加作用下，2017年我国鱼粉进口量达到157.16万吨，同比增长51.6%。

（五）多数降税品种进口量增加

近年来，我国政府多次调减水产品进口关税。对水产品降税，一方面反映了我国水产品消费结构向高端市场倾斜，需求总量在扩大，降税可以使国内生产和消费者需求得到更好满足。另一方面，关税调减也给一些进口海鲜原产国带来了更广阔的市场，符合我国贸易大国的定位。在《2017年关税调整方案》中，金枪鱼、北极虾、带鱼、帝王蟹等多类海鲜产品的进口关税下调，绝大多数海鲜税率都降低了一半以上。比如，冻金枪鱼进口关税税率由12%降至6%，冻煮北极甜虾进口关税率由5%降至2%。受此影响，冻格陵兰庸鲽鱼、冻大眼金枪鱼、冻大西洋蓝鳍金枪鱼、其他冻北方长额小虾等产品的进口同比显著增长（见表1）。

表 1　　2017 年降税水产品进口情况

降税品种	进口额（万美元）	同比（%）	进口量（吨）	同比（%）
冻格陵兰庸鲽鱼	9621.4	47.6	18592.8	36.9
冻鲽鱼	422.5	-41.1	2146.8	-40.1
冻长鳍金枪鱼	794.7	-11.4	2522.4	-17.6
冻黄鳍金枪鱼	3704.8	26.8	15146.4	9.9
冻大眼金枪鱼	551.6	297.9	1325.1	124.9
冻大西洋蓝鳍金枪鱼	130.4	114.7	44.6	108.6
冻太平洋蓝鳍金枪鱼	5.2		22.0	
冻南金枪鱼（南方蓝鳍金枪鱼）	424.0		218.9	
冻带鱼	5236.7	-7.9	25113.2	-15.8
其他冻蟹	27715.7	29.6	28155.2	15.2
其他冻北方长额小虾	24934.8	41.9	44568.1	40.4
活、鲜或冷的岩礁虾和其他龙虾（真龙虾属、龙虾属、岩龙虾属），种苗除外	47073.6		8353.3	
活、鲜或冷的鳌龙虾（鳌龙虾属），种苗除外	30045.3		15088.0	
其他活、鲜或冷的蟹，种苗除外	46690.3		44291.6	

二、未来水产品进口贸易发展趋势及战略布局

（一）国内生产主动调减背景下供需缺口有扩大势头

2016 年我国水产品进口量 404 万吨，占国内水产品总产量的比重在 6% 左右，供需缺口虽有，但总量不大。受鱼粉进口激增影响，2017 年水产品进口总量接近 490 万吨。考虑到国内生产处于主动调减阶段，供需缺口或进一步扩大，进口在未来较长时期会有更大幅度的增长。一方面，增

长源于消费者对直接食用水产品的需求。近些年来,进口高品质水产品逐渐受到国内消费者青睐,冷冻产品的形式也被消费者接受,未来消费者食用水产品的进口需求将显著增加。另一方面,进口增长源于水产养殖必需的饲用产品需求。我国的鱼粉加工企业已由之前的300余家,缩减至2015年的50家左右,未来可能会继续萎缩至30家,压减的饲料产能将来需要进口产品的弥补。

(二)国内消费者饮食习惯决定了国内外市场有别,进口目的重在调剂,对进口增长不必过分紧张

目前我国水产品的进口关税水平虽然低于很多发达国家,但降税进口品类与我国本土产品存在一定的差异性,并以补充供给短缺为主要目的,因此,对本土产业的冲击不必过于担心。在消费习惯上,我国也与其他国家有所差异。我国消费者喜食鲜活鱼虾,遍尝各式品种,这与欧美人偏爱鱼片,日本人偏爱生鱼、鱼糜的消费习惯不同,消费品种的多样性在全世界可谓独树一帜。这种消费特点从根本上决定了国内外市场有一定程度的分割性,特别是淡水鱼等以鲜活消费为主的品类,进口产品很难替代,这也意味着国内产品的优势地位短期内难以撼动,进口重在调剂,弥补资源缺口。

(三)对进口品种要坚持"有保有压,区别对待"的原则

从长远来看,适度的水产品进口有利于满足消费者需求,减轻国内资源环境压力,在一定范围内是应该鼓励的。目前通过"灰色渠道"进入国内的水产品数目不清,监管不严,不仅扰乱了国内正常的市场秩序,也形成了未来的质量安全隐患。因此,应该在鼓励适度进口的前提下,加强对水产品种营养级和环境损耗程度的研究,对待不同品种要坚持"有保有压、区别对待"的原则。

一是国内养殖应重点布局食物转换效率高、产出量大的品种。淡水养殖应鼓励滤食性、草食性鱼类等不投饵、低营养级别的品种,如鲢鳙鱼、草鱼等,海水养殖应重点发展贝藻类产品,促进多营养层级综合养殖模式发展，对循环水养殖、稻渔综合种养模式予以重点扶持，鼓励发展有助减排二氧化碳、缓解水域富营养化的养殖模式。

二是国外进口要重点引进捕捞品种和高营养级别、高蛋白消耗型养殖品种。现有进口品种主要以捕捞品种为主，未来在国内捕捞限制政策下，这部分产品的进口会有进一步增长空间。对于国内捕捞不能满足的部分，应该鼓励进口。鼓励鱼粉等饲料原料进口，对虾、蟹类等国内养殖不能满足的高营养级别品种也应列入鼓励序列。但对于巴沙鱼等白肉鱼，考虑到国内替代性较强的罗非鱼养殖规模较大，多年来经济效益欠佳以及巴沙鱼进口品质良莠不齐、市场混乱，对这一类品种应该从质量安全标准方面予以规范和限制进口。

三是来进料加工贸易要逐步转型。来进料加工贸易基本属于"体外循环"，虽然解决了就业等问题，但这种贸易方式与国内经济的联动效应差，并以国内资源消耗为代价，其对经济增长的拉动作用小于一般贸易。对于来进料加工贸易，建议在延长国内增值链的要求下，引导其从制造环节向研发、内销延伸，促进加工贸易转型升级。

四是对"由出转进"型品种应重点加强质量标准体系建设和进口监管。在养殖品种退化、养殖环境恶化、国内消费需求增加等多种因素促成下，我国对虾等个别品种由出口逐渐转向进口，但这些养殖产品的来源国多是发展中国家，由于他们养殖标准滞后、水平较低、监管体系不完善，生产加工过程控制能力不足以及储存运输途中冷链中断等原因，进口产品中屡被检出致病菌、药残超标等。而对虾产品的多个项目没有适用的食品安全国家标准，检验检疫无标可依，极易引起外方非议和企业质疑。因此，在进口贸易快速发展的背景下，水产品质量安全标准体系、检验检疫制度等亟待创新和规范。

（四）构建开放型适度贸易保护政策框架，通过流通终端反向溯源倒逼"灰色渠道"转向"正规渠道"

贸易保护是贸易大国必备的策略和战术，对水产品进口贸易我们总体应持适度开放的态度，但在贸易保护政策方面，也应提前做好功课，完全放开有可能给国内产业带来毁灭性冲击,也会使政府在处理其他国际事务时没有退步余地。因此,我们应该秉持开放型适度保护的贸易态度,构建相应的政策框架。在目前官方统计口径下,我国水产品的进口总量不大,但灰色渠道进口猖獗已是业内共识,建议研究以流通终端反向溯源的方式,倒逼灰色渠道进口逐步转入正规,同时加快研究跨境电商监管政策和通关便利措施,正向引导进口贸易发展。

推动乡村绿色发展与打赢脱贫攻坚战

以绿色发展引领乡村振兴

——习近平总书记农业绿色发展思想研究

金书秦　韩冬梅*

一、导言

过去的较长一段时间内,在农产品供给压力下,产量成为农业追求的核心目标,在获得高产出的同时,也导致水土资源低效利用、化肥农药过度投入、畜禽粪污大量排放,对农业生态系统和农村环境造成破坏,制约农业的可持续发展。拼资源、拼投入、拼消耗的生产方式已经难以为继,农业亟待回归其绿之本色,推进农业绿色发展势在必行。这是农业发展观的一场深刻革命,也是农业发展方式的重大转变。在这种重大转变过程中,需要有纲领性的理论指引。习近平同志一直高度关心"三农"工作,而绿色发展、生态保护等关键词也频繁出现在他关于"三农"和其他工作的重要指示中。当前,我们正在深入推进农业绿色发展,习近平同志关于农业绿色发展作出的诸多重要指示,是其丰富的实践经验和长期深入思考相结合的产物,具有很强的理论性和系统性,为我们推进农业绿色发展

---

* 作者金书秦,农业农村部农村经济研究中心;韩冬梅,河北大学经济学院。

提供了强大的理论指引。

二、习近平同志农业绿色发展思想的实践源泉

实践是理论的基础，是思想的源泉。了解理论提出的实践背景，有助于更好地理解和运用理论，并进而指导下一步实践。习近平同志重视和关心"三农"工作，一方面是继承和发扬我党将"三农"作为全党工作"重中之重"的优良传统；另一方面，从其个人经历而言，无论是在基层工作时的身体力行，还是成为党的高级领导干部乃至全党核心后的感情所系，习近平同志都始终保持着与"三农"的血肉联系。从习近平同志在基层和地方工作的几个重要阶段可以看出，他关于农业绿色发展的思想是在丰富实践基础上长期总结和思考的结果。

1969年年初，15岁的习近平来到延安梁家河村，直至1975年10月离开，7年梁家河，束发变成年。这7年的时光，日常农村劳动并与农民打成一片，而习近平能够由一个外来知青，成长为大队书记，足可想见其在农村表现的出色程度，当地乡亲们至今的印象仍是"架子车拉得好""干活儿不撒尖儿"的好后生。在梁家河，为了解决村上缺煤少柴的问题，习近平建起了村里第一口沼气池，也是陕西省第一口。40多年后，2016年12月，作为总书记的习近平主持召开了第十四次中央财经领导小组会议，专门就畜禽粪污资源化利用作出重要指示，提出要"以沼气和生物天然气为主要处理方向，解决畜禽养殖场粪污处理和资源化问题"。"我人生第一步所学到的都是在梁家河。不要小看梁家河，这是有大学问的地方"。应该说梁家河办沼气的亲身实践为习近平同志思考畜禽粪便资源化利用方向奠定了基础。

1982—1985年，习近平在河北正定县任县委副书记、书记，这三年间他跑遍了全县所有村。郡县治，天下安。习近平总书记也将正定作为自己从政之路的起点，足见其对县域治理的重视。初任县委副书记时，他就分管农村经济。为了解决该县的吃饭问题，直接推动了该县的包干到户，当年就实现了农业产值翻一番，农民人均收入从不足150元，增加到400多元。相比在梁家河村的具体农事劳动，在县委书记任上，需要站在更高的视角、更广的范围全面考虑"三农"问题。

1998—2002年期间，已经是党的高级领导干部的习近平在清华大学人文社会学院马克思主义理论与思想政治教育专业在职攻读博士学位，其博士论文题为《中国农村市场化研究》，在更高的理论层面系统地思考中国的农村问题。几乎就在取得博士学位之后，习近平同志开始主政浙江省，2005年在安吉县余村，提出了"绿水青山就是金山银山"的著名论断。

可以说，从梁家河办沼气、正定县当书记、清华大学攻读博士学位、主政一方，直到成为全党核心，习近平同志始终心系"三农"，而绿色发展的思想则贯穿他从基层到领袖的始终。

三、习近平同志农业绿色发展重要思想的五大基本要义

深入学习领会习近平同志关于农业绿色发展的重要思想和论断，有利于为下一步推进工作把握方向、抓住重点、找准节奏。通过学习有关文献，结合农业发展特点，我们梳理出习近平同志关于农业绿色发展思想的五大基本要义。

（一）绿色就是发展，绿色优化发展

早在2005年，习近平同志就提出"绿水青山就是金山银山"的论断。后来他又用三个阶段系统论述了"绿水青山和金山银山"的辩证关系：第一阶段就是用绿水青山换取金山银山；第二阶段是既要金山银山也要绿水青山；第三个阶段是认识到绿水青山可以源源不断地带来金山银山，绿水青山本身就是金山银山，我们种的常青树就是摇钱树，生态优势变成经济优势，形成了一种浑然一体、和谐统一的关系。这三个阶段是经济增长方式转变的过程，是发展观念不断进步的过程，也是人和自然关系不断调整、趋向和谐的过程。2013年9月7日，在哈萨克斯坦纳扎尔巴耶夫大学发表演讲回答学生们提出的环境保护问题时，习近平态度鲜明地阐释了自己对于"两山"的取舍："我们既要绿水青山，也要金山银山。宁要绿水青山，不要金山银山，而且绿水青山就是金山银山。"在谈及长江经济带时,习近平强调:"推动长江经济带发展必须坚持生态优先、绿色发展的战略定位,这不仅是对自然规律的尊重,也是对经济规律、社会规律的尊重。"可以看出,在保护和发展的关系上,他强调绿色既是发展的原动力,也是发展的目标,要用绿色的目标优化发展的方式。

(二) 农业绿色发展不仅是经济问题,更是关乎民心的政治问题

生态保护不仅仅是环境问题,也是一个涉及经济发展、政治稳定的大问题。2013年4月25日,习近平总书记在党的十八届中央政治局常委会会议上指出:"我们不能把加强生态文明建设、加强生态环境保护、提倡绿色低碳生活方式等仅仅作为经济问题。这里面有很大的政治。"在习近平总书记的眼里,最大的政治是民心,关乎人心向背。他也不无担忧地警示大家,"经济上去了,老百姓的幸福感大打折扣,甚至强烈的不满情绪上来了,那是什么形势?"2015年5月,他在浙江省召开华东7省市党委主要负责同志座谈会时指出:"让良好生态环境成为人民生活质量的增长点。"习近平同志在多个场合直截了当地强调环境就是民生。2013年,习近平总书记在海南考察时指出,良好生态环境是最公平的公共产品,是最普惠的民生福祉。2015年3月,习近平总书记在参加江西代表团审议时强调:"环境就是民生,青山就是美丽,蓝天也是幸福。要像保护眼睛一样保护生态环境,像对待生命一样对待生态环境。"在针对畜禽养殖污染这样的具体问题时,习近平总书记在中央财经领导小组第十四次会议上指出:"加快推进畜禽养殖废弃物处理和资源化,关系6亿多农村居民生产生活环境,关系农村能源革命,关系能不能不断改善土壤地力、治理好农业面源污染,是一件利国利民利长远的大好事。"这意味着畜禽粪便资源化利用已经超越经济范畴,是为民谋福利的长远大事。

(三) 农业绿色发展要全面系统

单个要素的保护不是绿色发展,农业本身就是一个生态系统,尤其要强调系统性和全面性。2013年11月15日,习近平在对《中共中央关于全面深化改革若干重大问题的决定》作说明时指出:"山水林田湖是一个

生命共同体，人的命脉在田，田的命脉在水，水的命脉在山，山的命脉在土，土的命脉在树。"2016 年 1 月 7 日，习近平在推动长江经济带发展座谈会上强调："长江经济带作为流域经济，涉及水、路、港、岸、产、城和生物、湿地、环境等多个方面，是一个整体，必须全面把握、统筹谋划。"不仅是环境的全要素保护，还应当是社会经济的全要素发展。2015 年 1 月 20 日习近平在云南考察工作时指出："新农村建设一定要走符合农村实际的路子，遵循乡村自身发展规律，充分体现农村特点，注意乡土味道，保留乡村风貌，留得住青山绿水，记得住乡愁。"

（四）农业绿色发展要有历史耐心，久久为功

2013 年 12 月 28 日，习近平考察参观北京供热企业时强调："改革开放 30 多年来，我们的成绩无与伦比，但问题也高度集中。解决环境问题要迈出更大步伐，也要有耐心定力。"2015 年 1 月，习近平总书记考察云南时强调："在生态环境保护上一定要算大账、算长远账、算整体账、算综合账，不能因小失大、顾此失彼、寅吃卯粮、急功近利。生态环境保护是一个长期任务，要久久为功。"农业本身就是一个"慢"产业，推进农业绿色发展、改善生态环境，要求我们避免急功近利，更要杜绝形式主义、一蹴而就的思想和行为。

（五）农业绿色发展的落脚点是提供更多优质的农产品

更加注重产品质量，这是农业绿色发展的落脚点。习近平总书记强调，推进农业供给侧结构性改革，要把增加绿色优质农产品供给放在突出位置。当前，农产品供给大路货多，优质的、品牌的还不多，与城乡居民消费结构快速升级的要求不相适应。推进农业绿色发展，就是要增加优质、安全、特色农产品供给，促进农产品供给由主要满足"量"的需求向更加注重"质"的需求转变。2017 年 3 月 9 日第十二届全国人民代表大会第五次会议习近平总书记在参加四川代表团审议时再次强调："必须深入推进农业供给侧结构性改革，主攻农业供给质量，注重可持续发展，加强绿色、有机、无公害农产品供给。"这也是总书记多次在谈及农业绿色发展时指出的,"既要看速度,也要看增量,更要看质量。""能不能在食品安全上给老百姓一个满意的交代,是对我们执政能力的重大考验,也是农业绿色发展的根本落脚点。"

四、以绿色发展引领乡村振兴的几点要求

习近平新时代中国特色社会主义思想是马克思主义中国化的最新成果,其中有关农业绿色发展的重要论述,既对农业绿色发展提出了明确的目标要求,也是我们推动工作的行动指南,对于实践具有重要的指导意义。下一步,要在观念和行动上坚决贯彻习近平新时代中国特色社会主义思想,以绿色发展引领乡村振兴。

第一,要转变观念,正确处理发展与保护的关系。"生态就是资源,生态就是生产力",要牢固树立绿水青山就是金山银山、保护生态就是保护生产力的观念。针对农业生产,从要产量到保产能转变;针对农业污染和生态破坏问题,要逐步还旧账、杜绝欠新账。

第二,要全面提升农业绿色发展的战略定位。推进农业绿色发展,是以人民为中心的发展理念的具体体现,保护农村生态环境,不仅要算经济账,也要算环境账,更要算政治账。要杜绝经济搞上去、环境降下来,细化农业绿色发展评价指标,将其纳入政绩考核,落实农业绿色发展不力的,要承担相应的政治责任。

第三,要深入推进农业资源环境的全要素、系统性保护。当前,在推进绿色发展的过程中,一些项目和措施并不绿色。有些地方在治理耕地污染时,忽视了农田生态系统的保护;有些地方在承接产业转移时,考虑了耕地纳污资源,却没有考虑水资源不足等环境约束;有些污染治理工程,减少了水污染,却增加了大气污染;有些地方关停了污染产业,却未充分考虑农民生计。推进农业绿色发展,要有全局思维和统筹安排,避免顾此失彼。

第四,要树立正确的政绩观。推进农业绿色发展是一项长期而艰巨的任务,不能作为一项运动急于求成,在打好各项攻坚战,解决当前突出问题、化解突出矛盾的同时,更要有历史耐心和功成不必在我的胸怀,持续发力常抓不懈。

第五，要把农产品质量安全视为农业发展的生命线。绿色发展是农业供给侧结构性改革的主攻方向，农产品是否安全、优质，是检验农业供给侧结构性改革的试金石，对于农业绿色发展而言，具有"一票否决"的作用，如果产品不过关，那么这种发展就称不上成功。

参考文献

[1] 程宝怀. 习近平同志在正定 [N]. 河北日报. 2014-01-02.

[2] 韩长赋. 新形势下推动"三农"发展的理论指南——深入学习领会习近平总书记"三农"思想 [J]. 农村工作通讯. 2017 (5)：5-7.

[3] 韩长赋. 用习近平总书记"三农"思想指导乡村振兴 [N]. 学习时报. 2018-03-28.

[4] 林星，吴春梅. 习近平"三农"思想分析——基于十八大以来习近平系列重要讲话精神的解读 [J]. 华中农业大学学报（社会科学版）. 2016 (4)：67-74.

[5] 魏琦，金书秦. 推进农业绿色发展需要关注四个问题 [J]. 农村工作通讯. 2018 (3)：49-50.

[6] 于法稳. 习近平绿色发展新思想与农业的绿色转型发展 [J]. 中国农村观察. 2016 (5)：2-9.

[7] 中共中央宣传部. 习近平总书记系列重要讲话读本（2016年版）[M]. 北京：学习出版社/人民出版社. 2016.

[8] 中共中央文献研究室. 习近平总书记重要讲话文章选编 [M]. 北京：中央文献出版社/党建读物出版社. 2016.

[9] 中国共产党第十九次全国代表大会文件汇编 [M]. 北京：人民出版社. 2017.

中国农业绿色发展评价指标及区域比较研究[*]

魏 琦 张 斌 金书秦

一、研究背景

2017年中共中央办公厅、国务院办公厅印发了《关于创新体制机制推进农业绿色发展的意见》,这是党中央出台的第一个以农业绿色发展为主题的文件。文件要求加快推进农业绿色发展,并依据绿色发展指标体系,完善农业绿色发展评价指标,适时开展部门联合督查。党的十九大报告提出要坚持人与自然和谐共生,形成绿色发展方式和生活方式,坚定走生产发展、生活富裕、生态良好的文明发展道路。2018年"中央1号文件"指出要"以绿色发展引领乡村振兴"。实现农业绿色发展,既是破解我国农业发展生态环境压力和资源短缺困境的重要方式,也是满足人民日益增长的美好生活需要的客观要求。因此,在准确理解把握农业绿色发展的概念内涵与外延的基础上,科学判断我国农业绿色发展状况,并采取针

---

[*] 项目来源:农业农村部农村经济研究中心重大调研课题"中国农业绿色发展指数研究及贯彻落实情况评估"。

对性的政策措施促进我国农业农村经济更好发展，值得深入研究。

随着"绿色"在经济社会中的使用日益广泛，国内外学者对绿色指数进行了不断探索。比较有代表性的绿色指数有OECD国家绿色发展指标体系、中国绿色发展指数报告以及中国省域生态文明建设评价报告。2016年国家发展和改革委员会联合国家统计局、环境保护部、中央组织部制定了《绿色发展指标体系》和《生态文明建设考核目标体系》，作为官方生态文明建设评价考核的依据，并在2017年12月发布了《2016年生态文明建设年度评价结果公报》，对31个省区的绿色发展指数进行了排序。

定量评价是实现科学管理的基础。依据国家对农业绿色发展的具体要求，在科学分析其概念内涵与外延的基础上，本文尝试构建具有横向和纵向可比性的中国农业绿色发展指数，并对全国及各省的农业绿色发展水平进行初步评价，以期为推进农业绿色转型提供决策支撑。

二、中国农业绿色发展指数构建

（一）农业绿色发展的概念理解

绿色发展是农业发展的新理念。"绿水青山就是金山银山"是对绿色发展理念最具概括性的表述，突出强调了生态环境就是经济发展的内在要素。农业绿色发展就是以尊重自然为前提，以利用各种现代技术为依托，探索可持续发展的过程，实现经济、社会、环境、生态效益的协调统一。

农业绿色发展是对中国传统农业的继承与发展。中国传统农业蕴含着朴素的生态保护和物质循环利用思想，创造出了"天地合一、因地制宜、用养结合、良性循环、持续利用"的发展模式。但随着人口总量的快速上升、工业化进程的深入推进，传统的农业体系逐步瓦解，高投入、高能耗、高排放的石油农业成为实现高产目标的主流农业发展模式。20世纪70年代以来，伴随环境问题的日益凸显，可持续发展的观念深入人心，并且衍生出了生态经济、低碳经济、循环经济等典型模式。

农业绿色发展更加强调积极有为的举措。与可持续发展一样，两者都以资源环境承载力作为经济社会永续发展的基本前提。不同之处在于，可持续发展通常包括社会可持续、经济可持续和资源环境可持续三个维度，是一种较为强调结果导向的发展观；绿色发展则突出强调人的主观能动性，更加注重过程的绿色化，包括产前、产中、产后的绿色化，即在推动社会经济发展的过程中，通过改变人的行为方式带来资源环境的积极改善。可以说，绿色发展是在经济发展到较高水平后，更加注重资源环境保护的时代背景下，对以煤炭石油为基础的高消耗、高污染发展方式的纠正，既是目标，更是举措。农业是社会经济的基础产业和重要组成部门，农业绿色发展概念一经提出，就受到了社会的普遍认可，成为我国农业发展方式转型升级的方向。

农业绿色发展的核心要义是统筹协调。农业绿色发展强调经济效益、社会效益、环境效益和生态效益的有机统一，即实现资源节约、环境友好、生态保育、质量高效，要求农业产地环境、生产过程和农产品均要实现绿色化。资源节约是农业绿色发展的基本特征，推进农业绿色发展，就是要依靠科技创新和劳动者素质提升，提高土地产出率、资源利用率、劳动生产率，实现农业节本增效、节约增收。环境友好是农业绿色发展的内在属性，推进农业绿色发展，就是要大力推广绿色生产技术，加快农业环境突出问题治理，重显农业绿色的本色。生态保育是农业绿色发展的根本要求，推进农业绿色发展，就是要加快推进生态农业建设，培育可持续、可循环的发展模式，将农业建设成为美丽中国的生态支撑。质量高效是农业绿色发展的重要目标，推进农业绿色发展，就是要增加优质、安全、特色农产品供给，促进农产品供给由主要满足"量"的需求向更加注重"质"的需求转变。

（二）评价指标体系

构建中国农业绿色发展评价指标体系，总体上要求指标能够科学、客观、准确地反映农业绿色发展的概念实质。在具体指标选取时，应体现系统性、科学性和可操作性三个原则。系统性就是要充分体现农业绿色发展的概念实质，突出农业绿色发展的系统目标；科学性就是要立足农业绿色发展的自身规律，采用准确基础数据和科学分析方法，突出农业绿色发展指数构建原理的公开透明和评价结果的可复制性；操作性指构建的指数要易于被决策者乃至公众所理解和接受，易于收集数据和量化，具有可比性。党的十八大以来，生态文明建设被纳入中国特色社会主义建设"五位一体"总体布局中，国家发展和改革委员会联合其他部门先后印发了《生态文明建设目标评价考核办法》《绿色发展指标体系》和《生态文明建设考核目标体系》；2016年农业部联合其他部门印发了《国家农业可持续发展试验示范区建设方案》；2017年中共中央办公厅、国务院办公厅印发了《关于创新体制机制 推进农业绿色发展的意见》。这几个文件是深入理解农业绿色发展概念内涵和发展目标的基础依据。

本文通过"自上而下"与"自下而上"相结合的方法筛选评价指标。首先，采用自上而下的办法，根据国家生态文明建设和农业现代化发展目标要求，对农业绿色发展指数的评价指标进行系统梳理。现有政府文件对农业农村绿色发展的评价指标，大体上包括资源、环境、生态、供给、生活、重特大突发事件、公众满意度等7个方面38个指标。其次，在38个指标的基础上，结合数据的可得性，剔除具有替代性或很强相关性的指标，初步建立农业绿色指数的评估指标体系。之后，专门召开专家咨询会，邀请前文提及的几个重要指数报告作者提出修改意见，修改后又以通讯咨询的方式征求相关领域权威专家的意见。另外，本文作者在多个研讨会上作专题报告，充分吸收与会专家的点评意见。最终形成了本文的评价指标体系，共包含4个一级指标、14个二级指标（见表1）。4个一级指标反映农业绿色发展最核心的四方面要求，资源节约项4个二级指标强调降低水土资源利用强度，提高资源利用效率；环境友好项4个二级指标反映农业面源污染情况；生态保育项3个二级指标体现农业生态保持程度；质量高效项3个指标强调农业发展的品牌价值和质量效益。各项二级指标的基础数据均可从《中国农业统计年鉴》《中国农村统计年鉴》《中国环境年鉴》《中国品牌农业年鉴》《中国休闲农业年鉴》等年鉴资料中获得。

表1　　　　中国农业绿色发展指数指标体系

一级指标	序号	二级指标	计量单位	指标类型	指标含义
资源节约	1	耕地复种指数	—	负向	降低土地资源利用强度
	2	单位农业产值耗水量	吨/万元，2016年价格	负向	降低水资源利用强度
	3	耕地数量年均增长率	%	正向	确保耕地红线不突破
	4	节水灌溉面积比重	%	正向	提高节水设施利用程度
环境友好	5	农药使用强度	千克/公顷	负向	降低农药使用强度
	6	化肥使用强度	千克/公顷	负向	降低化肥使用强度
	7	农业COD排放强度①	克/立方米	负向	降低农业废弃物排放
	8	农业氨氮排放强度②	克/立方米	负向	降低农业废弃物排放
生态保育	9	自然保护区面积比重	%	正向	加强自然生态环境保护
	10	湿地面积比重	%	正向	加强湿地环境保护
	11	森林覆盖率	%	正向	提高生态保育度
质量高效	12	单位面积绿色食品标识产品数量	个/万公顷	正向	提升产品品牌质量
	13	休闲农业产值占农业总产值比重	%	正向	提高农业三次产业融合程度
	14	农村居民人均收入	元，2016年价格	正向	保障农民生活质量

注：①②农业COD和氨氮排放强度：地区年度农业COD排放总量或农业氨氮排放总量除以当年地表水总量。

(三) 指标权重及评价模型

指数构建中，除了指标选择，权重的确定也同样重要。本文在参考专家意见的基础上，最终参照全球人类发展、绿色发展等指数构建方法，采用等权重的主观赋权法，将一级指标的权重均设为1/4，各二级指标权重根据对应维度内的指标数量均分其一级指标权重（各指标权重见文后附表1）。另外，本文利用现有研究中广泛使用的熵值权重法对研究结果的可靠性和稳健性进行了检验。为消除不同指标量纲的影响，参照李晓西

（2014）等文献，本文采用极值法对各指标数据进行标准化处理，将指标值转换到 0 到 1 之间。其中最大值、最小值综合考虑指标含义及各省区对应指标的最大值与最小值后确定。

三、中国农业绿色发展指数测算及区域比较

党的十八大以来，党中央、国务院对农业绿色发展的重视程度不断提升。以绿色发展为导向，从农业资源保护利用和高效利用、农业面源污染治理、农业生态恢复保育、农产品质量安全等各个方面，国家先后出台了一系列促进农业绿色发展的重要法律法规和规范性政策文件。本文将应用研究构建的农业绿色发展指数定量测度近年来的发展变化，找出短板，并进行区域比较。

（一）全国 2012—2016 年农业绿色发展状况评估

1. 全国农业绿色发展指数持续上升，其中质量效益的增长贡献率达到 76%。2012 年以来我国农业绿色发展取得了显著进展。全国农业绿色发展指数综合得分由 2012 年的 0.599 上升到了 2016 年的 0.642，累计提高 0.043，年均提高 0.011（见表2）。从四个维度一级指标的得分情况来看，资源节约指标得分总体较高，而质量高效指标得分较低，环境友好和生态保育两项指标得分居中。结果表明，农业供给质量效益是我国农业绿色发展的短板，需要进一步深入推进农业供给侧结构性改革，坚持质量兴农、绿色兴农的发展道路。

表 2　2012—2016 年全国农业绿色发展指数各二级指标得分

年份	2012	2013	2014	2015	2016	2016—2012
耕地复种指数	0.716	0.713	0.710	0.707	0.706	-0.010
单位农业产值耗水量	0.788	0.797	0.813	0.826	0.843	0.055
耕地数量年均增长率	0.697	0.715	0.692	0.702	0.698	0.001
节水灌溉面积比重	0.802	0.815	0.826	0.837	0.845	0.043
农药使用强度	0.337	0.338	0.337	0.340	0.346	0.009
化肥使用强度	0.390	0.385	0.378	0.376	0.379	-0.011
农业 COD 排放强度	0.676	0.671	0.671	0.680	0.707	0.031

续表

年份	2012	2013	2014	2015	2016	2016—2012
农业氨氮排放强度	0.871	0.869	0.870	0.877	0.896	0.025
自然保护区面积比重	0.760	0.758	0.758	0.758	0.760	0.000
湿地面积比重	0.529	0.529	0.529	0.529	0.529	0.000
森林覆盖率	0.723	0.724	0.724	0.724	0.724	0.000
单位面积绿色食品标识产品数量	0.295	0.317	0.346	0.363	0.369	0.074
休闲农业产值占农业总产值比重	0.435	0.444	0.504	0.545	0.603	0.168
农村居民人均收入	0.486	0.555	0.595	0.628	0.656	0.170

注：各二级指标得分即基础数据的标准化处理结果。

从各一级指标的变化来看，其发展趋势并不完全一致。其中，资源节约项一直保持稳定增长态势，从2012年的0.188提高到了2016年的0.193，累计提高0.005。环境友好项呈现出先下降后上升的趋势，在2013年和2014年下降到最低点，之后开始逐渐提高，2016年相比于2012年提高了0.004。生态保育项得分维持稳定，这主要是生态保育项的二级指标数据主要是多年的普查数据，数据更新较慢，而且本身波动较小，因此需要更长的时间才能更好地反映该项指标变化。质量效益项总体得分不高，但呈现出快速增长态势，由2012年的0.101提高到了2016年的0.136，累计提高0.035，对综合得分的增长贡献率达到了76%（见图1A、图1B）。

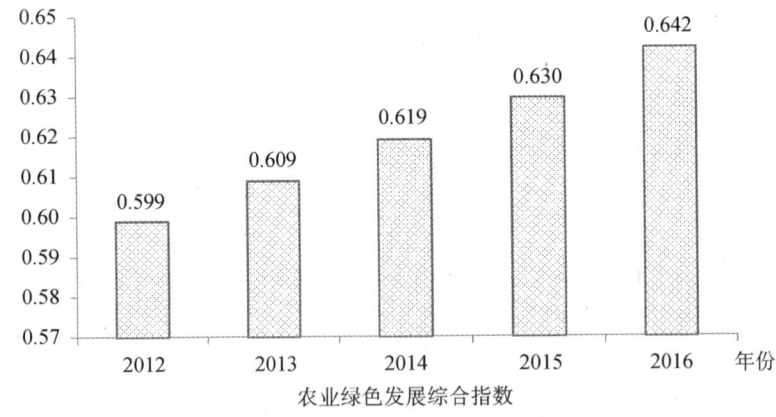

图1A 全国农业绿色发展综合指数情况

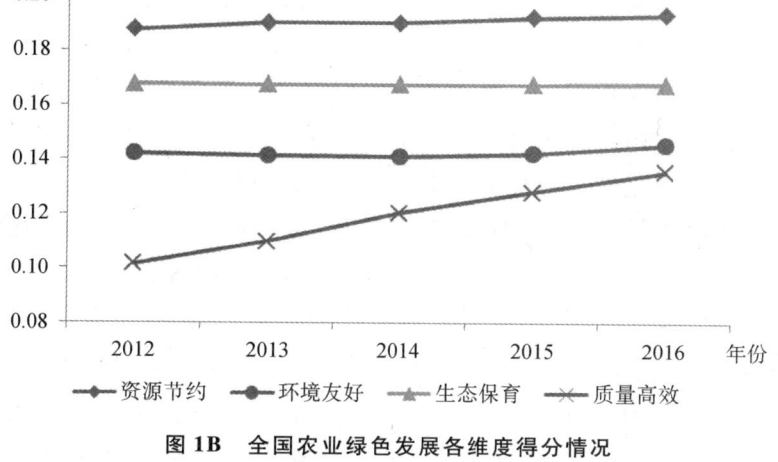

图 1B 全国农业绿色发展各维度得分情况

2. 资源利用强度略有下降，环境恶化势头初步遏制

2012—2016 年期间，全国农业绿色发展指数的各二级指标得分结果如表 2 所示。

农业资源利用强度略有下降，但土地利用强度继续提升，一定程度上抵消了水资源利用强度下降所带来的正向作用。从土地资源来看，耕地复种指数进一步提升，由 2012 年的 1.21 上升到了 2016 年的 1.23；耕地数量持续减少，除 2013 年有所提高外，其他年份耕地数量均保持下降态势。从水资源来看，每万元农业产值的耗水量由 2012 年的 403 吨下降到 336 吨，节水灌溉比重由 2012 年的 40.17% 提高到 48.92%。为提升我国农业资源节约水平，需尽快将土地资源利用强度降下来。

农业环境恶化势头得到初步遏制。环境友好项的 4 个二级指标均表现出明显的倒 U 型变化趋势。其中，农药使用强度在 2014 年达到峰值，化肥使用强度在 2015 年达到峰值，农业 COD 和氨氮排放强度均在 2014 年左右达到峰值，并都在 2016 年实现了大幅度下降。随着农业面源污染防治力度的持续加强，未来我国农业环境有望得到持续改善。

农业生态保育功能有所改善，但总体平稳。生态保育项的 3 个二级指标变化很小。其中，自然保护区面积比重呈 U 型变化趋势，在 2013—2015 年期间略有下降。在 2009 年到 2013 年开展全国湿地资源调查以来，湿地面积数据一直未有更新,因此从统计数据来看,湿地面积比重一直保持稳定。同样,全国第八次森林资源清查(2009—2013年)以来,森林资源数据尚未得到更新,森林覆盖率指标只是在2013年略有提升。事实上,2011年到2015年期间,我国新一轮退耕还林还草1500万亩,全国共完成造林4.5亿亩,森林覆盖率已提高到21.66%。

农业品牌和质量效益显著提升。质量高效项的3个二级指标均保持稳定增长。其中,有效用标绿色食品的产品总数由2012年的17125个提高到2016年的24027个,增长了40%,对应的绿色食品标识密度由每万公顷1.27个提高到1.78个;休闲农业营业收入由2012年的2400亿元提高到2016年的5700亿元,提高了1.4倍,对应的休闲农业产值比重由2.68%提高到5.09%;农村居民人均收入增幅连续多年高于城镇居民,由2012年的8569元提高到2016年的12363元,实际增长44%。

(二) 各地2016年农业绿色发展评估

1. 农业绿色发展东部看浙、沪,西部看川、青。从各省区市的农业绿色发展指数测算结果来看,浙江省的综合得分最高,其次是上海、四川、青海等3省市;河南、宁夏、山东、河北、山西、新疆等5省区的综合得分较低;其他21个省区市居中[①](图2所示;各省得分见文后附表2)。

浙江是得分超过0.7的惟一地区。该省是全国惟一整省推进的国家农业可持续发展试验示范区暨首批农业绿色发展试点先行区,也是全国首个现代生态循环农业试点省,在推进农业面源污染防治以及农业第一、第二、第三产融合等方面取得了显著成就。2010年浙江农药使用总量开始持续下降,2014年化肥使用总量开始下降,走在全国前列;截至2017年,浙江拥有休闲农业与乡村旅游示范县24个,居全国第一。尽管如此,浙江也存在短板,生态保育得分排在全国第20位,主要是自然保护区面积比重为全国最低,仅1.7%。从各维度的排序来看,均衡发展是浙江总

---

① 熵值权重法测算结果与等权重法测算结果总体一致,相关系数达到0.92,也是浙江最高、河南最低。

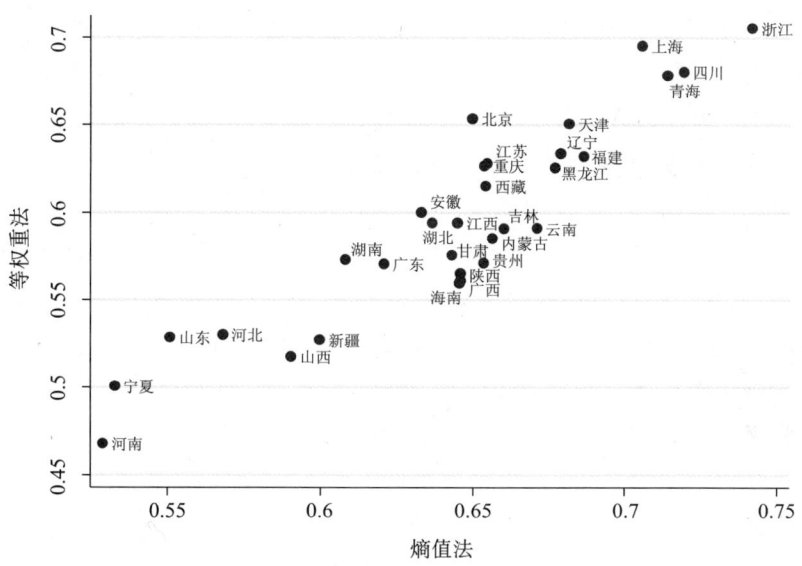

图2 各省农业绿色发展指数得分聚类结果

体得分较高的主要原因。

上海在生态保育和质量效益方面的表现均优于浙江，但环境友好项得分较低，特别是农业COD和氨氮排放强度较高，水土资源利用强度也相对较高。四川在环境和生态方面的表现也优于浙江，但在质量效益方面与浙江存在较大差异，品牌发展不够、农村居民收入水平相对较低。青海虽然在农业质量高效方面的表现一般，但在环境友好方面的表现十分突出，因此综合得分较高。

2. 地区农业绿色发展各有长短，均存在较大提升空间。资源节约项得分最高的是陕西，最低的是湖南，分别为0.204和0.141。湖南的耕地复种指数达到了2.12，是全国惟一复种指数超过2的地区；另外，节水灌溉面积只占灌溉总面积的11%，相对较低。陕西的耕地复种指数仅为1.07，节水灌溉面积比重达到72.5%，资源利用强度相对较低。

环境友好项得分最高的是西藏，最低的是山东，分别为0.228和0.039。西藏的农药使用强度较低，为2.45千克每公顷，仅次于河北和宁夏；化肥使用强度最低，为133千克每公顷；农业COD和氨氮排放强度均最低，分别为 0.012 和 0.001 克每立方米。这一方面是由于西藏各种化学用品的投入量少；另一方面是由于西藏面积广阔、地表水源丰富。山东农药和化肥使用强度分别达到了 19.54 千克/公顷和 600 千克/公顷，农业 COD 和氨氮排放强度分别为 99.7 克/立方米和 5.36 克/立方米，各项投入强度均居全国前列。

生态保育项得分最高的是黑龙江，最低的是新疆，分别为 0.199 和 0.115。黑龙江的自然保护区面积占 16.8%，居全国省级第五位；湿地面积占 11.31%，居全国省级第四位；森林覆盖率达到 43.2%，居全国省级第九位。新疆自然保护区面积占比相对较高，达到 11.8%，居全国省级第八位；湿地面积占比较低，为 2.38%，仅高于陕西、云南、贵州和山西；森林覆盖率为 4.2%，为全国最低。

质量高效项得分最高的是北京，最低的是贵州，分别为 0.239 和 0.054。北京绿色标识产品数量密度达到了 13.45 个每万公顷，居全国首位；贵州仅为 0.05 个每万公顷，为全国最低。北京休闲农业收入占农业总产值比重达到了 17.86%，居全国首位；贵州为 0.64%，仅高于内蒙古、新疆、甘肃和黑龙江。北京农村居民人均收入达到 22310 元，仅次于上海和浙江；贵州为 8090 元，仅高于甘肃。

四、结论与启示

在系统阐释农业绿色发展概念实质的基础上，本文构建了包含资源节约、环境友好、生态保育和质量高效 4 个维度 14 个指标的中国农业绿色发展指数，并采用等权重法和熵值权重法对近年来全国及各省的农业绿色发展水平进行了初步评估。本文的主要结论和启示有以下四点：

一是从评价结果看，本文构建的农业绿色发展指数具有很强的参照性。一方面，测算结果表明，采用等权重法和熵值权重法对综合指数得分及各地区排名有一定的影响，但总体结果较为一致；另一方面，与官方发布的《2016 年生态文明建设年度评价结果公报》相比较，两个指数具有显著正相关性，很多地区在一些维度的表现较为一致。例如在官方的评价中，浙江各维度的发展都比较均衡，仅在生态保护和环境质量方面略低，总体排名靠前；河南在环境质量和生态保护方面排名特别靠后；北京在增长质量和绿色生活方面的排名均居全国首位，但在环境质量和生态保护方面的排名较为靠后；西藏的环境质量得分排名靠前。这表明，本文在指标选择和赋权方法上是总体合适的。

二是从全国发展变化来看，2012年以来我国农业绿色发展水平稳步提高。资源利用强度有所下降，面源污染防治取得明显成效，质量效益明显提高，但是农业绿色发展总体水平还比较低，资源利用强度高，农业环境污染问题依然较为突出，质量效益增长空间还很大。

三是从省级比较来看，各地区间农业绿色发展水平差异较大。其中，浙江的农业绿色发展水平最高，河南最低；上海、四川、青海等3省市相对较高，宁夏、山东、河北、山西、新疆等5省（自治区）相对较低。衡量农业绿色发展水平的4个维度中，环境友好和质量高效两个维度的地区差异较大，增长潜力也比较大。总体上看，各地无论排名前后、得分高低，均有提高需求和潜力。例如，浙江要更加关注生态保育方面的提升，加强自然保护区工作；山东、河南要特别注重农业面源污染的防治，切实把化肥、农药利用强度降下来；贵州、甘肃要进一步提高农业供给质量效益，加强农业品牌建设，加快发展乡村旅游与休闲农业，以农业绿色发展促进农民脱贫致富。

四是加强农业资源环境数据监测，以构建更加科学合理的农业绿色发展水平评价体系。本文还只是初步探索，指标体系并不完备，研究中发现资源、环境、生态等方面的很多数据均存在较大缺失。另外，农业绿色发展是一项系统性工程，需要点面结合。从地区实践来看，各地区都有好的经验做法，但是点上的做法能否有效推广应用，推广效果如何，都需要面上数据支撑。因此，需加强基础数据监测，并及时对外发布，以便社会监督。

参考文献

[1] Tamanini Jeremy. GCEI2014：Measuring National Performance in the

Green Economy [R], 2014.

[2] UNDP. Human Development Report 2016: Human Development for Everyone [R], 2016.

[3] 北京师范大学经济与资源管理研究院等. 2015 年中国绿色发展指数报告 [M]. 北京: 北京师范大学出版社, 2015.

[4] 北京林业大学生态文明研究中心. 中国省域生态文明建设评价报告（ECI2015）[M]. 北京: 中国社会科学出版社, 2015.

[5] 高鹏, 刘燕妮. 我国农业可持续发展水平的聚类评价——基于 2000—2009 年省域面板数据的实证分析 [J]. 经济学家, 2012 (03): 59 - 65.

[6] 高旺盛, 董孝斌. 黄土高原丘陵沟壑区脆弱农业生态系统服务评价——以安塞县为例 [J]. 自然资源学报, 2003 (02): 182 - 188.

[7] 金赛美. 供给侧改革背景下农业绿色发展评价指数研究 [M]. 北京: 经济管理出版社, 2018.

[8] 李丽纯. 后现代农业视角下的中国农业现代化效益水平测评 [J]. 农业经济问题, 2013 (12): 7 - 14.

[9] 李晓西, 刘一萌, 宋涛. 人类绿色发展指数的测算 [J]. 中国社会科学, 2014 (06): 69 - 95.

[10] 李周. 用绿色理念领引山区生态经济发展 [J]. 中国农村经济, 2018 (1): 11 - 22.

[11] 林卿, 张俊飚. 生态文明视域中的农业绿色发展 [M]. 北京: 中国财政经济出版社, 2012.

[12] 龙冬平, 李同昇, 苗园园等. 中国农业现代化发展水平空间分异及类型 [J]. 地理学报, 2014, 69 (02): 213 - 226.

[13] 罗必良. 推进我国农业绿色转型发展的战略选择 [J]. 农业经济与管理, 2017 (06): 8 - 11.

[14] 牛敏杰, 赵俊伟, 尹昌斌等. 我国农业生态文明水平评价及空间分异研究 [J]. 农业经济问题, 2016 (03): 17 - 25.

[15] 牛文元. 中国农业资源的可持续性分析 [J]. 自然资源学报,

1996(04): 293-300.

[16] 潘丹, 应瑞瑶. 中国农业生态效率评价方法与实证——基于非期望产出的SBM模型分析[J]. 生态学报, 2013(12): 3837-3845.

[17] 魏胜文, 乔德华, 张东伟. 甘肃农业绿色发展研究报告[M]. 北京: 中国社会科学出版社, 2018.

[18] 辛岭, 蒋和平. 我国农业现代化发展水平评价指标体系的构建和测算[J]. 农业现代化研究, 2010(06): 646-650.

[19] 徐国祥. 统计指数理论及应用[M]. 北京: 中国统计出版社, 2009.

[20] 于法稳. 习近平绿色发展新思想与农业的绿色转型发展[J]. 中国农村观察, 2016(05): 2-9.

[21] 郑红霞, 王毅, 黄宝荣. 绿色发展评价指标体系研究综述[J]. 工业技术经济, 2013(02): 142-152.

附表1 中国农业绿色发展指标体系的权重及标准化极值

一级指标	序号	二级指标	计量单位	最大值	最小值	等权重法确定的权重	熵权法确定的权重
资源节约	1	耕地复种指数	—	3	0.5	6.25	8.92
	2	单位农业产值耗水量	吨/万元, 2016年价格	5500	200	6.25	8.06
	3	耕地数量年均增长率	%	1	-2.5	6.25	8.70
	4	节水灌溉面积比重	%	100	0	6.25	10.50
环境友好	5	农药使用强度	千克/公顷	50	0	6.25	3.90
	6	化肥使用强度	千克/公顷	1100	100	6.25	4.01
	7	农业COD排放强度	克/立方米	150	0	6.25	6.87
	8	农业氨氮排放强度	克/立方米	6	0	6.25	9.38

续表

一级指标	序号	二级指标	计量单位	最大值	最小值	等权重法确定的权重	熵权法确定的权重
生态保育	9	自然保护区面积比重	%	35	0	8.33	7.05
	10	湿地面积比重①	%	35	0	8.33	6.43
	11	森林覆盖率	%	70	0	8.33	9.80
质量高效	12	单位面积绿色食品标识产品数量	个/万公顷	15	0	8.33	3.41
	13	休闲农业产值占农业总产值比重	%	20	0	8.33	4.63
	14	农村居民人均收入	元，2016年价格水平	26000	3000	8.33	8.34

注：①2016年上海市湿地面积比重达到73.2%，远高于其他省区，为缩小该指标的区域差异，将湿地面积比重指标的极大值设定为35%，因此上海市该项指标的标准化得分为1。

附表2　2016年各省区绿色发展指数得分及排序

省区	综合得分		资源节约		环境友好		生态保育		质量高效	
	得分	排序	得分	排序	得分	排序	得分	排序	得分	排序
浙江	0.705	1	0.190	9	0.145	11	0.151	20	0.220	3
上海	0.695	2	0.181	16	0.123	20	0.169	10	0.222	2
四川	0.680	3	0.188	10	0.161	7	0.172	8	0.160	8
青海	0.678	4	0.183	15	0.216	2	0.172	7	0.106	16
北京	0.654	5	0.187	11	0.075	29	0.151	21	0.239	1
天津	0.651	6	0.196	4	0.113	25	0.168	11	0.173	6
辽宁	0.634	7	0.200	2	0.117	23	0.187	2	0.130	15
福建	0.632	8	0.178	18	0.120	21	0.159	15	0.176	5
江苏	0.628	9	0.170	24	0.116	24	0.164	12	0.178	4
重庆	0.627	10	0.154	27	0.162	6	0.155	17	0.155	9
黑龙江	0.626	11	0.178	19	0.166	5	0.199	1	0.083	24
西藏	0.615	12	0.142	30	0.228	1	0.175	6	0.070	29
安徽	0.600	13	0.160	26	0.133	16	0.146	23	0.161	7

续表

省区	综合得分		资源节约		环境友好		生态保育		质量高效	
	得分	排序	得分	排序	得分	排序	得分	排序	得分	排序
湖北	0.594	14	0.161	25	0.128	17	0.163	13	0.142	12
江西	0.594	15	0.149	28	0.143	15	0.171	9	0.131	14
云南	0.591	16	0.186	13	0.174	4	0.144	24	0.087	22
吉林	0.591	17	0.185	14	0.143	14	0.177	5	0.086	23
内蒙古	0.585	18	0.196	5	0.155	10	0.158	16	0.077	26
甘肃	0.575	19	0.195	6	0.158	9	0.155	18	0.067	30
湖南	0.573	20	0.141	31	0.127	19	0.160	14	0.145	11
广东	0.571	21	0.145	29	0.109	26	0.179	3	0.138	13
贵州	0.571	22	0.187	12	0.203	3	0.127	29	0.054	31
陕西	0.565	23	0.204	1	0.143	13	0.134	27	0.083	25
广西	0.561	24	0.173	22	0.144	12	0.153	19	0.090	18
海南	0.560	25	0.175	20	0.119	22	0.178	4	0.087	21
河北	0.530	26	0.194	7	0.100	28	0.135	26	0.102	17
山东	0.529	27	0.193	8	0.039	31	0.151	22	0.146	10
新疆	0.527	28	0.175	21	0.161	8	0.115	31	0.077	27
山西	0.518	29	0.197	3	0.127	18	0.118	30	0.075	28
宁夏	0.501	30	0.171	23	0.106	27	0.135	25	0.089	20
河南	0.468	31	0.181	17	0.064	30	0.133	28	0.090	19

农村人居环境治理的优先问题和资金来源初探[*]

金书秦　牛坤玉　陈艳丽　申宇哲

当前,我国正处于全面建成小康社会的决胜期,全面建成小康社会,基础在农业,难点在农村,关键在农民,解决好农业农村农民问题是全党工作重中之重。改善农村人居环境作为解决城乡发展不平衡、农村发展不充分的重要方面,也是城乡一体化的抓手和农村步入小康的基础性保障,从而得到了党和政府的不断关注。

2018年2月4日,"中央1号文件"《中共中央国务院关于实施乡村振兴战略的意见》(下称《意见》)发布,明确提出到2020年,农村人居环境明显改善,美丽宜居乡村建设扎实推进;到2035年,农村生态环境根本好转,美丽宜居乡村基本实现;到2050年,乡村全面振兴,农业强、农村美、农民富全面实现。2月5日,《农村人居环境整治三年行动方案》

---

[*] 基金项目:本文是农业农村部委托"农业环境治理体系研究"(487518)、中国农业科学院创新工程(ASTIP - IAED - 2018 - 06)、中央级公益性科研院所基本科研业务费专项(161005201803 - 2)的阶段性成果。作者金书秦,农业农村部农村经济研究中心;牛坤玉,中国农业科学院农业经济与发展研究所;陈艳丽,农业农村部农村经济研究中心;申宇哲,中国人民大学环境学院。

紧随"中央1号文件"印发,指出要"加快推进农村人居环境整治,进一步提升农村人居环境水平。"习近平总书记多次强调:农村环境整治这个事,不管是发达地区还是欠发达地区都要搞,标准可以有高有低,但最起码要给农民一个干净整洁的生活环境。李克强总理也专门作出批示强调:改善农村人居环境承载了亿万农民的新期待,各地区、有关部门要从实际出发,有序推进农村人居环境综合整治,加快美丽乡村建设。

一、农村人居环境整治的优先领域

吴良镛(2001)提出,"人居环境"是人类的聚居生活的地方,是与人类生存活动密切相关的地表空间,它是人类在大自然中赖以生存的基地,是人类利用自然、改造自然的主要场所①。胡伟、冯长春(2006)认为,农村村镇人居环境是指人类在乡村这样一个大的地理系统背景下,进行着居住、耕作、交通、文化、教育、卫生、娱乐等活动,在利用自然、改造自然的过程中创造的环境②。彭震伟、陆嘉(2009)提出,农村人居环境是由农村社会环境、自然环境和人工环境共同组成的,是对农村的生态、环境、社会等各方面的综合反映③。赵霞(2016)较为具体地提出农村人居环境包括农村环境卫生、农户住宅状况、农村基础设施、教育、文化娱乐及医疗服务等④。郜彗、金家胜、李锋等(2016)将农村人居环境视为与农村居民生产、生活密切相关的物质和非物质环境组成的类社会—经济—自然复合体⑤。2018年2月,中共中央办公厅、国务院办公厅印发《农村人居环境整治三年行动方案》,要求以农村生活垃圾、污水治理和

---

① 吴良镛. 人居环境科学导论[M]. 北京:中国建筑工业出版社,2001:36—38.
② 胡伟,冯长春,陈春. 农村人居环境优化系统研究[J]. 城市发展研究,2006(06):11-17.
③ 彭震伟,陆嘉. 基于城乡统筹的农村人居环境发展[J]. 城市规划,2009,33(05):66-68.
④ 赵霞. 农村人居环境:现状、问题及对策——以京冀农村地区为例[J]. 河北学刊,2016,36(01):121-125.
⑤ 郜彗,金家胜,李锋,周传斌. 中国省域农村人居环境建设评价及发展对策[J]. 生态与农村环境学报,2015,31(06):835-843.

村容村貌提升为主攻方向，动员各方力量，整合各种资源，强化各项举措，加快补齐农村人居环境突出短板，为如期实现全面建成小康社会目标打下坚实基础。

农村人居环境的整治涉及不同方面、不同层次的问题，是一项复杂的系统工程，中央已经将污水、垃圾、厕所作为重点工作领域，在实际落实中，应该遵循优先满足农民基本需求、补齐短板的原则，因地制宜有所侧重地有序推进。

（一）优先满足农民基本需求

根据马斯洛需求层次理论，人的居住、吃、喝、排泄等属于最基本的生理需求，第二层次是健康、资源所有等安全方面的需求，再次是环境的舒适度、文化等精神层次的需求。低一层次的需求得到基本满足后，人们便开始追求更高一层次的追求，并且不同层次的需求相互联系相互影响。在农村地区，对于第一层次的需求，人们的居住、食物、饮用水和厕所在数量上可以满足基本生理需求。随着第一层次的需求得到基本保障，人们关注点进入了第二个层次，即吃的东西和饮用的水质量是否安全，目前农村生活污水的随意排放、生活垃圾的随意堆放以及厕所粪便污染已经带来了一系列严重的环境污染、卫生健康以及农产品质量安全问题。农村生活污水已经成为农村水体富营养化的主要原因，其随意排放加剧了我国的水资源危机、严重破坏了农村的生态环境，并且直接威胁到农民的健康和生命。根据国家旅游局发布的《厕所革命推进报告》，农村地区80%的传染病是由厕所粪便污染和饮水不卫生引起的。其中与粪便有关的传染病达30多种，如霍乱、痢疾、肝炎、感染性腹泻等。这些问题若得不到解决，不仅会影响第二个层次的安全需求，也会造成食物和饮用水的污染性短缺，进而影响到人们第一层次的生理需求。可见，生活污水和生活垃圾的处理、厕改和水冲式厕所的推广作为农民最为基本的需求，应该得到优先解决。

（二）补齐人居环境治理的短板

生活污水处理是农村人居环境整治的突出短板。图1展示了中国农村地区的住房、饮水安全、供水、交通、垃圾和污水处理、厕改、医疗卫生等人居环境整治事项的普及水平。从图1中可以看出，2016年末，中国农村地区的住房拥有率、经净化或受保护的饮用水比例、可集中供水或部分集中供水的乡镇比例、已通公路的村子比例、拥有医疗卫生机构的乡镇比例均达到或接近90%。垃圾集中处理或部分集中处理的村子比例相比以上其他指标略低，为73.9%。而农村生活污水处理率的全国平均水平仅为17.4%，远低于城镇污水处理率2016年93.44%[①]的水平。在农村生活污水环境影响重大但处理率极低的现状下，推进农村生活污水集中处理无疑是农村人居环境整治的最重要的抓手。此外，农村的厕所改造和水冲式厕所的推广方面还有很大的提升空间：完成或部分完成改厕的村占比刚刚超过一半；水冲式卫生厕所的普及率不足四成。厕所改造和水冲式厕所的推广不仅仅可以改善农民生活条件、加快新农村建设，而且可以保护农村环境和流域水体环境，也是农村人居环境整治的另一重点。

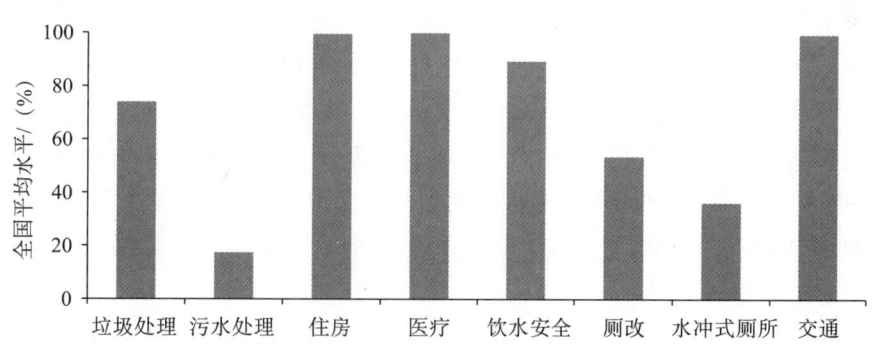

图1　农村地区的人居环境整治情况[②]

---

① 住建部. 2016年城乡建设统计公报（全文）.
② 第三次全国农业普查主要数据公报（2016年）. 图2-图4同.

（三）分区域有重点地推进各项治理

2016年末，生活污水的集中处理或部分集中处理的村占比约为17.4%，东北地区更低至7.8%，最高的东部地区也仅有27.1%（见图2）。可以看出，农村的生活污水集中处理才刚刚起步，还需下大力气推进。

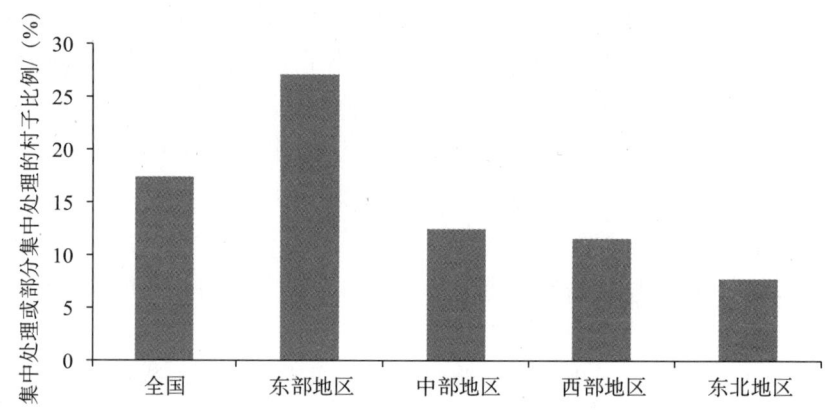

图2　全国各区域农村生活污水集中处理情况

中西部地区以及东北地区应为后续生活垃圾集中处理处置整治的重点区域。2016年末，东部地区有90.9%的村进行了生活垃圾集中处理或部分集中处理，高于全国73.9%的平均水平；中部地区、西部地区以及东北地区的比例分别为69.7%、60.3%以及53.1%，还有很大的提升空间（见图3）。相比之下，城镇地区的生活垃圾集中处理处置率在2015年就达到97.95%[①]。因此，中西部地区以及东北地区应为后续生活垃圾集中处理整治的重点区域。

在厕所改建方面，2016年末，中部地区和西部地区完成或部分完成改厕的村占比不到一半，均为49.1%，东北地区只有23.7%。另外，水冲式卫生厕所的推广度低，全国平均水平只有36.2%，中部地区和西部地区不到三成，东北地区只有4.1%（见图4）。习近平总书记强调，厕

---

① 数据来源：《城乡建设统计年鉴》.

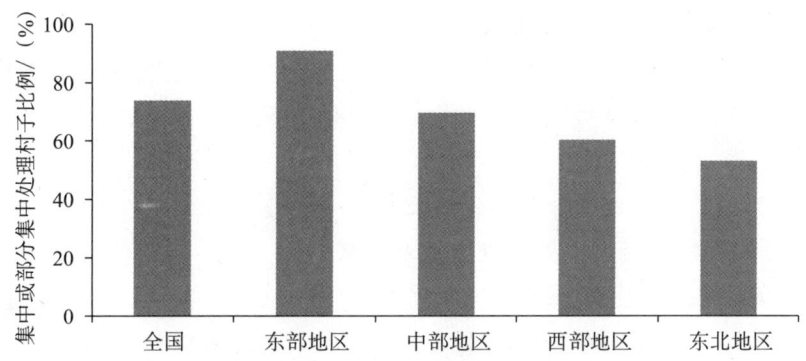

图3 全国各区域农村生活垃圾集中处理情况

所问题不是小事情,是城乡文明建设的重要方面,厕所问题不仅关系到旅游环境的改善,也关系到广大人民群众工作生活环境的改善,关系到国民素质提升、社会文明进步。

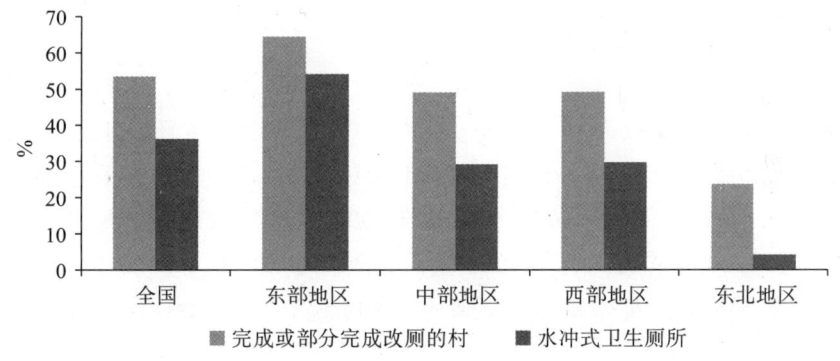

图4 全国各区域厕所改建情况

二、农村人居环境治理资金需求测算

(一)农村污水治理资金缺口计算

农村生活污水排放量巨大且在每年增加,2016年,我国农村污水排放量同比增长9.8%,已经达到202亿吨,预测到2020年可达到300亿吨①。污水的平均治理成本是 2.73 元/立方米②，2016—2010 年污水处理成本大概为每年 550 亿—820 亿元。"十三五"期间，农村污水处理的建设费和运营费共计 1400 亿元，平均每年 280 亿元③，缺口 270 亿—540 亿元/年。

（二）农村生活垃圾处理资金需求测算

根据有关研究测算，2017 年我国农村生活垃圾产生量约为 1.8 亿—3 亿吨/年，为使得农村生活垃圾处置率在 2020 年达到 90% 的最低目标④，按照每年 8%—10% 的增长率计算，平均每年需多处理农村生活垃圾 0.080 亿—0.555 亿吨。到 2020 年，需处理的农村生活垃圾为 2.04 亿—4.67 亿吨；垃圾处理费以 65.5—200 元/吨计，仅 2020 年就需农村生活垃圾处理资金 133.7 亿—933.12 亿元。

（三）农村厕改资金需求测算

2016 年，当年农村新增或改造卫生厕所 1290.3 万个，农村卫生厕所普及率也由 78.4% 提高到 80.4%⑤，而根据《全国城乡环境卫生整洁行动方案（2015—2020 年）》，到 2020 年年底，农村卫生厕所普及率要提高到 85%⑥，预计需新增或改造卫生厕所 5000 万个。按现在的标准，每户最低补贴 1200 元，最高补贴 4000 元，大致需要 600 亿—2000 亿元，按 4 年均等投入计算，每年需投入 150 亿—500 亿元。而 2004—2016 年，中

---

① 数据来源：前瞻产业研究院.
② 谭雪，石磊，陈卓琨，李涛，马中，郑祥，程荣. 基于全国 227 个样本的城镇污水处理厂治理全成本分析 [J]. 给水排水，2015，51（05）：30-34.
③ 中国水网. 市场空间将达 1400 亿！2017 年各省农村污水治理版图 [EB/OL]. http://www.h2o-china.com/news/257907.html. 2018-09-17.
④ 《农村人居环境整治三年行动方案》：东部地区、中西部城市近郊区等有基础、有条件的地区，人居环境质量全面提升，基本实现农村生活垃圾处置体系全覆盖。中西部有较好基础、基本具备条件的地区，人居环境质量较大提升，力争实现 90% 左右的村庄生活垃圾得到治理。
⑤ 数据来源于《中国卫生和计划生育统计年鉴 2017》.
⑥ 新华每日电讯. 七方面措施推进农村"厕所革命"[EB/OL]. http://www.xinhuanet.com//mrdx/2018-10/10/c_137522672.htm. 2018-10-07.

央财政对农村新建改造污水厕所的投入仅仅83.8亿元人民币①,平均每年仅仅7亿元,资金的缺口巨大。

综上,"十三五"期间,农村污水治理、生活垃圾处理以及厕改项目的治理缺口巨大,约在554亿—1973亿元/年。农业农村发展是国民经济发展的基石,在三次产业融合、乡村旅游兴起、城乡融合发展的背景下,农业农村承担的功能逐渐趋向多样化,农村人居环境治理和改善不仅是农村自身的问题,更是公共问题、社会问题,因此探索农村人居环境整治资金分担机制尤为迫切和必要。

三、美国农业部人居环境治理资金资助计划

美国农业部农村发展水和环境资金下设有"农户水和废水补助金""农村社区和家庭的特别评估援助""固体废物管理补助金"等9种援助资金。这些资金主要用来解决不同类型、不同地域的水和废物处理问题,并对资金的申请人、资金类型、资金使用地区、资金限额、资金用途、贷款周期和利息都做了详细的设定。总体来看,这些援助资金有以下特点:

1. 政府拨款直接给付占绝对主导地位。美国农业部的农村人居环境改善项目主要采取政府主导,社会化资金补充的资金机制。九种资金中只有"水和废物处理贷款担保"和"水和废物处置循环贷款基金"来源于非营利组织和其他社会化机构的融资基金。"水和废物处置预发展规划补助金"规定了申请方需有一定的资金配套,剩余项目援助资金均全部直接来源于政府拨款。

2. 申请者以政府部门或者非营利机构主导。美国的农村水和环境项目属于非营利的性质,"农村社区和家庭的特别评估援助""固体废物管理补助金""水和废物处置补助金""水和废物处置贷款和补助金""水和废物处理贷款担保"和"水和废物处置预发展规划补助金"等项目对

---

① 中国新闻网. 国家卫计委:全国农村卫生厕所普及率已达80.3%[EB/OL]. http://toutiao.chinaso.com/sztt/detail/20171129/1000200033117121511916037797986164_1.html. 2018-11-04.

大多数州和地方政府实体、非营利组织及联邦认可的部落开放申请。有些资助项目如"水和废水补助金"的申请人限定在固定对象：只有拥有位于科洛尼亚的住宅并拥有所有权证据、应纳税收入低于美国卫生和公众服务部制定的最新贫困收入指南且没有拖欠任何联邦债务的申请人才有资格申请；"水和废物处置循环贷款基金"和"水和废物处置技术援助和培训补助金"只有具备相关能力、背景、经验的非营利组织才有资格申请。

3. 资金使用地区指向性强，对地区人口数量要求严格。资金的使用明显向Colonias地区[①]倾斜，如"水和废物处置补助金""水和废物处置贷款和补助金""水和废物处理贷款担保""水和废物处置预发展规划补助金""水和废物处置循环贷款基金"都在资金使用地区部分都重点提及了Colonias地区。资金的使用大多限定在人口较少的地区，一般是限定在一万人以下，并且重点照顾缺乏清洁可靠、可负担得起的饮用水或废物处理系统的地区。

4. 对资金的使用途径有明确的规定。这体现了"专款专用"的思想，既可以让资金的使用完成既定目标，不被第三方挪作他用，也可以防止了借款人的挥霍，如"个体水和废水补助金"的使用仅限与供水管道、一个浴缸、水槽、马桶、厨房水槽、热水器和屋外水龙头，浴室面积不得超过4.6平方米。

5. 对部分资金设置了资金上限。如"农户水和废水补助金"规定任何个人的最高补助金最高为3500美元；"水和废物处置循环贷款基金"规定每位借款人的最高贷款额为100000美元；"水和废物处置预发展规划补助金"规定资金最高为30000美元或前期开发计划成本的75%。设置资金上限不仅可以避免资金投入过于集中的情况，从而使资金在更广的空间范围上发挥作用，还可以在一定程度上避免政府的权力寻租行为。

6. 通过贷款取得的资金有明确资金的使用周期和利息。项目的还款的周期一般较长，如"水和废物处置贷款和补助金"和"水和废物处理贷款担保"的投资回收期最长可达40年；"水和废物处置循环贷款基金"

---

① 位于美国—墨西哥边界合并区之外的细分区域。

的投资回收期最长可达10年。贷款的利息依照具体情况而定，较为灵活。如"水和废物处置贷款和补助金"的利率根据家庭收入的中位数确定；"水和废物处置循环贷款基金"的利率由借款人和非营利组织协商灵活决定。偏长的还贷周期和灵活的借贷利息可以充分考虑当地的实际情况，避免借款人负担过重、失去申请治理资金的动力。

四、我国农村人居环境治理资金来源探讨

2015年9月11日中共中央政治局会议审议通过，由中共中央、国务院印发的《生态文明体制改革总体方案》指出，要"建立农村环境治理体制机制，采取政府购买服务等多种扶持措施，培育发展各种形式的农业面源污染治理、农村污水垃圾处理市场主体。"自此，我国农业环境污染治理引入多元化资金机制有规可循。

根据有关文件精神，我国在污水、垃圾等人居环境整治运行模式上已明确应以PPP模式为主，政府通过"特许经营"的方式（如BOT、ROT、TOT模式等）使社会资本承担污水和垃圾处理项目的建设、运行、改扩建和维护的全部或部分成本，并给予社会资本通过向消费者收取适当收益的权利，政府部门则负责绩效评估和监督工作，并且在合作期限结束时，所有项目设施都应该完好无偿地移交给政府。但目前的问题在于，对于项目建设和运营的付费来源、付费主体的相关规定尚不清晰。农村人居环境治理项目覆盖面广、项目投资大、投资回报率低，不同项目区域间社会经济情况的差异巨大，在此背景下，明确不同类型、不同社会经济背景的治理项目的资金来源，构建明晰的投资回报机制，是确保各项治理行动顺利实施的关键。具体在项目付费来源方面应根据区域社会经济状况、是否是重要生态保护功能区，个体农户的经济状况分别设定有针对性的资金支持政策。

借鉴国际经验，结合我国的具体国情，对我国农村人居环境治理资金机制提出以下建议：

第一，建立农村人居环境整治补助基金，形成以政府为主导的融资渠道。治理农村人居环境有很强的公益性，大多数的治理项目缺乏经济效益,这也使得追求经济效益的社会资本缺乏进入的动力,所以对于环境公共物品的提供,还是应该以政府拨款补助为主,建议参考美国经验,设立人居环境治理补助基金,形成以政府为主导的融资渠道,明确治理资金的申请额度和使用途径,设立较长的还款周期和契合当地发展水平的利息。在PPP模式中,不同区域根据情况不同出资比例可以不同,比如东部地区市场发达,利润空间更高,可以让社会资本占较大份额;中西部地区以及落后区域,盈利空间比较小,可以由政府出资占大头。

第二,项目融资方式应考虑区域社会经济条件差异。考虑到我国农村区域发展不平衡的问题,我国东部发达地区可以通过中央财政、地方财政拨款以及社会资金建立农村人居环境治理基金,以低息贷款而非直接补助的方式提供建设资金,低息贷款需要经济发达地区的农民在日后承担本息,保证污水处理资金的回笼,这也有利于维持污水处理资金的持续运转[1];中部和西部地区由于经济发展较为滞后,尤其是农村更为贫困,可以参考美国和日本等国家经验,国家和地方政府应加大出资比例,设立政府直接给付基金。另外,国家和地方政府的补贴份额应该根据不同区域的经济发展水平、农户的贫困程度以及是否是重要水源地或生态保护区等指标灵活调整。对于后续的运行费用,其他国家主要从农民水费中出或者农民自行负责运行,在我国发达地区可以探索农户支付一定费用以确保治理设施的运行和维护,对于经济发展条件比较落后的农村地区,主要依靠政府和外来资金支持。

第三,农村人居环境治理应全面覆盖,同时重点要突出。为满足广大农民对美丽人居环境的需求,我国的农村人居环境治理应该惠及每一个农户。与此同时,部分农村地区人居环境恶劣,严重影响了当地居民的生命健康,亟待治理。此外,一些地处重要生态服务功能区但人居环境较差的区域也应优先治理。所以,全面推进农村人居环境治理的同时也需要突出重点地区,确保重点地区的突出问题优先治理。

---

[1] 沈哲,黄劼,刘平养. 治理农村生活污水的国际经验借鉴——基于美国、欧盟和日本模式的比较[J]. 价格理论与实践,2013(2).

第四,设立人居环境治理资金监管机制。为确保农村人居环境治理的资金切实用到相关项目上,政府部门应该设置严格有效的资金监督管理机制。一是要完善资金监管制度。加强农村人居环境治理项目资金的计划管理,做好事前预算、事中监管、事后总结,确保每一笔资金的使用情况都有全流程的记录,缩小相关人员寻租空间。二是要引导公众参与监督。构建信息平台,公开农村人居环境治理资金的抵押情况,方便社会公众进行监督。

附表　　　　美国农业部人居环境治理资金支持项目

计划名称	申请人	资金类型	资金使用地区	资金限额	资金用途
个体水和废水补助金	拥有位于科洛尼亚的住宅并拥有所有权证据;应纳税收入低于美国卫生和公众服务部制定的最新贫困收入指南;没有拖欠任何联邦债务	政府拨款直接给付	亚利桑那州、加利福尼亚州、新墨西哥州和德克萨斯州人口在10000人或以下的农村地区和城镇	供水服务线、连接管道或浴室建设的任何个人的最高补助金最高为3500美元。对于污水服务线、连接管道或浴室建设,任何个人的最高补助金最高为4000美元。对初始或后续补助金的任何个人的终身援助不得超过累计总额5000美元	将供水管道从供水系统连接到住宅。在缺乏用水设施的住宅内支付必要的管道和相关固定装置的安装费用,但仅限一个浴缸、水槽、马桶、厨房水槽、热水器和屋外水龙头。建造浴室,但不得超过4.6平方米(48平方英尺)。在必要时支付于关闭废弃化粪池和水井的费用,以保护补助金接受者的健康安全。在需要时改进住户的用水或废物处理系统

续表

计划名称	申请人	资金类型	资金使用地区	资金限额	资金用途
农村社区和家庭的特别评估援助	大多数州和地方政府实体；非营利组织；联邦政府认可的部落	政府拨款直接给付	人口在2500人或以下的农村地区；当地家庭收入中位数低于贫困线或低于全州非大都市家庭收入的中位数80%		为可行性研究、初步设计和工程分析、技术援助提供资金支持。建设或改善农村用水、生活污水、固体废物处理和雨水处理设施。建造和运营公共建筑、道路、桥梁、围栏等公用设施。私人建筑物的维修
固体废物管理补助金	大多数州和地方政府实体；非营利组织；联邦政府认可的部落；学术机构	政府拨款直接给付	人口在10000人或以下的农村地区和城镇；特别照顾人口少于5500人或少于2500人的地区、低收入人群		评估当前的垃圾填埋场条件，以识别对水资源的威胁；提供技术援助或培训，以加强垃圾填埋场的运营和维护，帮助处理固体废物，维持垃圾填埋场的使用
水和废物处置补助金	大多数州和地方政府实体；非营利组织；为Colonias服务的公共区域；联邦政府认可的部落	政府拨款直接给付	联邦公认的部落土地；1989年10月1日之前被认定为Colonias的地区；人口在10000人或以下的农村地区和城镇		建设基本饮用水和废物处理系统，包括雨水处理

续表

计划名称	申请人	资金类型	资金使用地区	资金限额	资金用途
水和废物处置贷款和补助金	大多数州和地方政府实体；私人非营利组织；联邦认可的部落	政府拨款直接给付，长期低息贷款	人口在10000人或以下的农村地区和城镇农村地区的部落土地；被认定为Colonias的地区		饮用水采购、处理、储存和分配、下水道的收集、传输、处理和处置；固体废物收集，处置和关闭；雨水收集、传输和处置。法律和工程费；土地征用、水和土地权、许可证和设备所需费用；启动操作和维护费用；施工期间产生的利息；购买设施以改善服务或防止服务中断所需的费用
水和废物处理贷款担保	大多数州和地方政府实体；非营利组织；联邦认可的部落	RD办事处批准的社会贷款（申请成为贷款方，需联系当地RD办事处的代表）	人口在10000人或以下的农村地区和城镇农村地区的部落土地；被认定为Colonias的地区		新建或改善饮用水供给设施、卫生下水道、固体废物处理、雨水处理设施。法律和工程费；征地和设备费用；启动操作和维护费用；资本化利息；确定完成项目所需的其他费用

续表

计划名称	申请人	资金类型	资金使用地区	资金限额	资金用途
水和废物处置预发展规划补助金	大多数州和地方政府实体；非营利组织；联邦政府认可的部落	大部分由政府拨款直接给付，至少25%的项目成本必须来自申请人或第三方	人口在10000人或以下的农村地区和城镇联邦公认的部落土地；被认定为Colonias的地区	最高30000美元或前期开发计划成本的75%	用于支付申请"美国农业部农村水和废物处置直接贷款"和"贷款担保计划"所需的部分费用
水和废物处置循环贷款基金	非营利组织（拥有经营循环贷款基金的法定权力；遵守相关州/联邦法律法规；具有资金、技术和管理能力）	非营利组织创建的循环贷款基金	人口在10000人或以下的农村地区和城镇农村地区的部落土地；被认定为Colonias的地区	每位借款人的最高贷款额为100000美元	水和废水处理项目的前期开发成本；短期小额改善项目
水和废物处置技术援助和培训补助金	拥有经过验证的能力、背景、经验的非营利组织；可在国家、地区或州内提供技术援助或培训的非营利组织	政府拨款直接给付	人口在10000人或以下的农村地区和城镇；农村地区的部落土地		提供技术援助和培训，识别评估水和废物问题及其解决方案，帮助申请人申请水和废物处理的贷款/补助金，帮助运营和维护农村地区的水和废物设施

参考文献

[1] 吴良镛. 人居环境科学导论 [M]. 北京：中国建筑工业出版社，2001：36-38.

[2] 胡伟，冯长春，陈春. 农村人居环境优化系统研究 [J]. 城市发展研究，2006（06）：11-17.

[3] 彭震伟，陆嘉. 基于城乡统筹的农村人居环境发展 [J]. 城市规划，2009，33（05）：66-68.

[4] 赵霞. 农村人居环境：现状、问题及对策——以京冀农村地区为例 [J]. 河北学刊，2016，36（01）：121-125.

[5] 郜彗，金家胜，李锋，周传斌. 中国省域农村人居环境建设评价及发展对策 [J]. 生态与农村环境学报，2015，31（06）：835-843.

[6] 谭雪，石磊，陈卓琨，李涛，马中，郑祥，程荣. 基于全国227个样本的城镇污水处理厂治理全成本分析 [J]. 给水排水，2015，51（05）：30-34.

[7] 张立秋，张英民，张朝升，荣宏伟，张可方，曹勇锋，尚晓博. 农村生活垃圾处理现状及污染防治技术 [J]. 现代化农业，2013（01）：47-50.

[8] 沈哲，黄劼，刘平养. 治理农村生活污水的国际经验借鉴——基于美国、欧盟和日本模式的比较 [J]. 价格理论与实践，2013（02）：49-50.

西藏农业面源污染排放的空间差异与分布特征研究[*]

周 芳 金书秦 张 惠

党的十九大报告提出要"加强农业面源污染防治"。作为国家生态安全屏障,西藏的生态环境功能地位举足轻重,其农业面源污染治理和生态环境保护对全国农业绿色发展具有重大的战略意义。进入 21 世纪以来,在国家一系列强农惠农和农业援藏政策的支持下,西藏农牧业快速发展,农牧民收入持续增长。2017 年,西藏农业总产值达到 122.8 亿元,占地区生产总值的 9.4%;农村居民人均可支配收入首次突破万元,达到 10330 元,比上年增长 13.6%。从大众的一般认识来看,西藏地广人稀、经济活动也不频繁,蓝天白云下似乎没有太多污染问题。然而,西藏农业经济快速增长也付出了一定的资源环境代价,农业面源污染问题日益严重,主要表现为 3 个方面:化肥、农药等农业化学投入品的过量使用,农作物秸秆、畜禽粪便、农膜等农业废弃物的排放以及农牧民污水、垃圾等

---

[*] 基金项目:西藏科技厅重点科研项目(Z2016R67F08)、西藏哲学社会科学专项资金重点项目(16AJY001)、农业生态环境保护专项"农业环境治理体系研究"。作者周芳,西藏农牧学院;金书秦,农业农村部农村经济研究中心;张惠,中国人民大学。

生活废弃物的排放。本文分析结果也表明，西藏部分地区农业面源污染排放强度甚至大幅高于全国平均水平，已经成为制约农业健康发展和国家生态安全屏障建设的瓶颈约束。因此，分析西藏农业面源污染的现状，并探讨其时空差异与分布特征对改善西藏农业生态环境，实现农业可持续发展具有重要意义。

国内外诸多学者就农业面源污染问题进行了分析和研究，其内容涉及农业面源污染的形势、特征和治理对策，测算和空间分布，主要影响因素和国际经验借鉴等方面。现有研究成果多为从全国层面对农业面源污染进行综合分析。尽管也有部分研究成果对我国不同区域的农业面源污染状况进行研究，但是缺乏对西藏农业面源污染总体状况及其时空差异的定量研究。因此，本文利用单元调查法，对2000—2016年西藏农业面源污染排放总量、构成及强度进行核算，并探讨其空间差异与分布特征，试图揭示西藏农业面源污染现状并把握其动态演变，从而为西藏农业面源污染防治政策的制定提供参考和依据。

一、方法与数据

（一）农业面源污染排放量核算模型

本文采用单元调查法，对西藏农业面源污染排放量进行核算。该方法主要评估农业生产和农村生活的过程中产生的污染物，在降水和灌溉过程中通过地表径流和排水等途径汇入地表水体造成的污染。基于西藏农业面源污染的现状，本文最终选择农田化肥、畜禽养殖、农村生活3个污染单元①，核算的主要污染物指标包括总氮（TN）、总磷（TP）排放量2类，因为氮、磷元素是造成水体污染和水体富营养化的主要因子（见表1）。

---

① 由于农药污染、地膜污染单元难以定量核算，西藏农业固体废弃物的利用结果及其排放率无法确定，本文对这3个污染单元不予考虑。

表 1　　　　　　　西藏农业面源污染核算单元

污染来源	调查单元	调查指标	单位
农田化肥	氮肥、磷肥使用情况	施用量（折纯）	万吨
畜禽养殖	牛、猪、羊	存栏量/出栏量	万头（只）
农村生活	农村人口	农村人口数	万人

本文构建的农业面源污染排放量核算模型如下：

$$E = \sum_i EU_i \rho_i LC_i(SU_i, \delta_i, C) \tag{式1}$$

式1中，E 为农业面源污染物 TN、TP 排放量；EU_i 为单元 i 指标统计数；ρ_i 为单元 i 污染物的产污强度系数；EU_i 和 ρ_i 之积是农业和农村污染物的产生量（产污量）；$LC_i(SU_i, \delta_i, C)$ 为单元 i 污染物的总排放系数，它由单元特性 SU_i、资源利用率 δ_i 和环境特征 C 决定，C 受到区域环境、降雨、水文和各种管理措施对农业和农村污染的综合影响。其中，EU_i 数据来自 2001—2017 年《西藏统计年鉴》，ρ_i 和 LC_i 数据主要参照赖斯芸、梁流涛等相关研究成果获得。本文采用的各污染单元的 TN 和 TP 排放系数见表2所示。

表 2　　　　　　西藏各农业面源污染单元的排放系数

	农田化肥（%）		畜禽养殖（千克/头（只））			农村生活（千克/人）
	氮肥	磷肥	牛	猪	羊	
TN	10%	—	61.1	4.51	2.28	0.89
TP	—	4%	10.07	1.7	0.45	0.20

（二）数据来源

利用单元调查法对西藏农业面源污染排放量进行估算，除了各污染单元的排放系数外，还需要相关的统计数据，主要包括西藏全区及 7 个地市的化肥施用量（包括氮肥、磷肥折纯量）、畜禽养殖量（包括牛、羊、猪存栏量和出栏量）和农村人口数量。这些数据主要来自于 2001—2017 年《西藏统计年鉴》和《中国农村统计年鉴》。

二、结果与分析

(一) 西藏农业面源污染排放总量

2000—2016 年,西藏农业面源污染的 TN、TP 排放量基本呈现有增有减的平稳变动趋势(见图1)。其中,TN 排放量由 2000 年的 90852.0 吨变为 2016 年的 99390.5 吨,年均增长 0.6%,TP 排放量由 2000 年的 13499.5 吨变为 2016 年的 14824.4 吨,年均增长 0.6%。西藏 TN 和 TP 排放量在 2007 年和 2011—2014 年均呈现下降趋势,主要原因在于畜禽养殖量减少,导致畜禽养殖的 TN 和 TP 排放量下降。2007 年西藏牛存栏量为 622 万头,比 2006 年下降 4.5%,猪出栏量为 15.6 万头,比 2006 年减少 14.9%;2011 年西藏牛存栏量为 645 万头,比 2010 年下降 1.4%,羊存栏量为 1459 万只,比 2010 年下降 7.6%,猪出栏量为 19.9 万头,比 2010 年减少 2.9%。

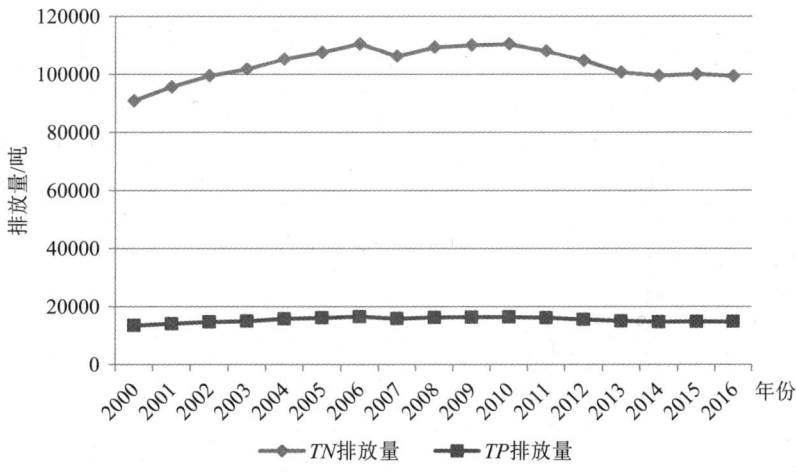

图1　2000—2016 年西藏 TN 和 TP 排放量

(二) 西藏农业面源污染排放的构成

在得到西藏农业面源污染排放总量的基础上,进一步分析农田化肥、畜禽养殖和农村生活 3 个污染单元对农业面源污染的贡献率,用该单元污染物排放量占排放总量的比重来表征（见表3）。平均而言，3个污染单元对 TN 和 TP 排放量贡献率由大到小分别是畜禽养殖、农村生活和农田化肥，其占 TN 排放总量的比重分别为96.3%、2.0%和1.7%，占 TP 排放总量的比重分别为94.5%、2.9%和2.6%。由此可见，畜禽养殖是西藏农业面源污染 TN 和 TP 排放的最主要贡献单元，也应该是西藏农业面源污染防治的重点领域。但是，也需要注意到畜禽养殖的贡献率总体呈现下降趋势，而农村生活和农田化肥贡献率有所增加。因此，在西藏农业面源污染防治中，也不能因为这两个污染单元所占比重小而完全忽略对其污染治理。

表3　　　　2000—2016年西藏农业面源污染排放的构成　　　　单位：%

年份	TN			TP		
	农田化肥	畜禽养殖	农村生活	农田化肥	畜禽养殖	农村生活
2000	1.28	96.67	2.05	1.59	95.31	3.11
2001	1.64	96.39	1.97	1.34	95.66	3.00
2002	1.42	96.66	1.92	1.67	95.41	2.91
2003	1.67	96.44	1.90	1.52	95.59	2.89
2004	1.57	96.57	1.86	3.04	94.18	2.78
2005	1.67	96.50	1.83	3.15	94.10	2.75
2006	1.63	96.56	1.81	3.07	94.21	2.72
2007	1.76	96.34	1.90	2.67	94.47	2.86
2008	1.52	96.62	1.86	2.29	94.90	2.81
2009	1.50	96.64	1.86	2.43	94.77	2.81
2010	1.74	96.39	1.87	2.60	94.58	2.83
2011	1.37	96.70	1.93	2.97	94.14	2.90
2012	1.62	96.36	2.02	2.62	94.33	3.05
2013	1.96	95.94	2.10	3.28	93.55	3.17
2014	2.05	95.84	2.11	3.00	93.81	3.19
2015	2.04	95.88	2.08	3.13	93.73	3.14
2016	1.96	95.96	2.08	3.23	93.63	3.14
均值	1.67	96.38	1.95	2.56	94.49	2.94

(三) 西藏农业面源污染排放的空间差异

2000—2016 年,西藏 7 个地市的 TN 和 TP 排放总体呈现增加趋势,并且空间差异明显(见图 2、图 3)。那曲市、昌都市、日喀则市的 TN 和 TP 排放量位居前 3 位,这与西藏畜禽养殖和农村人口分布基本相符。它们是西藏的畜牧业大市,牲畜存栏量位居全区前 3 位,2016 年 3 市牲畜总存栏量为 1261 万头(只、匹),占全区牲畜总存栏量的 69.9%。同时,那曲、昌都、日喀则的农村人口数也位居全区前 3 位,2016 年 3 市农村人口共计 149.4 万人,占全区农村人口总数的 67.2%。由于畜禽养殖业快速发展带来的畜禽粪便问题日趋严重以及农牧民生活水平提高引致的农村生活污水和垃圾排放量增加,导致这 3 市的 TN 和 TP 排放量居高不下,始终位于全区前 3 位。此外,日喀则和昌都作为西藏种植业大市,2016 年,其农作物播种面积为 14.5 万公顷,占全区农作物总播种面积的 56.3%。在农作物种植过程中,化肥、农药等化学品的施用量不断增加,也在一定程度上导致日喀则和昌都的 TN、TP 排放量较高。阿里地区是西藏 TN 和 TP 排放量最低的地区,主要原因在于阿里生存条件恶劣、生态环境脆弱、自然灾害频发,畜禽养殖量、农村人口数和农作物种植面积远远低于西藏其他地市。因此,那曲市、昌都市、日喀则市应当作为西藏农业面源污染治理的重点。

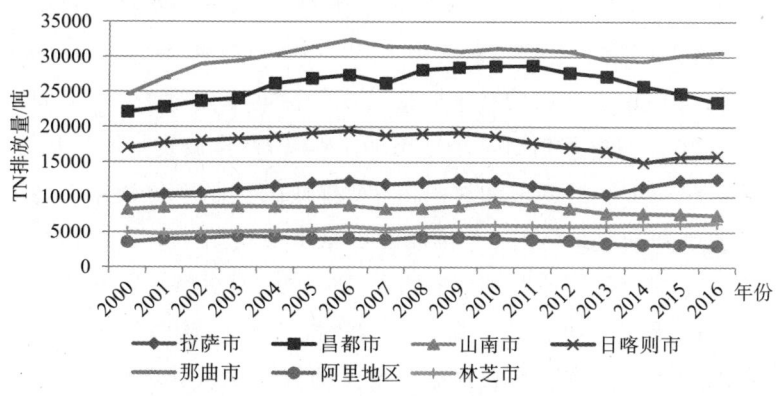

图 2　2000—2016 年西藏各地市 TN 排放量对比

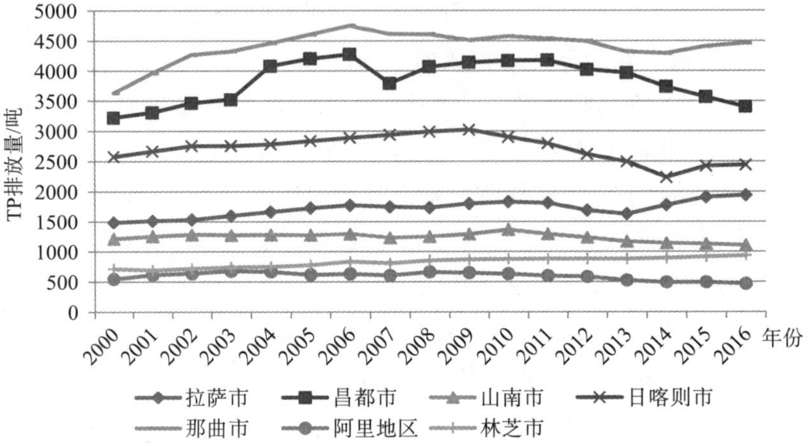

图 3　2000—2016 年西藏各地市 TP 排放量对比

在计算得到西藏各地市农业面源污染排放总量的基础上，进一步分析其构成，也即农田化肥、畜禽养殖和农村生活 3 个污染单元对 TN 和 TP 排放总量的贡献。结果表明，2000—2016 年畜禽养殖对西藏 7 个地市 TN 和 TP 排放的贡献率最大，畜禽养殖占 TN 和 TP 排放量的比重分别在 91% 和 87% 以上，但是 2012 年以后，畜禽养殖对 TN 和 TP 排放的贡献率呈现明显下降趋势；从平均值来看，农村生活和农田化肥对西藏各地市 TN 和 TP 排放的贡献率位居第二、三位，但是两者占 TN 和 TP 排放量的比重差别不大，并且 2015—2016 年农田化肥占 TN 和 TP 排放量的比重超过农村生活，位居第二位。本文利用 GIS 空间分析平台，直观反映出 2016 年西藏各地市的 TN、TP 排放量及 3 个污染单元对 TN、TP 排放量的贡献。2016 年，畜禽养殖对 7 个地市的 TN 和 TP 排放贡献率均居第一位；农村生活对拉萨市、昌都市和那曲市 TN 排放的贡献率位居第二位，对昌都市、那曲市和阿里地区的 TP 排放的贡献率位居第二位；农田化肥对山南市、日喀则市、阿里地区和林芝市的 TN 排放的贡献率位居第二位，对拉萨市、山南市、日喀则市、林芝市 TP 排放的贡献率位居第二位。因此，西藏农业面源污染防治要根据各地市的排放现状，重点针对农业面源污染的重点污染单元，因地制宜地制定差别的农业面源污染防治政策，这

(四) 西藏农业面源污染排放强度的空间差异

农业面源污染排放强度是指单位土地面积的农业面源污染排放量的积聚程度，用农业面源污染排放量与土地面积的比值来表示，可以在一定程度上表征西藏各地市农业面源污染负荷程度。结果显示，2000—2016 年，拉萨市 TN 和 TP 排放强度最高，平均强度分别为 364.2 千克/平方公里和 54.2 千克/平方公里，远高于全区其他地市水平，甚至大幅高于全国平均水平[①]。昌都市 TN 和 TP 排放强度居第二位，平均强度分别为 236.2 千克/平方公里和 34.8 千克/平方公里；山南市和日喀则市 TN 和 TP 排放强度分居第三和第四位，但两者相差不大，其中山南市 TN 和 TP 平均排放强度分别为 104.9 千克/平方公里和 15.6 千克/平方公里，日喀则市 TN 和 TP 平均排放强度分别为 97.5 千克/平方公里和 14.9 千克/平方公里；那曲市和林芝市 TN 和 TP 排放强度分居第五和第六位，其中那曲市 TN 和 TP 平均排放强度分别为 66.6 千克/平方公里和 9.8 千克/平方公里，林芝市 TN 和 TP 平均排放强度分别为 48.0 千克/平方公里和 7.1 千克/平方公里；阿里地区 TN 和 TP 排放强度最低，平均强度分别为 12.6 千克/平方公里和 1.9 千克/平方公里，远低于全区其他地市水平。综合考虑到农业面源污染总量和负荷强度，拉萨市、昌都市、日喀则市、那曲市应当作为西藏农业面源污染治理的重点。

西藏各地市农业面源污染排放强度存在着差异，拉萨市 TN 和 TP 排放强度最高，位于第一层级；昌都市 TN 和 TP 排放强度次之，位于第二层级；山南市和日喀则市 TN 和 TP 排放强度位于第三层级；那曲市和林芝市 TN 和 TP 排放强度位于第四层级；阿里地区 TN 和 TP 排放强度最低，位于第五层级。

---

① 按照第一次全国污染普查数据计算，农业 TN 的全国平均强度是 281.3 千克/平方公里，农业 TP 为 29.2 千克/平方公里。

三、讨论

本文利用单元调查法对西藏农业面源污染排放量进行估算时，主要参照现有农业面源污染研究的相关文献来确定主要污染物的排放系数，所得结果与实地调查结果基本相符。将本文结果与梁流涛、郝守宁等对各自研究区的农业面源污染研究成果进行比较发现：西藏农业面源 TN 和 TP 的最主要来源均为畜禽养殖，梁流涛计算得到2006年畜禽养殖对西藏农业面源 TN 和 TP 排放量的贡献率分别达到97.1%和96.7%，与本文研究结果基本一致。郝守宁等研究认为，畜禽养殖、农村生活、农田化肥是西藏林芝市农业面源污染的主要来源，其中畜禽养殖在 TN 和 TP 排放量中占最大比重，结论也与本文一致。

本文仅选取了 TN 和 TP 这两个指标表征农业面源污染，只考虑了畜禽养殖、农田化肥和农村生活三类污染源，并未考虑 COD、NH_3-N 等污染指标及农药、农膜、农作物秸秆等污染源的影响。下一步将构建西藏农业面源污染综合指标体系，并将污染状况与社会经济指标相结合，在总量和空间上全面综合反映西藏农业面源污染的总体特征，为西藏农业面源污染防治和生态安全屏障构建提供依据和参考。

四、结论

本文利用单元调查法，在总量、结构与强度及其空间分布等方面对2000—2016年的西藏农业面源污染排放量进行研究，结果表明：

（1）2000—2016年，西藏农业面源污染的 TN、TP 排放量基本呈现有增有减的平稳变动趋势，其排放均值分别为103515.5吨和14565.4吨，总体趋于稳定。畜禽养殖是西藏农业面源 TN、TP 排放的最大贡献单元，其占 TN、TP 排放总量比重的平均值分别为96.3%和94.5%。因此，畜禽养殖是西藏农业面源污染防治的重点领域。

（2）西藏7个地市的 TN、TP 排放量总体呈现增加趋势，并且空间差异明显。2000—2016年，那曲市、昌都市、日喀则市的 TN 和 TP 排放量位居前3位，这与西藏畜禽养殖和农村人口分布基本相符。畜禽养殖对全区 7 个地市 TN、TP 排放的贡献率最大,畜禽养殖占 TN 和 TP 排放量的比重分别在 91% 和 87% 以上。西藏农业面源污染防治要根据各地市的排放现状,重点针对农业面源污染的重点污染单元,因地制宜地制定差别的农业面源污染防治政策,这样才能实现低成本、高效率的治理。

（3）从农业面源污染排放强度来看,拉萨市 TN 和 TP 排放强度最高,位于第一层级,大幅高于全国平均水平;昌都市 TN 和 TP 排放强度次之,位于第二层级;山南市和日喀则市 TN 和 TP 排放强度位于第三层级;那曲市和林芝市 TN 和 TP 排放强度位于第四层级;阿里地区 TN 和 TP 排放强度最低,位于第五层级。综合考虑到农业面源污染总量和负荷强度,拉萨市、昌都市、日喀则市、那曲市应当作为西藏农业面源污染治理的重点区域。

参考文献

[1] 金书秦,沈贵银. 中国农业面源污染的困境摆脱与绿色转型 [J]. 改革,2013,(5):79-87.

[2] 梁流涛,曲福田,冯淑怡. 经济发展与农业面源污染:分解模型与实证研究 [J]. 长江流域资源与环境,2013,22(10):1369-1374.

[3] 金书秦,沈贵银,魏珣,等. 论农业面源污染的产生和应对 [J]. 农业经济问题,2013(11):97-102.

[4] 饶静,许翔宇,纪晓婷. 我国农业面源污染现状、发生机制和对策研究 [J]. 农业经济问题,2011,(8):81-87.

[5] 孔嘉鑫,姜仁楠,范贝贝,李昊玥. 农业面源污染特征及治理对策 [J]. 环境科学与管理,2016,41(5):85-88.

[6] 金书秦. 农业面源污染特征及其治理 [J]. 改革,2017,(11):53-56.

[7] 金书秦,邢晓旭. 农业面源污染的趋势研判、政策评述和对策建议 [J]. 中国农业科学,2018,51(3):593-600.

[8] 杨林章,施卫明,薛利红,等. 农村面源污染治理的"4R"理论与工程实践——总体思路与"4R"治理技术 [J]. 农业环境科学学报,2013,32 (1): 1-8.

[9] 陈敏鹏,陈吉宁,赖斯芸. 中国农业和农村污染的清单分析与空间特征识别 [J]. 中国环境科学,2006,26 (6): 751-755.

[10] 马国霞,於方,曹东,等. 中国农业面源污染物排放量计算及中长期预测 [J]. 环境科学学报,2012,(2): 489-497.

[11] 胡静锋. 重庆市农业面源污染测算与空间特征解析 [J]. 中国农业资源与区划,2017,38 (1): 135-144.

[12] 郝守宁,付意成. 林芝市农业面源污染负荷时空变化与分布特征 [J]. 农业环境科学学报,2017,36 (7): 1308-1315.

[13] 丘雯文,钟涨宝,原春辉,等. 中国农业面源污染排放的空间差异及其动态演变 [J]. 中国农业大学学报,2018,23 (1): 152-163.

[14] 向东梅. 促进农户采用环境友好技术的制度安排与选择分析 [J]. 重庆大学学报(社会科学版),2011,17 (1): 42-47.

[15] 葛继红,周曙东. 农业面源污染的经济影响因素分析:基于1978-2009 年的江苏省数据 [J]. 中国农村经济,2011,(5): 72-81.

[16] 肖新成,何丙辉,倪九派,等. 三峡生态屏障区农业面源污染的排放效率及其影响因素 [J]. 中国人口资源与环境,2014,24 (11): 60-68.

[17] 吴义根,冯开文,李谷成. 人口增长、结构调整与农业面源污染——基于空间面板 STIRPAT 模型的实证研究 [J]. 农业技术经济,2017,(3): 75-87.

[18] 周芳,金书秦. 日本土壤污染防治政策研究 [J]. 世界农业,2014,(11): 47-52.

[19] 梁丹,金书秦. 农业生态补偿:理论、国际经验与中国实践 [J]. 南京工业大学学报(社会科学版),2015,(3): 53-62.

[20] 周颖,周清波,周旭英,等. 国外农业清洁生产补偿政策模式及对我国的启示 [J]. 农业现代化研究,2015,(1): 7-12.

[21] 尹建锋,刘代丽,习斌. 中国农业面源污染治理市场主体培育及国际经验借鉴 [J]. 世界农业,2017,(8):25-29.

[22] 赖斯芸,杜鹏飞,陈吉宁. 基于单元分析的非点源污染调查评估方法 [J]. 清华大学学报(自然科学版),2004,44(9):1184-1187.

[23] 赖斯芸. 非点源调查评估方法及其应用研究 [D]. 清华大学. 2003,36-39.

[24] 梁流涛. 农村生态环境时空特征及其演变规律研究 [D]. 南京农业大学. 2009.75-79.

我国农村教育发展面临的突出问题及应对建议[*]

吴天龙　方秀英　习银生　姜　楠　高　鸣

党的十九大报告提出要优先发展教育事业，优先发展农业农村。这是国家为实现两个百年奋斗目标和中华民族伟大复兴而进行的顶层设计和战略部署，既体现了对"百年大计，教育为本"的充分肯定，又体现了要补齐短板，促进城乡融合发展的坚定决心。这时，兼具两者性质的农村教育显得尤为重要，既是基础又是短板，理应成为发展中的"优中之优"。我们有理由、也有必要对当前农村教育发展中的不足进行系统地梳理，并为其寻找有针对性的应对措施。

一、当前农村教育事业中存在的五个突出问题

进入21世纪以来，党和政府对农村义务教育高度重视，政策性资金支持力度不断增加，城乡教育一体化程度持续提高。根据《中国农村教

---

[*] 基金支持：农业农村部软科学项目"健全乡村治理体系问题研究"（2018044）。作者方秀英，北京市佟麟阁中学一级教师，学科方向：发展与教育心理学；吴天龙，农业农村部农村经济研究中心，研究方向：农产品市场、城乡融合、乡村治理；习银生，农业农村部农村经济研究中心，研究方向：农产品市场。

育发展报告2017》显示，2016年全国普通小学和初中的生均公共财政预算教育事业费支出分别为2402.18元和3257.19元，均达到全国平均水平的90%以上。但是，由于长期二元发展带来的深远影响和城市化背景下农村人才的大量流失，农村的教育环境和城市相比仍有很大差距，教学质量也明显偏弱。清华大学、北京大学的农村生源仅占两成，各省高考状元也多来自城市，真正的城乡融合发展还远未达到，至少表现在五个方面：

其一，与城市相比，农村地区的师资力量明显薄弱。城市便利的生活条件和多样化的发展机会有利于吸引人才。绝大多数师范生毕业后首选城市，只有在城市找不到合适位置的情况下才有可能考虑乡村，甚至一些人宁愿选择转换行业也不下乡任教。这就导致了乡村教师年龄老化、知识陈旧、教学方法落后等问题越来越突出。

其二，与城市相比，农村家庭的教育意识和教育能力普遍落后。教育不只是学校和老师的责任，家庭教育同样重要，但农村家庭的教育意识和教育能力都相对不足。意识方面：许多家长还认为教育是学校的事，尚未意识到早期儿童营养、爱好与习惯养成的重要性，没有形成以儿童发展为中心的教育理念。能力方面：一方面是家长的学历普遍不高，自身的教育能力不足；另一方面是收入水平相对较低，2017年城乡收入比仍高达2.71，农村家庭可用于教育投入的收入相对有限。

其三，农村地区有很多留守儿童，心理问题突出。全国农村留守儿童902万名，其中无人监护和监护人无力监护的儿童超过60万名。单亲教育、隔代教育下成长的他们缺少关爱、没有安全感，容易产生孤独、抑郁、恐惧、焦虑等负面情绪，甚至会引起严重的心理问题，导致人生观和价值观的偏离。留守儿童还容易受到不公正待遇，网络报道的校园欺凌事件中有很大比例发生在他们身上。

其四，农村学生距离学校远，寄宿比例高。撤点并校有其积极意义，它在一定程度上实现了教育资源的优化配置，但也导致部分农村孩子不能就近入学。曾有抽样数据显示，农村小学生学校与家的平均距离超过10公里，农村初中生与家的平均距离超过30公里。一些学生因为距离学校较远而选择寄宿求学，但很多学生年龄偏小，过早寄宿容易导致家庭教育、人格教育、营养补充等方面的不足。

其五，随迁子女不能跨省高考，初中毕业后辍学问题严重，全国义务教育阶段在校随迁子女1400万人左右，他们中的很大一部分是跨省就学。由于多数省份不支持异地高考，随迁子女在初中毕业时需要面临抉择：是否回乡就读。如果留下，就失去了高考的机会：居住地没有异地高考的资格，户籍地得不到高考的学籍。如果回去，就要远离父母，成为制度下的留守儿童。许多学生在习惯了城市的生活后，不愿意回到农村，一些回到原籍的学生也因为教育方法和学习内容的不适应而成绩不佳。最终导致农村孩子初中毕业后辍学比例居高不下。

二、全面改善农村教育环境的五点建议

再穷不能穷教育，再苦不能苦孩子。农村教育是提升农村人力资本的有效途径，也是农村子弟通过自身努力改变命运的机会和希望，不能让农村教育成为教育发展的短板和城乡融合发展的洼地。为此，要做好五方面工作：

其一，拓展农村教师补充渠道，增强农村学校的师资力量。加强宣传，激发高校学生主动下乡从教的热情，对志愿下乡的在校生给予学费补偿、国家助学贷款代偿等优惠政策。鼓励地方政府和高校合作，培养定向农村教育人才。同时，加大财政支持力度，适度提高工资标准和待遇，对条件艰苦地区的乡村教师给予特殊津贴。

其二，鼓励合作办学和远程教育，创新教育资源共享机制。创新城乡资源交流机制，采用学校共建、结对帮扶等方式增进城乡学校交流，允许农村教师在自愿前提下，到结对学校进行短期的借调锻炼。继续倡导实施城市优秀教师支教活动，并与待遇挂钩，在晋升、评优等方面优先考虑。同时，倡导教育信息化，推进农村中小学现代远程教育工程建设，实现城乡教育资源线上、线下全方位交流共享。

其三，强化农村中小学心理辅导工作，重视学生身心的全面发展。建议有条件的农村学校尽快配备专职心理健康辅导教师，设置心理咨询室。条件不允许的学校，建立由学校中层以上领导和班主任共同组成的心理疏

导体系，定期参加培训，及时开展心理咨询和辅导。对出现心理问题的学生早发现、早疏导。

其四，加大对农村学生入学、住宿、营养等突出问题的重视，改善农村办学条件。一是在适度提高补助标准的情况下，继续扩大农村义务教育学生营养改善计划的覆盖范围，更高质量、更大范围地改善农村儿童营养状况。同时建立用餐登记台账和营养状况档案，保障专款专用。二是改善中小学寄宿条件，配备必要的生活教师。三是合理规划公共交通，方便农村中小学生的出行，对于公共交通难以满足的地区，尽量提供校车服务，为他们的上下学提供便利条件。

其五，探索"居住地就读＋户籍地高考"新方式，解决随迁子女高考问题。因为要防止高考移民和大城市人口的恶性膨胀，所以就目前来看，异地高考政策还很难在全国全面推广，在这种情况下，"居住地就读＋户籍地高考"的方式似乎可以成为解决随迁子女就学高考的有效选择之一。那么就必须要解决两个问题：一是地区间教材的差异问题；二是户籍地的学籍管理问题。因此建议尽量统一高中主科教材，建议各省（市、区）采取有效措施，探索建立一套针对解决外出务工人员子女学籍的管理办法，为随迁子女回乡高考提供渠道。

"寒门难再出贵子"：家庭背景对社会流动的影响

郭金秀

一、知识不一定改变命运

近日，北京高考状元熊轩昂在接受采访时的一段视频在网上引起热议，面对镜头，他是这样说的，"农村地区的孩子，越来越难考上好学校。你像我这种属于中产阶级家庭孩子，衣食无忧，而且家长都是知识分子，而且还出生在北京这种大城市，所以在教育资源上享受这种得天独厚的条件，是很多外地的孩子或者农村的孩子完全享受不到的。所以这就决定了我在学习的时候确实比他们走很多捷径。现在的状元都是这种。我父母都是外交官，从小就给我营造一种很好的家庭氛围，性格上的培养是潜移默化的，因为我这每步的基础，都打得比较牢，所以最后自然就水到渠成。"这段视频之所以引起热议，我想有两方面的原因：一来是其一语道破"家庭阶层决定孩子未来命运"的现实，引起无数人的共识；二来是感叹于其小小的年纪，竟能有如此的洞见，并且面对镜头敢于说出真相。如果是一位专家或者学者说出这样的话，我们并不会感到惊讶，而如果受访者换作农村长大的孩子，却不一定会说出这么深刻的道理。我们不得不承认，家庭的经济资本、文化资本以及家庭所在地确确实实都在影响着孩子的成长与教育获得。在北京、上海等大城市长大的孩子，他们可以享用城市提供的一些公共文化资源，比如图书馆、博物馆、剧院等；他们在国际化大城市长大，掌握流利的英语，能够轻松地与外国人对话，而且在英语学习及等级考试中占有很大优势；他们的父母从小带他们四处旅行，见多识广；他们家里有着较多的藏书，知识面非常丰富；他们的家长会有意识地培养孩子的团队协作能力，所以孩子的社交能力比较强；与孩子的日常聊天中，更喜欢提出启发性的问题，鼓励孩子发表自己的看法；父母善于发现并培养孩子的兴趣，有经济能力并且愿意花钱为孩子报各类兴趣班，请专业老师对其进行指导，因此他们多才多艺；从很小的时候，父母就教给他们关于"投资储蓄"的简单知识。这些通过代际传递而获得的文化资本将成为其各个受教育阶段的优势，从初等教育到高等教育优势逐渐积累，从而实现"阶层复制"。

如果将高考看作高等教育的起点，那么对于一般人来说，每个人都是千军万马中的一员，通过了高考这座独木桥的人才有机会挤入高等院校的大门。但是，现如今的高考却并不是只有普通的文科和理科两种形式，而是多元化的，体育生、艺术生是最为常见的两种特殊类型，体育生和艺术生需要在高考前通过几个月的学习，先通过理想学校的专业测试，拿到证书，再和其他学生一样统一参加高考，只是在录取时对文化课程的成绩要求低很多。选择艺术或体育而不是通过正常高考走向大学之门的学生，大都是因为文化课程学习成绩并不好，但是又想考上一座相对来说含金量稍高的学校，所以才会另辟蹊径。而这些学生又分为两类：一类是底层社会阶层的孩子，父母不惜花费高额费用将孩子送进辅导机构，从而可以在短期内学习一种艺术特长，为即将参加高考的孩子"抱佛脚"，只为能够圆孩子一个大学梦；另一类则是完全基于兴趣爱好，比如某些明星的孩子，这些孩子出身于艺术家、演员、体育明星等的家庭中，从小受到熏陶，并且通过代际传递的形式掌握了一定的艺术或技术，至少在专业测试方面可以毫不费力地通过，因而与"临时抱佛脚"型的孩子相比，他们可以有很大的优势，并且能够将更多的精力放在文化课程的学习，从而在高考时取得优异的成绩,因而有更大的机会被高校录取。而在进入高校后,后一类学生的优势将更加明显的凸显出来,再加上大学阶段专业知识的学习,他们的技艺将更加精湛娴熟,因此在就业市场上明显具有优势,再加上父时所拥有的社会资本和文化资本,使其在择业过程中更快捷、准确地获取更多更好的就业信息,甚至直接通过关系和权力使子女获得声望地位较高的职业。

二、同样的高等教育,不一样的命运

从进入高校大门到毕业走出高校大门,来自底层社会的孩子与来自家庭社会经济地位教高的大门,来自孩子的差异会逐渐增大。受家庭经济资源的制约、贫穷家庭的孩子没有多余的金钱进行娱乐社交活动,在暑期节假日想得更多的是找实习和兼职增加自己的生活费用,而富裕家庭的孩子却可以到处旅行扩大视野。贫穷家庭的孩子大都仅限于专业知识的学习,而富裕家庭的孩子却可以在父母的支持下,通过报补习班、请家教等方式,获取更多的教育资源。比如,来自富裕家庭和贫困家庭的孩子都想学习一门特长,就拿吉他来说,首先至少需要一把吉他,而一把吉他的价格并不低,或许相当于一个月的生活费用,来自贫穷家庭的孩子需要省吃俭用才能攒够一把吉他,而富裕家庭的孩子却没有此担忧可以轻而易举得到自己想要的东西。买来吉他之后,贫穷家庭的孩子也许只能自己摸索探究,而来自富裕家庭的孩子却能通过报吉他班跟着专业老师进行学习。可想而知,自然是富裕家庭的孩子能够更快得学会弹吉他,并且技艺更加精湛,当一个人能够掌握更多的技艺时就拥有了更多的文化资本,而文化资本可以转化为其他社会资本。比如会弹吉他的人自然比不会弹吉他的人有更多上台表演的机会,从而利用这些机会获得一定的报酬,包括金钱的报酬,当然也可以同时扩展自己的人脉,而这些经济资本、文化资本和社会资本都会提高自己的社会经济地位。再比如"出国留学热"的兴起,随着全球化的兴起,越来越多的人选择走出国门外出留学。抛开出国留学所需的高额的生活费用不说,单单留学前的准备就会使很多人被"过滤掉"。我们知道,如果外出留学最基本的一点就是要过语言关,也就是必须取得相应的英语证书。无论雅思、托福成绩，还是其他的专业英语等级考试，报名费用再加上购买学习资料，所需的费用非常高。而如果一次不能取得理想的成绩则需要多次报考，多次报考需要更多的财力和精力，这一点就可以让很多人望而却步。而有条件的家庭的孩子则可以不用担心费用问题而多次报考直到取得自己满意的成绩为止。他们甚至不惜高额费用去报考专业机构来帮助自己提高英语水平。所以但凡出国的学生都有较好的家庭经济背景，而海外留学经历又可以为其在就业市场的竞争中增添色彩，从而脱颖而出，比如一些比较好的大学在招讲师的时候会优先考虑那些有海外留学经历的学者。如此一来，家庭资本总量越多的孩子，其越容易获得较同龄人更多的知识、经历和才能，越容易跻身社会上层。

三、"拼爹"还是"拼教育"

家庭背景对子代社会地位获得的影响，在"星二代""官二代""富二代"的身上体现得淋漓尽致。对于接受了高等教育的底层社会家庭的孩子来说，他们发愤图强，勤奋刻苦，考上大学，到头来却发现到找工作的时候依然非常艰难，找到一份满意的工作更是难上加难。不少农村大学生毕业后找到的工作还没有农民工的收入高，曾经有学者用"蚁族"来形容这些生活窘迫的"大学毕业生低收入聚居群体"（余秀兰，2014）。而相比之下，许多商业界、演艺界、体育届的名人并没有接受过高等次的教育，却有着可观的金钱和较高的社会地位。而"星二代""官二代""富二代"们通过"拼爹"可以轻而易举地跻身于较高的社会经济地位。这些似乎都在表明，高等教育对社会流动的促进作用在好的家庭背景面前显得很微弱。此外，一些选秀节目的兴起，也能在一夜之间让人出名，从而改变社会地位。例如，平民百姓朱之文，凭借着一副好嗓音，走上中央电视台的《星光大道》的舞台，并获得当年的冠军，而有机会走上中央电视台参加春节联欢晚会，在一夜之间享誉全国。之后，便有了更多的商演机会，受邀参加更多的电视节目，成为一名真正的明星，并出资帮助村民修路，在村民中树立起一定的威望，从而改善了自己的家庭社会经济地位。这样的例子表明，高等教育对社会流动的促进是有条件的，正如有位英国社会学家所指出的,只有正式的教育资格成为较高社会地位的条件,教育与职业的关系才会加强,如果高社会地位可以循着其他途径获得,如在职训练或运动、娱乐界的特殊才能而获得,则教育影响社会流动的力量就会减少(余秀兰,2014)。

提到"官二代""富二代",我们不妨也来讨论一下这类群体。笔者前段时间作为一名助教参加了某培训机构的公务员面试指导班,更加感受到了家庭背景的重要性。据了解,培训的费用最少的是22600元,因为分数、岗位排名和报名培训机构的时间不同,有学员的费用高达38800元,还有人也报了笔试班的培训,费用是5万多元。他们上完课后由于离面试时间还有一段时间,许多人直接住在培训机构附近的酒店,方便每天可以到机构进行演练答题,直到面试完毕。这些费用都是需要自理的,这些高昂的费用决非一般家庭所能承受的。然而即便这样,也并不是所有参加公务员考试的人都有机会参与进来。出于职位保护,每个岗位的招收人数与报名参加培训的名额相等,也就是说如果一个岗位招收两人,那么培训机构最多只能接受两个学员的报名,而谁先咨询先交费用自然名额就归谁,那些在报名的时候根本不用犹豫的富有的家庭自然有优势,而家庭条件一般的稍稍犹豫等想通了机会却没有了,而参加培训的学员自然训练有素,比不参加培训的学员更加明白面试的套路,从而能够取得较高的面试成绩而有更大的机会被录取。辅导班的学员大都"父母都是公务员,希望自己也能考上公务员"(学员进行自我介绍时所说)。有的学员参加了不止一次的公务员考试,一心想挤入公务员大军,他们现有的工作都是父母随便利用关系找到的,即使没有工作父母依然可以养着他们,因为他们的父母不指望着他们赚更名的钱来养家。他们中的大多数都是普通高校毕业的然而又有什么关系呢,一样可以通过考试,在父母动用资源的基础上达到较高的社会地位。即使他们学业失败,拿不到学业证书,也可以从家人、亲戚等社会网络中得到补偿和帮助,比如转到别的学校、推迟进入劳动力市场或到国外留学,而来自较低社会阶层的学生和他的家庭所受到的打击要大得多。

四、结论与讨论

知识能否改变命运？寒门到底能否再出贵子？这两个饱受异议的问题，在研究高等教育与社会流动和社会分层关系的学者那里似乎也并没有得出一致的结论。中国的高等教育制度为下层社会群体提供了向上流动的制度保证，大学扩招使上大学的门槛在不断下降，越来越多的人有机会接受高等教育，但我们也不能忽略大学扩招造成的一个后果是，就业市场的大学毕业生数量供过于求，另外也造成高等教育的质量下降，大学文凭的含金量下降，用人单位通过大学学历鉴别学生能力的作用在下降。与具有丰富社会资本的城市大学毕业生相比，农村大学生依然处于劣势地位，从而有更大的可能进入城市的边缘地带和非核心部门就业，造成从农村底层出来的大学生经过了大学教育之后大多数会重新进入城市的中下层（吴坚，2012），社会流动和地位晋升的意义不大，而"蚁族"等群体的出现更是折射出高等教育对社会流动作用的弱化。

在基础教育阶段，家庭收入越高，能为子女提供的教育投入越多，子女接受的基础教育越好，从而获得好的高考成绩的可能性越大；在进入高等学校之后，家庭经济条件越好，则子女可以从家庭获得的用于学习、社交、求职的经费越多，学习和求职的条件越好，而迫于经济压力打工的必要性越低；中国高等教育扩张的背景下，高等教育内部分化也在不断加速，出生于较好的家庭背景的学生更有可能进入精英大学，父母的社会地位越高，拥有的社会资源越多，获取就业信息和动员社会资源的能力越强，从而为子女更好的就业带来便利。因此，高等教育在家庭等因素的作用下并不是惟一重要的促进社会流动的机制。

家庭背景在教育的层层筛选和选拔机制和好业市场的激烈竞争中发挥着日益重要的作用。最后，笔者提出一个值得进一步探讨的问题。家庭背景应该怎样测量才更全面准确反映其在高等教育影响社会流动中所发挥的作用。文东茅（2005）也指出，"家庭背景"是一个含糊而且内涵宽泛的概念，不仅包含了父母的职业、社会地位、经济收入受教育水平、家庭人口数量和结构、家庭所在地、种族和民族、户籍等众多指标，而且由于中国具有高度重视社会关系和家族意识的历史传统,因而祖父母甚至其他亲戚、朋友的社会经济状况都可以视为"家庭背景"的一部分。以往的研究中,家庭背景仅仅包括了父母的职业、收入、受教育水平等指标,却并没有考虑到家族朋友等社会资本因素,按照这样的逻辑,以往的研究是否低估了高等教育对较低阶层家庭的孩子的社会流动作用,因为如果父母是农民,但是只要家族或朋友中有社会阶层地位较高的人,这同样可以是其可以利用的社会资本,从而影响后代的社会阶层地位。因此,在今后研究家庭背景这一因素时应包含父母的社会网络资源。

参考文献

[1] 文东茅. 家庭背景对我国高等教育机会及毕业生就业的影响 [J]. 北京大学教育评论, 2005, (3).

[2] 吴坚. 高等教育与社会流动关系分析 [J]. 华南师范大学学报(社会科学版), 2012, (4).

[3] 余秀兰. 教育还能促进底层的升迁性社会流动吗 [J]. 高等教育研究, 2014, (7).

保障妇女土地权益研究

瑞妮·吉尔瓦里

翻译：杨 丽 徐 雪*

一、引言

土地不仅是重要的农业生产要素，也是一切经济赖以发展的基础。有保障的妇女土地权益，从微观角度看，使妇女在家庭内部对生产决策具有更多的自主权；从宏观角度看，还会促发社会和经济效益分配的变革，包括改善儿童营养状况、增强妇女经济自主权和提高农业生产力等，这些都是主要的全球发展目标。但在许多发展中国家，妇女获取和支配土地的权利明显弱于男性，拥有的土地数量更少，农业生产方面的决策权也非常有限。

二、保障妇女土地权益的重要意义相关研究述评

保障妇女地权的重要意义在于，有保障的妇女地权不仅对妇女本身，而且对整个家庭而言都会带来更多的福祉（Meinzen – Dick，Quisumbing，

---

* 译者杨丽、徐雪，农业农村部农村经济研究中心。

Doss, & Theis, 2017),因为妇女的权益得到保障关系到如下几个方面:

(一) 妇女的土地权益关系到农业投入和生产率

大量数据显示,女性占全球农业劳动力总量的43%,在发展中国家亦是如此(FAO – SOFA Team & Doss,2011)。在许多国家农业成为弱势产业,其中一个重要原因就是妇女权益受到制约或者权益得不到保护从而降低了农业生产率(FAO – SOFA Team & Doss,2011)。对撒哈拉以南的6个非洲国家的研究结果显示,如果在全球范围内妇女与男性享有同等的生产资源,他们的农田产量可以提升20%—30%,整体的农业产出提升2.5%—4% (O'Sullivan, Rao, Banerjee, Gulati & Vinez, 2014)。而现实状况是,由于女性只能获取很少的资源,其生产率比男性要低30% (Meinzen – Dick, Quisumbing, Doss & Theis, 2017)。

无保障的地权对女性(和男性)在休耕和提高肥力投入方面的决策以及获取相关农业技术服务的渠道等方面是非常不利的(Goldstein & Udry, 2008)。例如在加纳,由于妇女在族群中社会地位较低,导致其财产可能被征用的风险加大,由此妇女减少对土地的投入,这使她们的农业平均产量要明显低于她们的丈夫(Goldstein & Udry, 2008)。

采取保护妇女土地权益的措施将会增加土地投入和农业产出。在卢旺达,土地确权使男性为户主的家庭投资增长10%,而以女性为户主的家庭投资增长是前者的近两倍(Ali et. al.,2014)。在越南,明确土地权利带来更高的土地产出,不论是明确个体还是共同拥有权利都有同样的效果(Newman, Tarp & van den Broeck, 2015)。在赞比亚,即使丈夫在世时,因担心丈夫去世后失去土地妇女都会减少对土地的投入。可见,遗孀稳定的遗产继承权与夫妻双方对土地增加投入是相联系的,并会通过化肥使用、休耕及劳动密集的耕作方式来减少对土地的侵蚀和径流。在一个家庭中,当遗孀获得遗产继承权时,土地投入是最高的;她自己家庭成员获得继承权时,土地投入次之,而继承权流转到其他家庭成员时,对土地的投入是最低的(Dillon & Voena, 2017)。

（二）妇女的土地权益与惠及弱势群体的包容性发展的关系

有关包容性发展和农业产出与妇女地权保障之间关系的研究非常广泛。首先，众多研究表明，保障妇女土地权益可以增加女性在农业生产领域与他人签署承包合同的机会和能力。但是女性缺乏土地权益保障，她们基本无法参与现代承包农业的相关活动，而且无法获取生产过程中所需要的相关资源和生产资料（FAO - SOFA Team & Doss, 2011；Croppenstadt, Goldstein & Rosas, 2013）。

其次，保障妇女土地权益能够改善家庭生计水平。无论是以女性还是男性为户主的家庭中，稳定的土地权益对家庭生计都是至关重要的（Smith, Ramakrishnan, Ndiaye & Martorell, 2003）。女性土地权益得到保障的家庭会将更多收入用在购买食物上（Menon, ven der Meulen Rodgers & Nguyen, 2014）；女性地权越稳定的家庭越会增加用于食物和孩子教育的支出水平（Katz & Chamorro, 2002）；地权得到保障的女性在家庭决策中有更多发言权，孩子们体重过轻发生的可能性明显降低（Allendorf, 2007）。

再者，保障妇女地权还能增强妇女和女孩的权能。越来越多的研究证明，有效保障妇女土地权益可以增加女性在家庭内部的决策能力、自主能力，并降低发生家庭暴力的可能性。比如在坦桑尼亚，有财产权和继承权的女性更容易在外就业和自主创业，获得更高的收入，并拥有更多的个人储蓄（Peterman, 2011）。对埃塞俄比亚的研究发现，在女性有稳定地权的社区中，妇女的各种个人权益均有明显改善（Holden & Bezu, 2014）。在埃塞俄比亚，无过错离婚的事件中，那些原本带着自己的土地嫁入夫家的，比起那些净身嫁入夫家的女性，在离婚时有望得到更多的土地和牲畜；另外，结婚时带着财产嫁入夫家或通过继承得到一些个人财产的女性，在家庭决策中有望得到更多的发言权（Fafchamps & Quisumbing, 2002）。在越南，如果已婚妇女有自己名下独立的土地，这个家庭会将更多收入用于食物，较少份额用于烟酒（Menon, ven der Meulen Rodgers & Nguyen, 2014）。在尼泊尔，独立拥有或与家庭其他成员联合拥有土地的妇女，在家庭决策中有更多发言权，并且更有可能至少有一次在家庭决策中完全做主（Allendorf, 2007）。在印度的孟加拉邦，获得政府赠地的妇女更有可能说服家庭中的户主不要违背她们的心愿卖掉她们的地块，更有可能参与从自助组织和小额贷款机构中获得贷款、购买生产资料、购买和消费食品的家庭决策中（Santos, Fletschner, Savath & Peterman, 2014）。更多的资料显示，在印度（喀拉拉邦），拥有自己土地的妇女遭遇家庭心理和人身暴力的可能性会降低（Agarwal & Pradeep, 2007）。最近的研究证明了这一点，而且发现只有当妇女拥有土地的生产力较高、土地权益得到充分保障，并且拥有的地块大到足够可以影响到家庭收入的情况下，妇女遭受家庭暴力的可能性才会真正降低（USAID, 2017）。

除了土地确权登记外，法律层面上支持和保护妇女土地权益的相关措施也会对妇女增强权利产生积极作用。几项研究结果证明，在对印度教继承法的修订内容中，增加了"家庭中女儿和儿子享有同等的土地继承权"条款，使妇女感受到拥有了更多权利。那些在印度教继承法改革后结婚的妇女感受到在夫家拥有了更多自主权（Roy, 2008）。在此法改革后丧父的女性继承土地所有权的可能性更大，女童继续留在学校接受教育的时间更长，女性结婚的年龄也有所推迟（Deininger, Goyal & Nagarajan, 2013）。在印度卡纳塔克邦，从娘家继承了土地或房产的已婚女性更有可能自主就业、自主购物以及自主接受健康医疗服务（Swaminathan & Suchitra, 2012）。

（三）妇女土地权益与就业和收入的关系

分性别方法对妇女土地权益对劳动力与收入的影响的分析研究非常有限。有两项研究发现，土地确权登记使女性为户主的家庭收入增加。在马拉维，不论是女性户主家庭还是男性户主家庭，经济收入和拥有财产都是增长的（Meinzen-Dick, Quisumbing, Doss & Theis, 2017; Mendola & Simtowe, 2015）。Mendola & Simtowe（2015）发现，从短期来看，土地权利与收入呈正相关，但这种收入效应不适用于女性户主家庭。Ali（2017）的一项最新成果显示，在卢旺达，农业劳动力减少，女性转向自主就业和有薪就业,给女性和男性户主家庭同样带来更高收入。

(四) 妇女地权与获得金融支持的关系

与男性相比,在获得土地和信贷方面的性别差异降低了女性自主创业、投资和发展的能力(World Bank, 2012)。关于土地权利对获得金融支持方面的影响,现在的研究非常有限,运用性别视角进行的研究更为有限,而且仅有的研究成果大多数只限于分析正式机构的信贷或用土地作抵押的贷款问题。在实践中,增强土地权益(特别是通过正式文件)会增加获得非正规信贷的机会,甚至在土地没有正式抵押的情况下,也可能增加获得信贷的机会。尽管有女性户主家庭更有可能获得贷款的说法,但Ali et. al. (2014) 的研究显示,性别差异对获得贷款没有显著的影响。

世界银行的一项研究(2008年)表明,在越南土地改革之后,许多家庭没有使用土地权证作为抵押就能获取银行贷款,但共同署名的土地权证对女性获取信贷的过程和机会产生了积极影响。在印度的西孟加拉邦,自2009年以来分配到土地的家庭获得正式银行贷款的概率增加了12%,88%的家庭更有可能将其贷款用于农业生产(Santos, Fletschner, Savath & Peterman, 2014)。

(五) 妇女地权和土地市场的关系

在卢旺达土地改革试点地区,土地市场交易活动的减少并没有表现出性别差异。研究表明,或许是由于试点规模,试点地区似乎并没有引起弱势群体廉价出售土地或大规模失地现象(Ali, Deininger & Goldstein, 2014)。在越南,土地的重新分配有助于纠正之前的低效土地分配。在5年内,重新分配的土地占到1/3。这样的调整分配有利于土地较少的家庭、长期扎根于社区生活的家庭以及教育水平高和没有分到土地的男性户主家庭(Ravallion & van de Walle, 2008)。

(六) 妇女地权与成本收益的关系

目前还没有人系统地分析土地权利项目成本与妇女收益之间的关系。

虽然妇女获得的利益并不容易被量化,例如社会地位、自尊或脱离虐待关系的能力,但也可能有一些具体的好处,可以抵消在土地项目中纳入性别的成本代价(Meinzen-Dick,Quisumbing,Doss & Theis,2017)。

三、有保障的妇女土地权利的含义

如何理解有保障的妇女土地权利?首先,不论是男性还是女性,有保障的土地权利是指法律和社会认可的权利,可以由外部机构执行实施,权利具有长期性,而且可以转让。如果缺少其中任何一条,权利都是没有保障的。其次,有保障的妇女土地权利,还涉及和包括以下一些具体的内容:

一是有保障的妇女土地权利同样首先需要得到法律的认可。这里的法律认可是指国家的土地政策法律、地方有关法规和规定以及涉及结婚、离婚和继承的各种法律,不论妇女的社会地位或婚姻状况如何,相关法律都要支持和保护妇女的土地权利。

二是除法律认可外,妇女的土地权利还需要得到社会的认可才能有保障。社会认可是指家庭和社区必须接受和支持妇女有使用土地为自己和家人谋福利的权利,也就是说妇女的土地权利在家庭或社区不会轻易被改变和剥夺。

三是有保障的妇女土地权利可以由外部机构执行实施。这是指妇女必须有权利意识,知道如何获得权利,也知道如何保护自身权利,当她们的权利受到来自家庭、社区或社区外部的人员侵害时,知道该去哪里申诉,找什么部门反映问题,也知道该怎么做和做什么。

四是有保障的土地权利需要具有长期性。长期性是指拥有土地权利的期限必须长到足够使在土地上的投资能够得到回报。这个条件对于男性和女性都是一样的。但是,如果妇女的权利是建立在依附和男性的关系基础上,那么妇女被抛弃或离婚后,她们的权利期限就会被缩短。

五是有保障的妇女土地权利是可以进行适当转让的。这里的适当转让有具体语境,是指如果妇女有能力决定或阻止各种形式的土地转让,如继承、出售、出租、抵押等,这对于农业发展转型和赋予妇女经济权利都有重要的意义。

四、保护妇女土地权利的措施和存在的问题

保护妇女土地权利采取的措施有多种，首先，在制定有关土地所有权和继承权的法律和政策时，应该支持妇女和小农，或者至少不歧视她们。其次，土地制度改革应该通过分配土地、建立纠纷调解机构、颁发证书、明确权利和方便获取信息等多种方式强化妇女的土地权利。

（一）推进土地制度改革保护妇女权利的状况

土地制度改革可以分成两大类：第一，土地再分配改革应瞄准更加平等的土地分配；第二，保障土地权利的改革应该明确和强化小农的权利，这样有利于增加对土地的投入、提高土地生产率以及加快土地流转。第一种方法通过为缺少土地者提供土地，建立有保障的土地权利，增强其经济地位和社会安全感以及获得平等发展的机会。第二种方法重点强调，有保障的财产权利有利于促进市场发展和经济增长，对小农来说，不只依靠耕种土地和经营农业为生，从事另类生计也能够提供食物安全。

土地制度改革通常是在大的经济和社会背景下发生的，很少会产生有性别意识的结果。世界银行在2012年指出，各地发起的土地分配和管理制度改革，妇女从中获得利益的可能性较小。在多数情况下，获取土地的性别失衡是由改革目标的制度结构造成的，如改革措施是针对农户户主的（过去只有男性作为户主），有时改革只允许农户家庭有一个受益人，因此男性更有可能成为受益者。这也意味着通过政策改革可以缩小性别差异，例如在哥伦比亚，土地的共同所有制改革推行和实施后，女性受益人数从11%增长到45%。

（二）采取土地确权登记方式保护妇女土地权利存在的问题

土地确权是指确定和登记土地权利人以及权利人拥有土地的情况。这些信息都要作为备案材料被集中管理或在当地保存。确权过程中明确权利人是谁、拥有什么权利、拥有那块地都是非常重要的。权利人可以是个

人、家庭或更大的群体,后者通常被称作集体所有。在确定以家庭和集体作为权利人的过程中,如果没有明确或者忽视妇女在家庭或集体内部也是权利人,就会导致妇女权利的丧失,也会给妇女带来长期不利的后果。此外,在确权工作中,是否有国际援助者的支持,会造成很多国家在性别敏感性、工作进度和一致性等方面的差异。一般来说,有国际援助者支持的国家比其他没有得到支持的国家,更加倾向推行制度化的、性别意识较强的确权工作。

最初的土地确权工作,不论从总体还是从具体情况看,在保留和变更登记方面还存在不少问题。确权后的土地交易(购买、继承等),往往由于无意识、管理能力低或税费问题,而没有被记录和做变更登记。确权后缺少后续跟踪,长期看会损害权利人的土地权益,尤其会给妇女带来负面影响。因为父权制习俗和传统权利关系,正好填补了没有正式法律要求和跟踪记录的空白。同时外部援助者在土地确权开始时,更有可能给予支持,而对后续跟踪和连续登记一般不再继续提供资金和支持。再加上最初的土地确权登记以及之后的变更记录,常常不以保护妇女为目标,这里面的原因很多,如法律没有明确提出保护妇女权益,产权改革集中为男性赋权,传统文化观念影响了登记程序以及妇女向政府机构和官员反映问题受到限制等,都造成妇女土地权利面临的问题更加突出。

五、创造保障妇女土地权利的先决条件

帮助妇女获得有保障的土地权益的关键要素,归纳起来主要有两类,首先需要提前制定计划和标准,也就是能够成功帮助需要具备的条件。其次,重视成功帮助计划的各个重要组成部分。

(一)提前制定计划

1. 充分发挥政府的作用。政府必须有维护妇女土地权益的政治意愿,而不仅仅是广泛保护农民的土地权益。许多国家想通过土地确权登记增加对土地的投资,还有的国家想通过土地确权登记提高农业产量从而减少贫困。为实现这些目标,有的国家考虑到要保护妇女土地权益,有的国家没

有给予考虑，但是毫无疑问，保障妇女土地权益更有可能实现上述目标。

如果政府有意愿提高妇女的农业生产力，赋予妇女经济权利，减少性别暴力，提高妇女在家庭和社区的地位，增强妇女获得平等的权利和机会，那么通过保障妇女土地权益是可以实现这些愿望的。这些政治意愿越强烈，成功保护妇女权益就越有可能实现。如果国家层面和地方各级政府都有这样的意愿，那么取得的效果就有可能是持续的。外部援助者支持当地民意和妇女权益拥护者，对这样的做法进行研究和宣传，进而可以帮助政府建立和培育保障妇女土地权利的政治意愿。

2. 发挥援助者的作用。在政府计划中，采取措施保护妇女与男性获得同等土地权利时，有援助者的支持是很有必要的。因为有效联系妇女、传递信息、交流沟通以及土地权利意识教育都必须适应妇女所处的情形，而这与男性所处的情形是不同的。帮助妇女获得和实施土地权利，需要工作人员花费更多的时间和精力，因为妇女维护自身权利必须与社区对抗，往往遭到家庭的反对，而家庭关系是他们惟一的社会资本，这就需要有创新的解决方案。在没有外部援助的情况下，政府官员不大可能去尝试和试验，也不可能对妇女问题给予充分的关注。而且寻找解决方案需要了解当地环境，需要与地方和国家层面的政策制定者建立良好的关系，在方案评估、设计、伙伴关系、监测、调整和评价方面也必须有外部帮助。最后，在多数情况下，性别专家，即称职和有责任心的外部顾问，对加强地方工作人员能力建设也是很有帮助的。专家对当地工作人员进行培训、与当地员工合作、及时解答员工面临的性别问题，这些都会促使项目持续地对女性产生积极的影响。

3. 构建保护妇女土地权利的法律框架。在成功登记妇女土地权利的国家中，都有法律制度要求已婚夫妇共同拥有和登记土地权利，越南就是很好的例子。在法律要求下，土地使用者必须登记他们的土地使用权，国家对所有分配的土地必须颁发土地使用证书，而且要求必须登记丈夫和妻子两人的名字。

（二）帮助妇女成功获得土地权利的关键环节

在给定法律支持框架，并有公共或援助支持来源，促进女性和男性都纳入确权登记的前提下，下面的策略有利于进一步推进确权登记工作顺利成功实施。这些环节对确权工作的所有参与者都很关键，也是开启探寻性别平等和妇女进步的方法之门。

1. 提供公共信息和增进权利意识。为妇女提供有关土地权利的内容、意义，获得权利的流程以及本地可用的援助等信息服务。

2. 加强对女性和男性的培训和能力建设。这项工作要由政府主导，并且需要政府有明确的维护妇女土地权益的政治意愿。

3. 注意招聘和雇佣工作人员的性别。当有女性员工时，妇女更容易参与和寻找争端解决机构。在与女性受益者交谈沟通时，是否是女性员工也很重要，同时，识别和邀请有地位的男性员工参与也非常关键，因为这样的男性能够影响其他男性决策者，或者其他男性愿意效仿他。

4. 监测与评价。对援助或干预措施为不同性别，特别是为妇女带来的好处进行跟踪、督导和评估。

5. 总结和调整。制定帮助妇女获得土地权利的计划后，要在工作过程中经常检查落实情况，注重总结经验和教训，并根据工作需要对方案进行灵活调整。

六、结论

很多证据都表明，保护妇女土地权利有利于促进农业生产发展，提高家庭福利以及为妇女赋权。很显然，现在的国际趋势是确保妇女的姓名和男性一样登载在他们耕种使用的土地权利证书上。联合国可持续发展目标声明，性别平等的重要内容，是对经济资源拥有平等的权利，也就是女性和男性能够平等获得土地和其他财产的所有权和控制权。对包括土地在内的经济资源拥有平等权利的程度，有两个衡量指标："按照产权类型，妇女在农业土地所有人或权利人中所占比例"；"有包括习惯法在内的法律框架保护妇女对土地有平等的所有权和控制权的国家所占的比例"。可持续发展的第二个目标，特别提到妇女和小规模生产者，"到2030年农业生产力和小规模粮食生产者的收入提高1倍，特别是使妇女、原住民、农民、牧民和渔民能够平等获得土地、其他生产资源和投入、知识技能、金融服务、市场和增加价值以及非农就业的机会"。

中国农村土地确权登记颁证工作正在进行，在土地登记簿和权证上将要登载的妇女姓名比世界上其他国家登载的妇女姓名都要多，即将成为其他国家效仿的榜样。确权和登记妇女名字将会提高农业生产力，增进家庭福利，保障妇女权益，激发妇女为追求更加美好的生活而努力奋斗。

深化改革进程中维护农村妇女土地权益问题研究

杨 丽

在农村土地制度改革进程中,土地承包经营权确权登记颁证工作是中央部署的一项重大改革。2009年开始试点工作,2013年"中央1号文件"明确提出,"用5年时间基本完成农村土地承包经营权确权登记颁证工作"。此后每年的"中央1号文件"都要求积极稳妥、有序地开展确权登记颁证工作。中央有关部委对各地实施土地确权工作制定并发布了相关规范和标准,并明确要求在土地确权过程中"切实保护妇女土地承包权益"。2015年农业部等六部门《关于认真做好农村土地承包经营权确权登记颁证工作的意见》要求,"承包经营权证书载明的户主或共有人,要体现男女平等的原则,切实保护妇女土地承包权益"。此外,原农业部与全国妇联还印发了《关于在农村土地承包经营权确权登记颁证过程中维护妇女土地权益的会谈纪要》,特别要求各地妇联与本地政府部门共同努力,有效维护农村妇女土地权益。

为了解土地承包经营权确权登记颁证工作进展情况,确权过程中维护妇女权益取得的成效以及发现存在的问题,并从农户的角度探寻解决妇女权益问题的方法和途径,我们在2016年年底对河北、山西、辽宁等17个省的 200 个县的 6485 户农户开展了问卷调查。内容包括农户家庭承包地是否完成确权、是否拿到土地权证、承包证书上权利人如何确定、妇女的名字是否载明在土地证上、登记妇女名字的好处以及农民对登记妇女名字的认识和看法等。调查中有许多令人欣喜的发现，但存在的问题也不容忽视。

一、农村土地承包经营权确权登记颁证中保护妇女权益工作进展情况及取得的成效

调查结果显示，大部分农户家庭承包地完成了确权工作，绝大部分证书上都有共有人登载，大部分妇女的名字载明在新的土地承包经营权证书上，而且登载妇女姓名对保护妇女权益、促进生产发展起到了积极作用。

（一）大部分农户的承包地已经确权

通过农户调查发现，82%的农户家庭的承包地进行过确权。在承包地已经确权的农户中，有52%的农户的土地确权是在2016年完成的；有29%的农户回答在2015年完成；有13%的农户回答在2014年完成确权。由此可见，绝大部分农户的承包地已经确权，而且随着农村土地承包经营权确权工作的推进，近几年承包地得到确权的农户逐年增加。

（二）土地承包经营权证书上的共有人登载成效显著

在拿到土地权证的农户中，绝大部分（94%）农户的土地证上都有共有人登记。对"新的土地承包经营权证书上如何确定共有人"的问题，有68%的农户回答共有人是按照村里统一规定和县里或上级规定确定的；有32%的农户回答承包地共有人是由家里商量决定的。可见，土地承包经营权证书上的共有人主要按照村里和上级规定来确定，也说明在共有人的登载方面政策所发挥的作用是巨大的。

（三）大部分农户家里妻子的名字载明在新的土地承包经营权证书上

调查发现，86%的农户家里的女性成员的名字已登载在新的土地承包经营权证书上。在回答"您家哪些妇女的名字载明在土地证上"的农户中,91%的农户回答妻子的名字载明在新的土地承包经营权证书上。只有不到1%的农户回答出嫁女的名字载明在新的土地权证上。出嫁女名字登载少的原因除了受传统观念的影响外,另一个重要原因是当地按户籍人口进行登记,而出嫁女的户籍不在当地就登记不上。还有2%的农户回答娶来的媳妇名字登载在土地权证上,登载娶来媳妇姓名的农户较少的原因有,当地按照户口登记或按照是否有承包地登记,如果娶来的媳妇户口没迁来或没有分到承包地,都得不到登记。另一个原因是现在农户家庭规模缩小,家庭人口平均规模为4人,娶来的媳妇和婆家生活在一起的大家庭较少,通常另立门户,很可能作为新家庭的妻子登载在土地证上了。

(四)确权工作中保护妇女土地权益的政策取得了较好效果

在回答"您家认为登记妇女名字有什么好处"这道多选题中,85%的农户认为登记妇女名字符合政策要求;51%的农户认为登记妇女名字符合妇女自身需要;38%的农户认为登记妇女名字提高了妇女的生产积极性;18%的农户认为登记妇女名字便于妇女获得土地抵押贷款。可见,保护妇女土地权益的正确政策导向对促进农业生产发展和推动妇女自身进步产生了积极作用。

二、土地确权工作中保护妇女权益存在的问题

尽管土地确权环节工作完成较好,保护妇女土地权益也取得了初步成效,但存在的问题也不容忽视。

(一)只有少部分农户拿到了新的土地承包经营权证书

在承包地已经确权的农户中,只有30%的农户拿到了新的土地承包经营权证书。在拿到证书的农户中,51%的农户是在2016年拿到土地确权证书的,31%的农户是在2015年拿到证书的。虽然2016年比2015年颁发证书的工作推进力度更大,或者说颁发证书工作也在逐年加快,但从只有少部分农户拿到土地权证看,在确权工作的最后环节,颁证工作进度依然缓慢。

（二）夫妻两人作为土地承包方代表的农户很少

在调查农户中，93%的农户回答土地证上的户主代表是丈夫，3%的农户回答土地证上的户主代表是妻子，2%的农户回答土地证上的户主代表是夫妻两人。在问及"户主代表是如何确定的?"问题时，79%的农户回答按照传统习惯确定土地证上的户主代表，12%的农户回答通过家里商量决定户主代表，7%的农户回答户主代表是村里规定的。有意思的是，在回答"其他"选项的农户中，有一半农户回答儿子是户主代表。由此可见，绝大部分农户都是按照传统习惯和家里商量确定土地承包证上的户主代表，男性作为承包方代表的情况较为普遍，也说明农村传统习惯对确定土地承包方代表的影响较大。

（三）仍有部分农户不同意在土地承包经营权证书上写妇女的名字

调查发现，有少部分农户不同意在土地权证上写妇女的名字，理由是，按照农村传统习惯，男人是户主，男人当家做主，男人是家里的顶梁柱，写男性户主名字就可以了，习惯上没有写妇女的名字，没有必要夫妻共有，没必要填好多名字；还有的农户认为，妇女不是家庭决策者，妇女在生产中不占主导地位，或者说女人不懂什么，妇女劳动力弱，还是写男人好；也有的说，女儿嫁到外地，土地管理不上，写名字也没用；娶来的媳妇没有耕地不能写名字以及一家人没有必要都登记等。

（四）离婚和错过确权时间的妇女得不到登记

在问及"您家哪些妇女的名字载明在土地证上"的问题时，发现有少部分（6%）农户既没有回答妻子，也没回答出嫁女儿或娶来的媳妇，而是选择"其他"，对具体情况说明有"妻子离婚"和"娶来的妻子在确权过后"等内容。由此可见，农村妇女因婚姻变化导致在土地确权过程中得不到登记保护的情况确实存在。

三、农民对妇女权益的认识和看法

针对存在的问题，从农户的角度，特别是从承包地没有进行过确权以及进行过确权但没有拿到权证的农户的角度,了解农户的看法和认识,对今后确权和颁发土地权证以及保护妇女权益有着积极和现实的意义。

(一)相当部分农户认为土地证上的户主代表应该是夫妻两人

在承包地没有进行过确权的农户中,除61%的农户认为土地证上的户主代表应该是丈夫外,还有相当部分即34%的农户认为应该是夫妻两人。在已经确权但没有拿到土地权证的农户中,尽管有71%的农户认为户主应该是丈夫,但仍有27%的农户认为权证上的户主代表应该是夫妻两人。确权但没有拿到证书的农户回答丈夫应该是户主的比例高于没有确权的农户,一个可能的解释是确权过程中农民已经知道户主是谁,所以部分农户对这个问题的看法也是对事实的回答,不完全是认识和看法的问题。而有意思的是确权后没有拿到权证的农户认为承包方代表应该是夫妻两人的比例为27%,尽管稍低于没有确权的农户回答的比例34%,但远高于确权后拿到证书的即事实上夫妻两人作户主代表的2%的农户比例,也就是说农户在认识和看法上对夫妻两人做承包方代表的接受程度更高。

(二)农户认为妇女作为土地承包方代表登载比作为共有人登载更能保护妇女权益

同意登记妇女姓名的农户,对"您认为妇女作为户主代表登载或作为共有人登载有什么不同?"的问题,有许多有趣的回答,归纳起来,有以下看法:首先从字面上理解,认为土地权证上户主代表是农户全家人的代表,而共有人只是家庭的一份子。其次,户主代表和共有人表示的关系不同,户主代表表示户有,主要表示农户与村组的关系,而共有人主要表示家庭成员共有。再者,户主代表和共有人的区别也表现在家庭内部行使的权利大小不同,户主代表对全家拥有的承包地行使相应权利,而共有人仅限于享有个人权益,户主代表的权利更大一些。因此,妇女作为承包方代表和作为共有人登载的区别就很明显,作为承包方代表登载表示妇女的独立,妇女和男性在村组有平等地位,可与男性户主享有同等村民待遇,有利于提高妇女在村社的社会地位。而且妇女作为承包方代表登载,在家中有发言权，能当家做主，比作为共有人的地位更高，有利于提高妇女在家庭中的地位。妇女作为承包方代表更能提高妇女生产积极性，也便于妇女获得土地抵押贷款等。

当然反对妇女作为户主代表登载的声音也不小，主要的理由是按照地方习惯，丈夫是非农业户口或丈夫去世，妇女才能作为户主，否则妇女作为户主，男人没面子，别人看不起等。从这些回答来看，这里边有理解成妇女代替男性作为惟一承包方代表的意思。可见，单独提倡妇女作为户主代表在当下还有较大的传统习惯阻力，但从农民对妇女作为户主代表登载和作为共有人登载的区别的认识来看，妇女作为户主代表登载更有利于提高妇女的家庭和社会地位，有利于提高妇女的生产积极性，有利于保障妇女的权益。因此，目前阶段，在大部分农民还没有拿到土地证书的情况下，大力提倡妻子和丈夫共同作为土地承包方代表登载不仅有利于保护妇女土地权益，而且也是农民能够接受和认可的。

（三）绝大部分农户认为已婚妇女的名字应该登载在婆家

在承包地没有进行过确权的农户中，对于"您认为已婚妇女名字登载在哪家的证书上，对妇女有利？"这个问题，90%的农户回答应该登载在婆家，只有8%的农户认为应该登载在娘家。在确权后没有拿到证书的农户中，同样的问题，93%的农户认为应该登载在婆家，只有4%的农户认为应该登载在娘家。因此，不论是没有确权的农户还是确权后没有拿到证书的农户，90%以上的农户都认为已婚妇女的名字应该登载在婆家。

（四）对离异丧偶妇女的名字应该登载在哪里的看法不尽相同

认为离异妇女的名字应该登载在新嫁入丈夫家的农户占据多数。在承包地没有进行过确权的农户中，62%的农户认为离婚妇女的名字应该登载在新嫁入丈夫家。在确权后没有拿到证书的农户中，69%的农户认为应该登载在新嫁入丈夫家。这些回答的背后，基于大部分农户都认为，离婚妇女今后还会再婚再嫁，因此名字应该登载在新嫁入丈夫家。只有少部分农户考虑到妇女离婚后如果不再嫁应该登载在原来的丈夫家以及认为应根据具体情况，或应随妇女本人意愿登载等。

认为丧偶妇女的名字应登载在原来丈夫家的农户相对较多。在承包地没有进行过确权的农户中，有41%的农户认为丧偶妇女的名字应该登载在原来的丈夫家，有38%的农户认为应该登载在以后的丈夫家。在确权后没有拿到证书的农户中，有49%的农户认为丧偶妇女的名字应该登载在原来的丈夫家，有41%的农户认为应该登载在以后的丈夫家。由此可见，农户对丧偶妇女的身份认可度高于对离婚妇女的认可，因为认为丧偶妇女应该登载在原来丈夫家的农户相对较多。但是，仍有相当部分的农户认为丧偶妇女以后还会再婚再嫁，因此回答应该登载在以后丈夫家的农户比例也不低。只有少部分农户认为，应根据丧偶妇女的年龄等具体情况而定，或者认为丧偶妇女应自立门户，单立户主，单独登载，单独办证等。

四、结论和建议

针对土地确权中存在的问题以及农户对保护妇女权益的认识和理解，为促进土地确权工作尽早尽好完成，并进一步维护农村妇女土地权益，提出如下建议：

（一）尽快完成土地确权工作最后环节的颁证工作

基于已经完成土地确权的农户中，大部分农户都没有拿到土地承包经营权证书的问题，建议各地从实际出发，解决颁证过程中面临的各种问题，尽快尽早完成颁发权证工作。在没有开展确权的地方，建议尽快开展土地确权工作，赶上进度。只有积极开展确权工作，并及时给农户发放土地权证才能更好保护妇女合法权益。

（二）提倡今后颁发土地权证把夫妻两人作为承包方代表进行登载

尽管从实际情况看，绝大部分农户的土地证上只有男性户主作为承包方代表，但从农民的认识来看，夫妻双方都作为户主登载的接受程度远高于实际发生的情况。夫妻两人作为土地承包方代表，并不影响男性的户主地位，也不是女性取代男性，而是共同作为承包方代表，农民也容易接受和认可。而且农民也认为，妇女作为承包方代表登载比作为共有人登载更有利于保护妇女的权利，因为在承包关系上加强了妇女与村组的联系，在土地流转时妇女有了发言权，在土地抵押贷款时妇女也有了主动权等等，这些进步不仅会增强妇女在与村组和外界交往中的谈判能力，而且还会增强妇女在家庭中的发言权和主动权。因此，建议在没有开展土地确权以及确权后土地权证还没有发放给农户的地方，提倡在今后颁发土地权证时将夫妻两人作为承包方代表进行登载。

（三）确保妇女的名字作为家庭承包方共有人进行登载

农民已经意识到只有把妇女纳入土地确权登记颁证中才能保护妇女权益，在权证上登载妇女名字，让妇女上本、妇女入册，把妇女与男子同等对待，男女一样登记，有登记才有权益，有名字就有发言权。登载妇女时，最低标准将妇女登载为共有人，确保妇女的名字作为家庭承包方共有人进行登载。登记妇女名字就是保护妇女权益，妇女也必须有土地权证，并要保障土地权证的法律性进而保护妇女的合法权益。

（四）对少数弱势妇女实行优惠倾斜政策

除加大对保护妇女权益的政策宣传力度，落实好现有政策法律以及及时修订完善婚嫁落户、宅基地分配、继承权等涉及妇女权益的条款，纠正村民中有关土地承包经营权男女分配不平等、歧视妇女的问题外，建议出台新的政策维护妇女的权利，重点保护离婚、丧偶、出嫁等妇女中弱势人群的土地权益。只有实行政策倾斜，才能保护弱势妇女人群的权益。对错过确权时间的婚嫁妇女，应确保其在婆家和娘家有一头落实证件，并尽力及时在生活居住地申请登记变更增添姓名。对出嫁、离异和丧偶妇女中的弱势人群，确权登记应按妇女本人意愿，并结合当地实际情况进行调整。对问题突出的妇女，直接注明某块地为某妇女拥有，或者明确妇女的土地面积或权利并登记妇女本人，让弱势妇女有自己独立的土地证书，确保这些妇女有证有权。

中国农村家庭收入分配与收入流动

——基于 1986—2017 年农村固定观察点数据*

吴 比 张 振 杨汝岱

农民收入问题一直是政府和学术界高度关注的问题,收入分配和收入流动是考察农民收入情况的两个重要方向。收入分配是指在同一个时点,个体之间的收入差距,而收入流动则是研究这种收入差距的动态演变,即同一个人或家庭的收入在不同时点所处阶层的差异。如果收入差距非常大,但是收入流动性非常好,处于收入底层的家户有上升通道,那较大的收入差距并不一定会带来太大的问题;如果收入差距大,收入流动性也差,阶层固化非常严重,这种收入结构将对低收入群体非常不利,他们很难通过不断努力实现阶层跃迁,社会矛盾将会不断被激发。收入流动与收入分配密切相关,高收入流动性会缓解收入不平等;反之,低收入流动性会加剧收入不平等。本文基于 1986—2017 年农村固定观察点每年 2 万多调查户的数据,研究中国农村家庭收入分配和收入流动问题。

---

* 本文为自然科学基金项目(项目编号:71603141)的研究成果。作者吴比、张振,农业农村部农村经济研究中心;杨汝岱,北京大学经济学院。

一、1986—2017年扣除物价上涨因素农村实际人均纯收入上涨了6.08倍

图1反映了1986—2017年间农户收入变化的基本情况，30多年来，名义的人均纯收入增长了近30倍，从524.5元上涨到14389.1元，但同期物价水平也涨了约5倍，扣除物价因素后，人均纯收入和劳均纯收入分别上涨了6.08倍和5.42倍。从时间上看，农户收入增长存在一定的阶段性特点，1986—1995年增速较快，1996—2001年增速较慢，2002年以来增速最快。

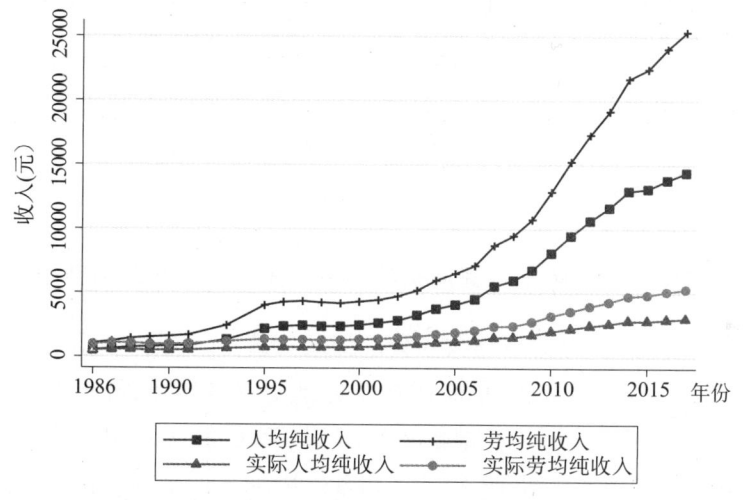

图1 农户收入增长趋势图

二、务工收入是农户家庭收入快速上涨的主要动力

收入增长结构如图2所示，农户家庭收入的主要来源是家庭经营收入和外出务工收入，1986年以来，这两项收入实际增长分别为2.7倍和49.6倍。由此可见，家庭经营是农户收入的基本保障，而务工收入是农户收入快速增长的最重要来源，尤其2002年以后，务工收入是农户家庭收入快速增长的主要动力。

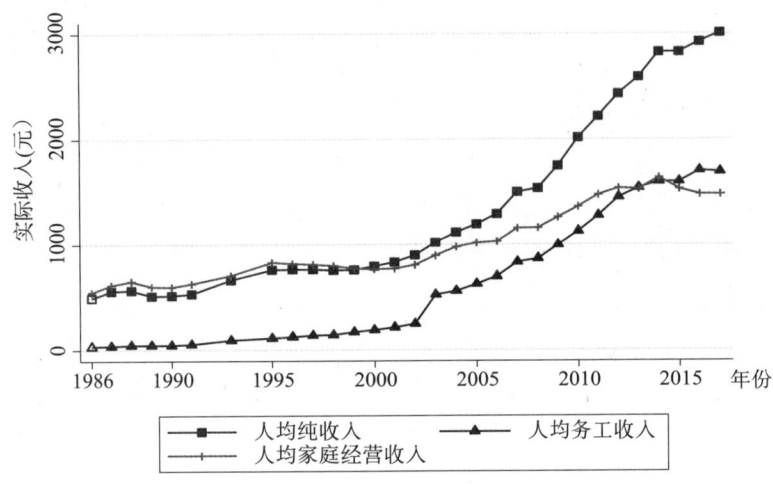

图 2　农户收入增长结构

注：务工收入和家庭经营收入为毛收入，没有剔除相关成本。

三、1986—2017 年农村基尼系数经历了先上升后下降的两个阶段

如图 3A 所示，农户家庭收入分配情况大致可以分为两个阶段，以基尼系数为例，从 1986 年的 0.37 缓慢上升到 2000 年的峰值 0.42，再逐步下降到 2017 年的 0.33。GE 指数[①]（a=0）和泰尔（Theil）指数也表现出基本相同的趋势。如图 3B 所示，东部、中部、西部地区的基尼系数跨期变化趋势基本相同，但数值上还是存在显著差异的，中部地区收入差距最小，东部地区收入差距在 2002 年之前较大，2002 年之后下降很快。

四、农户家庭收入流动性不足，存在一定阶层固化问题

如表 1 的农户收入流动矩阵所示，在 1986—2017 年间以每 5 年为一个阶段，考察中短期农户收入流动性状况。以 1986—1991 年时间段为例，

---

① GE 指数（Shorrocks，1984）计算中，根据参数值 a 的取值差异，可以得到不同的结果，a 可以取 -1、0、1 等值，分别代表了不同的不平等度量含义，a 取值为 1 时即为泰尔指数（Theil Index）。

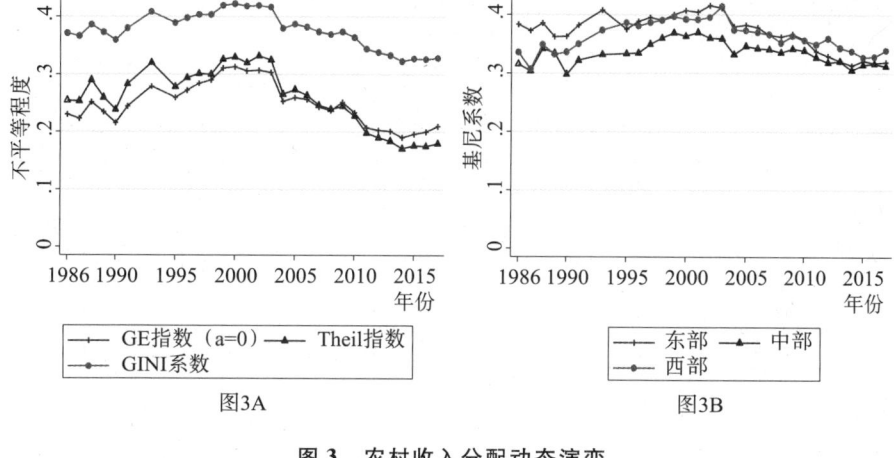

图3 农村收入分配动态演变

1986年处于低收入组的农户中，到1991年，仍有43%的农户处于低收入组，有26%跃迁到较低收入组，有16%跃迁到中等收入组，有10%跃迁到较高收入组，有4%跃迁到高收入组。同理可以解释其他各时间段的收入流动。总体来看，农户收入流动性略有不足，存在一定的阶层固化问题，低收入组中41%—49%的比例在5年以后仍然位于低收入组，高收入组中45%—53%的比例在5年后仍然位于高收入组，中间3个组的阶层不变比例大约为25%。

五、低收入农户家庭流动性最差，高收入向下流动概率也较小

农村反贫困问题的确是一个需要长期关注的重要问题，低收入组的流动性是最差的，表1中五个时间段数据均显示，低收入组农户在5年后有约70%仍然处于低收入组或较低收入组，只有30%的农户实现了向更高收入组的跃迁。与之相对应，高收入组的向下流动概率也非常小，约75%的比例在5年后仍然处于高收入组或较高收入组。中间3个收入组的流动性则较强。最后，从1986—2017年时间段的超长时期内收入性数据可以看到，长期收入流动性要高于短期流动性，1986年的低收入组农户中有34%的比例到2017年仍然处于低收入组。

表1　　　　　　　　　主要年份农户收入流动矩阵

		各收入位置样本数量					样本总数	各收入位置样本比例				
		低	较低	中	较高	高		低	较低	中	较高	高
						1991年收入位置						
1986年收入位置	低	2049	1241	750	474	204	4718	0.43	0.26	0.16	0.10	0.04
	较低	1093	1300	1066	804	408	4671	0.23	0.28	0.23	0.17	0.09
	中	634	1007	1172	1137	673	4623	0.14	0.22	0.25	0.25	0.15
	较高	441	684	996	1199	1144	4464	0.10	0.15	0.22	0.27	0.26
	高	271	317	545	941	2153	4227	0.06	0.07	0.13	0.22	0.51
						1999年收入位置						
1993年收入位置	低	1364	915	563	307	145	3294	0.41	0.28	0.17	0.09	0.04
	较低	793	943	806	563	227	3332	0.24	0.28	0.24	0.17	0.07
	中	521	740	825	829	424	3339	0.16	0.22	0.25	0.25	0.13
	较高	368	501	736	937	790	3332	0.11	0.15	0.22	0.28	0.24
	高	212	220	399	749	1695	3275	0.06	0.07	0.12	0.23	0.52
						2005年收入位置						
2000年收入位置	低	1615	812	537	346	178	3488	0.46	0.23	0.15	0.10	0.05
	较低	945	1030	827	525	300	3627	0.26	0.28	0.23	0.14	0.08
	中	567	869	924	789	456	3605	0.16	0.24	0.26	0.22	0.13
	较高	317	610	857	1045	735	3564	0.09	0.17	0.24	0.29	0.21
	高	146	235	391	818	1788	3378	0.04	0.07	0.12	0.24	0.53
						2011年收入位置						
2006年收入位置	低	1608	817	552	336	193	3506	0.46	0.23	0.16	0.10	0.06
	较低	869	1020	789	568	301	3547	0.24	0.29	0.22	0.16	0.08
	中	527	819	894	762	487	3489	0.15	0.23	0.26	0.22	0.14
	较高	315	552	806	930	785	3388	0.09	0.16	0.24	0.27	0.23
	高	149	233	417	806	1593	3198	0.05	0.07	0.13	0.25	0.50
						2017年收入位置						

续表

		各收入位置样本数量					样本总数	各收入位置样本比例				
2012 年收入位置	低	1632	799	433	282	156	3302	0.49	0.24	0.13	0.09	0.05
	较低	842	1041	790	458	199	3330	0.25	0.31	0.24	0.14	0.06
	中	528	755	916	781	362	3342	0.16	0.23	0.27	0.23	0.11
	较高	296	528	777	1027	704	3332	0.09	0.16	0.23	0.31	0.21
	高	184	238	436	991	1492	3341	0.06	0.07	0.13	0.30	0.45
		2017 年收入位置										
1986 年收入位置	低	829	560	444	373	199	2405	0.34	0.23	0.18	0.16	0.08
	较低	600	531	545	459	317	2452	0.24	0.22	0.22	0.19	0.13
	中	477	514	546	589	393	2519	0.19	0.20	0.22	0.23	0.16
	较高	363	369	459	579	532	2302	0.16	0.16	0.20	0.25	0.23
	高	262	320	354	570	688	2194	0.12	0.15	0.16	0.26	0.31

六、1986—2017 年中国农户家庭平均流动指数下降了 21%，低收入农户持续贫困概率上升

我们按照三年一段的方式将 1986—2017 年分为 15 段，即 1986—1990、1990—1993 年，以此类推到 2015—2017 年，再计算每年的收入转换矩阵和收入流动指数。图 4 显示了 Shorrocks 指数（图 4A）和平均流动指数[①]（图 4B）的计算结果，30 多年来，以 Shorrocks 指数衡量的收入流动程度由 0.765 下降到 0.66，下降幅度 14%，以平均流动指数衡量的收入程度由 4.67 下降到 3.68，下降幅度 21%。前面的研究表明我国农村家庭收入的基尼系数经历了前期的上升后缓慢回落，农村内部收入差距不断缩小，但同时发现收入流动性也在不断下降，低收入农户处于持续贫困的概率在上升。

---

① Shorrocks 指数和平均流动指数是比较常用的体现收入流动情况的指标。

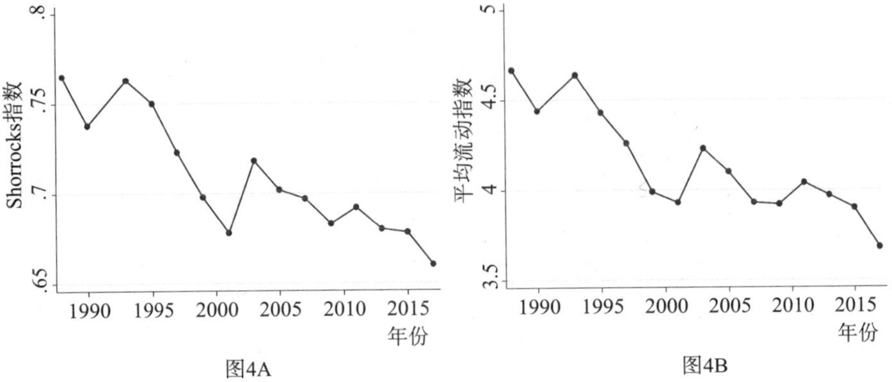

图4A   图4B

图 4 收入流动程度

七、1986—2002 年间，农户家庭的收入越高其增长越快，2002 年之后高收入阶层的收入增速下降

图 5 考察了 200 等分收入组 1986—2002 年和 2003—2017 年两个时间段的长期收入增长情况。图 5A 图的分组依据 1986 年和 2002 年的平均收入，图 5B 的分组依据是 2003 年和 2017 年的平均收入，纵轴为收入的对数差。从图 5 中可以看到，在 2002 年之前，收入越高的阶层收入增长速度也越快，进一步扩大了收入差距。2002 年之后，这种情况略有改善，相对而言，高收入阶层的收入增长速度在下降。这一结论和图 3 显示的宏观基尼系数一致，2002 年之前收入差距在扩大，2002 年之后收入差距有所缩小。图 5 再次提醒我们，最低收入阶层一直都是收入增长速度较慢的。

八、农户家庭收入流动缓解了长期收入不平等程度，但该作用在逐渐降低

表 2 展示了农户收入不平等情况缓解程度。首先以每年截面数据计算不平等指标，再计算不平等指标的均值，比如 1986—2001 年，每年基尼系数的均值为 0.393；接下来先计算样本家户在这个时间段的平均收入，计算平均收入的基尼系数，比如 1986—2001 年被调查家户的平均收入

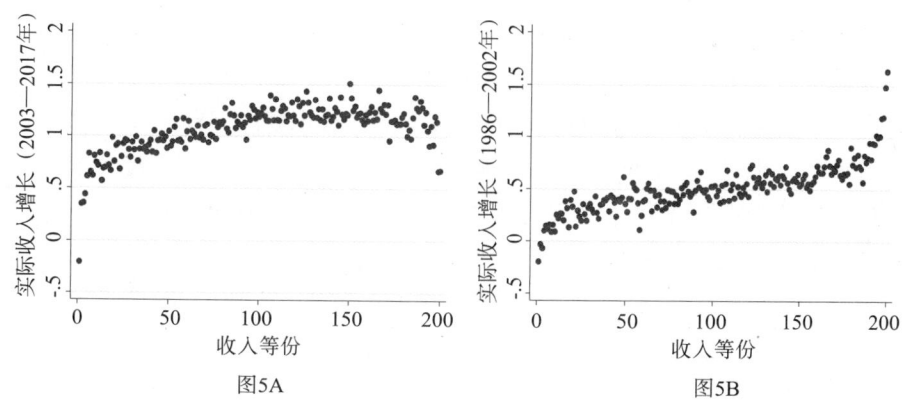

图5A 图5B

图 5　不同收入等份的收入增长

的基尼系数为 0.342。截面基尼系数均值为 0.393，长期收入基尼系数为 0.342，下降 13.0%，也就是说，收入流动使得长期不平等程度下降了 13.0%。同理，收入流动使得以 GE（a=0）指数和泰尔指数衡量的收入不平等程度分别下降了 27.2% 和 26.0%。而 2002 到 2017 年，收入流动使得这 3 个指标衡量的不平等程度分别下降了 20.5%、25.1%、10.8%。收入流动降低长期收入不平等的作用在下降，这与我们观察到的图 4 显示的收入流动性下降非常吻合。只有较高的收入流动性，才能更好地缓解长期收入不平等。

表 2　　　　　　　　收入流动与长期收入不平等

	1986—2001 年			2002—2017 年		
	不平等指标均值	收入均值计算指标	降幅	不平等指标均值	收入均值计算指标	降幅
GE 指数（a=0）	0.265	0.193	27.2%	0.234	0.186	20.5%
泰尔指数	0.289	0.214	26.0%	0.231	0.173	25.1%
基尼系数	0.393	0.342	13.0%	0.362	0.323	10.8%

九、农户家庭的劳动力专业技能对增收的影响逐渐增强

我们通过回归分析检验了政府补贴、家庭禀赋（包括劳动力和土地

数量)、教育(包括正规教育和技术培训)和社会资本(包括党员身份和干部身份)对农户收入的影响。结果显示,政府补贴在早期对农户增收的影响高于近期,作用逐渐降低甚至无作用。农户家庭禀赋早期对增收的作用较大,但近15年来作用不明显,无明显规律。农户的教育对增收具有正向影响,且作用越来越大,随着劳动力市场越来越成熟和规范,农户的专业技能回报会显著提高。农户的社会资本对农户增收也较为显著,但影响力呈倒U型,随着时间推移其影响程度不断下降。

深度贫困地区农业产业扶贫的几个问题*

冯丹萌　陈洁

改革开放40年以来,中国扶贫开发取得举世瞩目的成就,为中国减贫工作乃至全球减贫事业作出不可估量的贡献。随着扶贫进程的不断推进,部分地区和人群脱贫难度大的问题凸显,成为扶贫工作中的"硬骨头",直接影响我国精准扶贫精准脱贫总体目标的实现。这些区域生态环境条件差、基础设施落后、经济社会发展缓慢,相对于一般贫困地区,其自然条件、经济发展、社会文明、公共服务、民生水平等方面的状态更差,既是贫中之贫、困中之困,也是减贫的难中之难、坚中之坚,也被称为深度贫困地区。2017年6月23日,习近平总书记在深度贫困地区脱贫攻坚座谈会上提出推进深度贫困地区脱贫攻坚工作的意见,部署了扶贫攻坚关键阶段的工作,将深度贫困地区的扶贫攻坚列为重中之重。从国家宏

---

* 本文为农业农村部发展规划司委托、陈洁主持2018年政策法制调研项目"我国贫困地区农业绿色发展机制研究"课题及农业农村部创新项目、农业农村部农村经济研究中心重大调研课题"我国特色农业多重价值与产业支持政策研究"的阶段性成果。

观层面看，深度贫困主要涉及"三区""三州"① 和三类人群。根据《中共中央、国务院关于支持深度贫困地区脱贫攻坚的实施意见》，结合当前扶贫实际情况，深度贫困地区的具体范围包括：西藏、四省藏区、南疆四地州和四川凉山州、云南怒江州、甘肃临夏州以及贫困发生率超过18%的贫困县。在精准扶贫理念的引领下和整体扶贫政策的带动下，目前深度贫困地区结合自身发展特点，积极探索，初步形成一些农业产业扶贫模式，但农业产业扶贫仍存在问题，需要探索有效的机制和辅以配套性政策。

一、深度贫困地区农业产业扶贫模式

近年来深度贫困地区农业产业发展迅速，为地区经济注入活力，为农民增收创造了条件，成效初显，形成了一些农业产业扶贫模式。总结起来，有以下五种农业产业扶贫模式：

（一）特色农业产业扶贫模式

我国深度贫困地区多位于边远山区和边缘地区，农业品种资源较为独特，生物多样性明显，具有发展特色农业的天然优势。例如云南怒江州有中药材资源356种，全国76个药材资源重点保护品种中怒江州境内就有51种；怒江特有的独龙牛、高黎贡山猪、乌骨绵羊、绒毛鸡已被列入《国家畜禽遗传资源品种保护名录》；其境内有野生鱼类58种②。西藏和四省藏区主要的特色农产品有青稞、牦牛、藏羊、藏猪等；凉山州有马铃薯、苦荞、花椒、冷水鱼，干热河谷地区有甜樱桃、脐橙等。发展特色农业、优化农业结构、提升农业竞争力是深度贫困地区转变农业发展方式和

---

① "三区"具体包括西藏自治区、新疆南疆四地州（喀什地区、和田地区、克孜勒苏柯尔克孜自治州以及阿克苏地区）和四省藏区（除西藏自治区外的青海、四川、云南、甘肃省藏族与其他民族共同聚居的民族自治地方）；"三州"是指甘肃省临夏回族自治州、四川省凉山彝族自治州和云南省怒江傈僳族自治州。

② 云南省农业厅 编，张玉明 主编. 高原特色农业现代化探索实践与模式创新 [M]. 昆明：云南出版集团/云南人民出版社，2016.

推进产业化水平的有效途径,也是深度贫困地区的扶贫新路径。2012 年以来,我国特色产业带动脱贫人口数量呈逐年上升趋势,截至 2017 年年底,共带动 1861 万人脱贫,脱贫贡献率从 2012 年的 53.3% 提高到 2017 年的 59.5%①。目前深度贫困地区根据自身农业优势,注重特色农业发展,提升农产品质量,初步形成具有当地特色的农产品品牌。怒江州重点培育打造怒江草果、老窝火腿、怒江重楼等一系列怒江特色优势农产品品牌。南疆四地州到 2016 年年底有 28 个名牌产品,277 个无公害农产品,44 个绿色认证产品,96 个有机农产品,22 个地理标志农产品。西藏已认定无公害农产品 105 个、绿色食品 35 个、有机食品 23 个、国家地理标志农产品 8 个。截至 2017 年,四川凉山州新创建有机农产品 1 个、国家地理标志保护产品 4 个、绿色食品 25 个、无公害农产品 52 个②。凉山州获准统一使用"大凉山"特色农产品品牌标识和包装的产品达到 1386 个。那些有劳动能力的贫困户通过参与特色农产品生产经营,获得农业经营收益或劳务收入,生产品牌特色农产品的贫困户还可以获得品牌增值收益。

(二)农业 + 乡村旅游 + 生态 + 文化融合发展的产业扶贫模式

部分深度贫困地区依托生态资源、农业资源和人文资源,将农业、生态、文化、旅游有效结合,形成"农业 + 乡村旅游 + 生态 + 文化"的融合发展模式,盘活深度贫困地区的资源,激发新动能,打造新业态,化资源优势为经济优势,形成具有内在可持续发展能力的扶贫脱贫模式,促进贫困人口增收脱贫。西藏以特色农业为依托的生态农业旅游产业不断发展,形成"农业 + 旅游 + 生态"新产业发展模式,2012—2016 年,西藏自治区接待旅游人数从 1058.39 万人次增长到 2315.94 万人次,增长

---

① 农业农村部. 夯实"互联网 +"基础,带动特色产业扶贫 [J]. 发展计划动态专刊,2018 - 05 - 10.
② 凉山彝族自治区农牧局. 凉山州农业产业简况(2017 年) [EB/OL]. http://www.lsz.gov.cn/nmj/tscy/6287316/index.html,2018 - 09 - 19.

118.82%，旅游总收入从 126.48 亿元增长到 330.75 亿元，增长 161.51%①。甘肃省临夏州大力推进旅游业发展，实施生态农业与旅游的有机融合，发展旅游产业链，为贫困人口带来更多的经济效应的商业机遇。临夏市以花为媒介发展"旅游+"扶贫模式，开展了牡丹苗木培育、规模种植、精深加工等技术示范，牡丹文化长廊核心景区与回族民俗生活展示体验区等民俗文化宣传，牡丹盆栽、牡丹主题服装饰品、家纺等旅游衍生品销售以及传统小吃特色厨艺大赛等特色休闲体验，形成生态+农业+文化的多元产业互动互融新业态②。云南怒江森林覆盖率75.31%，全州58.3%的国土面积属于自然保护区，傈僳族、白族、怒族、普米族、独龙族等少数民族文化底蕴浓厚，"农业+乡村旅游+生态+文化"成为怒江州扶贫脱贫的重要发展路径③。

（三）"互联网+农业"的扶贫模式

"互联网+农业"的扶贫模式主要通过优化重构农产品流通模式，促进生产方式、产业模式与经营手段的创新，提升生产、经营、管理、服务等农业产业链环节的效率，为农业发展开辟新路径，也是贫困地区扶贫脱贫的新型模式。目前，以智能手机为核心的移动互联技术在农村快速普及，为农业服务业和传统农业生产模式的更新换代创造了条件。近年来我国农村电子商务发展迅猛，交易量持续增长，已成为农村转变经济发展方式、优化产业结构、促进商贸流通、带动创新就业、增加农民收入的重要动力。贫困地区利用互联网技术，整合农资、农业技术、市场信息、金融信贷等大数据资源，形成数据生产与交易管理体系，通过电商平台为深度贫困地区农产品销售打开市场，提升农产品市场竞争力，达到脱贫目标。

---

① 中国统计信息网. 西藏自治区 2016 年国民经济和社会发展统计公报 [EB/OL]. http://www.tjcn.org/tjgb/26xz/35679_2.html, 2018-07-26.

② 搜狐网. 牡丹月里来——临夏市以花为媒发展旅游业纪实 [EB/OL]. http://www.sohu.com/a/137054877_383689. 2017-04-02.

③ 李寿华. 种树兴果盘活山林 [EB/OL]. 中国绿色时报, http://www.isenlin.cn/sf_30736D83EAAD453CBF22691E151DA28A_209_E18DAE76971.html, 2018-08-13.

推动乡村绿色发展与打赢脱贫攻坚战

2013年以来,甘肃省陇南市积极发展农产品电子商务,把优势资源与市场紧密对接,推动产业扶贫取得新成效。截至2017年年底,全市有网店12700多家,微店7800多个,销售收入75亿多元,通过电商扶贫带动贫困人口15万余人,电商扶贫对贫困群众的人均收入贡献额达到650元[①]。自2014年国家启动电子商务进农村综合示范工作以来,西藏全区先后建立了9个国家电子商务进农村综合示范县,通过探索"互联网+旅游+农特产品"运营模式,从"产业扶贫、创业扶贫、就业扶贫"三大策略着手,构建"互联网+精准扶贫"的扶贫格局。通过推动农畜产品、特色手工艺品触网销售,提高商品化率和电子商务交易比率,提高农畜产品附加值,带动农牧业增收[②]。青海省深入推进14个深度贫困县电子商务进村示范县工程,积极开展"三体系三工程"建设,构建县域电商生态圈,扩大电子商务在农业农村的应用,推动电商与农村第一、第二、第三产业深度融合,促进农畜产品上行。重点打造县乡村三级电子商务服务体系、县乡村物流配送体系、农产品供应链及农村电商营销体系以及农产品上行工程、电子商务人才培养工程[③]。2016年11月13日,国务院发布《关于促进电商精准扶贫的指导意见》,将电商扶贫纳入脱贫攻坚总体部署和工作体系,实施电商扶贫工程,推动互联网创新成果与扶贫工作深度融合[④]。2018年1月29日,中国扶贫基金会发布针对深度贫困地区的"深度优鲜"电商扶贫计划,计划用3年时间内覆盖全国334个深度贫困县,包括四川在内的西南地区是先行区域。到2018年年底,四川省将基本实现深度贫困县所有贫困村通光纤宽带,农村电商基本覆盖有条件的深度贫困县,建成43个深度贫困县电商扶贫馆,深度贫困县实现农村电子

---

① 新华网. 产业扶贫可以怎么搞?十大机制创新典型来揭晓[EB/OL]. http://www.xinhuanet.com/politics/2018-10/18/c_1123574807.htm, 2018-10-28.
② 搜狐网. 乘势而上, 开创西藏"互联网+精准扶贫"新局面[EB/OL]. http://www.sohu.com/a/237157889_114967, 2018-06-22.
③ 农民日报. 青海: 鏖战高原深贫著华章[EB/OL]. http://szb.farmer.com.cn/nmrb/html/2018-11/20/nw.D110000nmrb_20181120_1-04.htm?div=1, 2018-11-20.
④ 四川省商务厅. 四川省深度贫困县脱贫攻坚电商扶贫攻坚专项2018年度实施方案[EB/OL]. http://www.sccom.gov.cn/zcwj/-/articles/3568385.shtml, 2018-04-08.

商务交易额 90 亿元左右，农村产品和服务网络销售 10 亿左右，年均增长率 20% 左右。培训建档立卡贫困户电子商务应用 2 万人次①。

（四）农业生态扶贫模式

生态环境开发受限的深度贫困地区，脱贫潜力较小，自我发展能力较低，一般性的扶贫模式局限性大，产生的效益有限。习近平指出："农业生态环境是最公平的公共产品、最普惠的民生福祉，所有人都有享用的权力和保护的义务"②。在具备条件的深度贫困地区，开展农业生态扶贫，实现生态保护建设与脱贫攻坚有机结合，既可以恢复和保护生态，也可以让贫困人群共享生态文明建设成果。目前，我国深度贫困地区有 4465 万公顷林地、2074 万公顷湿地③。根据 2018 年 1 月 18 日国家发展和改革委员会、国家林业局、财政部、水利部、农业部、国务院扶贫办公室共同制定的《生态扶贫工作方案》，到 2020 年，我国将力争组建 1.2 万个生态建设扶贫专业合作社，吸纳 10 万贫困人口参与生态工程建设，新增生态管护员岗位 40 万个，通过大力发展生态产业，带动约 1500 万贫困人口增收。《生态扶贫工作方案》提出，通过参与工程建设获取劳务报酬、生态公益性岗位得到稳定的工资性收入、生态产业发展增加经营性收入和财产性收入、生态保护补偿等政策增加转移性收入等方式，增加贫困人口收入。鉴于深度贫困地区同时是生态建设的重点地区，在这些地区推行生态扶贫模式对精准脱贫工作无疑有着重要的推动力。云南省怒江傈僳族自治州贡山独龙族怒族自治县森林覆盖率 80.5%，全县有建档立卡贫困户 3679 户，人均收入只有 1300 元。实施生态护林员政策后，当地选聘 2520 名贫困人口担任生态护林员，覆盖全县 51% 建档立卡户，2017 年全县生

---

① 四川省商务厅. 四川省深度贫困县脱贫攻坚电商扶贫攻坚专项 2018 年度实施方案 [EB/OL]. http://www.sccom.gov.cn/zcwj/-/articles/3568385.shtml, 2018 - 04 - 08.

② 人民网. 习近平系列重要讲话读本：绿水青山就是金山银山——关于大力推进生态文明建设 [EB/OL]. http://opinion.people.com.cn/n/2014/0711/c1003 - 25271026.html, 2014 - 07 - 11.

③ 搜狐网. 对话全国政协常委刘东生：深度贫困地区脱贫潜力在山希望在林 [EB/OL]. http://www.sohu.com/a/238829198_116897, 2018 - 07 - 02.

态脱贫贡献率已高达 52.1%①。"十二五"期间,西藏农牧民年人均可支配收入的 10%来自草原生态补奖政策,特别是大部分牧业县草奖资金占牧户可支配收入的 60%以上,草原生态补奖政策在农牧民增收方面发挥了重要作用②。

(五) 资产收益扶贫模式

为使一些劳动能力弱或无劳动能力的贫困户分享产业扶贫的成果,深度贫困地区可以积极探索资产收益扶贫方式。一是采取入股分红模式,鼓励贫困户以资金入股农民专业合作社,确保贫困户分红底线、按股分红。二是将财政专项扶贫资金、产业发展扶持资金、社会帮扶资金等投入当地发展前景较好的专业合作社、农业龙头企业等各类经济主体形成的资产中,以优先股的形式量化给深度贫困地区的贫困人口。南疆墨玉县将扶贫资金折股量化,每户贫困户以 1.6 万元的资金入股,相当于在多胎肉羊扩繁基地托养 10 只羊羔,每年按照年收益 10%获取定期分红,3 年之后,贫困户可以领回属于自己的 10 只羊③。三是支持深度贫困地区的农村集体经济组织依法使用农村集体建设用地或以土地使用权入股、联营等方式与其他单位或个人共同兴办企业,发展贫困地区新产业新业态,一方面增加贫困户股权收益;另一方面确保贫困村有稳定的村集体收益,实现资源变资产、资金变股金。四是探索建立"飞地经济"模式,在不改变资金用途的情况下,通过折股量化资产收益增加贫困户收入。

二、深度贫困地区农业产业扶贫需要防范和解决的问题

受自然、历史以及经济等条件制约,深度贫困地区农业产业整体上仍

---

① 搜狐网. 对话全国政协常委刘东生:深度贫困地区脱贫潜力在山希望在林 [EB/OL]. http://www.sohu.com/a/238829198_116897,2018 - 07 - 02.
② 新华网. 西藏百亿元"草奖政策"绿了草原鼓了钱袋 [EB/OL]. http://tibet.news.cn/jujiao/20170106/3610261_c.html,2017 - 01 - 06.
③ 农民日报. 南疆四地州按下脱贫攻坚快进键 [EB/OL]. https://www.xjxnw.gov.cn/c/2018 - 09 - 20/1400314.shtml,2018 - 09 - 20.

处于较低的发展水平,农业产业扶贫面临的问题和挑战仍然较多,产业扶贫任务艰巨。从深度贫困地区农业产业发展的自身条件和外部环境来看,问题体现为以下方面:

(一) 自然条件恶劣,生态脆弱

脆弱的自然生态条件是造成深度贫困地区农业经济不发达的基本原因。深度贫困地区多处在地理位置偏远、山大沟深、自然灾害频繁的区域,长期以来产业发展和扶贫脱贫障碍重重。一些高寒山区积温较低,对农业生产的要求较高;一些干旱地区缺水少雨,甚至生存用水都很缺乏;一些地方生态脆弱,大面积被划入禁止开发区,不适合发展产业;还有些地区灾害频繁,一次自然灾害就可能造成大量人口返贫。四川省凉山州地形地貌复杂、独特,灾害种类多、受灾范围广,干旱、洪涝、低温、暴风雨、冰雹、冰雪等灾害频发。据凉山州统计,干旱灾害发生率在50%—60%之间。云南怒江州属于自然生态较差地区,被列入《我国生态脆弱区保护规划纲要》西南山地农牧交错生态脆弱区,当地农业发展受限。新疆有2.9万人生活于生态保护区边缘,占1.79%;有4.65万人居住在高寒山区、沙漠腹地等自然环境恶劣的偏远地区,占2.87%;有0.83万人居住在边境地区,占0.51%。南疆和田地区属干旱荒漠性气候,绿洲面积仅占国土面积的3.7%,年均降水量只有35毫米,年均蒸发量高达2480毫米;每年浮尘天气220天以上;夏季洪涝,秋冬干旱,春季缺水;喀什57%的国土面积是山地,23%是沙漠戈壁,森林覆盖率仅4.9%,气候干旱,风沙天数多,土地荒漠化、沙化、盐碱化趋势严重,192个山区边境贫困村地处高寒、缺氧地区,地震、洪水、泥石流等自然灾害频发。深度贫困地区水资源短缺、耕地有限、气候环境恶劣等制约因素,导致这些地区的农业发展缓慢,以土地为生计的农村人口增收困难。

（二）农业农村基础设施落后，公共服务薄弱

现代农业发展依赖于完善的基础设施[①]。深度贫困地区普遍存在水、电、路、通信严重落后的问题[②]。由于地理位置偏僻，地形复杂，施工期短，造成深度贫困地区很多基础设施项目落地难、实施难、完工难，而且基础设施建设成本高、维护成本高且受益面较小。如四川甘孜州海拔较高、山势陡峭、河流湍急，自然环境异常艰苦，极端天气频发；大多数地区施工期只有半年，客观影响脱贫攻坚工作推进。因地方财力有限，农业农村基础设施建设投入长期欠账，造成深度贫困地区农业靠天吃饭，缺乏抵御自然灾害的能力，单位产出率低、生产力水平低。

深度贫困地区农户经营规模小而散，农业粗放经营，产业化和组织化程度低，信息化滞后，抵御和化解市场风险能力脆弱，竞争力不强。另一方面，深度贫困地区基层农技推广队伍体系不健全，推广经费不足，推广机制创新能力弱，政府在农业社会化服务方面投入不足，对产业的扶持存在不足。基础设施相对落后和公共服务薄弱，造成深度贫困地区对现代农业、信息化、市场化所需科学技术的占有严重不足，农产品生产经营成本较高，农业与其他产业的融合发展滞后。

（三）扶贫产业选择存在同质化，凸显市场体系建设薄弱和科技支撑不足

近些年，在精准扶贫政策的推动下，深度贫困地区大多选择特色种养业、特色林果业等产业作为切入点进行扶贫开发，由于对当地自然条件、市场需求、技术水平考虑不充分，又缺乏上一层次的统筹规划、分类指导和合理布局，出现了地区间产业同质化、区域内产业规模盲目扩大的问题，导致特色不再突出，地区比较优势未能得到充分发挥。地方政府为了

---

① 马小丽. 四川凉山农业产业化发展现状及对策［J］. 安徽农业科学，2011，39（36）.
② 李小云，左婷. 深度贫困地区脱贫攻坚：挑战与对策［EB/OL］. 中国社会科学网－中国社会科学报，http：//ex.cssn.cn/zx/bwyc/201802/t20180206_3841126.shtml，2018－02－06.

加快产业发展，往往依赖政府行政手段推动和选择见效快的项目，而忽略了市场体系建设和科技支撑。

目前，深度贫困地区农产品市场体系还不健全，存在标准化、信息化程度不高、市场流通不畅等问题。大多数农民的生产仍带有一定的盲目性，农产品销售方式依赖于传统渠道——个体商贩。农产品市场体系不健全导致市场信息传递机制不畅，供求信息不能进行有效传递，生态绿色的农产品内在的独特价值、生态环境价值等不能完全实现转化，优质不优价问题还比较普遍。

由于缺乏科技支撑和产业化水平低，深度贫困地区许多草本、木本粮油作物和养殖业、林果业资源无法充分开发利用，多数农产品以单一原料和初级产品生产为主，附加值低，深度、系列化开发的产品少，缺乏具有市场竞争力的知名品牌。低价值农产品一多，市场就容易饱和，造成卖难。另一方面，受地域、信息、市场等环境的限制，消费者欢迎的生态绿色的特色农产品苦于找不到买家。

（四）新型经营主体与贫困户的利益联结机制不完善

目前，深度贫困地区农业产业扶贫已取得明显成效，但产业发展和扶贫脱贫并没有较好的相融。一些深度贫困地区产业发展的主体是新型经营主体，发展成果和利益大多为新型经营主体持有，贫困人口参与度和获益相对低，对部分贫困人口的实质带动作用不显著。主要原因是：（1）深度贫困地区新型经营主体数量少且规模小，农产品附加值和科技含量低，具备市场竞争力的品牌少，产业带动力不强，松散的市场联结方式仍占主导地位，与贫困户的利益联结关系不紧密。（2）在产业发展中忽视利益联结机制构建。一些地方鼓励贫困户将惟一的资源——土地流转给龙头企业等新型经营主体以换取土地流转收入，但贫困户不能充分参与生产经营，无法从产业发展中获得新的技能和持续利益，有一些贫困户失去了土地使用权后也失去了原有的经济资源，贫困人口从产业发展中获得的保障较弱。（3）农民专业合作社发展缓慢，合作社的分配机制设计上存在重资本轻劳动、重股权轻交易量等问题，合作社的"益贫"作用发挥远远不够。

（五）贫困人口受教育水平低，思想观念保守

深度贫困地区地处偏远、信息滞后、教育资源缺乏，造成人口受教育水平低、信息获取渠道少。凉山州11个贫困县办学条件指标达标率不足5%，学龄人口基数大（全州0—17周岁人口达155万人、在校学生110.6万人），但当前仅能满足"有学上"，师资力量薄弱（需新增中小学专任教师6000名）。四川省藏区藏族也属于"直过"民族，社会发育程度低，农牧民平均受教育年限仅6.4年，比全省平均低1.8年，有相当比例的群众不懂汉语、不识汉字[①]。长期处于落后状态，影响了贫困人口发展能力，他们一般思想观念保守，主观脱贫意识不强，对现状认识不清，对整个环境的发展认识不清；内生脱贫能力弱，居民整体素质不高，信息获取能力差，生产方式落后。

三、构建深度贫困地区农业产业发展与扶贫脱贫相融合的综合发展机制

在各级政府部门和社会各界的支持下，深度贫困地区农业产业扶贫取得了一些成绩，在实践中总结了一些好的值得推广的模式，但也面临自然生态、人的观念素质、公共政策供给、市场体系建设等因素的制约。要破除这些因素的影响，需要构建农业产业发展与扶贫脱贫相融合的综合发展机制，即由脱贫致富内在动力机制和市场拉动与政府推动并行的外在动力机制、多元主体带动机制和公共政策支撑保障机制。

（一）构建脱贫致富内在动力机制和市场拉动与政府推动并行的外在动力机制

在农业产业发展中，挖掘深度贫困地区内在的农业资源优势，找准方向，激发深度贫困地区渴望脱贫致富的内在动力，依靠市场和政府两种外部力量，提升内在发展能力，是产业扶贫的动力机制。深度贫困地区与其

---

① 四川省农业委员会提供数字。

他地区发展差距大,脱贫致富的渴望也极其强烈,这种美好愿望是农业产业扶贫的重要内在动力,需要充分重视和加以引导。习近平总书记讲,"扶贫要同扶智、扶志结合起来。智和志就是内力、内因。""没有脱贫志向,再多扶贫资金也只能管一时、不能管长久。"目前,的确有一些贫困人口存在"等、靠、要"思想,还有的贫困人口精神状态萎靡、感到致富无望,得过且过。除了自然条件、疾病健康、受教育水平等因素外,社会环境因素和习俗文化因素对贫困地区和贫困人口的影响不容忽视,要破除贫困赖以生存的精神土壤,激发贫困人口对美好生活的向往,需要做大量深入细致的工作,构建脱贫致富的内在动力机制需要对贫困户进行精准研究,分类施策。一是深入了解贫困户家庭结构、贫困人口年龄结构、婚姻状况、健康状况等,因病致贫和因老致贫的要给予兜底保障,解除贫困户后顾之忧;对因家庭经济困难出现的大龄"失婚"贫困人口[①],要加大扶志和扶智的力度,改变其"一个人吃饱全家不饿"的心理状态,灌输"脱单先脱贫"的思想。二是加大宣传力度,移风易俗,继续树立"劳动致富""劳动光荣"的良好社会氛围。习近平总书记说,"贫穷不是不可改变的宿命。""要鼓励个人努力工作、勤劳致富,要创造和维护机会公平、规则公平的社会环境,让每个人通过努力都有成功机会。"三是加大教育和培训力度,提高贫困人口发展农业生产和务工经商的技能,提高贫困人口自我发展能力。

在外部动力方面,一是要用市场需求拉力来引导深度贫困地区的农业产业发展。目前,随着城乡经济发展,我国消费结构升级,消费者对生态绿色农产品的需求十分强烈。要利用好深度贫困地区的生态资源来发展生态农业,要重视品牌建设、通过提升农产品质量和品牌效应来推动深度贫困地区农产品提质增效;要延长和完善农业产业链,有效连接第一、第二、第三产业,提升产业融合力量;要加快培育贫困地区发展新动能,如电商扶贫等。二是要用政府推动来增强深度贫困地区农业产业的竞争力。

---

① 由于性别比失衡我国农村已经出现一些适龄男性"失婚"现象,特别是在贫困地区已经成为一个较为普遍的社会问题。见国家卫生与计划生育委员会《中国家庭发展报告2015》。

政府要积极引导,加大对深度贫困地区农业产业发展的支持力度,在农业农村基础设施建设、标准化建设、市场渠道建设、品牌建设、农民组织和社会化服务等方面给予切实的支持,要创造良好的外部环境,鼓励农民建立自己的农民专业合作组织,建立信息技术交流平台,进行市场拓展和品牌建立,增强农业抗风险能力,实现自我服务和长足发展。

(二)产业扶贫多元主体带动机制

深度贫困地区面临的屏障之一是缺乏与外界市场打通的中间力量,即带动力量。应积极培育龙头企业、合作社、家庭农场和专业大户等新型经营主体,加快不同主体对深度贫困地区的扶贫脱贫带动强度,拓展产业多种功能,促进第一、第二、第三产业融合,扩宽贫困户就业增收渠道。一是完善产业主体培育。目前产业扶贫带动主体主要有:龙头企业、专业大户、家庭农场和农民专业合作社。龙头企业是贫困地区带动扶贫脱贫的主力军,它们与贫困户签订产销合同,向农户提供种苗、饲料及技术培训等,解决贫困户农产品销售问题,保障其稳定增收;他们通过引进新品种、新技术、新信息等提升农产品品质,提升贫困户技术水平和专业化生产能力;他们在农产品生产、加工和销售过程中吸纳贫困人口就业,提升贫困人口就业机会。专业大户带动、家庭农场带动主要是通过推广新品种、培训新技术为贫困人口提供新的生产模式,提升生产效益。农民专业合作社通过联结小农户和大市场,帮助贫困户提升技术水平、找准产业,增强了贫困户的市场竞争力,并通过按交易量或交易额分红对贫困户给予二次返还。整体上,新型经营主体通过示范带动,对缩小深度贫困地区贫困户在信息、技术、观念等方面的差距具有积极作用,为深度贫困地区贫困人口提供就业机遇和产业发展渠道,对深度贫困地区的扶贫带动作用显著。二是构建完善的产业扶贫带动机制。对"龙头企业+农户""龙头企业+合作社+农户"和"合作社+农户"等模式,要进行规范化引导,鼓励引导龙头企业、合作社、专业大户、家庭农场和贫困户之间形成紧密的利益联结机制,探索建立"风险共担、利益均沾"、稳定持久的利益联结机制,使贫困人口在整个扶贫机制中真正实现参与和获益,提升农业产业发展与扶贫脱贫机制的联结程度,使农业产业发展真正惠及贫困人口。

(三) 产业扶贫公共政策支撑保障机制

完善的政策保障机制是深度贫困地区农业产业扶贫发挥作用的重要支撑。公共政策支撑机制主要包括产业政策支撑、资金支撑、科技支撑和人才支撑四方面。

1. 产业政策和投入保障机制。产业政策支撑是深度贫困地区产业扶贫的先决条件。一是要制定完善深度贫困地区产业精准扶贫规划。要根据深度贫困地区资源特点、结合市场需求,找准适合当地发展的产业项目,以可持续发展为目标,完善特色产业规划布局,制定长期产业扶贫规划。二是对不同深度贫困地区实行差异化的政策支持。根据各地发展特征实施具体产业发展政策;建立规范良好的农业产业发展环境,制定激励政策,让利于农,鼓励企业进行产业化经营投入;完善农业农村基础设施建设和生态环境建设;完善市场体系建设,包括农产品市场、技术市场、劳动力市场等;加大政府资金投入,加强对深度贫困地区投资建基地、联合兴办加工、产销对接、技能培训、提供就业岗位等方面的政策倾斜,为深度贫困地区产业扶贫发展运作提供较强的"起步力量"。三是进一步增强对龙头企业、合作社、专业大户、家庭农场等新型经营主体的政策支撑,提升其带动作用。

2. 科技支撑机制。农业科技是产业扶贫的有力支撑。在深度贫困地区,构建农业科技平台,加强农业科研单位的合作和交流;加强深度贫困地区农业种质资源保护和研究,加强对深度贫困地区生物多样性和外来物种影响的研究;完善农业科技推广服务,提升农业新技术的应用和普及程度;提升深度贫困地区农业科技培训体系,通过多种形式开展针农民科技文化培训。

3. 人才保障机制。人才是深度贫困地区产业扶贫的主体力量。要在深度贫困地区制定特殊的人才政策,鼓励区域外的各类人才投身到深度贫困地区的脱贫攻坚的战场上来;要加大对本土各类人才的培养,使之"走出去"并"回得来",为人才提供施展才华的空间和环境;要提升新型经营主体的经营管理能力,提高产业扶贫效率;要加大技术培训和"新型农民"培养力度,提升深度贫困地区应对大市场的能力,增强脱贫信念、提振信心。

4. 社会保障机制。进一步缩小深度贫困地区与其他地区的社会保障差距,在医疗、卫生、教育等方面为深度贫困地区的贫困人口提供保障,这也是产业扶贫的重要支撑。主要包括:一是建立健全深度贫困地区医疗保险和医疗救助制度,对因病致贫或返贫的贫困人口要及时救助,新型农村合作医疗和大病保险政策要向深度贫困地区倾斜,把贫困人口纳入重特大疾病救助范围。在深度贫困地区优先推进健康扶贫工程等。二是强化和加快发展深度贫困地区的教育事业。提升深度贫困地区教育基础设施条件,保障深度贫困地区学生入学率;提高学前教育质量,大力发展公办幼儿园;提高中小学教学水平,加大深度贫困地区师资力量建设,加大对乡村教师的引进、培训和补助力度;普及高中教育;增强职业教育培训,依靠东西协作带动深度贫困地区职业教育扶贫工作;对深度贫困地区贫困家庭子女考上大学的要给予重点支持。三是完善深度贫困地区农村社会保障制度。包括完善农村养老保障制度,加强社会力量对于深度贫困地区的扶持力度;强化深度贫困地区兜底保障制度,明确救助范围和对象,针对无地无劳动能力农民建立最低生活保障制度;继续发挥好"五保"供养等社会救助制度的作用。四是完善农村公共文化设施,提升文化产品和服务水平,培育文化人才队伍,促进深度贫困地区文化建设。

参考文献

[1] 习近平. 在深度贫困地区脱贫攻坚座谈会上的讲话 [EB/OL]. 新华网, http://www.xinhuanet.com/politics/2017-08/31/c_1121579559.htm, 2017-08-31.

[2] 云南省农业厅编,张玉明 主编. 高原特色农业现代化探索实践与模式创新 [M]. 昆明: 云南出版集团/云南人民出版社, 2016.

[3] 农业农村部. 夯实"互联网+"基础, 带动特色产业扶贫 [J].

发展计划动态专刊，2018 - 05 - 10.

［4］凉山彝族自治区农牧局. 凉山州农业产业简况（2017 年）［EB/OL］. http：//www. lsz. gov. cn/nmj/tscy/6287316/index. html，2018 - 09 - 19.

［5］中国统计信息网. 西藏自治区2016 年国民经济和社会发展统计公报［EB/OL］. http：//www. tjcn. org/tjgb/26xz/35679 _ 2. html，2018 - 07 - 26.

［6］搜狐网. 牡丹月里来——临夏市以花为媒发展旅游业纪实［EB/OL］. http：//www. sohu. com/a/137054877_383689. 2017 - 04 - 02.

［7］李寿华. 种树兴果盘活山林［EB/OL］. 中国绿色时报，http：//www. isenlin. cn/sf _ 30736D83EAAD453CBF22691E151DA28A _ 209 _ E18DAE76971. html，2018 - 08 - 13.

［8］新华网. 产业扶贫可以怎么搞？十大机制创新典型来揭晓［EB/OL］. http：//www. xinhuanet. com/politics/2018 - 10/18/c _ 1123574807. htm，2018 - 10 - 28.

［9］搜狐网. 乘势而上，开创西藏"互联网 + 精准扶贫"新局面［EB/OL］. http：//www. sohu. com/a/237157889 _ 114967，2018 - 06 - 22.

［10］农民日报. 青海：鏖战高原深贫著华章［EB/OL］. http：//szb. farmer. com. cn/nmrb/html/2018 - 11/20/nw. D110000nmrb _ 20181120 _ 1 - 04. htm？div = 1，2018 - 11 - 20.

［11］四川省商务厅. 四川省深度贫困县脱贫攻坚电商扶贫攻坚专项2018 年度实施方案［EB/OL］. http：//www. sccom. gov. cn/zcwj/ - /articles/3568385. shtml，2018 - 04 - 08.

［12］人民网. 习近平系列重要讲话读本：绿水青山就是金山银山——关于大力推进生态文明建设［EB/OL］. http：//opinion. people. com. cn/n/2014/0711/c1003 - 25271026. html，2014 - 07 - 11.

［13］搜狐网. 对话全国政协常委刘东生：深度贫困地区脱贫潜力在山希望在林［EB/OL］. http：//www. sohu. com/a/238829198 _ 116897，

2018 - 07 - 02.

[14] 新华网. 西藏百亿元"草奖政策"绿了草原鼓了钱袋 [EB/OL]. http：//tibet. news. cn/jujiao/20170106/3610261_ c. html, 2017 - 01 - 06.

[15] 农民日报. 南疆四地州按下脱贫攻坚快进键 [EB/OL]. https：//www. xjxnw. gov. cn/c/2018 - 09 - 20/1400314. shtml, 2018 - 09 - 20.

[16] 马小丽. 四川凉山农业产业化发展现状及对策 [J]. 安徽农业科学, 2011, 39 (36).

[17] 李小云, 左婷. 深度贫困地区脱贫攻坚：挑战与对策 [EB/OL]. 中国社会科学网 - 中国社会科学报, http：//ex. cssn. cn/zx/bwyc/201802/t20180206_3841126. shtml, 2018 - 02 - 06.

[18] 中共中央党史和文献研究院. 习近平扶贫论述摘编 [M]. 北京：中央文献出版社, 2018, 141.

[19] 国家卫生与计划生育委员会. 中国家庭发展报告2015 [M]. 北京：中国人口出版社, 2016.

[20] 中共中央党史和文献研究院. 习近平扶贫论述摘编 [M]. 北京：中央文献出版社, 2018, 132 + 135.

比较与借鉴

比较与借鉴

发达国家和地区农业绿色发展的政策演进及对中国的启示

冯丹萌　王　欧

绿色发展是人类面对当今全球资源、能源和环境挑战所做出的发展方式和发展道路上的重大探索。随着经济的发展、社会的进步，绿色发展理念越来越受到人们的重视。党的十九大作出了实施乡村振兴战略的重大决策，乡村是生态环境的主体区域，生态是乡村最大的发展优势。推进农业绿色发展，是农业高质量发展的应有之义，也是乡村振兴的客观需要。

中国作为全球经济体发展中的一个大国，在推进农业绿色发展完善相关农业政策制定方面亟需吸取其他发达国家的经验和教训，提升政策执行的效果；同时，我国农业农村经济发展与世界各国的联系愈发紧密，发达国家农业政策的调整对我国农业发展产生越来越显著的影响。

一、发达国家农业绿色发展的历史演变

发达国家推行农业绿色发展理念的时间较长，经历了较为漫长的发展过程，从美国、欧盟、英国、日本和韩国等主要发达国家和地区来看，主要可以将农业绿色发展的进程分为启蒙阶段、快速发展和稳定发展三个阶段。

(一) 农业绿色发展的启蒙阶段（20 世纪前期—20 世纪中期）

生态农业、有机农业、绿色农业的发展是农业绿色发展的早期体现形式，也是发达国家最先开始推行农业绿色发展的重要内容。生态农业最早于 1924 年在欧洲兴起，随后 20 世纪 30—40 年代在瑞士、英国、日本等发达国家得到发展。英国农学家 A. 霍华德在 30 年代初提出有机农业概念，在英国得到了广泛发展，并形成相关的协会和社团组织，大大推进了绿色农业的发展。美国早在 1930 年前相继颁布了《莫里尔法案》《哈奇法案》和《史密斯—利弗法》，对农业科技人才培养提出相关规定，为农业绿色发展科技发展奠定基础。随后，罗代尔开始对有机农业进行实践探索，并在 1942 年到 1974 年之间创办了有机农场，为美国有机农业发展奠定坚实基础。1938 年美国颁布《农业调整法案》，实施土壤保护计划控制生产，同时进一步促进农业科技研发，对农业绿色发展的重视程度逐渐显现出来。

在此阶段，各个国家和政府主要强调利用新的科技手段对传统农业进行创新改良，形成自然循环的科学模式。但是，由于当时农业在各个发达国家和地区仍然处于较为滞后状态，农业绿色发展实施难度大，科技水平欠缺，绿色农业发展受到的制约大，发展缓慢，虽然农业绿色发展理念在部分发达国家已经提出，但是成效还未完全显现出来。

(二) 农业绿色发展的快速时期（20 世纪中后期—20 世纪 90 年代）

20 世纪中后期，随着发达国家和地区的工业高速发展，经济水平突飞猛进，发达国家和地区农业现代化水平不断提高，农业科学技术明显进步，但同时带来的环境污染问题也日益严重，工业产生的污染对生态平衡和人类生活健康造成不可忽视的影响，发达国家对生态绿色发展的重视程度急剧上升。

为了缓解环境污染问题带来的不良影响，发达国家和地区在此阶段进行大规模、高强度的农业绿色发展措施，在生产结构、政策制定、法律完善等方面不断完善，农业绿色发展得到有力推进，在整个历史发展过程中处于快速发展时期。

各国政府出台了一系列支撑政策推进农业绿色发展,减轻农业生产过程中对生态环境的污染情况。发达国家和地区主要对农业生产结构进行优化改革、对农业技术进行更新,农业绿色发展的推动实施大量的政策支撑。美国于20世纪中叶完成了农业现代化,并形成独具特色的农业发展体系,强有力的发展基础为实施农业绿色发展提供较好条件,1950年到1990年之间美国政府相继出台了《农产品贸易发展和援助法》《粮食安全法》《视频、农业、水土保持和贸易法》,在内容中提出"土地休耕计划""通过土壤保护计划、沼泽地保护计划、农夫条款、遵从条款等保护土地""乡村发展计划"等一系列举措,旨在对农业绿色发展进行保护和推动。欧盟在20世纪60年代制定欧盟共同农业政策,核心是优化农业环境,提升农业基础设施水平。欧共体于1988年规定,为控制生产和保护环境,实行20%的农地不耕作,对恢复自然植被的农户损失进行直接补偿,农户有义务按一定比例将低产农地转为生态用地。1972年法国成立了国际绿色农业运动联盟。英国在1975年国际生物农业会议上,明确提出绿色农业的发展优势,提升了绿色农业在英国的传播程度和接受程度。日本于20世纪70年代提出建设农业污染提高农产品质量的议题。由此可见,此阶段绿色农业发展在发达国家的重视程度不断提高。

经过这一段时间的努力,农业绿色发展在发达国家取得了显著成效,农业绿色发展技术大幅度提升,农业生产结构进一步优化,农业发展带来的环境污染问题得到抑制和缓解。同时,农业绿色发展在农户的普及程度开始逐渐显现,农业绿色发展的技术应用开始逐渐推广起来。在这一阶段,农业绿色发展在发达国家和地区得到较快的发展,绿色发展理念在发达国家和地区农业发展中的融入度不断升高,农业发展理念和结构得到调整和优化。

(三) 农业绿色发展的成熟阶段(20世纪90年代—2003年)

随着发达国家和地区对农业绿色发展程度的不断重视,相关政策落实成效的不断显现,农业绿色发展进入了稳定成熟阶段。在此期间,为了进一步推进农业的可持续发展,发达国家在农业技术层面、财政层面仍投入较大,形成农业绿色发展的持续动力。同时,发达国家和地区不断增强与不同国家的合作和交流,通过发展农业绿色相关项目,进一步提升大众对农业绿色发展的接受度和应用程度,并取得了较好的成效。

随着政府对农业绿色发展的不断支持和推进,农业绿色发展技术体系不断完善,并被广泛的应用在发达国家之中。美国在这个时期初步建立教育、科研和推广相融合的农业绿色发展模式。1997—2002年美国农业部任务报告中明确提出保护农业绿色发展,促进对自然资源的明智管理。1991年在原来《有机食品生产法》的基础上,制定了《有机食品证书管理法》。1996年,美国政府修改《农业法案》,增加了资源保护等方面的管理办法。2002年,美国出台《2002年农场安全与农村投资法案》,通过实施生态保护补贴计划对农业绿色发展进行支持。

在欧洲,共同农业政策的形成对欧洲农业绿色发展具有较大推动作用。1962年随着共同农业政策的制定,建立以价格支持为核心的农业补贴运行机制。1985年《共同农业政策展望》中提出"建立耕地休闲制度",并对实施耕地休闲的农户予以补贴。1992年的麦克萨里改革中提出"制定调整农村产业结构和关注环境保护政策",对农业绿色发展提出明确的要求和保护政策。2000年《欧盟2000年议程》中提出"把环境保护和动物福利纳入农业政策补贴体系",进一步提升环境问题在农业发展中的核心位置。

奥地利在1995年实施了支持绿色农业发展特别项目,国家提供专门资金,鼓励和帮助农场绿色农业转变,法国在1997年制定并实施了绿色农业发展中期计划,日本在农林水产省推出了环保型农业发展计划,2000年4月推出了绿色农业标准。

在此阶段,农业绿色发展在发达国家已步入稳定阶段,发展模式和体系也较为完善。各个发达国家在此基础上继续不断调整农业绿色发展标准和长期目标,完善发展体系。同时,注重农业绿色发展在农户的应用和普及程度,联结社会力量,对农业绿色发展相关组织和项目进行直接或间接的扶持,提升农业绿色发展的多元渠道,与市场联结更为紧密,经济效益也逐渐增强。

(四)农业绿色发展的突破阶段(2003年至今)

在此阶段,随着全球生态的不断恶化,农业可持续发展被世界各国普遍关注,可持续发展成为全球关注的主要议题之一,为农业绿色发展再一次突破提供良好机遇。

发达国家在这个时期把农业绿色发展的范围和内容逐步扩大,以农村发展和农业的可持续发展为重点,并制定了一系列的政策和方案予以支撑。

欧盟理事会于2003年6月通过了一揽子改革方案。并逐步调整了补贴大农场标准,2005年减少3%,2006年减少4%,2007年以后每年减少5%,减少的费用将全部用在农村发展计划中。2009年1月欧盟委员会发布72/2009号法令,进一步深化CAP改革,其重点内容是欧盟对农村发展注入更多资金,改善环境、提高产品质量及动物福利标准。2010年欧盟在《走向2020共同农业政策——应对未来粮食、自然资源和区域挑战》公报中提出,"保证粮食生产、注重自然资源的可持续性管理和农村地区的发展平衡",把自然资源环境作为发展方向的重要内容之一,突出农业绿色发展的重要性。

进入21世纪以后,美国农业政策开始逐渐进行调整,对农业绿色发展的重视程度不断提升。2008年颁布《食物、保护与能源法案》,增强对有机农业的补贴;2010年美国政府颁布《健康、无饥饿儿童行动》法令,提出有机贸易协会将提供10亿美元的资金用于进行有机食品的试验计划,用于学校食品计划中有机食品的提供。2011年1月,美国总统奥巴马签署《FDA食品安全现代化法案》(FSMA)。

由此可见,从发达国家和地区发展整体进程来看,农业绿色发展并不是一蹴而就的,而是经历了缓慢而曲折的摸索和创新阶段。在20世纪初,发达国家对于农业绿色发展的举措相对较少,认识也相对较为模糊,主要通过价格支撑体系对提升农业生产力,但是对于农业生产以及销售中的生态环境污染情况重视程度不够。随着工业化带来的环境污染日益严重,发达国家和地区逐渐注重农业绿色发展的推进，通过采取政策制定、法律颁布以及财政补贴等方式，对农业生产方式进行转型升级，提升绿色发展理念在农业发展中的融入度。同时，关注对象也从农户转移到农村的整体发展，通过制定严格标准对农村土地、河流、耕地等方面进行严格标准的制定。在发达国家和地区对于农业绿色发展的推动过程中，尤其在稳定阶段和突破阶段，发达国家和地区较注重对农民的普及、培训、宣传、应用程度，不断提升对农业绿色相关的项目和合作组织的支撑力度，联结政府、社会和农户之间的关系，加快农户对于农业生产方式理念和运用方式的转变，提升农业绿色发展的落地效率。

二、发达国家和地区农业绿色发展的举措及政策支撑体系

发达国家和地区在推进农业绿色发展时，随着不同时期的发展特征和规律的体现实施了大量的促进措施，同时也制定了一系列的政策进一步推动农业绿色发展在本国的应用度，形成适应于本地特色的政策体系。

（一）法律手段是推进农业绿色发展的主要抓手

发达国家和地区尽可能地运用法律手段对农业绿色发展的相关内容进行强制性管理，保障农业绿色发展在某些原则性内容上的落实程度；同时，政府在发展过程中对于农业绿色发展的相关规定不断更新、突破，根据本国农业发展的现状不断调整，逐步提升绿色发展理念在农业发展中的位置和重要程度；此外，政府在制定政策方面，尽可能地细化标准和内容，对于各个领域的生产标准和界限都予以明确规定，提升各地区实行的精准度。

美国在推进农业绿色发展时也颁布了大量的法律规定给予支撑。1990年美国政府制定了《有机食品生产法》，成立了国家"有机标准委员会"。1991年制定《有机食品证书管理法》。2000年12月，隶属于美国联邦农业部制定了美国有机农业条例。2002年，美国出台《2002年农场安全与农村投资法案》。2010年美国政府颁布《健康、无饥饿儿童行动》法令，提出有机贸易协会将提供10亿美元的资金用于进行有机食品的试验计划，

用于学校食品计划中有机食品的提供。2011年1月,美国总统奥巴马签署《FDA食品安全现代化法案》。

欧盟各国在发展生态农业时,都运用行政和法律等手段加强对生态农业的领导、管理,通过制定支持生态农业建设的政策、法规,为生态农业的良性发展提供了有利的外部环境与内部环境。瑞典政府在1969年制定了环境保护法规,对生态环境保护的重视程度进一步提升。20世纪80年代,又相继出台了15个单项法规,1999年颁布了一部完整的《农业保护法》,对农药、化肥、水等自然资源的使用通过法律手段进行保障,并在法律中特别强调了政府的监督作用。德国在2003年根据欧盟的《欧共体生态农业条例》制定了本国的《生态农业法》,对农业的产前、产中、产后都有相应的标准规范,内容涉及水、土壤、大气、生态系统等各个方面。

(二)财政补贴等方式是农业绿色发展的有效方式

农业发展本身是一个具有较高自然风险和市场风险的产业,农业的绿色发展更要兼顾生态环境的承载力和保护程度,难度更为增加,因此在发展过程中财政的支撑显得弥足轻重。在财政支撑方面,发达国家和地区普遍对于农业绿色发展的财政补贴力度较大,尤其在快速发展阶段,补贴额度每年几乎成倍递增。

发达国家和地区较为注重对农业绿色相关项目的实施和农民合作组织的补贴,有助于推进农业绿色内生发展,提升农业的可持续发展能力。在发达国家和地区推进农业绿色发展过程中,普遍采取财政补贴的方式对农户进行直接支撑。1987年OECD提出的《国家政策与农业贸易》报告第一次提出了以生产者补贴等值及其相关指标为基础的农业政策评价体系,并且应用该评价体系对OECD各成员国的农业政策进行评价。

美国在对绿色农业发展过程中采取多种财政政策予以支持。首先对产品市场变化进行调整,1993年制定《农场和消费者保护法》,用"差额补贴"等方式增加生产者对市场的依赖性,推进商品向世界市场自由流动;其次在发展过程中不断调整,进一步完善农业绿色发展的财政支撑内容和方向。在2002年的《农业安全和农村投资法》中，采用直接补贴、反周期补贴、营销支援贷款、贷款差额补贴等方式进行财政支撑；2008年制定《食物、保护与能源法案》在《农业安全和农村投资法》的补贴基础上，继续扩大补贴范围、进行资格调整，同时增加对有机农业等绿色发展的补贴内容。2002—2011年，美国各级政府对农业补贴的金额达到1900亿美元，并且美国政府在绿色农业产业链中的销售等环节，提供了大量的免费支持服务，直接与农户团体接触，节省很多中间环节消耗，提升农业绿色发展经济效益。另外通过采用直销方式，加快了农产品的流通速度，大大提升农业绿色发展的落地和实施速度。2008年美国颁布《食物、保护与能源法案》，对补贴范围进行调整，增加对农业绿色发展的补贴力度①。

欧盟共同农业财政政策是欧盟共同农业政策的核心。共同农业财政政策在提高农业劳动生产率、保证食物供应、稳定市场以及确保农民生活水平等方面作出了巨大贡献，对欧盟各国乃至整个世界的农业生产和农产品贸易产生显著影响。1992年共同农业在之前基础上进行改革，采取收入直接补贴的方式，进行实施农田休耕计划，调整农业产业结构，改善农业环境保护等一系列措施。2003年6月共同农业政策再次进行改革，核心内容从直接补贴向"单一致富补贴"转化，提升对农业可持续发展的重视程度，逐渐向农业绿色发展方向贴近。2008年5月欧盟委员会通过新一轮的《欧盟共同政策改革草案》，推动农业补贴与产量脱钩，提升对落后农村地区的财政支撑。目前欧盟的共同政策已经成功从实行市场价格支持农产品转化为以农业可持续发展。

法国是欧洲第一农业生产大国，为进一步鼓励农业绿色发展，法国政府于2008年再次颁布了"生态农业2012年规划"，旨在提高生态农业产量，同时将生态农业面积扩大3倍，力争达到占可耕地面积的6%。其中包括五方面内容：(1) 设立专项基金，用于支持生态农业结构调整，形成产品生产、收购、加工、销售的渠道；(2) 对从非生态农业向生态农

---

① 美国农业部经济研究局. Compiled by Economic Research Service, USDA.

业转变的农户提供免税等优惠待遇;(3)加强对生产部门的技术支持和对相关人员的知识培训;(4)在制定农业法规时,充分考虑生态农业的特性和要求,从政策层面上放宽限制;(5)在生态农产品消费方面,政府加强引导,法国用于农业环境的资金,1992年到1993年之间增长近20倍,到2001年已高达3.7亿欧元。瑞士支持将生态保护的费用支付问题综合纳入全面的税收改革计划,包括激励性税收应该与财政和公共开支的规定相一致、重要的环境目标应该被这些税收措施所支持、各类新旧补贴都不得与生态系统保护目标相冲突等政策。

日本政府对农业的补贴涉及面很广,第二次世界大战后相继颁布了《农业改良资金助成法》和《山村振兴法》,修订了《粮食管理法》《农业协同组合法》等法律。在农业合作组织支持方面,日本政府对于农业合作组织的成立和运营环节给予补助,同时在合作组织运营中出现困难时政府则通过财政或金融措施给予帮助。日本同时颁布了一系列的法律来贯彻实施生态环境保护政策,如《持续农业法实务》《农业农村基本法》等,1999年7月12日颁布的《食物、农业、农村基本法》,提出创新的政策法规,旨在实现农业可持续发展,发挥农业与农村的多种功能。同时,政府还为农户提供灾害防治,资源改良等技术信息,在提供财政补贴之余,还提供无息贷款来支撑农业绿色产业的发展。日本农业基本法规定了政府必须对农业予以财政补助的政策,通过财政转移支付的方式,对地方绿色农业的发展提供支撑。同时日本政府筹建了政策性金融机构,对绿色农业产业中的企业提供长达20—30年的长期信贷资金,并收取较低额度的利息,政府财政并给与一定的补贴。同时,日本等国家在发展过程中投入大量的资金进行农业绿色发展的技术升级和对农民的应用培训。

韩国政府自20世纪90年代初期就开始大力推进农业绿色发展,从20世纪90年代末以来加大力度来完善政策体系,制定和实施一系列农业绿色发展的相关计划,取得显著成效。1999年韩国政府开始引进并实施亲环境农业直接补贴制度,对获得亲环境农产品认证证书的农民,直接支付补助金。同时韩国政府从2004年开始对参与亲环境畜产发展计划的农民补偿因参与而导致的收入减少情况。

（三）农业技术政策是提升农业绿色发展技术落地的先决条件

农业技术是农业绿色发展的基础和条件，是决定农业绿色发展实施效果的决定性因素。

因此在发达国家和地区推进农业绿色发展过程中，农业技术政策的推进是重中之重。与工业相比，农业在开发和应用先进技术上有较大困难，各个发达国家和地区在推行农业技术政策过程中都形成一定的体系。

对于美国而言，农业法中规定的农业研究目标是制定农业科技政策的根据。依照1990年农业法，美国农业部农业研究局（ARS）会同美国农业部的其他部门和合作制定六年项目执行计划（1992—1998年）。即每隔两年左右，农业研究局必须调整或重新制定战略计划，并将上次计划中尚未完成的项目纳入新的计划中，保证项目的持续性。ARS将根据新的农业法所规定的上述目标制定其新的六年项目执行计划，并修订其相关科技政策以确保其各个新的研究项目为上述八条目的服务。

日本对于农业技术政策的推行也经历了较为艰辛的过程，由于日本小规模土地所有者占主要地位，农民在开发和利用先进科学技术上困难更多，因此，政府从多方面进行综合性的支持。首先，日本各级政府都设有完善的农业科研和试验机构，而且相互协作和配合，形成全国性的科研试验网。据统计，日本共有各类农业科研机构752所，科研人员37119人，其中农林水产省直接管理的农业、食品和植物科研机构6个，农业试验场、农场和种畜场42个，肥料、饲料、农药和畜用药等检验分析机构15个，动植物检疫机构6个。1960年以来，日本农业科研经费不断增加，1976年达1518亿日元，约占政府科研经费总额的30%。其次，日本政府建立完善的推广制度为了进一步推进农业技术成果在各地得到广泛应用和推广，在全国建立了完善的推广普及制度研究成果需在各地方的农业试验场进行试验，确定其推广价值，再将其提交给当地农政局和基层农业试验场进行论证认可。加上基层农业合作组织的农业指导员和在市町村政府的农业技术员，共同形成完整的技术指导和推广力量。

韩国在推进农业绿色发展过程中，也逐步通过政策的制定和体系的完善加强对农业科学研究、技术推广以及农业教育的支撑。1995年韩国成立农业研究和发展促进中心,共向3000余个项目投资3910亿韩元。同时,为了更好地为农民提供农业生产技术,韩国政府实行了"区域农业集合计划",为农业科学研究、地方政府以及农业机构之间建立连接网络,增强各个区域农业技术的投入。

(四) 农业科技人才培养政策是农业绿色发展的内在动力

农业人才是农业绿色发展的根本,也是促进一个地区或国家农业绿色发展能力的核心和关键。因此在各个发达国家制定政策过程中,其中有很重要的一个方向是针对农业人才的培养。美国在农业科技人才培养中主要通过构建科研、教育和推广"三位一体"体系。同时,在体系制定中美国政府通过颁布相关法律政策予以保障,主要有《哈奇法案》和《史密斯—利弗法案》。《哈奇法案》是由美国国会于1887年通过制定的,由联邦政府每年向各州拨款1.5万美元,资助各州在农工学院设立农业试验站,支持从事农业科学技术相关的研究。1914年,美国国会通过《史密斯—利弗法案》,主要由联邦政府资助,在各州简历农业推广站,主要负责农业技术的推广。同时,美国政府创立了"未来农场计划",对农业生产人员进行专业的科学技术培养,普及农业可持续发展相关知识,减少化学品在生产中的施用量。

欧盟在2013年正式制定"地平线2020计划",并是从2014年开始实行,主要就是将研究与创新框架计划、竞争与创新计划以及欧洲创新与技术研究院组合为同意的战略,其中主要的内容就是提升农业技术科研力量,包括农业人才的培养、平台的搭建和完善以及前沿领域的资金支持等。

(五) 农业金融支持政策是促进农业绿色发展的主要推力

资金是推动农业绿色发展的重要因素之一,由于农业的弱质性、高风险性等属性,在一定程度和阶段必须依靠政府的支持才能获得持续发展的动力。发达国家和地区在推进农业绿色发展过程中,较为注重农业金融的政策支持，尤其在发展快速期，通过多种渠道对农业项目、农民、农业产业等方面进行资金支持。

美国政府在农业金融方面的支持政策主要包括信贷支持和税收支持两方面内容。首先是信贷支持。1916年美国国会通过《农业贷款法》，以1916年《联邦农业贷款法》、1923年《农业信贷法》为基本线索，初步建立起专门农业信贷体系，有效满足了这一时期农民和家庭农场主的农业信贷需求。1933年美国国会通过《紧急农业抵押法案》，延长了农业抵押贷款的期限，同时还通过项目提供紧急融资应对农业抵押贷款违约现象。1971年《农业信贷法》对信贷体系的职能和职权进行扩充，赋予合作制的农业信贷体系更多职权和灵活性。1992年美国国会通过《农业信贷银行与协会安全稳健法案》，明确了联邦农业信贷系统的责任和义务，规定了联邦援助借款的偿还方式。1996年美国国会通过《联邦信贷系统改革法》，进一步提升农业信贷系统的自主性，扩大农业的自主选择权。2008年《农业法》进一步对贷款业务的具体内容进行了调整。2009年美国国会通过《农业信贷提升法》，强化在农业信贷司法纠纷中的调节作用。其次是农业税收支持。美国实行统一的税收制度，没有独立的农业税制，但是在农产品销售、农场收益、土地流转等方面执行优惠或减免的税收政策，优惠的税金种类包括所得税、财产税、遗产税和赠与税等。美国政府对农业所得税实行优惠与减免的措施主要体现在五方面。第一，农场主可以在收到出售农产品的贷款后再向税务部门报告，而发生的生产支出可以在当年扣除。第二，农场主为生产支付的资本开支可以在付款的当期收入中一次扣除。第三，美国税法将农产品销售看作资本项，而资本增值税与产品销售所得税的税率差异较大。资本增值税率为8%—28%，而个人其他所得税税率为15%—39.6%。第四，对于出售资产而产生的盈余，按照短期和长期缴纳不同的税收。短期收入全部是应纳税收入，长期收入中只有40%的部分为应纳税收入。农民出售固定资产所得的收益作为长期资本收益处理，享受60%的税收减免。第五，一些项目享受免税和减税优惠。农业团体、水利工会、农业协作工会等的股息所得、利息所得、补贴所得等免缴所得税。

三、发达国家农业绿色发展对中国的启示

随着中国农业的不断创新突破,近年来中国农业现代化取得较大成效,然而也带来很多弊端。农业资源的超负荷利用,农业生产的过度污染,生态系统的退化等等,农业发展面临转变观念的紧迫挑战,农业绿色发展在现阶段刻不容缓。通过借鉴国外农业绿色发展的主要进程和政策体系,对中国未来如何较好发展农业绿色发展具有较大的借鉴和启示作用。

(一)完善中国农业绿色发展的法制化建设

从不同发达国家和地区的农业绿色发展政策演变的过程看,主要通过法律的保障农业政策的顺利实施,尤其是美国、欧盟和日本的农业政策都是以颁布法律的形式而体现的。可以看出,农业绿色发展离不开法律的支撑和约束。相比之下,中国于1993年首次颁布《农业法》,2002年和2012年进行了修订,在农业支持政策制定过程中往往忽视农业的整体性和系统性,对于农业绿色发展的相关法律较少,支撑的内容和范围也有所局限。因此,借鉴国际经验,中国应进一步完善农业绿色发展的法制化体系建设。首先,形成较为完善的农业法条款,对于农业绿色发展的相关政策规定尽可能的法制化、清晰化、具体化,使农业绿色发展政策实施具有法律保障,强化农业绿色发展的实施力度;其次,增强农业绿色发展相关法律的连续性,在规定的有效期衔接过程中,避免出现政策"真空"期;再次,丰富农业绿色发展相关法律的内容,制定详细具体的实行措施,并且尽可能地采取量化规定,便于政策或法律的实施,同时也使农民能对自己的效益形成较为清晰的认识,促进农民在农业绿色发展中的积极性和主动性。最后,针对不同发展阶段制定针对性的农业绿色发展法律和政策。农业绿色发展是随着经济和社会的整体发展而不断变化的,也是随着农民的生活水平提升而不断需要调整的,中国目前处于新时期迈入的关键阶段,处于乡村振兴战略的起步阶段,需要及时调整农业绿色发展的相关法律政策,紧跟乡村振兴发展目标,制定切实可行的相关法律政策。

（二）完善中国农业补贴结构，构建明确、长效的补贴体系

通过对国外发达国家的农业绿色发展相关补贴政策来看，农业的补贴体系都较为完善和长效，其内容和标准也都较为具体和明确。相比之下，我国农业补贴体系相对较为单一，而且在补贴中占比最大的是综合性补贴，属于间接补贴，对农民的补贴较少，补贴效益较低。从内容来看，我国对于农业绿色发展以及可持续发展相关的补贴界限不明确，内容不是十分清晰，因此农民对于农业绿色发展的观念不强，意识不高，积极性缺乏，农业绿色发展在农民群众中应用和实施的效益得不到有效体现。因此在今后发展过程中，我国应进一步调整农业补贴结构，进一步加大农业绿色发展在农业整体补贴体系中的比重，包括生态系统的保护、农业资源的补贴支持、农业劳动生产力的补贴以及农业绿色技术培养的补贴等。同时，应该更加系统化地完善农业绿色发展补贴体系，针对不同地区、不同目标设立不同的补贴类型和补贴标准，在保障农民收入的同时促进农村环境的保护、农业资源的长效利用、农村可持续发展等，增强农业的可持续发展。

（三）提升中国农业绿色发展科技力量创新支撑

2018年党的十九大提出了乡村振兴发展战略，而生态资源是乡村发展中的重要优势和条件之一，因此推进农业绿色发展是顺应乡村振兴的必然之路。如何有效吸收乡村战略提出的关键内容和方向，有效发展农业绿色发展是中国今后长时期需要做的突破和创新。2017年，中共中央办公厅、国务院办公厅印发《关于创新体制机制推进农业绿色发展的意见》，对当前和今后一个时期推进农业绿色发展作出了全面系统部署。首先，创新农业发展理念，用绿色理念引导农业生产，从顶层设计中侧重农业绿色发展理念；其次，创新生产方式，提升农业科技水平，加大技术、人才培训和示范推广等水平，加快农业绿色生产方式尽快落地，确保农业的可持续发展。最后，创新农业经营体系，通过发展多元化的农业绿色发展路径，创新连接机制，推进农业绿色发展技术在小农户群体的普及程度。最

后,创新农业绿色发展政策。借鉴美国"三位一体"体系,进一步提升科研、推广和应用三者的结合紧密度,转变科研模式,针对目前有关农业绿色发展的关键技术问题进行项目支撑,同时促进科研与社会经济的联结程度,形成多种主体相结合的多元化协调的开发机制,此外加强农业技术推广平台,进一步完善各省、市、县政府的技术沟通网络。

(四)促进产业结构转型,利用绿色产业拉动农民增收增效

从中国农业发展来看,依靠传统农业结构的发展模式已经面临瓶颈和制约,生态和经济的双重压力导致农业产业结构必然面临较大的改革和转变,绿色产业无论从市场需求还是自然资源发展规律来看都是现阶段拉动农业产业发展的核心力量。因此为了促进农业绿色发展和农民增收"双赢"目标,需要进一步以市场需求为导向,转变观念,调节产业结构,提升绿色产业发展的重要性,由产量向质量转变,实现农产品的多样化、个性化、差异化、品牌化,更贴近现代人群对于健康、优质、营养的消费需求,同时也提升农业产业由产量优先向质量优先的转变和改革,推进农业绿色发展进程。除此之外,进一步挖掘开发农业的多元功能,扩大农业资源的利用范围以及与其他生态资源的融合程度,提升农业资源的利用度。通过农业与生态资源、文化资源、旅游资源等相结合,提升农业的生态价值、文化价值、休闲价值以及经济价值,提升农业整体效益,加快农业对农民增收的带动作用,促进农业对乡村振兴的贡献作用,进而形成农业绿色发展和农民增收互相促进的良性机制。

参考文献

[1] David B. Grigg, The Agricultural Systems of the World [M]. Cambridge: Cambridge University Press, 1974.

[2] Kaufmann R K. Blueprint for a green economy [J]. Ecological Economics, 1993: 75 - 78.

[3] Marsden T, Sonnino R. Rural development and the regional state:

Denying multifunctional agriculture in the UK [J]. Journal of Rural Studies. 2008, 24 (4): 422-431.

[4] Jordan N, Boody G, Broussard W, et al. Sustainable Development of the Agricultural Bio-Economy [J]. Science. 2007, 316 (5831): 1570-1571.

[5] Anderson K, Tyers R. Japan's agricultural policy in international perspective [J]. Journal of the Japanese & International Economics, 1987, 1 (2): 131-146.

[6] Wang X, Mauzerall D L. Characterizing distributions of surface ozone and its impact on grain production in China, Japan and South Korea: 1990 and 2020 [J]. Atmospheric Environment. 2004, 38 (26): 4383-4402.

[7] Sakamoto K, Yongju C, Burmeister L L. Framing multifunctionality: agricultural policy paradigm change in South Korea and Japan？ [J]. International Journal of Sociology of Agriculture & Food. 2007 (1): 24-45.

[8] Diao X, Dyck J H, Skully D W, et al. Structural Change and Agricultural Protection: Costs of Korean Agricultural Policy, 1975 and 1990 [J]. Agricultural Economics Reports. 2002 (21492).

[9] 王欧. 基于村户微观观察的"三农"政策执行评估与满意度评价 [M]. 北京：中国农业出版社，2014.

[10] 王欧. 国际生态农业与有机农业发展政策与启示 [J]，世界农业，2013 (1): 48-52.

[11] 王欧. 农业资源台账的国外实践及对中国农业资源台账发展的启示 [J]，世界农业，2017 (11): 21-26.

[12] 诸文娟. 美国农业政策与德国农业政策的比较 [J]. 南方农业，2015，9 (9): 172-173.

[13] 任娇，何忠伟，刘芳. 美国农业人才培养对中国现代农业人才培养改革的启示 [J]. 世界农业，2016 (12): 234-237.

[14] 马晓春. 中国与主要发达国家农业支持政策比较研究 [D]. 中国农业科学院，2010.

[15] 刘濛. 国外绿色农业发展及对中国的启示 [J]. 世界农业, 2013 (1): 95-98.

[16] 罗超烈, 曾福生. 欧盟共同农业政策的演变与经验分析 [J]. 世界农业, 2015 (4).

[17] 董利苹, 李先婷, 高峰, 等. 美国和欧盟农业政策发展研究及对中国的启示 [J]. 世界农业, 2017 (1): 91-97.

[18] 张恒. 美国农业经济发展的政策研究 [D]. 吉林大学, 2017.

[19] 梁世夫, 赵玉阁. 国外农业政策择定模式及对我国的启示 [J]. 农业经济问题, 2008 (7): 104-108.

[20] 张春梅. 绿色农业发展机制研究 [D]. 吉林大学, 2017.

[21] 王雅梅. 欧盟共同农业政策向共同农业和农村发展政策的转变探析 [J]. 农村经济, 2009 (5): 118-120.

[22] 刘文博. 欧盟共同农业政策改革和科技创新机制研究 [D]. 中国农业科学院, 2016.

[23] 周应恒, 彭云, 周德. 中国农业发展困境与农业支持政策改革转型——基于欧盟共同农业支持政策改革的启示 [J]. 江苏农业科学, 2017, 45 (11): 289-293.

[24] 张敏. 欧盟绿色经济的创新化发展路径及前瞻性研究 [J]. 欧洲研究, 2015 (6): 97-113.

美国农业补贴政策演进与农民收入变化[*]

刘景景

农民收入问题的解决需要经过历史的沉淀。处于高收入阶段的发达国家在初次分配时的收入差距也很大,他们多是通过再分配政策实现了收入差距缩小。作为农业大国,美国的农业保护政策实施了将近百年时间。美国为什么会在20世纪20时代开始对农民收入和农业发展进行干预,后续的政策演变又有什么背后机理,对于中国解决农民收入问题有哪些经验可借鉴?本文希望通过对美国农业政策演变及农民收入状况变化的梳理寻找答案。

一、美国农业补贴政策的出台背景

南北战争后,伴随着工业革命发展,大量农业人口涌入城市,农业劳动力急剧减少。1870年美国农业劳动力占劳动力总数的51.5%,1910年时仅占32.5%(Kuznets,1984)。19世纪末到第一次世界大战爆发前,美国农业经历了内战以来最长时间的繁荣时期。这一时期美国农产品产量、价格双升,农民收入增加。第一次世界大战爆发进一步刺激了农业发

---

[*] 本文受到国家现代农业产业技术体系(编号:CARS-46-25)、农业农村部渔业局和市场司项目资助。

展,也为农业规模的无限制扩张埋下祸根。受战时生产惯性影响,战后美国农业生产扩张的步伐没有停止。在技术进步和机械替代劳力的刺激作用下,美国粮食单产水平不断提高,农民收入也达到新高度。1919年农场主的净收入为90.78亿美元,比战前的前5年的平均值还要高出1.3倍。第一次世界大战后,随着欧洲农业恢复,欧洲对美国农产品的需求下降,许多农场的经营陷入困境。

为了解决第一次世界大战后的农业危机,以"麦克纳里—霍根议案"为代表的农业干预政策浮出水面。1924年,议案分别在国会两院提交,其目标是提高国内农产品价格,使工业与农业产品的价格比处于相对公平的位置。它的提出标志着美国政府试图介入农产品定价和销售,以此来提高农民收入。议案两次在国会获得通过,但最终被柯立芝总统否决,不过美国农业救济运动的序幕却由此拉开。议案的提出和修订过程,促使美国的农业力量集中起来,形成了强有力的农业游说团体,美国农业委员会成立。同时,政府开始将注意力转向农业,农业群体的强大呼声让政府明白,必须要平衡农业与其他产业的地位,要对美国农民的福利负责。虽然议案中的计划没有正式成为法律,但它却为美国农业补贴政策的出台奠定了基础,也为改善美国农民收入掀起了历史新篇章。

二、美国农业补贴政策演进与农民收入变化

(一) 以市场干预和农业保护为主要特征的补贴时期

1. 大萧条时期农业补贴政策的确立(20世纪30年代)。1929—1933年的经济大萧条给美国经济造成沉重打击。1928—1932年,美国农产品生产者价格指数下跌了一半多,农场主的现金收入由1929年的113亿美元下降到1932年的17.5亿美元,农场纯收入由61.5亿美元减至20.3亿美元(徐更生,1996)。这一时期工业部门以缩减生产的办法减少供应,而农业作为周期性极强的产业却不能说停就停。受到下游产业的挤压,这个时期工农业产品的比价关系进一步恶化,农业生产仅下降了6%,价格却跌了63%,而工业机械生产减少80%,价格却只降了6%。从1930—1935年的约5年时间里,美国农场总数仍在增加,增加了约52.4万个,

增幅8.3%,不过新增农场中大部分是3—19亩的中等规模农场,约占到2/3。从此时的农场规模来看,1935年1月时,美国约1/5(18.4%)的农场是20亩以下规模的,20—49亩、50—99亩和100—174亩的分别占到21.2%、21.2%和20.6%,175亩以上规模的农场仅占18.7%。1850—1935年,美国农场的平均规模经历了先减后增的变化,但20世纪初期至1935年,农场的平均规模总体仍在增加(见表1),扩大规模成为农场主们增加收入的重要途径。

表1 1850—1935年美国农场平均土地面积

年份	平均土地面积(亩)
1850	202.6
1860	199.2
1870	153.3
1880	133.7
1890	136.5
1900	146.2
1910	138.1
1920	148.2
1925	145.1
1930	156.9
1935	154.8

数据来源:1935 Census of Agriculture。

美国支持农业政策正始于这一时期的罗斯福新政。为了挽救此时的美国农业,国会于1933年通过了《农业调整法》,首次实施了农产品价格支持和种植面积削减计划,从而开启了农业生产调整、价格支持和农民收入支持政策的新时代。以标榜"自由"著称的美国,在此之前的农业政策是从不干涉农产品价格和农场主决策的,但1933年《农业调整法》的重点就是调整供求关系,提高农产品价格。此后60多年的时间里,农业法虽经多次修改、补充和完善,但价格和收入支持政策一直是核心内容。《农业调整法》秉持着两条主线:一是以减少作物种植面积的方法限制农业生产；二是以管理农产品销售的方式减少供给，从而使农产品供需达到新的平衡。这两个方式的最终目标都是提高农产品价格，稳定农民收入，以使农场主的购买力维持在1909年8月到1914年7月的"平价"水平。在对内控制的同时，美国这一时期的贸易政策也逐渐倾向于保护主义，关税达到了历史上的最高水平。这种隔离国内外市场的政策是服务于国内的农业干预政策的。在高关税和国内价格支持政策的基础上，美国农产品价格普遍高于国际市场，并由此招致了其他国家的贸易保护措施。

2. 第二次世界大战及战后调整时期的农业补贴政策（20世纪40—60年代）

农业干预政策在短期内确实起到了缓解美国农业危机的作用，但真正让美国农业走出泥潭的是第二次世界大战爆发。与第一次世界大战时期类似，第二次世界大战让世界对美国粮食等农产品的需求急剧增加。在需求刺激下，美国农业生产再掀起高潮，农业机械化和现代化水平不断提高。美国农场的拖拉机总数从1930年的80万台猛增至1966年的550万台（John，1976）。1957—1960年，农业产出年均增速达到历史最高值3.72%，其中，投入和全要素生产率的贡献的部分分别是0.75%和2.97%，均达到了历史第二高值（表2）。

表2　　　　　　　美国农业产出增长（年均变化,%）

年份	产出增长	增长来源：				
		投入增长	人力资本	金融资本	物质资本	全要素生产率
1948—2015	1.48	0.10	-0.46	-0.04	0.60	1.38
1948—1953	0.96	0.66	-0.83	0.57	0.92	0.30
1953—1957	0.49	-0.03	-1.11	-0.02	1.10	0.52
1957—1960	3.72	0.75	-0.88	0.00	1.62	2.97
1960—1966	1.12	-0.09	-0.86	0.04	0.73	1.20
1966—1969	2.24	0.00	-0.65	0.16	0.48	2.24
1969—1973	2.50	0.36	-0.41	-0.10	0.87	2.14
1973—1979	2.45	1.69	-0.19	0.23	1.65	0.75
1979—1981	2.57	-1.21	-0.23	0.11	-1.09	3.79

续表

年份	产出增长	增长来源：				
		投入增长	人力资本	金融资本	物质资本	全要素生产率
1981—1990	0.79	-1.32	-0.45	-0.78	-0.09	2.11
1990—2000	1.79	0.24	-0.23	-0.17	0.64	1.55
2000—2007	1.03	0.11	-0.38	-0.12	0.60	0.92
2007—2015	0.72	0.20	0.00	0.24	-0.04	0.53

数据来源：ERS。

为了避免再次出现第一次世界大战后农业过剩的情况，美国政府在第二次世界大战后修订了农业法。美国规定，战后两年内对主要农产品的价格支持要维持在平价 90% 以上水平。除了国内支持政策，这一时期的对外贸易政策对美国农业起到了关键作用。第二次世界大战后美国开始实施马歇尔计划，其中的粮食援助政策就是计划的重要组成部分。1947—1950 年，美国平均粮食出口量达到约 1900 万吨，是 1935—1939 年平均水平的将近 5 倍。通过马歇尔计划，美国政府意识到粮食援助可能是解决美国农业生产过剩问题的一剂良方。因此，1954 年美国国会通过了《农业贸易发展协助法案》（Agricultural Trade Development Assistance Act），又称和平食品法案（Food for Peace），允许除粮食贸易外，美国政府可以用免费粮食等援助世界，这样可以增加美国农产品的海外消费，援助的形式还有利于改善美国的对外关系。1956—1964 年，美国农产品出口中约 1/4 是在援助计划中实施的（陈阵，2013）。粮食援助政策允许根据进口国的情况实施优惠销售价格，这实际变相给予了出口补贴。

这一时期美国的农业政策可谓"内外兼修"。在内外政策的有利条件下，美国农业企业员工的收入水平也达到了历史新高。与其他产业相比，农业处于弱势地位，农业企业的员工收入相对其他行业来说也一直很低。20 世纪 40 年代以前，农业企业全职员工工资仅相当于各行业员工工资平均水平的 1/3 左右。但在 1945 年这一比例达到了 60.6%，与 40 多年以后的水准相当（见表 3）。不过这只是暂时现象。随着第二次世界大战结束，农业企业员工的工资水平再度下降至占各行业平均工资的 40% 左右。这一比例虽然有所下降，但总的来看，在美国政府对农业内外支撑的背景下，美国农业没有出现大的倒退，农业企业员工占各行业员工工资的比例相比20世纪30年代仍然有了很大提高。

表3　　　　美国农业企业全职员工平均收入（按行业）　　　单位：美元

年份	各行业员工工资	国内产业员工工资	私营企业员工工资	其中：农业企业员工工资	农业企业员工工资占全行业平均工资比例（%）
1929	1430	1430	1416	479	33.5
1935	1157	1157	1129	344	29.7
1940	1317	1317	1309	487	37.0
1945	2208	2206	2275	1339	60.6
1950	3034	3033	3030	1531	50.5
1955	3930	3921	3957	1640	41.7
1960	4822	4813	4855	2010	41.7
1965	5808	5806	5837	2907	50.1
1970	7744	7741	7679	4196	54.2
1975	10810	10807	10655	5789	53.6
1980	15746	15743	15672	8146	51.7
1985	21322	21308	21049	11720	55.0
1990	26385	26386	25986	15911	60.3
1995	31143	31064	30437	18126	58.2
2000	39238	39166	38862	22146	56.4
2005	45594	45441	44629	27709	60.8
2010	53247	52951	51906	31058	58.3
2015	59912	59431	58726	36581	61.1

数据来源：BEA。

注：1929—1947年数据是基于1942年的标准产业分类（SIC）相关标准进行估算，1948—1986年数据是基于1972年的标准产业分类（SIC）相关标准进行估算，1987—1997年数据是基于1987年的标准产业分类（SIC）相关标准进行估算，1998—2015年数据是基于2002年北美行业分类系统（NAICS）相关标准估算。

3. 农业发展黄金时期的农业补贴政策（20世纪70年代）。20世纪70

年代是美国农业发展的一个黄金时期。在世界性粮食歉收和通货膨胀的背景下,国际市场对美国的粮食需求达到了新高。美国农产品出口价格指数由1970年的27.2迅速上升至1974年的58.2,增长了1倍多,到1981年时,出口价格指数已经攀升到67(见图1)。与出口价格高企相伴的是出口数量也在持续增加。1972—1980年,美国粮食出口总量从7260万吨增加到11490万吨,增加58%,这一期间的粮食出口量占到粮食产量的35%(徐更生,1986)。农产品出口的迅速增长进一步刺激了产量增加。1970—1976年,美国小麦、玉米、大米和花生产量分别增长了59%、51%、38%和25%。在出口繁荣的刺激下,美国土地市场也呈现火爆场景,土地价格从1972年到1980年翻了3倍。这一时期农业的繁荣还得益于农业技术的应用和农业组织化程度的提高。1979—1981年,全要素生产率对美国农业产出的贡献达到最高值3.79%(表2)。20世纪70年代初期,畜牧业产品中已经有超过35%以订单形式来生产,农业纵向一体化处于蓬勃发展中。

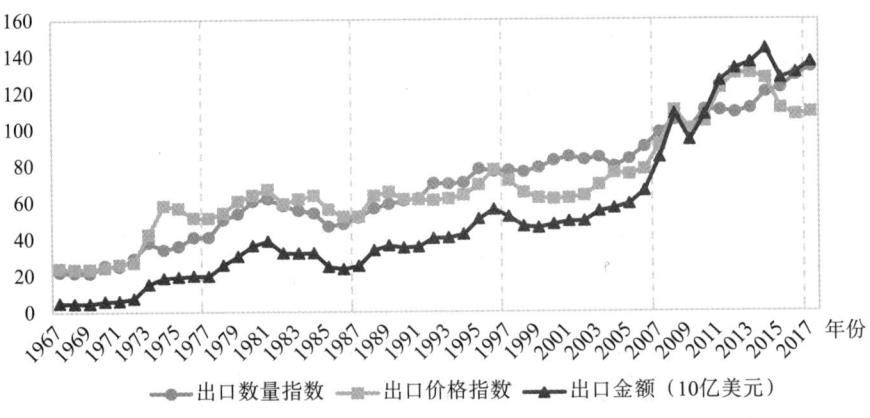

图1　1948—2017年美国农产品出口情况

数据来源:BEA,以2009年为基期,2009=100。

农产品产量和价格的双向提升使美国农民的收入达到第二次世界大战以来的最高水平。1972年美国农户家庭的收入首次超过了普通家庭,1973年甚至达到普通家庭的1.5倍,在20世纪70年代的多数年份,美国农户家庭收入都超过了普通家庭（见表4）。与农业相关的从业人员也因此受益，1970年农业企业员工工资达到了各行业平均工资的54.2%（见表3）。

表4　　　　　　　　美国农户与普通家庭收入对比　　　　　　　　单位：美元

年份	农户家庭				美国家庭	农户平均收入与美国家庭平均收入之比（%）
	总收入	农业收入	非农收入	农业收入占农户家庭收入比例（%）	总收入	
1960	4054	1913	2141	47.2	6227	65.1
1965	6344	2552	3792	40.2	7704	82.3
1970	9472	3498	5974	36.9	10001	94.7
1975	15692	6212	9479	39.6	13779	113.9
1980	18504	4285	14219	23.2	21063	87.9
1985	35473	11417	24056	32.2	29066	122.0
1990	38237	4626	33611	12.1	37403	102.2
1995	44392	4720	39671	10.6	44938	98.8
2000	62223	2872	59351	4.6	57135	108.9
2005	81317	14227	67091	17.5	63344	128.4
2010	84459	11788	72671	14.0	67392	125.3
2011	87290	14625	72665	16.8	69677	125.3
2012	111524	25038	86486	22.5	71274	156.5
2013	121120	30639	90481	25.3	75195	161.1
2014	134164	31025	103140	23.1	75738	177.1
2015	119880	24740	95140	20.6	79263	151.2
2016	117918	24731	93187	21.0	83143	141.8

数据来源：ERS。

农业繁荣的背后实际暗藏危机。在技术和机械的替代作用下，农业劳动力数量进一步减少，1975年农业劳动力占比已经降至4%，农业已经成为资本密集型产业。为了提高农场的现代化管理水平，农场主们拼命增加农业投资，这使得农民不得不面临越来越高的利率和市场风险，也越来越依赖于出口市场。

为了缓和农产品价格波动,1977年《食物和农业法》推出了一种农场主拥有的谷物储备计划,鼓励农场主将谷物储存在自家仓库,当市场价格达到贷款率的140%—160%时,农场主才可出售谷物。这是对之前农业法中价格支持贷款计划的扩展,政府把价格支持贷款的偿还期限延长到3—5年。为了鼓励农民参加,农业部还向农民支付保管费以及为农民提供贷款建设仓储设施。在美国农业受益于国际市场繁荣的同时,欧共体和澳大利亚、加拿大、阿根廷等农业大国也同样在努力扩大农产品出口,国际市场农产品出口竞争日益激烈。可以说,整个20世纪70年代,美国农业补贴政策一直在努力维持农民收入不出现剧烈波动,美国政府也更加意识到国际市场对美国农业的重要性。

(二) 以减少干预和市场化改革为特征的补贴时期

1. 农业萧条时期的农业补贴政策 (20世纪80年代)。进入20世纪80年代后,国际农产品市场急转直下。原来的很多粮食进口国变为出口国或自给国。1979年年底,苏联进军阿富汗,美国对苏实行了粮食禁运,这对高度依赖粮食出口的美国农业造成重大损失。加上国内连年丰收,粮食库存暴增,农产品价格下跌,美国农业再次陷入危机。高度机械化和自动化的农业生产此时成为美国农民的负担,因为这些都需要高昂的代价来获得。根据美国农业普查数据计算,1987年一般农场的利息费占总生产费用的7.5%,对于接受政府支付的农场来说,这一比例则更高,占到9.2%。可见当时农场负债问题严峻。在当时几乎人人负债的美国,农场主负债相对而言是最高的,1981年平均每个农场负债达7.6万美元。1985年,32万个农场的负债额超过资产总额的40%,其中19.6万个农场负债和资产比在40%—70%,12.3万个农场负债在70%以上(徐更生,1986)。

比较与借鉴

表5　　　　　　　　　　1987年美国农场生产费用构成

费用	所有农场		有政府支付的农场	
	生产费用（千美元）	费用构成（%）	生产费用（千美元）	费用构成（%）
农业生产总费用	108138053	100	51938978	100
畜禽购买	19344645	17.9	7660301	14.7
家畜家禽饲养	19163364	17.7	6037502	11.6
种苗	3390762	3.1	2333926	4.5
化肥	6684944	6.2	4689582	9.0
农药	4690243	4.3	3141493	6.0
石油产品	5277227	4.9	3176047	6.1
电	2225206	2.1	1078878	2.1
雇佣劳动力	10866236	10.0	3930933	7.6
合同劳动力	1842984	1.7	501654	1.0
维修费	6361980	5.9	3631836	7.0
机器设备租赁费	2176467	2.0	1383809	2.7
利息费	8158268	7.5	4777488	9.2
现金地租	4689455	4.3	3438010	6.6
房产税	3120405	2.9	1572210	3.0
其他费用	10145866	9.4	4585309	8.8

数据来源：1987 Census of Agriculture。

随着利率上升、农产品价格下跌和土地价格下跌，农民收入状况不断恶化。政府对农场主直接支付的补贴1950年只有2.83亿美元，到1987年这一数字已上升到167.5亿美元，美国政府因此背负了沉重的财政负担。1982—1987年，美国政府直接支付给农场主的补贴相当于同期农业纯收入总额的1/3以上。为了减少政府农业开支，里根政府在1983年提出了"实物补偿"计划。该计划是以政府库存实物替代现金的形式，来补偿参加削减播种面积计划的农民损失。为吸引农场主参加，美国政府提出，依照计划停耕的土地按前3年平均产量的80%给予补偿。农民异常踊跃，当年停耕了约3319万公顷耕地，美国政府为此支出了218亿美元，直接支付给农场主的补贴总额高达93亿美元，超过上年1.7倍。

在美国财政状况不断恶化的同时，农业补贴成为美国政府的沉重负担，国会和行政当局产生了严重分歧。1985年里根政府提出了一个全面改革现行农业政策的提案。建议在3年之内逐步降低价格支持水平，取消生产限制，降低生产贷款限额，并将一部分贷款交由商业银行经营等（徐更生，1986）。提案公布后招致强烈反对，国会最后违背政府意愿，否定了里根政府的提案，基本保留了以往政策。不过，1985年农业法也在努力平衡政府预算约束与稳定农民收入的关系，接受了里根政府向市场化方向进行改革的建议。即由过去预算拨款维持农产品高价，逐步转为直接支持农产品生产者收入，并首次出台了陆地棉和大米营销贷款的规定，逆转了目标价格的上升趋势。为了减少国内农产品剩余，1985年农业法将扩大出口作为重要目标。通过对生产者、生产商进行出口补贴，向农产品进口国提供中短期信贷，延长和平食品法案有效期以扩大粮食对外援助等手段，增强美国农产品的国际竞争力。在弱势美元和出口补贴的刺激下，1987—1992年美国农产品出口量持续上升（见图1）。可以说，这一时期的农业法已经有了市场化改革的端倪，目的是使农民不要过度依赖政府补贴。

虽然这一时期农业收益下降，但美国农业的发展并没有停滞。1985年农业劳动力的比例进一步下降到3%，农场的兼并和集中趋势加强，这一时期美国农场的平均规模达到2600亩，平均每个农场仅需劳动力1.5人。农业全要素生产率也依然保持了较高的贡献份额（见表2），农业全要素生产率指数由1983年的0.59上升至1990年的0.79，增速达到1948年以来最快水平（见图2）。

2. 市场化改革时期的农业补贴政策（20世纪90年代至今）。随着美国财政状况日趋紧张，国内反对农产品价格支持的呼声强烈。1986—1995年，美国政府给农民的直接补贴金额高达1081亿美元，相当于同期农场现金总收入的6.3%。在农业人口不断减少的情况下，纳税人认为，农业补贴是拿多数人的钱为少数群体服务。此时，农户家庭收入中实际来源于农业的比例也已经较低，20世纪90年代这一比例仅在4.6%—16.7%，而在多数年份农户家庭收入已经高于普通美国家庭。这时不仅有来自农业外部的反对声音，农民内部也有分歧，一些大的农场主对农业政策也不满

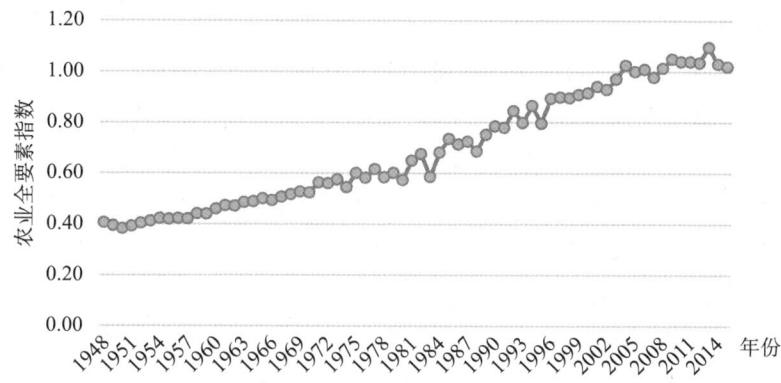

图 2 1948—2015 年美国农业全要素生产率指数

数据来源：ERS，以 2005 年为基期，2005 = 1。

意。当时美国政府补贴额的六成以上都给了年销售额在 1 万—25 万美元的中小农场主。大农场主们反对政府补贴这些中小农场主，避免他们成为自己的竞争对手。在他们看来，农业补贴违背了优胜劣汰的原则，降低了美国农业的竞争力。除了来自国内的压力，1994 年乌拉圭回合谈判的结束也促使美国政府进行市场化导向的改革。美国相信，如果各国都实现贸易自由化政策，凭借美国的实力，农业一定可以获得更大的国际市场份额。与此同时，得益于 1995—1996 年国际农产品价格上涨，农民对政府补贴的依赖下降，政策改革有了较好的基础。因此，美国政府在这一时期出台了《1996 年联邦农业完善和改革法》(*The Federal Agriculture Improvement and Reform Act of* 1996)，这是自罗斯福新政以来美国农业政策史上最具市场化意义的法案。其中，最重要的改革内容是用生产灵活合同补贴(Production Flexibility Contract Payment) 替代目标价格和差额补贴，取消收入支持与农产品价格的联系。通过逐步降低补贴对农业的影响，将农民推向世界市场。

然而，市场化改革的进程并不顺利。1996 年农业法生效不久，亚洲金融危机就爆发了。金融危机导致国际农产品市场需求疲软，美国农产品出口下降。过度依赖国际市场的美国农业再次陷入困境。在此情形下，刚要兴起的农业补贴市场化改革形势迅速逆转。1998—2001 年，美国政府连续推出多项农业紧急救助计划。2002年农业法大幅提高了农业补贴，使走向市场化改革的农业补贴政策再次转向保护。2002—2012年期间，美国政府为农场主提供的补贴金额达到1900亿美元，比1996年规定的补贴额增加了80%（陈阵，2013）。2008年农业法延续了2002年农业法的基本框架，对农业的保护没有实质性改变，还大幅提高了农业补贴。这不仅对WTO、多哈发展议程的前景蒙上一层阴影，也对中国的农业生产及结构调整产生较大冲击（杜楠等，2017）。

美国高额的补贴早已引起世界主要国家的不满，巴西等农业主产国与美国进行了多年的补贴争端。从美国国内产业的变化来看，农业的就业份额自2000年以来已经长期下降到2%以下（见表6），真正从事农业的劳动力并不多。1996年市场化改革进程加快以后，美国农场的兼并趋势也在加快，销售额在50万美元以上的农场比例由1996年的3.4%增加到2014年的7.9%，销售额5万—24.9万美元的中小规模农场比例下降，由1996年的18.1%下降到2014年的14.6%。家庭农场占农场总数的比例自2000年以来就基本稳定在98%左右（见表7）。可以看出，农业就业的稳定性已经非常强。与此同时，农业从业人员的收入也处于稳定且较高水平。1996年以后，美国农户家庭收入一直高于普通家庭，个别年份如2014年甚至达到普通家庭的1.77倍。20世纪90年代以后农业企业雇员收入占一般行业雇员收入的比例也长期稳定在60%左右，至今这一比例也没有太大变化（见图3）。不管从就业份额还是薪酬水平来看，从事农业的人员都有了一定的优势或稳定性。

表6　　　　　　　　美国平民非机构人口就业状况　　　　　　　单位：千人

年份	平民非机构人口	平民劳动力总数	占人口比例	就业劳动力数量	就业劳动力占人口比例	其中：农业就业	非农业就业	非就业劳动力数量	就业劳动力中从事农业的比例（%）
				平民劳动力				非就业	
				就业劳动力					
1947	101827	59350	58	57038	56	7890	49148	2311	13.8
1950	104995	62208	59	58918	56	7160	51758	3288	12.2
1955	109683	65023	59	62170	57	6450	55722	2852	10.4

续表

年份	平民非机构人口	平民劳动力							就业劳动力中从事农业的比例（%）
		平民劳动力总数	占人口比例	就业劳动力				非就业	
				就业劳动力数量	就业劳动力占人口比例	其中：农业就业	非农业就业	非就业劳动力数量	
1960	117245	69628	59	65778	56	5458	60318	3852	8.3
1965	126513	74455	59	71088	56	4361	66726	3366	6.1
1970	137085	82771	60	78678	57	3463	75215	4093	4.4
1975	153153	93775	61	85846	56	3408	82438	7929	4.0
1980	167745	106940	64	99303	59	3364	95938	7637	3.4
1985	178206	115461	65	107150	60	3179	103971	8312	3.0
1990	189164	125840	67	118793	63	3223	115570	7047	2.7
1995	198584	132304	67	124900	63	3440	121460	7404	2.8
2000	212577	142583	67	136891	64	2464	134427	5692	1.8
2005	226082	149320	66	141730	63	2197	139532	7591	1.6
2010	237830	153889	65	139064	59	2206	136858	14825	1.6
2015	250801	157130	63	148834	59	2422	146411	8296	1.6
2016	253538	159187	63	151436	60	2460	148976	7751	1.6
2017	255079	160320	63	153337	60	2454	150883	6982	1.6

数据来源：Current Population Survey（CPS）。

注：CPS是美国政府对失业和劳动力参与率的月度调查。此表中的平民非机构人口指居住在美国且年龄大于16岁，不属于任何机构（犯罪、心理或其他类型的设施）或现役军人。

表7　美国不同规模农场所占份额（以总销售额划分，%）

年份	农场数量（万个）	5万美元以下	5万—24.9万美元	25万—49.9万美元	50万—99.9万美元	100万美元以上	家庭农场数量（万个）	5万美元以下	5万—24.9万美元	25万—49.9万美元	50万—99.9万美元	100万美元以上	家庭农场占农场总数比例（%）
1996	202.5	74.0	18.1	4.8	2.1	1.1	171.7	77.7	15.6	3.9	1.8	0.9	84.8
1997	204.9	74.2	19.2	4.0	1.7	0.9	201.2	74.7	19.1	3.9	1.5	0.7	98.2
1998	205.5	75.9	16.5	4.4	2.1	1.2	187.2	79.0	14.7	3.6	1.7	0.9	91.1

续表

年份	农场数量(万个)	5万美元以下	5万—24.9万美元	25万—49.9万美元	50万—99.9万美元	100万美元以上	家庭农场数量(万个)	5万美元以下	5万—24.9万美元	25万—49.9万美元	50万—99.9万美元	100万美元以上	家庭农场占农场总数比例(%)
1999	218.7	76.6	16.7	3.7	1.8	1.2	214.8	77.1	16.5	3.6	1.7	1.1	98.2
2000	216.6	75.6	17.7	3.8	1.9	1.0	212.1	76.0	17.7	3.7	1.7	0.8	97.9
2001	214.9	76.0	16.8	4.1	1.8	1.3	209.4	76.2	16.8	4.0	1.8	1.2	97.4
2002	215.2	75.9	16.7	4.1	2.0	1.3	211.5	76.2	16.7	4.1	1.9	1.1	98.3
2003	212.1	76.2	16.3	4.1	2.1	1.3	208.5	76.6	16.1	4.1	2.0	1.2	98.3
2004	210.8	76.0	16.0	4.2	2.1	1.6	206.1	76.4	15.9	4.2	2.0	1.5	97.8
2005	209.5	75.9	16.1	4.3	2.1	1.7	203.4	76.5	15.9	4.1	2.0	1.5	97.1
2006	208.3	76.0	15.8	4.3	2.2	1.7	202.2	76.8	15.4	4.3	2.1	1.5	97.1
2007	219.7	76.7	13.5	4.4	3.3	2.2	214.3	77.1	13.4	4.4	3.2	1.9	97.6
2008	219.2	76.1	13.7	4.5	3.4	2.3	213.0	76.5	13.6	4.4	3.3	2.1	97.2
2009	219.2	75.9	14.0	4.5	3.4	2.3	213.1	76.2	13.9	4.5	3.3	2.1	97.2
2010	219.3	76.4	13.4	4.5	3.5	2.3	214.3	76.7	13.3	4.5	3.4	2.0	97.7
2011	217.3	75.8	13.4	4.6	3.7	2.4	211.5	76.3	13.3	4.6	3.6	2.2	97.3
2012	210.2	74.5	13.5	4.5	3.4	4.1	204.3	74.9	13.4	4.4	3.4	3.9	97.2
2013	209.5	74.2	13.6	4.5	3.3	4.4	204.5	74.6	13.5	4.5	3.2	4.1	97.6
2014	207.6	72.9	14.6	4.7	3.5	4.4	205.3	73.2	14.5	4.6	3.5	4.2	98.9

数据来源：ERS。

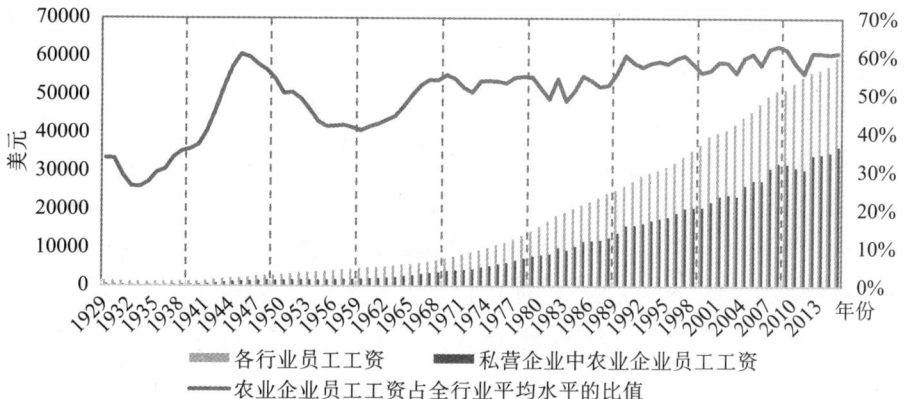

图 3　美国农业企业员工工资占全行业平均工资的比例

数据来源：BEA。

注：1929—1947 年数据是基于 1942 年的标准产业分类（SIC）相关标准进行估算，1948—1986 年数据是基于 1972 年的标准产业分类（SIC）相关标准进行估算，1987—1997 年数据是基于 1987 年的标准产业分类（SIC）相关标准进行估算，1998—2015 年数据是基于 2002 年北美行业分类系统（NAICS）相关标准估算。

当时国际农产品市场行情也比较好，农民收入对补贴的依赖度下降，减轻了农业市场化改革的压力。2008 年以后，美国农产品出口价格指数不断上升，农产品出口额也由 2009 年的 939 亿美元上升到 2014 年的 1347 亿美元（见图 1）。目标价格补贴在此期间很少启动。从政府直接支付占农业现金毛收入的比例来看，这一比例也已经不高，2010 年以后全部在 5% 以内（见表 8）。这与我国学术界和政府部门之前说美国农业补贴占农民收入的 40% 的夸张比例是不符的（彭超，2017）①。因此，从国内外形势来看，农业市场化改革进一步推进的时机已经到来。在此情形下，逆转 2002 年和 2008 年农业法高支持、高补贴思路的 2014 年农业法出台。新的农业法逐步放松政府对农业生产和农产品市场的直接干预，调控方式趋

---

① "农业补贴占收入 40%" 的说法，其计算依据是 1999—2001 年补贴金额占农业净利润的比例，其中农业利润要以总的农业收入扣除生产总成本，用这一标准衡量会夸大农业补贴在收入中的占比。实际上这一夸大的数字也只维持了 3 年，2010 年之后已经降低到 10% 以下（彭超，2017）。

于市场化。法案取消了直接支付,保留了营销援助贷款项目,新设了价格损失保障(PLC)和农业风险保障(ARC),作物播种之前生产者可以在两者之间作出选择。新法案还取消了乳品收入损失项目,以乳品利润保障项目替代。新法案的一个重要特色是强化了农业风险保障,扩大了农业保险项目的覆盖范围和补贴额度,新增了补充保障选择计划(Supplemental Coverage Option,简称SCO)。新法案还对资源保护项目进行调整,主要有休耕储备计划、资源保护管理项目、区域资源保护合作项目等。另外,还强化了营养项目,营养项目占到整个农业法支出的80%。通过2014年农业法,美国政府致力于构建农民收入、资源环境和食物有效供给等三大"安全网"(杨春华等,2017)。表9展示了2010—2016年美国政府直接支付的变化情况,通过2014年前后的数据可以看到一些项目的具体变化。据美国国会办公室的预测,新的农业法将大大减轻农业相关开支,减轻美国政府的财政负担。预计2014—2018年和2014—2023年,支出规模的削减幅度分别达到53亿美元和165亿美元。

表8　　　　　　　　美国农业收入状况　　　　　　　　单位:亿美元

收入明细	2010年	2011年	2012年	2013年	2014年	2015年	2016年
现金毛收入(总)	3536	4071	4513	4555	4706	4221	3981
所有商品收入	3212	3659	4014	4036	4242	3769	3573
作物收益	1804	2010	2316	2208	2114	1875	1944
动物及产品收入	1409	1649	1698	1827	2128	1895	1629
与农场有关的现金收入	200	308	393	410	366	344	279
森林产品销售	5	5	5	6	6	7	7
机器租赁和定制	38	40	39	44	44	47	36
其他农业收入	157	263	349	360	315	290	236
政府直接支付总额	124	104	106	110	98	108	130
政府直接支付占现金毛收入的比例	3.5%	2.6%	2.4%	2.4%	2.1%	2.6%	3.3%

数据来源:ERS。

表 9　　美国政府直接支付　　单位：千美元

项目名称	2010年	2011年	2012年	2013年	2014年	2015年	2016年
联邦政府直接农业计划支付（GP）	1239166	1042053	1063512	1100380	976685	1080449	1297968
固定直接支付	480927	470568	468702	428853	1873	-351	-535
棉花过渡援助款项（CTAP）					45993	2402	106
轧花成本分担项目（CGCS）							32646
平均作物收入选举计划（英亩）	42139	1598	4140	20690	25508	1374	12
价格损失保障（PLC）						75493	0
农业风险保障（ARC）						437689	606142
反周期支付	20910	1651	-123	-84	-53	-6	-19
贷款差额补贴	11439	575	-62	-33	6189	15484	16585
营销贷款收益	200	8	0	0	3296	5353	4016
证书汇兑收益	71	0					
乳品收入损失项目	5166	-10	44657	23170	-13	-4	-6
乳品利润保障项目						69	1039
烟草过渡支付项目	68677	66603	65293	64797	64640	257	0
保护	321947	367432	369506	367990	356140	361893	376396
生物质作物援助项目（BCAP）	23139	2980	1227	708	544	736	688
补充和临时灾害援助	264792	130455	110240	194291	472572	180062	65754
其他	-240	193	-68	-2	-5	-2	926

数据来源：ERS。

注：美国政府直接支付是净付款，包括：（1）美国政府向农业部门支付的总付款；（2）农业部门返还给美国政府的款项；（3）会计调整。负值表示在历年中超过支付总额的款项。

三、美国农民收入政策的变化原因及对中国的启示

（一）美国农民收入政策的变化原因分析

通过农业补贴政策与农民收入的变化可以看出，补贴政策从最初出台到历次的演变都是围绕着稳定和提高农民收入这一根本目标。透过补贴政

策的演进,可以分析美国农民收入政策的总体思路和背后逻辑。值得关注的有两个方面:一是决定美国农民收入改善政策出台的原因是什么?二是美国农业政策从干预为主到向市场化方向进行改革以及中间出现反复的变化,其影响的机制又是什么?下面将主要回答这两个问题。

1. 美国农民收入改善政策的出台原因。为什么在大萧条时期出现了改善农民收入的制度设计呢?这可以从美国历史上工农业产品的比价关系得到答案。图4展示了19世纪以来美国非农与农业产品相对价格指数和农业劳动力份额的变化。其中的相对价格指数反映的是非农业产品与农产品价格的比例关系,当指数大于1时,表明非农产品价格有优势,非农部门利润相对较高,非农部门对劳动力的吸引力更强,反之则反是(Alvarez – Cuadrado F & Poschke M,2011)。从图4中曲线的变化可以看到,19世纪至20世纪初期,非农产品价格一直处于有利地位,农业劳动力不断转向非农部门,农业劳动力比例持续下降。但第一次世界大战期间及战后初期,农产品价格处于优势地位,相对价格指数在这一时期的多个年份都出现了小于1的情况,说明这一时期农业发展处于相对繁荣阶段。

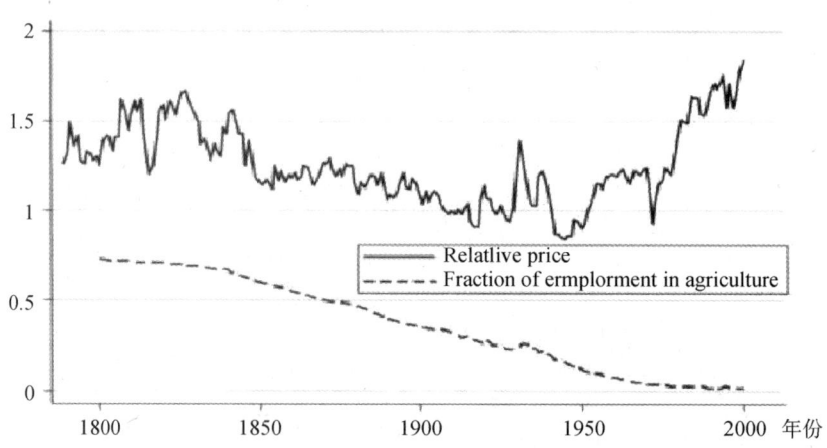

图4 美国非农与农业产品相对价格指数及农业劳动力份额

资料来源:吴一癸,2016;Alvarez – Cuadrado F & Poschke M,2011.

但繁荣背后危机四伏,工农业发展带来的产业和劳动力的结构性变化注定了农民对改善收入的诉求强烈。首先,农业繁荣与危机时期的巨大落差让农民不能适应。表面来看,随着战后农产品价格回升,农民实际收入已经达到甚至超过了战前水平,农业已经走出萧条。但此时美国的生活标准也相应提高,为了维持体面生活,购买汽车、家电等现代工业品,农民需要更多的收入来支撑日益提高的消费水平。当农业危机到来时,这种前后对照的生产、生活落差让他们很不适应,对收入进一步提升的意愿变得十分强烈。其次,农业与工业资本主义的冲突是农民对收入提出改善诉求的主要原因。此时的美国已经进入垄断资本主义阶段,迫切需要大量资金作为支撑。压低农产品价格是其资本积累的重要途径,因此必然相应降低了农民收入。这种长期以来工农业不对等的状况让农民不满,稳定和提高农产品价格的背后实际是对工农业平等地位的追求,他们不希望国家以牺牲农业为代价来实现工业化。最后,也是最重要的原因,美国农民提出改善收入的诉求反映出他们对资源分配的谈判能力很强。当时美国农业劳动力在就业市场所占的份额已经下降到1/3以下,20世纪80年代后期,农业劳动力占比就已经下降到3%以下,21世纪以来,则进一步萎缩到2%以内,并且还有进一步下降的趋势。相比其他产业从业人员,农民属于社会的少数群体,这就为他们联合起来组成利益团体提出利益诉求提供了可能。当农民间建立了严密的组织体系,组织内成员的构成简单且目标统一时,他们相对会更加容易对政府的政策制定或政治家施加压力。此时政府发现动用少量的资源就可以改善这小部分群体的条件或收入,政策的外部性减少,因此农民的政治诉求在此时容易得到满足。

因此,政府对农民收入制定改善政策的根本原因是经济发展水平达到了一定程度,工业完成了资本积累的过程,并且农业就业群体所占份额下降到一定比例,政府此时才有能力和意愿去改善这小部分群体的收入状况。如果农业从业人数众多,成员利益就相对复杂,组织内部都可能产生矛盾,反而不利于形成强有力的政治声音。

2. 影响农民收入政策调整的主要因素。始于罗斯福新政时期的农业干预政策是美国农业政策的开端。这种控制供求以使价格达到新平衡的手段是以维持农产品价格和农民收入为目标的。从这一时期开始,美国政府在之后将近60年的时间里都将政策重点放在了农产品价格和农民收入的干预上,直到市场化改革政策出台,农业保护的方向才得以调整。从保护、干预到市场化改革以及中间的反复变化,影响政府决策的因素主要有农民收入状况、政府财力、利益集团的博弈以及国际市场形势。

(1)农民收入状况和政府财政能力是影响政府决策方向的根本。自决定对农民福利状况进行改善以来,美国政府的历次农业政策调整都在密切关注农民收入的变化。这从农户家庭收入与美国普通家庭收入的对比就可以观察到。20世纪70年代之前,农户收入相较于普通家庭收入较低,农业补贴力度持续加码。当1979—1985年农民收入恶化时,农业补贴力度空前,美国政府直接支付给农场主的补贴占到同期农业纯收入总额的1/3以上。当1996年农户家庭收入开始显著高于普通美国家庭时,市场化改革的步伐显著加快,农业补贴的风向标出现逆转。就农户家庭收入的构成来看,来源于农业部分的比例自20世纪90年代以来已经基本下降到25%以内,可见农户家庭对农业收入的依赖度已经不高,这也是美国将农业保护和干预政策逐步转向市场化调控的一个有利条件。虽然中间也有反复,但随着农民群体就业和收入的稳定,市场化改革的趋势基本定调。除了农民收入的变化,政府财力也是一个重要的考量因素。在美国政府财务状况不断恶化的背景下,1985年以来的历次农业法案,都在努力寻求平衡政府预算约束与稳定农民收入。

(2)农民收入政策的调整也是利益团体相互博弈和妥协的结果。从最初的农业干预政策出台开始,就可以看到各利益团体的身影。例如,对麦克纳里—霍根议案,支持者主要有当时的小麦种植者协会、洲际出口联盟、美国劳工组织等,而磨坊主联合会及当时的一些工商业团体则坚决反对任何有关控制剩余农产品的立法。经过近百年的演变,目前对农业政策制定有较大影响力的团体主要包括农场组织和专业化农业组织(见表10)。农场组织的规模比较大,成员人数众多,但正因为成员复杂,利益多样,实际的政治影响力反而较为薄弱。现有的农场组织主要包括全国农场局联合会、全国农场主联盟、全国格兰其等。其中,全国农场局联合会代表大农场主利益,反对政府干预,支持市场化,是这三个团体中目前政治影响力最大的。全国农场主联盟代表的是中小农场主利益,他们积极维护价格支持政策。全国格兰其是这三大组织中规模最小的,属于政策温和派,对政策经常左右摇摆。总的来看,在20世纪20—30年代及农业危机时期,农场组织一般倾向于政府对农业支持和保护,利益相对一致。但20世纪40年代以后,随着专业化生产趋势增强,专业化农业组织的政治影响力逐渐超过了一般性的农场组织。专业化农业组织比农场组织的规模小,但他们有共同的利益取向,反而更容易达成一致立场,随着他们的政治影响力不断提升,目前对农业政策制定起到关键作用。除了农业团体,消费者团体、环保组织等农业外的利益团体也不断加入农业政策制定过程中,对农业法中营养、水土保持等计划的设计发挥着重要作用。农业行政部门和国会更是政策的直接裁决者,其作用自不必说。因此,美国的农业政策是农业利益团体内部、行政部门与国会、农业团体与其他团体等政策主体间博弈和妥协的结果。

表10　　　　　　　美国农业政策的主要利益团体

主要利益团体		代表群体及利益诉求
农场组织	全国农场局联合会	代表大农场主利益,反对政府干预,支持市场化,目前政治影响力最大
	全国农场主联盟	代表中小农场主利益,维护价格支持政策
	全国格兰其	规模最小,政策温和派,左右摇摆
专业性农业组织	全美小麦生产者协会	主要影响农产品计划和贸易计划的制定
	全美牛奶生产者联合会	
	全美大豆协会	
	全美玉米生产者协会	
	……	
消费者利益集团		追求低价格、食物安全和充足供给,影响营养计划的制定
环保利益集团		要求保护自然资源,水环境、野生动物,以及确保动物福利等,影响水土保持等计划的制定

续表

主要利益团体	代表群体及利益诉求
农产品加工企业	支持市场化和自由贸易，以获得低价农产品，期望有强大的出口市场
跨国公司	支持市场化和自由贸易，以保证产品质量，期望有强大的出口市场
大型和超大型农场	支持市场化和自由贸易，期望风险管理
小型农场	期望获得收入和价格支持、信贷及教育
纳税人	减少补贴，节省政府预算

（3）美国外向型农业的特征决定了收入政策的变化必须兼顾国际市场。从历次的美国农业危机都可以看到国际市场对美国农业的重要性。在世界农产品市场繁荣时，美国农产品出口量增加，政府对农业的干预就相对较少。一旦世界经济不景气，美国农产品出口减少，对农业造成打击，农业补贴等救济手段就随之跟上。为了解决国内产品的过剩，以出口补贴的方式将农产品推至世界市场成为稳定国内产业的重要途径。在各种出口政策中，粮食援助又具有多元化特征，实际是一种以人道主义援助为借口的变相而隐蔽的出口补贴政策。美国政府将其与外交政策结合，不仅发挥了农业补贴的作用，还维护了美国在一些不发达国家的政治影响力。

（二）美国农民收入政策对中国的启示

美国的农民收入干预政策是将资源由消费者、纳税人手中转移至农业生产者的行为，实际是对收入的二次分配。美国农业政策的演变及农民收入状况的变化，对中国农民收入政策的制定有很大的启示作用。

1. 对补贴的作用要有更加清醒的认识，对农民收入问题的长期性做好思想准备。中国与美国农业处于不同的发展阶段。美国农业 GDP 占比不足 2%，而中国占 10% 左右。农业就业人员的比例就更为悬殊，美国农业劳动力占比在 2% 以下，中国还占到约 30%。通过美国农业保护政策的出台历史可以看到，当农业就业人口下降到一定比例时，较少的人才有可能聚集在一起达成一致认识。当初美国提出收入干预政策时，农业就业人员的比例已经下降到30%以下。现在中国的比例与当时美国的比例极为接近，这说明改革有了一定的基础。但这些只是表面的条件。与美国的资源禀赋和农业生产方式相比，中国还有很多劣势。美国农业是典型的资本技术密集型产业，家庭农场式的生产商业化程度高，产出很少是为自己消费。现在美国人均耕地是中国的7倍，人均淡水资源占有量是中国的4.6倍，这决定了中国农业的生产方式和目的与美国不同。中国必须保证在有限的资源条件下提高农产品产出量，以保证国内供给和人民消费。因此，对中国而言，农业的基础性地位更加重要，因为这关系到众多人口的生存。也正因人口体量大、人均资源少，农业劳动力比例高，使得中国对农民收入改善政策力度的被庞大的体量摊薄了。如果以农业补贴来大幅提高农民收入是不现实的，也超出了国家的财政承受能力。从政府直接支付对农业收入的比例来看，即便美国这种农业高度发达的国家，农业补贴的作用也只能是起到稳定农民收入的作用。因此，要根本解决农民收入问题，最重要的还是加快发展第二、第三产业，将过多的农业劳动力转移出去。当劳动力比例下降到较低水平时，政府才有能力去解决收入问题。

（2）提高农业组织化程度，畅通农民利益表达渠道。美国农业保护和干预政策的最初落地以及后续的市场化调整都是各类利益团体博弈和妥协的产物。在政策的制定过程中，农民以农场组织及其他农业组织的形式可以充分地表达意见。其中有代表不同类型农场主的农场组织，也有以产品、产业发展为共同利益目标的专业性农业组织。这些形形色色的利益团体实际是美国农民利益的代表者，他们通过不同方式、以不同渠道表达农民的利益诉求。由于历次农业政策的制定过程都要面向社会公开，所以农民对农业政策的变化一直有较为清晰的了解。有些政策法令甚至要经过全体生产者的投票，只有2/3以上生产者同意才能执行（徐更生，1984）。而中国的政治体制与美国完全不同，权力集中在行政部门，农业政策的制定主要由政府主导，农业政策是一种自上而下的产生过程。没有利益团体的参与虽然有助于避免政府决策受到干扰，但这也有一定弊端。当农民缺乏畅通表达渠道的时候，上访维权甚至一些群体性事件就会发生。这主要是因为在合法体制内，农民缺乏畅通的表达渠道，也没有代表农民利益的组织载体。随着农民由农业领域向其他领域渗透、转化，农民内部出现了以职业转换为媒介的阶层分化。农民内部也有强势群体和弱势群体，农村内部的收入差距甚至强于城市居民间的差距，农民阶层出现了进一步的分化。这种分化使农民利益更加多元化，加上体量的庞大，农民就更难以形成合力向政府表达利益要求。因此，深入剖析不同农民阶层的异质性需求，通过农业组织建设和乡村治理体系完善，加快搭建农民利益表达的制度平台十分必要。

（3）农民收入政策要尽量减少市场干预，向多目标迈进。中国对农民、农业进行补贴的政策从2004年才开始起步，与美国等发达国家相比，还处于初级阶段，对农业保护的水平还比较低，补贴的效果和对农民收入的提升作用也不够。但中国与美国现在处于相同的国际市场环境，因此在稳定和提高农民收入的同时，中国不得不考虑如何提升农业整体的国际竞争力。中国现行农业支持政策正面临着弱化竞争、浪费资源和低效率等问题。美国农业法历经曲折的市场化调整经验告诉我们，中国农业政策的制定一定要避免因保护而导致的农业生产效率低下以及避免长期保护后形成改革困境和沉重的财政负担。政府对农业补贴和贸易保护一定要把握好尺度，要尽量减少对市场的干预，避免农业对政府补贴的依赖。在农业补贴政策的设计上，要尽可能增加免于削减承诺的"绿箱"政策，如政府一般服务、粮食安全储备补贴、粮食援助补贴、农业结构调整投资补贴、农业资源储备补贴、农业环境保护补贴等（穆月英，2008）。审慎使用"黄箱"补贴。中国农业补贴可允许有8.5%的微量黄箱政策，目前还有些许增长空间，应充分利用好"四补贴"增加农民的转移性收入（朱丽君等，2015）。从目前美国农业政策的多元性来看，在收入问题解决后，农业政策会在稳收入的同时，向资源环境保护、农业可持续发展、国民食物营养和健康等多目标迈进。

参考文献

[1] Berman E, Bound J, Griliches Z. Changes in the Demand for Skilled

比较与借鉴

Labor within U. S. Manufacturing: Evidence from the Annual Survey of Manufactures [J]. Nber Working Papers, 1994, 109 (2): 367 - 97.

[2] Killewald, A., and J. Bearak. 2014. Is the motherhood penalty larger for low - wage women? A comment on quantile regression. American Sociological Review 79: 350 - 357.

[3] Landsberg, Hans H. American Agriculture, 1899 - 1939: [M]. Arno Press, 1942.

[4] Thurow L C. Analyzing the American Income Distribution [J]. American Economic Review, 1970, 60 (2): 261 - 269.

[5] United States. Bureau of the Census. Historical Statistics of the United States, Colonial Times to 1970 [M]. Basic Books, 1976.

[6] Lee Soltow. The Distribution of Income in the United States in 1798: Estimates based on the federal housing inventory [J]. Ecological Indicators, 1987, 29 (3): 6 - 17.

[7] 陈阵. 美国农业补贴政策研究 [M]. 北京: 经济科学出版社, 2013.

[8] 杜楠, 吕翔, 朱晓禧等. 美国农业现代化历程及其对中国的启示研究 [M]. 北京: 中国农业科学技术出版社, 2017.

[9] 徐更生. 中国社会科学院文库·美国农业政策 [M]. 经济管理出版社, 2007.

[10] 陈奕平. 农业人口外迁与美国的城市化 [J]. 美国研究, 1990 (3): 115 - 131 +6.

[11] 冯继康. 美国农业补贴政策: 历史演变与发展走势 [J]. 中国农村经济, 2007 (3): 73 - 78.

[12] 彭超, 潘苏文, 段志煌. 美国农业补贴政策改革的趋势: 2012 年美国农业法案动向、诱因及其影响 [J]. 农业经济问题, 2012, 33 (11): 104 - 109 +112.

[13] 彭超. 美国 2014 年农业法案的市场化改革趋势 [J]. 世界农业, 2014 (05): 77 - 81.

[14] 齐皓天, 彭超. 我国农业政策如何取向: 例证美农业法案调整 [J]. 重庆社会科学, 2015 (01): 21-29.

[15] 田维明. 中国农产品价格政策分析模型 [J]. 农业技术经济, 1991 (4): 44-51.

[16] 徐更生. 美国农业政策的重大变革 [J]. 世界经济, 1996 (07): 15-20.

[17] 徐更生. 美国农业政策改革的趋势 [J]. 世界农业, 1991 (06): 9-12.

[18] 徐更生. 美国新农业法: 取消价格和收入补贴 [J]. 改革, 1996 (05): 122-126.

[19] 杨春华, 杨洁梅, 彭超. 美国2014农业法案的主要特点与启示 [J]. 农业经济问题, 2017, 38 (03): 105-109.

美国新农业法案的主要内容、国内争议与借鉴意义

彭 超

一、引言

2014年美国农业法案于2018年到期，不同的条款将会依据作物年度、财政年度和日历年度到期。因此，2018年农业法案也加速了立法进程。2018年6月21日，众议院以微弱多数（213票对211票）通过了《2018年农业与营养法案》（Agriculture and Nutrition Act of 2018）。6月28日，参议院以多数（86票对11票）通过了《2018年农业提升法案》（Agriculture Improvement Act of 2018）。仅从名称上看，众议院版本更多地把"民生意愿"体现在纸面上，更追求公平，参议院更加倾向于产业，更大程度上追求效率。6月之后长达半年的时间中，美国参众两院在协调会上陷入僵局。美国国会中期选举之后，农业法案的状况有了一定变化。11月底，众议院农业委员委员会和参议院农业、营养及林业委员会宣布，参众两院就农业法案的主要达成原则一致。12月初，参众两院涉农委员会通过了协调会报告，之后参众两院投票通过了新的农业法案。2018年美国农业法案名称为《2018年农业提升法案》，12月20日美国总统签署

正式出台。本文对 2018 年美国农业法案参众两院草案中争议的重点内容进行介绍,并对新的农业法案做总结性的介绍。

二、2018 年美国农业法案的重点内容

(一)改革收入补贴

1. 制定可以上浮的参考价格。众议院提出,继续沿用 2014 农业法案提出的价格损失补贴(Price Loss Coverage,简称 PLC)政策,添加了棉种的参考价格,设定为 0.367 美元/美担。2014 年农业法案以参考价格替代了目标价格,价格损失保障补贴与过去的反周期补贴类似。在此基础上允许参考价格在市场变动时发生调整,最高可以达到参考价格的 115%。在发生 D4 类旱灾,即超常旱灾(Exceptional Drought)持续超过 20 周的情况下,允许受到影响的农场主更新其申报的单产。由于参议院在 PLC 政策方面没有特别强烈的主张,最终法案基本采纳了众议院的调整建议。

2. 在补贴项目的选择上赋予农场主更多自主权利。2014 年农业法案中,农场主可以在价格损失保障补贴、县平均水平农业风险保障补贴(Agriculture Risk Coverage,简称 ARC)和个体农场水平 ARC 补贴中选择一个。众议院提出,取消个体农场水平上的农业风险保障补贴这一选择,并将价格损失保障补贴作为默认选项。参议院则提出,三种补贴都保留,并将县平均水平的农业风险保障补贴作为默认选项。参众两院都同意农场主可以选择 2019—2023 年的补贴项目,但参议院建议允许农业生产者在 2021 年再做一次选择,众议院则支持农场主签署一次性到 2023 的选择合同。最终法案版本综合了的建议,即保留现有的 PLC 和 ARC,农场主可以在 2021 年及以后每年自由选择 PLC 还是 ARC,以 PLC 作为默认选项。

3. 关于基础单产和基础面积。需要特别注意的是,参众两院都建议对补贴计算依据的单产和"基础面积"进行调整。众议院建议,尽量使用美国农业部风险管理局调查单产作为的计算补贴的单产;在确定 ARC 收益时将分别计算旱地和灌溉土地的不同收入,明确农场实际所在的县;进一步加强 ARC 补贴的准确性并缓解县与县之间的差异。参议院则建议,计补单产使用"最好的"数据来源;原本在 ARC 中计算县水平平均单产

时，使用五年县单产奥林匹克平均值，如果其中一年的单产平均值低于作物保险中的常规单产水平的70%，那么该年度单产就由常规单产的70%替代，参议院建议将这一替代单产由原70%提高到75%，从而考虑了趋势调整；对商品计划未覆盖的产品，允许农业部长将水果、蔬菜、水生菰与商品计划覆盖产品一样列入考虑①。众议院建议，将2009—2017年未种植作物或者种植非补贴范围作物的面积从ARC和PLC补贴中剔除出去。参议院则要求，美国农业部对2014年农业法案下的基础面积调整进行调查评估，并向国会汇报。最终版本主要采纳了众议院的建议。

4. 重新设定补贴资格门槛和上限。参众两院都同意继续维持每个农场主（家庭其中一人）的可获得的给付到户的补贴（主要表现为价格损失保障补贴和农业风险保障补贴）上限设定为12.5万美元。参议院版本的农业法案提出，将农民有资格获得农业补贴的总收入门槛从90万美元降至70万美元。众议院则维持了90万美元的门槛值，最终成为协调会上达成一致的意见。

5. 调高农产品营销援助贷款率。众议院建议特长绒棉营销贷款抵押率（Marketing Assistance Loan，简称MAL）提高到95美分/磅，陆地棉价格不能比前一年降价超过2%，棉种应该设定25美分/磅的贷款率。参议院对MAL的改革没有很明确的意见。新的农业法案则走得更远，提高了大多数农产品的营销贷款抵押率，这是自2002年农业法案以来农产品营销援助贷款率的首次提高（见表1）。

表1　　　　　　　　　农产品营销贷款抵押率

商品	单位	目前的贷款抵押率	2019—2023年贷款抵押率
小麦	蒲式耳	2.94	3.38
玉米	蒲式耳	1.95	2.20
高粱	蒲式耳	1.95	2.20

---

① US Senate Committee on Agriculture, Nutrition and Forestry. Agriculture Improvement Act of 2018 – (Committee Print) [EB/OL]. https：//www.agriculture.senate.gov/imo/media/doc/Agriculture%20Improvement%20Act%20of%202018.pdf.

续表

商品	单位	目前的贷款抵押率	2019—2023年贷款抵押率
大麦	蒲式耳	1.95	2.20
燕麦	蒲式耳	1.39	2.00
陆地棉	磅	前两年的世界平均价格,但是不能低于0.45或高于0.52	前两年的世界平均价格,不低于前一年的98%,但是不能低于0.45或高于0.52
特长绒棉	磅	0.7977	0.95
长粒米	美担	6.50	7.00
中粒米	美担	6.50	7.00
大豆	蒲式耳	5.00	6.20
其他油料	蒲式耳	10.09	10.09
干豆	美担	5.40	6.15
小扁豆	美担	11.28	13.00
小鹰嘴豆	美担	7.43	10.00
大鹰嘴豆	美担	11.28	14.00
等级羊毛	磅	1.15	1.15
未分级羊毛	磅	0.40	0.40
马海毛	磅	4.20	4.20
蜂蜜	磅	0.69	0.69
花生	吨	355	355

注:陆地棉指基础等级棉花;其他油料包括葵花籽、蓖麻子、油菜籽、红花、亚麻仁、芥末籽、燕麦籽、芝麻籽以及其他部长指定的油籽。

资料来源:2014年美国农业法案和2018年美国农业法案协调会报告。

6. 改革棉花经济调整援助补贴。陆地棉(一般意义上的棉花)曾经是美国和巴西农业贸易争端的焦点,争端以世界贸易组织判美国败诉并向巴西支付巨额赔偿结局。因此,2008年美国农业法案开始对陆地棉使用者提供经济调整援助,以期应对巴西的诉讼,2014年农业法案并没有把陆地棉列入PLC和ARC补贴范围。众议院在新的法案中建议将陆地棉经济调整援助补贴更名为纺织工场经济调整援助,补贴率定为3—3.15美分/磅,参议院则建议这一补贴发放到2021年,之后再依财政资金情况裁量。最终版本主要采纳了众议院的意见,并将补贴率设定为3美分/磅。

7. 调整奶业收入补贴。乳制品利润保障项目(Margin Protection Program,简称 MPP)是 2014 年农业法案新设计的一种补贴项目,其计算的基础是实际平均乳制品利润(各种牛奶价格和平均饲料成本之间的差是不同的),当利润低于每美担 4.00 美元,并持续两个月的时间的时候,乳制品利润保障项目会为乳制品生产者提供补贴。利润设定的依据是项目参加者的历史产量,每年都会调整,从而反映全国牛奶平均产量的增加。所有的乳制品生产者均有资格参与,如果他们选择保护的最低保证金水平(每美担 4.00 美元的牛奶),只需支付管理费用(100 美元)。参与者可以获得更高水平的保障,生产者必须支付管理费用和保险费。产量低于 400 万磅(相当于大约 185 头奶牛的产量)的生产者被归为第Ⅰ类,产量高于 400 万磅的生产者被归为第Ⅱ类,第Ⅰ类生产者享受较低的保险费,第Ⅱ类生产者则要支付较高的保费。MPP 项目实际执行效果并不能让奶业生产者满意,2014—2017 年牧场支付的保费超出赔付 7500 万美元,这导致 MPP 参与率降低[①]。为此,2018 年美国年度预算法案中对 MPP 进行了改革,调整了第Ⅰ、Ⅱ类生产者的分类标准,由 400 万磅调高至 500 万磅,降低了第Ⅰ类生产者的保费,特别是在保障 8 美元/美担一档上,赔付改为月结。从参众两院的版本看,两者都增加了 8.50 美元/美担(百磅)、9 美元/美担(百磅)的保障水平区间;取消了牧场内奶牛最低 25% 参保率的要求,改为 5%—90% 参保率均可参加 MPP。

众议院提出了乳品风险管理项目(Dairy Risk Management Program,简称 DRMP),替代乳制品利润保障项目(MPP)。降低了第Ⅰ类牧场主的保费;在略微提高保费的基础上,提高了第Ⅱ类牧场主的保费。参议院提出用乳制品风险保障(Dairy Risk Coverage,简称 DRC)替代 MPP,略微调高了第Ⅰ类牧场主的保费,提高了第Ⅱ类牧场主的保费,大牧场最高能

---

① Wolf C, Zulauf C. Dairy margin protection program in the next farm bill [R/OL]. farmdocdaily (8):219, Department of Agricultural and Consumer Economics, University of Illinois at Urbana – Champaign, November 30, 2018.

保到8美元/百磅,中小牧场不仅可以获得较高的利润保障,并且还享受保费折扣。其中,"小"牧场的定义为历史产量低于200万磅(含)的牧场,给予50%的保费折扣;"中"牧场的定义为历史产量200万磅到1000万磅的牧场,给予25%的保费折扣。最终版本的法案将补贴命名为乳品利润保障(Dairy Margin Coverage,简称DMC)。最终版本的法案综合了参众两院的意见,提高了两类牧场的保费,但只要牧场主坚持参保到2023年,那么可以获得25%的保费折扣(见表2)。

表2 乳品项目的调整 单位:美元/百磅

保障利润的范围	牛奶产量500万磅以下的生产者需缴纳的保险费	参议院提出的保费	牛奶产量500万磅以上的生产者需缴纳的保险费	参议院提出的保费
4.00	无	无	无	无
4.50	无	0.0025	0.020	0.0025
5.00	无	0.005	0.040	0.005
5.50	0.009	0.030	0.100	0.100
6.00	0.016	0.050	0.155	0.310
6.50	0.040	0.070	0.290	0.650
7.00	0.063	0.080	0.830	1.107
7.50	0.087	0.090	1.060	1.413
8.00	0.142	0.100	1.360	1.813
8.50		0.105		
9.00		0.110		
9.50		0.115		

资料来源:美国农业部农场服务局(Farm Service Agency/USDA)。

(二)继续强化农业风险保障

2014年农业法案增加了补充保障选择计划(Supplemental Coverage Option,简称SCO)和针对陆地棉的叠加收入保护计划(Stacked Income Protection Plan,简称STAX)。到了2018年法案,有关农业保险的议题争议不大。

1. 小幅调整作物保险。众议院版本中提出，要防止县水平上的农业风险保障补贴与补充保障选择计划（Supplemental Coverage Option，简称SCO）发生重叠，并且增加了巨灾风险分散机制。参议院则提出，把自愿按照美国农业部指南进行的作业规范列为保险中强调的良好农业范围，把自愿休耕认定为休耕，甚至把大麻类植物列如农产品保险范围。最终，协调会同意了参议院的版本。

2. 提升灾害补充援助项目的保障水平。众议院提出，修改农业灾害补充援助（Supplemental Agricultural Disaster Assistance）办法，取消12.5万美元的每年为家畜、蜜蜂和农场饲养的鲤鱼提供紧急援助的付款上限，建立国家动物疫病预警和响应项目，并给予财政授权。参议院也同意建立国家动物疫病预警和响应项目，但是不同意给予财政授权。法案的最终版本主要采纳了众议院版本。

3. 提高无保险作物援助项目的服务费。参议院提出，为无保险作物援助项目（Noninsured Crop Assistance Program，简称NCAP）设立12.5万美元的援助金额上限，为附加保险设立30万美元的赔偿限额；提高可获得援助农产品的服务费，提高到每个县每个品种325美元或每个县每个生产者825美元[①]；取消附加保险的过期日期。众议院则把可获得援助农产品服务费改为每县每种产品350美元，或者每县每个生产者支付1050美元，但是跨县生产者不能超过2100美元。两院协调的结果是采纳参议院的版本。

（三）调整资源保护项目

资源保护项目一直是农业法案制定过程中争议最小的项目。2018年农业法案则与以往不同，充满了对资源保护项目的争论。众议院计划在资源保护项目当中增加6.56亿美元的预算，参议院则计划增加2.9亿美元，

---

① Edmiston K D. Structural and cyclical trends in the Supplemental Nutrition Assistance Program [EB/OL]. https：//www.kansascityfed.org/~/media/files/publicat/econrev/econrevarchive/2018/1q18edmiston.pdf.

最终在法案期间预算增加了5.55亿美元。

1. 增加休耕保育的面积。休耕保育项目（Conservation Reserve Program，简称CRP）是最大的资源保护项目。众议院提出在新的农业法案的实行周期内，将CRP面积上限逐年提高，到2023年达到2900万英亩，将休耕目标定位在该国最脆弱的土地上，同时逐年降低多年纳入休耕土地所补偿的租金率，以美国农业统计局统计的地租为参照，首次参加休耕项目补贴为所在县平均地租的80%，第一、第二、第三、第四次重复参加休耕项目的土地补偿租金率分别降低至65%、55%、45%、35%。参议院的法案提出将CRP面积上限从2400万英亩扩大到2500万英亩，补偿租金率不超过88.5%，直接对野生动物保护进行资金支持。协议一致的版本最终将CRP上限定为2700万英亩，一般休耕补贴的上限设定为所在县平均地租的85%，持续参加休耕项目的土地，其补贴上限设定为所在县平均地租的90%。

2. 完善环境质量激励项目。众议院提出在农业法案的整个实行期内，将每年投入（Environmental Quality Incentives Program，简称EQIP）的资金增加到30亿美元，允许执行一定的弹性，保持目前1000万英亩的EQIP面积和补贴率不变；将EQIP中有关畜牧业的部分削减60%，其中5%必须用于野生动物保护；允许灌溉地区、协会和水渠修造获得EQIP支持。参议院提出，EQIP项目在圈养动物饲养作业方面要有"进步性"的提升，增加相当规模的资金用于野生动物、支持城市方面的试点项目，探索农场主和牧场主野生动物亲近项目；拨出整个EQIP资金的50%用于与畜牧生产有关的环境质量激励项目，包括放牧，扩大用于野生动物栖息地保护的资金分配；建立一个土壤检测与修复示范试点项目，该项目包括使用财政激励在适当地理区域的生产者建立测量协议改善土壤健康。最终提交总统签署的版本基本采纳了参议院的建议。

3. 把资源保护照管项目与环境质量激励项目合并。众议院版本的法案删除了资源保护照管项目（Conservation Stewardship Program，简称CSP），把目前的CSP合同执行完毕，CSP的大部分并入EQIP，资金的50%以上也并入EQIP。参议院提出继续执行五年CSP项目。因目前60%

的 CSP 资金支付给了 10 个州，80% 支付给了 20 个州，因此参议院版本的法案要求资金切块要更加合理；为符合资格的人士提供额外的金额用于支持先进的放牧管理和资源节约型作物发展；建立土壤健康和收入保护计划，以帮助土地所有者保护和改善土壤、水和野生动物资源。经协调，提交总统签署的版本中把 EQIP 和 CSP 进行了合并，经费也做了合并处理，但是根据美国国会预算局的估计，财政支出减少的效果在最初的几年并不明显（见表 2）。

表 3　　　　　　　　EQIP 和 CSP 改革的财政效应　　　　　单位：百万美元

	2018 年基准			2018 年农业法案草案推算					
	EQIP	CSP	合计	EQIP	CSP 预算授权	CBO 预算变化	CSP 剩余预算授权	CSP 潜在支出	合计
与其他列关系	A	B	A+B	C	D	E	B+E	B+E+D	C+B+E+D
2019	1509	1607	3116	1750	700	-25	1582	2282	4032
2020	1545	1822	3367	1750	725	-358	1464	2189	3939
2021	1600	1743	3343	1800	750	-796	947	1697	3497
2022	1640	1772	3412	1850	800	-1103	669	1469	3319
2023	1674	1820	3494	2025	1000	-1387	433	1433	3458
2024	1729	1771	3500	2025	1000	-1562	209	1209	3234
2025	1750	1768	3518	2025	1000	-1768	0	1000	3025
2026	1750	1810	3560	2025	1000	-1810	0	1000	3025
2027	1750	1808	3558	2025	1000	-1808	0	1000	3025
2028	1750	1808	3558	2025	1000	-1808	0	1000	3025
合计	16697	17729	34426	19300	8975	-12425	5304	14279	33579

数据来源：美国国会预算局和 Coppess et. al.（2018）。

4. 强调农业资源保护地役权项目的农业用途。参众两院都建议增加（Agricultural Conservation Easement Program，简称 ACEP）的资金支持，都指出 ACEP 项目的目的之一是限制非农业用地可能会对农业用地价值产生的负面影响。参众两院都提出修正"具备资格土地"的定义，明确农场主或牧场主对土地的所有权。众议院在限制农地非农用途方面更进一步，并且明确哪些主体才可以执行农业资源保护地役权项目。最终版本更倾向于众议院，同时更加关注湿地保护地役权，允许地役权项目的土地同时也可以纳入休耕项目。

5. 增加区域资源保护合作项目资金。众议院提出，把 EQIP、CSP 和 ACEP 支持资金的 7% 调给（Regional Conservation Partnership Program，简称 RCPP），这样每年为 RCPP 提供 2.5 亿美元，为小流域修复每年提供 1 亿美元，同时简化复杂的程序流程并增加计划灵活性。参议院提出，在 2018 年至 2023 年的每个财政年度为该项目提供 2 亿美元的财政拨款。此外，众议院版本的农业法案甚至增加了野猪清除和控制计划（Feral swine eradication and control pilot program），对农业生产者消灭野猪的行为给予财务支持。最终，协调会的结果基本采纳了参议院的建议，但是强调了该项目合作方的参与和农业部提供指导。

（四）强调营养项目的资格

营养项目包括补充营养援助（Supplemental Nutrition Assistance Program，简称 SNAP）、商品流通项目（Commodity Distribution Program）和包括学校营养午餐（National School Lunch Program）等的其他项目。营养项目是美国农业法案中支出最大的一项，每个月有 4210 万美国人（约占美国居民的 12.9%）以各种形式领到补充营养援助，2017 年这项援助高达 680 亿美元。另有大约 3000 万美国学生（约占学龄人口的 44%）从 122 亿美元的项目中受益，在美国民生中起到非常大的作用。参与 SNAP 的人群中儿童、老人、成年但非老龄残疾人占 2/3，其他的是仍在工作但收入很低的年轻人[①]。领取 SNAP 的标准为：月毛收入低于联邦贫困线的 130%，或者月净收入（减去一些扣除项）低于联邦贫困线。

---

① Edmiston K D. Structural and cyclical trends in the Supplemental Nutrition Assistance Program [EB/OL]. https://www.kansascityfed.org/~/media/files/publicat/econrev/econrevarchive/2018/1q18edmiston.pdf.

1. 小幅修订了补充营养援助项目受益者的工作要求。众议院对SNAP项目进行了35项改进,包括建立SNAP的工作和培训要求,即有工作能力的成年人(18—59岁)必须每周参加20小时的工作活动或参加工作培训,才能够参加SANP项目,老年人、残疾人、照顾六岁以下儿童的成人或怀孕的妇女可以免除。如果居民拒绝工作或拒绝通过接受免费培训来学习技能,他们将失去SNAP提供的福利。众议院还提出要建立更明确的资格分类标准,例如对身体健全、无赡养者的成年人要强化资格审查,以便人们可以根据他们的资格来获得得到SNAP援助的资格。这样有助于为真正需要帮助的人提供援助。这是1971年以来,众议院再度提及SNAP项目的工作和培训门槛。参议院也提出了补充营养援助计划的工作要求,要求州机构与州劳动力发展委员会或地方协商用人单位要设计出国家就业培训方案,以满足州或当地的劳动力需求。为了提供更多就业培训试点项目,财政提供1.85亿美元资源,项目的主要目标人群是50岁以上人群、曾受监禁的人,或药物滥用治疗项目中的个人。参众两院之间最具争议的分歧是,补充营养援助项目的对工作门槛要求的范围。参众两院关于农业法案的协调会上达成协议,仅对营养项目做出部分修改,保留了目前对工作要求的,对雇用和培训项目拨付资金。

2. 略微修订其他营养项目。参议院提出,要修订原食物营养项目,允许零售商参与补充营养援助计划,为美国膳食指南中的商品提供优惠,激励人们健康饮食。众议院提出加强健康食品奖励措施,通过零售商资助的激励试点项目来刺激消费者增加水果、蔬菜和乳制品的购买,从而鼓励他们摄入更健康的饮食;紧急食物援助计划每年增加6000万美元的资金,2000万美元用于农场到"食物银行"项目(Farm-to-Food Bank program),为低收入家庭提供廉价食品;维持商品分销计划,商品补充食品计划,剩余商品分销,新鲜水果和蔬菜采购计划,高级农民市场营养计划和健康食品融资计划。最终,妥协的版本主要采纳了参议院的草案。

(五)提高农业信贷额度

参议院把美国农业部年度贷款授权提高到120亿美元,分配给农场产权直接抵押贷款和农场经营权直接贷款各 20 亿美元,农场产权直接抵押贷款和农场经营权直接贷款各 20 亿美元,贷款上限则相对比较简单,都设为 175 万美元。众议院提出美国农业部对农场产权和农场运行担保贷款上限由 70 万美元提高至 175 万美元,并随物价指数调整;农场产权直接抵押贷款上限提高到 60 万美元,担保贷款上限也提高到 175 万美元;农场经营权直接贷款上限提高到 40 万美元,担保贷款上限也提高到 175 万美元。最终,协调会版本在贷款额度方面采纳了参议院的建议。

(六)延续生物能源项目

参众两院的新法案都延续了 2014 年美国农业法案中的能源项目,并对一些项目提出了修改。参议院提出将生物质能源市场项目(Biobased Markets Program)的内容从单独部门管理调整入农村发展局,并更新了农业部签发的"美国农业部认证生物质能源产品"资格认证准则,要求部长提出一个可以确定哪些生物质能源产品符合联邦优先考虑采购的条件并能获得"美国农业部认证的生物基产品"标签批准的指导方针。参议院还提出,扩大生物能源作物援助项目(Biomass Crop Assistance Program,简称 BCAP)覆盖的范围,并向该项目提供每年 2000 万美元的拨款,再加上 2500 万美元的固定资金,众议院则只同意提供 2500 万美元的支持,并且删除"固定支持"调控。最终版本主要采纳了参议院的建议。

(七)促进农产品国际贸易

众议院提出要维护和加强市场准入项目(Market Access Program,简称 MAP)、外国市场开发项目(Foreign Market Development Prgogram,简称 FMD)、特殊作物技术援助(Technical Assitance for Specialty Crops,简称 TASC)计划和新兴市场计划(Emerging Markets Program,简称 EMP)的计划目的,将这些计划纳入每年 2.55 亿美元的国际市场开发计划,其中 MAP 不低于 2 亿美元,FMD 不低于 3450 万美元,EMP 为 1000 万美元,TASC 为 900 万美元。参议院预算略高,把贸易部分更名为"贸易优先促进、开发和援助项目"。最终版本基本采纳了参议院的建议,在

TASC 项目下更加强调应对绿色贸易壁垒。

（八）重视农村发展

在促进农村发展方面，众议院主要提出几点：加强对药物成瘾的打击；加强美国农村的宽带服务，特别是对原未服务和服务不足的地区，向能够提供高质量的宽带服务提供商进行更强的激励，强化远程教育；建立农业卫生保健计划，使原本无法负担医疗保险的农场、牧场的个人能够满足对农村医疗保险的需求。参议院关注在低收入农村社区建立就业加速器，在促进农村发展方面重点关注了农村的水利系统、水资源回收利用、农村宽带等方面，建立了农村给排水技术援助和培训项目。同时还关注了农村商业、合作社、贷款几方面的发展问题。最终版本的法案在基础设施、远程教育、卫生保健方面采纳了众议院的建议，在宽带建设资金来源等方面采纳了参议院的建议。

（九）强化研究和开发

众议院提出将有机农业研究推广计划（Organic Agricultural Research and Extension Initiative）的拨款增至每年 3000 万美元，希望有机农业研究可以向美国农民和牧场主提供有利的生产工具和资源，以保证国内有机农产品的供应能够满足消费者不断增长的需求；另外，将农业研究、教育和推广项目的间接成本限制提高到 30%。参议院提出增加研究设备补助，批准合资格院校购置用于食品和农业科学项目的研究设备的拨款；通过合作与协调，与中低收入国家建立国际农业研究、推广和教学伙伴关系；授权建立一个先进研发权威试点项目来克服长期和高风险的农业及食品相关研究与开发挑战。最终版本的法案综合了参众两院的意见，强化研究与开发。

（十）继续支持新从业农场主

在新从业农场主支持方面，参众两院版本基本延续了 2014 年农业法案的方向。两院都提出继续实施新从业农场主和牧场主发展计划（Beginning Farmer and Rancher Development Program，简称 BFRDP），该计划有助于为新从业的农民和牧场主提供教育培训、项目推广和技术援助等服务。此外，众议院主要还提出了几点：首先，建立一个面向 2050 年度农场转型委员会（Commission on Farm Transitions——Needs for 2050），致力于满足关于维持和加强未来重要农业部门的需求，该委员会创建的关键目标是要确保下一代农场主和牧场主足够满足国内的农业需求；其次，在美国农业部创建一个农业青年组织协调员的新职位，其主要职责是促进农业教育和青年服务组织在激励和培养年轻人从事农业、食品和自然资源职业方面的发挥作用；再次，将农民可享受的贷款、研究开发推广等时限由 5 年延长至 10 年，使新从业农场主更有能力负担得创业时的成本。最终版本的农业法案吸收了众议院的这些建议。

（十一）继续支持特种农产品研发

众议院的新法案提出为特种作物创新项目（Specialty Crop Research Initiative，简称 SCRI）提供每年 1 亿美元的拨款，并完善了该计划关于关键特种农作物产业需求的研究重点，以更好地为特种作物耕种者提供服务。参议院的草案提出每年为 SCRI 的柑橘研究和推广计划提供 2500 万美元资金，重新授权国家农业研究、推广、教育和经济咨询委员会的柑橘病小组委员会，并根据行业的要求，为加利福尼亚和亚利桑那州的项目小组增加两个委员会席位。同时，众议院还提出每年给农业部部长安排 500 万美元用于特种作物田块奖励项目（Specialty Crop Block Grant），同时阐明了该项目评估的专门指标，防止联邦政府对各州的项目实施进行不必要的干扰；另外，增加病虫害防治资金和防灾减灾资金。以上草案建议基本被协调会版本采纳。

（十二）强化林业管理

新的法案鼓励对健康联邦、州和私人森林进行适当的管理，建立州和私人林业景观规模恢复计划，指导美国林务局和州林业机构保护森林健康发展，支持保护国家野生动物/森林行动计划确定的高风险物种，建立森林野火控制措施等等。

三、2018 年美国农业法案调整原因和动力

(一) 农业法案制定过程充满争议但受到其国内政治环境影响

从历年美国农业法案的讨论过程看，法案的讨论过程本就充满争议和不确定性。2018 年农业法案也同样地不可避免地陷入一定的僵局。早在年初，两党 2018 预算法案中，对 2014 年农业法案就已经做出了修改。此后，众议院于 2018 年 4 月 12 日法案草案，并于 6 月进行了修订并审议通过，参议院也于 6 月拿出了自己版本的法案草案。在此后的协调会议阶段，法案陷入僵局。回顾 2014 年农业法案的情况，参众两院早在 2012 年就拿出了各自的法案版本，但是随着僵局持续，不得不对 2008 年农业法案进行展期，直至 2014 年才通过法案。2018 年参众两院中期选举之后，僵局有了缓和的可能性。随着民主党成为众议院多数党，众议院版本的农业法案中很多来自共和党议员比较极端主张可能会被删除，可能反而更加有利于参众两院的版本取得一致。11 月 29 日，众议院农业委员委员会主席 Mike Conaway（德克萨斯共和党人）、首席成员 Collin Peterson（明尼苏达州民主党人）和参议院农业、营养及林业委员会主席 Pat Roberts（堪萨斯州共和党人）、首席成员 Debbie Stabenow（密歇根州民主党人）正式宣布，参众两院就农业法案的原则达成一致，两院正在为完成法律程序和预算评估而努力，新的农业法案将会"尽快"出台。果然，12 月 10 日，参众两院涉农委员会协调会就法案达成一致意见，通过了协调会报告；11 日，参议院以 87 票对 13 票通过了法案；12 日，众议院以 369 票赞同、47 票反对、16 票未投票通过了法案。最终的农业法案送交美国总统签署发布。由于法案在参众两院是以优势票数通过的，美国总统特朗普并没有在法案签署上发挥其"非主流"的个性，除了在两个小条款上声明了保留意见外，还是比较痛快地于 12 月 20 日正式签署法案。

(二) 参众两院在争议焦点上互有让步妥协

2018 年下半年以来，农业法案争议的焦点集中于三个关键条款：商品计划——农业补贴的主要表现形式；营养计划——农业法案中支出最大

的一部分；资源保护——本应是争议最小的项目。首先，商品计划最终更加倾向于众议院的版本。例如，众议院对商品计划提出了修改基础单产的建议，由于美国南方近年来遭受干旱较多，因此来自德克萨斯州的众议员对此条款强烈支持。如果关注美国国家旱灾中心的受灾地图，可以看到尤其在法案讨论期间，以德克萨斯州为代表的南方农业周遭受旱灾影响比较严重①。如果看法案主要制定者的身份，可以关注到众议院农业委员委员会主席 Mike Conaway，其本人就来自德克萨斯州，因此他对此条款作出妥协的可能性较小。一个例证就是，在2018年两党预算法案当中，德克萨斯州广泛种植的棉种被列入 PLC 补贴范围，这意味着棉花有机会重新进入 PLC 甚至 ARC 等传统补贴范围。在2018年的实际执行当中，陆地棉单产以2.4:1的系数折算为棉种单产，作为基础单产进行补贴。这也反映在所谓的"民意"上，美国重要的农业游说集团——美国农场局联合会在商品计划上更多地支持众议院的条款②。其次，营养计划可能更加倾向于参议院的版本。尤其是，众议院版本的法案草案对补充营养援助项目资格的工作要求较为苛刻，对该条款参议院以68对30进行了否决（Roll Call Vote 141）。国会预算局预计，如果按照众议院版本的法案草案，对美国居民补充营养援助项目的资格进行审查，会产生巨大的监督行政成本，初步估计增加行政成本21.6亿美元，这反而会抵消一部分预算削减带来的收益③。再次，资源保护项目的争议最终是由参众两院平分秋色。CSP 项目的去留成为焦点。众议院要删除该项目并且把大部分资金并入 EQIP，参议院也要大幅减少该项目的支持力度，这表明 CSP 项目的政治支持已经弱化。众议院要求灌溉区从 EQIP 当中获益，用水协会和水渠修造等非直接农业生产者也应当具备资格，这实际上是照顾其南方州共和党选区的

---

① National Drought Mitigation Center. Drought expands and intensifies in the west and south [J/OL]. Drought Scape Quarterly Newsletter：Summer 2018. https：//drought. unl. edu/archive/Documents/NDMC/DroughtScape/DS2018summer. pdf.

② Congressional Budget Office. Direct spending and revenue effects for the conference agreement for H. R. 2 [EB/OL]. https：//www. cbo. gov/system/files? file = 2018 - 12/hr2conf_ 0. pdf.

③ American Farm Bureau Federation. House and senate side - by - side farm bill provisions [EB/OL]. https：//www. fb. org/files/House_ and_ Senate_ Side - By - Side_ （2）. docx. pdf.

利益的表现。但是，由于资金会被灌区占用，因此中东部州的利益会受到一定的损失，所以参议院才会提出切块要更加合理。由于农业法案的基础一般是资金分配更加平衡，因此资源项目最终成为了两党利益交换、达成妥协的筹码，最终版本主要采纳了参议院的建议。

（三）法案展期困难促使参众两院较快地达成妥协

由于2018年下半年农业法案协调会陷入僵局，美国国内部分利益相关者担心，国会不得不以展期2014年农业法案来替代2018年出台农业法案。实际上，在2014年法案制定过程就是一则先例，2014年美国农业法案本应作为2012年农业法案出台，但是由于国内僵持不下，导致国会不得不展期2008年美国农业法案。但是，展期对美国农业打击将会十分严重。美国农业法案哪怕展期一年，都会导致40余项财政项目无法继续。尤其是，海外市场开发项目、特种作物支持援助等贸易促进支持项目将会失去资金支持。此外，美国新从业农场主和牧场主也会失去财政支持，营养弱势群体、老农和残疾生产者、有机农业从业者也会受到影响。更为关键的是，在农产品市场不确定性增多的背景下，美国农民群体将会面临更多的不确定，从而严重影响其预期（见表4）。

表4　　　　农业法案展期一年带来的影响　　　　单位：百万美元

法案大项	受影响的具体项目	每年损失的财政资金
贸易	海外市场开发	34.50
	特种作物技术援助	9.00
营养	食物安全营养激励	25.00
	零售食品商店和收货人贩运	5.00
研究	有机农业研究与推广	20.00
	新从业农场主和牧场主发展	20.00
杂项	羊毛服装制造商信托基金	30.00
	皮玛棉花信托基金	16.00
	老残生产者服务	10.00

数据来源：CBO，2018a。

(四) 财政预算约束对农业法案的最终条款产生了影响

近年来,美国政府财政支农支出占整体财政支出的 0.3% 左右(见图 1)。实际上,从 2008 年农业法案以来农业支出的财政负担就相对变化不大。尽管特朗普政府主张削减农业支出,甚至在 2016 年特朗普竞选总统期间提出了"取消一切农业补贴"的口号。但是相关预算的制定和审批权力掌握在国会手中,极少受到总统代表的行政部门左右。根据美国国会预算局预测,最终协调会版本的 2018 年美国农业法案将会在未来 5 年导致农业财政支出增加 18.20 亿美元,对比参众两院的草案可能导致的财政支出增加,可以发现 18.20 亿美元基本为两者的平均。观察财政支出的细节也可以发现,协调会版本的财政支出基本都是参众两院可能导致财政增幅的平均。例如,众议院本意在商品计划上加大支出,5 年内增加 1.97 亿美元,但是参议院却倾向于减少支出,最终妥协的结果虽然更加倾向于众议院,但是支出增幅还是减少了一部分。相对而言,只有贸易项目完全符合众议院的支出预期(见表 5)。

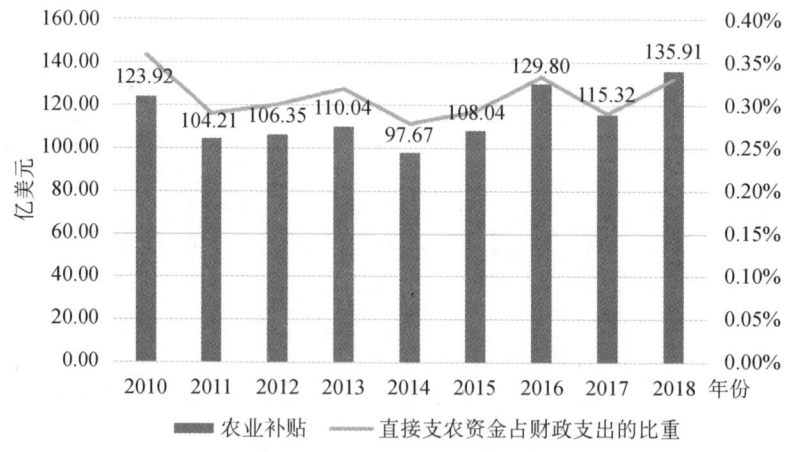

图 1　美国农业补贴财政负担

数据来源:美国农业部经济研究局和 wind 数据库。

比较与借鉴

表5　　　美国国会预算局预测的财政支出增加幅度　　　单位：百万美元

年份	2019	2020	2021	2022	2023	2019—2023
商品计划						
众议院	−3	12	160	18	10	197
参议院	155	10	−35	−81	−73	−24
协调会版本	67	30	−74	21	57	101
资源保护						
众议院	193	244	212	82	−76	655
参议院	22	83	76	69	40	290
协调会版本	365	283	17	−81	−29	555
贸易						
众议院	47	47	47	47	47	235
参议院	52	52	52	52	52	260
协调会版本	47	47	47	47	47	235
营养计划						
众议院	707	685	−59	−280	−190	863
参议院	−14	39	58	72	69	224
协调会版本	−12	33	29	26	21	97
农村发展						
众议院	−45	−61	−61	−50	−50	−267
参议院	−140	−140	−150	−186	−216	−832
协调会版本	750	−150	−350	−380	−400	−530
研究推广						
众议院	8	25	38	48	50	169
参议院	226	40	48	54	57	425
协调会版本	19	216	35	41	55	366
能源						
众议院	−35	−31	−16	0	0	−82
参议院	17	50	78	86	80	311
协调会版本	4	17	28	32	28	109
园艺作物						
众议院	2	2	2	2	2	10

续表

年份	2019	2020	2021	2022	2023	2019—2023
参议院	44	59	74	74	74	325
协调会版本	30	40	60	60	60	250
作物保险						
众议院	-6	-14	-16	-17	-17	-70
参议院	0	0	0	-1	-1	-2
协调会版本	-1	-10	-12	-12	-12	-47
杂项						
众议院	152	156	82	82	82	554
参议院	73	122	133	133	133	594
协调会版本	136	159	119	122	149	685
总直接支付						
众议院	1055	1095	405	-69	-143	2343
参议院	436	314	334	273	215	1572
协调会版本	1406	664	-101	-124	-25	1820

数据来源：美国国会预算局（CBO，2018a；CBO，2018b）。

（五）国际竞争对商品计划、贸易甚至研究开发等条款产生影响

从美国农业法案制定出台的历史来看，美国农业法案就是为其国际竞争战略服务的。美国曾经一度因其高补贴的农业而广受国际社会批评，但是美国却基本上没有把国内农业政策作为国际谈判中利益交换筹码。例如，美国敢于在2002年法案中逆世界贸易自由化潮流而动，对农业实施新的高补贴政策。同年，巴西就对美国提出了棉花补贴的诉讼。尽管美国败诉，并向巴西支付了高额赔偿，但是在2008年农业法案中，相关补贴并没有实质性的减少。2017年下半年以来，美国与很多其他国家产生了贸易摩擦。面对美国的贸易挑衅和"霸凌"，部分国家以农产品关税或非关税手段反制美国，导致美国农产品出口大幅减少，进而导致美国国内农产品大量滞销、价格大幅下降，美国农民利益受损，农业遭受冲击。长期以来，美国农产品生产相对过剩，需要海外市场来消化美国农产品，美国农业法案当中对国际贸易设立了种类繁多的项目，以期促进美国农产品海外市场拓展。2018年下半年以来，为了应对农产品贸易受到的反制，美国不得不实施了对农民的临时性援助补贴。由美国农场服务局提供市场辅助项目，对玉米、棉花、奶业、生猪、高粱、大豆、小麦生产者进行补贴，由市场服务局出面实施食品采购和流通项目，计划购买120亿美元受贸易影响的农产品，由海外服务局出面实施农产品贸易提升计划，开发其他未受贸易战影响的海外市场。不仅贸易项目如此，美国在制定其国内政策的时候，也考虑服务提升其国际竞争力、保持美国在农业的领先地位。协调会版本的农业法案在其关于农业研究的说明中甚至直言不讳："自2008年以来，美国已经在农业公共研究资金上落后于中国，而中国在农业公共研究和开发方面的财政支出已经两倍于美国。我们正处于一个关键的节点，必须扭转这种趋势，重塑美国在农业研究方面的全球领导力。"

四、2018年美国农业法案的对中国的影响、借鉴与政策建议

（一）适度进口是符合理性的选择

由于新的农业法案如果像预计的那样采用众议院版本，那么用于商品计划的资金支出将会增加，也就是农业补贴会增加。在其他条件不变的情况下，农作物播种面积可能将会增加，供给增加之后农产品价格有可能下降。中国是美国的第一大农产品出口市场，国内农产品受到美国价格的影响更为直接。这就意味着，大豆、玉米、棉花等大量从美国进口的大宗农产品国内外价差将进一步拉大，在部分农产品关税较低的条件下，中国大宗农产品的进口无法避免。而且，在粮食供给"以我为主、立足国内"的前提下，允许粮食和其他重要农产品"适度进口"，是符合国家利益和可持续发展要求的选择。需要统筹利用国内外两种资源，确保贸易政策与国内产业发展和市场调控政策相协调。在国际市场价格低于国内价格时应主动适度加大进口力度，特别是玉米等饲料用粮的进口，缓解国内生产供给的压力。通过政府间合作，培育具有国际竞争力的跨国粮商，结合兼并、股权投资等资本运作，建立长期稳定的贸易合作关系。大力提高中国利用国际农产品期货市场的能力。加快农业"走出去"步伐，以中亚、俄罗斯、乌克兰为突破，扩大与东南亚合作，以非洲为未来重点，同时兼

顾拉美地区。

（二）完善农业补贴制度

为了应对欧美等国对中国农业补贴政策可能的指责，需要适当调整农业补贴操作模式，将补贴的目标转向收入支持，而不是针对特定作物的产业扶持。确定补贴额度时，要基于历史单产、播种面积以及收入水平，而不是当期的单产、播种面积和收入水平，来确定农户获得补贴的额度。用尽"黄箱"补贴，结合地区农民历史收入水平，探索建立目标价格补贴政策，用历史价格来确定目标价格。推动农业补贴黄转绿，将补贴的重点转向技术推广补贴，扩大农业作业环节补贴试点范围。尤其是，中国国内目前的舆论倾向于把补贴政策宣传为一种产业扶植政策。因此，这会给国际社会造成这样一种印象，中国农业补贴政策扭曲了农户的生产决策。在对农业补贴政策的宣传过程中，应当着重强调其收入支持作用，而不应过分强调针对某些作物的产业扶持意义。

（三）推动政策列示数字化

美国农业政策的列示的过程中，一般明确了在某一个支出项目上的财政支出或者财政授信，而且在部分具体的农业政策上，也对所涉及的价格、比率等进行了准确的列示。例如，针对列入价格损失保障和农业风险保障的各种农产品，2018年农业法案制定了详细的参考价格。比较中国的农业政策法律文本，很少有相应的数字化列示。作为类比，以中国关于目标价格的阐述为例，"在市场价格过高时补贴低收入消费者，在市场价格低于目标价格时按差价补贴生产者"，这就是一种文字性的表达，最终政策的效果并未达到预期。文字化的政策语言一定程度上导致顶层设计表达的模糊，政策分层对接也就相应地模糊，甚至出现各自为政的情况，市场主体更是难以理解政策，引导市场主体也就无从谈起。在制定新的农业政策时，准确地列示相关的支出额度，对各种政策性价格、比率等进行精确的列示，才有利于合理引导农民和市场主体的预期。

(四)参考美国的资源保护项目

早在20实际80年代中期,美国粮食连年增产,导致农产品价格下跌,美国就开始大规模的资源保护项目。在新的农业法案中,美国更加强资源保护项目的因地制宜。近年来,中国粮食连年增产的同时,增产的"弦"绷得过紧,土地破坏性地利用,地表和地下水资源超量开采,大量化肥、农药、农民使用,对资源环境产生了一定的负面影响。健全以绿色生态为导向的补贴制度体系,重点支持农产品提质增效、修复治理农业生态、建设高标准农田、培育农村新产业新业态等方面。在东北地区和其他适宜的粮食主产区,实施轮作休耕补贴,逐步形成"粮豆轮作""粮饲轮作"的科学轮作方式,这一补贴可以在黑龙江垦区先行试点。近期,为控制东北地区井灌稻面积,可以尝试取消井灌稻生产主体的各项补贴、补助和其他资金支持。在华北平原地区,以雨热同期的玉米、抗旱省水的杂粮和油葵、冬闲田适宜种植的黑麦草等低耗水作物播种面积为补贴依据,主动调优调精耗水作物的种植。在南方部分重金属污染地区,以补贴为引导,扩大高粱等高杆、重金属吸附能力弱的作物种植,在必要地区试点建立休耕制度。在部分生态较为脆弱和污染严重的地区,实施休耕补贴和退耕还林计划,科学涵养生态环境。加快南方水网地区生猪养殖转型升级,引导畜禽养殖业向玉米主产区、牧草主产区和环境容量大的地区转移,继续推进扩大种养结合整县推进。结合生态农业发展、美丽乡村建设、畜禽养殖污染治理、测土配方施肥等重点项目,探索农家肥施用补贴,促进有机肥按土地需求均衡利用。

(五)提升农民市场营销能力

实际上,早在20世纪80年代中期,美国就设立了信贷支持、海外市场促进等项目,提升农民市场营销能力,大力促进农产品出口,稳定农民收入。新法案中,整合了过去一系列项目,用于农民营销能力提升和海内外市场开发。近年来,中国农业综合生产能力得到了进一步强化,粮食生产取得了历史性的"十连增",多数重要农产品产量也大幅增加。但是,农民参与市场的能力却并没有相应地快速提升,局部地区部分品种农产品"卖难"时有发生。当前,多种新型农业经营主体发展迅速,这也为提升农民市场营销能力提供了契机。今后与新型职业农民培训和新型经营主体培育等工作相结合,提升农民群体的市场营销能力。支持家庭农场、合作社等新型经营主体申请无公害农产品、绿色食品、有机农产品等认证,鼓励新型经营主体建设自有农产品品牌。支持新型经营主体参加农业会展活动,在重要农产品展示、展销活动中,设立家庭农场、合作社等新型经营主体的产品专柜。针对大宗农产品,建立农业部门管理的国家农产品营销信贷基金,与中储粮、中储棉等国有农产品收储主体相配合,为农民的农产品销售提供保底收购方。为农户提供生产经营指导,尤其是小品种农产品,可以指导农户按照市场需求、以利润最大化为目标来进行种植养殖决策。

参考文献

[1] US HouseCommittee on Agriculture. H. R. 2, Agriculture & Nutrition Act of 2018 Bill Text [EB/OL]. https://agriculture.house.gov/uploadedfiles/agriculture_ and_ nutrition_ act_ of_ 2018.pdf.

[2] US Senate Committee on Agriculture, Nutrition and Forestry. Agriculture Improvement Act of 2018 – (Committee Print) [EB/OL]. https://www. agriculture. senate. gov/imo/media/doc/Agriculture% 20Improvement% 20Act% 20of% 202018. pdf.

[3] 彭超. 我国农业补贴基本框架、政策绩效与动能转换方向 [J]. 理论探索, 2017 (3): 18 – 25.

[4] US House Committee on Agriculture. Section by Section for Agriculture & Nutrition Act of 2018 Bill [EB/OL]. https://agriculture. house. gov/uploadedfiles/agriculture_ and_ nutrition_ act_ of_ 2018_ section_ by_ section. pdf.

[5] US Senate Committee on Agriculture, Nutrition and Forestry. Section

by Section for Agriculture Improvement Act of 2018 – (Committee Print) [EB/OL]. https：//www. agriculture. senate. gov/imo/media/doc/Section – by – sections%20 (Committee%20Print) . pdf.

[6] Wolf C, Zulauf C. Dairy margin protection program in the next farm bill [R/OL]. farmdocdaily (8)：219, Department of Agricultural and Consumer Economics, University of Illinois at Urbana – Champaign, November 30, 2018.

[7] Congressional Budget Office. Direct spending and revenue effects for the conference agreement for H. R. 2 [EB/OL]. https：//www. cbo. gov/system/files? file = 2018 – 12/hr2conf_ 0. pdf.

[8] Coppess J G, Schnitkey C, Zulauf N, et al. The agriculture improvement act of 2018：initial review [R/OL]. farmdocdaily (8)：227, Department of Agricultural and Consumer Economics, University of Illinois at Urbana – Champaign, December 12, 2018.

[9] Edmiston K D. Structural and cyclical trends in the Supplemental Nutrition Assistance Program [EB/OL]. https：//www. kansascityfed. org/ ~ /media/files/publicat/econrev/econrevarchive/2018/1q18edmiston. pdf.

[10] National Drought Mitigation Center. Drought expands and intensifies in the west and south [J/OL]. Drought Scape Quarterly Newsletter：Summer 2018. https：//drought. unl. edu/archive/Documents/NDMC/DroughtScape/DS2018summer. pdf.

[11] Congressional Budget Office. CBO cost estimates for H. R. 2 as passed by the house of representatives and as passed by the senate [EB/OL]. https：//www. cbo. gov/system/files? file = 2018 – 07/hr2HouseandSenate. pdf.

[12] American Farm Bureau Federation. House and senate side – by – side farm bill provisions [EB/OL]. https：//www. fb. org/files/House_ and _ Senate_ Side – By – Side_ (2) . docx. pdf.

美国农业法案新动向及对中国农业的启示

彭 超

根据美国白宫官网消息,美国总统特朗普于美东时间2018年12月20日签署了2018年农业法案。新法案的全称为《2018年农业提升法案》,有效期为2019年至2023年,预计5年间支出3870亿美元。新法案改革了价格和收入补贴,继续强化农业风险保障,调整资源保护项目,强调营养项目的获取资格,提高农业信贷额度,继续发展生物能源,促进农产品国际贸易,重视农村发展,强化科技研发,继续支持新从业农场主,延续特种农产品支持项目,强化林业管理。从法案制定过程在美国国内的争议和对国际农产品市场的影响看,有关农业补贴、资源保护、营养项目和贸易促进等方面的内容值得关注,我国据需要积极借鉴美国农业政策制定的经验,应对美国农业法案的潜在影响,推进农业政策改革。

一、美国农业法案新动向

(一)农业补贴黄箱"体积"变大、"黄色"变深

新法案中,农业补贴黄箱潜在额度增加("体积"变大)、对农民保

* 本文主要内容发表于《农民日报》2018年12月22日。

护程度更高("黄色"变深)。自 2014 年美国取消定额直接补贴后,美国的农业补贴主要包括价格损失补贴和农业风险补贴,与当期价格、面积、单产挂钩,具有"黄箱"的性质。新法案对价格损失补贴中的参考价格设定了 115% 的上浮率,提高了单位产量,这两项措施从价格和单产上增加了农民潜在的获得补贴的空间。把棉种列入补贴范围,并且允许棉花与棉种以 2.4:1 的比率换算基础单产,为棉花重新列入补贴范围开启了"后门程序"。新的农业法案提高了农产品营销援助贷款率,将这一"托底"性质的、与价格挂钩的补贴顶部抬高,也深化了黄箱的色彩。计补面积和单产上更加重视当期播种面积和单产权重,甚至允许遭受严重干旱影响的农场主调低当年度申报的实际单产,从而获得较高的补贴。进一步,新的法案还在补贴项目的选择上赋予农场主更多自主权。根据美国国会预算局估计,未来 5 年每年农民获得的价格和收入的补贴将会超过 53 亿美元。此外,为奶业生产者提供了更优惠的利润保险,以保障其利润。

(二) 资源保护项目成为农业财政支出增幅最大的一项

美国在 2019—2023 年农业财政支出增幅最大的一项来自资源保护项目,预计增幅将达到 5.55 亿美元。值得关注的是,以往的农业法案制定过程中,资源保护本是争议最小的一部分,但是在新的农业法案立法协调中,参众两院展开了激烈博弈。在预算方面,众议院计划在资源保护项目当中增加 6.56 亿美元的预算,参议院则计划增加 2.9 亿美元,最终两院达成妥协。在休耕面积上限方面,众议院主张休耕面积上限为 2900 万英亩(约合 1173.58 万公顷),补贴率不超过所在县平均地租的 80%,重复参加休耕项目的补贴逐次降低,而参议院主张休耕上限为 2500 万英亩(约合 1173.58 万公顷),补贴率不超过所在县平均地租的 88.5%。新法案最终把休耕面积上限定为 2700 万英亩,一般休耕补贴率上限设定为所在县平均地租的 85%,持续休耕的土地补贴率设定为不超过所在县平均地租的 90%。在资源保护照管项目去留问题上,众议院主张删除,参议院主张保留。最终项目保留,但是资金减少并且与其他项目合并。

(三）营养项目加入了部分工作资格要求

营养项目是美国农业法案中支出最大的一项，包括补充营养援助、学校营养午餐项目等民生福利。据统计，平均每月有4210万美国人（约占美国居民的12.9%）以各种形式领到补充营养援助，2017年补充营养援助支出达到680亿美元，该年度另有3000万美国学生（约占学龄人口的44%）从122亿美元的学校营养午餐等营养项目中受益。从历次农业法案的制定过程看，有关补充营养援助的内容一般引发的争议最大。在2018年农业法案草案中，众议院对补充营养援助项目提出了35项修订，尤其是，强化营养补充援助受益者的资格审查，有工作能力的成年人必须每周参加20小时的工作或参加免费工作培训，才能够有资格更多地享受营养援助提供的福利。这是1971年以来，众议院再度提及补充营养援助项目的工作"门槛"。参议院作为美国政治精英的代言人，也提出了工作资格门槛的建议，但是范围没有众议院那么大。最终对营养项目的修订并不大，只是增加了对雇工和培训项目的资金支持。

（四）对贸易促进资金的中止的担忧加速了法案出台

农业法案有关贸易的内容包括市场准入、外国市场开发、特殊作物技术援助和新兴市场开发方面的资金支持，参众两院在这方面争议不大。最终贸易项目每年安排资金2.55亿美元，其中市场准入项目不低于2亿美元，外国市场开发资金不低于3450万美元，新兴市场开发资金为1000万美元，特殊作物技术援助为900万美元，在特殊作物技术援助项目下更加强调应对绿色贸易壁垒。相比于整个农业法案的支出，有关贸易的支持资金额虽然不大，但是却加速了农业法案的出台。2018年下半年农业法案协调会陷入僵局，美国国内部分利益相关者担心，国会不得不以展期2014年农业法案的方式来替代2018年出台农业法案。参众两院的议员担忧美国农业法案哪怕展期一年，海外市场开发项目、特种作物支持援助等贸易促进支持项目将会失去资金支持，让美国农民面临更多的不确定性，因此加速了立法协调的进程。

（五）农业法案制定出台服务于美国国际竞争战略

从美国农业法案制定出台的历史来看，农业法案就是围绕其国际竞争战略服务的。美国曾经一度因其高补贴的农业而广受国际社会批评，但是美国却基本上不把国内农业政策作为国际谈判中利益交换筹码。例如，美国在 2002 年法案中逆世界贸易自由化潮流而动，对农业实施新的高补贴政策。同年，巴西就对美国提出了棉花补贴的诉讼。尽管美国败诉，并向巴西支付了高额赔偿，但是在 2008 年农业法案中，对棉花的补贴并没有实质性的减少，2014 年农业法案还专门制定了针对棉花的收入保险。2017 年下半年以来，美国与很多其他国家产生了贸易摩擦。面对美国的贸易挑衅和"霸凌"，部分国家以农产品关税或非关税手段反制美国，导致美国农产品出口大幅减少，进而导致美国国内农产品大量滞销、价格大幅下降，美国农民利益受损，农业遭受冲击。长期以来，美国农产品生产相对过剩，需要海外市场来消化美国农产品，美国农业法案当中对国际贸易设立了种类繁多的项目，以期促进美国农产品海外市场拓展。2018 年下半年以来，为了应对农产品贸易受到的反制，美国不得不实施了对农民的临时性援助补贴。由美国农场服务局提供市场辅助项目，对玉米、棉花、奶业、生猪、高粱、大豆、小麦生产者进行补贴，由市场服务局出面实施食品采购和流通项目，计划购买 120 亿美元受贸易影响的农产品，由海外服务局出面实施农产品贸易提升计划，开发其他未受贸易战影响的海外市场。不仅贸易项目如此，美国在制定其国内政策的时候，也考虑服务提升其国际竞争力、保持美国在农业的领先地位。协调会版本的农业法案在其关于农业科技研究开发的政策说明中甚至直言不讳："自 2008 年以来，美国已经在农业公共研究资金上落后于中国，而中国在农业公共研究和开发方面的财政支出已经两倍于美国。我们正处于一个关键的节点，必须扭转这种趋势，重塑美国在农业科技研发方面的全球领导力。"

二、美国农业法案对我国农业政策的启示

(一) 适度进口是符合理性的粮食安全战略选择

由于新的农业法案增加了农业补贴,在其他条件不变的情况下,农作物播种面积可能将会增加,供给增加之后农产品价格有可能下降。我国是美国的第一大农产品出口市场,国内农产品受到美国价格的影响更为直接。这就意味着大豆、玉米、棉花等大量从美国进口的大宗农产品国内外价差将进一步拉大,在部分农产品关税较低的条件下,我国大宗农产品的进口无法避免。而且在粮食供给"以我为主、立足国内"的前提下,允许粮食和其他重要农产品"适度进口",是符合国家利益和可持续发展要求的选择。这就需要提升统筹利用国内外两种资源的能力,确保贸易政策与国内产业发展、市场调控政策相协调。

(二) "黄转绿"要作为农业补贴改革的主要方向

借鉴美国的补贴方式,适当调整农业补贴操作模式,将补贴的目标转向收入支持和保险兜底,而不是针对特定作物的产业扶持。促进农业保险"提标扩面增品",在产粮大县、粮食生产功能区和重要农产品生产保护区内,对关系国计民生的小麦、玉米、水稻、大豆、生猪和奶牛等产品的部分物化成本保险实行"普惠性"保费补贴,保费全部由中央和省级政府承担,免除县级配套和农户自担部分,根据保险产品的差异和风险水平的高低,提供不同保障水平的农业保险产品,合理确定政府的保费补贴比例,实现农业保险产品的升级换代。制定价格和收入补贴政策时,要基于历史单产、播种面积以及收入水平,而不是当期的单产、播种面积和收入水平,来确定农户获得补贴的额度。用尽"黄箱"补贴,结合地区往期价格、往期亩均收入水平,探索建立玉米、大豆、水稻等粮食生产者价格补贴政策。推动农业补贴"黄转绿",将补贴的重点转向技术推广补贴,扩大农业作业环节补贴范围。尤其是,我国国内目前的舆论倾向于把补贴政策宣传为一种产业扶植政策。因此,这会给国际社会造成这样一种印象,我国农业补贴政策扭曲了农户的生产决策。在对农业补贴政策的宣传

过程中，应当着重强调其收入支持作用，而不应过分强调针对某些作物的产业扶持意义。

（三）农业政策表达和列示要实现数目字化

美国农业政策的列示的过程中，一般明确了在某一个支出项目上的财政支出或者财政授权。而且在部分具体的农业政策上，也对未来几年所涉及的各种价格、比率等进行了准确的列示。例如，针对列入价格损失保障和农业风险保障的各种农产品，2018年农业法案制定了详细的参考价格。比较我国的农业政策法律文本，很少有相应的数字化列示。作为类比，以我国关于目标价格的阐述为例，"在市场价格过高时补贴低收入消费者，在市场价格低于目标价格时按差价补贴生产者"，这就是一种文字性的表达，最终政策的执行效果并未尽如预期。文字化的政策语言一定程度上导致顶层设计表达的模糊，政策分层对接也就相应地模糊，甚至出现各自为政的情况，市场主体更是难以理解政策，也就更加难以产生确定性预期和适当的引导作用。在制定新的农业政策时，准确地列示相关的支出额度，对各种政策性价格、比率等进行精确的列示，才有利于合理引导农民和市场主体的预期。

日本乡村振兴的经验及其借鉴[*]

徐 雪

在中国特色社会主义新时代,社会的主要矛盾已由过去的"人民日益增长的物质文化需要同落后的社会生产之间的矛盾"转化为"人民日益增长的美好生活需要和不平衡不充分的发展之间的矛盾"。城乡间发展不平衡、农村发展不充分诱致的"三农"问题已成为制约中国全面现代化的短板。习近平指出:"中国要强,农业必须强;中国要美,农村必须美;中国要富,农民必须富。"为了使中国农业更强、农村更美、农民更富,中国政府提出以"产业兴旺、生态宜居、乡风文明、治理有效、生活富裕"为目标,全面实施乡村振兴战略,推进农业农村现代化。为此学术界围绕乡村振兴战略开展了广泛探讨,研究主要集中在乡村振兴战略出台的背景与意义、理论支撑、核心内涵、实施路径等方面[①]。其中蒋和平集中阐述了产业兴旺、生态宜居、乡风文明、治理有效、生活富裕五方

---

* 基金项目:福特基金会资助项目"村镇城市化战略与制度创新案例研究"。

① 陈秧分,王国刚,孙炜琳. 乡村振兴战略中的农业地位与农业发展 [J]. 农业经济问题,2018(01):21-25.

比较与借鉴

面的逻辑关系①；廖彩荣、陈美球将乡村作为一个有机整体，主要从时间、空间和理念维度阐述这个极其复杂的特大系统②；姜长云从强化顶层设计、坚持有机和多样化、推动乡村振兴可持续化发展等方面进行了分析③。文献梳理表明，目前还少有学者认真分析国外乡村发展的实践，并系统总结其经验和教训。

日本基于城乡收入差距加大、大量农业人口向非农转移、农村产业落后，于20世纪40年代中期发起了农村振兴运动，并取得明显效果。为了全面考察日本乡村振兴运动，本课题组日本乡村振兴运动考察队赴日本进行了多层次和多方位的实地调研，包括与日本农林水产省等政府部门、日本京都大学农业经济系座谈以及深入多个乡村与当地新型经营主体，包括农业龙头企业、合作社、日本农协、职业农民等，进行座谈和调研。笔者现基于2018年4月所在课题组对日本乡村振兴运动的考察，对日本乡村振兴运动的背景和发展历程、经验与不足予以系统梳理和分析，结合中国的国情探讨借鉴日本乡村振兴运动经验之道。

一、日本乡村振兴运动的背景与发展历程

第二次世界大战结束后，日本便在美国等支持下集中力量发展经济和进行城市建设，20世纪50年代中期到80年代中期，日本经济进入高速增长期，并成为仅次于美国的第二大经济体。但在此期间，尽管工业化和城镇化快速发展，同时也因农村劳动力大量转移到城市产生了农村经济发展严重滞后、城乡发展极为不平衡、乡村生态环境污染严重④诸多问题。日本乡村振兴运动发起和不断推进的社会经济背景或者说动因可以归纳为

---

① 蒋和平. 实施乡村振兴战略及可借鉴发展模式 [J]. 农业经济与管理, 2017 (06): 17-24.

② 廖彩荣, 陈美球. 乡村振兴战略的理论逻辑、科学内涵与实现路径 [J]. 农林经济管理学报, 2017 (06): 795-802.

③ 姜长云. 实施乡村振兴战略需努力规避几种倾向 [J]. 农业经济问题, 2018 (01): 9-14.

④ 谭海燕. 日本农村振兴运动对我国新农村建设的启示 [J]. 安徽农业大学学报（社会科学版）, 2014 (05): 25-28.

以下几个方面:

第一,城乡居民收入差距快速扩大。为解决第二次世界大战后粮食严重匮乏问题,日本政府加大了农药、化肥和农业机械的投入。这虽然迅速提高了农地生产率,使粮食产量不断创出新高,但政府采取的粮食统购统销制度限制了农产品市场的自由流通。这便抑制了农产品价格和农民的收益,相对于非农部门收入的快速提升,农民相对收入迅速下降。据统计,1955年农户人均收入占社会平均收入的比例为77%,1960年下降到68%。城乡收入差距不断扩大,城乡发展不平衡日益加剧。第二,农村劳动力严重不足。随着日本工业化的推进,青壮年劳动力迅速向城市和非农产业部门转移。据统计,1955—1965年日本第一产业的从业人数从41%下降到25%,且农村从业人员出现高龄化和妇女化,乡村劳动力不足问题日益严峻。此外,兼业农户群体逐渐壮大。非农部门的高工资导致大量的农村劳动力开展兼业生产,这部分劳动力也随后逐渐向非农产业转移。第三,国外农产品严重冲击农业农村发展。1955年日本成为关贸总协定正式成员,这既给日本农产品市场带来了机遇也带来了严峻挑战。据统计,1955—1959年日本农产品进口比例由43%上升到92.1%。大量国进口外农产品严重冲击了本国粮食生产和农地的利用。据日本专家估算,日本粮食自给率从1955年的88%下降到1960年的83%,且农地撂荒现象严重。第四,农村环境污染和生态日趋恶化。20世纪50年代,随着日本工业化和城镇化的快速推进,日本城市产生的大量工业垃圾和生活垃圾被转移到农村,不仅对农地和水源造成污染,而且对部分区域的居民健康造成严重威胁。同时因农村处理垃圾能力不足,与城市垃圾的快速增长不匹配,农村生态环境也因此不断恶化。

日本跨越近70年的乡村振兴运动发展历程可以大致划分为三个阶段。第一阶段为1946—1960年,中心任务是促进粮食增产。为了解决第二次世界大战后粮食短缺问题,日本政府1945年12月便发布"关于农地改革的通知",要求除实施农地改革外,还要保护成为自耕农的佃农。为了推广农业技术和提高农业生产效率,政府又分别于1948年、1953年日本出台《农业改良助长法》《农业机械化促进法》等专门法,并建立健全农业灾害补偿制度、农业金融制度、农产品价格制度,保证了粮食产量的稳定增长[①]。第二阶段为 1961—1975 年,中心任务是提振农村经济,促进城乡均衡发展。进入 20 世纪 60 年代后,随着工业化和城镇化加快发展,城市与乡村、工业与农业差距日益凸显,各类矛盾引起社会普遍关注。为了保护农民利益,促进城乡均衡发展,日本政府制定一系列新法规,主要包括《农业基本法》《农振法》《农地法》《农协法》等。尤其是为了谋求山村经济发展,保护生态环境,专门制定《山村振兴法》,随后又推出一系列农业新政策,调整和限制稻米的生产,加大畜牧产品和水果等产业的发展,扩大农产品的流通与供给。上述法规的实施大幅提高了农业生产效率和农民收入水平,使得农民和城镇居民收入差距明显缩小。第三阶段为 1976 年至今,中心任务是推进城乡经济社会融合发展。在前两个阶段取得一定成效基础之上,主要是通过强化政府引导,推进农村产业融合发展,带动农村经济社会持续健康发展。其中最为突出的亮点是"造村运动",即各个地区依托自身优势发展特色农业,形成以农业特色产品为主导的农村区域发展模式。1999 年颁布新的《粮食、农业、农村基本法》,进一步明确 21 世纪乡村振兴运动发展战略及其基本的实施计划,主要包括粮食和农产品的稳定供给、农业的多功能性、农业可持续发展等[②],旨在基本消除城乡差距,实现城乡高度融合发展。

二、日本乡村振兴运动的效果与问题

日本乡村振兴运动在推动经济社会发展尤其是农村经济社会发展方面取得了比较明显的效果,主要体现在以下几个维度:

(一)调整农村产业结构,增加农产品有效供给

第二次世界大战以后,日本政府进行了土地制度改革,短时间内实现

---

① 余磊. 日本农村振兴对安徽社会主义新农村建设的借鉴 [J]. 安徽科技,2007 (03):53-54.

② 金洪云. 日本的农村振兴政策 [J]. 中国党政干部论坛,2006 (04):42-44.

了粮食产量的迅速恢复，提高了农业生产的积极性。随着经济水平的提升，消费者对农产品的需求结构发生了变化。这主要表现在对粮食需求减少，对畜牧产品和果蔬产品的需求量增加，另外对稻米质量的需求也越来越高。日本政府从消费者的需求侧出发，通过政策引导，加大对需求量大、附加值高的农产品（优质稻米、果蔬等）的供给，减少对需求量小、附加值低的农产品（普通稻米等）的供给。

（二）提高农业生产效率，稳定农户的收入水平

为了保障农业的长期稳定发展，20世纪60年代以来，日本制定了《农业经营基础强化法》《农地利用增进事业法》等法律，并于1993年制定了"农业者认定制度"，引导农地流传向"认定农业生产者"集中，在认定的过程中将收入水平作为最主要的标准，并且将农业收入与其他从业者相当的农业从业者认定为专业户，政府对专业户进行资金和政策扶持。这保障了农业生产的规模化经营程度，且较大程度的提升了农业生产经营效率。此外，为减少农业自然风险对农业生产率的影响，日本还构建了较为全面的农业保险制度和农业保险体系，不仅提高了农民的积极性，还进一步保障了农业生产率的稳步提升。

（三）加强基础设施和公共服务，留住乡村人才

在日本乡村振兴过程中，将"产业兴和乡村美"作为主要目标，相关的政策法规都不同程度地强调加大农村基础设施的投资。1970年日本还颁布了《过疏法》，对于人口流出较大的区域，提高在交通、卫生、文化等公共设施方面的经费预算，达到留住和吸引农村人才的目的。此外，日本为改善农村整体风貌，加大了对农村的基础设施建设和乡村居住环境的整治工作，还加大了农村的教育、医疗等生活设施建设，旨在进一步留住乡村人才。

应该说，日本乡村振兴运动取得了一定效果，但并没有解决其农村经济社会发展中的农业人口数量下降、农民放弃耕地和土地抛荒现象日益严重两大难题。

比较与借鉴

一是农业人口数量下降问题。据统计，1945年日本农业从业人员的比重为45.4%，而第二产业和第三产业人员比重分别为21.8%和29.6%。截至2015年农业从业人员比重下降为4.0%，而第二产业和第三产业人员比重上升为25.0%和71.0%（如表1所示）。随着农业人口数量的递减和农村劳动力高龄化和妇女化的趋势加重，此时及未来，日本社会都将会面临着"谁来种地"的严峻挑战。根据日本制定的农业振兴计划（2010—2020年），到2020年耕地复种指数达到108%，但实际上由于农业从业人员比重的下降使得这一目标几乎不可能实现。造成这一现象的原因主要包括两个方面：一方面是随着人口老龄化的加剧，很多大龄的人口退出了农业生产，直接导致了农业人口数量的递减；另一方面是日本婴儿出生率也在不断下降，与20世纪40年代相比，生育率的峰值下降了接近65%，根据日本内务府数据，2016年日本出生率为1.44，这已大幅低于世代更替水平2.1，无法完成马克思所讲的人口再生产任务。2018年1月1日发布的日本人口数为1.2659亿人。人口基数的整体下降，也间接导致农业从业人员数量的降低。面临"谁来种地"的严峻挑战。

表1　　日本1950—2010年第一、第二、第三产从业人口比例　　单位:%

年份	第一产业	第二产业	第三产业
1950	48.5	21.8	29.6
1960	32.7	29.1	38.2
1970	19.3	34.0	46.6
1980	10.9	33.6	55.4
1990	7.1	33.3	59.0
2000	5.0	29.5	64.3
2010	4.0	23.7	66.5
2015	4.0	25.0	71.0

数据来源：福岛大学农学系教育研究组织设置准备室根据总务省统计局数据测算。

二是农民放弃耕地和土地抛荒日益严重问题。日本很多地区的农业收入在家庭总收入中的占比较小，小农户离开农业领域的倾向严重。日本农民从"依土"走向"离土"，在自身倾向性选择的前提下，也呈现出新的人地关系。据统计,耕地面积由 1960 年的 607 万公顷降低至 2015 年的 450 万公顷,此外,耕地利用率也由 1960 年的 133.9% 降低到 2014 年的 91.8%。1985—2016 年间,日本抛荒面积比例从 2.1% 提高到 6.28%(28.1 万公顷)。另外日本农业的兼业现象十分普遍,随着年龄的增大,很多具备农业从业情结的农户开始出现离开农业领域的倾向。上述原因导致目前农村土地抛荒现象显露出来,土地利用率开始下降,放弃耕地的速度越来越快,范围越来越广,这将使未来日本农业的粮食自给状况越来越恶化,过度依赖农产品进口会使其对国际农产品价格变化异常敏感,未来在全球粮食危机情况下将置于十分被动的境地。图 1 数据均来源于日本农林水产省。

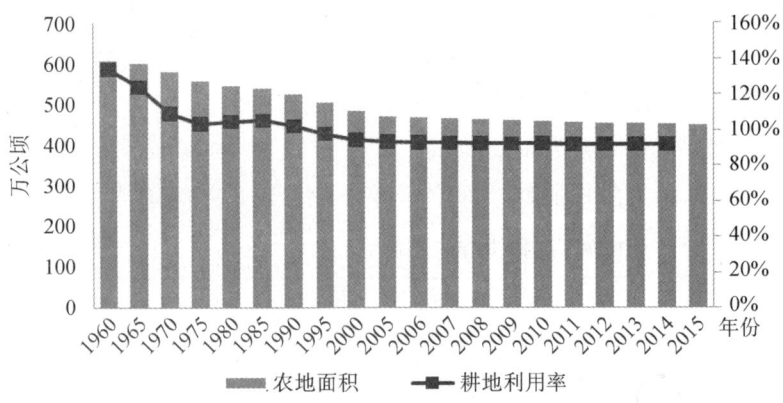

图 1 日本 1960—2015 年耕地面积及利用率情况

三、日本乡村振兴运动的主要经验

日本乡村振兴运动的主要经验可以归纳为以下几方面:

经验之一:以法律保障为根本,依法推进乡村振兴运动。日本政府为了有效促进乡村振兴运动,注重结合国家的需求和农业农村发展规律,制定一系列法律法规,如 1961 年为缩小城乡居民收入差距,日本出台了《农业基本法》,1965 年出台了《山村振兴法》;1969—2000 年相继制定《半岛振兴法》《促进过疏地区自立特别措施法》《新食品·农业·农村基本法》等，构建了内容完善、覆盖全面、各有侧重的法律法规体系，这不仅为日本乡村振兴提供了法律依据，而且确保了乡村振兴战略实施的连续性。

土地作为农业生产经营最重要的生产要素，关系众多市场主体的利益。第二次世界大战后，日本政府建立了自耕农体制，采取强制措施将地主土地转给无地和少地农户，将农户经营土地规模限制在3公顷以内（北海道为12公顷以内），为了推进土地制度改革，日本政府先后制定和修订农业土地利用有关的法律法规60多部，包括《农地法》、《土地改良法》、《农业振兴地域整备法》等，各法律法规相互支撑，成为一个有机整体。日本政府于1960年、1970年和1982年曾对《农地法》进行大修改，放宽对土地租赁的限制，倡导以租赁为主要方式的规模经营。

经验之二：以形式多样的补贴为手段，建立有效激励机制。日本农业是公认的补贴型农业，补贴形式具有多样性。农业补贴在农业预算的比例中所占份额最大。据统计，1999年日本农业补贴总额达到农业预算总额70%左右。日本的农业补贴都是以提高农业生产效率、改善农业生产水平、增加农民收入为目的，主要包括农业基础设施建设、农业保险、农业贷款利息、农业机械设备购买补贴等，有些补贴的额度可以占到全部费用的50%以上。

日本山区面积大，而其农业生产条件千差万别，为此政府出台了针对贫困山区的直接补贴政策，以提高山区农户的整体收入水平。补贴一般面向整个村庄，其资金一半用于村庄基础设施建设，另一半用于农户收入的直接补贴。2000年其《中山间等地区直接支付制度》就明确规定：对在《农业基本法》规定地区内经营面积超过1公顷，且与当地村落签订了5年以上农地承租合同的规模经营者提供直接补贴，补贴金额最多每公顷2.1万日元，承租农地的坡度超过10%以及承租面积跨越两个以上村落时，还可以分别再获得补贴。

为了促进环境友好型农业发展，满足对有机和生态农产品市场需求，日本政府于2011年制定"环境保全型农业支付制度"，对减少使用农药化肥的农户优先提供国家扶持资金和中长期低息贷款，对减少50%以上化肥农药使用量的农协及农户则给予现金补贴。针对环境友好型农业发展中存在的农民承担土地平整费用较高、土地流转缓慢等问题，政府便对土地整理和农田整改提供补贴，农民只需承担10%的土地整理费用。2013年开始成立政府主导的土地流转中介机构，政府承担所有土地整理费用、平整费用和农田水利建设费用，农民只需将土地交给中介，不再承担任何整理和建设费用，极大地促进了土地流转。据统计，2015年环境友好型农业的耕地面积达到7.7万公顷。

经验之三：以城乡融合和农村产业融合为两轮，驱动乡村振兴运动。城乡融合和农村产业融合不仅可以加快城乡间要素流动，促进城市的人才、资金和知识等要素向农村流动，也有利于为城市居民提供优质农产品、生态环境方面的公共产品和服务，增加农村发展的活力。为了促进乡村旅游和乡村休闲农业发展，日本政府进一步放宽了农户扩建民宿、建设农家乐、完善娱乐设施等方面的限制，并拨付专款资金用于农户修建特色农产品加工设施、体验店和休闲餐厅等。为了加大特色农产品的销量，在城镇住宅区修建农产品直营店，并向消费者介绍和推广本地产品，准确收集消费者信息，实现订单生产。

在农村产业融合方面，日本从20世纪80年代初期就开始探索"一村一品"等基于本土优势资源禀赋的特色农业产业发展模式，并通过农业协同组织的有效介入，保障农产品价格，拓展农产品营销渠道。2010年又开始实行"六次产业化及地产地消法"，出资建立支持农林渔业产业化的投融资平台，帮助解决小微企业和农村创业者资金、市场方面的问题；给予更多贷款优惠和政策支持，鼓励农民充分利用农村山区、渔业的生态、环境和人文资源引入社会资本，生产、加工和销售具有本地特色的农工产品，发展家庭手工业、农产品加工业、民俗产业和乡村旅游业，延伸农业产业价值链和产品附加值。在此基础上通过挖掘和创造本地区标志性的、可以使当地居民引以为自豪的产品或者项目，努力将其培育成为全国乃至世界一流的产品和项目。农业特色产业带动大量农村劳动力和农村人口自然聚集，并逐步在特色产业相对集聚区域形成新城镇，由此形成产业振兴带动乡村发展，城乡发展高度融合的格局。

经验之四：通过人才振兴带动乡村振兴。日本政府非常重视国民教育，以发展全民教育和培养农村人才为着力点，教育方面，在很多年份公共教育投资增长率高于同期经济增长率。政策支持多种社会力量的参与，农村教育呈现出多元化发展的趋势，不断提升农民的文化素质水平。农村从业者的技能培训方面，各个领域、各种类型的人才培训层出不穷。有些培训机构针对农户的需求，采取有计划、针对性的培训，短时间提升农户的技能水平，提升农户的人力资本，不断拓宽农民的职业发展方向。

为使国家的政策导向与科研投入方向的传达更加精准，日本政府还高度重视对乡村管理人才、科研人才及技术推广型人才的培养，以促进乡村发展"领头羊"的发展为抓手，为乡村振兴提供了大量的专业管理人才和技术人才，不断加大对管理人才和科研人才的政策倾斜力度，实现在岗人才的知识技能的不断更新，同时，通过抗压能力锻炼，不断提升其心理资本。另外，日本的农业协同组织对日本农业发展起着巨大的推动作用。该组织在政策和资金的支持下，集中和利用农民的剩余资金，促进了农业和农村全面发展[①]。

四、日本乡村振兴运动经验的借鉴

在农村人口老龄化加剧、农业劳动力短缺、城乡居民收入差距扩大、国外农产品冲击本国农业、农村环境污染和生态日趋恶化的背景下，日本政府发起乡村振兴运动，通过不断调整完善法律、政策，以农业补贴为主要手段，调适农协、农户、经营者之间的利益关系，使农业和农村经济获得了较快发展。其中不少经验对我国具有借鉴价值。笔者认为，有效推进我国乡村振兴战略，需要从以下维度借鉴日本的经验，加强制度顶层设计，深化农业农村领域改革，力争在产业、生态、乡风、治理方面均取得新的突破性成就。

1. 立法先行，依法保障和推动乡村振兴战略落实。日本乡村振兴运

---

① 潘梦琳. 基于内生式发展模式的乡村振兴途径研究［J］. 中国名城，2018（04）：32－39.

动的快速推进得益于一系列相关法律法规融合所形成的合力。借鉴日本乡村振兴运动的法律保障,可以构建一套完善的保障乡村振兴战略措施有效实施的法律体系。经过40年的农村经济社会改革和发展实践检验,"三农"政策体系基本成熟稳定,目前有必要将这些重大政策法治化,在法律制度上搭建起乡村振兴战略实施的四梁八柱。要立足国情,坚持国际视野,结合区域发展的特色,做好乡村振兴战略的顶层设计、路线图和时间表,分区域、分步骤,将农业农村优先发展、城镇化建设、农村土地流转、鼓励返乡农民创新创业、第一、第二、第三产业深度融合等理念通过立法的形式加以强化,并且将立法进行细化,形成落地的政策文件,形成乡村振兴地方规划和专项规划或方案。

2. 协同创新,建立健全协调机制与政策体系。增大政策倾斜力度,促进机制与政策的融合,一方面建立健全围绕乡村振兴战略相关体制机制;另一方面,促进支持政策的体系化。其一,国家已将农业部改组为农业农村部,为推动乡村振兴战略的相关体制、机制协同创新创造了条件。应在农业农村部成立专门机构"乡村振兴局",对乡村振兴战略的实施进行统筹规划和顶层设计,负责调动和协调地方各部门乡村振兴工作的开展,提高地方政府的自主性和积极性。同时由农业农村部、国家发展和改革委员会、财政部、自然资源部、生态环境部、交通运输部等相关部门建立乡村振兴联席会议机制,突破乡村振兴过程中存在的制度制约和矛盾,科学统筹配置乡村振兴过程中的土地、人力、财力、环境等资源要素,提高农业农村发展全要素生产率,为实现乡村振兴的战略目标提供制度保障和政策支持。其二,完善乡村振兴的政策支持体系,形成一个相互协调的有机整体。政策体系应该包括农业农村土地流转政策、农业农村金融支持政策、农业创业贷款贴息政策、科技推广与服务政策、农业农村人才孵化政策、农村基础设施投入补助政策等。通过立法和政策并进,加大对农业农村的扶持力度和补贴力度,为乡村振兴战略的实施提供全面的政策保障支撑。

要以提高要素配置效率为方向,深化农地制度改革,推动土地流转和规模经营。一是稳步推进集体产权制度改革。扩大农民收入来源,增加农民财产性收入，减少对经营性收入的依赖，同时通过完善、提高农村社会保障制度和水平，弱化土地的社会保障功能，减少农户土地流转的顾虑和障碍。二是积极完善"三权分置"。落实保护承包权、放活经营权的相关政策，在保障农户土地承包权益的同时，允许其自愿退出土地经营权；同时，要保护土地经营权人对流转土地依法享有在一定期限内占有、耕作并取得相应收益的权利，从而促进其长期投入，使土地资源得到更有效合理的利用。三是加快农地市场服务体系建设。制定和实施公平的土地资源交易规则和竞争规则，构建农村产权流转交易、价值评估、抵押担保和融资贷款"一站式"服务平台，为农用地利用和开发提供业务指导、合同管理、纠纷调处、监督执行等服务。

3. 因地制宜，发展壮大区域特色农业和生态农业。以城乡融合与产业融合为总思路，加快促进乡村振兴运动，根据当地各自特色优势资源，因地制宜的发展特色农业、生态农业和多功能农业，不断提升农业经济效益。在地多人少的区域，可以加大农业的规模化和机械化经营力度；在交通不便利、难以集中作业的区域，适当发展特色农产品产业。促进农业可持续发展。良好的自然环境是影响产品质量的基础条件，应对减量使用化肥和农药的农民直接给予现金补贴。在未来农业产业发展过程中，要保持农产品的市场竞争力，必须坚持生态优先，为农业规模化、可持续化、专业化、特色化发展提供前提条件，坚持走品牌农业之路，通过产业发展和转型升级，带动乡村振兴。

其一，要以农民利益为核心，依托乡村人才延伸农村特色优势产业价值链。鼓励社会资本下乡，利用科技、人才和市场的力量，实现人、土地等核心要素流动。积极引导和返乡农民工、大学生村官、农村干部、城市退休人员等回村就业和创业，努力培养一批懂管理、会经营的农村新能人，培养乡村振兴所需的农村人才。其二，保障农民收入水平。充分尊重农民意愿，保障农民权益，创新土地经营模式，甄别真正的"农业生产者"，通过产业融合和乡村振兴，培养一大批掌握现代技术的新型职业农民，拓宽农民增收渠道，让农民成为乡村振兴的真正主体和受益人。其三，充分盘活当地已有优势资源，加快创新步伐。利用农商对接、农超对接、农企对接、农标对接以及互联网+农业的电子商务平台，实现农产品直销；提升优质农业、生态农业、品牌农业意识，发展一乡（县）一业、一村一品，全面提升农业农村价值链，推进第一、第二、第三产融合发展。

参考文献

[1] 陈秧分，王国刚，孙炜琳. 乡村振兴战略中的农业地位与农业发展 [J]. 农业经济问题，2018（01）：21-25.

[2] 蒋和平. 实施乡村振兴战略及可借鉴发展模式 [J]. 农业经济与管理，2017（06）：17-24.

[3] 廖彩荣，陈美球. 乡村振兴战略的理论逻辑、科学内涵与实现路径 [J]. 农林经济管理学报，2017（06）：795-802.

[4] 姜长云. 实施乡村振兴战略需努力规避几种倾向 [J]. 农业经济问题，2018（01）：9-14.

[5] 谭海燕. 日本农村振兴运动对我国新农村建设的启示 [J]. 安徽农业大学学报（社会科学版），2014（05）：25-28.

[6] 余磊. 日本农村振兴对安徽社会主义新农村建设的借鉴 [J]. 安徽科技，2007（03）：53-54.

[7] 金洪云. 日本的农村振兴政策 [J]. 中国党政干部论坛，2006（04）：42-44.

[8] 潘梦琳. 基于内生式发展模式的乡村振兴途径研究 [J]. 中国名城，2018（04）：32-39.

[9] 李大垒，仲伟周. 农业供给侧改革、区域品牌建设与农产品质量提升 [J]. 理论月刊，2017（04）：132-136.

[10] 李秋红，田世野. 农业人才供给侧改革与新农村建设 [J]. 理论与改革，2016（04）：176-179.

比较与借鉴

日本发展农村工业促进乡村产业振兴的做法和启示

张静宜

乡村振兴，产业先行。产业发展是乡村振兴的前提和基础。当前我国鼓励支持返乡下乡人员到农村创业创新，以促进农村产业融合发展和农民就业增收，推动乡村产业振兴和人才振兴。这方面，日本的一些经验和做法值得参考借鉴。

一、日本引入工业振兴乡村的背景

日本农村工业的发展模式有两类：一类是传统农村产业基础上发展起来的农村工业，这种形式的特点是依靠农村内部的发展动力，发展速度不快；另一类是为了振兴农村经济，在政府区域规划和扶持政策下，通过招商引资、城市工业疏散等方法发展起来的农村工业。后者在原本发展基础较差的农村地区发展现代工业，引导生产要素由城市向农村汇集，改善了农村产业结构，促进了产业振兴。

19世纪60年代，日本经济进入高速发展时期，经济增长使得各种生产要素快速向大都市圈集中，在太平洋沿岸出现了大城市群。区域发展的极化效应使得人口和生产资料在地域上出现城市过密化与农村过疏化，城乡差距拉大,大城市周边的农村面临劳动力、土地、资金等发展要素不足的问题,农村大量劳动力外流,农业生产日趋凋敝,制约了城乡发展的协调与平衡。为了缩小城乡差别、推动农村发展,日本开展了大规模的农村工业化运动,制定了一系列农村地区工业开发计划,鼓励城市工业向农村转移。

二、日本引入工业振兴乡村的主要做法

在政府的积极引导和支持下,城市工业纷纷进入农村,农村也迅速兴起一大批中小型卫星企业,农村地区形成了崭新的完整的工业体系。

一是调整工业区域布局。日本政府将工业导入作为农村地区的开发的驱动力量。1962年政府制定了《全国综合开发计划》,将全国分成三类地区,即工业过密地区、工业整备地区和工业开发地区,限制工业向过密地区集中,同时鼓励投资者和企业家在其他两类地区进行开发。推动的模式是由点到面,采取"据点式"开发的方法,在工业整备地区和工业开发地区设立一定规模的工业据点,使其成为新经济增长点,并带动周边地区工业发展。具体做法是先由各农村地区提出设点申请,然后经政府批准后正式设点。政府从43个竞争地区中挑选15个地区为农村新工业城市据点,同时制定了6个工业整备区和97个工业开发区。1971年6月,政府通过了《农村地区工业导入促进法》,将农村地区开发的范围进一步扩大到远离城市的边远农村地区,具体引进和实施计划由各都道府县和市町村政府制定。中央政府则在税收、资金、用地、公共设施建设以及职业培训等方面予以支持。此外,日本还成立了财团法人"促进农村地区引入工业中心",负责农村引进工业的信息、规划、协调、研究和宣传联络等。为了配合偏远地区农村顺利引入工业,政府于1972年6月制定了《工业重新配置促进法》,通过行政指导和财政手段将太平洋沿岸地区的部分工业迁移到北海道、本州东北部、四国和九州等地农村,促进了原有工业布局的调整。

二是出台综合支持政策。日本政府在推进农业工业化政策的实施过程中发挥了重要的作用,主要措施包括加大对农村工业开发地区的资金投入,制定政策法律,实行贷款、税收方面的优惠政策等。政府运用行政力量帮助市町村引进工业,引导城市工业向农村扩散,以谋求扩大农村就业

机会，促进农民兼业增收，改善农村产业结构，振兴农村经济。为了鼓励工业导入地区积极引进企业，各都道府县对进行低息贷款的融资机构予以利息补贴。各地出台的招商引资具体政策及优惠措施主要包括：减免地方税，发放奖励金，低价提供土地，发放补助金促进设施改善，实施低息融资，低价提供工业用水，无偿提供土地、厂房，对雇佣本地劳动力予以补贴等。政府对批准设立的新据点进行重点建设，优先扶持修建机场、铁路、高速公路、港口等公共福利设施及通讯系统，改善当地投资环境和生活条件。日本政府在乡村基础设施中投入巨大，建立了涵盖城乡的发达的现代物流交通体系、信息网络、市政设施、教育文化设施与社会服务等，使得城乡生活质量无明显差距，为乡村振兴提供重要基础支撑。日本农村工业受所有制性质、经营方式、企业规模、土地价格的影响，布局分散，与农户居住区交织。但企业与外界的经济业务往来及物流却未受到限制，因为农村地区市町村的公路网络十分健全，企业所需的基础设施和公共服务都能得到满足。

三是重点发展中小企业。日本农村工业的特点是以中小企业为主。日本为规范并促进中小企业的发展，在1963年制定了《中小企业基本法》，中小企业成为农村发展的基本驱动力量。日本居民的日常消费中，衣的80%、食的90%、住的30%靠中小企业提供。日本中小企业的发展有一个特点，即大企业将下属的某些部门分解出来，作为中小企业使其独立，或让这些部门以中小企业的形式开拓农村工业的新领域。这种做法促进了农村中小企业的数量增长。在工业由大都市向地方农村转移的过程中，农村涌现了许多大企业的卫星工厂和分厂，也产生了许多属于大企业系统的小规模承包工厂。与此同时，在这些工厂的周围又形成了一批更小规模的家庭作坊。这些类型工厂在农村的存在与发展迅速推动了农村的工业化。农村大量存在的中小企业还促进了当地的创业活动。农村年轻从业者先在别人的中小企业中工作，掌握了技术后由原来的中小企业工人转变成为经营者，从模仿开始转为发明创造，创业动机主要包括提高收入水平、发挥能力、追求自主的工作方式等。日本农村的中小企业经营业务范围广泛，涉及食品、服装、木材、家具、印刷、钢铁、金属、电机、精密机械等，几乎遍及内陆型工业的所有领域。随着农村工业的发展，农村工业企业的结构也在不断优化，产品的科技含量不断提高，19世纪70年代，引进较多的是纤维、钢铁、运输等行业。80年代后，引进企业较多的是技术含量相对高的机械、电机、信息等行业。部分中小企业也开始为通过ISO认证而努力，农村企业也逐渐走向高水平发展之路。随着人们对环境保护、可持续发展问题的认识深化，设在农村的企业对资源的循环利用和再生利用也越来越重视，企业内清洁生产、污染物趋零排放、与自然和谐共存的发展意识成为共识。

三、对我国乡村产业振兴的启示

日本通过引入工业振兴农村产业，使农村面貌发生巨大变化，基本消除了城乡差距，带动农村兼业收入增长，日本家户收入甚至超过城市家庭。由于政府注重在乡村基础设施上的建设投入，实现了生产生活基础设施的城乡均衡发展，为乡村产业发展提供了良好条件，搭建了乡村振兴发展的有力平台。在农村工业发展的过程中，劳动力、资金、技术等要素向农村集聚，扩散效应有力地推动农村区域发展。同时，乡村工业的振兴吸引大批年轻人返乡就业创业，扩大了农村的市场容量，增强发展的内生动力，启动了农村经济繁荣的良性循环。虽然中日国情、农情条件不同，但日本的发展思路有一定的可取之处。借鉴日本引入工业振兴农村的经验，在我国实施乡村振兴战略、推动返乡下乡创业过程中应该加强以下工作：

第一，深入实施乡村振兴战略，要以产业发展破局，紧紧牵住产业先行的牛鼻子。农村工业的发展使得更多农民有了就近就业的机会，改善了农村劳动力的就业结构，增加了非农业收入。农村工业的发展因业务承包、零部件采购加工等关系而在农村形成企业群体，从而在吸引外出人员回归、投资回流、增加地方财政、繁荣农村经济等方面有着重要贡献，对缓和农村地区过疏化作用显著。乡村振兴，关键是产业要振兴。乡村的产业振兴，不仅依赖现代农业发展，也要靠农村百业兴旺，要通过农村第一、第二、第三产业之间的融合、渗透助力农村产业升级再造，催生农村新产业新业态，实现资源、要素、技术、市场需求在农村区域的有机整合，进而调整农村产业空间布局，增强农业农村产业的驱动力和内生动力，为产业振兴奠定坚实的基础。

第二，加强区域布局、均衡发展，推动返乡下乡创业企业成为新的增长极，启动农村区域发展的良性循环。鼓励返乡下乡创业、引入工业进入农村作为新的发展据点，可以造就新的经济增长极，并以企业生产经营作为发展平台汇聚发展要素，减弱区域发展的极化效应的同时强化扩散效应，推动偏远欠发达农村由边缘发展为中心。这需要政府优化城乡区域发展布局，健全城乡融合发展体制机制，依靠改革创新壮大乡村发展新动能。建议将返乡下乡创业中带动能力和增收效应强的企业作为农村发展的"推动型单位"，通过产业引领和组织带动，形成产业集聚效应，引导更多人围绕产业链创业就业，推动形成农村发展良性循环。要统筹工业化与城镇化发展，城市化若超前，会造成城市贫困、失业、拥堵、污染等城市病，工业化若落后则出现农村空心化、老龄化等农村病。要统筹城乡发展，使城乡成为空间特色的界定，而不是发展环境优劣的划分，而且要在人居环境和传统文化氛围等方面，使得农村比城市拥有更大吸引力，从而凝聚乡村振兴可持续发展的力量。

第三，政策引领、综合施策，推动农村产业发展振兴。在工业化进程和市场竞争中，农业是弱质产业，农民是弱势群体，农村容易衰败，需要政府制定法规政策，运用行政外力打破地区发展的循环累积因果，引导扶持农村地区的发展振兴。要加大农村基础设施建设，为农村发展打下坚实的基础，把农村建成不亚于城镇的强磁场，把农村人才吸引汇聚在农村发展平台上。要优化乡村产业规划，充分挖掘内部资源，优化政策支持与增强农村自身发展活力的结合，着力破解返乡创业发展不平衡不充分问题，在实施扶持政策、优化发展环境、强化科技支撑、推动农村基础设施提档升级、提升创业公共服务普惠度和精准度等方面抓好政策落实，完善具体明确、可操作性强的配套措施，提升政策对乡村发展振兴的长期效果。

第四，重视发展中小企业。培育农村发展的新动能，中小企业是不可忽视的力量，返乡下乡创业企业中大部分都是中小企业、小微企业。虽然规模小，但经营灵活，能够迅速适应居民需求的多样化和消费热点转移，在就业吸纳上，中小企业具有社区亲和力，为妇女、中老年劳动力提供就近就业机会。量大面广的中小企业实质是在尝试不同的生产经营方式，是在技术、管理、市场、商业模式等不同领域开展创新。要引导中小企业挖掘乡村特色，因地制宜发展乡村传统手工艺、土特产品、自然文化资源等强调个性化、不以标准化为导向、适合小批量多品种的产业，在建设特色小镇，打造田园综合体，促进农村第一、第二、第三产业融合，发展乡村特色产业和乡村旅游业上发挥作用。要让中小企业发展得更好，关键要打造适合的发展环境，降低创业和经营的成本，在主体培育、要素保障、金融信贷、财政支持、人才支撑、创业服务、氛围营造等方面予以支持，特别是解决贷款难"卡脖子"的问题，完善中小企业服务体系。

参考文献

[1] 李思经，牛坤玉，钟钰. 日本乡村振兴政策体系演变与借鉴[J]. 世界农业，2018（11）：83-87.

[2] 牛坤玉，李思经，钟钰. 日本乡村振兴路径分析及对中国的启示[J]. 世界农业，2018（10）：10-15.

[3] 徐雪. 日本乡村振兴运动的经验及其借鉴[J]. 湖南农业大学学报（社会科学版），2018，19（05）：62-67.

[4] 焦必方. 日本农村工业的发展及启示[J]. 中国农村经济，1999（08）：78-83.

[5] 王慧. 日本政府在农村工业化过程中的作用——兼与中国比较[J]. 中国农村经济，2004（12）：70-75+80.

[6] 周维宏. 战后日本农村工业化的主要途径[J]. 世界经济，1989（10）：81.

[7] 曾建民，彭玮，董汪洋. 发达国家农村工业化的发展及启示[J]. 江汉论坛，2008（11）：125-127.

英美意日韩等国乡村振兴的经验与启示

——基于城乡融合发展的视角

张 莹

全面实施乡村振兴战略,需要建立在土地集体所有制基础上,避免现代化过程中出现农民破产、农户分化,避免大量小农被迫流离失所进城,为此必须建立一种新型城乡关系,即城乡融合。借鉴有关国家城乡融合发展成功经验,对于促进我国城乡要素自由流动、推进城乡融合发展十分重要。

一、英国的中心村建设

(一) 建立城乡规划体系

英国将城市与乡村统一规划考量,形成了中央、地区、地方三级规划管理体系,并通过立法保障城乡发展规划体系的实施,先后制定《城镇和乡村规划法》《综合发展地区开发规划法》《规划与强制性购买法》等系列法案。在规划上做到适度超前,有效节约了规划与施工成本。

(二) 注重保护乡村文化

英国政府在中心村建设中尽可能保持老房子、老教堂、老栅栏等建筑的原汁原味，尽可能将地方特色文化发扬光大，通过制定完善《国家公园和享用乡村法》来保护乡村传统特色文化。不仅如此，乡村保护协会等民间组织和普通民众也致力于保护乡村特色文化。

（三）大力保护乡村环境

英国政府为保护乡村环境采取一系列措施，最具特色的是对农民采取环境友好型生产经营方式给予补贴。这种做法极大地调动了农民保护环境的积极性和自觉性，使他们主动参与到保护乡村环境中来。

（四）扶持农业农民发展

英国政府着力提高农业基础设施建设，改善农业生产条件，提高农业生产力与竞争力，对进口农产品实行强制性关税。不断提高农民地位，一是加强农民培训，颁发证书，将农民认定为持有专业证书的农业技术人员；二是设立农民最低工资标准，并受法律保护。

二、美国的郊区建设

（一）推动郊区住房和基础设施建设

一是援助郊区公路建设。每年安排财政资金用于郊区公路等基础设施建设，推动郊区公路和交通事业发展。二是住宅向郊区扩散优惠。鼓励中高收入居民在郊区贷款建房，给予计划在郊区买房的低收入居民一定的资金援助。三是推动郊区教育、文化、卫生等公共设施建设。每年安排财政资金投资建设郊区公共设施，奖励有能力投资的企业和个人。

（二）推广小城镇建设

20世纪50年代，美国提出"示范城市"试验计划，通过发展小城镇引导大城市人口分流、协调城乡发展矛盾。目前，美国形成了中心城市、郊区和小城镇功能各有侧重、内在紧密联系、相互依存的"大都市区"，拥有10万以下人口的小城镇成为主体部分，是协调城乡发展的有效纽带。

(三) 立法保护农业农村发展政策

通过国家立法强化和保障促进城乡融合发展的一揽子政策。1933—2018 年，美国政府陆续制定实施了 19 个有关农业农村发展的法案、数十部涉农教育法案①。

(四) 注重工业与农业的互动协调

从棉纺织工业起步，到以棉毛、纺织、面粉、肉食罐头等行业为主的农产品加工业占据工业发展支配地位，再到以纺织工业为依托发展重工业、新兴工业，美国逐步形成更大范围、更深层次的农工互动产业体系，进而促进了农业现代化发展。

三、加拿大的农村协作伙伴计划

(一) 明确优先支持领域，发挥有限财政资金最大效益

加拿大政府拿出 2000 万加元财政资金分 4 年用于农村协作伙伴计划。为了让有限财政资金发挥最大效益，联邦政府发起农村发展对话论坛，邀请 7000 位农村居民参加并与政府积极对话，将政府的计划和服务、金融资源、农村青年的发展机会、人力资源领导能力开发和社区能力建设、农村基础设施、农村通信、信息高速公路利用、经济多样化、医疗保健、教育、社区发展合作伙伴关系等 11 个领域明确为政府促进农村发展的优先领域。同时明确了政府在农村事务中的作用，即由农村居民自己主导其社会发展，政府通过法律和政策支持，帮助农村基层人民更多参与决策。

(二) 加强组织建设，提高部门间协作能力

加拿大农业部牵头成立了由 30 个联邦政府部门组成的跨部门农村工作小组，负责协调各部门在农村发展问题上的工作，定期召集会议交流信息，保证联邦各政府部门在农村协作伙伴计划中的合作。在省市一级政府

---

① 薛晴，任左菲. 美国城乡一体化发展经验及借鉴 [J]. 世界农业，2014 (1)：13-16.

建立了由政府农村事务官员组成的农村工作团队,与其他各级政府和机构、组织一起解决重大的农村问题。同时根据跨部门农村工作小组的需要,加拿大联邦政府设立农村事务协调部长,由农业部长兼任。在农业部设立农村秘书处,负责协调农村协作伙伴计划工作,推动农村优先发展领域合作伙伴关系的建立,促进农村居民和联邦政府的对话和沟通。

(三)建立健全机制,提高农村协作伙伴计划工作效率

一是"农村对话"机制。定期举行全国农村会议、农村青年对话、在线讨论、民意调查等不同形式的活动,吸引农村居民特别是偏远北部地区居民参与进来,与跨部门农村工作小组官员进行"开放式对话交流",共同讨论农村发展面临的形势、机遇和挑战,确定需要政府优先解决的问题。二是"农村透镜"机制。所有联邦政府出台的政策、规划都要经过"农村透镜"的检查,保证新政策、新规划有利于农村发展。三是评估与调整机制。定期、不定期组织专家调研农村社会经济发展形势,评估农村协作伙伴计划的实施情况,并提出可行性应对措施,以便及时对农村协作伙伴计划进行调整完善。

(四)建立健全农村居民信息服务体系

加拿大联邦政府注重农村信息化建设,利用信息高速公路,在农村建立社区信息接入站点,方便农村居民访问联邦各级政府电子政务网站、其他商业服务网站等网络资源,获取信息及咨询服务。加拿大服务部在全国政府部门建立110多个政府服务接入中心,4200个公共网络接入点,其中约3000个接入点在农村和边远社区,30个联邦政府部门、5个省政府和200个市政府和非政府机构的基础设施提供信息①。

---

① 魏华,李海涛. 加拿大促进欠发达农村发展的举措 [J]. 全球科技经济瞭望,2001 (8): 21-23.

四、日本的城乡综合开发计划

（一）制定全国统一的城乡发展规划和开发体系

日本政府制订并实施了《全国综合开发规划》，明确了工业和城市分散布局方略以及积极缩小城乡差距方针，提出要持久地保护自然，有计划地疏解城市人口，加快开发落后地区，特别是农村经济的开发。随后，日本政府又制定了《向农村地区引入工业促进法》，鼓励工业向农村转移。

（二）分阶段实施综合开发计划

以村镇建设为依托、分阶段逐步进行综合开发。第一阶段（1973—1976年），缩小城乡生活环境建设的差距；第二阶段（1977—1981年），建设具有地区特色的农村定居社区；第三阶段（1982—1987年），地区居民利用并参与管理各种设施；第四阶段（1988—1992年），建设自立又具有特色的区域；第五阶段（1993年至今），利用地区资源，挖掘农村潜力，提高生活舒适度。积极推行示范村镇工程，投资费用50%由中央政府承担，其余的由各级政府分担。

（三）推动"市町村"大合并

推动明治、昭和、平成三次"市町村"大合并运动，市町村数量由原来3229个合并到1804个，总数减少44.1%[①]；城区发展范围得以扩展，建成很多"城中有乡，乡中有城"的田园城市，农业和工业、农民和工人、乡村和城市在田园城市内自然融合到了一起。

（四）出台"二地域居住"政策

允许居住在城市但有意向去农村工作和居住的城市人群在城市和农村两地都可以居住，自由选择，打破了过去传统的地域界限，消除过去以工定居传统观念，进一步促进了城乡之间人口的流动，为农村发展注入了活

---

① 郭永奇. 国外新型农村社区建设的经验及借鉴［J］. 世界农业，2013（3）：43.

力,协调了城乡之间的人口流动矛盾。

(五) 打造"市民农园"

针对日本年轻人不愿意从事农业生产、农业用地弃耕现象严重的问题,日本政府提出打造"市民农园",并制定了《市民农园整备促进法》保障市民农园计划的顺利实施。在市民农园中,所有者还是农民,使用权在市民手上,市民凭借租赁方式租用农民土地,参与农业生产,享受田间快乐,体会丰收喜悦,身心得到愉悦,农民也多了一笔颇丰的收入。

(六) "一企一村运动"激发农村活力

由都道府县等地方政府牵线搭桥,一家企业和一个村结成姊妹关系,共同交流,激发活力。企业参与乡村发展的活动内容丰富,如开展整修农田、锄草、播种和收割等支农活动；组织学生进行农业实习、种地体验、农村情况调查等；帮助农业实现第六次产业化革命,支援农产品加工与销售等；组织农村和农业观光；招募农田经营者；提供科学方法和思路帮助农民创收,推广茶树的无农药栽培、用当地水果制作果醋并实现商品化、利用IT技术进行甜玉米栽培试验等。

五、韩国的新村运动

(一) 注重改善农村环境

一是大力改善农民生产环境。韩国政府组织修建桥梁、农村公路与农田基本设施,整理耕地,治理小河川,着力改善农业生产基础设施。二是逐步改善农民生活环境。从改善农民房屋屋顶、建设新房到村庄重建,从安装自来水改造排污系统到修建公共澡堂、泳池,从安装公用电话到发展农村电网和通讯网,韩国政府不遗余力,同时还通过向农民无偿提供水泥、钢筋等物资的方式,激励农民自主参与建设,鼓励社会资本参与。

(二) 增加对农业直接补贴和技术支持

韩国政府通过增加农业投入、技术革新、新产品推广以及鼓励多样化经营等措施来提高农业生产率。韩国农作物以水稻为主,为提高农民收入,政府在全国范围内推广高产新品种"统一号",并提供相应的财政补贴。支持各村庄组成协作体,提供共同育苗、选种、插秧、施肥、灌溉等技术服务。在粮食收购上还采取了农产品价格补贴政策,保障农民权益。

(三) 大力发展非农产业

韩国政府制定了《促进农村所得源开发法》,强调工业更直接地支持农业。由此推出"农工地区"计划,在20万人以下的郡、镇所属农村,由政府搞好基础设施建设,为民间资本进村开工厂办企业提供便利,鼓励发展畜牧业、农产品加工业和特色农业,并采取政府投资、政府贷款和村庄集资相结合的融资方式建立各种"新村工厂"。大力发展农村工业,使原来以家庭为基础的小农经营方式逐渐转化为以面、邑为单位的集生产、销售、加工为一体的综合经营模式。

(四) 通过"农协"提高农民组织化程度

在政府统一规划下,成立以农民为主体的农协组织,提高农民话语权;组建遍布全国的农产品销售网络,在农村建设农产品收购站和保鲜库,以此解决农民卖菜卖粮难问题;健全覆盖全国的银行网络系统,为广大农民及城市提供有效的金融服务;建立全国性农业技术宣传网站,普及农业技术知识,举办各类培训项目,帮助农民掌握技术。

(五) 开展"一社一村"运动

即一个城市企业(集团)与一个村庄之间建立联系,进行一对一的扶持和援助。目前,韩国有几千家企业参与了该运动,最著名的是三星电子集团。三星集团作为韩国龙头企业,下属几十家公司已经成功与195个村庄建立了长久的联系,投入资金累计达到46亿韩元。"一社一村运动"发展过程中,企业不仅是给农村提供发展所需要的物质和资金,更主要的是帮助农村寻找自主发展的活力,给农村的发展出谋划策。该运动有效促进了韩国农村地区发展,推动了城乡之间的互动、合作。

(六) 培养农民良好精神面貌

韩国重视农村精神文明建设,利用村民会馆经常性开展演讲和文艺演出,着力提高农民伦理道德水平。同时重视培养乡村学生精神风貌,乡村学校每年都会利用休息时间向学生宣传"忠、孝、仁、义"的思想。韩国在"新村运动"过程中形成的"勤勉、自助、合作"的精神后来也扩展到城市,发展成为民族自立、事业报国的民族精神。

六、国际经验和启示

(一) 加强顶层设计,做好城乡融合发展规划

英国在城市化速度不断加快,乡村日益凋零,城乡差距越来越大,城乡发展越来越不平衡的背景下,首先做的就是制定全国统一的城乡规划。事实证明,这一举措有力地推动了英国城乡融合发展。日本政府为了谋求城乡的和谐共生,第一步也是着手制定全国一体化的城乡规划和开发体系。我国地域辽阔,不同区域之间发展又极不平衡,在城乡融合发展进程中各地如何因地制宜,结合当地实际情况加强顶层设计,做好城乡融合发展规划是首要之举。

(二) 注重保护乡村特色文化和环境

工业革命爆发之后,整个英国遭受到发展工业给社会带来的沉重环境负担,英国能做到今天这个样子,乡村一片欣欣向荣,有随处可见的幽雅风光,有属于自己的专属特色,跟英国注重保护乡村特色文化和环境有很大关系。其中不仅有强制性的英国政府行为,还有非强制性的民间组织行为以及英国大众对乡村文化和环境自发性的关心和保护,这些正是目前我国所缺失的。

(三) 重视农民职业技术教育,加强道德伦理建设

美国政府大力扶持农业发展的同时非常重视农民自身的职业技术教育,财政拨款优先向农业和农民教育转移,并建立了完备的农民教育和农

业技术推广体系。韩国政府十分注重农民的道德伦理建设,在"新村运动"中通过开展各种活动,宣传"勤勉、自助、合作"的精神,通过提高农村劳动者素质,使韩国"新村运动"内涵从改善农村环境上升到促进精神文明建设上来,推动农村物质和精神文明建设并驾齐驱,相辅相成。

(四)完善农村基础设施建设,缩小城乡硬件设施差异

协调城乡矛盾,最有力的就是改善农村的基础设施建设,缩小城乡硬件设施差异,让农民享受到与市民同样的人居环境。美国无论是联邦政府还是地方政府,都非常重视农村基础设施建设。目前,美国大部分农村基础设施建设与城市差别不大,这些基础设施的建设促进了农村经济社会的可持续发展,缩小了城乡之间的差距,顺利帮助美国城乡实现融合发展。韩国在"新村运动"中不断加大物资和资金投入,农村用水、公共卫生设施、农村公路、桥梁以及农村电气化等基础设施得到了极大改善。在韩国政府的规划支持和农民自身的努力建设下,韩国农村的面貌发生了很大的改变,农民生活条件得到了很大的改善。

(五)法律保障必不可少

推进城乡融合发展,应做到立法先行。如英国主张用法律保障城乡融合发展规划的顺利实施,先后制定了《城乡规划法案》《英国城镇和乡村规划法》《综合发展地区开发规划法》《城镇发展法》《规划与强制性购买法》《第七号文件:乡村地区的可持续发展》等系列法律法规。日本政府在农业现代化建设中始终做到立法先行,依法建设农村、扶持农业。

(六)合作化运作不可或缺

在城乡融合发展过程中,引导和扶持合作组织尤其是合作社发展,是提高农民话语权、维护农民利益的必然选择。但是,合作组织作为一种制度安排,如果不能给组织成员带来利益增进,其组织成员就会拒绝加入或者选择退出。日本"农协"作为一种农业合作组织,能够得到日本农民

的普遍参与和极大的支持，并在推进城乡融合发展中发挥了重要作用，关键原因就是充分代表了农民的利益。韩国和日本一样也成立了"农协"。可以说，韩国"农协"让农民成为了真正的农村主人，农民的主人翁意识越来越强，参与"新村运动"的主动性和创造性也越来越高。

参考文献

[1] 薛晴，任左菲. 美国城乡一体化发展经验及借鉴 [J]. 世界农业，2014 (1)：13-16.

[2] 魏华，李海涛. 加拿大促进欠发达农村发展的举措 [J]. 全球科技经济瞭望，2001 (8)：21-23.

[3] 郭永奇. 国外新型农村社区建设的经验及借鉴 [J]. 世界农业，2013 (3)：43.

[4] 张莹，龙文军. 中国羊绒产业链主要环节纵向协作研究 [M]. 北京：中国农业出版社，2016.

附录一

农业农村部农村经济研究中心简介

农业农村部农村经济研究中心（以下简称"农研中心"）于1990年7月成立，是农业农村部直属的政策研究咨询机构，其前身是国务院农村发展研究中心。在建制上，农村固定观察点办公室与农研中心实行统一管理，共同接受农业农村部和中央有关部门的直接领导。农研中心的主要任务是为国家制定农村经济政策、农村经济发展战略和深化农村经济体制改革提供决策咨询和对策建议。

农研中心现有职工83人，其中研究人员55人。具有高级职称的研究人员39人，具有硕士及以上学位的人员59人。农研中心还聘请了有关部门和省市领导为顾问、一批知名专家学者为特邀研究员，参与农研中心和农村固定观察点的有关调研与咨询工作。农研中心还与诸多国内外研究机构和国际组织建立了长期的交流与合作关系。

农研中心内设宏观经济研究室、经济体制研究室、市场与贸易研究室、产业与技术研究室、可持续发展研究室、区域发展研究室、社会文化研究室、改革试验研究室、当代农史研究室等处室。主要研究领域包括：农村经济与国民经济发展的关系，农业经营体制和农村经济制度，农产品市场流通与贸易，农业产业与要素投入，资源环境与农业可持续发展，区域农村经济社会发展战略和政策，农村社会建设与农村文化发展，农村改革理论和政策，当代农业和农村经济社会发展史等。

农村固定观察点办公室，负责全国农村固定观察点调查系统的管理和调查数据的开发利用工作。目前调查系统覆盖全国31个省的300多个村、2万多个农户，积累了自1985年以来的村级、企业和农户的调查数据，为开展学术研究和政策制定提供大量详实的第一手资料。

农研中心拥有自 20 世纪 50 年代以来的农村工作文献档案近 30 万件，是目前收集较为系统完整的档案资料，具有较高的研究参考价值。农研中心拥有较好的资料交换、信息通讯等研究支持系统。与中央农村工作有关机构和地方有关政府部门保持较为密切的关系。研究成果的输出渠道，既包括面向上级部门的内部调研报告，也包括面向全社会的公开出版物。

附录二

2018 年农业农村部农村经济研究中心承担的主要课题和项目

主持人	课题名称	委托单位
张振	"一带一路"战略下农业对外合作风险防范与政策设计问题研究	国家社会科学基金委员会
张灿强	贫困地区农业文化遗传活态保护与产业扶贫协同路径研究	国家社会科基学金委员会
高强	农地确权对农户生产行为的影响机理与对策研究	国家自然科学基金委员会
高鸣	收入性补贴对粮食生产效率的影响：作用机理、实证分析与政策优化	国家自然科学基金委员会
金书秦	生态补偿与乡村绿色发展协同推进体制机制与政策体系研究	全国社科规划办
魏琦、龙文军	引导小农户走向现代化的路径研究	农业农村部软科学办公室
张振 张璟	国际贸易新形势下国内大豆产业发展战略研究	农业农村部软科学办公室
吴天龙	健全乡村治理体系问题研究	农业农村部软科学办公室
王欧	中国农村变迁研究	农业农村部软科学办公室
魏琦	农村改革开放40年"三农"政策演变研究	农业农村部软科学办公室
高鸣	加强农村专业人才队伍建设问题研究	农业农村部软科学办公室
夏海龙	都市现代农业跨界发展与转型升级研究	农业农村部软科学办公室
陈洁	国家大宗淡水鱼产业技术体系产业经济研究	现代农业产业技术体系财政专项
翟雪玲	棉花产业技术体系经济研究	现代农业产业技术体系财政专项

续表

主持人	课题名称	委托单位
张雯丽	特色油料产业技术体系	现代农业产业技术体系财政专项
彭超	农业机械化薄弱环节发展重点及趋势研究	国务院农普办
高鸣	乡村振兴战略下农村人才培育研究	国务院研究室农村经济研究司
宋洪远、曹慧	乡村振兴战略中的产业融合与新六产发展	山东省人民政府
王欧	内蒙古建立农牧区企业与农牧民紧密利益联结机制研究	内蒙古自治区人民政府
金书秦	农业环境数据库指标培训	农业农村部科技教育司
金书秦	农业环境治理体系研究	农业农村部科技教育司
谭智心	农民合作社信用合作试点方案调研	农业农村部农村经济体制与经营管理司
高强	农民合作社案例编写研究	农业农村部农村经济体制与经营管理司
张照新	农业产业化模式创新调研交流	农业农村部农村经济体制与经营管理司
刘俊杰	农村改革40年农业产业化实践研究	农业农村部农村经济体制与经营管理司
姜楠	国际畜产品市场贸易与政策跟踪研究	农业农村部国际合作司
曹慧	农产品加工业运行监测	农业农村部加工局
观察点	主要农产品不同规模经营成本收益调查及比较分析	农业农村部市场信息司
曹慧	小麦市场预警监测分析	农业农村部市场信息司
翟雪玲	棉花市场预警分析	农业农村部市场信息司
刘景景	水产品市场预警分析	农业农村部市场信息司
龙文军	农资市场预警分析	农业农村部市场信息司
彭超	稻米市场预警分析	农业农村部市场信息司
习银生	玉米市场预警分析	农业农村部市场信息司
马凯	糖料市场预警分析	农业农村部市场信息司

附录二

续表

主持人	课题名称	委托单位
张振	大豆市场预警分析	农业农村部市场信息司
张雯丽	油料市场预警分析	农业农村部市场信息司
刘景景	渔业经济形势分析	农业农村部渔业局
王莉	国内外畜牧业产业发展现状调查	农业农村部畜牧业司
王慧敏	农业走出去支持服务农业供给侧结构性改革研究	农业农村部国际合作司
彭超	农民收入和农村劳动力调研分析	农业农村部发展计划司
吴比	重要农产品产业发展形势追踪与研判	农业农村部发展计划司
曹慧	农民共享财政投入机制研究	农业农村部发展计划司
陈洁	改革开放40年我国农业区域布局演进及影响研究	农业农村部发展计划司
金书秦	农业可持续发展扶持政策研究	农业农村部发展计划司
张雯丽	农产品质检体系建设及管理相关问题研究	农业农村部监管局
陈洁	推进种植业结构调整提升供给体系质量	农业农村部种植业司
习银生	我国玉米结构调整问题研究	农业农村部种植业司
王欧	饲料和饲料添加剂养殖场使用情况跟踪监测	农业农村部畜牧业司
曹慧	夏收小麦市场监测	农业农村部信息中心
张恒春	农村创业创新基本情况动态监测分析	农业农村部规划设计院
曹慧	粮食、水产品行业监测分析	农业农村部规划设计院
王莉	西北地区农膜回收情况调查	农业农村部农业生态与资源保护总站
张雯丽	临时收储政策前棉花产业对棉花价格波动的影响	农业农村部信息中心
刘景景	国内水产品市场运行情况监测分析	中国水产学会
彭超	新型职业农民相关数据采集分析	中央农业广播电视学校
张雯丽	国际油菜籽市场供需形势研究	中国农业科学院农业信息研究所
姜楠	国际小麦市场供需形势研究	中国农业科学院农业信息研究所
习银生	国际玉米市场供需形势研究	中国农业科学院农业信息研究所

续表

主持人	课题名称	委托单位
彭超	国际稻米市场供需形势研究	中国农业科学院农业信息研究所
马凯	国际食糖市场供需形势研究	中国农业科学院农业信息研究所
王欧	饲料信息数据调查	中国农业科学院农业信息研究所
张照新	农产品加工业与信息化融合发展趋势研究	中国农科院农产品加工所
徐雪	减少抗菌药物用量的畜禽健康养殖与动物福利综合技术研究与示范	中国农业科学院农业质量标准与检测技术研究所
宋洪远、徐雪	政策性金融支持低碳循环农业发展研究	中国农业发展银行
姜楠	大宗农产品数据服务	中国农业大学
张振	异质性视角下农户耕地质量保护与提升行为研究	辽宁工程技术大学
王欧	改革开放40年"三农"政策演变与村庄变迁研究	山东潍坊科技学院
张璟	朝阳区农村地区发展状况比较研究	北京市朝阳区统计局
宋洪远	农村固定观察点常规调查指标体系完善研究	农业农村部农村经济研究中心重大课研究
魏琦	中国农业绿色发展指数研究及贯彻落实情况评估	农业农村部农村经济研究中心重大课研究
陈良彪	城乡融合发展的资源要素配置体制机制与政策研究	农业农村部农村经济研究中心重大课研究
王忠海	乡村振兴中的产业兴旺问题研究	农业农村部农村经济研究中心重大课研究
陈洁	我国特色农业多重价值再认识与产业支持政策研究	农业农村部农村经济研究中心重大课研究
高鸣	乡村振兴战略下农村人才培养机制研究	农业农村部农村经济研究中心青年研究课题
包月红	我国农产品贸易结构、趋势与政策优化	农业农村部农村经济研究中心青年研究课题

附录二

续表

主持人	课题名称	委托单位
胡钰	养殖业布局调整政策的环境风险评价	农业农村部农村经济研究中心青年研究课题
王鹏飞	农村土地承包经营权有偿退出的改革探索与实践	农业农村部农村经济研究中心青年研究课题
冯丹萌	中国贫困地区乡村振兴的绿色减贫之路研究	农业农村部农村经济研究中心青年研究课题
鲁雨	乡村振兴视角下休闲农业绿色发展前景探究	农业农村部农村经济研究中心青年研究课题
金书秦	畜禽养殖行业发展现状分析	中日友好环境保护中心
张照新	国际可持续农业发展与比较研究	乐施会（香港）北京办事处
张灿强	农业文化遗传地农户净赚扶贫与脱贫机制研究	乐施会（香港）北京办事处
魏琦	渔港经济区发展思路建设模式研究	福建天毅渔港发展有限公司

附录三

2018年农业农村部农村经济研究中心编著的主要书籍

编著者	书目	出版者
宋洪远、高鸣等著	挑战与选择——中国稻谷收储政策改革	经济管理出版社
魏琦、金书秦、张斌等著	助绿乡村振兴：农业绿色发展理论、政策和评价	中国发展出版社
王忠海、龙文军、李竣、张斌著	见证乡村振兴元年	中国农业出版社
陈洁、原英、乔光华等著	我国传统牧区转变畜牧业发展方式问题研究	上海远东出版社
廖洪乐著	农村调查研究方法论	中国农业大学出版社
张照新、高强、谭智心、吴比著	农民合作社内部信用合作实践探索与发展思路——基于试点地区的实地考察	中国发展出版社
王欧、龙文军等著	改革开放40年我国农业农村发展政策透视	吉林科技出版社
刘年艳等著	中国乡村振兴理论与实践	人民出版社
夏海龙、闫晓明、王有年著	京津冀都市农业协同发展战略研究	中国农业出版社
何安华著	一本书明白合作社经营	中原农民出版社
高鸣著	脱钩收入补贴对粮食生产率的影响	经济管理出版社
朱信凯、彭超等著	中国反贫困：人类历史的伟大壮举	中国人民大学出版社
宋洪远主编	大国根基——中国农村改革40年	南方出版传媒广东经济出版社

附录三

续表

编 著 者	书 目	出 版 者
宋洪远主编	转型的动力——中国农业供给侧结构性改革	南方出版传媒广东经济出版社
农研中心当代农史研究室编	2018 纪念农村改革 40 年	中国农业出版社
吴比主编	一本书明白国外农业合作组织	中原农业出版社
农研中心课题组编	粮食流通体制改革与产业损害补偿机制研究	中国农业出版社
龙文军、齐皓天、李向敏编著	现代农业保险政策与实务	中国农业出版社
徐雪高、张照新、张振等编著	农业产业化龙头企业社会责任案例研究	中国农业出版社
孔祥智、谭智心执行主编	中国合作经济评论	社会科学文献出版社